Kauderwelsch plus
Band 30

© MS

Impressum

Kauderwelsch plus

Dr. med. O'Niel V. Som
Norwegisch – Wort für Wort
plus
Wörterbuch Norwegisch

erschienen im
Reise Know-How Verlag Peter Rump GmbH
Osnabrücker Str. 79, D-33649 Bielefeld
info@reise-know-how.de

1. Auflage 2015

Wörterbuch © 2015 LINGEA s.r.o., Brünn, Tschechische Republik
Bearbeitung Josef Overberg
Layout Peter Rump,
Layout-Konzept Günter Pawlak, FaktorZwo! Bielefeld
Umschlag Peter Rump
(Coverfoto: © Sergii-Figrnyi@Fotolia.com
Fotos Martin Schmidt (MS), aus seinem Reiseführer “Norwegen”, erschienen im REISE KNOW-HOW Verlag
Fotografen @Fotolia.com (Name am jeweiligen Foto);
Seite 127: Raffaela Annanda Faganello de Som

Druck und Bindung Werbedruck GmbH Horst Schreckhase, Spangenberg

ISBN: 978-3-8317-6457-0
Printed in Germany

Dieses Buch ist erhältlich in jeder Buchhandlung Deutschlands, Österreichs, der Schweiz und der Benelux-Staaten. Bitte informieren Sie Ihren Buchhändler über folgende Bezugsadressen:

Deutschland Prolit GmbH, Postfach 9, 35461 Fernwald (Annerod) sowie alle Barsortimente
Schweiz AVA-buch 2000, Postfach 27, CH-8910 Affoltern
Österreich Mohr Morawa Buchvertrieb GmbH
Sulzengasse 2, A-1230 Wien
Belgien & Niederlande Willems Adventure, www.willemsadventure.nl
direkt Wer im Buchhandel kein Glück hat, bekommt unsere Bücher zuzüglich Porto- und Verpackungskosten auch direkt über unseren Internet-Shop: www.reise-know-how.de.

Zu diesem Buch ist ein AusspracheTrainer erhältlich, als MP3-Download unter *www.reise-know-how.de* oder als Audio-CD in jeder Buchhandlung Deutschlands, Österreichs, der Schweiz und der Benelux-Staaten.

Der Verlag möchte die Reihe Kauderwelsch weiter ausbauen und sucht Autoren! Mehr Informationen finden Sie unter *www.reise-know-how.de/rkh_mitarbeit.php*

Kauderwelsch plus

Dr. med. O'Niel V. Som

Norwegisch

Wort für Wort

Wörterbuch Norwegisch

KJERNEKRAFT? NEI, TAKK!

Kauderwelsch-Sprachführer sind anders!

Warum? Weil sie Sie in die Lage versetzen, wirklich zu sprechen und die Leute zu verstehen.

Wie wird das gemacht? Abgesehen von dem, was jedes Sprachbuch bietet, nämlich Vokabeln, Beispielsätze usw., zeichnen sich die Bände der Kauderwelsch-Reihe durch folgende Besonderheiten aus:

Die **Grammatik** wird in einfacher Sprache so weit erklärt, dass es möglich wird, ohne viel Paukerei mit dem Sprechen zu beginnen, wenn auch nicht gerade druckreif.

Alle Beispielsätze werden doppelt ins Deutsche übertragen: zum einen **Wort-für-Wort,** zum anderen in „ordentliches" Hochdeutsch. So wird das fremde Sprachsystem sehr gut durchschaubar. Denn in einer fremden Sprache unterscheiden sich z. B. Satzbau und Ausdrucksweise recht stark vom Deutschen. Ohne diese Übersetzungsart ist es so gut wie unmöglich, schnell einzelne Wörter in einem Satz auszutauschen.

Unsere ganze Erfahrung als Reisende, Sprachpraktiker und Büchermacher sind in das Konzept **Wörterbuch** eingeflossen. Auf ca. 200 Seiten bieten wir Ihnen ca. 10.000 ausgewählte Vokabeln des Grund- und Aufbauwortschatzes speziell abgestimmt auf die Bedürfnisse des Reisenden und die Besonderheiten des brasilianischen Sprachraums.

Die **Autorinnen** und **Autoren** der Reihe sind Globetrotter, die die Sprache im Land selbst gelernt haben. Sie wissen daher genau, wie und was die Leute auf der Straße sprechen. Deren Ausdrucksweise ist nämlich häufig viel einfacher und direkter als z. B. die Sprache der Literatur oder des Fernsehens.

Besonders wichtig sind im Reiseland **Körpersprache, Gesten, Zeichen** und **Verhaltensregeln,** ohne die auch Sprachkundige kaum mit Menschen in guten Kontakt kommen. In allen Bänden der Kauderwelsch-Reihe wird darum besonders auf diese Art der nonverbalen Kommunikation eingegangen.

Kauderwelsch-Sprachführer sind keine Lehrbücher, aber viel mehr als traditionelle Sprachführer! Wenn Sie ein wenig Zeit investieren und einige Vokabeln lernen, werden Sie mit ihrer Hilfe in kürzester Zeit schon Informationen bekommen und Erfahrungen machen, die „sprachlosen" Reisenden verborgen bleiben.

Inhalt

© MS

Heddal-Stabkirche

Vorwort

Hallo, Norwegen-Fahrer! Sie wollen Norwegen richtig kennen lernen? Schauen Sie sich die Landschaft an: klares Wasser, schneebedeckte Berge, steile Fjorde, Mitternachtssonne und überall dichte, gesunde Wälder, Wildnis ... Sicher möchten Sie auch mit den Einwohnern Bekanntschaft machen. Bei Schülern und Studenten wird es keine Probleme geben, wenn Sie Englisch sprechen. Aber trotzdem freuen auch sie sich, wenn jemand anfängt, Norwegisch zu sprechen. Die norwegische Sprache ist sehr ausdrucksreich und hat eine lange Geschichte, die bis in die Wikingerzeit zurückreicht. Wenn Sie auch nur ein wenig davon lernen, werden Sie sehen, wie schnell Sie Kontakt zur einheimischen Bevölkerung bekommen, die sonst eher rau und zurückhaltend ist. Ich habe bewusst darauf verzichtet, nutzlose Touristenphrasen aufzunehmen, wie etwa Bank, Post, Polizei usw., denn dort werden Sie sicher jemanden treffen, der Deutsch oder Englisch kann. Stattdessen habe ich Wert auf wichtige Alltagssituationen gelegt. Dieses Buch soll eine Grundlage zur Verständigung sein, um Ihnen Land und Leute näher zu bringen, und ich hoffe, dass Sie Ihre neuen Kenntnisse sofort anwenden können. Dazu wünsche ich Ihnen viel Spaß und eine gute Reise!

Hinweise zur Benutzung

Der Sprachführer „Norwegisch" gliedert sich in die drei wichtigen Abschnitte „Grammatik", „Konversation" und „Wörterbücher".

Grammatik

Die Grammatik beschränkt sich auf das Wesentliche und ist so einfach gehalten wie möglich. Deshalb sind auch nicht alle Ausnahmen und Unregelmäßigkeiten der Sprache erklärt. Wer nach der Lektüre dieses Büchleins tiefer in die Grammatik der norwegischen Sprache eindringen möchte, findet im Anhang Hinweise auf weiterführende Literatur. Es ist zwar sinnvoll, den Grammatikteil zumindest einmal zu überfliegen, doch können Sie auch sofort mit dem Konversationsteil beginnen und die Grammatik nur zum Nachschlagen verwenden.

Konversation

In diesem Teil finden Sie Sätze aus dem Alltagsgespräch, die Ihnen einen ersten Eindruck davon vermitteln sollen, wie die norwegische Sprache „funktioniert", und die Sie auf das vorbereiten sollen, was Sie später in Norwegen hören werden – denn was man vorher schon einmal gelesen hat, versteht man später viel leichter. Natürlich ist es unwahrscheinlich, dass Sie immer exakt den gewünschten Satz hier finden werden. Benutzen Sie die Beispielsätze also auch als Fundus von Satzschablonen und -mustern, die Sie selbst Ihren Bedürfnissen entsprechend anpassen und verändern.

Wort-für-Wort-Übersetzung

Damit Sie die Wortfolge des Norwegischen in den Beispielsätzen nachvollziehen können, ist eine Wort-für-Wort-Übersetzung ergänzt. Jedem norwegischen Wort entspricht ein Wort in der Wort-für-Wort-Übersetzung. Wird ein norwegisches Wort im Deutschen durch zwei Wörter übersetzt, sind diese in der Wort-für-Wort-Übersetzung durch einen Bindestrich verbunden, z. B.:

Hvor er toalettene?
wur äär tualettän[e]
wo sind Toiletten-die
Wo sind die Toiletten?

Werden in einem Satz mehrere Wörter angegeben, die man untereinander austauschen kann, steht ein Schrägstrich.

Ha det (godt / bra).
haa de (gott / braa)
hab es (gut)
Tschüss.

Wörter bzw. Ausdrücke in Klammern können entfallen.

Mit Hilfe der Wort-für-Wort-Übersetzung können Sie die Beispielssätze leicht Ihren eigenen Bedürfnissen anpassen, auch wenn das Ergebnis nicht immer perfekt ist.

Lautschrift

Die Lautschrift, die zu jedem Wort und in den Beispielsätzen (zweite Zeile) ergänzt worden ist, kann ohne jegliche Vorkenntnisse mühelos abgelesen werden, so als handelte es sich um ein deutsch geschriebenes Wort.

Wörterbücher

Die Wörterbücher am Ende des Buches enthalten einen Grundwortschatz Bokmål - Deutsch und Deutsch - Bokmål von je ca. 5000 Wörtern, mit denen man schon eine Menge anfangen kann.

Abkürzungen

Folgende Abkürzungen werden verwendet:

m	männlich *(maskulin)*
w	weiblich *(feminin)*
s	sächlich *(neutrum)*
Mz	Mehrzahl *(Plural)*
Nyn	Nynorsk *(Neunorwegisch)*

Umschlagklappe Die Umschlagklappe hilft, die wichtigsten Sätze und Formulierungen stets parat zu haben. Hier finden sich schnell die wichtigsten Angaben zur Aussprache und eine kleine Liste der wichtigsten Fragewörter, Richtungs- und Zeitangaben. Aufgeklappt ist der Umschlag eine wesentliche Erleichterung, da nun die gewünschte Satzkonstruktion mit dem entsprechenden Vokabular aus den einzelnen Kapiteln kombiniert werden kann.

Wenn alles nicht mehr weiterhilft, dann ist vielleicht das Kapitel „Nichts verstanden? – Weiterlernen!" der richtige Tipp. Es befindet sich ebenfalls im Umschlag, stets bereit, mit der richtigen Formulierung für z. B. „Ich habe leider nicht verstanden." oder „Wie bitte?" auszuhelfen.

Die norwegische Sprache

Hören Sie sich Ausprachebeispiele mit Ihrem Smartphone an! Ausgewählte Kapitel in diesem Buch sind dafür mit einem QR-Code ausgestattet. Wer kein Smartphone hat, kann sich die Sätze auch auf unserer Webseite anhören: www.reise-know-how.de/kauderwelsch-plus/030

Die skandinavischen Sprachen Dänisch, Schwedisch und Norwegisch sind einander so ähnlich, dass sich alle Skandinavier mühelos untereinander verständigen können, selbst wenn jeder seine eigene Muttersprache gebraucht.

Norwegen war von 1380 bis 1814 durch „Eheschließung" mit Dänemark verbunden und wurde von Kopenhagen aus regiert. Daher wurde die dänische Schriftsprache auch in Norwegen als offizielle Sprache eingeführt.

Nachdem die Verbindung zu Dänemark gelöst worden war und Norwegen in eine Union mit Schweden trat, hielt sich das Dänische noch immer als Verwaltungs- und Unterrichtssprache. Norwegen wollte jedoch die volle Unabhängigkeit erreichen und, um das Nationalbewusstsein zu stärken, wieder ein echtes Norwegisch sprechen. Nur gab es bloß eine Vielfalt von regionalen Dialekten sowie mehr oder weniger dänisch beeinflussten Sprachformen im Land.

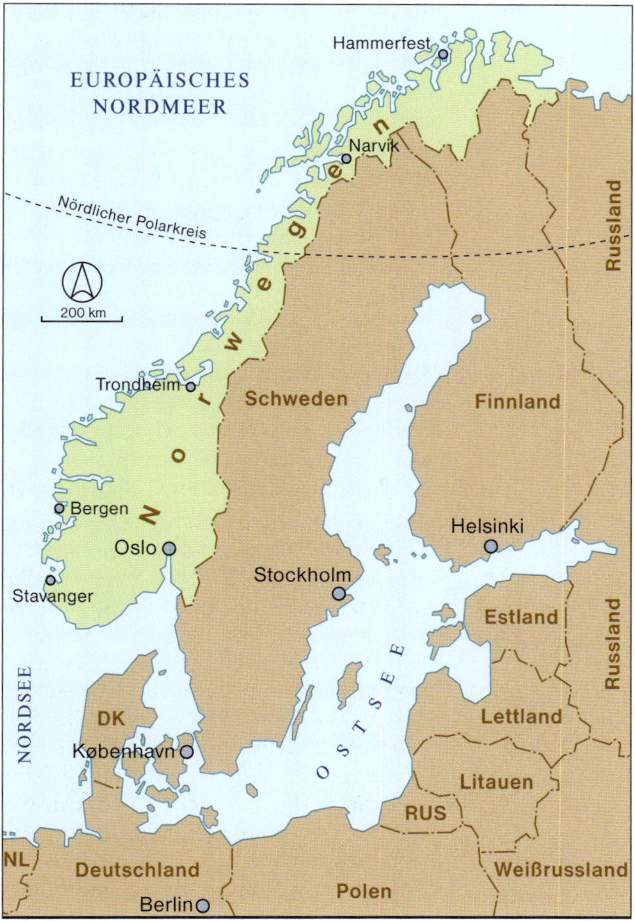

Es gab daraufhin zwei Vorschläge zu einer Sprachreform: Die einen wollten die am reinsten erhaltenen norwegischen Dialekte zu einer neuen Schriftsprache vereinen, und die anderen wollten das bestehende Dänisch durch Einführen norwegischer grammatischer Formen und Wörter in einem langsamen, aber stetigen Prozess „umwandeln".

Im Jahre 1853 schuf der Dichter und Wissenschaftler Ivar Aasen das auf den traditionellen ländlichen Dialekten beruhende landsmål („Landessprache"), das frei von allen dänischen Elementen war. 1889 entstand in Konkurrenz dazu, ausgehend vom Norwegen-Dänischen, das riksmål („Reichssprache").

Nach einigem Hin und Her wurden beide Sprachformen als Amts- und Schulsprachen gleichgestellt. Als Norwegen 1905 die Union mit Schweden auflöste und damit unabhängig wurde, führte man nacheinander vier Rechtschreibreformen durch, mit dem Ziel, diese beiden Sprachen der Umgangssprache anzupassen und einander anzunähern.

Seit 1929 nennt man riksmål offiziell bokmål („Buchsprache"), und landsmål wird jetzt nynorsk („Neunorwegisch") genannt. Da bokmål sehr viel weiter verbreitet ist (es ist u. a. die Sprachvariante der großen Städte), und man damit auch in Dänemark und Grönland durchkommt, ist dieses Buch hauptsächlich in bokmål geschrieben. Ich gebe allerdings auch, wenn es mir wichtig erschien, die jeweiligen nynorsk-Ausdrücke an (gekennzeichnet mit der Abkürzung Nyn).

Seitenzahlen

Um Ihnen den Umgang mit den Zahlen zu erleichtern, wird auf jeder Seite die Seitenzahl auch auf Norwegisch angegeben!

Aussprache & Betonung

Viele Selbst- und Mitlaute werden im Norwegischen anders ausgesprochen als bei uns.

Eine verbindliche Aussprache des Norwegischen existiert nicht. Vom Gesetz her gelten alle regionalen Aussprachevarianten als gleichberechtigt, und nur die Schreibweise ist festgelegt. In der Realität ist die Oslo-Aussprache schon die vorherrschende (sie wird auch ausländischen Sprachschülern gelehrt), aber andere Varianten (z. B. Bergen) halten sich auch recht stark.

Selbstlaute (Vokale)

o	kurzes offenes „o" wie in „M**o**tte" **om** omm (ob, falls, um) **foss** foß (Wasserfall) langes „u" wie in „M**u**t" **bo** buu (wohnen) **skole** ßkuul^e (Schule)
u	dumpfer Laut zwischen „ü" und „u" **hus** h~~uu~~ß (Haus)
y	helles „ü" wie in „S**ü**den" **by** büü (Stadt)
æ	„ä" wie in „B**ä**r" **ærlig** äärli (ehrlich)
ø	„ö" wie in „**ö**ffnen" **øl** öll (Bier)
å	langes halboffenes „o", etwa wie in engl. „f**ou**r" (vier) **åpen** oop^{e}n (offen)
au	„äü" **sau** ßäü (Schaf)
ei	„äi" **reise** räiß^e (reisen, fahren)
øy	„öü" (ersatzweise auch wie „öi") **røyk** röük (Rauch)
e	am Wortende gemurmelt wie in „Hos**e**": **noe** nuu^e (einige, einiges)

Mitlaute (Konsonanten)

-d	am Wortende oft stumm **glad** glaa (froh) **alltid** allti (immer)

Aussprache & Betonung

Der Buchstabe r wird in einigen Gegenden als gerolltes Zungenspitzen-R gesprochen (Ostnorwegen mit Oslo, der Norden), in anderen als geriebenes Gaumen-R (West- und Südküste einschl. Bergen). Wenn Sie sich an das Gaumen-R halten, das ja auch in den meisten Gegenden Deutschlands die übliche Aussprache ist, ersparen Sie sich zugleich eine deutlich schwierigere Aussprache der Kombinationen von r mit anderen Mitlauten (z. B. rt, rs), die vielfach mit der gerollten Aussprache des r einhergeht.

Merken Sie sich aber auch De dii (Sie)

-ig	am Wortende wie „i" **herlig** häärli (herrlich)
-eg	wie „äi" (nur im bokmål) **jeg** jäi (ich) **meg** mäi (mir, mich) **deg** däi (dir, dich) **seg** ßäi (sich)
kj, tj	weiches „ch" wie in „i**ch**" **kjøpe** chööp^{e} (kaufen) **kjemi** chemii (Chemie) **tjue** ch~~uu~~^{e} (zwanzig) tj seltener auch wie „tj" in „**tj**a"
gj, hj	„j" wie in „**J**äger" **gjerne** järn^{e} (gern) **hjelpe** jelp^{e} (helfen)
sj, skj	„sch" wie in „**Sch**ule" **stasjon** ßtaschuun (Station, Bahnhof) **beskjeden** beschee d^{e}n (bescheiden)
sl	„schl" wie in „**Schl**ange" **slippe** schlipp^{e} (nicht brauchen)
gn	„ng" wie in „Wa**ng**en" **regning** räining (Rechnung)
egn	„äin" **tegn** täin (Zeichen)
egl	„äil" **negl** näil (Nagel)
øgn	„öün" (ersatzweise auch wie „öin") **døgn** döün (Tag, 24 Stunden)
v, hv	„w" wie in „**W**asser" **hva** waa (was)
rd, ld, nd	nur „r", „l", „n"(das „d" bleibt stumm) **jord** juur (Erde) **sild** ßill (Hering) **hånd** honn (Hand)
-t	in Artikeln (d. h. in det sowie in -et als Endung) bleibt es stumm **huset** h~~uu~~ß^{e} (das Haus) **det** de (das)

Nur vor hellen Selbstlauten, also i, y, ei, øy, gilt:

k	weiches „ch“ wie in „ich“
	kysse chüß^{e} (küssen)
sk	„sch“ wie in „**Sch**ule“
	skip schiip (Schiff)
g	„j“wie in „**J**äger“
	geit jäit (Ziege)

Sonst bleibt die normale Aussprache erhalten.

krok	kruuk	Ecke
skarp	ßkarp	scharf
godt	gott	gut

Betonung

Meistens wird die erste Silbe wie im Deutschen betont. Allerdings ist Norwegisch eine Sprache mit so genanntem Tonakzent. Betonte Silben können je nach Wort mit zwei verschiedenen Tönen ausgesprochen werden. Die Details sind jedoch wieder dialektabhängig. Eine auffällige Konsequenz daraus ist aber, dass Wortendungen u. ä. häufig in einer höheren Tonlage gesprochen werden als der eigentlich betonte Wortanfang. Dieses eigenartige Tonmuster lässt sich nicht in einfache Regeln fassen. Aber wundern Sie sich nicht über das ständige Auf und Ab der Stimme, wenn Sie einem Norweger zuhören. Sprechen Sie selbst einfach die wichtigen Wörter lauter.

Länge

Selbstlaute im Inneren einer Silbe, denen zwei oder noch mehr Mitlaute folgen, werden kurz ausgesprochen:

Kauderwelsch-AusspracheTrainer

*Falls Sie sich die wichtigsten norwegischen Sätze, die in diesem Buch vorkommen, einmal von einem Einheimischen gesprochen anhören möchten, brauchen Sie den **Aussprache-Trainer** zu diesem Buch. Sie bekommen ihn als **MP3-Download** über unseren Internetshop **www.reise-know-how.de** oder auf **Audio-CD** in Ihrer Buchhandlung. Alle Sätze, die Sie auf dem **Kauderwelsch-AusspracheTrainer** hören können, sind in diesem Buch mit einem Ohr ( ) gekennzeichnet.*

katt	katt	Katze
glass	glaß	Glas
fisk	fißk	Fisch
klokke	klokk^{e}	Uhr
flaske	flaßk^{e}	Flasche

Lang sind die Selbstlaute im Silbeninnere vor einem einzelnen Mitlaut sowie am Silbenende. Hier gilt: o wird wie „u" ausgesprochen.

hus	h~~uu~~ß	Haus
bil	biil	Auto
skap	ßkaap	Schrank
gå	goo	gehen
tro	truu	glauben
skive	ßkiiw^{e}	Platte

Wörter, die weiterhelfen

Für die folgenden drei wichtigen Ausdrücke, benötigen Sie keine Grammatikkenntnisse. Setzen Sie einfach ein passendes Wort aus den Wörterlisten ein. Die Wortfolge ist genauso wie im Deutschen.

Har du

Har du ...?	haar d~~uu~~	Hast du ...?
Har De ...?	har dii	Haben Sie ...?
Har du kaffe?	haar d~~uu~~ kaff^{e}	Hast du Kaffee?
Har du te?	haar d~~uu~~ tee	Hast du Tee?
Har du skjorter?	haar d~~uu~~ schurt^{e}r	Hast du Hemden?
Har du frimerker?	haar d~~uu~~ friimärk^{e}r	Hast du Briefmarken?

Mögliche Antworten sind:	**Ja.**	**Nei.**
	jaa	näi
	Ja.	Nein.

Es könnte sein, dass jetzt jemand denkt, Sie sprächen perfekt Norwegisch, und damit anfängt, Ihnen erst mal seine Lebensgeschichte zu erzählen.

Jeg vil

Jeg vil gjerne ha ...
jäi will järn^{e} haa
ich will gerne haben ...
Ich möchte ... haben.

Jeg vil gjerne ha te.
jäi will järn^{e} haa tee
ich will gerne haben Tee
Ich möchte Tee haben.

Jeg vil gjerne ha kaffe.
jäi will järn^{e} haa kaff^{e}
ich will gerne haben Kaffee
Ich möchte Kaffee haben.

Jeg vil ikke ha kaffe.
jäi will ikk^{e} haa kaff^{e}
ich will nicht haben Kaffee
Ich möchte keinen Kaffee haben.

Möchten Sie etwas nicht haben, ersetzen Sie gjerne *(gerne) durch* ikke *(nicht).*

Hvor er

Hvor er stasjonen?
wur äär ßtaschuun^{e}n
wo ist Bahnhof-der
Wo ist der Bahnhof?

Hvor er hotellet ...?
wur äär hotell^{e}
wo ist Hotel-das
Wo ist das ... Hotel?

Hvor er toalettene?
wur äär tualettän^{e}
wo sind Toiletten-die
Wo sind die Toiletten?

Achten Sie aber auch genau auf die Handbewegungen!

til høyre	till höür^{e}	rechts
til venstre	till wänßtr^{e}	links
rett fram	rätt fram	geradeaus

Hauptwörter

Wie im Deutschen haben norwegische Hauptwörter (Substantive) ein grammatisches Geschlecht.

grammatisches Geschlecht

Die grammatische Geschlecht der Hauptwörter wird immer angegeben.

Nicht immer stimmt das grammatische Geschlecht im Norwegischen mit dem Deutschen wie im folgenden Beispiel überein.

hund *(m)*	hʉnn	der Hund
sol *(w)*	suul	die Sonne
land *(s)*	lann	das Land

Das weibliche Geschlecht wurde nämlich aus den Dialekten sowie dem Altnordischen übernommen.

Übrigens gab es im dänisch geprägten bokmål ursprünglich kein weibliches grammatisches Geschlecht, so dass Wörter dieser Klasse wie männliche behandelt wurden. Bis heute gibt es hier ein gewisses Durcheinander. Seit einer erneuten Reform ist nämlich das weibliche Geschlecht nicht mehr obligatorisch; man darf also wieder beide Formen benutzen.

Dies gilt aber nicht in beide Richtungen: weibliche Wörter können auch die männlichen Endungen bekommen, aber nicht umgekehrt.

bestimmter Artikel

Der bestimmte Artikel (der, die, das) ist im Norwegischen eine Endung des Hauptworts. In der Mehrzahl gibt es nur eine Endung für alle drei grammatischen Geschlechter.

m	**-en**	-^{e}n	der
w	**-a**	-a	die
s	**-et**	-^{e}	das
Mz	**-ene**	-än^{e}	die

dag	daag	Tag
dagen	daag^{e}n	der Tag
kone	kuun^{e}	Frau
kona	kuuna	die Frau
barn	barn	Kind
barnet	barn^{e}	das Kind
gater	gaat^{e}r	Straßen
gatene	gaatän^{e}	die Straßen

unbestimmter Artikel

Den unbestimmten Artikel gibt es nur in der Einzahl, er lautet für die drei Geschlechter:

m	**en**	en	ein
w	**ei**	äi	eine
s	**et**	et	ein

en dag	**ei kone**	**et barn**
en daag	äi kuun^{e}	et barn
Tag	Frau	Kind

Leuchtturm vor der Küste Fosens

männliche Hauptwörter

Typische Endungen männlicher Hauptwörter sind z. B. -dom, -er, -else, -het, -itet, -ikk, -ist, -nad, -ning, -sjon, -ur. Darüber hinaus gibt es noch weitere typische Endungen.

EN	-EN	-ER	-ENE
en fisk	**fisken**	**fisker**	**fiskene**
en fißk	fißk^{e}n	fißk^{e}r	fißkän^e
ein Fisch	der Fisch	Fische	die Fische
en hage	**hagen**	**hager**	**hagene**
en haag^e	haag^{e}n	haag^{e}r	haagän^e
ein Garten	der Garten	Gärten	die Gärten

Berufsbezeichnungen auf -er gehen wie folgt:

EN	-EN	-E	-NE
en baker	**bakeren**	**bakere**	**bakerne**
en baak^{e}r	baakär^{e}n	baakär^e	baakärn^e
ein Bäcker	der Bäcker	Bäcker	die Bäcker

weibliche Haupwörter

Weibliche Hauptwörter enden in der Regel auf -ing, -inne und viele auf -t, -e.

EI	-A	-ER	-ENE
ei skål	**skåla**	**skåler**	**skålene**
äi ßkool	ßkoola	ßkool^{e}r	ßkoolän^e
eine Schale	die Schale	Schalen	die Schalen
ei gate	**gata**	**gater**	**gatene**
äi gaat^e	gaata	gaat^{e}r	gaatän^e
eine Straße	die Straße	Straßen	die Straßen

sächliche Hauptwörter

Sächliche Hauptwörter enden auf -døm-me, -i, -eri. Dazu kommen noch die Ableitungen von Tätigkeitswörtern, wie „Sprung" (von „springen"). Der angehängte Artikel -et (das) wird nur wie ^{e} ausgesprochen. Eple und eplet sind also in der Aussprache gleich.

ET	-ET	–	-A / -ENE
et hus	**huset**	**hus**	**husa / husene**
et h~~uu~~ß	h~~uu~~ß^{e}	h~~uu~~ß	h~~uu~~ßa / h~~uu~~ßän^{e}
ein Haus	das Haus	Häuser	die Häuser

Mehrsilbige sächliche Hauptwörter gehen so:

ET	-ET	-ER	-ENE
et vindu	**vinduet**	**vinduer**	**vinduene**
et wind~~uu~~	wind~~uu~~^{e}	wind~~uu~~^{e}r	wind~~uu~~än^{e}
ein Fenster	das Fenster	Fenster	die Fenster
et eple	**eplet**	**epler**	**eplene**
et epl^{e}	epl^{e}	epl^{e}r	eplän^{e}
ein Apfel	der Apfel	Äpfel	die Äpfel

unregelmäßige Mehrzahlformen

Einzahl	Mehrzahl	
and	**ender** *(w)*	Ente
ann	enn^{e}r	
bok	**bøker** *(w)*	Buch
buuk	böök^{e}r	
bonde	**bønder** *(m)*	Bauer
bunn^{e}	bönn^{e}r	
fot	**føtter** *(m)*	Fuß
fuut	fött^{e}r	
høne	**høns** *(w)*	Huhn
hönn^{e}	hönß	
hånd	**hender** *(w)*	Hand
honn	henn^{e}r	
håndkle	**håndklær** *(s)*	Handtuch
honnklee	honnkläär	
kne	**knær** *(s)*	Knie
knee	knäär	

Einige Hauptwörter bilden die Mehrzahl unregelmäßig.

kraft kraft	**krefter** *(w)* kreft^{e}r	Kraft
krå kroo	**kræer** *(s)* kräär	Ecke
ku k~~uu~~	**kyr** *(w)* küür	Kuh
natt natt	**netter** *(w)* nett^{e}r	Nacht
mann mann	**menn** *(m)* menn	Mann
rand rann	**render** *(w)* renn^{e}r	Rand
rot ruut	**røtter** *(w)* rött^{e}r	Wurzel
stad ßtaa	**steder** *(w)* ßteed^{e}r	Stadt
stand ßtann	**stender** *(w)* ßtenn^{e}r	Stand
stang ßtang	**stenger** (w) ßteng^{e}r	Stange
strand ßtrann	**strender** *(w)* ßtrenn^{e}r	Strand
tang tang	**tenger** *(w)* teng^{e}r	Zange
tann tann	**tenner** *(w)* tenn^{e}r	Zahn
tre tree	**trær** *(s)* träär	Baum
tå too	**tær** *(s)* täär	Zehe
øye öü^{e}	**øyne** *(s)* öün^{e}	Auge

Bei nebenstehenden Wörtern ist die Einzahl identisch mit der Mehrzahl.

angrep *(s)*	angreep	Angriff
besøk *(s)*	beßöök	Besuch
eventyr *(s)*	ewäntüür	Märchen
feil *(m)*	fäil	Fehler
forhold *(s)*	forholl	Verhältnis
høve *(s)*	hööw^{e}	Gelegenheit

kreps *(m)*	kreepß	Krebs
mus *(w)*	m~~uu~~ß	Maus
mygg *(m)*	mügg	Mücke
sild *(w)*	sill	Hering
ski *(w)*	schii	Schi
sko *(m)*	ßkuu	Schuh
spiker *(m)*	ßpiik^{e}r	Nagel
ting *(m)*	ting	Ding
våpen *(s)*	woop^{e}n	Waffe

Verwandtschaftswörter

bokmål

en far	**faren**	Vater
en faar	faar^{e}n	
fedre	**fedrene**	Väter
fädr^{e}	fädrän^{e}	
en bror	**broren**	Bruder
en bruur	bruur^{e}n	
brødre	**brødrene**	Brüder
brödr^{e}	brödrän^{e}	
en sønn	**sønnen**	Sohn
en ßönn	ßönn^{e}n	
sønner	**sønnene**	Söhne
ßönn^{e}r	ßönnän^{e}	
en mor	**moren**	Mutter
en muur	muur^{e}n	
mødre	**mødrene**	Mütter
mödr^{e}	mödrän^{e}	
en søster	**søsteren**	Schwester
en ßößt^{e}r	ßößtär^{e}n	
søstre	**søstrene**	Schwestern
ßößtr^{e}	ßößträn^{e}	
en datter	**datteren**	Tochter
en datt^{e}r	dattär^{e}n	
døtre	**døtrene**	Töchter
dötr^{e}	döträn^{e}	

Und nun alles nochmal in nynorsk:

nynorsk

ein far	**faren**	Vater
äin faar	faar^{e}n	
fedrar	**fedrane**	Väter
fädrar	fädran^{e}	
ein bror	**broren**	Bruder
äin bruur	bruur^{e}n	
brør	**brørne**	Brüder
bröör	brörne	
ein son	**sonen**	Sohn
äin ßon	ßonn^{e}n	
søner	**sønene**	Söhne
ßönn^{e}r	ßönnän^{e}	
ei mor	**mora**	Mutter
äi muur	muura	
mødrer	**mødrene**	Mütter
mödr^{e}r	mödrän^{e}	
ei syster	**systera**	Schwester
äi ßüüßt^{e}r	ßüüßtära	
systrer	**systrene**	Schwestern
ßüüßtr^{e}r	ßüüßträn^{e}	
ei dotter	**dottera**	Tochter
äi dott^{e}r	dottära	
døtrer	**døtrene**	Töchter
döttr^{e}r	dötträn^{e}	

Zusammengesetzte Hauptwörter

Im modernen Norwegisch gibt es keine Fälle mehr. Lediglich der Genitiv (im Deutschen 2. Fall) ist erhalten geblieben; er wird ganz einfach durch ein angehängtes -s gebildet. Im Gegensatz zum Deutschen steht der Genitiv immer vor dem Bezugswort.

elev	eleew	Schüler
bok	buuk	Buch
elevens bok		Schülers Buch
eleew^{e}nß buuk		
das Buch des Schülers		

snekker	ßnekk^{e}r	Tischler
melk	melk	Milch
snekkerens melk		die Milch des
ßnekkär^{e}nß melk		Tischlers
Tischlers Milch		

venner	wenn^{e}r	Freunde
svar	ßwaar	Antwort
vennenes svar		die Antwort der
wennän^{e}ß ßwaar		Freunde
Freundes Antwort		

den unge piken		das junge
den ung^{e} piik^{e}n		Mädchen
dukke	dukk^{e}	Puppe
den unge pikens dukke		die Puppe des
den ung^{e} piik^{e}nß dukk^{e}		jungen Mädchens
des jungen Mädchens Puppe		

Dieses & Jenes

Die hinweisenden Fürwörter (Demonstrativpronomen) richten sich in Zahl und Geschlecht nach dem Hauptwort, auf das sie sich beziehen. Das nachfolgende Hauptwort trägt zusätzlich noch die Artikel-Endung.

m	**denne**	denn^{e}	dieser
w	**denne**	denn^{e}	diese
s	**dette**	dett^{e}	dieses

Mz **disse**	diß^e	diese
denne dagen	denn^e daag^{e}n	dieser Tag
denne kona	denn^e kuuna	diese Frau
dette barnet	dett^e barn^e	dieses Kind
disse gatene	diß^e gaatän^e	diese Straßen

Auch nach den, det, de *steht das Hauptwort immer mit der Artikel-Endung.*

Will man auf etwas hinweisen, das nicht ganz so nahe ist, kann man auch den, det, de (jene[r], jenes, jene) gebrauchen.

den dagen	den daag^{e}n	jener Tag
den kona	den kuuna	jene Frau
det barnet	de barn^e	jenes Kind
de gatene	dii gatän^e	jene Straßen

Allerdings haben die hinweisenden Fürwörter den, det, de auch eine „abgemagerte" Verwendung und können dann auch nur mit „der, die, das" übersetzt werden. Also bedeutet den dagen sowohl „jener Tag" als auch „der Tag".

Eigenschaftswörter

Das Eigenschaftswort (Adjektiv) kann je nach seiner Umgebung verschiedene Endungen annehmen. Im Norwegischen unterscheidet man „starke" und „schwache" Formen.

starke Form

Die starke Form steht nach folgenden Wörtern:

en, ei, et en, äi, et	ein, eine
noe, noen nuu^e, nuu^{e}n	etwas, einige

hver, hvert wäär, wäärt	jeder
ingen, intet ing^{e}n, int^{e}t	kein
alle all^e	alle
er / var (ikke) äär / waar (ikk^e)	ist / war (nicht)
blir / ble (ikke) bliir / blee (ikk^e)	wird / wurde (nicht)

Bezieht sich das Eigenschaftswort auf ein männliches oder weibliches Hauptwort, ändert es sich nicht. Bezieht es sich jedoch auf ein sächliches Hauptwort, wird -t angehängt. An Hauptwörter in der Mehrzahl tritt -e an.

männlich Einzahl

en stor by en ßtuur büü	eine große Stadt
en ung pike en ung piik^e	ein junges Mädchen
en gammel stol en gamm^{e}l ßtuul	ein alter Stuhl

weiblich Einzahl

ei stor bru äi ßtuur bruu	eine große Brücke
ei ung jente äi ung jent^e	ein junges Mädchen
ei gammel elv äi gamm^{e}l elw	ein alter Fluss

sächlich Einzahl

et stort hus et ßtuurt h~~uu~~ß	ein großes Haus
et ungt barn et ungt barn	ein junges Kind
et gammelt museum et gamm^{e}lt m~~u~~ßee~~u~~m	ein altes Museum

Mehrzahl

store gutter ßtuur^e gʉtt^{e}r	große Jungen
unge hunder ung^e hʉnn^{e}r	junge Hunde
gamle menn gamml^e menn	alte Männer

schwache Form

Die schwache Form endet immer auf -e. Sie steht nach den folgenden Formen:

den, det, de den, de, dii	der / die, das, die *(Mz)*
denne, dette, disse denn^e, dett^e, diß^e	diese
min, din, Pauls ... miin, diin, päülß	mein, dein, Pauls ...

männlich Einzahl

den store byen den ßtuur^e büü^{e}n	die große Stadt
den unge piken den ung^e piik^{e}n	das junge Mädchen
den gamle stolen den gamml^e ßtuul^{e}n	der alte Stuhl

weiblich Einzahl

den store brua den ßtuur^e brʉa	die große Brücke
den unge jenta den ung^e jenta	das junge Mädchen
den gamle elva den gamml^e elwa	der alte Fluss

sächlich Einzahl

det store huset de ßtuur^e hʉʉß^e	das große Haus
det unge barnet de ung^e barn^e	das junge Kind
det gamle museet de gamml^e mʉßee^e	das alte Museum

de store guttene dii ßtuur^e gʉttän^e	die großen Jungen	**Mehrzahl**
de unge hundene dii ung^e hʉnnän^e	die jungen Hunde	
de gamle mennene dii gamml^e mennän^e	die alten Männer	

Farben

blå	bloo	blau
brun	brüün	braun
gul	gʉll	gelb
grå	groo	grau
grønn	grönn	grün
rød	röö	rot
svart	ßwart	schwarz
hvit	wiit	weiß

Steigern & Vergleichen

Die regelmäßigen Eigenschaftswörtern werden mit folgenden Endungen gesteigert.

	„mehr“	**„meist“**
starke Form	**-ere**	**-est**
schwache Form	**-ere**	**-este**

kort	**kortere**	**kortest**
kort	korter^e	korteßt
kurz	kürzerer	kürzester
smal	**smalere**	**smalest**
ßmaal	ßmaaler^e	ßmaaleßt
schmal	schmalerer	schmalster
rik	**rikere**	**rikest**
riik	riiker^e	riikeßt
reich	reicherer	reichster

Darüber hinaus gibt es noch eine Umschreibung mit mer (mehr) und mest (am meisten). Man verwendet sie bei Eigenschaftswörtern auf -et, -ende, -isk und -e, sowie außerdem bei langen bzw. schwer aussprechbaren Wörtern.

fremmed	**mer fremmed**	**mest fremmed**
fremm^{e}d	meer fremm^{e}d	meßt fremm^{e}d
fremd	fremderer	fremdester
øde	**mer øde**	**mest øde**
ööd^{e}	meer ööd^{e}	meßt ööd^{e}
öde	öderer	ödester

elsket	**mer elsket**	**mest elsket**
elßk^{e}t	meer elßk^{e}t	meßt elßk^{e}t
geliebt	geliebterer	geliebtester

Einige Steigerungsformen sind unregelmäßig. Die wichtigsten stehen in der folgenden Tabelle:

groß	**stor** ßtuur	**større** ßtörr^{e}	**størst** ßtörscht
alt	**gammel** gamm^{e}l	**eldre** eldr^{e}	**eldst** eldßt
jung	**ung** ʉng	**yngre** üngr^{e}	**yngst** üngßt
wenige	**få** foo	**færre** färr^{e}	**færrest** färreßt
gut	**god** guu	**bedre** beedr^{e}	**best** beßt
viel	**mye** müü^{e}	**mer** meer	**mest** meßt
viele	**mange** mang^{e}	**flere** fleer^{e}	**flest** fleßt
nahe	**nær** näär	**nærmere** näärmeer^{e}	**nærmest** näärmeßt
lang	**lang** lang	**lengre** lengr^{e}	**lengst** lengßt

schwer	**tung**	**tyngre**	**tyngst**
	tung	tüngr^{e}	tüngßt
schlecht	**vond**	**verre**	**verst**
	wunn	werr^{e}	werscht
klein	**liten**	**mindre**	**minst**
	liit^{e}n	mindr^{e}	minßt

vergleichen

så - som

Gutten er så lur som meg.
gʉtt^{e}n äär ßoo lʉʉr ßomm mäi
Junge-der ist so schlau wie mich
Der Junge ist so schlau wie ich.

Nach som *und* enn *stehen die persönlichen Fürwörter meist in der Objekt-Form, also* meg, deg *usw. anstatt* jeg, du *usw.*

Den boka er så kjedelig som den der.
den buuka är ßoo cheed^{e}li ßomm den däär
dieses Buch-das ist so langweilig wie das dort
Dieses Buch ist so langweilig wie das da.

Dette huset er så gammelt som mitt.
dett^{e} hʉʉß^{e} är ßoo gamm^{e}lt ßom mitt
dieses Haus-das ist so alt wie meines
Dieses Haus ist so alt wie meines.

mer - enn

Hun er eldre enn meg.
hʉn äär eldr^{e} enn mäi
Sie ist älter als ich.

Denne skjorta er større enn den der.
denn^{e} schurta äär ßtörr^{e} enn den däär
Dieses Hemd ist größer als das da.

Den blå buksa er dyrere enn den grønne.
den bloo bʉkßa är düürär^{e} enn den grönn^{e}
Die blaue Hose ist teurer als die grüne.

mest

Han er den mindste i familien.
hann äär den minßte ii famiilien
er ist der kleinste in Familie-die
Er ist der kleinste in der Familie.

Dette er det høyeste fjellet i Norge.
dette äär de höüäßte fjelle ii norge
Dies ist der höchste Berg in Norwegen.

Du er den peneste jenta jeg noen gang har sett.
d~~uu~~ äär den peenäßte jenta jäi nuuen gang haar ßätt
du bist das schönste Mädchen-das ich irgendein Mal habe gesehen
Du bist das schönste Mädchen, das ich jemals sah.

Tätigkeitswörter & Zeiten

Von jedem Tätigkeitswort (Verb) gibt es drei Stammformen, aus denen sich alle anderen Formen ableiten lassen, z. B.:

Grundform	**drikke** drikke trinken	**ta** taa nehmen
Vergangenheit	**drakk** drakk trank	**tok** tukk nahm
Partizip	**drukket** drukket getrunken	**tatt** tatt genommen

Grundform

Die Grundform ist bildet zugleich die Grundlage für die Bildung der Gegenwartszeit. Wie im

Deutschen verwendet man die Grundform im Satz nach den Modalverben.

Jeg vil drikke en øl.
jäi will drikk^{e} ^{e}n öll
ich will trinken ein Bier
Ich will Bier trinken.

Vi kunne ta det.
wii kʉnn^{e} taa de
wir konnten nehmen das
Wir konnten das nehmen.

Auch die Zukunft kann mit Modalverben ausgedrückt werden:

Han skal ta boka.
hann ßkall taa buuka
er soll nehmen Buch-das
Er soll das Buch nehmen.

kan	kann	kann
kunne	kʉnn^{e}	konnte
må	moo	muss, darf
måtte	mootț^{e}	musste, durfte
skal	ßkall	soll, wird
skulle	ßkʉll^{e}	sollte
vil	will	will
ville	will^{e}	wollte, würde
tør	törr	wagt es
turde	tʉʉr^{e}	wagte es
bør	böör	soll
burde	bʉrd^{e}	sollte eigentlich
får	foor	darf
fikk	fikk	durfte
gidder	gidd^{e}r	hat Lust
gadd	gadd	hatte Lust

Auffordern & Befehlen

Lässt man das unbetonte -e der Grundform weg, erhält man die Befehlsform, die für alle Personen gilt, also für „du“, „ihr“ und auch „Sie“.

drikke	**drikk!**
drikk^{e}	drikk
trinken	trink!, trinkt!, trinken Sie!
ta	**ta!**
taa	taa
nehmen	nimm!, nehmt!, nehmen Sie!

Es gibt keine Höflichkeitsabstufungen. Man kann jedoch eine freundliche Formulierung voranstellen:

Vær så snill å drikke / ta.
wäär ßoo ßnill oo drikk^{e} / taa
Sei so lieb zu trinken / nehmen.

Gegenwart

Das heißt, es gibt nur eine Einheitsform für alle grammatischen Personen.

Hängt man -r an die Grundform, erhält man die Gegenwartszeit. Sie wird nicht gebeugt.

drikke	**drikker**
drikk^{e}	drikk^{e}r
trinken	trinke, trinkst, trinkt ...
ta	**tar**
taa	taar
nehmen	nehme, nimmst, nimmt ...

jeg	**drikker**	jäi drikk^{e}r	ich trinke
du	**drikker**	d~~uu~~ drikk^{e}r	du trinkst
han	**drikker**	hann drikk^{e}r	er trinkt
vi	**drikker**	wii drikk^{e}r	wir trinken
dere	**drikker**	deer^{e} drikk^{e}r	ihr trinkt
de	**drikker**	dii drikk^{e}r	sie trinken

Passiv

Wenn man die Endung -s an die Grundform hängt, erhält man die Passivform. Das -s ist aus einem angehängten seg (sich) entstanden.

drikke	**drikkes**
drikk^{e}	drikk^{e}ß
trinken	wird getrunken
ta	**tas**
taa	taaß
nehmen	wird genommen

Diese Form steht meist nach Hilfsverben, aber auch als unpersönliche Aufforderung. So findet man diese Form z. B. oft in Bedienungsanleitungen. Insgesamt ist das Passiv im Norwegischen wichtiger als im Deutschen.

øl drikkes
öll drikk^{e}ß
Bier trinkt-sich
Bier wird getrunken

øl skal drikkes
öll ßkall drikk^{e}ß
Bier soll trinken-sich
Bier soll getrunken werden

Boken tas av barna.
buuk^{e}n taaß aaw barna
Buch-das nimmt-sich von Kindern-die
Das Buch wird (von) den Kindern genommen.

Boken kan tas av barna.
buuken kann taaß aaw barna
Buch-das kann nehmen-sich von Kindern-die
Das Buch kann (von) den Kindern genommen werden.

Die drei behandelten Formen (Aufforderung, Gegenwart, Passiv) werden bei allen Tätigkeitswörtern regelmäßig von der Grundform abgeleitet. Deshalb gebe ich sie in den folgenden Tabellen nicht weiter an.

Unregelmäßige Gegenwartsformen finden sich nur bei folgenden Tätigkeitswörtern:

være	wäär^{e}	sein
er	äär	bin, bist ...
gjøre	jöör^{e}	tun
gjør	jöör	tue, tust ...
si	ßii	sagen
sier	ßiir	sage, sagst ...
spørre	ßpörr^{e}	fragen
spør	ßpöör	frage, fragst ...
vite	wiit^{e}	wissen
vet / veit	weet / wäit	weiß, weißt ...

Vergangenheit

jeg	**tok**	jäi tukk	ich nahm
du	**tok**	dʉʉ tukk	du nahmst
hun	**tok**	hʉnn tukk	sie nahm
vi	**tok**	wii tukk	wir nahmen
dere	**tok**	deer^{e} tukk	ihr nahmt
de	**tok**	dii tukk	sie nahmen

Die einfache Vergangenheit ist die am meisten verwendete Form. Sie ist nicht weiter veränderlich, hat also keine Personenendungen.

Partizip

Das Partizip (z. B. „gegangen“, „gewesen“, „genommen“) muss man zu jedem Tätigkeitswort dazulernen. Mit diesem können auch noch weitere Vergangenheits- und Passivformen gebildet werden. Die Bildung erfolgt wie im Deutschen:

jeg har tatt jäi haar tatt	ich habe genommen
jeg hadde tatt jäi hadde tatt	ich hatte genommen
boka blir tatt buuka bliir tatt	das Buch wird genommen
boka ble tatt buuka blee tatt	das Buch wurde genommen

regelmäßige Tätigkeitswörter

Die regelmäßigen Verben werden ihrer lautlichen Form nach in vier Gruppen eingeteilt. Ich gebe hier wieder nur die Stammformen an (Grundform, Vergangenheit, Partizip):

1. Gruppe

Zur ersten Gruppe gehören einsilbige Tätigkeitswörter ohne ein -e in der Grundform.

bo buu wohnen	**bodde** budde wohnte	**bodd** budd gewohnt
sy ßüü nähen	**sydde** ßüdde nähte	**sydd** ßüdd genäht

Im Dom von Stavanger

2. Gruppe

Zur zweiten Gruppe gehören die meisten Tätigkeitswörter, hauptsächlich diejenigen, die auf -be, -de, -ge oder auf mehrere Mitlaute enden.

kaste	**kastet**	**kastet**
kaßte	kaßtet	kaßtet
werfen	warf	geworfen
elske	**elsket**	**elsket**
elßke	elßket	elßket
lieben	liebte	geliebt

3. Gruppe

Zur dritten Gruppe gehören Verben, die auf einfachen Mitlaut oder auf -nde, lde, -nge enden, sowie Fremdwörter, die auf -ere enden.

lyse	**lyste**	**lyst**
lüüse	lüßte	lüßt
leuchten	leuchtete	geleuchtet
høre	**hørte**	**hørt**
hööre	hörte	hört
hören	hörte	gehört

4. Gruppe

Zu dieser Gruppe gehören nur Tätigkeitswörter auf -øye, -eie, -ve.

leie	**leide**	**leid**
läie	läide	läid
mieten	mietete	gemietet
leve	**levde**	**levd**
leewe	lewde	lewd
leben	lebte	gelebt

unregelmäßige Tätigkeitswörter

Leider gibt es im Norwegischen sehr viele unregelmäßige Tätigkeitswörter. Da sie aber sehr oft vorkommen, sollten Sie sie trotzdem lernen. Ich gebe wieder nur die drei Stammformen an, und zwar in der Reihenfolge Grundform, Vergangenheit, Partizip.

be	**ba(d)**	**bedt**	*bitten*
bee	baa	bett	
binde	**bandt**	**bundet**	*binden*
binn^{e}	bantt	bünn^{e}t	
bli	**ble**	**blitt**	*werden*
blii	blee	blitt	
bringe	**brakte**	**brakt**	*bringen*
bring^{e}	brakt^{e}	brakt	
bære	**bar**	**båret**	*tragen*
bäär^{e}	baar	boor^{e}t	
dra	**dro**	**dratt**	*ziehen*
draa	druu	dratt	
drikke	**drakk**	**drukket**	*trinken*
drikk^{e}	drakk	drukk^{e}t	
drive	**drev**	**drevet**	*treiben*
driiw^{e}	drääw	drääw^{e}t	
dø	**døde**	**død**	*sterben*
döö	dööd^{e}	dööd	
ete	**åt**	**ett**	*essen*
eet^{e}	ot	ett	
falle	**falt**	**falt**	*fallen*
fall^{e}	falt	falt	
fare	**for**	**faret**	*fahren*
faar^{e}	foor	faar^{e}t	
finne	**fant**	**funnet**	*finden*
finn^{e}	fant	fʉnn^{e}t	
fly	**fløy**	**fløyet**	*fliegen*
flüü	flöü	flöü^{e}t	

verbieten	**forby**	**forbaud**	**forbudt**
	forbüü	forbäüd	forbütt
verstehen	**forstå**	**forsto**	**forstått**
	forschtoo	forschtuu	forschtoott
verschwinden	**forsvinne**	**forsvant**	**forsvunnet**
	forschwinn^{e}	forschwant	forschwʉnn^{e}t
erzählen	**fortelle**	**fortalte**	**fortalt**
	fortäll^{e}	fortaalt^{e}	fortaalt
frieren	**fryse**	**fraus**	**frosset**
	früüß^{e}	fräüß	fruß^{e}t
bekommen	**få**	**fikk**	**fått**
	foo	fikk	foott
geben	**gi**	**ga(v)**	**gitt**
	jii	gaa	jitt
greifen	**gripe**	**greip**	**grepet**
	griip^{e}	gräip	greep^{e}t
weinen	**gråte**	**gråt**	**grått**
	groot^{e}	groot	grott
gehen	**gå**	**gikk**	**gått**
	goo	jikk	goott
haben	**ha**	**hadde**	**hatt**
	haa	hadd^{e}	hatt
hängen	**henge**	**hang**	**hengt**
	heng^{e}	hang	hengt
heißen	**hete**	**heit**	**hett**
	heet^{e}	häit	hett
helfen	**hjelpe**	**hjalp**	**hjulpet**
	jelp^{e}	jalp	jʉlp^{e}t
hauen	**hogge**	**hogg**	**hogd**
	hogg^{e}	hogg	hogd
halten	**holde**	**holdt**	**holdt**
	holl^{e}	hollt	hollt
kommen	**komme**	**kom**	**kommet**
	komm^{e}	komm	komm^{e}t
lassen	**la**	**lot**	**latt**
	laa	lott	latt
lachen	**le**	**lo**	**ledd**
	lee	luu	ledd
liegen	**ligge**	**lå**	**ligget**
	ligg^{e}	loo	ligg^{e}t

lyve	**løy**	**løyed**	*lügen*
lüüw^{e}	löü	löü^{e}d	
løpe	**løp**	**løpt**	*laufen*
lööp^{e}	lööp	löpt	
nyte	**nøt**	**nytt**	*genießen*
nüüt^{e}	nööt	nütt	
rekke	**rakk**	**rukket**	*reichen*
rekk^{e}	rakk	rükk^{e}t	
renne	**rant**	**rent**	*rennen*
renn^{e}	rant	rent	
rive	**reiv**	**revet**	*zerreißen*
riiw^{e}	räif	reew^{e}t	
se	**så**	**sett**	*sehen*
ßee	ßoo	ßett	
selge	**solgte**	**solgt**	*verkaufen*
ßell^{e}	ßolt^{e}	ßolt	
sette	**satte**	**satt**	*setzen*
ßett^{e}	ßatt^{e}	ßatt	
sitte	**satt**	**sittet**	*sitzen*
ßitt^{e}	ßatt	ßitt^{e}t	
skjære	**skar**	**skåret**	*schneiden*
schäär^{e}	ßkaar	ßkoor^{e}t	
skrive	**skreiv**	**skrevet**	*schreiben*
ßkriiw^{e}	ßkräiw	ßkreew^{e}t	
skyte	**skjøt**	**skytt**	*schießen*
schüüt^{e}	schööt	ßkütt	
slippe	**slapp**	**sluppet**	*loslassen*
schlipp^{e}	schlapp	schlüpp^{e}t	
slå	**slo**	**slått**	*chlagen*
schloo	schluu	schloott	
slåss	**sloss**	**slåss**	*kämpfen*
schloß	schloß	schloß	
smyge	**smøg**	**smøget**	*kriechen*
ßmüüg^{e}	ßmöög	ßmöög^{e}t	
sove	**sov**	**sovet**	*schlafen*
ßoow^{e}	ßoow	ßoow^{e}t	
spinne	**spant**	**spunnet**	*spinnen*
ßpinn^{e}	ßpannt	ßpʉnn^{e}t	
springe	**sprang**	**sprunget**	*laufen*
ßpring^{e}	ßprang	ßprʉng^{e}t	

steigen	**stige** ßtiig^{e}	**steg** ßteeg	**steget** ßteeg^{e}t
stehlen	**stjele** ßtjeel^{e}	**stjal** ßtjaal	**stjålet** ßtjool^{e}t
stehen	**stå** schtoo	**stod** schtuu	**stått** schtoott
singen	**synge** ßüng^{e}	**sang** ßang	**sunget** ßung^{e}t
nehmen	**ta** taa	**tok** tukk	**tatt** tatt
zählen	**telle** tell^{e}	**talte** taalt^{e}	**talt** taalt
treffen	**treffe** treff^{e}	**traff** traff	**truffet** trʉff^{e}t
wählen	**velge** welg^{e}	**valgte** walgt^{e}	**valgt** walgt
gewinnen	**vinne** winn^{e}	**vant** want	**vunnet** wʉnn^{e}t
sein	**være** wäär^{e}	**var** waar	**vært** säärt

Persönliche Fürwörter

Da die persönlichen Fürwörter (Personalpronomen) sehr wichtig sind und natürlich ständig vorkommen, stehen abweichende nynorsk-Formen hinter den bokmål-Wörtern in Klammern. Sie brauchen sie nicht selbst zu verwenden, sollten sie aber verstehen können.

Die persönlichen Fürwörter stehen wie im Deutschen immer vor dem Tätigkeitswort.

jeg (Nyn **eg**)	jäi (eg)	ich
du	dʉʉ	du
han	hann	er
hun (Nyn **ho**)	hʉnn (huu)	sie
den, **det**	den, de	es
vi	wii	wir

dere (Nyn **de**)	deer^e (dii)	ihr
de (Nyn **dei**)	dii (däi)	sie *(Mz)*

Han und hun werden nicht für unbelebte Dinge gebraucht, dafür steht das unpersönliche den. Zusammen mit einem Tätigkeitswort sieht das Ganze dann so aus:

jeg	**snakker**	jäi ßnakk^{e}r	ich spreche
du	**snakker**	d~~uu~~ ßnakk^{e}r	du sprichst
han	**snakker**	hann ßnakk^{e}r	er spricht
hun	**snakker**	h~~u~~nn ßnakk^{e}r	sie spricht
vi	**snakker**	vii ßnakk^{e}r	wir sprechen
dere	**snakker**	deer^e ßnakk^{e}r	ihr sprecht
de	**snakker**	dii ßnakk^{e}r	sie sprechen

mir & mich

Als Satzergänzung (Objekt) oder nach Verhältniswörtern (Präpositionen) zeigen die persönlichen Fürwörter gebeugte Formen, die dem deutschen 3. und 4. Fall entsprechen (Dativ / Akkusativ). Es gibt jedoch keine Unterscheidung zwischen diesen beiden Fällen.

meg	mäi	mir, mich
deg	däi	dir, dich
ham (Nyn **honom**)	ham (honnom)	ihm, ihn
henne	henn^e	ihr, sie
seg	ßäi	sich
oss	oß	uns
dere (Nyn **dykk**)	deer^e (dükk)	euch
dem	dem	ihnen, sie

Besitzanzeigende Fürwörter

Die besitzanzeigenden Fürwörter (Possessivpronomen) sind dem Hauptwort, auf das sie sich beziehen, meistens nachgestellt. Die deutsche Reihenfolge wird dagegen nur sehr selten benutzt. Einige Formen richten sich in Geschlecht und Zahl nach dem Bezugswort.

Die weiblichen Formen mi, di, si *können nur nachgestellt werden.*

m	w	s	Mz	
min miin	**mi** mii	**mitt** mitt	**mine** miin^{e}	mein
din diin	**di** dii	**ditt** ditt	**dine** diin^{e}	dein
sin ßiin	**si** ßii	**sitt** ßitt	**sine** ßin^{e}	sein/ihr
hans hanß	**hans** hanß	**hans** hanß	**hans** hanß	sein
hennes henn^{e}ß	**hennes** henn^{e}ß	**hennes** henn^{e}ß	**hennes** henn^{e}ß	ihr
vår woor	**vår** woor	**vårt** woort	**våre** woor^{e}	unser
deres deer^{e}ß	**deres** deer^{e}ß	**deres** deer^{e}ß	**deres** deer^{e}ß	euer
deres deer^{e}ß	**deres** deer^{e}ß	**deres** deer^{e}ß	**deres** deer^{e}ß	ihr *(Mz)*

Beachten Sie, dass sin auch in der Mehrzahl verwendet wird und immer „sein/ ihr eigenes“ bedeutet, während hans, hennes und deres einen anderen Besitzer voraussetzen.

Wenn das besitzanzeigende Fürwort nach/gestellt wird, erhält das Hauptwort den bestimmten Artikel.

min hund miin hʉnn *mein Hund*	**hunden min** hʉnn^{e}n miin *Hund-der mein*	mein Hund
min bok miin buuk *mein Buch*	**boka mi** buuka mii *Buch-das mein*	mein Buch

mitt barn mitt barn *mein Kind*	**barnet mitt** barn^{e} mitt *Kind-das mein*	mein Kind
mine hunder miin^{e} hunn^{e}r *meine Hunde*	**hundene mine** hunnän^{e} miin^{e} *Hunde-die meine*	meine Hunde
mine bøker miin^{e} bök^{e}r *meine Bücher*	**bøkene mine** bökän^{e} miin^{e} *Bücher-die meine*	meine Bücher
mine barn miin^{e} barn *meine Kinder*	**barna mine** barna miin^{e} *Kinder-die meine*	meine Kinder

Bergen

Verhältniswörter

Die Verhältniswörter (Präpositionen) werden im Prinzip wie im Deutschen verwendet.

av	aaw	ab
bak	baak	hinter
blant	blant	unter, zwischen
etter	ett^{e}r	nach
for	forr	für
fra	fraa	von
før	föör	vor
gjennom	jennom	durch
hos	huß	bei
i	ii	in
langs	langß	längs
med	mee	mit
mellom	mellom	zwischen
mot	muut	gegen
nær	näär	nahe von
om	omm	um, über *(Thema)*
omkring	omkring	um ... herum
over	oow^{e}r	über
på	poo	auf
rundt	rʉnn	um ... herum
siden	ßiid^{e}n	seit
til	till	zu, nach
unna	ʉnna	weg von
under	ʉnn^{e}r	unter, während
ut	ʉʉ̈t	aus
uten	ʉʉ̈t^{e}n	ohne
ved	wee	neben

Bindewörter

Die Bindewörter (Konjunktionen) werden ebenfalls ähnlich wie bei uns verwendet.

at	att	dass
bare	baar^{e}	wenn nur
både ... og *sowohl ... und*	bood^{e} ... oo	sowohl ... als auch
da	daa	als
der	däär	wo
eller	ell^{e}r	oder
enda	endaa	obwohl
enn	enn	(mehr) als
enten ... eller *entweder ... oder*	ent^{e}n ... ell^{e}r	entweder ... oder
etter at *nach dass*	ett^{e}r att	nachdem
fordi	forrdii	weil
før	föör	bevor
hvis	wiß	wenn
dersom	däärßomm	falls
jo ... desto *doch ... desto*	juu ... deßtu	je ... desto
men	menn	aber
mens	menß	während
når	noor	wann
og	oo	und
om	omm	ob; wenn
siden	ßiid^{e}n	seit
skjønt	schönnt	obwohl
som	ßomm	der, die, das; wie

så	ßoo	damit
så at *so dass*	ßoo att	so dass
slik at *solch dass*	schliik att	so dass
til	till	bis
uten at *ohne dass*	~~uu~~t^{e}n att	ohne dass
verken ... eller *weder noch*	wärk^{e}n ell^{e}r	weder ... noch

Fragewörter

Wie die Wortstellung in Fragesätzen aussieht, wird im nächsten Kapitel erläutert.

Statt hvordan *(wie) wird oft einfach nur* hvor *gesagt.*

hvem?	wem	wer, wen?
hva?	waa	was?
hva for en? *was für ein*	waa forr ^{e}n	was für ein?
hvor?	wur	wo?
hvilken?	wilk^{e}n	welcher?
hvordan?	wurdan	wie?
hvorfor?	wurforr	warum?
når / hva tid? *wann / was Zeit*	noor / waa tii	wann?

Verneinung

Sätze werden mit ikke (nicht) verneint, das in der Regel dem Tätigkeitswort direkt nachgestellt wird. Die Reihenfolge ist also ähnlich wie im Deutschen.

Vi så ikke fisken.
wii ßoo ikk^{e} fißk^{e}n
wir sahen nicht Fisch-der
Wir sahen den Fisch nicht.

Folgt dem Tätigkeitswort ein Fürwort, steht ikke erst nach diesem:

Vi så det ikke.
wii ßoo de ikk^{e}
wir sahen das nicht
Wir sahen das nicht.

In Sätzen, die mit einem Bindewort beginnen (d. h. in Nebensätzen), steht ikke nach dem Satzgegenstand (Subjekt).

In Befehlen und Kurzantworten steht ikke am Satzanfang:

Ikke gå!
ikk^{e} goo
nicht geh
Geh nicht!

Die gleiche Stellung im Satz haben auch die folgenden Wörter:

aldri	alldrii	nie
allerede	all^{e}reed^{e}	schon
engang	engang	einmal
igjen	ijen	wieder
ikke	ikk^{e}	nicht
kanskje	kansch^{e}	vielleicht
lenge	leng^{e}	lange
neppe	nepp^{e}	kaum
nettopp	nettopp	gerade
ofte	offt^{e}	oft
sikkert	ßikk^{e}rt	sicher
snart	ßnart	bald

Wortstellung

Die Wortstellung im Norwegischen ist in vielen Fällen ebenso wie im Deutschen. Es gibt aber folgende Ausnahmen:

Artikel Artikel (der, die, das) werden angehängt:

fisk	**kone**	**hus**
fißk	kuun^{e}	huuß
Fisch	Frau	Haus
fisken	**kona**	**huset**
fißk^{e}n	kuuna	huuß^{e}
Fisch-der	*Frau-die*	*Haus-das*
der Fisch	die Frau	das Haus

©pmac@fotolia.com

Gletscherwanderung

Besitzanzeigende Fürwörter

Besitzanzeigende Fürwörter werden oft nachgestellt. Das Hauptwort erhält in diesem Fall zusätzlich den bestimmten Artikel.

fisken min	**barna våre**
fißk^{e}n miin	barna woor^{e}
Fisch-der mein	*Kinder-die unsere*
mein Fisch	unsere Kinder

Zusammengesetzte Tätigkeitswörter

Aus mehreren Wörtern bestehende Verbausdrücke werden nicht wie im Deutschen getrennt und stehen auch nicht am Satzende.

Du har sett meg.
d~~uu~~ haar ßätt mäi
du hast gesehen mich
Du hast mich gesehen.

Vil han kjøpe ei bok?
will hann chööp^{e} äi buuk
will er kaufen ein Buch
Will er ein Buch kaufen?

Bindewörter

Bindewörter zu Anfang eines Nebensatzes verändern nicht die Satzstellung des normalen Aussagesatzes.

Jeg leste et brev.
jäi leßt^{e} et breew
ich las ein Brief
Ich las einen Brief.

... fordi jeg leste et brev.
... forrdii jäi leßt^{e} et breew
... *weil ich las ein Brief*
... weil ich einen Brief las.

Satzbaupläne

Hier gebe ich eine Übersicht über einige einfache Satzmuster, nach denen man selbst Sätze bilden kann. Oft ist der Aufbau im Norwegischen und Deutschen gleich.

Ich benutze hier folgende Abkürzungen:

V	Verb (Tätigkeitswort)
Hv	modales Hilfsverb
S	Subjekt (Satzgegenstand)
O	Objekt (Satzergänzung)
A	Adjektiv (Eigenschaftswort)
F	Fragewort

Befehle

V

Kikk!
chikk
Schau!

Kom!
komm
Komm!

Gå!
goo
Geh!

V – O

Hør det!
höör de
hör dieses
Höre dies!

Ta boka!
taa buuka
nimm Buch-das
Nimm das Buch!

Gi meg en øl!
jii mäi ^e^n öll
Gib mir ein Bier!

ikke – V

Ikke gå / kom!
ikk^e^ goo / komm
nicht geh / komm
Geh / komm nicht!

Ikke ta boka!
ikk^e^ taa buuka
nicht nimm Buch-das
Nimm nicht das Buch!

Aussagesätze

S – V

Mannen arbeider.
mann^{e}n arbäid^{e}r
Mann-der arbeitet
Der Mann arbeitet.

Sola skinnte.
ßuula schinnt^e
Sonne-die schien
Die Sonne schien.

Det regner.
de räin^{e}r
Es regnet.

S – Hv – V

Barnet vil leke.
barn^e will leek^e
Kind-das will spielen
Das Kind will spielen.

Jeg må gå.
jäi moo goo
ich muss gehen
Ich muss gehen.

Du burde arbeide.
d~~uu~~ b~~u~~rd^e arbäid^e
Du solltest arbeiten.

S – V – O

Jeg elsker deg.
jäi elßk^{e}r däi
Ich liebe dich.

Vi spiste fisk.
wii ßpiißt^e fißk
Wir aßen Fisch.

Gutten snakker om ferien.
g~~u~~tt^{e}n ßnakk^{e}r omm feeri^{e}n
Junge-der spricht über Ferien
Der Junge erzählt vom Urlaub.

S – Hv – V – O

Jeg vil drikke en vin.
jäi will drikk^e en wiin
ich will trinken ein Wein
Ich will einen Wein trinken.

Han kan snakke norsk.
hann kann ßnakk^e noschk
er kann sprechen Norwegisch
Er kann Norwegisch sprechen.

Mora mi skal gå på kino.
muura mii ßkal goo poo chiinu
Mutter-die meine soll gehen in Kino
Meine Mutter wird ins Kino gehen.

S – V – A

Veien er kort.
wäi^{e}n äär kort
Weg-der ist kurz
Der Weg ist kurz.

Huset var stort.
h~~uu~~ß^{e} waar ßturt
Haus-das war groß
Das Haus war groß.

Mannen blir gammel.
mann^{e}n bliir gamm^{e}l
Mann-der wird alt
Der Mann wird alt.

Fragen

Die folgenden Wortstellungen treten bei Entscheidungsfragen auf, aber auch dann, wenn ein normaler Aussagesatz nicht mit dem Satzgegenstand (Subjekt) beginnt (ähnlich wie im Deutschen).

(...) – V – S

Auf Entscheidungsfragen kann man nur mit Ja oder Nein antworten.

Røker du?
röük^{e}r d~~uu~~
Rauchst du?

Nå skriver jeg.
noo ßkriiw^{e}r jäi
Jetzt schreibe ich.

I dag skinner sola.
ii daag schinn^{e}r ßuula
in Tag scheint Sonne-die
Heute scheint die Sonne.

(...) – Hv – S – V

Får du sove?
foor d~~uu~~ ßoow^{e}
kannst du schlafen
Kannst du schlafen?

I morgen skal det regne.
ii moorn ßkal de räin^{e}
in morgen soll es regnen
Morgen wird es regnen.

Her får man svømme.
häär foor mann ßwömm^{e}
Hier darf man schwimmen.

Ser du det? (...) – V – S – O
ßeer d~~uu~~ de
Siehst du das?

I byen kjøper vi en hund.
ii büü^{e}n chööp^{e}r wii en h~~u~~nn
in Stadt-der kaufen wir ein Hund
In der Stadt kaufen wir einen Hund.

I skapet fant han dette bildet.
ii ßkaap^{e} fant hann dett^{e} bild^{e}
in Schrank-der fand er dieses Bild
Im Schrank fand er dieses Bild.

Har du spist middag? (...) – Hv – S – V – O
haar d~~uu~~ ßpiißt middaag
hast du gegessen Mittag
Hast du Mittag gegessen?

Nå skal de reise til Norge.
noo ßkal dii räiß^{e} till norg^{e}
jetzt werden sie reisen nach Norwegen
Jetzt werden sie nach Norwegen fahren.

I aften vil jeg kysse deg.
ii aft^{e}n will jäi chüß^{e} däi
im Abend will ich küssen dich
Heute abend will ich dich küssen.

Er restaurangen åpen? V – S – A
äär reßtorang^{e}n oop^{e}n
ist Restaurant-das offen
Ist das Restaurant offen?

Fragesätze mit Fragewort

Auf Fragen mit einem konkreten Fragewort (Ergänzungsfragen) kann man nur mit einem vollständigen Satz antworten. Beachten Sie hierbei, dass ein Verhältniswort (hier abgekürzt: „Präp.“) am Ende der Frage steht.

F – V – S – Präp.

Hva handler filmen om?
waa handl^{e}r film^{e}n omm
was handelt Film-der über
Wovon handelt der Film?

Hvor går vi hen?
wur goor wii hen
wo gehen wir hin
Wohin gehen wir?

Hvem snakket du med?
wem ßnakk^{e}t d~~uu~~ mee
wem sprachst du mit
Mit wem sprachst du?

Hvem røyker ikke?
wem röük^{e}r ikk^{e}
wer raucht nicht
Wer raucht nicht?

Hvem vil gå nå?
wem will goo noo
wer will gehen jetzt
Wer will jetzt gehen?

Hva var det?
waa waar de
was war das
Was war das?

Hva har du i hånda?
waa haar d~~uu~~ ii honna
was hast du in Hand-der
Was hast du in der Hand?

Hvor bor du?
wur buur d~~uu~~
Wo wohnst du?

Hvor er min nøkkel?
wur äär miin nökk^{e}l
Wo ist mein Schlüssel?

Hvor gammel er du?
wur gamm^{e}l äär d~~uu~~
wie alt bist du
Wie alt bist du?

Hvor stort er huset?
wur ßtuurt äär h~~uu~~ß^{e}
wie groß ist Haus-das
Wie groß ist das Haus?

Hvilken by er det?
wilk^{e}n büü äär de
Welche Stadt ist dies?

Hvilket museum er det?
wilk^{e}t m~~u~~ßee~~u~~m äär de
Welches Museum ist das?

Når begynner filmen?
noor bejünn^{e}r film^{e}n
wann beginnt Film-der
Wann fängt der Film an?

Når skal vi gå?
noor ßkal wii goo
Wann sollen / wollen wir gehen?

Hvorfor stjal du pengene?
wurfor ßtjaal d~~uu~~ pengän^{e}
weshalb stahlst du Geld-das
Warum stahlst du das Geld?

Hvorfor vil du ikke bli her?
wurfor will d~~uu~~ ikk^{e} blii häär
warum willst du nicht bleiben hier
Warum willst du nicht hier bleiben?

Hvis bok er dette?
wiß buuk äär dett^{e}
Wessen Buch ist das?

Hvem sin blyant er dette?
wem ßiin blüant äär dett^{e}
Wessen Bleistift ist das?

zusammengesetzte Sätze

Behandeln Sie Sätze, die durch Bindewörter verbunden sind, wie zwei voneinander unabhängige Sätze. Die Tätigkeitswörter dürfen nicht am Satzende stehen.

Relativsätze

Relativsätze werden meist mit som (der, die, das) eingeleitet. Dieses som kann jedoch entfallen, wenn es Objekt (Satzergänzung) des Relativsatzes ist. Dadurch ergibt sich eine ungewohnte Satzkonstruktion. Betrachten Sie die folgenden Beispiele:

som ist Subjekt (Satzgegenstand)

Mannen som gikk på gata, ble drept.
mann^{e}n ßom jikk poo gaata blee drept
Mann-der welcher ging auf Straße-die wurde getötet
Der Mann, der auf der Straße ging, wurde getötet.

Venninna mi, som spiste frokost, sat ved bordet.
wennina mii ßom ßpiißt^{e} fruukoßt ßatt wee buur^{e}
Freundin-die meine welche speiste Frühstück saß an Tisch-der
Meine Freundin, die frühstückte, saß am Tisch.

som ist Objekt (Satzergänzung)

Huset (som) jeg så i går, koster for mye.
h~~uu~~ß^{e} (ßom) jäi ßoo ii goor koßt^{e}r for müü^{e}
Haus-das (welches) ich sah in gestern kostet für viel
Das Haus, das ich gestern sah, kostet zu viel.

Stolen (som) vi kjøpte, var svært pen.
ßtuul^{e}n (ßom) wii chöpt^{e} waar ßwäärt peen
Stuhl-der (welcher) wir kauften war sehr schön
Der Stuhl, den wir kauften, war sehr schön.

som mit Verhältniswörtern

Ist ein Relativsatz von einem Verhältniswort abhängig, steht dieses am Satzende. Wenn som in Klammern steht, wird es in der Umgangssprache immer weggelassen.

Leiligheten (som) vi bor i, er ganske stor.
läiliheetᵉn (ßom) wii buur ii äär ganßkᵉ ßtuur
Wohnung-die (welche) wir wohnen in ist recht groß
Die Wohnung, in der wir wohnen, ist recht groß.

Boken (som) du snakket om er god.
buukᵉn (ßom) d~~uu~~ ßnakkᵉt omm äär guu
Buch-das (welches) du sprachst über ist gut
Das Buch, von dem du sprachst, ist gut.

© MS

Røros – Fußgängerzone Kjerkgata

Zahlen & Zählen

Die Zahlen werden im Norwegischen ganz regelmäßig gebildet.

0	**null**	n~~u~~ll	10	**ti**	tii
1	**en**, **ett**	een, ett	11	**elleve**	ellw^{e}
2	**to**	tuu	12	**tolv**	toll
3	**tre**	tree	13	**tretten**	trett^{e}n
4	**fire**	fiir^{e}	14	**fjorten**	fjurt^{e}n
5	**fem**	femm	15	**femten**	femt^{e}n
6	**seks**	ßekß	16	**seksten**	ßäißt^{e}n
7	**sju**	sch~~uu~~	17	**sytten**	ßött^{e}n
8	**åtte**	ott^{e}	18	**atten**	att^{e}n
9	**ni**	nii	19	**nitten**	nitt^{e}n

20	**tjue**	ch~~uu~~^{e}	60	**seksti**	ßekßtii
30	**tretti**	trettii	70	**sytti**	ßöttii
40	**førti**	förtii	80	**åtti**	ottii
50	**femti**	femtii	90	**nitti**	nittii

21	**tjue en**	ch~~uu~~^{e} een
22	**tjue to**	ch~~uu~~^{e} tuu
23	**tjue tre**	ch~~uu~~^{e} tree
24	**tjue fire**	ch~~uu~~^{e} fiir^{e}
25	**tjue fem**	ch~~uu~~^{e} femm
26	**tjue seks**	chu~~u~~^{e} ßekß
27	**tjue sju**	ch~~uu~~^{e} sch~~uu~~
28	**tjue åtte**	ch~~uu~~^{e} ott^{e}
29	**tjue ni**	ch~~uu~~^{e} nii
31	**tretti en**	trettii een

Die Zahlen von 21 bis 99 werden gebildet, indem man zuerst die Zehnerzahl und danach die Einerzahl nennt.

Bei den Hundertern und Tausendern steht das Vielfache der entsprechenden Zahl vor dem Zahlwort für „hundert“ bzw. „tausend“.

100	**hundre**	hʉndr^e
200	**to hundre**	tuu hʉndr^e
300	**tre hundre**	tree hʉndr^e
400	**fire hundre**	fiir^e hʉndr^e
500	**fem hundre**	femm hʉndr^e
600	**seks hundre**	ßekß hʉndr^e
700	**sju hundre**	schʉʉ hʉndr^e
800	**åtte hundre**	ott^e hʉndr^e
900	**ni hundre**	nii hʉndr^e
1000	**tusen**	tʉʉß^{e}n

Ordnungszahlen

1.	**første**	förscht^e
2.	**annen, annet, andre**	aan^{e}n, aan^e, andr^e
3.	**tredje**	treedj^e
4.	**fjerde**	fjerd^e
5.	**femte**	femt^e
6.	**sjette**	schett^e
7.	**sjuende**	schʉʉen^e
8.	**åttende**	otten^e
9.	**niende**	niien^e
10.	**tiende**	tiien^e
11.	**ellevte**	elleft^e
12.	**tolvte**	tollt^e
13.	**trettende**	tretten^e
14.	**fjortende**	fjurten^e
15.	**femtende**	femten^e
16.	**sekstende**	ßäißten^e
17.	**syttende**	ßötten^e
18.	**attende**	atten^e
19.	**nittende**	nitten^e

20.	**tjuende**	chʉʉen^{e}
21.	**tjue første**	chʉʉ^{e} förscht^{e}
22.	**tjue andre**	chʉʉ^{e} andr^{e}
23.	**tjue tredje**	chʉʉ^{e} treedj^{e}
24.	**tjue fjerde**	chʉʉ^{e} fjerd^{e}
30.	**trettiende**	trettien^{e}
40.	**førtiende**	förrtien^{e}
50.	**femtiende**	femtien^{e}
60.	**sekstiende**	ßäkßtiän^{e}
70.	**syttiende**	ßöttien^{e}
80.	**åttiende**	ottien^{e}
90.	**nittiende**	nittien^{e}
100.	**hundrede**	hʉnndred^{e}

Zeitangaben

Hier die wichtigsten Zeitangaben im Überblick. Wochentage, Monatsnamen und Jahreszeiten sind männlichen Geschlechts.

Wochentage

mandag *(m)*	mandag	Montag
tirsdag *(m)*	tirschdag	Dienstag
onsdag *(m)*	unßdag	Mittwoch
torsdag *(m)*	torschdag	Donnerstag
fredag *(m)*	freedag	Freitag
lørdag *(m)*	lördag	Samstag
søndag *(m)*	ßönndag	Sonntag
hverdager *(m)*	wäärdaag^{e}r	Arbeitstage

Monate

januar *(m)*	janʉaar	Januar
februar *(m)*	febrʉaar	Februar
mars *(m)*	marsch	März
april *(m)*	apriil	April

mai *(m)*	mäi	Mai
juni *(m)*	j~~uu~~ni	Juni
juli *(m)*	j~~uu~~li	Juli
august *(m)*	äüg~~u~~ßt	August
september *(m)*	ßeptember	September
oktober *(m)*	oktuuber	Oktober
november *(m)*	nuuwember	November
desember *(m)*	deßember	Dezember

Jahreszeiten

vår *(m)*	woor	Frühling
sommer *(m)*	ßommer	Sommer
høst *(m)*	hößt	Herbst
vinter *(m)*	winnter	Winter

Zeitwörter

dag *(m)*	daag	Tag
natt *(w)*	natt	Nacht
morgen *(m)*	moorn	Morgen
middag *(m)*	middag	Mittag
ettermiddag *(m)*	ettermiddag	Nachmittag
kveld *(s)*	kwell	Abend
aften *(m)*	aften	Abend
uke *(w)*	~~uu~~ke	Woche
måned *(m)*	mooned	Monat
år *(s)*	oor	Jahr

Typische Campingplatzhütte

allgemeine Zeitangaben

i går	*in gestern*	ii goor	gestern
i dag	*in Tag*	ii daag	heute
i morgen	*in morgen*	ii moorn	morgen
i forgårs	*in vorgestern*	ii forgoorsch	vorgestern
i overmorgen	*in übermorgen*	ii oov^{e}rmoorn	übermorgen
neste dag	*nächster Tag*	neßt^{e} daag	der nächste Tag
i år	*in Jahr*	ii oor	dieses Jahr
forrige måned		forri^{e} moon^{e}d	vorigen Monat
neste uke		neßt^{e} ~~uu~~k^{e}	nächste Woche
nå		noo	jetzt
tidlig		tiidli	früh
tidligere		tiidlier^{e}	früher
snart		ßnart	bald
senere		ßeenär^{e}	später
aldri		alldri	nie
alltid		allti	immer
straks		ßtrakß	gleich
nettopp		nettopp	gerade
i morgen tidlig	*in morgen zeitig*	ii moorn tiidli	morgen früh
i morgen formiddag	*in morgen Vormittag*	ii moorn formiddag	morgen Vormittag
i dag morges	*in Tag früh*	ii daag moor^{e}ß	heute Morgen
i aften	*in Abend*	ii aft^{e}n	heute Abend
i går aftes	*in gestern abends*	ii goor aft^{e}ß	gestern Abend

Uhrzeit

Offiziell zählt man 24 Stunden, z. B. auf Bahnhöfen und bei sonstigen Zeitansagen.

når	*wann*	noor	um wie viel Uhr?
over		oow^{e}r	nach
på		poo	vor

kvart		kwart	viertel
halv		hall	halb
klokka	*Uhr-die*	klokka	um ... Uhr

Hvor mye er klokka?
wur müü^{e} äär klokka
wie viel ist Uhr-die
Wie spät ist es?

Klokka er ...
klokka äär
Uhr-die ist
Es ist ... Uhr.

Im Alltag wird hingegen meist nur das 12-Stunden-System verwendet.

Klokka er ti på ni.
klokka äär tii poo nii
Uhr-die ist zehn vor neun
Es ist zehn vor neun.

Klokka er kvart over fem.
klokka äär kwart oow^{e}r femm
Uhr-die ist viertel nach fünf
Es ist Viertel nach fünf.

om ti minutter
omm tii min~~u~~t^{e}r
in zehn Minuten
in zehn Minuten

om et kvarter
omm et kwart^{e}r
in einem Viertel
in einer Viertelstunde

om en halvtime
omm en halltiim^{e}
in einer Halbstunde
in einer halben Stunde

om en time
omm en tiim^{e}
in einer Stunde
in einer Stunde

© MS

Brevik bei Skien

Kurz-Knigge

Die Norweger sind eigentlich weder besonders höflich noch ausgesprochen unfreundlich. Allerdings gibt es keine alten Kavaliersregeln mehr, wie etwa „Ladies first". Es herrscht **Gleichberechtigung**.

Da die meisten Einheimischen aufgrund ihrer Lebensverhältnisse raue „Kerle" sind (auch die Frauen), tragen sie ihre **Gefühle** nicht offen zur Schau. Deshalb fangen Sie vor allem nicht an, sich über dieses und jenes zu beklagen, und schon gar nicht über die eigenen Wehwehchen. Für einen Norweger ist das Selbstmitleid.

Bedanken Sie sich für alles und jedes. Wenn Sie zum Essen eingeladen sind, vergessen Sie auf keinen Fall „Takk for maten!" zu sagen. Sonst fühlen sich die Gastgeber beleidigt. Aber auch sonst können Sie immer, wenn Sie nicht genau wissen, was los ist, „Takk!" sagen. Bedankt sich jemand bei Ihnen, antworten Sie am besten mit „Takk i like måte!" (Danke ebenso!).

Trinken Sie keinen **Alkohol** auf offener Straße.

Stören Sie keine **Unterhaltung** zweier Norweger, indem Sie sich einfach dazugesellen. Setzen Sie sich auch lieber nicht zu Fremden an den Tisch. Das wird oft als grobe Unhöflichkeit empfunden.

Die **Kleidungsmode** unterscheidet sich nicht wesentlich von den Gewohnheiten in Deutschland. Im Sommer trägt man auch bei niedrigen Temperaturen dünnere Sachen (lieber nicht nachmachen!). Es wundert sich niemand, wenn Sie bei strahlendem Sonnenschein mit Gummistiefeln und Regenjacke herumlaufen. Auf der Straße gilt außerdem besonders für Frauen: Nicht „oben ohne“ Fahrad fahren o. ä. Sehr oft sind Jeans-Jacken zu sehen. Damit fällt man womöglich als Ausländer am wenigsten auf. Es gibt übrigens fast gar keine norwegischen Punks.

Beim Betreten oder Verlassen eines **Geschäftes** wird üblicherweise nicht gegrüßt. Verkäufer sind nicht so aufdringlich wie bei uns, das heißt, man kann meistens ungestört im Laden herumstöbern. Wundern Sie sich aber nicht über die sehr hohen Preise! Die Einheimischen empfinden das ebenso, geben es aber nicht zu.

Händeschütteln ist sehr viel seltener als bei uns.

Sehen Sie eine Schlange, dann stellen Sie sich hinten an. **Vordrängeln** ist sehr unhöflich und unter Norwegern auch nicht üblich.

Anrede & Grüßen

Es ist in ganz Skandinavien üblich geworden, sich zu duzen. Anstelle der höflichen Anrede De (Sie) sagt man grundsätzlich einfach du. Ich verwende in den folgenden Redewendungen grundsätzlich die Du-Form, denn nicht nur Freunde, Bekannte und Jugendliche duzen sich, sondern auch Kunde und Verkäufer im Geschäft, und auch Angestellte duzen ihre Vorgesetzten und umgekehrt.

Falls Ihnen das „du“ jedoch zu vertraulich erscheint, können Sie mit Hilfe dieses Schemas die passenden Sie-Formen einsetzen.

du	d~~uu~~	du	**De**	dii	Sie
deg	däi	dich	**Dem**	dem	Ihnen
din	diin	dein	**Deres**	deer^{e}ß	Ihr

Begrüßung

God morgen! guu moorn	Guten Morgen!
God dag! guu daag	Guten Tag!
God kveld! guu kwell	Guten Abend!
God natt! guu natt	Gute Nacht!
Hei! häi	Hallo!
Adjø!, **Ha det!** adjöö, haa de	Tschüss!
På gjensyn! poo jenßüün	Auf Wiedersehen!

Bitten, Danken, Wünschen

In Norwegen bedankt man sich andauernd und für alles Mögliche. Norweger legen auf diese kleinen Floskeln großen Wert.

Bitte

Vær så god!
wäär ßoo guu / waschäguu
sei so gut
Bitte! *(anbieten / erlauben)*

Die Aussprache „waschäguu" *ist informeller.*

Ja, takk.
jaa takk
Ja, bitte. *(als Antwort auf eine Frage)*

Bitten, Danken, Wünschen

Wenn man etwas nicht versteht, sagt man:

Hva sa du?
waa ßaa d~~uu~~
was sagtest du
Was sagtest du?

Hva behager?
waa behaag^{e}r
was behagt
Wie bitte?

Wenn Sie etwas haben möchten, dann bitten Sie darum mit diesen Wendungen:

Vær så snill å ...
wäär ßoo ßnill oo
sei so nett zu
Sei so nett zu ...

Vær så vennlig å ...
wäär ßoo wennli oo
sei so freundlich zu
Sei so freundlich zu ...

Kan du / De ...?
kann d~~uu~~ / dii
Kannst du / Sie ... ?

Mit einem Smartphone können Sie sich die mit einem gekennzeichneten Sätze dieses Kapitels anhören. Scannen Sie einfach den QR-Code mit Hilfe einer kostenlosen App (z. B. „Barcoo" oder „Scanlife").

© MS

Trollfjord

Danke

Grundsätzlich heißt „danke“ takk. Varianten davon sind:

Takk skal du ha.
takk ßkal duu haa
Dank sollst du haben
Vielen Dank.

Mange takk.
mange takk
viel Dank
Vielen Dank.

Wenn man geht und sich verabschiedet, sagt man:

Takk for nå.
takk for noo
danke für jetzt
Danke für jetzt.

Takk for meg.
takk for mäi
danke für mich
Danke für mich.
(wenn man alleine ist)

Takk for oss.
takk for oß
danke für uns
Danke für uns.
(im Namen mehrerer)

Trifft man sich nach einer Feier oder einem ähnlichen Anlass wieder, so heißt es:

Takk for i går.
takk for ii goor
danke für in gestern
Danke für gestern.

Takk for sist.
takk for ßißt
danke für letztens
Danke für letztens.

Auch sonst bedankt man sich für jeden denkbaren Anlass:

Takk for maten.
takk for maaten
danke für Essen-das
Danke fürs Essen.

Takk for følget.
takk for följe
danke für Begleitung-die
Danke für die Begleitung.

Bedanken Sie sich lieber zweimal zu viel als einmal zu wenig!

Takk for lånet.
takk for loone
danke für Ausleihen-das
Danke fürs Ausleihen.

Takk for hjelpen.
takk for jelpen
danke für Hilfe-die
Danke für die Hilfe.

Ingen årsak.
ingen oorschak
Keine Ursache.

Bedankt sich jemand bei Ihnen, so antworten Sie „Danke gleichfalls!“

Takk det samme.
takk de ßamme
danke das Gleiche
Danke gleichfalls.

Takk i like måte.
takk ii liike moote
danke in gleicher Weise
Danke gleichfalls.

Entschuldigung

Unnskyld!
ʉnnschüll
Entschuldige!

Glückwünsche

Man sagt nicht einfach „Frohes Fest“, sondern man nennt es beim Namen:

Godt nyttår! gott nüttoor	Frohes Neues Jahr!
God påske! guu pooßke	Frohe Ostern!
God pinse! guu pinße	Frohe Pfingsten!
God jul! guu jʉʉl	Frohe Weihnachten!

Zum Geburtstag wünscht man sich:

Gratulerer med dagen!
gratʉleerer mee daagen
gratuliere mit Tag-der
Herzlichen Glückwunsch!

Floskeln & Redewendungen

Hier habe ich einige wichtige Floskeln zusammengefasst. Einige davon kann man nicht so ohne weiteres aus dem Deutschen ins Norwegische übersetzen.

fragen

Finnes det …?
finn^{e}ß de
findet-sich das
Gibt es …?

Har du / De …?
haar d~~uu~~ / dii
Hast du …? / Haben Sie …?

Hva koster det?
waa koßt^{e}r de
Was kostet das?

Hvor mye blir det?
wur müü^{e} bliir de
wo viel wird das
Wie viel macht das?

Jeg vil gjerne ha …
jäi will järn^{e} haa
ich würde gerne haben
Ich möchte … haben.

Forstår du?
forschtoor d~~uu~~
Verstehst du?

bejahen / verneinen

Jeg forstår ikke.
jäi forschtoor ikk^{e}
ich verstehe nicht
Ich verstehe nicht.

Aner ikke!
aan^{e}r ikk^{e}
ahne nicht
Keine Ahnung!

Ja.		jaa	Ja.
Jo!		juu	Doch!
Ja vel.		jaa well	Ja, gut.
Jaså?		jaßoo	Ach ja?
Hva så?	*was so*	waa ßoo	Na und?
Sikkert!		ßikk^{e}rt	Sicher!
Nei.		näi	Nein.

Floskeln

Se deg for da mann!
ßee däi for daa mann
sieh dich vor da Mann
Pass doch auf, Mann!

Slapp av!
schlapp aw
relax dich
Reg dich ab!

Gi plass!
jii plaß
gib Platz
Mach Platz!

Hei karer!
häi kaar^{e}r
hi Kerle
Hallo, Leute!

Hei på dere!
häi poo deer^{e}
hallo auf euch
Hallo, ihr alle!

Tenk det!
tenk de
denk das
Stell dir vor!

Sier du det!
ßii^{e}r d~~uu~~ de
sagst du das
Ja wirklich?, Nein, sowas!

Das erste Gespräch

Hier kommen jetzt ein paar Sätze, um eine Unterhaltung mit Leuten zu beginnen, die man bis dahin noch nicht kannte. Ich habe sie nach verschiedenen Situationen sortiert.

auf der Straße

Hvor kjører du hen?
wur chöörer d~~uu~~ hen
wo fährst du hin
Wohin fährst du?

Jeg kjører til ...
jäi chöörer till
ich fahre zu
Ich fahre zu ...

Hvor går du hen?
wur goor d~~uu~~ hen
wo gehst du hin
Wohin gehst du?

Jeg går i / til ...
jäi goor ii / till
ich gehe in / nach
Ich gehe in / nach ...

Hvor skal vi?
wur ßkal wii
wo sollen wir
Wohin gehen / fahren wir?

Tar du med meg?
taar d~~uu~~ mäi mee
nimmst du mich mit
Nimmst du mich mit?

im Restaurant

Er denne plassen opptatt?
äär denne plaßen opptatt
Ist dieser Platz besetzt?

Har du fyr?
haar d~~uu~~ füür
Hast du Feuer?

Røyker du?
röüker d~~uu~~
Rauchst du?

Nei, ikke mer.
näi ikke meer
Nein, nicht mehr.

Er du alene her?
äär d~~uu~~ aleene häär
Bist du hier alleine?

Selvsagt.
ßellßagt
Selbstverständlich.

Naturligvis ikke.
nat~~uu~~rliwiiß ikke
Natürlich nicht.

Nå spøker du!
noo ßpööker d~~uu~~
Nun scherzt du!

an der Theke

Vil du drikke noe?
will d~~uu~~ drikke nuue
willst du trinken etwas
Willst du etwas trinken?

Skal vi drikke noe sammen?
ßkal wii drikke nuue ßammen
soll wir trinken etwas zusammen
Sollen wir etwas zusammen trinken?

Jeg spanderer!
jäi ßpandeerer
ich spendiere
Ich gebe einen aus!

Jeg betaler alt sammen.
jäi betaaler alt ßammen
Ich bezahle alles zusammen.

beim Tanz

Skal vi danse?
ßkal wii danße
wollen wir tanzen
Wollen wir tanzen?

Jeg kan ikke danse.
jäi kann ikke danße
ich kann nicht tanzen
Ich kann nicht tanzen.

Skal vi danse en gang til?
ßkal wii danße en gang till
sollen wir tanzen ein Mal noch
Sollen wir nochmal tanzen?

Nei, takk.
näi takk
Nein, danke.

Ja, gjerne.
jaa järne
Ja, gerne.

La meg være i fred.
laa mäi väär^{e} ii freed
lass mich sein in Ruhe
Lass mich in Ruhe.

Hvorfor ikke?
wurfor ikk^{e}
warum nicht
Warum nicht?

Wie geht's?

Hvordan har du det?
wurdan haar d~~uu~~ de
wie hast du es
Wie geht es dir?

Takk, bra. Og du?
takk braa oo d~~uu~~
danke gut und du
Danke, gut. Und du?

Hvordan går det med ...?
wurdan goor de mee
wie geht es mit
Wie geht es ...?

mannen din mann^{e}n diin *Mann-der dein*	deinem Mann
foreldrene dine. foreldrän^{e} diin^{e} *Eltern-die deine*	deinen Eltern
hustruen din h~~u~~ßtr~~uu~~^{e}n diin *Frau-die deine*	deiner Frau

som alltid	ßomm allti	wie immer
dårlig	doorli	schlecht

Urlaub

Hva gjør du her?
waa jöör d~~uu~~ häär
Was machst du hier?

Jeg er på ferie.
jäi äär poo feeri^{e}
Ich bin auf Urlaub.

Jeg besøker vennen min / venninna mi.
jäi beßöök^{e}r wenn^{e}n miin / wennina mii
ich besuche Freund-der meine / Freundin-die meine
Ich besuche einen Freund / eine Freundin.

Jeg besøker kjæresten min.
jäi beßöök^{e}r chääreßt^{e}n miin
ich besuche Liebste(r)-die/der mein(e)
Ich besuche meinen Freund / meine Freundin.

Hvor kommer du fra?
wur komm^{e}r d~~uu~~ fraa
wo kommst du aus
Woher kommst du?

Jeg er fra ...
jäi äär fraa
ich bin aus
Ich bin aus ...

Er du her ofte?
äär d~~uu~~ häär offt^{e}
bist du hier oft
Bist du öfter hier?

Hver uke.
wäär ~~uu~~k^{e}
jede Woche
Jede Woche.

Hvert år.
wäärt oor
jedes Jahr
Jedes Jahr.

Nach den ersten Worten möchte man gewiss noch mehr voneinander wissen. Dazu habe ich einige Redewendungen aufgeschrieben, die Sie bestimmt zu hören bekommen.

Name / Beruf

Hva heter du?
waa heet^{e}r d~~uu~~
was heißt du
Wie heißt du?

Jeg heter ...
jäi heet^{e}r
ich heiße
Ich heiße ...

Studerer eller jobber du?
ßt~~u~~deer^{e}r ell^{e}r jobb^{e}r d~~uu~~
Studierst oder arbeitest du?

Jeg går på skole ennå.
jäi goor poo ßkuul^{e} ennoo
ich gehe auf Schule noch
Ich gehe noch zur Schule.

Hva studerer du?
waa ßtʉdeer^{e}r dʉʉ
Was studierst du?

Hva er du av yrke?
waa äär dʉʉ aaw ürk^{e}
Was bist du von Beruf?

Jeg er ...
jäi äär
Ich bin ...

arbeidsløs arbäidßlööß	arbeitslos
husmor *(w)* hʉʉßmuur	Hausfrau
funksjonær *(m)* fʉnkschunäär	Beamter, Angestellte/r
ingeniør *(m)* inschenjöör	Ingenieur
student *(m)* ßtʉdent	Student
sykepleier *(m)* ßüü^{k}epläi^{e}r	Krankenschwester / -pfleger
mekaniker *(m)* mekaanik^{e}r	Mechaniker
baker *(m)* baak^{e}r	Bäcker
snekker *(m)* ßnekk^{e}r	Tischler

Alter

Hvor gammel er du?
wur gamm^{e}l äär dʉʉ
Wie alt bist du?

Jeg er ... år gammel.
jäi äär ... oor gamm^{e}l
Ich bin ... Jahre alt.

Så godt som ...
ßoo gott ßomm
so gut wie
Fast ...

Omtrent ...
ommtrent
ungefähr
Ungefähr ...

Gammel nok.
gamm^{e}l nokk
Alt genug.

Det sier jeg ikke.
de ßii^{e}r jäi ikk^{e}
Das sage ich nicht.

Gjett en gang!
jett een gang
rate ein Mal
Rate mal!

Unterkunft

Hvor bor du?
wur buur d~~uu~~
Wo wohnst du?

Jeg bor i ... gata.
jäi buur ii ... gaata
Ich wohne in ... Straße.

hos ... huß	bei ...
på hotellet ... poo hotell^{e}	im Hotel ...

Familie

Er du gift?
äär d~~uu~~ jift
Bist du verheiratet?

Har du barn?
haar d~~uu~~ barn
Hast du Kinder?

en sønn
een ßönn
ein Sohn

en datter
een datt^{e}r
eine Tochter

to sønner
tuu ßönn^{e}r
zwei Söhne

to døtre
tuu döttr^{e}
zwei Töchter

Weitere Verwandschaftsbezeichnungen stehen im Kapitel „Hauptwörter“.

Das Wetter

Das Wetter ist immer ein beliebter Anlass, um ins Gespräch zu kommen.

Mit einem Smartphone können Sie sich die mit einem 👂 gekennzeichneten Sätze dieses Kapitels anhören.

👂 **Hvordan er været i ...?**
wurdan äär wääre ii
wie ist Wetter-das in
Wie ist das Wetter in ...?

👂 **Det er meldt pent / dårlig vær.**
de äär melt pent / doorli wäär
es ist gemeldet schönes / schlechtes Wetter
Das Wetter soll schön / schlecht werden.

👂 **Det blir pent vær igjen.**
de bliir pent wäär ijen
es wird schönes Wetter wieder
Es wird wieder schönes Wetter.

👂 **Tåka letner.**
tooka lettner
Nebel-der leichter-wird
Der Nebel lichtet sich.

👂 **Det har sluttet å regne.**
de haar schlüttet oo räine
Es hat aufgehört zu regnen.

Hvor mange grader er det?
wur mange graader äär de
Wie viel Grad ist es?

👂 **Det ser ut til å bli regn.**
de ßeer ~~uu~~t till oo blii räin
es sieht aus zu zu werden Regen
Es sieht nach Regen aus.

Jeg fryser. jäi früüßer	Ich friere.
Det snør. de ßnöör	Es schneit.
Det hagler. de haagler	Es hagelt.
Det tordner. de tuurdner	Es donnert.
Det lyner. de lüüner	Es blitzt.
Det blir storm. de bliir ßtorm	Es gibt Sturm.
Det er tett tåke. de äär tett tooke	Es ist dichter Nebel.
Det regner. de räiner	Es regnet.
Det er varmt / kaldt. de äär warmt / kallt	Es ist warm / kalt.

Sola / månen skinner.
ßuula / moonen schinner
Sonne-die / Mond-der scheint
Die Sonne / der Mond scheint.

© MS

Wegweiser in Alta

Unterwegs

In einer Stadt oder einem größeren Dorf werden Sie sich mit folgenden Ausdrücken bestimmt gut zurechtfinden. Da die Norweger recht freundliche Leute sind, werden sie Ihnen sicher helfen, wenn Sie nach dem Weg fragen. Achten Sie aber auch auf Handbewegungen, wenn Ihnen der Weg beschrieben wird.

Mit einem Smartphone können Sie sich die mit einem 👂 gekennzeichneten Sätze dieses Kapitels anhören.

nach dem Weg fragen

👂 **Kan du si meg, hvor ... er?**
kann duu ßii mäi wur ... äär
kann du sagen mich, wo ... ist
Kannst du mir sagen, wo ... ist?

👂 **Hvordan kommer jeg til ...?**
wurdan kommer jäi till
Wie komme ich nach ...?

Richtungshinweise

👂 **Kjør / gå til høyre / til venstre / rett fram!**
chöör / goo till höüre / till wenßtre / rett fram
Fahr / geh nach rechts / nach links / geradeaus!

👂 **Først ..., deretter rundt hjørnet.**
förscht ... dääretter runn jörne
zuerst ... danach rund Ecke
Zuerst ..., dann um die Ecke.

apotek *(s)* apoteek	Apotheke
stasjon *(m)* ßtaschuun	Bahnhof
bank *(m)* bank	Bank

bibliotek *(s)* biblioteek	Bibliothek
ambassade *(m)* ambaßaad^{e}	Botschaft
landsby *(m)*, **(et lite sted)** lannßbüü, et liit^{e} ßteed	Dorf
hovedgate *(w)* huuw^{e}dgaat^{e}	Hauptstraße
kino *(s)* chiinu	Kino
kirke *(w)* chirk^{e}	Kirche
sykehus *(s)* schüük^{e}hʉʉß	Krankenhaus
butikk *(m)* bʉtikk	Laden
torg *(s)* torg	Markt
museum *(s)* mʉßeeʉm	Museum
park *(m)* park	Park
politi *(s)* pulitii	Polizei
post *(m)* poßt	Post
rådhus *(s)* roodhʉʉß	Rathaus
by *(m)* büü	Stadt
strand *(w)* ßtrann	Strand
gate *(w)* gaat^{e}	Straße
teater *(s)* teaat^{e}r	Theater
universitet *(s)* ʉniwärschiteet	Universität

vei / veg *(m)* wäi	Weg
bilverksted *(s)* biilwärkßtee	Werkstatt

... mit öffentlichen Verkehrsmitteln

Hvilken buss går til ...?
wilk^{e}n buß goor till
welcher Bus geht nach
Welcher Bus geht nach ...?

Jeg skal til ...
jäi ßkal till
ich soll zu
Ich will nach ...

Hvor skal du hen?
wur ßkal duu hen
wo sollst du hin
Wohin willst du?

En billett til ...
een bilett till
eine Fahrkarte nach
Eine Fahrkarte nach ...

Hvilken trikk skal jeg ta til ...?
wilk^{e}n trikk ßkal jäi taa till
Welche Straßenbahn soll ich nehmen nach ...?

Ta nummer ...!
taa numm^{e}r
nimm Nummer
Nimm Nummer ...!

Hvor er stoppestedet?
wur äär ßtopp^{e}ßteed^{e}
wo ist Haltestelle-die
Wo ist die Haltestelle?

Når går det et tog til ...?
noor goor de et toog till
wann geht es der Zug nach
Wann geht ein Zug nach ...?

Hvor må jeg gå av?
wur moo jäi goo aw
wo muss ich steigen aus
Wo muss ich aussteigen?

Her skal du av.
häär ßkal duu aw
hier sollst du ab
Hier musst du aussteigen.

Du må bytte trikk / buss i ...
duu moo bütte trikk / buß ii
du musst wechseln Bahn / Bus in ...
Du musst in ... umsteigen.

... im Taxi

Vil du kjøre meg til ...?
will duu chöör^{e} mäi till
willst du fahren mich zu
Willst du mich nach ... fahren?

Vent et øyeblikk!
went et öü^{e}blikk
warte ein Augenblick
Wart einen Augenblick!

... auf Fähren

Når går ferja til ...?
noor goor färja till
wann geht Fähre nach
Wann geht die Fähre nach ...?

Hva koster det for tre personer og en bil?
waa koßt^{e}r de for tree pärschoon^{e}r oo en biil
Was kostet das für drei Personen und einen Wagen?

Er det grupperabatt?
äär de grupp^{e}rabatt
ist es Gruppenrabatt
Gibt es Gruppenrabatt?

Wenn Sie in der Fjordgegend im Westen des Landes mit dem Auto unterwegs sind, passiert es oft, dass die Straße einfach unterbrochen ist und Sie mit einer Fähre übersetzen müssen.

ankomst *(m)* annkommßt	Ankunft
avgang *(m)* aawgang	Abfahrt
barnebillett *(m)* barnebillett	Kinderfahrkarte
billett *(m)* billett	Fahrkarte
billett luke *(w)* billett l~~uu~~k^{e}	Fahrkartenschalter
buss *(m)* b~~u~~ß	Bus
drosje *(m)* drosch^{e}	Taxi
fly *(s)* flüü	Flugzeug
flyplass *(m)* flüüplaß	Flughafen
første klasse *(m)* förscht^{e} klaß^{e}	erste Klasse
havn *(s)* hawn	Hafen
ikke-røkere ikk^{e} röüker^{e}	Nichtraucher
koffert *(m)* koff^{e}rt	Koffer
nødbremse *(w)* nöödbremß^{e}	Notbremse
nødutgang *(m)* nööd~~uu~~tgang	Notausgang
oppbevaring *(w)* oppbewaaring *Aufbewahrung*	Gepäckaufbewahrung
perrong *(m)* perrong	Bahnsteig
røkere röüker^{e}	Raucher
returbillett *(m)* retuurbillett	Rückfahrkarte

skip *(s)* schiip	Schiff
stasjon *(m)* ßtaschuun	Bahnhof
stoppested *(s)* ßtoppeßteed	Haltestelle
tillegg (til) tilleg	Zuschlag (zu)
toaletter tualetter	Toiletten
tog *(s)* toog	Zug

... unterwegs mit dem Auto

Beachten Sie als Autofahrer in Norwegen die nebenstehenden Tipps und Regeln.

Immer mit Licht fahren.
Diesel ist nur halb so teuer wie Super.
In Schweden tanken (dort ist es billiger).
Vorfahrtsstraßen haben nicht an jeder Kreuzung ein neues Schild.
Auf Zebrastreifen haben Fußgänger nur theoretisch Vorrang.
Tunnel sind nicht beleuchtet. Für die beleuchteten muss man oft eine geringe Gebühr zahlen.
Auf breiten zweispurigen Straßen wird in der Mitte überholt.
Es gilt nicht „Bergfahrt vor Talfahrt“, sondern derjenige fährt zurück, der näher an einer Ausweichstelle ist.

Am besten fährt man mit dem eigenen Auto nach Norwegen. Da es aber in manchen Gegenden nicht besonders viele Werkstätten gibt, sollte man sein eigenes Werkzeug und eine Reparaturanleitung mitnehmen. Will man nachts im Auto schlafen, sind dunkle Vorhänge recht nützlich, denn es bleibt in den Sommernächten ziemlich hell (Mitternachtssonne).

Hvor er den nærmeste bensinstasjonen?
wur äär den näärmeßt^{e} benßiinßtaschuun^{e}n
wo ist die naheste Tankstelle-die
Wo ist die nächste Tankstelle?

Vær så snill å fylle tanken.
wäär ßoo ßnill oo füll^{e} tank^{e}n
sei so lieb zu füllen Tank-der
Bitte volltanken.

Kan du taue bort bilen?
kann d~~uu~~ täü^{e} burt biil^{e}n
kannst du schleppen weg Wagen-der
Kannst du den Wagen abschleppen?

... er i stykker.
... äär ii ßtükk^{e}r
... ist in Stücke
... ist kaputt.

Undersøk ..., er du snill.
~~u~~nn^{e}rßöök ... äär d~~uu~~ ßnill
untersuche ..., sei du nett
Untersuche ..., bitte.

Hier eine Liste der wichtigsten Ersatzteile, damit Sie nicht „auf dem Schlauch" stehen.

aksel *(m)* akß^{e}l	Achse
starter *(m)* ßtart^{e}r	Anlasser
eksosrør *(s)* ekßuußröör	Auspuff
batteri *(s)* batterii	Batterie
blinklys *(s)* blinklüüß	Blinker
bremse *(m)* bremß^{e}	Bremse
bremsepedal *(m)* bremß^{e}pedaal	Bremspedal
pakning *(m)* pakkning	Dichtung

diesel diiß^{e}l	Diesel
reservedel *(m)* reßärw^{e}deel	Ersatzteil
gir *(s)* giir	Gang, Getriebe
gasspedal *(m)* gaßpedaal	Gaspedal
kabel *(m)* kaab^{e}l	Kabel
kilerem *(w)* chiil^{e}reem	Keilriemen
skjerm *(m)* schärm	Kotflügel
kjøler *(m)* chööl^{e}r	Kühler
clutch *(m)* klötsch	Kupplung
lykt *(m)* lükkt	Lampe
tomgang *(m)* tommgang	Leerlauf
ratt *(s)* ratt	Lenkrad
dynamo *(m)* dünaamu	Lichtmaschine
luftfilter *(s)* l~~u~~ftfilt^{e}r	Luftfilter
motor *(m)* muutur	Motor
vanlig bensin *(m)* waanli benßiin	Normalbenzin
olje *(m)* ollj^{e}	Öl
hjul *(s)* j~~uu~~l	Rad
dekk *(s)* dekk	Reifen
girstang *(m)* giirßtang	Schaltknüppel

slange *(w)* schlang^{e}	Schlauch
kjetting *(w)* chetting	Schneekette
skrujern *(s)* ßkrʉʉjärn	Schraubenzieher
sikring *(w)* ßikring	Sicherung
støtdemper *(m)* ßtöötdemp^{e}r	Stoßdämpfer
super ßʉp^{e}r	Super
ventil *(m)* wentiil	Ventil
forgasser *(m)* forgaß^{e}r	Vergaser
jekk *(m)* jekk	Wagenheber
vann *(s)* wann	Wasser
tennplugg tennplʉg	Zündkerze

Hinweisschilder

Adgang forbudt! aadgang forbʉtt	Zutritt verboten!
Ankomst annkommßt	Ankunft
Anleggested annlegg^{e}ßteed	Anlegeplatz
A/S aa-eß	Aktiengesellschaft
Avgang aawgang	Abfahrt
Bading forbudt! baading forbʉtt	Baden verboten!
Bilferjer biilfärj^{e}r	Autofähren

Bildekk biildekk	Autodeck
Blindgate / -vei blinngaat^e / blinnwäi	Sackgasse
Brygge brügg^e	Landungsbrücke
Drosje drosch^e	Taxi
Dyretrekk düür^{e}trekk	Wildwechsel
Dårleg veg (Nyn) doorli wäi	schlechter Weg
Dårlig veidekke doorli wäidekk^e	schlechte Fahrbahn
Ferist feerißt	Viehzaun
Forbud mot forbikjøring! forbʉd muut forbiichööring	Überholverbot
Forbud mot gjennomfart! forbʉd muut jennomfart	Durchfahrverbot
Gjennomgang forbudt! jennomgang forbʉtt	Kein Durchgang!
Husk kjørelys! hʉßk chöör^{e}lüüß	Denk an das Fahrlicht!
Hytter ledig hütt^{e}r leedi	Hütten frei
Hytter opptatt hütt^{e}r opptatt	Hütten besetzt
Inn inn	Eingang
Jernbanestasjon järnbaan^{e}ßtaschuun	Bahnhof
Kjør sakte! chöör ßakt^e	Fahre vorsichtig!
Ledig leedi	Frei

Livbåter liiwbooter	Rettungsboote
Løs grus löößgruuß	loser Schotter
Løse kanter löößе kanter	Seitenstreifen nicht befahrbar
Lugar luugar	Kabine
Lukket lukket	geschlossen
Møteplass mööteplaß	Ausweichstelle
NAF en-aa-ef	norwegischer Motor-club (wie ADAC)
Omkjøring ommchööring	Umleitung
Opplysninger opplüüßninger	Informationen
Opptatt opptatt	besetzt
Parkering med avgift parkeering mee aawjift	Gebührenpflichtiger Parkplatz
Rom ruum	Zimmer
Røkekupe röükekupee	Raucherabteil
Røking forbudt! röüking forbutt	Rauchen verboten!
Røyking forbode! röüking forbuude	Rauchen verboten! (Nyn)
Selvbetjening, **Selvbetjenst** ßellbetjeening, ßellbetjeenßt	Selbstbedienung
Skysstasjon schüßßtaschuun	Busbahnhof (in kleineren Orten)
Stasjon ßtaschuun	Bahnhof
stengt ßtengt	geschlossen

Stoppested ßtoppeßteed	Haltestelle
Stoppforbud ßtoppforbʉd	Halteverbot
Sjukehus, Sykehus schʉʉkehʉʉß, ßüükehʉʉß	Krankenhaus
Til bildekk till biildekk	Zum Autodeck
Til leie till läie	Zu vermieten
Toaletter tualetter	Toiletten
Tollhus tollhʉʉß	Zollhaus
Torg torg	Markt
Ut ʉʉt	Ausgang
Utsalg ʉʉtßalg	Ausverkauf
Veiarbeidsområde wäiarbäidsomroode	Straßenbaustelle
Venterom wenteruum	Wartezimmer
Åpen, Åpent oopen, oopent	offen
Tilbud tillbʉd	Sonderangebot
Gatekjøkken gaatechökken	Imbissbude

Landschaftsnamen

bekk *(m)*	bekk	Bach
berg *(s)*	bärg	Berg
bukt *(w)*	bʉkt	Bucht
dal *(m)*	daal	Tal
dam *(m)*	damm	Teich
elv *(w)*	elw	Fluss

felt *(s)*	felt	Feld / Gebiet
fjell *(s)*	fjell	kahler Berg
foss *(m)*	foß	Wasserfall
jorde *(s)*	juur^{e}	Feld / Acker
gard, **gård** *(m)*	gaar, goor	Bauernhof
haug *(m)*	häüg	Hügel
hav *(s)*	haaw	Meer
hytte *(w)*	hütt^{e}	Hütte
koll *(m)*	koll	Kuppe
kyst *(m)*	chüßt	Küste
munning *(m)*	m~~u~~nning	Mündung
myr *(w)*	müür	Moor
nut *(m)*	n~~uu~~t	Bergspitze
sjø *(m)*	schöö	See
skog *(m)*	ßkuug	Wald
stryk *(s)*	ßtrüük	Stromschnelle
sump *(m)*	ß~~u~~mp	Sumpf
tind *(m)*	tinn	Gipfel
topp *(m)*	topp	Spitze
tre *(s)*	tree	Baum
vatn *(s)*	watn	Gewässer
vidde *(w)*	widd^{e}	Hochebene
vik *(w)*	wiik	Bucht
øy *(w)*	öü	Insel

Preikestolen (604 m)

Einkaufen

Mit einem Smartphone können Sie sich die mit einem gekennzeichneten Sätze dieses Kapitels anhören.

Die wichtigsten Fragen, um etwas zu kaufen oder einzukaufen, sind:

Hvor mye koster ...?
wur müü^e koßt^{e}r
Wie viel kostet ...?

Hvor har du ...?
wur haar d~~uu~~
Wo hast du ...?

Gi meg ...!
jii mäi
Gib mir ...!

Dette liker jeg (ikke).
dett^e liik^{e}r jäi (ikk^e)
Dies gefällt mir (nicht).

Det er for ...	de äär for	Das ist zu ...
broket	bruuk^{e}t	bunt
mørkt	mörkt	dunkel
stort	ßturt	groß
lyst	lüßt	hell
lite	liit^e	klein
kort	kort	kurz
langt	langt	lang
dyrt	dürt	teuer

Kreditkarten

Mit einer Kreditkarte oder der EC-Karte zu bezahlen ist zwar in größeren Städten üblich, auf dem Lande und weiter im Norden kann es jedoch sein, dass sie nicht überall akzeptiert werden.

Kan jeg betale med Eurokort?
kan jäi betaal^e mee äürukort
kann ich bezahlen mit Eurokarte
Kann ich mit der Euroscheckkarte bezahlen?

Aksepterer du visa-korten?
Akzeptieren Sie die Visakarte ?

... auf dem Markt

Ein typisches Marktgespräch könnte so aussehen.

God morgen.
guu moorn
guten Morgen
Guten Morgen.

Hei, hvordan står det til?
häi wurdan ßtoor de till
hallo wie steht es zu
Morgen. Wie geht's?

Takk, bra.
takk braa
Danke, gut.

Hva vil du ha?
waa will dʉʉ haa
Was willst du haben?

Jeg vil gjerne kjøpe epler og jordbær.
jäi will järn^{e} chööp^{e} äppl^{e}r oo juurbäär
ich will gerne kaufen Äpfel und Erdbeeren
Ich hätte gerne Äpfel und Erdbeeren.

Hvor mye koster jordbærne?
wur müü^{e} koßt^{e}r juurbäärn^{e}
wie viel kosten Erdbeeren-die
Wie viel kosten die Erdbeeren?

Ti kroner for kurven.
tii kruun^{e}r for kʉrw^{e}n
zehn Kronen für Schälchen
Zehn Kronen ein Schälchen.

Og eplene?
oo eplän^{e}
und Äpfel-die
Und die Äpfel?

Tolv kroner ett kilo.
toll kruun^{e}r ett chiilu
zwölf Kronen ein Kilo
Zwölf Kronen das Kilo.

Hvor mye jordbær vil du ha?
wur müü^{e} juurbäär will dʉʉ haa
wie viel Erdbeeren willst du haben
Wie viele Erdbeeren willst du haben?

Gi meg to kurver jordbær og ett kilo epler.
jii mäi tuu kʉrw^{e}r juurbäär oo ett chiilu epl^{e}r
Gib mir zwei Schalen Erdbeeren und ein Kilo Äpfel.

Det blir tretti to kroner.
de bliir trettii tuu kruun^{er}
das wird dreißig zwei Kronen
Das macht zweiunddreißig Kronen.

Åh, for dyrt.
oo for dürt
ach für teuer
Oh, zu teuer.

Jeg har bare tretti kroner.
jäi haar baar^{e} trettii kruun^{er}
ich habe nur dreißig Kronen
Ich habe nur dreißig Kronen.

Ja vel, la oss si tretti kroner for alt samme.
jaa well laa oß ßii trettii kruun^{er} for allt ßamm^{e}
ja gut lass uns sagen 30 Kronen für alles zusammen
Gut, sagen wir dreißig Kronen alles zusammen.

Takk så mye.
takk ßoo müü^{e}
danke so viel
Vielen Dank.

Ta det.
taa de
nimm das
Nimm das.

Ha det (godt / bra).
haa de (gott / braa)
hab es (gut)
Tschüss.

Essen & Trinken

Mit einem Smartphone können Sie sich die mit einem 👂 gekennzeichneten Sätze dieses Kapitels anhören.

Wenn Sie nicht gerade im Hotel mit Vollpension wohnen, stellen Sie sich auf Selbstverpflegung ein. Man kann sich auch viele Lebensmittel aus Deutschland mitnehmen (z. B. Orangensaft und Dosen), wo sie billiger sind. Die Einfuhr von Schweinefleisch, Kartoffeln, Eiern und Milch nach Norwegen ist jedoch verboten. Denken Sie auch an den Campingkocher und an das Besteck!

Restaurant

Essenzeiten: lunch um etwa 13 Uhr und middag um 18 bis 20 Uhr (warmes Abendessen). Auf dem Lande ist middag schon um etwa 14 Uhr und aftens um etwa 19 Uhr (Abendbrot).

Kelner!
keln^e^r
Kellner
Ober!

Frøken!
fröök^e^n
Fräulein
Fräulein!

Hva ønsker du / De?
waa önßk^e^r d~~uu~~ / dii
Was wünschst du / wünschen Sie?

Jeg / vi vil gjerne ha ...
jäi / wii will järn^e^ haa
Ich möchte / wir möchten gerne ... (haben).

Velbekomme!
welbekomm^e^
wohl-bekomm
Guten Appetit!

Skål!
ßkool
Prost!

Litt mer?
litt meer
wenig mehr
Noch etwas?

Ja takk, gjerne.
jaa takk järn^e^
ja danke gerne
Ja danke, gerne.

Nei takk, ikke mer.
näi takk ikk^e^ meer
nein danke nicht mehr
Nein danke, nichts mehr.

Nach dem Essen sagt man immer, aber besonders, wenn man privat eingeladen ist:

Takk for maten!
takk for maat^{e}n
danke für Essen-das
Vielen Dank für Speis und Trank!

Kan jeg få regningen?
kann jäi foo räining^{e}n
kann ich bekommen Rechnung-die
Die Rechnung, bitte!

Det er til dig / Dem.
de äär til däi / dem
das ist für dich / Sie
Das ist für Sie.

Behold resten!
beholl reßt^{e}n
behalt Rest-der
Behalt den Rest!

norwegische Spezialitäten

Lutefisk	lüüt^{e}fißk	Das ist in Kalilauge eingelegter Kabeljau, der gekocht mit Erbsen gegessen wird. Er hat einen recht strengen Geschmack!
Sildegrateng	sill^{e}graateng	Überbackener Hering. Gibt es in vielen Variationen, oft mit Kartoffeln und Dillsoße.
Fiskepudding	fißk^{e}pʉdding	Fischpudding besteht aus zerkleinertem Kabeljau mit Kartoffelmehl, der in einer Puddingform gekocht und mit Senfsoße serviert wird.
Får i kål	foor ii kool	In Würfel geschnittenes Hammelfleisch mit Weißkohl. Dazu saure Sahne, Kartoffeln und Petersilie. Man bekommt es in Suppentellern vorgesetzt.
Pytt i panne	pütt ii panne^{e}	Bekommt man kaum in Restaurants, dafür eher zu Hause. Fleischreste, Kartoffeln und Zwiebeln in der Pfanne mit Butter angebraten und mit Eiern oder Gurken serviert.

Ølsuppe	öllßʉpp^{e}
Schwarzbrot, das in Wasser und Bier gekocht wird. Je nach Geschmack wird Zucker und Sahne (oder Milch) zugegeben.	
Reinsdyrsgryte	räinßdüürgrüüt^{e}
Rentierfleisch und Speck geschmort, wird mit Kartoffeln und Preiselbeeren gegessen.	

Fisch

Man kann in Norwegen die herrlichsten Fische selber fangen. Man darf in allen Salzgewässern (Fjorde und Strände) ohne Genehmigung fischen. Für das Süßwasser braucht man jedoch eine Angelerlaubnis (fiskekort), die es in einem nahen Dorf oder auf einem Campingplatz gibt. Es bestehen in Norwegen ernstzunehmende Bestimmungen zur Be-kämpfung von Krankheiten bei Süßwasserfischen. Es kann daher sein, dass man zum örtlichen Tierarzt geschickt wird, damit dieser erst einmal die Angelausrüstung desinfiziert!

abbor *(m)*	abbor	Barsch
ål *(s)*	ool	Aal
blåskjell *(s)*	blooschell	Miesmuschel
blekksprut *(m)*	blekkßprʉʉt	Tintenfisch
flyndre *(w)*	flündr^{e}	Flunder, Scholle
gjedde (w)	jedd^{e}	Hecht
hellefisk *(m)*, **kveite** *(w)*	hell^{e}fißk, kwäit^{e}	Heilbutt
hval *(m)*	waal	Wal
hvitting *(m)*	witting	Weißling
karpe *(m)*	karp^{e}	Karpfen
kolje *(w)*	kulj^{e}	Schellfisch
laks *(m)*	lakkß	Lachs
østers *(m)*	ößt^{e}rsch	Austern
piggvar *(m)*	piggvaar	Steinbutt

„Rettet die Wale!“ Essen Sie kein Walfleisch!

reker	reek^{e}r	Garnelen
rødsprette *(w)*	röößprett^e	Scholle
sei *(m)*,	ßäi,	Seelachs
pale *(m)*	paal^e	
sild *(w)*	sill	Hering
sjøtunge *(w)*	schöötung^e	Seezunge
skrei *(m)*	ßkräi	Kabeljau
størje *(w)*	ßtörrj^e	Thunfisch

Obst

In Norwegen wachsen viele Beeren. Südfrüchte sind sehr teuer, weil sie importiert werden müssen.

bjørnebær *(s)*	björn^{e}bäär	Brombeere
blåbær *(s)*	bloobäär	Blaubeere
bringebær *(s)*	bring^{e}bäär	Himbeere
eple *(s)*	epl^e	Apfel
jordbær *(s)*	juurbäär	Erdbeere
kirsebær *(s)*	chirß^{e}bäär	Kirsche
markjordbær *(s)*	markjuurbäär	Walderdbeere
molte *(w)*	mult^e	Multbeere
pære *(w)*	päär^e	Birne
rips *(m)*	rippß	Johannisbeere
solbær *(s)*	ßuulbäär	schwarze Johannisbeere
stikkelsbær (s)	ßtikk^{e}lßbäär	Stachelbeere
tyttebær (s)	tütt^{e}bäär	Preiselbeere

Fleisch

bryst *(s)*	brüßt	Brust
fåre-...	foor^e	Hammel-...
gulasj *(m)*	gʉlasch	Gulasch
kalve-...	kalw^e	Kalb-...
kjøtt *(s)*	chött	Fleisch
lamme-...	lamm^e	Lamm-...
lår *(s)*	loor	Keule
okse-...	ukß^e	Rind-...
pølse *(w)*	pölß^e	Wurst
postei *(m)*	poßtäi	Pastete
stek / steik *(s)*	ßtäk / ßtäik	Braten
svine-...	ßwiin^e	Schweine-...

Zubereitung

bakt	bakt	gebacken
kokt	kukt	gekocht
krydret	krüddr^{e}t	gewürzt
ristet	rißt^{e}t	geröstet
saltet	ßalt^{e}t	gesalzen
stekt	ßtäkt	gebraten

Wild und Geflügel

and *(w)*	and	Ente
dyresteik *(w)*	düür^{e}ßtäik	Rentierbraten
elg *(m)*	rlg	Elch
grillet kylling *(w)*	grill^{e}t chülling	Brathähnchen
gegrilltes Hähnchen		
gås *(w)*	gooß	Gans
hare *(m)*	haar^{e}	Hase
hjort *(m)*	juurt	Hirsch
kalkun *(m)*	kalkʉʉn	Pute
kylling *(w)*	chülling	Hähnchen
orre *(m)*	orr^{e}	Birkhuhn
rapphøne *(w)*	rapphöön^{e}	Rebhuhn
rein *(m)*	räin	Rentier
rype *(w)*	rüüp^{e}	Schneehuhn
rådyr *(s)*	roodüür	Reh

Gemüse

agurk *(m)*	agʉrk	Gurke
brekkbønner	brekkbönn^{e}r	Grüne Bohnen
blomkål *(m)*	blommkool	Blumenkohl
bønner	bönn^{e}r	Bohnen
ert *(w)*	ert	Erbse
gulrot *(w)*,	gʉllrott	Mohrrübe(n)
(*Mz:* **gulrøtter**)	(gʉllrött^{e}r)	
kål *(m)*	kool	Kohl
løk *(m)*	löök	Zwiebel
reddik *(m)*	reddik	Radieschen
rødkål *(m)*	röökool	Rotkohl

sjampinjonger	schampin-jong^{e}r	Champignons
sopp *(m)*	ßopp	Pilz
surkål *(m)*	ß~~uu~~rkool	Sauerkraut

alkoholfreie Getränke & Milchprodukte

kaffe *(m)*	kaff^{e}	Kaffee
melk, mjølk *(w)*	melk, mjölk	Milch
surmelk *(w)*	ß~~uu~~rmelk	Sauermilch
rømme *(w)*	römm^{e}	saure Sahne
kjernemelk *(w)*	chärn^{e}melk	Buttermilch
fløte *(w)*	flööt^{e}	Sahne
saft *(w)*	ßafft	Saft
te (m)	tee	Tee
vann, vatn *(s)*	wann, watn	Wasser
med sukker	mee ßukk^{e}r	mit Zucker
uten sukker	~~uu~~ten ßukk^{e}r	ohne Zucker
flaske *(w)*	flaßk^{e}	Flasche
glass *(s)*	glaß	Glas
kanne *(w)*	kann^{e}	Kanne
kopp *(m)*	kopp	Tasse
krus *(s)*	kr~~uu~~ß	Krug

Lokale

Es gibt eigentlich keine richtigen Kneipen in Norwegen. Die Orte, wo man hingeht, um etwas zu trinken oder zu essen, nennt man:

kafé *(m),* **kaffistove** (Nyn) kafee, kaffiißtuuw^{e}	Café
snackbar *(m),* **gatekjøkken** *(s)* ßnäkkbaar, gaat^{e}chökk^{e}n	Imbissbude
fjellstue *(w),* **fjellstove** (Nyn) fjellßt~~uu~~^{e}, fjellßtuuw^{e}	Berggaststätte

gjestgiveri *(s)*, **gjestgjeveri** (Nyn) jeßtjiiwerii, jeßtjeewerii	Gasthaus
kro *(m)* kruu	Landstraßen-raststätte

Im gjestgiveri *kann man auch übernachten.*

Alkohol

Der Verkauf von Alkohol wird in Norwegen staatlich kontrolliert. Um den Konsum zu verringern, erhebt der Staat gewaltige Steuern, so dass die Preise sehr hoch sind. Man kann Alkohol nicht in jedem Laden kaufen, sondern nur im vinmonopolet. Vor Feiertagen, Samstagen und Sonntagen stehen die Leute oft davor Schlange, um sich für das Wochenende gut einzudecken.

Aber es werden auch Unmengen Alkohol schwarz in einsamen Kellern gebrannt. Jemand hat dies einmal „fast einen Volkssport" genannt. Vielleicht haben Sie mal Gelegenheit, beim Brennen zuzusehen – lassen Sie sich die Gaudi nicht entgehen!

bayer *(m)*	baier	dunkles Bier
bitter *(m)*	bitter	Magenbitter
brennevin *(m)*	brennewiin	Branntwein
fatøl *(s)*	fattöll	Fassbier
hvitvin *(m)*	wiitwiin	Weißwein
karveakevitt *(m)*	karweaakewitt	Kümmel-schnaps
kirsebær-brennevin *(m)*	chirßebäär-brennewiin	Kirschwasser
konjakk *(m)*	konnjakk	Weinbrand
likør *(m)*	liköör	Likör
linje akevitt *(m)*	linje aakewitt	Schnaps
moltebærvin *(m)*	multebäärwiin	Multbeerwein
musserende vin *(m)*	müßeeräne wiin	Sekt

Bayer *ist allerdings fast nie im Angebot.*

pils *(m)*	pilß	helles Bier
rom *(m)*	ruum	Rum
rødvin *(m)*	rööwiin	Rotwein
sterk	ßtärk	schwer
svak	ßwaak	leicht
søt	ßött	süß
toddy *(m)*	tuddü	Grog
vin *(m)*	wiin	Wein
tørr	törr	herb / trocken
øl *(s)*	öll	Bier

im Supermarkt

In fast allen norwegischen Supermärkten gibt es eine Unmenge an Broten und Milchprodukten. An Broten findet man vier wichtige Sorten:

loff loff	Weißbrot *(wie bei uns)*
kneippbrød knäipbröö	*Art* Halbkornbrot *(hat interessanten Geschmack)*
grovbrød, rugbrød groowbröö, rʉggbröö	Schwarzbrot *(wird importiert)*
rundstykker rʉnnßtükkᵉr	Brötchen

Bei den anderen Brotsorten sollte man vorsichtig sein: Besonders süße Brote kann man an ihrem Geruch erkennen.

Melk, mjølk, lettmjølk ist die normale Milch. Rømme entspricht saurer Sahne und fløte süßer Sahne, die auch als Kaffeezusatz wie Dosenmilch verwendet wird.

Milch- und Brotpreise werden übrigens meist nicht aufgedruckt, sondern sie hängen als Tabelle an der Wand.

Hvor finnes det ...?
wur finn^e^ß de
wo findet-sich es
Wo gibt es ...?

smør *(s)*	ßmöör	Butter
egg *(s)*	egg	Ei
is *(s)*	iiß	Eis
honning *(m)*	honning	Honig
ost *(w)*	ußt	Käse
kake *(m)*	kaak^e^	Kuchen
pepper *(m)*	pepp^e^r	Pfeffer
salt *(s)*	ßalt	Salz
hvetebrød *(s)*	weet^e^bröö	Weißbrot
sukker *(m)*	ßukk^e^r	Zucker

Achten Sie bei Butter unbedingt auf den Unterschied zwischen usaltet (ungesalzen) und saltet (gesalzen). Margarine ist fast immer gesalzen.

Bergener Fischmarkt

Unterkunft

Überall in Norwegen gibt es Campingplätze. Wer weder im Hotel wohnen noch im Zelt oder Wohnwagen übernachten will, kann sich auch für ein paar Tage eine Hütte mieten. Diese Hütten sind kleine Holzhäuser und bestehen meist aus einem gemütlichen Zimmer mit Kochnische.

Toiletten und Waschbecken (auch für das Geschirr) sind in einem Extra-Häuschen (für alle Gäste gemeinsam). Dort gibt es auch Duschen, für deren Benutzung man ein paar Kronen zahlen muss, und die daher mit einem Münzautomaten für Warmwasser ausgestattet sind. Wenn Sie Glück haben, funktioniert er nach Münzeinwurf. Aber nach wenigen Minuten wird das Wasser wieder eiskalt.

askebeger *(s)*	aßkebeeger	Aschenbecher
utgang *(m)*	~~uu~~tgang	Ausgang
bil *(m)*	biil	Auto, Wagen
bad *(s)*	baad	Badezimmer
seng *(w)*	ßeng	Bett
dynetrekk *(s)*	düünetrekk	Bettbezug
sengeteppe *(s)*	ßengeteppe	Bettdecke
laken *(s)*	laaken	Bettlaken
sengetøy *(s)*	ßengetöü	Bettwäsche
strykejern *(s)*	ßtrüükejärn	Bügeleisen
bøtte *(w)*	bötte	Eimer
inngang *(m)*	inngang	Eingang
heis *(m)*	häiß	Fahrstuhl
vindu *(s)*	wind~~uu~~	Fenster
hage *(m)*	haage	Garten
hus *(s)*	h~~uu~~ß	Haus
ovn *(m)*	own	Heizung / Ofen
komfyr *(m)*	komfüür	Herd
hytte *(w)*	hütte	Hütte

peis *(m)*	päiß	Kamin
kjeller *(s)*	chell^{e}r	Keller
pute *(w)*	p~~uu~~t^e	Kissen
klokke *(w)*	klokk^e	Klingel
kjøkken *(s)*	chökk^{e}n	Küche
kjøleskap *(s)*	chööl^{e}ßkaap	Kühlschrank
lampe *(w)*	lamp^e	Lampe
bryter *(m)*	brüüt^{e}r	Lichtschalter
papirkurv *(m)*	papiirk~~u~~rw	Papierkorb
regning *(m)*	räining	Rechnung
rense	renß^e	reinigen
lås *(m)*	looß	Schloss *(Tür)*
nøkkel *(m)*	nökk^{e}l	Schlüssel
skap *(s)*	ßkaap	Schrank
skuff *(m)*	ßk~~u~~ff	Schublade
lenestol *(m)*	leen^{e}ßtuul	Sessel
speil *(s)*	ßpäil	Spiegel
stikkontakt *(m)*	ßtikkuntakt	Steckdose
stol *(m)*	ßtuul	Stuhl
bord *(s)*	buur	Tisch
duk *(m)*	d~~uu~~k	Tischdecke
toalettpapir *(s)*	tualettpapiir	Toilettenpapier
gryte *(w)*	grüüt^e	Topf
dør *(w)*	döör	Tür
vegg *(m)*	wegg	Wand
vask *(m)*	waßk	Waschbecken
vann *(s)*	wann	Wasser
vannkrann *(w)*	wannkrann	Wasserhahn
bo	buu	wohnen
campingvogn *(w)*	kämpingwongn	Wohnwagen
ullteppe *(s)*	~~u~~llteпp^e	Wolldecke
værelse *(s)*	wäär^{e}lß^e	Zimmer

Camping

Veit du om et vandrerhjem?
wäit d~~uu~~ omm et wandr^{e}rjem
weißt du um ein Wanderheim
Kennst du eine Jugendherberge?

Hvor finnes det en campingplass?
wur finneß de en kämpingplaß
wo findet-sich es ein Campingplatz
Wo gibt es einen Campingplatz?

Hytter ledig	hütter leedi	Hütten frei
opptatt	opptatt	besetzt

Har du ennå noen ledige hytter?
haar d~~uu~~ ennoo nuuen leedie hütter
Hast du noch eine freie Hütte?

Hvor mange personer / voksne er dere?
wur mange perschuuner / wokßne äär deere
Wie viele Personen / Erwachsene seid ihr?

Vi vil bli her ei natt / ... dager.
wii will blii häär äi natt / ... daager
wir wollen bleiben hier eine Nacht / ... Tage
Wir wollen hier eine Nacht / ... Tage bleiben.

Hva koster det per døgn?
waa koßter de per döün
was kostet das pro Tag
Wie viel kostet das pro Tag?

Kan du låne meg ...?
kann d~~uu~~ loone mäi
kannst du leihen mir
Kannst du mir ... leihen?

... er i stykker.
... äär ii ßtükker
... ist in Stücke
... ist kaputt.

Hvor kan jeg parkere bilen?
wur kann jäi parkeere biilen
wo kann ich parken Wagen-der
Wo kann ich den Wagen parken?

Jeg vil gjerne dusje en gang.
jäi will järne d~~u~~sche en gang
ich würde gern duschen ein Mal
Ich würde gern einmal duschen.

Hotel

enkeltrom *(s)*	enk^{e}ltruum	Einzelzimmer
dobbeltrom *(s)*	dobb^{e}ltruum	Doppelzimmer
med / uten	mee / ~~uu~~t^{e}n	mit / ohne
toalett *(m)*	tualett	Toilette
dusj *(m)*	d~~u~~sch	Dusche
balkong *(m)*	balkong	Balkon

Jeg har bestilt et rom.
jäi haar beßtillt et ruum
ich habe bestellt ein Zimmer
Ich habe ein Zimmer bestellt.

Har du et ledig rom?
haar d~~uu~~ et leedi ruum
Hast du ein freies Zimmer?

Kunne jeg se på rommet?
k~~u~~nn^{e} jäi ßee poo rumm^{e}
können ich sehen auf Raum-der
Könnte ich mal das Zimmer sehen?

Tar du det?
taar d~~uu~~ de
nimmst du es
Nimmst du es?

Jeg liker det ikke.
jäi liik^{e}r de ikk^{e}
ich mag es nicht
Mir gefällt es nicht.

Hvor mye koster rommet per døgn / uke?
wur müü^{e} koßt^{e}r rumm^{e} per döün / ~~uu~~k^{e}
wie viel kostet Raum-der für Tag / Woche
Wie viel kostet das Zimmer pro Tag / Woche?

Blir det noe ekstrautgifter å betale?
bliir de nuu^{e} äkßtra~~uu~~tjift^{e}r oo betaal^{e}
wird es etwas Extraausgaben zu bezahlen
Gibt es noch Nebenkosten?

Jeg synes prisen er for høy.
jäi ßüün^{e}ß priiß^{e}n äär for höu
ich meine Preis-der ist für hoch
Mir scheint der Preis zu hoch.

Geld, Formulare, Telefonieren & Internet

Passen Sie auf, wenn Sie Wechselgeld bekommen. Es kann nämlich passieren, dass Sie dänische Kronen wiederbekommen, die weniger Wert haben. Auch schwedische Kronen sehen fast genauso aus, haben aber ebenfalls einen etwas niedrigeren Wert als die norwegischen Kronen.

Ausfüllen von Formularen

adresse *(m)*	adreß^e	Adresse
alder *(m)*	ald^{e}r	Alter
bilpapirer	biilpapiir^{e}r	Wagenpapiere
blankett *(m)*	blankett	Formular
bosted *(s)*	buußteed	Wohnort
by *(m)*	büü	Stadt
dato *(m)*	daatu	Datum
delstat *(m)*	deelßtaat	Bundesland
etternavn *(s)*	ett^{e}rnawn	Familienname
familieforhold *(s)*	famiili^{e}forholl	Familienstand
fornavn *(s)*	fornawn	Vorname
fylke *(s)*	fülk^e	Verwaltungsbezirk
fødselsdag *(m)*	föddß^{e}lßdaag	Geburtstag
førerkort *(s)*	föör^{e}rkort	Führerschein
gate *(w)*	gaat^e	Straße
innreise *(m)*	innräiß^e	Einreise
land *(s)*	lann	Land
legitimasjon *(m)*	legitimaschuun	Ausweis

pass *(s)*	paß	Reisepass
religion *(m)*	religiuun	Religion
skjema *(s)*	scheema	Formular
stat *(m)*	ßtaat	Staat
sted *(s)*	ßteed	Ort
tillatelse *(m)*	tillaatelß^e	Erlaubnis
underskrift *(w)*	~~u~~nn^{e}rßkrift	Unterschrift
utreise *(m)*	~~uu~~träiß^e	Ausreise
vaksinasjon *(m)*	wakßinaschuun	Impfung
yrke *(s)*	ürk^e	Beruf

Telefonieren

Öffentliche Telefonzellen sind rot angestrichen. Telefonzellen gibt es an vielen Tankstellen, in großen Geschäften, Bahnhöfen und Flughäfen, jedoch nicht in der Post, denn die ist nur für Briefe, Pakete usw. zuständig. In einen Telefonapparat wirft man mindestens zwei Kronen ein. Es werden nur Ein- und Fünf-Kronen-Stücke akzeptiert. Die meisten Automaten akzeptieren gleichzeitig auch Karten (telefonkort), die an Kiosken und in fast allen Läden erhältlich sind.

Telefonate vom Hotelzimmer sind teurer. Handys sind auch in Norwegen sehr verbreitet. Man darf aber nicht erwarten, in einsamen, ortsfernen Gegenden eine gute Verbindung zu bekommen. Man kann norwegische SIM-Karten für den Gebrauch im Land kaufen. Für alle telefonischen Angelegenheiten findet man oft eine so genannte Telebutikk.

Jeg vil gjerne kjøpe en kontantkort uten mobiltelefon.
ich will gerne kaufen eine Prepaidkarte ohne Handy
Ich möchte eine Prepaidkarte ohne Handy kaufen.

Internet

Es gibt zahlreiche Internetcafés, jedoch sind diese auf die großen Städte beschränkt. In kleineren Orten findet man oft z. B. in Buchhandlungen ein paar PCs, an denen man das Internet nutzen kann.

Hvor er det en internet café?
wo ist es ein Internet Café
Wo gibt es ein Internetcafé?

Kan jeg her lese og sende Epost?
kann ich hier lesen und senden Emails
Kann ich hier E-Mails lesen und senden?

Krank sein

In vielen kleinen Dörfern oder Städten hat es keinen Zweck, nach einem Arzt zu suchen. Dafür gibt es aber immer eine legevakt (Sanitätswache). Dort wird man Ihnen weiterhelfen, wenn es Ihnen schlecht geht. Medikamente und Krankenhauskosten müssen grundsätzlich in bar bezahlt werden, internationale Krankenscheine nutzen nichts. Lassen Sie sich aber in jedem Fall eine ausführliche Rechnung für Ihre Krankenkasse geben.

Jeg er blitt stukket / bitt av ...
jäi äär blitt ßtukkᵉt / bitt aaw
ich bin geworden gestochen / gebissen von
Ich bin von ... gestochen / gebissen worden.

In diesen Satz können Sie unverändert einsetzen:

en veps *(m)*	wepß	eine Wespe
en orm *(m)*	orm	eine Schlange
en kråkebolle *(m)*	krookᵉbollᵉ	ein Seeigel
en mygg *(m)*	mügg	eine Mücke
ei bikkje *(w)*	bikchᵉ	ein Köder
en hund *(m)*	hʉnn	ein Hund

Jeg trenger noe mot ...
jäi treng^{e}r nuu^{e} muut
Ich brauche etwas gegen ...

snue *(m)*	ßn~~uu~~^{e}	Schnupfen
diaré *(m)*	diaree	Durchfall
smerte *(m)*	ßmärt^{e}	Schmerzen
hodepine *(m)*	huud^{e}piin^{e}	Kopfschmerzen
kvalme *(m)*	kwalm^{e}	Übelkeit

Hvor finnes det en legevakt / apotek?
wur finn^{e}ß de en leeg^{e}wakt / apoteek
wo findet-sich es eine Ärztewache / Apotheke
Wo gibt es eine Sanitätswache / Apotheke?

Jeg hoster mye.
jäi hußt^{e}r müü^{e}
Ich huste viel.

Jeg er forkjølet.
jäi är forchööl^{e}t
Ich bin erkältet.

Det klør her.
de klöör häär
Es juckt hier.

Jeg er kvalm.
jäi äär kwalm
Mir ist übel.

Jeg har tannverk.
jäi haar tannwärk
Ich habe Zahnschmerzen.

Statt tannverk können Sie auch folgende Ausdrücke unverändert einsetzen:

utslett	~~uu~~tschlett	Ausschlag
feber	feeb^{e}r	Fieber
vondt i magen *schlecht im Magen*	wunnt ii maag^{e}n	Bauchschmerzen
vondt i halsen *schlecht im Hals*	wunnt ii halß^{e}n	Halsschmerzen
hodepine	huud^{e}piin^{e}	Kopfschmerzen
skåret meg *geschnitten mich*	ßkoor^{e}t mäi	mich geschnitten

brent meg *verbrannt mich*	brennt mäi	mich verbrannt
fått noe i øyet *bekommen etwas in das-Auge*	foot nuue ii öüe	etwas ins Auge bekommen

Toilette & Co.

Zum stillen Örtchen kann man sich mit folgender Frage durchschlagen:

Hvor er toalettene?
wur äär tualettäne
wo sind Toiletten-die
Wo sind die Toiletten?

Damer
daamer
Damen

Herrer
härrer
Herren

Hvor finnes det offentlige toaletter her?
wur finneß de uffäntlie tualetter häär
wo findet-sich es öffentliche Toilette hier
Wo gibt es öffentliche Toiletten hier?

Jeg må gå på toalett / bad / do.
jäi moo goo poo tualett / baad / duu
ich muss gehen auf Toilette / Bad / Klo
Ich muss auf die Toilette / ins Bad / aufs Klo.

Det finnes ikke såpe her.
de finneß ikke ßoope häär
es findet-sich nicht Seife hier
Hier gibt es keine Seife.

Kan jeg få noe toalettpapir?
kann jäi foo nuue tualettpapiir
kann ich bekommen etwas Toilettenpapier
Könnte ich Toilettenpapier bekommen?

Skyllingen fungerer ikke lenger.
ßküllingen fʉngeerer ikke lenger
Spülung-die funktioniert nicht länger
Die Spülung funktioniert nicht.

Schimpfen & Fluchen

Es gibt sehr viele Ausdrücke, um andere Leute zu beleidigen. Aber die findet man ja in jeder Sprache. Ich empfehle allerdings nicht, diese Ausdrücke zu gebrauchen. Es reicht, sie zu verstehen, wenngleich ich hoffe, dass Sie sie dann doch nicht zu hören bekommen ...

Wie Sie sehen, benutzt man in den Ausdrücken das Wort din (dein) anstelle von „du“.

Din tosk!
diin toßk
dein Dummkopf
Du Doofmann!, Du Dummkopf!

Din snik!
diin ßniik
Du Lump!

Din slask!
diin ßlaßk
Du Schlappschwanz!

Elendige kjeltring!
elendie cheltring
elendiger Schurke
Elender Schurke!

Din drittsekk!
diin drittßekk
dein Scheißsack
Du Arsch!

Dritt!	dritt	Scheiße!
Sludder!	ßlʉdder	Unsinn!
Tull!	tʉll	Quatsch!
Hold kjeft!	holl cheft	Halt's Maul!
halt Maul		

Vom Deutschen ableiten

Mit Hilfe der folgenden Tabelle können Sie viele Wörter verstehen, ohne im Wörterbuch nachschlagen zu müssen. Mit ein bisschen Übung werden Sie schon nach kurzer Zeit fast alles lesen können.

Mitlaute

... wird zu ...			Beispiel		
p	>	pf, ff	**panne**	panne	Pfanne
			håpe	hoope	hoffen
t	>	z, ss, ß	**telt**	telt	Zelt
			hate	haate	hassen
			fat	faat	Fass
k	>	k, ch	**koste**	koßte	kosten
			ekte	ekte	echt
d	>	t	**dag**	daag	Tag
			hard	hard	hart
v	>	w, b	**gave**	gaawe	Gabe
			vil	will	will
hv	>	w	**hvem**	wem	wem
ks	>	chs	**seks**	ßekß	sechs
kk	>	ck	**dekke**	dekke	decken
sk	>	sch	**skole**	ßkuule	Schule
sl	>	schl	**slepe**	schleepe	schleppen
sn	>	schn	**snaps**	schnapß	Schnaps
sm	>	schm	**smerte**	ßmärte	Schmerz

Selbstlaute (lang & betont)

... wird zu ...			Beispiel		
i	>	ei	**min**	miin	mein
u	>	au	**hus**	h~~uu~~ß	Haus
y	>	eu, äu	**fyr**	füür	Feuer

Vom Deutschen ableiten

Vorsilben

... wird zu ...		Beispiel		
u- >	un-	**ufred**	~~uu~~freed	Unfriede
be- >	be-	**betale**	betaal^{e}	bezahlen
for- >	ver-	**forlag**	forlaag	Verlag
inn- >	ein-	**innreise**	innräiß^{e}	Einreise
ut- >	aus-	**utgang**	~~uu~~tgang	Ausgang

Endungen

-dom	-dom	-tum
-dømme	-dömm^{e}	-tum
-else	-elß^{e}	-ung
-ende	-enn^{e}	-end
-ere	-eer^{e}	-ieren
-eri	-^{e}ri	-erei
-het	-heet	-heit, -keit
-inne	-inn^{e}	-in
-ing	-ing	-ung
-isk	-iißk / -ißk	-isch
-isme	-ißm^{e}	-ismus
-leg	-leeg	-lich
-lig	-li	-lich
-løs	-löös	-los
-ning	-ning	-ung
-sjon	-schuun	-tion
-sk	-ßk	-isch
-skap	-ßkaap	-schaft
-ske	-ßk^{e} / -schk^{e}	-in
-som	-ßomm	-sam
-vis	-wiiß	-weise
-ør	-öör	-eur

Vom Deutschen ableiten

Wörter, die Sie schon kennen

Manche Buchstaben werden anders geschrieben:

kk	**v**	**m**
ck	w	mm

Bei Tätigkeitswörtern kommen vor:

-ere	**-e**
-ieren	-en

arm (m) arm
auge (s) äüg^{e}
baby (m) bäibi
bad (s) baad
bade baad^{e}
ball (m) ball
bein (s) bäin
bevege beweeg^{e}
bilde (s) bild^{e}
billig billi
binde binn^{e}
bitter bitt^{e}r
blind blinn
blond blonn
bremse (m) bremß^{e}
brenne brenn^{e}
bringe bring^{e}
dum dumm
falle fall^{e}
familie (m) famiili^{e}
fange fang^{e}
felt (s) felt
ferie (m) feeri^{e}
figur (m) figʉʉr
film (m) film
finger (m) fing^{e}r
fornem forneem
fotografere futugrafeer^{e}
gardin (m) gardiin
gift (m) jift
giftig jifti
glass (s) glaß
gras (s) graß
grell grell
grense (m) grenß^{e}
hals (m) halß
hammer (m) hamm^{e}r
hand (w) hann
handle handl^{e}
henge heng^{e}
himmel (m) himm^{e}l
hund (m) hʉnn
høre höör^{e}
insekt (s) inßekt
interessant intereßant
jakke (w) jakk^{e}
kaffe (m) kaff^{e}
kam (m) kamm
kamera (s) kaamera
klar klaar
klebe kleeb^{e}
klebrig kleebri
komme komm^{e}
korn (s) korn
koste koßt^{e}
kraft (w) kraft

krig (m) kriig
krum krumm
ku (w) kʉʉ
kunst (m) kʉnßt
lampe (w) lamp^{e}
land (s) lann
lang lang
lese leeß^{e}
luft (w) lʉft
male maal^{e}
mann (m) mann
merke merk^{e}
metall (s) metall
morgen (m) moorn
motor (m) muutur
muskel (m) mʉßk^{e}l
normal nurmaal
papir (m) papiir
passe paß^{e}
passende paßenn^{e}
pensel (m) penß^{e}l
plate (w) plaat^{e}
postkort (s) poßtkort
pudder (s) pʉdd^{e}r
pulver (s) pʉlw^{e}r
pumpe (w) pʉmp^{e}
punkt (s) pʉnkt
radio (m) raadiu
rand (m) rann
regelmessig reeg^{e}lmeßi
reparere repareer^{e}
ring (m) ring
rose (w) ruuß^{e}
rund rʉnn
saft (w) ßaft
sand (m) ßann
sommer (m) ßomm^{e}r
spare ßpaar^{e}
spill (s) ßpill
spinne ßpinn^{e}
sport (m) ßport
stein (m) ßtäin
stengel (m) ßteng^{e}l
stille ßtill^{e}
stinke ßtink^{e}
stoff (s) ßtoff
stokk (m) ßtokk
strand (w) ßtrann
streng ßtreng
studere ßtʉdeer^{e}
stum ßtʉm
suppe (w) ßʉpp^{e}
treffe treff^{e}
ur (w) ʉʉr
vare (m) waar^{e}
varm warm
vase (m) waaß^{e}
veg (m) wäi
vinter (m) winnt^{e}r
vits (m) wiz

Kleines Nynorsk-Vokabular

Das nynorsk ist eine reine Schriftsprache. Sie wurde geschaffen, um den vielen vom bokmål stark abweichenden ländlichen Dialekten eine bessere schriftliche Ausdrucksform zu geben. Da es nun für ein Wort eine verblüffende Bandbreite von verschiedenen Ausdrucksformen gibt, wurde eine Lautschrift nur dort eingetragen, wo es eine Aussprache gibt, die in fast allen Dialekten gleich ist.

Viele Nynorsk-Wörter kann man auch ableiten, wenn man die Zusammenhänge kennt.

nynorsk		bokmål	nynorsk	bokmål	
-ju-	>	**-y-**	**sjuk** sch~~uu~~k	**syk** ßüük	krank
-au-	>	**-ø-**	**rauk** räük	**røk** röük	rauchte
-øy-	>	**-ø-**	**køyra** chööra	**kjøre** chöör^{e}	fahren
-ei-	>	**-e-**	**skreiv** ßkräiw	**skrev** ßkreew	schrieb
-leg	>	**-lig**	**tidleg** tiidleg	**tidlig** tiidli	früh

Ansonsten unterscheiden sich vor allem auch die Endungen, wobei oft -a- anstelle des -e- des bokmål steht.

In der folgenden Übersicht führe ich die wichtigsten abweichenden Wörter in nynorsk auf. Es sind auch ein paar allgemeine Wörter aus der Landwirtschaft dabei, die man auch in bokmål verwenden kann.

auge (s) äüg^{e} Auge
beite (w) bäit^{e} Weide
bilete (s) billet^{e} Bild
born (Mz) boorn Kinder
bu buu wohnen
budeie (w) Stallmagd
byrja anfangen
de (Mz) dii ihr
dei (Mz) däi sie
di ... di je ... desto
djup tief
dreg dreeg zieht
drikk drikk trinkt
dykk dükk euch
dykkar dükkar euer
græt weint
heil ganz
heime häim^{e} zu Hause
heiter häit^{e}r heißt
held hält
heng hängt
hennar (w) hennar ihr
hjå bei
ho (w) huu sie
honom honnom ihn
hovud (m) huwud Kopf
høgg schlägt
høy (s) Heu
ikkje nicht
kjem chem kommt

eftan (m) Nachmittag
eg eg ich
eige besitzen
eikor (w) irgendeine
ein, eit äin ein
ein gong äin gong einmal
einkvan irgendein
einskild einfach
eitkvart (s) äikwart irgendwas
eng (w) eng Wiese
enno enno noch
et frisst
fekk fekk bekam
fell fell fällt
fer fährt
fjøs (s) Kuhstall
fleire fläire mehr
frå froo von
fyrst zuerst
føre vor
gjekk jrkk ging
gjer jeer tut
gjesta jeßta besuchen
gjev jeew gibt
granne (m) Nachbar
grev gräbt
grip greift
sia seit
sit sitzt
sjuk schuuk krank
sjølv schöll selbst
skriv ßkriif schreibt
stall (m) Pferdestall
stallkar (m) Stallknecht
stig steigt
syng ßüng singt
søv schläft
såleis ßooläiß so
taus (w) Magd
koma på sich erinnern
kor korr wo
korkje korje weder
korleis korläis wie
kva kwaa was
kvar kwar jeder
kvarandre kwarandre einander
kven kwen wer, wen
kvifor kiifor warum
kvige (w) junge Kuh
kyrkje (w) chürche Kirche
laurdag (m) läürdaag Samstag
leigd hjelp Dienstleute
let lässt
løe (w) Heuboden
mark (w) Flur
meir mehr
morgon (m) morrgon Morgen
mykje mütche viel
noko nokko etwas
nokon nokkon jemand
nokre (Mz) nokkre einige
purke (w) Sau
risa riißa aufstehen
seia sagen
teia schweigen
tek teek nimmt
til dømes zum Beispiel
tysdag (m) tüschdaag Dienstag
udyrka unbebaut
utan utaan ohne
utløe (w) Feldscheune
vart waart wurde
veke (w) weeke Woche
ven schön
vera weera sein
vert weert wird

Literaturhinweise

Es gibt leider nur eine geringe Auswahl von Lehrbüchern der norwegischen Sprache, und darunter auch nur wenige, die gut sind.

Die hier genannten Bücher / Schriften sind nicht über den Reise Know-How Verlag erhältlich.

Strandskogen, Norsk for Utlendinger, Gyldendal Norsk Forlag, Oslo. – *Mehrere Bände, Arbeitsbuch, Kassetten und Wörterverzeichnisse.*

Norsk Grammatikk for Utlendinger, vom gleichen Verlag, ISBN 82-05-10324-0. – *Teuer!*

Deutsch-Norwegisch Enzyklopädie, Leipzig, 302 Seiten, 12.000 Stichwörter.

Norwegisch-Deutsch Enzyklopädie, Leipzig, 302 Seiten (1984), auch 12.000 Stichwörter.

Tysk norsk / Norsk tysk Ordbok, ny utgave, vom Gyldendal Norsk Forlag Oslo. – *Größer, teurer, umfassender.*

Langenscheidts Praktisches Lehrbuch Norwegisch von Kjell Bjørnskau. – *Grammatik übersichtlich dargestellt, auch für Nynorsk, ansonsten enttäuschend.*

Der Autor

Dr. med. O'Niel V. Som wurde 1966 in Essen geboren und lebt heute bei Stuttgart. Direkt nach seinem Abitur schrieb er dieses Buch; heute ist er Arzt. Nebenbei gibt er Spanischunterricht, da Sprachen sein Hobby sind.

„Vor ein paar Jahren wurde ich es leid, in den Ferien immer in den Süden zu fahren und mich am Strand zu sonnen. Ich machte zum ersten Mal eine „Abenteuerfreizeit" mit, eine Tour durch Dänemark, Schweden und Norwegen. Dort fing ich an, die Sprache zu lernen, was mir nicht besonders schwer fiel. Bereits nach kurzer Zeit konnte ich mit ein paar Ausdrücken eine einfache Unterhaltung führen. Mit diesem Büchlein möchte ich anderen Interessenten eine praktische Hilfe zum Erlernen der Sprache geben. Verbesserungsvorschläge sind immer willkommen und können an den Verlag geschickt werden."

Von O'Niel V. Som erschienen in der Kauderwelsch-Reihe ebenfalls die Bände „Spanisch – Wort für Wort" und „Niederländisch – Wort für Wort".

Wörterbuch
Norwegisch – Deutsch
Deutsch – Norwegisch

Ein gutes Wörterbuch ist in der Fremde mehr wert als ein Schwert.
(arabische Redensart)

Das norwegische Alphabet

A a, B b, C c, D d, E e, F f, G g, H h, I i, J j, K k, L l, M m, N n O o, P p, Q q, R r, S s, T t, U u, V v, W w, X x, Y y, Z z, Æ æ, Ø ø, Å å

Abkürzungen im Wörterbuch

abbr = Abkürzung
adj = Adjektiv
adv = Adverb
Akk = Akkusativ
conj = Konjunktion
Dat = Dativ
etw. = etwas
förm. = förmlich
Gen = Genitiv
Inf. = Infinitiv
interj = Interjektion
j. = jemand
j-m = jemandem
j-n = jemanden
j-s = jemandes
m = männlich
Mz = Mehrzahl
NoD = norddeutsch
Nom = Nominativ
num = Numerale
ÖrD = Österreichisches Deutsch
part = Partikel
phr = Phrase
prep = Präposition
pron = Pronomen
s = sächlich
SüD = süddeutsch
SwD = schweizerdeutsch
übertr. = übertragen
ugs. = umgangssprachlich
v = Verb
w = weiblich

Zeichenerklärung

1, 2, 3, ...	die Zahlen listen unterschiedliche Bedeutungen eines Stichwortes auf.
~	Symbol (Tilde) dient als Platzhalter für das Stichwort in festen Redewndungen.
A + ~	Großbuchstabe + Tilde: Platzhalter, aber das Stichwort beginnt in der Redewendung mit einem Großbuchstaben
▸	Beginn der Auflistung von festen Redewendungen und Beispielsätzen.
♦	zeigt Wechsel der Wortklasse an.

A

abort [abort] *m* Abtreibung *w*; **spontan ~** *m* Fehlgeburt *w*
absolutt [apßolutt] *adv* absolut ♦ *part* bestimmt, sicher, allerdings, gewiss
adapter [adapteer] *m* Adapter *m*
adekvat [adekwaat] *adj* adäquat, angemessen ♦ *adv* adäquat, angemessen
adgang [aadgang] *m* **1** Zugang *m zu etw.* (Wasser, Informationen usw.), Zutritt *m zu etw.* **2** Zutritt *m* (Erlaubnis usw.) **3** Zugang *m* (Stelle usw.) ► **få ~ til** *noe* Zutritt *zu etw.* bekommen
adlyde [adlüüdᵉ] *v* gehorchen *j-m/etw.*, folgen *j-m/etw.* (Chef usw.)
administrasjon [adminißtraschuun] *m* Verwaltung *w*
adressat [adreßaat] *m* Empfänger *m*, Adressat *m* (eines Briefes usw.)
adresse [adreßßᵉ] *m/w* Adresse *w*, Anschrift *w*
advare [adwaarᵉ] *v* verwarnen *j-n* (polizeilich usw.), warnen *j-n vor etw. Dat*
advarsel [adwaarschel] *m* Warnung *w*, Warnung *w vor etw. Dat*
advokat [adwukaat] *m* Anwalt *m*, Rechtsanwalt *m*
affære [affäärᵉ] *m* Sache *w* (Sachverhalt), Angelegenheit *w*
agurk [agurk] *m* Gurke *w*
akkurat [akkuraat] *adv* **1** akkurat, genau **2** gerade (ausgerechnet usw.) **3** gerade, eben (in dem Zeitpunkt)
aksel [akßᵉl] *m* **1** Achse *w* (Drehachse usw.) **2** Welle *w* (Maschinenteil) **3** Achse *w* (eines Fahrzeugs) **4** Zapfen *m* (Lagerzapfen usw.)
akselerere [akßelereerᵉ] *v* beschleunigen *etw. Akk*, beschleunigen (Entwicklung), vorantreiben
akseptabel [akßeptaabel] *adj* **1** annehmbar **2** leidlich, passabel (Qualität usw.) **3** zulässig
akseptering [akßepteering] *m* Annahme *w*, Empfang *m* (von Ware usw.)
aktiv [aktiiw] *adj* **1** aktiv **2** tätig, aktiv
aktivitet [aktiwiteet] *m* Tätigkeit *w* (Sichbeschäftigen), Aktivität *w* (Handlung usw.)
aktuell [aktuel] *adj* aktuell, zeitgemäß (Technologie usw.), up to date
akutt [akut] *adj* akut, dringend (Aufgabe usw.)
akuttlege [akuttleegᵉ] *m* Notarzt *m*
alarm [alarm] *m* **1** Alarmanlage *w* **2** Alarm *m*
albue [albuuᵉ] *m* Ellbogen *m*
alder [aldᵉr] *m* Alter *s* (einer Person), Lebensalter *m*; **(høy) ~** *m* Alter *s* (Lebensabend)
aldersgrense [alderschgrenßᵉ] *m* Altersgrenze *w*
aldri [aldri] *adv* nie, niemals
alene [aleenᵉ] *adj* **1** allein (ohne Andere) **2** selbst (allein)
alfabet [alfabeet] *s* Alphabet *s*, Abc *s*
alkohol [alkuhuul] *m* Alkohol *m* (Getränk)
alkoholfri [alkuhuulfrii] *adj* alkoholfrei
alkoholiker [alkuhuulikᵉr] *m* Alkoholiker *m*, Alkoholsüchtige *m*
all [al] *adj* gesamt, sämtlich, ganz ♦ *pron* all
alle [allᵉ] *pron* alle
allerede [allᵉreedᵉ] *adv* schon
allergi [alergii] *m* Allergie *w gegen etw.*
allergisk [allergißk] *adj* allergisch *gegen etw.*
allikevel [aliikewel] *conj* trotzdem
allmenn [allmen] *adj* allgemein, üblich
allmennkunnskaper [allmenkunßkaaper] *m Mz* Überblick *m* (Kenntnisse), Übersicht *w* (Wissen)
alltid [allti] *adv* immer (stets), jedes Mal, jeweils; **for ~** für/auf immer
alminnelig [alminnᵉli] *adj* **1** gewohnt, gewöhnlich (Zeit usw.), üblich **2** prävalent, verbreitet (üblich) **3** gewöhnlich, einfach ♦ *part* überhaupt (insgesamt)
alt [alt] *m* Alt *m* (Stimme) ♦ *pron* alles ► **framfor ~** vor allem
altfor [altfor] *adv* zu
altså [alzo] *conj* **1** also **2** also, das heißt
aluminium [alumiinium] *m/s* Aluminium *s*, (ugs.) Alu *s*
alvorlig [alwoorli] *adj* **1** ernst, schlimm (Lage usw.) **2** ernsthaft (wichtig usw.), seriös (Gründe usw.) **3** ernst (nicht amüsant) **4** wichtig (Folgen usw.), bedeutsam (Entscheidung usw.) **5** ernst (Gesicht usw.) **6** ernsthaft (Versuch usw.), ernst (Interesse usw.) ♦ *adv* **1** ernstlich (verwundet usw.), ernsthaft (krank usw.) **2** ernst (gemeint usw.)
alvorlighet [alworliheet] *m/w* Ernst *m* (der Lage usw.)
ambassade [ambaßaadᵉ] *m* Botschaft *w* (Vertretung)
ambassadør [ambaßadöör] *m* Botschafter *m*
ambulanse [ambulanßᵉ] *m* Krankenwagen *m*, Ambulanz *w* (Wagen), Rettungswagen *m*
Amerika [ameerika] *s* Amerika *s*
amerikaner [amerikaanᵉr] *m* Amerikaner *m*
amerikansk [amerikaanßk] *adj* amerikanisch

anbefale [anbefaal^e] *v* empfehlen *j-n/etw. j-m*
andel [andeel] *m* Anteil *m an etw. Dat*
andre [andr^e] *num* zweit(er,e,es)
ane [aan^e] *v* ahnen *etw. Akk*, erahnen
anelse [aan^{e}lß^e] *m* **1** ein wenig *etw. Gen*, ein bisschen *etw. Gen* **2** Ahnung *w* (Vorstellung) **3** Vorstellung *w von etw.* (Ahnung)
anerkjenne [anerschenn^e] *v* anerkennen *etw. Akk* (offiziell)
anfall [anfal] *s* Anfall *m*
angi [anjii] *v* **1** anführen *etw. Akk* (sagen usw.), angeben *etw. Akk* (Adresse usw.) **2** denunzieren *j-n* (anzeigen)
angre [anggr^e] *v* bedauern *etw. Akk*
angrep [anggreep] *s* **1** Angriff *m* (Aggression) **2** Überfall *m*
angripe [anggriip^e] *v* **1** angreifen *j-n/etw.* (militärisch) **2** angreifen *j-n*, anfallen *j-n*
angst [anggßt] *m* Angst *w* (Sorge usw.), Furcht *w*
angå [anggoo] *v* **1** betreffen *j-n/etw.*, angehen *j-n/etw.*, anbelangen *j-n/etw.* **2** betreffen *etw. Akk*, angehen *etw. Akk* ▸ **hva** *noen/noe* **angår** was *j-n/etw.* betrifft, was *j-n/etw.* angeht
angående [angooe^{n}n^e] *prep* bezüglich, hinsichtlich
ankel [angkel] *m* Fußknöchel *m*, Knöchel *m*
anker [angk^{e}r] *s* Anker *m* (Schiffsanker)
ankerplass [angkerplaß] *m* Ankerplatz *m*, Ankerstelle *w*, Anlegestelle *w*
anklage [angklaag^e] *m* **1** Klage *w* (gerichtlich) **2** Anklage *w* (gerichtliche) ♦ *v* **1** anklagen *j-n etw. Gen* **2** beschuldigen *j-n etw. Gen*, bezichtigen *j-n etw. Gen*
ankomme [angkomm^e] *v* **1** ankommen *in etw. Dat, an etw. Dat*, anlangen *an etw. Dat* (mit dem Auto usw.) **2** anfliegen, einfliegen (Flugzeug) **3** ankommen (Paket usw.)
ankomst [angkomßt] *m* Ankunft *w*
anledning [anleedning] *m/w* **1** Gelegenheit *w* (Anlass) **2** Gelegenheit *w etw. Akk zu tun*
anlegg [anleg] *s* **1** Anlage *w*, Vorrichtung *w* (technische usw.) **2** Begabung *w für etw.*, Talent *s für etw.*
anmelde [anmeld^e] *v* **1** melden *j-m etw. Akk* (benachrichtigen), berichten *j-m von etw.* **2** anzeigen *j-n* (Täter usw.) **3** denunzieren *j-n* (anzeigen)
anmodning [anmuudning] *m/w* **1** Bitte *w um etw.* **2** Aufforderung *w* (zur Zahlung usw.)
annen [aann^{e}n] *adj* ein anderer; **de andre** die anderen, Rest *m j-s/etw.* (die Anderen); **den andre** ander(er,e,es) (Seite usw.); **(den) andre** die anderen (der Rest); **en ~** ander(er,e,es) (Exemplar usw.); **en annens** fremd (nicht mein); **noen ~** jemand anders
annerledes [annerleedeß] *adj* anders als *j./etw.* ♦ *adv* anders, unterschiedlich
annonse [anonß^e] *m* **1** Anzeige *w* (in einer Zeitung), Annonce *w* **2** Anzeigen *w Mz*
ansatt [anßatt] *adj* beschäftigt (Angestellter usw.) ♦ *m* Angestellte *m*, Arbeitnehmer *m* ▸ **offentlig ~** *m* Bürobeamte *m*
ansette [anßett^e] *v* **1** anstellen *j-n*, beschäftigen *j-n* (Angestellten usw.) **2** anwerben *j-n*, einstellen *j-n* (Arbeiter usw.), aufnehmen *j-n* (Mitglied usw.), engagieren *j-n* (einen Künstler) **3** einsetzen *j-n in etw. Akk, j-n zu j-m* (in Amt usw.)
ansettelse [anßett^{e}lß^e] *m* Anstellung *w*, Beschäftigung *w*
ansikt [anßikt] *s* Gesicht *s*
anslå [anschloo] *v* schätzen *etw. Akk* (bestimmen), abschätzen *etw. Akk*
anstendig [anßtendi] *adj* **1** anständig **2** ordentlich (Leben usw.) ♦ *adv* höflich, anständig
anstrengelse [anßtreng^{e}lß^e] *m* **1** Mühe *w* **2** Bestrebung *w um etw.*, Bemühung *w um etw.*
anstrenge seg *v* **1** sich anstrengen (intensiv arbeiten) **2** sich Mühe geben
ansvar [anßwaar] *s* **1** Verantwortung *w für etw.* **2** Haftung *w* ▸ **bære ~** *for noe* die Verantwortung *für etw.* tragen; **ha ~** *for noe* die Verantwortung *für etw.* tragen
ansvarlig [anßwaarli] *adj* verantwortlich *j-m für etw.* ♦ *adv* verantwortlich ▸ **være ~ for** *noe* verantwortlich sein *für etw.*; **være ~** *for noe* verantworten *etw. Akk*, verantwortlich sein *für etw.*
anta [antaa] *v* **1** voraussetzen, annehmen (glauben) **2** übernehmen (Methode usw.)
antagelse [antaag^{e}lß^e] *m* Voraussetzung *w* (Idee usw.)
antakeligvis [antaak^{e}liwiiß] *part* anscheinend, vermutlich
antall [antal] *s* Anzahl *w etw. Gen*, Zahl *w etw. Gen*
antatt [antatt] *adj* angeblich, vermutet
antenne [antenn^e] *m/w* Antenne *w*
antikk [antikk] *adj* **1** antik **2** altertümlich ♦ *m* Antike *w*
anvende [aanwenn^e] *v* **1** benutzen *etw. Akk*, verwenden *etw. Akk* **2** anwenden *etw. Akk* (Regel usw.), anwenden (in Praxis usw.) **3** umgehen *mit etw.* (benutzen) **4** praktizieren (Methode usw.)
anvisning [anwiißning] *m/w* Anleitung *w*, Anweisung *w* (zur Verwendung usw.), Gebrauchsanweisung *w*

ape [aap^{e}] *m* Affe *m*, Menschenartige *m* ♦ *v* nachäffen *j-n/etw.* (ohne nachzudenken usw.)
apotek [aputeek] *s* Apotheke *w*
apoteker [aputeek^{e}r] *m* Apotheker *m*
apparat [aparaat] *s* **1** Anlage *w*, Vorrichtung *w* (technische usw.), Apparat *m* (Gerät usw.), Gerät *s* (elektrisches usw.) **2** Haushaltsgerät *s*
appelsin [appelßiin] *m* Orange *w*, Apfelsine *w*
appetitt [apetitt] *m* Appetit *m*, Esslust *w*, Lust zu essen
applaus [apläu~~u~~ß] *m* Applaus *m*, Beifall *m*
aprikos [aprikuuß] *m* Aprikose *w* (Frucht), (ÖrD) Marille *w*
april [apriil] *m* April *m*
arbeid [arbäid] *s* Arbeit *w*
arbeide [arbäid^{e}] *v* **1** arbeiten **2** funktionieren
arbeider [arbäid^{e}r] *m* Arbeiter *m*
arbeidsgiver [arbäizjiiw^{e}r] *m* Arbeitgeber *m*
arbeidsledig [arbäizleedi] *adj* arbeitslos (Person) ♦ *m* Arbeitslose *m*
arbeidsom [arbäizom] *adj* fleißig, arbeitswillig
arbeidsplass [arbäizplaß] *m* Arbeitsplatz *m*
areal [areaal] *s* Fläche *w* (Ausmaß)
argument [arg~~u~~ment] *s* Argument *s*
ark [ark] *s* Blatt *s* (Papier), Bogen *m* (Papierblatt)
arkitekt [arkitekt] *m* Architekt *m*
arkitektur [arkitekt~~u~~ur] *m* Architektur *w*, Baukunst *w*
arm [arm] *m* Arm *m*
armbånd [armbon] *s* Armband *s*, Armring *m*
arrangere [arranscheer^{e}] *v* **1** arrangieren *etw. Akk* (erledigen) **2** veranstalten *etw. Akk* **3** ordnen *etw. Akk*, anordnen *etw. Akk* **4** arrangieren (Blumen usw.)
arrestere [arreßteer^{e}] *v* fassen (Täter usw.), fangen (Verdächtige usw.), verhaften *j-n*
art [art] *m* Art *w* (Tierart usw.), Spezies *w*
artikkel [artikkel] *m* Artikel *m*
arv [arw] *m* **1** Erbe *s* (Eigentum usw.), Erbschaft *w* **2** Erbe *s* (geschichtlich usw.)
arve [arw^{e}] *v* erben *etw. Akk von j-m*
arving [arwing] *m* Erbe *m etw. Gen*
asfalt [aßfalt] *m* **1** Asphalt *m* **2** Schwarzdecke *w*
Asia [aaßia] *s* Asien *s*
asiat [aßiat] *m* Asiat *m*
asiatisk [aßiaatißk] *adj* asiatisch
aske [aßk^{e}] *m/w* Asche *w*
askebeger [aßk^{e}beeg^{e}r] *s* Aschenbecher *m*
asparges [aßpargeß] *m* Spargel *m* (Gemüse)
aspekt [aßpekt] *m/s* **1** Aspekt *m*, Seite *w etw. Gen* (Standpunkt), Aspekt *etw. Gen m* **2** Aspekt *m* (eines Verbs)
astma [aßtma] *m* Asthma *s*
at [at] *conj* dass
atom [atuum] *s* Atom *s*
atskille [atschill^{e}] *v* trennen *j-n/etw.*, abtrennen *j-n/etw.*
atten [att^{e}n] *num* achtzehn
attest [ateßt] *m* **1** Bescheinigung *w*, Zeugnis *s* **2** Schein *m* (Urkunde)
attestere [ateßteer^{e}] *v* beglaubigen *etw. Akk*
attraksjon [atrakschuun] *m* Attraktion *w*
aubergine [ä~~u~~berschiin] *m* Aubergine *w*
august [ä~~u~~gu~~ß~~t] *m* August *m*
Australia [ä~~u~~ßtraalia] *s* Australien *s*
australier [ä~~u~~ßtraali^{e}r] *m* Australier *m*
australsk [ä~~u~~ßtralßk] *adj* australisch
automat [ä~~u~~tumaat] *m* Automat *m* (Maschine)
automatisk [ä~~u~~tomaatißk] *adj* automatisch
autorisert [ä~~u~~torißeert] *adj* berufen, befugt, ermächtigt, bevollmächtigt
av [aaw] *prep* aus *etw.* (gemacht), von (Urheber usw.); **~ og til** ab und zu, manchmal
avansert [awanßeert] *adj* fortgeschritten (Technik usw.)
avbestille [aawbeßtill^{e}] *v* stornieren (Bestellung usw.)
avbryte [aawbrüüt^{e}] *v* **1** unterbrechen *etw. Akk* (Tätigkeit usw.) **2** unterbrechen *j-n* (Sprecher usw.) **3** abbrechen *etw. Akk* (beenden)
avdeling [aawdeeling] *m/w* **1** Abteilung *w* **2** Abteil *s* (abgegrenzter Teil) **3** Station *w* (in Krankenhaus)
avfall [aaffal] *s* Abfall *m* (Reste usw.), Müll *m*, Abfluss *m* (Öffnung), Ablauf *m*
avføring [aaffööring] *m/w* Stuhl *m* (Kot)
avgang [aawgang] *m* **1** Abfahrt *w* (eines Zuges usw.) **2** Abflug *m* **3** Rücktritt *m* (aus einem Amt) **4** Abgang *m*
avgi [aawjii] *v* **1** abgeben (Geräusch, Licht usw.) **2** herausgeben (Anordnung usw.)
avgjort [aawjurt] *part* eindeutig, bestimmt
avgjøre [aawjöör^{e}] *v* **1** entscheiden *etw. Akk* **2** bestimmen (autoritativ) **3** bestimmen *etw. Akk* (Anzahl usw.), festlegen *etw. Akk* (Termin usw.)
avgjørelse [aawjöör^{e}lß^{e}] *m* **1** Entscheidung *w* **2** Bestimmung *w*

avhenge [aawheng^{e}] *v* abhängen *von j-m/etw.*, ankommen *auf j-n/etw.*, liegen *an j-m/etw.* (an Umständen usw.)
avhengig [aawhengi] *adj* **1** abhängig *von j-m/etw.* (von Umständen usw.) **2** abhängig *von etw.* (Drogen usw.)
avhør [aawhöör] *s* Verhör *s*
avis [awiiß] *m/w* Tageszeitung *w*, Zeitung *w*
avkastning [aawkaßtning] *m/w* Gewinn *m*, Ertrag *m* (finanzieller); **gi ~** einbringen *etw. Akk*, abwerfen *etw. Akk*, bringen *etw. Akk* (Gewinn usw.)
avkjøle [aawschööl^{e}] *v* abkühlen *etw. Akk*, kühlen (Wein usw.)
avkjøringsvei [aawschööringßwäi] *m* Ausfahrt *w* (auf der Autobahn)
avle [awl^{e}] *v* **1** halten *etw. Akk* (Haustier usw.) **2** veredeln **3** sich vermehren (Lebewesen usw.), sich fortpflanzen
avling [awling] *m/w* Ernte *w* (geerntete Früchte)
avlyse [awlüß^{e}] *v* absagen (Treffen usw.)
avløp [awlöp] *s* Abfluss *m* (Öffnung), Ablauf *m*
av og til *adv* gelegentlich
avreise [aawräiß^{e}] *m/w* **1** Abreise *w* **2** Ausfahrt *w* (Ausfahren)
avsender [aafßenn^{e}r] *m* Absender *m*
avsides [aafßiieß] *adv* daneben
avskaffe [aafßkaff^{e}] *v* abschaffen *etw. Akk*
avskrive [aafßkriiw^{e}] *v* abschreiben (wegen Abnutzung usw.)
avsky [aafschüü] *m* Abscheu *m vor j-m/etw.*, Abneigung *w gegen j-n/etw.*, Ekel *m* ♦ *v* hassen *j-n/etw.*, nicht ausstehen können *j-n/etw.*, sich ekeln *vor etw. Dat*
avslag [aawschlaag] *s* **1** Ablehnung *w* **2** Ermäßigung *w*
avslappet [aafschlappet] *adj* **1** gelöst, entspannt (Verhalten usw.) **2** locker, gelassen (Mensch) **3** locker (Atmosphäre usw.) **4** ungezwungen, zwanglos
avslutning [aafschlutning] *m/w* Beendigung *w*, Beendigung *w etw. Gen*
avslutte [aawschlutt^{e}] *v* **1** beenden *etw. Akk* (Arbeit usw.), zu Ende bringen *etw. Akk*, vollenden *etw. Akk*, beenden *etw. Akk* **2** absolvieren *etw. Akk* (Schule) **3** beenden *etw. Akk* (stoppen) **4** zum Abschluss bringen *etw. Akk*, zu Ende bringen *etw. Akk* ► **~ studier** das Studium *etw. Gen* abschließen
avsløre [aafschlöör^{e}] *v* **1** entblößen, enthüllen *etw. Akk* (zeigen usw.) **2** enthüllen (Denkmal usw.) **3** entdecken *etw. Akk* (Verbrechen usw.) **4** verraten *j-n* (Identität usw.)
avslå [aawschloo] *v* ablehnen *etw. Akk*
avsnitt [aafßnitt] *s* **1** Absatz *m* (eines Textes) **2** Abschnitt *m*
avstand [aafßtan] *m* **1** Abstand *m* (räumlicher, zeitlicher) **2** Entfernung *w*, Distanz *w* (räumliche usw.)
avstemning [aafßtemning] *m/w* Abstimmung *w über etw. Akk*; **hemmelig ~** *m/w* geheime Abstimmung
avstå [aafßtoo] *v* **1** sich enthalten *etw. Gen* (Abstimmung usw.), unterlassen *etw. Akk* **2** nachgeben *j-m* (Konzessionen machen) **3** sich versagen *etw. Akk* (verzichten) **4** verzichten *auf etw. Akk* ► **~ fra** *noe* verzichten *auf etw. Akk*
avta [aaftaa] *v* **1** nachlassen **2** sinken (Wasser usw.), zurückgehen (Flut usw.)
avtale [aawtaal^{e}] *m* **1** Abmachung *w*, Vereinbarung *w* **2** Vertrag *m* **3** Konvention *w* (internationale) **4** Verabredung *w mit j-m*, Termin *m mit j-m* (bei Arzt usw.) ♦ *v* **1** verabreden *etw. Akk*, vereinbaren *etw. Akk*, absprechen *etw. Akk* (Termin usw.) **2** verabreden *etw. Akk* (Treffen usw.) **3** aushandeln *etw. Akk* ► **gjøre en ~** ein Treffen verabreden; **Avtalt!** Abgemacht!
avtrekker [aaftrekk^{e}r] *m* Abzug *m* (einer Waffe)
avverge [aavvärg^{e}] *v* **1** abwenden *etw. Akk*, abwenden (Katastrophe usw.) **2** abwehren *j-n/etw.* (Feind, Angriff usw.) **3** vorbeugen *etw. Dat*, verhindern *etw. Akk*
avvise [aavviiß^{e}] *v* **1** ablehnen *etw. Akk* (Einfall usw.), abweisen *etw. Akk* (Idee usw.) **2** abtun *j-n* (Bittsteller usw.)

B

baby [bäibi] *m* Baby *s*, Säugling *m*
bacon [beik^{e}n] *s* Speck *m*
bad [baad] *s* **1** Bad *s* (Raum), Badezimmer *s* **2** Bad *s* (Baden)
bade [baad^{e}] *v* **1** baden (sich waschen) **2** baden (schwimmen)
badedrakt [baad^{e}drakt] *m/w* Badeanzug *m*
badekar [baadekaar] *s* Badewanne *w*, Wanne *w*
badekåpe [baadekoop^{e}] *m/w* Bademantel *m*
badeplass [baadeplaß] *m* Freibad *s*
baderom [baaderuum] *s* Waschraum *m*
bagasje [bagaasch^{e}] *m* Gepäck *s*; **sjekke inn ~** Gepäck aufgeben; **stykke ~** Gepäckstück *s*
bagasjerom [bagaasch^{e}ruum] *s* **1** Gepäckraum *m* **2** Kofferraum *m*
bagatell [bagatel] *m* **1** Kleinigkeit *w* **2** ein paar Pfennige

bak [baak] *adv* hinten ♦ *m* Hinterteil *s* (einer Keule usw.) ♦ *prep* hinter *etw. Dat* (einem Fluss usw.), hinter (einem Haus usw.)
bakdel [baakdeel] *m* Gesäß *s*
bake [baak^e] *v* backen, überbacken
baker [baak^er] *m* Bäcker *m*
bakeri [bakerii] *s* Bäckerei *w*
baketter [baakett^er] *adv* zurück (zurückgeblieben)
bakgrunn [baakkrun] *m* **1** Hintergrund *m* (eines Bildes usw.) **2** Umfeld *s* (soziales usw.)
bakke [bakk^e] *m* Hügel *m*
bakre [baakr^e] *adj* hinter(er,e,es)
bakside [baakßii^e] *m/w* Rückseite *w* (eines Gebäudes), Hinterseite *w*
bakst [bakßt] *m* Backwaren *w Mz* (salzige)
bakverk [baakwärk] *s* **1** Gebäck *s*, Backwaren *w Mz* **2** Backwaren *w Mz* (salzige)
balanse [balanß^e] *m* **1** Gleichgewicht *s* **2** Bilanz *w*
balkong [balkong] *m* Balkon *m*
ball [bal] *m* Ball *m*
ballong [balong] *m* **1** Luftballon *m* (für Kinder usw.) **2** Ballon *m*
banan [banaan] *m* Banane *w*
band [ban] *s* Band *w*, Kapelle *w*
bandasje [bandaasch^e] *m* Bandage *w*, Verband *m*
bandasjere [bandascheer^e] *v* verbinden
bane [baan^e] *m* **1** Rennbahn *w*, Strecke *w* (Rennstrecke usw.) **2** Orbit *m*, Umlaufbahn *w* **3** Flugbahn *w*, Bahn *w* (von Projektil usw.) ► **gå i ~** *rundt noe* umkreisen *etw. Akk*
bank [bangk] *m* Bank *w* (Institution)
banke [bangk^e] *v* **1** schlagen *an etw. Akk*, hämmern *gegen etw.*, schlagen *an etw. Akk* (an den Tisch usw.) **2** schlagen *auf/an etw. Akk* (an die Tür usw.), hämmern *gegen etw.* **3** klopfen *an etw. Akk* (ans Fenster usw.) **4** klopfen *etw. Akk* (Fleisch) **5** pochen, schlagen (Herz) **6** hämmern (Herz usw.) ► **~ opp** verprügeln
banne [bann^e] *v* fluchen
bar [baar] *m* **1** Bar *w* (Lokal) **2** Bar *w* (Theke), Büfett *s* (im Restaurant usw.) **3** Ausschank *m* (Raum), Barraum *m*, Thekenraum *m* **4** Riegel *m* (Schokolade)
barbeint [baarbäint] *adj* barfuß, barfüßig
barbere [barbeer^e] *v* ausrasieren *etw. Akk* (Nacken usw.), rasieren *j-n/etw.*; **~ (seg)** sich rasieren
barbermaskin [barbeermaschiin] *m* Rasierapparat *m* (elektrischer)
bare [baar^e] *adj* bloß ♦ *adv* nur ► **ikke ~** nicht nur
barn [baarn] *s* **1** Kind *s* **2** Kinder *s Mz*
barndom [baarndom] *m* Kindheit *w*
barnebarn [baarnebaarn] *s* **1** Enkel *m* **2** Enkelin *w* **3** Enkelkind *s*
barnebidrag [baarnebiidraag] *s* Alimente *Mz*, Kindesunterhalt *m*, Unterhalt *m* (für Kind)
barnehage [baarnehaag^e] *m* Kindergarten *m*
barnelege [baarneleeg^e] *m* Kinderarzt *m*
barnernæring [baarnärnääring] *m/w* Babynahrung *w*
barnevogn [baarnewongn] *m/w* Kinderwagen *m*
base [baaß^e] *m* **1** Grundfläche *w* **2** Basis (technisch usw.) **3** Basis *w* (militärische usw.) **4** Base *w* (Verbindung) **5** Base *s* (im Baseball)
basilikum [baßiilikum] *m* Basilikum *s*
basis [baaßiß] *m* Basis *w*
batteri [batterii] *s* Batterie *w* (elektrische) ► **Batteriet mitt er flatt.** Mein Akku ist leer.
be [bee] *v* **1** bitten *j-n um etw.*, sich wenden *an j-n/etw.* **2** beten *zu j-m für etw.* **3** betteln *bei j-m um etw.*, erbetteln *etw. Akk von j-m*, betteln *um etw.* ► **Be dem å vente.** Sag ihnen, sie sollen warten!
bebo [bebuu] *v* bewohnen *etw. Akk*
beboelig [bebuu^eli] *adj* bewohnbar
bed [beed] *s* Beet *s*; **~ and breakfast** Übernachtung mit Frühstück
bedra [bedraa] *v* **1** betrügen *j-n*, hereinlegen **2** belügen *j-n* **3** trügen
bedrag [bedraag] *s* Betrug *m*, Schwindel *m*; **hjelpe** *noen* **bort fra ~** über seinen Irrtum aufklären *j-n*
bedre [beedr^e] *adj* besser, günstiger ♦ *adv* besser
bedrift [bedrift] *m* Betrieb *m* (Fabrik usw.)
bedring [beedring] *m/w* Erholung *w* (von Krankheit)
bedømme [bedömm^e] *v* beurteilen *j-n/etw.*, urteilen *j-n/etw.*
bedømmelse [bedömm^elß^e] *m* Gutachten *s*
bedøvelse [bedööw^elß^e] *m* Betäubung *w* (örtliche usw.)
befeste [befeßt^e] *v* befestigen (eine Stadt usw.)
befinne seg *v* sich befinden *irgendwo*
befolkning [befolkning] *m/w* **1** Bevölkerung *w* **2** Bevölkerungszahl *w*
befri [befrii] *v* **1** befreien *von j-m/etw.* **2** befreien *j-n/etw. aus etw.* (herausziehen usw.) **3** befreien *j-n von etw.* (von Pflicht)
begavet [begaawet] *adj* ausgestattet *mit etw.* (Talent usw.), begabt, talentiert, talentvoll
begeistret [begäißtret] *adj* **1** begeistert *von etw.* (hingerissen) **2** leidenschaftlich (eifrig) **3** begeistert *für etw.* (engagiert)

begeistring [begäißtring] *m/w* **1** Begeisterung *w* **2** Ekstase *w*
beger [beegᵉr] *s* **1** Becher *m* **2** Kelch *m*, Pokal *m* (Trinkgefäß)
begge [beggᵉ] *num* beide
begjær [bejäär] *s* **1** Verlangen *s nach etw.* (heftiges usw.) **2** Begierde *w*
begrave [begraawᵉ] *v* **1** beerdigen *j-n*, begraben *j-n* **2** verschütten *j-n* (Lawine usw.)
begravelse [begraawᵉlßᵉ] *m* Beerdigung *w*, Begräbnis *s*
begrense [begrenßᵉ] *v* **1** beschränken *etw. Akk*, einschränken *etw. Akk* (Ausmaß usw.), limitieren **2** abgrenzen *etw. Akk* (Aufgabengebiete usw.) **3** beschränken *etw. Akk*, einschließen *etw. Akk*
begrenset [begrenßet] *adj* begrenzt (nicht vollständig)
begrep [begreep] *s* Begriff *m*, Fachausdruck *m*
begripe [begriipᵉ] *v* begreifen *etw. Akk*, verstehen *etw. Akk*
begripelig [begriipᵉli] *adj* begreiflich, verständlich, fassbar
begrunnet [begrunnet] *adj* begründet, berechtigt, gerechtfertigt, legitim (Anspruch usw.)
begynne [bejünnᵉ] *v* **1** beginnen *etw. Akk*, *mit etw.*, beginnen *etw. Akk, mit etw.* (eine Tätigkeit usw.), anfangen *etw. Akk* **2** beginnen *mit etw.* (mit Lernen usw.), anfangen *mit etw.* (mit Tätigkeit usw.) **3** beginnen, anfangen (Anfang haben) **4** antreten *etw. Akk* (Arbeitsstelle usw.) ► **til å ~ med anfangs**
begynnelse [bejünnᵉlßᵉ] *m* **1** Anfang *m*, Beginn *m* **2** Beginn *m*, Eintritt *m* (der Dunkelheit usw.) **3** Antritt *m* ► **i begynnelsen** am Anfang; **på begynnelsen** am Anfang
begå [begoo] *v* begehen *etw. Akk*, verüben *etw. Akk* (Verbrechen usw.)
behagelig [behaagᵉli] *adj* **1** angenehm, erfreulich (Anblick usw.), nett **2** bequem
behandle [behandlᵉ] *v* **1** behandeln *j-n irgendwie* (respektvoll usw.) **2** bearbeiten, aufbereiten (Material usw.) **3** erledigen (Bestellung usw.), sich befassen *mit etw.* (Problem usw.), sich beschäftigen *mit etw.* (Thema usw.)
behandling [behandling] *m/w* **1** Behandlung *w j-s* (Umgang) **2** Behandlung *w* (eines Patienten usw.) **3** Bearbeitung *w*
beherske [behärschkᵉ] *v* **1** beherrschen *etw. Akk* (ein Land usw.), kontrollieren (Gebiet usw.), beherrschen (Firma usw.) **2** dominieren *etw. Akk* (Oberhand gewinnen) **3** beherrschen (Fremdsprache usw.)
beholde [behollᵉ] *v* **1** behalten *etw. Akk* **2** aufrechterhalten (weiterhin fortsetzen), behalten (Zustand usw.), halten *etw. Akk* (in bestimmten Zustand usw.), bewahren *etw. Akk* (nicht ändern)
beholder [behollᵉr] *m* Gefäß *s* (Behälter)
behov [behuuw] *s* Bedürfnis *s*
behøve [behööwᵉ] **ikke ~** nicht müssen
bein [bäin] *s* **1** Knochen *m* **2** Bein *s* ► **spenne ~ for** *noen* ein Bein stellen *j-m*
bekk [bekk] *m* Bach *m*
bekken [bekken] *s* Becken *s* (Körperteil)
beklage [beklaagᵉ] *v* entschuldigen *j-n/etw.* (Verständnis zeigen); **Beklager.** Es tut mir leid.; **Jeg beklager!** Entschuldigen Sie!, Entschuldigung!, Verzeihung!
bekrefte [bekreftᵉ] *v* **1** bestätigen (Wahrhaftigkeit usw.) **2** validieren **3** beglaubigen *etw. Akk*, bestätigen *etw. Akk* (amtlich usw.), bescheinigen *etw. Akk* **4** den Empfang *von etw.* bestätigen
bekreftelse [bekreftᵉlßᵉ] *m* **1** Urkunde *w* **2** Anerkennung *w* (eines Faktums usw.) **3** Bestätigung *w etw. Gen* (der Wahrheit usw.)
bekymre seg *v* sich Sorgen machen *um j-n/etw.*
bekymret [beschümret] *adj* bekümmert, besorgt; **være ~** *for noen/noe* besorgt sein *um j-n/etw.*
bekymring [beschümring] *m/w* **1** Kummer *m* (Sorgen) **2** Sorge *w um j-n/etw.* **3** Beunruhigung *w*
belegg [beleg] *s* Belag *m*, Film *m* (Schicht)
belte [beltᵉ] *s* **1** Gürtel *m* (Hosengürtel usw.) **2** Band *s* (Förderband usw.), Riemen *m* (Treibriemen usw.) **3** Gurt *m* (Gürtel) **4** Streifen *m* (eines Landes usw.)
belyse [belüüßᵉ] *v* **1** erklären *etw. Akk* **2** beleuchten (anleuchten)
belysning [belüüßning] *m/w* **1** Beleuchtung *w* **2** Beleuchtungskörper *m*
belære [beläärᵉ] *v* aufklären *j-n* (über einen Sachverhalt usw.)
belønning [belönning] *m/w* **1** Belohnung *w* (belohnt werden) **2** Vergeltung *w für etw.*
beløp [belööp] *s* Betrag *m*, Summe *w* (bezahlte usw.)
bemerke [bemärkᵉ] *v* **1** bemerken **2** bemerken *etw. Akk*, bemerken (sehen usw.)
bemerkning [bemärkning] *m/w* **1** Bemerkung *w* (Einwand), Anmerkung *w* **2** Anmerkung *w* (Äußerung usw.)
benk [bengk] *m* Bank *w* (zum Sitzen)
bensin [benßiin] *m* Benzin *s*; **Jeg har gått tom for ~.** Ich habe kein Benzin mehr.
bensinstasjon [benßiinßtaschuun] *m* Tankstelle *w*
benytte [benüttᵉ] *v* benutzen *etw. Akk*, verwenden *etw. Akk*; **~ seg av** *noe* nutzen

etw. Akk (Nutzen ziehen), zur Geltung bringen *etw. Akk*, verwenden *etw. Akk*

beordre [beordr^e] *v* anordnen *j-m etw. Akk*, befehlen *j-m etw. Akk*

beredskap [berezkaap] *m/s* Bereitschaft *w* (zum Handeln usw.)

bergta [bärgtaa] *v* gewinnen *j-n* (erobern), verzaubern *j-n*

berømt [berömt] *adj* **1** berühmt *für etw.*, ruhmreich, ruhmvoll **2** berühmt, namhaft

berøre [beröör^e] *v* berühren *j-n/etw.*, anrühren *j-n/etw.*

berøring [berööring] *m/w* Berührung *w*

berørt [berört] *adj* betroffen *von etw.* (Krankheit usw.)

berøve [berööw^e] *v* **1** vorenthalten *j-m etw. Akk* (eine Nachricht usw.) **2** bringen *j-n um etw.*, berauben *j-n etw. Gen* **3** wegnehmen *j-m etw. Akk* (entziehen)

besetning [beßetning] *m/w* Besatzung *w*

besittelse [beßitt^{e}lß^e] *m* Besitz *m* (Besitzen); **ta** *noe* **i ~** ergreifen *etw. Akk* (beherrschen)

beskjed [bescheed] *m* Nachricht *w* (E-Mail usw.); **gi ~** *til noen* ausrichten lassen *j-m etw. Akk*

beskjeden [bescheeden] *adj* bescheiden

beskrive [beßkriiw^e] *v* beschreiben *j-n/etw.* (Person usw.); **~** *noe* **i grove trekk** nahebringen *j-m etw. Akk*; **~** *noe* **nærmere** präzisieren *etw. Akk*

beskrivelse [beßkriiw^{e}lß^e] *m* Beschreibung *w*

beskytte [beschütt^e] *v* **1** schützen *j-n/etw.* **2** beschützen *j-n/etw. vor j-m/etw.* **3** decken *j-n/etw.* (schützen) **4** sichern *etw. Akk*, absichern *etw. Akk* (vor Gefahr)

beskyttelse [beschütt^{e}lß^e] *m* **1** Schutz *m gegen etw., vor etw. Dat* **2** Patronat *s*, Schirmherrschaft *w*

beslektet [beschlektet] *adj* verwandt *mit j-m* (Familienmitglied)

beslutte seg *v* beschließen *etw. Akk* (Entschluss fassen)

besluttsomt [beschluttßomt] *adv* entschlossen, entschieden, fest (entschlossen usw.)

best [beßt] *adj* best(er,e,es) ♦ *adv* am besten ► **like** *noen/noe* **~** am liebsten mögen *j-n/etw.*

bestefar [beßtefaar] *m* Großvater *m*

bestemme [beßtemm^e] *v* **1** entscheiden *etw. Akk* **2** bestimmen (autoritativ) **3** bestimmen *etw. Akk* (Anzahl usw.), festlegen *etw. Akk* (Termin usw.)

bestemme seg *v* **1** sich entscheiden **2** beschließen *etw. Akk* (Entschluss fassen)

bestemor [beßtemuur] *m/w* Großmutter *w*

bestemt [beßtemt] *adj* **1** bestimmt, gegeben **2** entschlossen *zu etw.* ♦ *adv* gewiss, sicherlich, bestimmt

bestikk [beßtikk] *s* Besteck *s*

bestikke [beßtikk^e] *v* **1** bestechen *j-n* **2** korrumpieren

bestille [beßtill^e] *v* **1** bestellen *etw. Akk* **2** reservieren *etw. Akk* (Tisch usw.), buchen *etw. Akk* (Reise usw.)

bestilling [beßtilling] *m/w* **1** Bestellung *w* **2** Reservierung *w*, Buchung *w*

bestå [beßtoo] *v* **1** bestehen *aus etw.*, sich zusammensetzen *aus etw.* **2** bestehen, ablegen (Prüfung usw.) **3** durchkommen *in etw. Dat* (Erfolg haben) ► **~ i** bestehen *in etw. Dat* (von einem Problem usw.)

bestående [beßtoo^{e}n^e] *adj* gebildet *aus etw.*

besøk [beßöök] *s* Besuch *m j-s/etw.*; **avlegge ~ hos** *noen* besuchen *j-n*, vorbeischauen *bei j-m*

besøke [beßöök^e] *v* **1** besuchen *j-n* **2** gastieren *in etw. Dat*

besørge [beßörg^e] *v* verschaffen *etw. Akk* (besorgen)

betale [betaal^e] *v* **1** bezahlen *j-m etw. Akk*, zahlen *j-m für etw.* **2** überweisen *etw. Akk* (Geld) **3** decken *etw. Akk* (finanziell), zurückerstatten *j-m etw. Akk* **4** bezahlen *etw. Akk*, begleichen *etw. Akk* (Rechnung usw.) ► **~ (dyrt)** *for noe* büßen *etw. Akk*; **Jeg vil ~!** Bitte zahlen!

betaling [betaaling] *m* **1** Bezahlung *w etw. Gen*, Zahlung *w*, Einzahlung *w*, Bezahlung *w* **2** Anweisung *w* (Summe), Überweisung *w* (Geldsumme), Einzahlung *w* (Betrag)

betalingskort [betaalingßkort] *s* Debitkarte *w*

betegne [bet^{e}in^e] *v* bezeichnen (mit einem Namen usw.)

betennelse [betenn^{e}lß^e] *m* Entzündung *w*

betingelse [beting^{e}lß^e] *m* Bedingung *w*

betjene [betjeen^e] *v* **1** bedienen *j-n* **2** bedienen *etw. Akk* (Maschine usw.), steuern *etw. Akk* (Gerät usw.), umgehen *mit etw.* (benutzen)

betjening [betjeening] *m/w* Bedienung *w*

betong [betong] *m* Beton *m*

betrakte [betrakt^e] *v* beobachten *j-n/etw.* (um zu lernen usw.), halten *j-n/etw. für j-n/etw.*, betrachten *j-n/etw. als j-n/etw.*

betraktning [betraktning] **ta i ~** berücksichtigen *etw. Akk*; **ta** *noe* **i ~** in Erwägung ziehen *etw. Akk*, erwägen *etw. Akk*

bety [betüü] *v* **1** bedeuten *etw. Akk* **2** bedeuten *etw.* (im Endeffekt) **3** darstellen (bedeuten) ► **~ mye** liegen *an etw. Dat* (wichtig sein)

betydelig [betüüdeli] *adj* beträchtlich, erheblich (ziemlich groß), deutlich (Änderung usw.) ♦ *adv* beträchtlich, wesentlich, erheblich
betydning [betüüdning] *m/w* **1** Bedeutung *w*, Sinn *m* (Bedeutung) **2** Bedeutung *w*, Gewicht *s etw. Gen* (Bedeutung), Wichtigkeit *w*
beundre [beundre] *v* bewundern *j-n/etw. wegen etw.*
beundring [beundring] *m/w* Bewunderung *w für j-n*
bevare [bewaare] *v* **1** aufbewahren *etw. Akk* **2** aufrechterhalten (weiterhin fortsetzen) **3** behalten *etw. Akk* (Qualität usw.) **4** erhalten (Entwicklung usw.) ▶ **være bevart** sich erhalten
bevege [beweege] *v* **1** bewegen *etw. Akk* **2** rücken *etw. Akk* (Tisch usw.) **3** rühren *j-n* (innerlich) **4** erregen, hinreißen
bevegelig [beweegeli] *adj* beweglich
bevegelse [beweegelße] *m* Bewegung *w*
bevege seg *v* sich bewegen, sich rühren
bevilge [bewilge] *v* **1** zuweisen (Mittel usw.) **2** verleihen *j-m etw. Akk* (einen Titel usw.)
bevis [bewiiß] *s* **1** Beweis *m etw. Gen*, Nachweis *m für etw.* **2** Urkunde *w*
bevise [bewiiße] *v* **1** beweisen *etw. Akk*, nachweisen *etw. Akk* **2** beweisen *etw. Akk* (Fähigkeiten usw.), zeigen *etw. Akk* (Fähigkeit usw.) **3** belegen *etw. Akk* (mit Beweisen usw.)
bevisst [bewißt] *adj* **1** absichtlich, bewusst (Lüge usw.) **2** bedacht *auf etw. Akk*, bewusst *etw. Gen*, achtend *auf etw. Akk* **3** bewusst (Mensch usw.) ♦ *adv* bewusst (mit Bewusstsein) ▶ **~ på** *noe* bewusst *etw. Gen* (einer Tatsache usw.)
bevissthet [bewißtheet] *m/w* Bewusstsein *s*; **være ved ~** bei Bewusstsein sein
bevisstløs [bewißßtlööß] **være ~** bewusstlos sein
bevæpnet [bewääpnet] *adj* bewaffnet
bh [beehoo] *m* Büstenhalter *m*, BH *m*
bibliotek [bibliuteek] *s* Bibliothek *w*
bidra [biidraa] *v* **1** nachhelfen *j-n/etw.* **2** beitragen *zu etw.*, Beitrag leisten *zu etw.* **3** beisteuern *zu etw.*, beitragen *zu etw.* (finanziell)
bidrag [biidraag] *s* **1** Beitrag *m für etw.* **2** Beitrag *m* (Geldsumme usw.) **3** Beitrag *m* (Artikel usw.) **4** Zuschuss *m*
biff [bif] *m* Beefsteak *s*, Steak *s*
bikini [bikiini] *m* Bikini *m*, Zweiteiler *m* (zum Sonnen)
bil [biil] *m* Auto *s*, Wagen *m*, Pkw *m*
bilag [biilaag] *s* Beilage *w* (Zeitung usw.)
bilbelte [biilbelte] **ta på seg bilbeltet** den Sicherheitsgurt anlegen
bilde [bilde] *s* **1** Bild *s* (Abbildung) **2** Aufnahme *w* (Foto) **3** Bild *s* (Gemälde)
bille [bille] *m* Käfer *m*
billedkunst [billetkunßt] *m* bildende Kunst
billett [bilett] *m* **1** Karte *w* (für Kino usw.), Eintrittskarte *w* **2** Fahrkarte *w*, Fahrschein *m*
billettautomat [bilettäutumaat] *m* Fahrkartenautomat *m*
billettluke [bilettluuke] *m* Kasse *w* (im Kino usw.)
billig [billi] *adj* billig, preisgünstig, preiswert ♦ *adv* billig ▶ **gjøre billigere** *noe* ermäßigen *etw. Akk*, verbilligen *etw. Akk*
bilvask [biilwaßk] *m* Waschanlage *w*, Autowaschanlage *w*
bind [bin] *s* **1** Band *m* (Buch) **2** Damenbinde *w*
binde [binne] *v* **1** fesseln *j-n/etw. (an etw. Akk)* **2** fesseln *j-n* (mit Seil usw.) **3** verbinden *etw. Akk* (Schnüre usw.) **4** binden **5** binden *etw. Akk um etw.* (Schleife um Geschenk usw.) **6** binden, beengen
bindeledd [binneled] *s* Verbindung *w zwischen etw.* (Beziehung usw.)
biskop [bißkop] *m* Bischof *m*
bistand [biißtan] *m* Hilfe *w* (Unterstützung usw.)
bite [biite] *v* **1** beißen *j-n* (verletzen usw.) **2** beißen (böser Hund usw.) **3** knabbern, naschen **4** beißen (Schlange) ▶ **~ i** *noe* beißen *in etw. Akk*
bitter [bitter] *adj* **1** bitter (Getränk usw.) **2** erbittert, vergrämt
bjeffe [bjäffe] *v* bellen
bjelle [bjälle] *m/w* **1** Glocke *w* **2** Schelle *w* (Glöckchen)
bjørn [bjöörn] *m* Bär *m*
bjørnebær [bjöörnebäär] *s* Brombeere *w*
blad [blaad] *s* **1** Blatt *s* **2** Zeitschrift *w* **3** Klinge *w* (eines Messers usw.) ▶ **miste bladene** abfallen (Laub usw.)
blande [blanne] *v* **1** rühren *etw. Akk*, umrühren *etw. Akk* (Suppe usw.) **2** mischen *etw. Akk*, vermischen *etw. Akk*, vermischen *etw. Akk mit etw.*, mischen *etw. Akk mit etw.* **3** beimischen *etw. Akk in etw. Akk* **4** sich mischen (Einflüsse usw.) **5** verwechseln *etw. Akk* ▶ **~ seg bort** *i noe* sich einmischen *in etw. Akk* (fremde Angelegenheiten usw.)
blandet [blannet] *adj* **1** gemischt **2** gemischt (Getränk usw.), Misch-
blanding [blanning] *m/w* **1** Mischung *w etw. Gen*, Mix *m* **2** Allerlei *s*
blank [blangk] *adj* **1** leer (Blatt usw.) **2** glänzend (Haar usw.)
blant [blant] *prep* unter (zwischen)

bleie [bläi^e] *m/w* Windel *w*

blek [bleek] *adj* blass

blekk [blekk] *s* Tinte *w*

blende [blenn^e] *v* blenden *j-n*

blender [blenn^{e}r] *m* Blende *w* (einer Kamera)

bli [blii] *v* **1** werden *etw. Akk* **2** bleiben *irgendwo* **3** eintreten (geschehen) **4** verfallen *in etw.* (in Wut usw.) **5** übergehen *in etw. Akk* (Schnee in Regen usw.) ► **~ igjen** (übrig) bleiben

blidgjøre [bliijöör^e] *v* versöhnen *j-n*

blikk [blikk] *s* **1** Anblick *m etw. Gen* (Erblicken), Blick *m auf etw. Akk* **2** Blech *s* (Material), Metallblech *s*

blind [blin] *adj* blind, erblindet (Kind, Auge usw.) ♦ *m* Blinde *m*

blinde [blinn^e] *v* blenden *j-n*; **bli blindet** erblinden

blindtarm [blintarm] *m* Blinddarm *m*

blindtarmsbetennelse [blintarmßbetenn^{e}lß^e] *m* Blinddarmentzündung *w*

blinke [blingk^e] *v* **1** aufblinken, blinken (glänzen) **2** zuzwinkern *j-m* ► **~ (med lys)** *til/på noen* anblinken *j-n* (Fahrer)

blinklys [blingklüüß] *s* Blinker *m*, Blinkleuchte *w*

bli til *v* entstehen (sich entwickeln)

blod [bluu] *s* Blut *s*

blodig [bluudi] *adj* blutig (voll von Blut)

blodtrykk [bluutrükk] *s* Blutdruck *m*

blodåre [bluuoor^e] *m/w* Gefäß *s* (Ader usw.)

blokk [blokk] *m/w* Block *m*

blokkere [blokeer^e] *v* blockieren *etw. Akk* (Straße usw.)

blokkfløyte [blokkflöüt^e] *m/w* Pfeife *w* (Musikinstrument)

blomkål [blumkool] *m* Blumenkohl *m*

blomst [blomßt] *m* **1** Blüte *w* (einer Pflanze) **2** Blume *w*

blomsterpotte [blomßterpott^e] *m/w* Blumentopf *m*

blomstre [blomßtr^e] *v* **1** blühen (Rosen usw.) **2** aufblühen (Blume usw.) **3** blühen (Geschäft usw.), prosperieren **4** boomen, blühen **5** blühen (Schmuggel usw.)

blond [blon] *adj* blond, hellhaarig

blonde [blonn^e] *m* Spitze *w* (Gewebe)

bluse [bl~~u~~uß^e] *m/w* Bluse *w*

bly [blüü] *s* **1** Blei *s* (Metall) **2** Mine *w* (Bleistift)

blyant [blüant] *m* Stift *m* (Schreibgerät), Bleistift *m*

blære [bläär^e] *m/w* Blase *w* (Organ)

blø [blöö] *v* bluten

bløt [blööt] *adj* **1** weich (geschmeidig) **2** aufgeweicht, erweicht

bløtkokt [blöötkukt] *adv* weich gekocht

blå [bloo] *adj* blau

blåbær [bloobäär] *s* Heidelbeere *w*, Blaubeere *w*

blåmerke [bloomärk^e] *s* ein blauer Fleck

blåse [blooß^e] *v* **1** blasen (Wind usw.), wehen **2** abblasen *etw. Akk von etw.* (wegblasen) **3** verwehen *etw. Akk* (Weg usw.) **4** lassen *etw. Akk etw. Akk*, pfeifen *etw. Akk* (missachten) **5** pusten *auf etw. Akk* (abkühlen)

bo [buu] *v* wohnen *irgendwo*

boble [bobl^e] *m* Blase *w* (Seifenblase usw.) ♦ *v* **1** sprudeln (kochendes Wasser usw.) **2** sprudeln (Sekt usw.)

bod [buud] *m* Stand *m* (zum Verkauf), Verkaufsstand *m*

bok [buuk] *m/w* Buch *s*

bokhandel [buukhand^{e}l] *m* Buchhandlung *w*

boks [bokß] *m* **1** Schachtel *w* (große) **2** Blechbüchse *w*, Blechdose *w*, Konserve *w*, Dose *w* **3** Kasten *m* (zum Aufbewahren) **4** Abteil *s* (abgeteilter Raum), Box *w* (im Restaurant usw.)

bokstav [bukßtaaw] *m* Buchstabe *m*, Zeichen *s* (Buchstabe usw.); **store bokstaver** *m Mz* Großbuchstaben *m Mz*

boksåpner [bokßoopn^{e}r] *m* Büchsenöffner *m*, Dosenöffner *m*

bolle [boll^e] *m* **1** Brötchen *s* **2** Schüssel *w*, Schale *w* (kleines Gefäß) **3** Kuchen *m*

bom [bom] *m* **1** Schranke *w* **2** Bahnschranken *w Mz* **3** Schwebebalken *m*

bombe [bomb^e] *m* Bombe *w* ♦ *v* bombardieren (eine Stadt usw.)

bompenger [bompeng^{e}r] *m Mz* Autobahngebühr *w*, Straßenzoll *m*, Maut *w*

bomull [bom~~u~~l] *m/w* Baumwolle *w*

bonde [bunn^e] *m* **1** Bauer *m*, Landwirt *m* **2** Bauer *m* (im Schach)

bonus [boon~~u~~ß] *m* Bonus *m*

bord [buur] *s* **1** Tisch *m* **2** Bord *m* (eines Flugzeugs usw.) **3** Brett *s* (aus Holz), Platte *w* (Holzplatte usw.) ► **gå om ~** an Bord gehen (Schiff), sich einschiffen, einsteigen *in etw. Akk*

bordduk [buurd~~u~~uk] *m* Tischdecke *w*, Tischtuch *s*, Tuch *s* (auf Tisch)

bore [buur^e] *v* **1** bohren **2** bohren *etw. Akk in etw. Akk* (Nägel in Haut usw.)

boremaskin [buur^{e}maschiin] *m* Bohrmaschine *w*

borg [borg] *m/w* Burg *w*

bort [burt] *adv* weg; **fly ~** abfliegen

bortforklaring [burtforklaaring] *m/w* Ausflüchte *w Mz*, Ausrede *w für etw.*

bortføre [burtföör^e] *v* entführen *j-n*, kidnappen *j-n*

bortover [burtoow^{e}r] *prep* über (auf der Oberfläche)

bortsett [burtschet] **~ fra** außer *j-m/etw.*, ausgenommen *j-n/etw.*
bosted [buußteed] *s* **1** Wohnsitz *m* **2** Wohnort *m*
bot [buut] *m* **1** Geldstrafe *w*, Bußgeld *s* **2** Buße *w* (für Sünden usw.)
bra [braa] *adj* okay ♦ *adv* gut, wohl ► **tålelig (bra)** ziemlich gut; **Bra da.** Also gut.; **Ha det ~!** Auf Wiedersehen.; **Jeg har det ~.** Mir geht es gut.
brann [bran] *m* Brand *m*
brannkorps [brannkorpß] *s* Feuerwehr *w*
brannmann [brannman] *m* Feuerwehrmann *m*
brannslukkingsapparat [brannschlukingßaparaat] *s* Löschgerät *s*, Feuerlöscher *m*
bratt [bratt] *adj* **1** steil, abschüssig **2** steil (Hang usw.), schroff (Riff usw.) **3** rapid, jäh
bred [breed] *adj* breit
bredde [bredde] *m* **1** Breite *w etw. Gen* **2** Breite *w* (geografische)
brekke [brekke] *v* **1** brechen *etw. Akk* (Zweig usw.) **2** entzweibrechen *etw. Akk* (brechen) **3** brechen (zerfallen) **4** (sich) brechen *etw. Akk* (Knochen usw.) **5** sich brechen (Lichtstrahl usw.)
brems [bremß] *m* Bremse *w* (Vorrichtung)
bremse [bremße] *v* **1** bremsen **2** abbremsen
brenne [brenne] *v* **1** brennen **2** verbrennen *etw. Akk*, verbrennen (Abfall usw.) **3** verbrennen *j-n* (verletzen) **4** versengen, verbrennen **5** anbrennen *etw. Akk* (Essen) **6** brennen, prallen (Sonne usw.) **7** destillieren, brennen (Alkohol) **8** lodern **9** durchgebrannt werden ► **~ ned** verbrennen *etw. Akk* (durch Feuer zerstören); **~ ut** brennen (eine CD usw.)
brennevin [brennewiin] *s* Destillat *s*, Schnaps *m*, Spirituose *w*
brensel [brenßel] *s* Brennstoff *m*, Heizmaterial *s*
brett [brett] *m* Bügelfalte *w* ♦ *s* Platte *w*, Tablett *s* (zum Servieren)
brev [breew] *s* Brief *m*
briller [briller] *m/w Mz* Brille *w*
bringe [bringe] *v* **1** bringen *j-m etw. Akk* (ein Buch usw.), mitbringen *etw. Akk irgendwohin/j-m* **2** tragen *etw. Akk irgendwohin* (mitbringen) **3** mitbringen *j-n* **4** bringen *j-n/etw. irgendwohin* (mit dem Auto usw.) **5** setzen *etw. Akk in etw. Akk* (außer Betrieb usw.) **6** einschleppen *etw. Akk irgendwohin* (Krankheit usw.)
bringebær [bringebäär] *s* Himbeere *w* (Frucht)
bris [briiß] *m* Brise *w*
bro [bruu] *m/w* Brücke *w*
brodd [brod] *m* Stachel *m* (einer Wespe usw.)
brokkoli [brokkoli] *m* Brokkoli *m*, Broccoli *m*
bronse [bronße] *m* Bronze *w*
bror [bruur] *m* Bruder *m*
brosjyre [broschüre] *m* Broschüre *w*, Prospekt *m*
brud [bruud] *m/w* Braut *w*
brudd [brud] *s* **1** Bruch *m* (Knochen), Fraktur *w* **2** Trennung *w* (eines Paares usw.)
brudgom [bruudgom] *m* Bräutigam *m*
bruk [bruuk] *m/s* **1** Benutzung *w etw. Gen*, Nutzung *w etw. Gen*, Gebrauch *m etw. Gen*, Verwendung *w etw. Gen* **2** Anwendung *w etw. Gen* **3** Bräuche *w Mz*
bruke [bruuke] *v* **1** benutzen, benutzen *etw. Akk*, verwenden *etw. Akk* **2** geltend machen *etw. Akk* (Rechte usw.), zur Geltung bringen *etw. Akk*, verwenden *etw. Akk* **3** verbringen **4** ausgeben *etw. Akk für etw.* (Geld) **5** aufwenden *etw. Akk für etw.* ► **~ opp** verbrauchen (Vorräte usw.); **~ opp** *noe* aufzehren *etw. Akk*, konsumieren *etw. Akk* (Lebensmittel), verbrauchen *etw. Akk* (Benzin, Zeit usw.)
bruker [bruuker] *m* Benutzer *m*, Anwender *m* (eines Programms usw.)
brukket [brukket] *adj* gebrochen
bruksmåte [bruukßmoote] *m* Benutzung *w etw. Gen*, Nutzung *w etw. Gen*, Gebrauch *m etw. Gen*, Verwendung *w etw. Gen*
brun [bruun] *adj* braun
brune [bruune] *v* **1** braun werden **2** bräunen *etw. Akk*, anbräunen *etw. Akk* (Zwiebel usw.)
brutal [brutaal] *adj* **1** brutal, grob (gewalttätig) **2** brutal, roh (Tat usw.)
bry [brüü] *v* bekümmern *j-n*, belästigen *j-n* ♦ *s* Kummer *m* (Sorgen)
brygge [brügge] *m* **1** Pier *m*, Kai *m* **2** Landungsplatz *m* ♦ *v* ziehen (lassen) (Tee usw.)
bryllup [brüllup] *s* Hochzeit *w*
bry seg *v* **1** liegen *j-m an etw. Dat* (schätzen) **2** fürchten *für j-n/etw., um j-n/etw.*, sich sorgen *um j-n/etw.* **3** achten *auf etw. Akk* (aufpassen)
bryst [brüßt] *s* Brust *w*
bryte [brüüte] *v* **1** brechen **2** sich brechen (Lichtstrahl usw.) **3** brechen (Schwur usw.), verletzen (Gesetz usw.), übertreten (Regeln usw.) **4** durchbrechen (Öffnung schlagen) **5** ringen *mit j-m um etw.* **6** fördern (Kohle usw.) ► **~ gjennom** durchbrechen (Hindernis usw.); **~ igjennom** sich durchsetzen (Erfolg haben); **~ inn** *i noe* einbrechen *in etw. Akk* (Dieb usw.); **~ loven** das Gesetz brechen; **~ opp** sich auflösen (ein Band usw.); **~ opp**

noe herausbrechen *etw. Akk aus etw.*; **~ opp** *noe* aufbrechen *etw. Akk* (öffnen); **~ sammen** sich auflösen, auseinanderfallen (in Stücke), zusammenbrechen (Mensch); **~ seg frem** durchbrechen (Hindernis usw.); **~ (seg) inn** einbrechen *in etw. Akk* (in eine Wohnung usw.)

bryter [brüüter] *m* **1** Schalter *m* (elektrischer) **2** Ringer *m*

brød [bröö] *s* Brot *s*; **ristet ~** *s* Toast *m*

brøk [bröök] *m* Bruch *m* (Zahlen), Bruchzahl *w*

brønn [brön] *m* Brunnen *m*

brå [broo] *adj* abrupt (unerwartet), plötzlich

bråk [brook] *s* Krach *m*, Lärm *m*

bråkete [brookete] *adj* laut

brått [brott] *adv* **1** plötzlich, auf einmal **2** scharf (abbiegen usw.)

bu [buu] *m/w* Hütte *w* (Berghütte usw.)

budskap [buudßkaap] *s* Botschaft *w* (Nachricht)

bue [buue] *m* Bogen *m*

bufe [buufee] *s* Vieh *s* (lebendes Inventar)

buffet [bufee] *m* Imbiss *m* (Bahnhof)

bug [buug] *m* Wanze *w* (zum Abhören)

bukett [bukett] *m* Strauß *m* (Blumen), Blumenstrauß *m*

bukse [bukße] *m/w* Hose *w*

buksebein [bukßebäin] *s* Hosenbein *s*

bule [buule] *m* Beule *w*, Vorsprung *m*

buljong [buljong] *m* Bouillon *w*, Brühe *w* (Suppe)

bunke [bungke] *m* Stapel *m etw. Gen*

bunn [bun] *m* Boden *m* (von einem Gefäß usw.)

bur [buur] *s* **1** Käfig *m* **2** Hundehütte *w*

busk [bußk] *m* Strauch *m*

buss [buß] *m* **1** Bus *m* (Verkehrsmittel) **2** Reisebus *m*

bussterminal [bußßtärminaal] *m* Busbahnhof *m*

butikk [butikk] *m* Geschäft *s* (Raum), Laden *m*

butikkmedarbeider [butikkmeearbäider] *m* Kassierer *m*

butikkvindu [butikkwinduu] *s* Schaufenster *s*

by [büü] *m* Stadt *w* ♦ *v* bieten

bydel [büüdeel] *m* Stadtviertel *s*, Viertel *s* (in der Stadt)

bygd [bügd] *m/w* Dorf *s*

bygg[1] [büg] *m/s* Gerste *w*

bygg[2] [büg] *s* Bau *m* (Gebäude), Bauwerk *s*

bygge [bügge] *v* **1** aufbauen *etw. Akk* (Haus usw.), erbauen *etw. Akk*, errichten *etw. Akk*, bauen *etw. Akk* **2** (übertr.) aufbauen (gestalten) **3** bauen (Maschinen usw.)

byggeplass [büggeplaß] *m* Baustelle *w*

bygning [bügning] *m/w* Bau *m* (Gebäude), Bauwerk *s* ♦ *m* Gebäude *s*

bygård [büügoor] *m* Häuserblock *m*

bykart [büükart] *s* Stadtplan *m*

byrå [büroo] *s* **1** Agentur *w* **2** Vorstand *m* (einer Partei usw.)

bytte [bütte] *v* **1** tauschen *etw. Akk gegen etw.*, austauschen *etw. Akk gegen etw.*, tauschen (gegenseitig) **2** umsteigen *in etw. Akk* **3** tauschen *etw. Akk* (Kabel usw.), wechseln *etw. Akk für etw.* (ersetzen), auswechseln *etw. Akk gegen etw.*, austauschen *etw. Akk gegen etw.* (Ersatzteil usw.) **4** umschalten *etw. Akk auf etw. Akk*, schalten *etw. Akk auf etw. Akk* (Kamera usw.) **5** invertieren (Reihenfolge), umkehren (Richtung usw.) ♦ *s* **1** Tausch *m*, Umtausch *m* (von Sachen) **2** Beute *w* (Fang) **3** Beute *w* (Diebesgut) ► **~ klær** sich umziehen; **~ på** sich abwechseln *bei etw.*, abwechselnd tun *etw. Akk*; **~ bleier** ein Kind wickeln

bær [bäär] *s* Beere *w*

bærbar [bäärbaar] *adj* tragbar

bære [bääre] *v* **1** tragen **2** tragen *etw. Akk irgendwohin* (mitbringen) **3** mit sich bringen *etw. Akk* (Konsequenzen usw.), tragen (Gewicht) **4** tragen *etw. Akk* (Baum usw.) ► **~ bort** wegtragen *etw. Akk*, forttragen *etw. Akk*

bærebjelke [bäärebjelke] *m* Träger *m* (Bauteil), Balken *m* (Träger)

bølge [bölge] *m/w* Welle *w* (Wasser)

bønn [bön] *m/w* Gebet *s*

bønne [bönne] *m/w* Bohne *w*

bør [böör] *m* Belastung *w* (Schwierigkeit usw.), Last *w* (Sorge usw.)

børs [börsch] *m* Börse *w*

børste [börschte] *m* Bürste *w*, (kleine) Bürste *w* ♦ *v* bürsten *etw. Akk*, abbürsten *etw. Akk*, bürsten (Kleidung usw.), ausbürsten *etw. Akk* ► **~ tennene** sich die Zähne putzen

bøtte [bötte] *m/w* Eimer *m*, Kübel *m*

bøye [böüe] *v* **1** biegen *etw. Akk* **2** deformieren, krümmen (krumm machen), drehen *etw. Akk* (formen), verkrümmen **3** neigen *etw. Akk* (senken) **4** beugen (Knie usw.) **5** konjugieren **6** deklinieren

bøyelig [böüeli] *adj* biegsam

både [boode] **~… og…** sowohl – als auch

bål [bool] *s* Feuer *s*, Lagerfeuer *s*

bånd [bon] *s* **1** Band *s* (Verbindung) **2** Bindung *w zwischen etw.* (Beziehung) **3** Band *s* (magnetisches usw.), Tonband *s* **4** Band *s* (im Haar usw.), Schleife *w*, Binde *w* **5** Leine *w* (für Hund usw.) ► **ha hunden i ~** den Hund an der Leine haben

båt [boot] *m* Boot *s*, Schiffchen *s* (Fahrzeug)

båtreise [booträiße] *m/w* Seeschifffahrt *w*, Schifffahrt *w* (Segeln usw.)

C

campingplass [kampingplaß] *m* 1 Camp *s*, Campingplatz *m* 2 Wohnmobilstellplatz *m*
campingvogn [kampingwongn] *m/w* Wohnmobil *s*, Wohnwagen *m*
celle [ßelle] *m/w* Zelle *w* (im Gefängnis usw.)
centimeter [ßentimeeter] *m* Zentimeter *m/s*
cirka [ßirka] *adv* ungefähr, etwa ♦ *prep* gegen (Menge), ungefähr

D

da [daa] *adv* damals ♦ *conj* als (Gleichzeitigkeit)
dag [daag] *m* Tag *m*; **i ~** heute; **midt på dagen** Mittag *m*; **om dagen** tags, während des Tages; **God ~.** Guten Tag.; **to/tre ganger om dagen** zweimal/dreimal täglich
dagblad [daagblaad] *s* Tageszeitung *w*
dagbok [daagbuuk] *m/w* Tagebuch *s*
dagbot [dagbut] *m/w* Strafe *w* (Geldbuße)
dagens [daagenß] *adj* heutig (Tag usw.)
daglig [daagli] *adj* 1 täglich (Aufgaben usw.), Tages- 2 täglich (Besucher usw.) ♦ *adv* täglich (jeden Tag)
dagligdags [daaglidakß] *adj* täglich (Besucher usw.)
dagligvarer [daagliwaarer] *m/w Mz* Lebensmittel *Mz*
dagsaktuell [daakßaktuel] *adj* aktuell (Nachricht usw.)
dal [daal] *m* Tal *s*
dam [dam] *m* 1 Damm *m* (Hindernis usw.), Deich *m* 2 Teich *m* 3 Dame *w* (Spiel), Damespiel *s*
dame [daame] *m/w* Dame *w* (Person)
damebind [daamebin] *s* Damenbinde *w*
damer [daamer] *m Mz* Damentoilette *w*, Damen *w Mz*
dametoalett [daametualett] *s* Damentoilette *w*, Damen *w Mz*
damp [damp] *m* Dampf *m*
danne [danne] *v* 1 bilden, schaffen (hervorrufen usw.), formen *etw. Akk* 2 bilden *etw. Akk* (ein Teil sein) 3 einrichten, bilden (Ausschuss usw.), gründen (Kommission) 4 kultivieren (verfeinern)
dans [danß] *m* Tanz *m*
danse [danße] *v* tanzen
data [daata] *m/s Mz* Daten *Mz*
datamaskin [daatamaschiin] *m* Computer *m*
dato [daatu] *m* Datum *s*
datter [datter] *m/w* Tochter *w*
de [dii] *pron* 1 sie (Plural) 2 die (da) 3 De Sie
defekt [defekt] *adj* 1 defekt, kaputt 2 fehlerhaft
definitiv [definitiiw] *adj* definitiv, endgültig, End-
deg [däi] *pron* dich; **(til) ~** dir
deig [däi] *m* Teig *m*
dekk [dekk] *s* 1 Reifen *m* 2 Bord *m* (eines Schiffes), Deck *s* 3 Mantel *m* (Reifen) ► **punkert ~** *s* platter Reifen
dekke [dekke] *v* 1 bedecken *j-n/etw. mit etw.*, zudecken *j-n/etw. mit etw.* (mit einer Decke usw.) 2 decken *etw. Akk mit etw.* 3 decken *etw. Akk* (finanziell) 4 decken *j-n/etw.* (schützen) 5 wälzen *etw. Akk in etw. Dat* 6 beziehen *etw. Akk mit etw.*, überziehen *etw. Akk mit etw.* ► **~ på** Tisch decken; **~ utgifter** die Kosten decken
dekning [dekning] *m/w* Schutzraum *m*
deksel [dekßel] *s* Deckung *w* (Vorrichtung usw.), Deckel *m*
del [deel] *m* 1 Teil *m von etw., etw. Gen* (des Ganzen usw.) 2 Bestandteil *m etw. Gen* 3 Segment *s* (Teilstück) 4 Einzelteil *s*
dele [deele] *v* 1 teilen *etw. Akk in etw. Akk* (in Teile) 2 dividieren *etw. Akk durch etw.* (Zahlen) 3 teilen *etw. Akk mit j-m* (aufteilen) 4 teilen *etw. Akk mit j-m* (gemeinsam nutzen) ► **~ opp** *noe* einteilen *etw. Akk in etw. Akk* (in Stücke); **~ ut** verteilen *etw. Akk an/unter j-n*, verteilen (an mehrere Personen)
delikatesse [delikateßße] *m* Delikatesse *w*, Leckerbissen *m*
delta [deeltaa] *v* 1 teilnehmen *an etw. Dat* (Teilnehmer sein), sich beteiligen *an etw. Dat* 2 teilnehmen *an etw. Dat*, sich beteiligen *an etw. Dat* (aktiv usw.) ♦ *s* Delta *s*
deltaker [deeltaaker] *m* Teilnehmer *m etw. Gen*
delvis [deelwiiß] *adj* Teil-, partiell ♦ *adv* teilweise
demokrati [demokratii] *s* Demokratie *w*
demonstrasjon [demonßtraschuun] *m* 1 Demonstration *w* (Protest) 2 Vorführung *w* (Veranschaulichung)
dempe [dempe] *v* 1 dämpfen (unterdrücken), mildern (Zorn usw.) 2 mindern *etw. Akk*, verringern *etw. Akk* (Risiko usw.) 3 leiser machen (Radio usw.) 4 dämpfen (Licht), abblenden (Scheinwerfer) 5 dämpfen (Schall usw.) 6 dämpfen (Stoß usw.) 7 unterdrücken (Gefühle usw.)
den, det *pron* 1 der, die, das 2 dieser, diese, dieses, derjenige, diejenige, dasjenige
denne, dette *pron* dieser, diese, dieses

deodorant [deudurant] *m* Deodorant *s*, Deo *s*
departement [departemang] *s* Ministerium *s*
depositum [depooßitum] *s* Anzahlung *w*, Pfand *s*
der [däär] *adv* **1** wo (Nebensatz) **2** dort ► **den ~** der da; **det ~** das da
dere [deere] *pron* ihr (2. Person Pl., Duzen)
deres [deereß] *pron* **1** euer, eure **2** ihr (3. Person Pl. possessiv) **3** ***Deres*** Ihr, Ihre
derfor [däärfor] *adv* daher, deshalb, deswegen, (und) daher
dersom [däärschom] *conj* wenn, falls
desember [deßember] *m* Dezember *m*
design [disain] *m/s* Design *s*
designe [deißaine] *v* entwerfen *etw. Akk*
desimalkomma [deßimaalkomma] *s* Dezimalkomma *s*, Komma *s* (in Zahlen)
desinfeksjon [deßinfekschuun] *m* Desinfektion *w*
desinfeksjonsmiddel [deßinfekschuunßmmddel] *s* Desinfektionsmittel *s*
desperat [deßperaat] *adj* verzweifelt ♦ *adv* verzweifelt
dessert [deßäär] *m* **1** Dessert *s*, Nachtisch *m*, Nachspeise *w* **2** Kuchen *m*
dessuten [deßßuten] *adv* außerdem, überhin, und außerdem ♦ *part* übrigens, im Übrigen
dessverre [deßßwärre] *adv* leider
destillere [deßtileere] *v* destillieren, brennen (Alkohol)
desto [deßtu] **ikke ~ mindre** trotzdem, dennoch; **jo... ~** je... desto
destruksjon [deßtrukschuun] *m* Destruktion *w*, Zerstörung *w*
detalj [detalj] *m* Detail *s*, Einzelheit *w*
detaljert [detaljeert] *adj* ausführlich, eingehend, detailliert, Detail- ♦ *adv* ausführlich, detailliert
diabetes [diabeeteß] *m* Diabetes *m*
diamant [diamant] *m* Diamant *m*
diameter [diameeter] *m* Durchmesser *m* *etw. Dat*
diaré [diaree] *m* Durchfall *m* (Erkrankung), Diarrhö *w*
diesel [diißel] *m* Dieselkraftstoff *m*, Diesel *m* (Kraftstoff)
diett [diett] *m* Diät *w*; **Jeg er på ~.** Ich halte Diät.
dikt [dikt] *s* Gedicht *s*
dikter [dikter] *m* Dichter *m*
dimensjon [dimenschuun] *m* Ausmaß *s*, Dimension *w*
din [din] *pron* dein, deine
direkte [direkte] *adj* **1** direkt (Verbindung usw.) **2** geradlinig (Mensch usw.), direkt (Person) ♦ *adv* **1** direkt (ohne Umstände) **2** live (übertragen usw.)
direktør [direktöör] *m* Direktor *m*
disk [dißk] *m* Theke *w*
diskotek [dißkuteek] *s* Disco *w*, Diskothek *w* (Club)
diskret [dißkreet] *adj* **1** diskret (taktvoll) **2** unauffällig (Benehmen usw.) **3** dezent (Kleid usw.)
diskusjon [dißkuschuun] *m* Diskussion *w*
diskutere [dißkuteere] *v* **1** diskutieren *über etw. Akk* **2** besprechen *etw. Akk mit j-m*, diskutieren *über etw. Akk* **3** streiten *mit j-m über etw. Akk* (diskutieren)
disse [dißße] *pron* diese
distanse [dißtanße] *m* **1** Entfernung *w*, Distanz *w* (räumliche usw.) **2** Ferne *w*
distribusjon [dißtribuschuun] *m* Distribution *w*
dit [diit] *adv* dorthin, hin
diverse [diwärsche] *adj* verschieden, verschiedenartig, divers, vielfältig ♦ *pron* verschiedenerlei, mancherlei, allerlei, allerhand
djerv [djärw] *adj* dreist, verwegen, kühn, mutig
djevel [djääwel] *m* Teufel *m*
do [duu] *m* Klosett *s*, Scheißhaus *s*, Toilette *w*; **gå på ~** austreten gehen/müssen
dobbel [dobbel] *adj* **1** doppelt (Summe usw.), zweifach **2** doppelt (Portion usw.) **3** doppelt, Doppel- **4** dual ► **dobbelt så mye** doppelt so viel
dobbeltrom [dobbeltruum] *s* Doppelzimmer *s*, Zweibettzimmer *s*
doble [doble] *v* verdoppeln *etw. Akk*
dokument [dokument] *s* **1** Dokument *s*, Schriftstück *s* **2** Urkunde *w*, Dokument *s* (Schriftstück) **3** Dokument *s*, Urkunde *w*
dollar [dole] *m* Dollar *m*
dom [doom] *m* Dom *m*, Urteil *s* (richterliches)
dominerende [domineerene] *adj* **1** dominant **2** herrschsüchtig (Person usw.) **3** überwiegend
dommer [dommer] *m* **1** Richter *m* **2** Schiedsrichter *m* (im Sport)
domstol [domßtuul] *m* Gericht *s*
dop [duup] *m* Droge *w*
dopapir [duupapiir] *s* Toilettenpapier *s*
doven [doowen] *adj* faul (Mensch usw.)
dra [draa] *v* **1** abfahren, abgehen (Zug usw.), abreisen *aus etw. nach etw.* **2** ziehen *an etw. Dat*, ziehen *etw. Akk irgendwohin* (schleppen) **3** hineinziehen *etw. Akk irgendwohin* **4** holen *j-n irgendwohin*, schleppen *j-n irgendwohin* (mitnehmen) **5** schleppen

j-n irgendwohin (mit Gewalt hinbringen) **6** hineinziehen *j-n in etw. Akk* (in einen Streit usw.) **7** herausschleppen *j-n/etw.* ► **~ gjennom** *noe* durchfahren *durch etw.* (durch Tunnel usw.); **~ opp** hinauffahren; **~ ut** *et sted* aufbrechen *irgendwohin*

drakt [drakt] *m/w* Kostüm *s*, Outfit *s*, Kleidung *w*

drama [draama] *s* Drama *s*

dramatisk [dramaatißk] *adj* dramatisch

dreie [dräie] *v* **1** drehen *etw. Akk*, herumdrehen *etw. Akk*, umdrehen *etw. Akk* **2** sich drehen (Rad usw.)

dreie seg *v* gehen *um etw.*

drepe [dreepe] *v* **1** töten, umbringen **2** liquidieren (Gegner usw.) **3** vertilgen (Ungeziefer usw.) **4** ein Attentat *auf j-n* verüben

dress [dreß] *m* Anzug *m*

dressing [dreßßing] *m* Dressing *s*

drift [drift] *m/w* **1** Betrieb *m etw. Gen* (Tätigkeit usw.), Lauf *m etw. Gen* (einer Maschine usw.) **2** Betrieb *m etw. Gen* (einer Organisation usw.) **3** Antrieb *m* (Treibkraft) **4** Instinkt *m* (Antrieb) ► **ute av ~** außer Betrieb

drikke [drikke] *s* Getränk *s* ♦ *v* **1** trinken *etw. Akk*, trinken *etw. Akk* **2** trinken (Durst stillen) **3** saufen (Alkohol) ► **~ opp** austrinken *etw. Akk* (Tee usw.); **~ seg full** sich betrinken *von etw.*; **~** *noe* **opp** austrinken *etw. Akk* (Glas usw.)

drikkepenger [drikkepenger] *m* Trinkgeld *s*

drikkevann [drikkewan] *s* Trinkwasser *s*

dristig [drißti] *adj* **1** kühn, mutig **2** dreist, verwegen

drit [driit] *m* Scheiße *w*

drive [driiwe] *v* **1** treiben *j-n/etw. irgendwohin* **2** treiben *j-n zu etw./in etw. Akk* (veranlassen) **3** sich widmen *etw. Dat* (teilnehmen usw.) **4** betreiben *etw. Akk*, leiten *etw. Akk* (Firma usw.) **5** treiben *etw. Akk* (sich befassen) **6** driften (getrieben werden) **7** antreiben, dringen *auf j-n mit etw.* **8** jagen *j-n/etw.* ► **~ en virksomhet** Unternehmen betreiben; **~ igjennom** durchsetzen (Vorschlag usw.); **~** *noen/noe* **vekk** vertreiben *j-n/etw.*, fortjagen *j-n/etw.*, wegjagen *j-n/etw.* (Tier usw.); **~** *noen* **ut** *av noe* vertreiben *j-n aus etw.* (aus Heimat usw.); **~** *noen* **ut** *av et sted* hinausjagen *j-n aus etw.*; **~** *noe* **for vidt** übertreiben *etw. Akk* (zu weit treiben)

drivstoff [driifßtof] *s* Brennstoff *m*, Treibstoff *m*, Kraftstoff *m*

dronning [dronning] *m/w* Königin *w*

drosje [drosche] *m/w* Taxi *s*

drosjesjåfør [droscheschoföör] *m* Taxifahrer *m*

drue [druue] *m/w* Weintraube *w*

drueklase [druueklaaße] *m* Traube *w* (Weintraube)

drukne [drukne] *v* **1** am Ertrinken sein **2** ertrinken **3** ertränken *j-n/etw.*, ersäufen *j-n/etw.*

dryppe [drüppe] *v* **1** abtropfen *auf etw. Akk*, tropfen (Wasser usw.) **2** beträufeln *etw. Akk mit etw.* **3** nieseln

drøfte [dröfte] *v* debattieren *etw. Akk*, debattieren *mit j-m über etw. Akk*, diskutieren *über etw. Akk*

drøm [dröm] *m* Traum *m*

drømme [drömme] *v* träumen *von j-m/etw.*

dråpe [droope] *m* Tropfen *m*

du [duu] *pron* du; **med deg** mit dir; **(til) deg** dir

due [duue] *m/w* Taube *w*

duft [duft] *m* Duft *m*

dufte [dufte] *v* duften

dukke [dukke] *m/w* **1** Puppe *w* (Spielpuppe) **2** Puppe *w* (an Fäden), Marionette *w* **3** Puppe *w* (aus Papier usw.) ♦ *v* sich ducken ► **~ opp** auftauchen (aus Nebel usw.), sich zeigen (sich sehen lassen)

dum [dum] *adj* blöd, blöde, dumm, doof

dumhet [dumheet] *m/w* Dummheit *w*, Stupidität *w*

duplisere [duplißeere] *v* kopieren (eine Kopie herstellen)

dupp [dupp] *m* Schwimmer *m* (Hilfsmittel)

dusj [dusch] *m* Dusche *w*

dusje [dusche] *v* eine Dusche nehmen, (sich) duschen

dverg [dwärg] *m* Zwerg *m* (in Märchen)

dybde [dübde] *m* Tiefe *w*

dykke [dükke] *v* **1** tauchen **2** tauchen *in etw. Akk*

dykkerbriller [dükkerbriller] *m/w Mz* Taucherbrille *w*

dykking [dükking] *m/w* Tauchen *s*

dyktig [dükti] *adj* fähig (geschickt usw.), geschickt, anstellig, gewandt

dyp [düüp] *adj* tief ♦ *s* Cañon *m*

dypfryse [düüpfrüüße] *v* einfrieren (Lebensmittel usw.)

dyppe [düppe] *v* tauchen *etw. Akk in etw. Akk* (in den Saft usw.), eintauchen *etw. Akk in etw. Akk* (in Soße usw.)

dyr [düür] *adj* **1** aufwendig, aufwändig, kostspielig, teuer **2** wertvoll (teuer) ♦ *s* Tier *s* ► **bli dyrere** sich verteuern, teurer werden

dyrehage [düürehaage] *m* Zoo *m*, Tiergarten *m* (kleiner), Tierpark *m* (größer)

dyrelege [düüreleege] *m* Tierarzt *m*

dyreunge [düüreunge] *m* Junge *s*

dyrke [dürke] *v* **1** bebauen (Boden) **2** züchten *etw. Akk*, anbauen *etw. Akk*

(Pflanzen usw.), anpflanzen *etw. Akk* (Kartoffeln usw.) **3** treiben *etw. Akk* (sich befassen) **4** vergöttern

dytte [dütte] *v* **1** schieben *etw. Akk irgendwohin* **2** hineinstopfen *etw. Akk in etw. Akk*, hineinstopfen *etw. Akk in etw. Akk* **3** einen Stoß versetzen *j-m/etw.*, stoßen *j-n/etw.* **4** anstupsen (leicht anstoßen) **5** einstoßen *etw. Akk in etw. Akk*, stoßen *etw. Akk in etw. Akk*, stecken *etw. Akk in etw. Akk* **6** drücken *auf etw. Akk* **7** drücken *etw. Akk in etw. Akk*, hineindrücken *etw. Akk in etw. Akk*

dø [döö] *v* **1** sterben *an etw. Dat*, umkommen (sterben) **2** eingehen (Tiere)

død [dööd] *adj* tot ♦ *m* Tod *m*

dødbringende [döödbringene] *adj* tödlich (todbringend)

dødelig [döödeli] *adj* **1** sterblich **2** tödlich (Verletzung usw.) **3** tödlich (todbringend) **4** letal, tödlich (Dosis usw.) **5** fatal (Irrtum usw.), verhängnisvoll (Entscheidung usw.)

dømme [dömme] *v* **1** verurteilen (kritisieren) **2** richten *j-n* (vor dem Gericht usw.), verurteilen *j-n zu etw.* (zu Strafe)

dømmekraft [dömmekraft] *m/w* Urteil *s* (Stellungnahme)

døpe [dööpe] *v* taufen *j-n*

dør [döör] *m/w* Tür *w*

dørhåndtak [döörhontaak] *s* Klinke *w* (Türklinke usw.); **rundt ~** *s* Türknauf *m*

dørstokk [dööschtokk] *m* **1** Schwelle *w*, Türschwelle *w* **2** Schwelle *w* (Hausflur)

dørvakt [dööwakt] *m/w* Pförtner *m*

døv [dööw] *adj* taub

dåp [doop] *m* Taufe *w*

dårlig [doorli] *adj* schlecht (minderwertig) ♦ *adv* **1** schlecht (minderwertig) **2** falsch (antworten usw.) **3** schlecht (körperlich unwohl), übel (körperlich) ► **arbeide ~** defekt sein, nicht richtig funktionieren; **Jeg er ~.** Ich fühle mich nicht wohl., Mir ist unwohl., Mir ist schlecht.

dårskap [doorschkaap] *m* **1** Dummheit *w* **2** Blödsinn *m*

E

ebbe [ebbe] *m* Ebbe *w* ♦ *v* ebben

edderkopp [edderkopp] *m* Spinne *w*

eddik [eddik] *m* Essig *m*

edel [eedel] *adj* edel, nobel

edelsten [eedelßteen] *m* Edelstein *m*

edru [edruu] *adj* nüchtern; **bli ~** ausnüchtern

effektiv [efektiiw] *adj* **1** effektiv (Methode usw.), wirksam (Maßnahme, Plan usw.) **2** leistungsfähig

egen [eegen] *adj* eigen

egenskap [eegenßkaap] *m* Eigenschaft *w j-s/etw.*

egentlig [eegentli] *adv* praktisch ♦ *part* eigentlich

egg[1] [eg] *s* Ei *s*

egg[2] [eg] *m* Schneide *w*

eggeskall [eggeßkal] *s* Schale *w* (Ei), Eierschale *w*

eggstokk [eggßtokk] *m* Eierstock *m*

egne [eegne] **være egnet som** *noe* dienen *als etw. Nom, zu etw.* (Zweck haben)

eie [äie] *v* besitzen *etw. Akk*

eiendel [äiendeel] *m* Vermögen *s* (einer Firma usw.), Aktiva *Mz*

eiendom [äiendom] *m* **1** Eigentum *s*, Besitz *m* **2** Besitz *m* (Besitzen)

eier [äier] *m* **1** Besitzer *m etw. Gen*, Eigentümer *m etw. Gen*, Inhaber *m etw. Gen* **2** Herr *m* (Besitzer)

eik [äik] *m/w* Eiche *w*, Eich(en)baum *m*

ekkel [ekkel] *adj* **1** abscheulich, ekelhaft **2** hässlich

ekko [ekku] *s* Echo *s*

eksamen [ekßaamen] *m* Prüfung *w* (Kenntnisse)

eksaminere [ekßamineere] *v* prüfen, prüfen *j-n in etw. Dat*

eksempel [ekßempel] *s* **1** Beispiel *s etw. Gen* (Beweis), Beispiel *s* (Muster) **2** Vorbild *s* ► **for ~** zum Beispiel; **gi et ~** Beispiel anführen

eksepsjonell [ekßepschunel] *adj* außergewöhnlich, Ausnahme-

eksistere [ekßißteere] *v* existieren

eksperiment [ekßperiment] *s* Experiment *s*

ekspert [ekßpärt] *m* Experte *m*, Fachmann *m für etw.*

eksplisitt [ekßplißitt] *adj* explizit ♦ *adv* ausdrücklich (betonen usw.)

eksport [ekßport] *m* Ausfuhr *w*, Export *m*

eksportere [ekßporteere] *v* ausführen *etw. Akk*, exportieren, exportieren *etw. Akk*

ekspress [ekßpreß] *adv* eilig (schicken usw.) ♦ *m* D-Zug *m*

ekstra [ekßtra] *adj* nachträglich, zusätzlich ♦ *adv* **1** zusätzlich (übrig), extra (noch dazu) **2** zusätzlich *zu etw.* (als Zusatz)

ekstraordinær [ekßtraurdinäär] *adj* außerordentlich

ekte [ekte] *adj* **1** echt **2** authentisch **3** rein (Gold usw.), pur (Silber usw.) **4** rein (Gefühl usw.)

ektemann [ekteman] *m* Ehemann *m*

ektepar [ektepaar] *s* Eheleute *Mz*, Ehepaar *s*

ekteskap [akteßkaap] *s* Ehe *w*

elastisk [elaßtißk] *adj* elastisch
eldre [eldre] *adj* älter
elefant [elefant] *m* Elefant *m*
elegant [elegant] *adj* **1** elegant, schick **2** elegant (Person usw.)
elektriker [elektriker] *m* Elektriker *m*
elektrisitet [elektrißiteet] *m* Elektrizität *w*
elektrisk [elektrißk] *adj* elektrisch
element [element] *s* Element *s*
elev [eleew] *m* Schüler *m*
elfenbein [elfenbäin] *s* Elfenbein *s*
elg [elg] *m* Elch *m*
eller [eller] *conj* oder ► **verken... ~...** weder... noch
ellers [ellersch] *adv* sonst
elleve [ellwe] *num* elf
elske [elßke] *v* **1** lieben *j-n/etw.* **2** Liebe machen *mit j-m* ► **~ hverandre** sich lieben
elsker [elßker] *m* **1** Liebhaber *m* (Geliebter) **2** Liebhaber *m von etw.* (Anhänger)
elskerinne [elßkerinne] *m/w* Geliebte *w*
elv [elw] *m/w* Fluss *m* (Gewässer)
elveleie [elweläie] *s* Flussbett *s*
elvemunning [elwemunning] *m/w* Mündung *w*
emballasje [embalaasche] *m* Verpackung *w*, Packung *w* (Hülle usw.)
emballere [embaleere] *v* hüllen *etw. Akk in etw. Akk*, einwickeln *etw. Akk in etw. Akk*
embete [embete] *s* Funktion *w* (Posten)
embetsmann [embezman] *m* Beamte *m*
emne [emne] *s* **1** Gegenstand *m etw. Gen* (Thema usw.) **2** Fach *s* (in der Schule usw.) **3** Thema *s*, Stoff *m* (für ein Buch usw.)
en [en] *num* ein, eine, ein; **ikke ~ eneste** kein einziger
enda [enda] *conj* obgleich, obschon; **~ verre/mer** noch schlimmer/mehr
ende [enne] *m* **1** Ende *s* (von Stock usw.) **2** Gesäß *s*, Hintern *m* ♦ *v* **1** enden, zu Ende sein **2** enden (zu Ende gehen) **3** ausgehen *irgendwie*
endelig [endeli] *adj* **1** definitiv, endgültig, final **2** endgültig (Ergebnis usw.), End- **3** End-, Schluss- (Ergebnis usw.) **4** begrenzt (Umfang usw.) ♦ *adv* endlich ♦ *part* immerhin, schließlich
endeløs [enneløöß] *adj* unendlich, endlos
endestasjon [enneßtaschuun] *m* Endstation *w*, Endhaltestelle *w*
endre [endre] *v* **1** ändern *etw. Akk* **2** abändern, modifizieren
endre seg *v* sich ändern, sich verändern
endring [endring] *m/w* Änderung *w*, Veränderung *w*
energi [energii] *m* Energie *w*
eneste [eneeßte] *adj* einzig ♦ *num* einzig ► **ikke en ~** kein einziger
eng [eng] *m/w* Wiese *w*
engasjere [enggascheere] *v* engagieren *j-n* (einen Künstler), einstellen *j-n* (Arbeiter usw.)
engel [engel] *m* Engel *m*
engelsk [engelßk] *adj* englisch ♦ *m* Englisch(e) *s* ► **på ~** englisch
engelskmann [engelßkman] *m* Engländer *m*
England [englan] *s* England *s*
engste [engßte] *v* alarmieren *j-n* (Nachricht usw.), beunruhigen *j-n*
enhet [enheet] *m/w* **1** Einheit *w* **2** Einheit *w* (Meter usw.), Maßeinheit *w*
enhver [enwäär] *pron* **1** jed(er,e,es) (alle), jedermann **2** jed(er,e,es) (beliebige Person) **3** beliebig
enig [eeni] **bli ~** *med noen i noe* sich einigen *über etw. Akk*, zustimmen *j-m/etw.*
enke [engke] *m/w* Witwe *w*
enkel [engkel] *adj* einfach (unkompliziert), simpel (Erklärung usw.); **enkelt og greit** kurz gesagt; **enkelt sagt** einfach, eben, halt
enkeltrom [engkeltruum] *s* Einbettzimmer *s*, Einzelzimmer *s*
enkemann [engkeman] *m* Witwer *m*
enn [en] *conj* als (Vergleich)
ennå [ennoo] *adv* noch (dauern usw.); **ikke ~** noch nicht, bisher nicht
ensidig [eenßiidi] *adj* **1** einseitig **2** voreingenommen *gegenüber j-m*
enslig [eenschli] *adj* **1** ledig **2** einzelgängerisch
ensom [eenßom] *adj* **1** einsam, allein (Person) **2** einsam (Haus usw.)
enten [enten] **~... eller** entweder... oder
entitet [entiteet] *m* Person *w* (juristische usw.)
entusiastisk [entußiaßtißk] *adj* begeistert (Fan)
eple [eple] *s* Apfel *m*
eplesaft [epleßaft] *m/w* Apfelsaft *m*
e-post [eepoßt] *m* E-Mail *w*; **sende en ~** E-Mail schicken *j-m*
erfaren [ärfaaren] *adj* erfahren
erfaring [ärfaaring] *m* Erfahrung *w*
ergre [ärgre] *v* **1** aufbringen *j-n* (erzürnen) **2** ärgern *j-n*, (ugs.) nerven *j-n*, (ugs.) fuchsen *j-n*
erklære [ärkläär e] *v* **1** erklären (sagen) **2** erklären *etw. Akk* **3** deklarieren (bekannt geben)
erklæring [ärkläänring] *m/w* **1** Erklärung *w* (Mitteilung) **2** Aussage *w* (vor der Polizei usw.)
erme [ärme] *s* Ärmel *m*
ernæring [ärnääring] *m/w* Ernährung *w*

erobre [erobre] *v* **1** erobern **2** unterwerfen *j-n/etw.* (Nation usw.) **3** ergreifen *etw. Akk* (beherrschen)

erstatning [ärschtatning] *m/w* **1** Ersetzen *s etw. Gen durch etw.* **2** Ersatz *m für etw.*

erstatte [ärschtatte] *v* **1** ersetzen *j-n/etw. durch j-n/etw.* **2** ersetzen (durch Besseres usw.) **3** ersetzen *j-n/etw.* (Nachfolger usw.) **4** ersetzen *j-m etw. Akk* (Geldverlust usw.), entschädigen *j-n für etw.*, wiedergutmachen *j-m etw. Akk* **5** vergüten *etw. Akk* (Auslagen usw.), erstatten *etw. Akk* **6** einsetzen *etw. Akk in etw. Akk* (in Gleichung usw.)

erter [ärter] *m/w Mz* Erbsen *w Mz*

esel [eeßel] *s* Esel *m*

eske [eßke] *m/w* Schachtel *w* (große)

etablere [etableere] *v* einrichten, bilden (Ausschuss usw.), gründen (Kommission)

etasje [etaasche] *m* Etage *w*, Stock *m*, Stockwerk *s*, Geschoss *s* (im Haus usw.); **første ~** *m* Erdgeschoss *s*, Parterre *s* (eines Hauses)

ett [et] *num* ein, eine, ein

etter [etter] *adv* zurück (zurückgeblieben) ♦ *prep* nach (später) ► **~ hvert** schließlich

etterforske [etterforschke] *v* untersuchen *etw. Akk* (überprüfen)

etterfølger [etterfölger] *m* Nachfolger *m j-s/etw.*, Nachfolger *m j-s*

etterkommer [etterkommer] *m* Nachkomme *m*

etterligne [etterlingne] *v* **1** imitieren *j-n/etw.*, nachahmen *j-n/etw.* **2** nachahmen *j-n*, imitieren *j-n* (komisch usw.) **3** simulieren (Prozesse usw.)

ettermiddag [ettermiddaag] *m* Nachmittag *m*; **i ~** nachmittags; **på ettermiddagen** nachmittags; **klokka tre om ettermiddagen** nachmittags um drei

etternavn [etternawn] *s* Familienname *m*, Zuname *m*, Nachname *m*

etterpå [etterpoo] *adv* danach, dann

etterspørsel [etterschpörschel] *m* Nachfrage *w nach etw.*

ettersyn [etterschüün] *s* Durchsuchung *w* (Haussuchung usw.), Kontrolle *w* (Zollkontrolle usw.), Revision *w von etw.*, Überprüfung *w etw. Gen* (erneute usw.)

euro [äuru] *m* Euro *m*

Europa [äuruupa] *s* Europa *s*

europeer [äurupeeer] *m* Europäer *m*

europeisk [äurupeeißk] *adj* europäisch

evaluering [ewalueering] *m/w* Bewertung *w* ♦ *m* Bewertung *w* (Bewerten)

eventyr [eewentüür] *s* **1** Märchen *s* **2** Abenteuer *s*

evig [eewi] *adj* ewig, andauernd (Probleme usw.) ♦ *adv* ewig (für immer)

evne [ewne] *m* Fähigkeit *w*

F

fabrikk [fabrikk] *m* Betrieb *m* (Fabrik usw.), Fabrik *w*

fag [faag] *s* **1** Fach *s* (in der Schule usw.) **2** Zweig *m* (Abteilung usw.)

fagforening [faagforeening] *m/w* Gewerkschaft *w*

faglig [faagli] *adj* Fach- ♦ *adv* fachlich (geschult usw.)

fagmessig [faagmeßßi] *adv* fachlich (durchgeführt usw.)

fair [feer] *adv* fair (handeln usw.)

faktisk [faktißk] *adj* faktisch, tatsächlich ♦ *adv* praktisch ♦ *part* eigentlich

faktum [faktum] *s* Fakt *m/s*, Tatsache *w*

faktura [faktuura] *m* Rechnung *w*

falk [falk] *m* Falke *m*, Turmfalke *m*

fall [fal] *s* **1** Fall *m* (das Fallen), Sturz *m* (in die Tiefe usw.) **2** Rückgang *m an etw. Dat*, Sturz *m* (Machtverlust usw.), Fall *m*

falle [falle] *v* **1** fallen (zum Boden), hinstürzen, stürzen (stolpern usw.), hinfallen **2** fallen, sinken (Wert usw.) **3** fallen (Meter Schnee usw.) **4** fallen (im Krieg) **5** verfallen *in etw.* (in Wut usw.) ► **~ av** abreißen (Schlaufe usw.), ab sein; **~ bak** *noe* fallen hinter *etw. Akk*; **~ fra hverandre** entzweigehen, auseinanderfallen, sich zerlegen, zerfallen; **~ inn** *noen* einfallen *j-m* (Idee usw.); **~ ned** fallen (zum Boden), hinstürzen, stürzen (stolpern usw.), hinfallen; **~ sammen** einbrechen (Decke usw.), einstürzen; **~ under** fallen *in etw. Akk* (in eine Kategorie); **~ ut** *på noen måte* ausgehen *irgendwie*

falle ned *v* fallen (stürzen)

falle ut *v* ausfallen (Zahn usw.)

falsk [falßk] *adj* **1** falsch (Diamant usw.), unecht **2** falsch, gefälscht (Kunstwerk usw.), unecht (Zuneigung usw.), vorgetäuscht **3** unwahr

familie [familiie] *m* Familie *w*

fange [fange] *m* **1** Häftling *m* **2** Gefangene *m* **3** Verurteilte *m* ♦ *v* **1** fangen *etw. Akk* (Tier usw.) **2** auffangen *j-n/etw.* (im Fallen fassen), fangen (Ball usw.) ► **ta til ~** gefangen nehmen *j-n*

fangst [fangßt] *m* Fang *m*

fantasi [fantaßii] *m* **1** Fantasie *w* (Vorstellungskraft), Vorstellungsvermögen *s* **2** Fantasie *w* (Vorstellung)

fantastisk [fantaßtißk] *adj* erstaunlich, fantastisch, toll, fabelhaft ♦ *adv* fantastisch

far [faar] *m* Vater *m* (Elternteil)

fare [faar^e] *m* **1** Bedrohung *w etw. Gen* (Gefahr), Gefahr *w* **2** Gefahr *w*, Risiko *s* (einer Ansteckung usw.) ♦ *v* **1** rasen *irgendwohin* (sich fortbewegen), stürmen *irgendwohin* (rennen) **2** durchrasen *an etw. Akk, durch etw.* **3** sausen *irgendwohin* ► **utsette for ~** *noen* bedrohen *j-n/etw.*

farge [farg^e] *m* Farbe *w* ♦ *v* färben (farbig machen)

fargerik [farg^{e}riik] *adj* **1** bunt (nicht schwarz-weiß), farbig (Stoff usw.) **2** bunt, vielfarbig **3** malerisch

farkost [faarkoßt] *m* Wasserfahrzeug *s*, Fahrzeug *s* (Schiff, Boot usw.)

farlig [faarli] *adj* gefährlich ♦ *adv* gefährlich

fart [fart] *m* **1** Geschwindigkeit *w* (eines Körpers usw.), Schnelligkeit *w* (einer Bewegung usw.) **2** Seeschifffahrt *w*, Schifffahrt *w* (Segeln usw.) **3** Verlauf *m*, Ablauf *m* (eines Ereignisses usw.) ► **øke farten** beschleunigen (sich schneller bewegen); **sette opp farten** beschleunigen (sich schneller bewegen)

farvel [farwel] *s* Abschied *m*; **ta ~** *med noen* sich verabschieden *von j-m*

fasade [faßaad^e] *m* Fassade *w*, Vorderfront *w*

fase [faaß^e] *m* Phase *w*

fast [faßt] *adj* **1** unbeweglich (nicht beweglich) **2** fest (widerstandsfähig) **3** fest (klar bestimmt), fix, Fix- **4** ständig (dauernd) **5** konstant ► **sette seg ~** *et sted* steckenbleiben *irgendwo*; **sette seg ~** *i noe* einsinken *in etw. Dat*

fastboende [faßtbuu^{e}n^e] *m* Ortsansässige *m*

faste [faßt^e] *m/w* Fastenzeit *w*

fastland [faßtlan] *s* Festland *s*

fastsette [faßzett^e] *v* entscheiden *etw. Akk*

fastslå [faßtschloo] *v* **1** konstatieren, feststellen (sagen usw.) **2** genau festlegen

fattig [fatti] *adj* arm, notleidend ♦ *m* Arme *m* (ohne Geld usw.)

favoritt [faworitt] *m* **1** Favorit *m* (im Rennen usw.) **2** Liebling *m* (Favorit)

fe [fee] *m* Fee *w*

feber [feb^{e}r] *m* erhöhte Temperatur, Fieber *s*

februar [februaar] *m* Februar *m*

fedd [fed] *s* Zehe *w* (von Knoblauch)

feie [fäi^e] *v* **1** fegen *etw. Akk*, (SüD) kehren *etw. Akk* **2** wegfegen *etw. Akk von etw.* (Krümel usw.) **3** wegfegen *j-n/etw.*, wegschleudern *j-n/etw.* (Hochwasser usw.)

feig [fäig] *adj* feige

feil [fäil] *adj* falsch, unrichtig ♦ *m* **1** Fehler *m* (Verstoß) **2** Schuld *w* (Fehler) **3** Mangel *m* (Defekt usw.), Fehler *m* (Funktionsfehler usw.) ► **gjøre ~** *i noe* sich irren *in etw. Dat*, sich täuschen *in etw. Dat*; **slå ~** scheitern, misslingen (Plan usw.); **ta ~** sich irren; **ta ~** *i noe* sich irren *in etw. Dat*, sich täuschen *in etw. Dat*, unrecht haben

feiltakelse [fäiltaak^{e}lß^e] *m* Irrtum *m*, Versehen *s*; **ved en ~** aus Versehen

feire [fäir^e] *v* feiern, feiern *etw. Akk*

feiring [fäiring] *m/w* Feier *w*, Fest *s* (Veranstaltung)

felles [felleß] *adj* gemeinsam (Mühe usw.), kollektiv, Kollektiv-; **ha** *noe* **~** *med noen* teilen *etw. Akk mit j-m* (gemeinsam nutzen)

fellesskap [felleßkaap] *s* Gemeinschaft *w* (von Staaten usw.)

felt [felt] *s* **1** Bereich *m* (thematischer usw.), Gebiet *s* (einer Tätigkeit usw.), Sphäre *w* **2** Fachgebiet *s* **3** Feld *s* (im Fragebogen usw.), Kästchen *s*

fem [fem] *num* fünf; **halv ~** um halb fünf

femte [femt^e] *num* fünft(er,e,es)

femtedel [femt^{e}deel] *m* Fünftel *s*

femten [femt^{e}n] *num* fünfzehn

femti [femti] *num* fünfzig

fengsel [fengsch^{e}l] *s* Gefängnis *s* ♦ *m* Haft *w* (Strafe) ► **sette** *noen* **i ~** einsperren *j-n*

fengsle [fengschl^e] *v* gefangen halten *j-n* (im Gefängnis usw.), ins Gefängnis bringen *j-n*, einsperren *j-n*

ferdig [färdi] *adj* **1** fertig **2** vorbereitet *auf etw. Akk, für etw.*, bereit *zu etw.* ► **være akkurat/nettopp ~** *med noe* (gerade) fertig sein *mit etw.*

ferdighet [färdiheet] *m/w* **1** Fähigkeit *w* **2** Fertigkeit *w* **3** Beschlagenheit *w*

ferge [färg^e] *m/w* Fähre *w*

ferie [feeri^e] *m* **1** Urlaub *m* (unbezahlter, mehrtägiger usw.) **2** Ferien *Mz*

fersk [färßk] *adj* frisch; **ta på fersken** erwischen *j-n* (bei der Tat)

fersken [ferschk^{e}n] *m* Pfirsich *m* (Frucht)

fest [feßt] *m* Fete *w*, Party *w*

feste [feßt^e] *v* **1** befestigen *etw. Akk an etw. Dat* (festmachen) **2** schmausen *etw. Akk*

festlig [feßtli] *adj* festlich

festning [feßtning] *m/w* Festung *w*

fet [feet] *adj* **1** fett (Fleisch usw.), fettig (Gericht usw.) **2** fettig (Papier usw.) **3** fettleibig

fett [fett] *s* Fett *s*

fetter [fett^{e}r] *m* Cousin *m*

fiasko [fiaßku] *m* **1** Debakel *s*, Fiasko *s* **2** Misserfolg *m* **3** Durchfall *m* (Film usw.)

fiende [fiiend^e] *m* Feind *m*

fiendtlig [fiientli] *adj* feindlich

figur [figuur] *m* **1** Figur *w* **2** Figur *w* (eines Films usw.), Gestalt *w* (in einem Roman usw.)

3 Figur *w* (geometrische), Gebilde *s* (geometrisches)

fiken [fiik^{e}n] *m* Feige *w* (Frucht)

fikse [fikß^{e}] *v* basteln

fil^{1} [fiil] *m* **1** Datei *w* **2** Akte *w*

fil^{2} [fiil] *m/w* Feile *w*

filet [filee] *m* Filet *s*

film [film] *m* Film *m* (Spielfilm)

filme [film^{e}] *v* drehen (Film), filmen, filmen *etw. Akk*

filter [filt^{e}r] *s* Filter *m*

fin [fiin] *adj* **1** schön (Sache) **2** fein, zart (Struktur usw.) **3** schön (Gehalt usw.) **4** nobel (Haus usw.), vornehm (luxuriös)

finansiell [finanßiel] *adj* finanziell

finger [fing^{e}r] *m* Finger *m*

fingeravtrykk [fing^{e}raaftrükk] *s* Fingerabdrücke *m Mz*

finne [finn^{e}] *v* **1** finden **2** ausfindig machen, aufspüren **3** finden *etw. Akk irgendwie*, vorfinden ♦ *m* Flosse *w* ► **~ frem** *til et sted* (den Weg) finden *irgendwohin*; **~ seg i** *noe* ausstehen *j-n*; **~ sted** stattfinden *irgendwo*; **Jeg kan ikke ~ meg mer i det.** Ich halte es nicht mehr aus.

finne på *v* **1** ausdenken *etw. Akk* **2** sich ausdenken *etw. Akk* (Ausrede usw.)

finnes [finneß] *v* **1** sein (existieren) **2** vorkommen *irgendwo* (Tierart usw.) ► **det ~** es gibt

fint [fiint] *adv* **1** schön (angenehm, gehörig) **2** schön (gemacht), hübsch **3** wohl, gut **4** fein (gemahlen usw.)

fiolin [fiuliin] *m* Geige *w*

fire [fiir^{e}] *num* vier

firehjulstrekk [fiir^{e}julßtrekk] *s* Allrad *m*, Allradwagen *m*

firfisle [fiirfischl^{e}] *m/w* Eidechse *w*

firkant [fiirkant] *m* **1** Viereck *s* **2** Quadrat *s* (Form)

firma [firma] *s* Firma *w*

fisk [fißk] *m* Fisch *m*

fiske [fißk^{e}] *s* **1** Fischfang *m* **2** Fischen *s* ♦ *v* **1** fischen **2** herausfischen *etw. Akk aus etw.*

Fiskene [fißk^{e}n^{e}] *m Mz* Fische *Mz*

fisker [fißk^{e}r] *m* Fischer *m*

fiskestang [fißkeßtang] *m/w* Angelrute *w*

fjell [fjel] *s* Berg *m*; **på fjellet** im Gebirge

fjellkjede [fjellscheed^{e}] *m* Gebirge *s*, Bergkette *w*

fjellklatrer [fjellklatr^{e}r] *m* Bergsteiger *m*

fjellovergang [fjelloow^{e}rgang] *m* Pass *m* (im Gebirge)

fjelltopp [fjelltopp] *m* Berggipfel *m*

fjerde [fjäär^{e}] *num* viert(er,e,es)

fjerdedel [fjäär^{e}deel] *m* Viertel *s* (vierter Teil)

fjern [fjäärn] *adj* **1** fern, fernliegend, entfernt (Stelle usw.) **2** entfernt (Ähnlichkeit usw.)

fjerne [fjärn^{e}] *v* **1** entfernen *etw. Akk von etw.* (in Ferne bringen) **2** beseitigen *etw. Akk* (Abfall usw.), liquidieren (beseitigen) **3** abschaffen *etw. Akk*, eliminieren **4** entfernen *etw. Akk*, beseitigen *etw. Akk*, wegräumen **5** abnehmen *etw. Akk* (Deckel usw.) **6** wegoperieren *etw. Akk*

fjernkontroll [fjäärnkontrol] *m* Fernbedienung *w* (Gerät)

fjernstyring [fjäärnßtüüring] *m/w* Fernbedienung *w* (Gerät), Fernsteuerung *w* (Tätigkeit)

fjernsyn [fjäärnßüün] *s* **1** Fernsehen *s* **2** Fernseher *m* ► **se på ~** fernsehen

fjor [fjuur] **i ~** voriges Jahr

fjorten [fjurt^{e}n] *num* vierzehn

fjær [fjäär] *m/w* **1** Feder *w* (von Vogel) **2** Gefieder *s* **3** Feder *w* (aus Stahl usw.) **4** Feder *w* (Hutfeder usw.)

fjærfe [fjäärfee] *s* Geflügel *s*

flagg [flag] *s* Fahne *w*, Flagge *w*

flaggermus [flagg^{e}rm~~uu~~ß] *m/w* Fledermaus *w*

flaks [flakß] *m* Glück *s* (Fortuna)

flamme [flamm^{e}] *m* Flamme *w* ♦ *v* lodern

flaske [flaßk^{e}] *m/w* Flasche *w*, Buddel *w*

flass [flaß] *s* Kopfschuppen *w Mz*, Schuppen *w Mz*

flat [flaat] *adj* **1** flach **2** platt, flach (Stein usw.) ► **Batteriet mitt er flatt.** Mein Akku ist leer.; **flatt batteri** leere Batterie

flate [flaat^{e}] *m/w* Fläche *w* (Arbeitsfläche usw.), Spiegel *m* (Oberfläche)

flateinnhold [flaat^{e}inhol] *s* Fläche *w* (sehr große usw.)

flatland [flaatlan] *s* Ebene *w* (Land)

flatulens [flat~~u~~lenß] *m* Blähung *w*, Blähsucht *w*, Flatulenz *w*

flau [flä~~u~~] *adj* **1** unangenehm (Situation usw.) **2** fade (Geschmack usw.), (SüD, ÖrD) fad ► **gjøre** *noen* **~** in Verlegenheit bringen *j-n*; **være ~** sich peinlich fühlen

flekk [flekk] *m* Fleck *m*, Flecken *m*, Klecks *m*, Schmutzstreifen *m*

fleksibel [flekßiib^{e}l] *adj* **1** elastisch **2** flexibel

flere [fleer^{e}] *adj* weiter(er,e,es) (nächster) ♦ *num* einige, ein paar

flertall [fleertal] *s* Plural *m*

flette [flett^{e}] *m/w* Zopf *m* ♦ *v* **1** flechten **2** flechten *etw. Akk* (Kranz usw.)

flink [flingk] *adj* **1** fleißig **2** geschickt, anstellig, gewandt **3** bewandert *in etw. Dat*

flis [fliß] *m/w* **1** Kachel *w* **2** Fliese *w* **3** Splitter *m* (im Finger usw.)
flo [fluu] *m/w* Flut *w*, Hochwasser *s* (der Flut)
flokk [flokk] *m* **1** Schar *w* **2** Ansammlung *w* (Menschen) **3** Rudel *s* (Wölfe usw.), Meute *w* (Hunde) **4** Herde *w*
flosshatt [floßßhatt] *m* Zylinder *m* (Hut)
flott [flott] *adj* nobel (Haus usw.), vornehm (luxuriös) ♦ *adv* exzellent, ausgezeichnet
flue [fl~~uu~~e] *m/w* Fliege *w*
fly [flüü] *s* Flugzeug *s* ♦ *v* fliegen ► **~ over** überfliegen *etw.* (hinwegfliegen); **~ over** *noe* überfliegen *etw. Akk* (fliegen); **~ ut** *fra noe* fliegen *etw. Nom aus etw.*, ausfliegen *etw. Nom aus etw.*
flybillett [flüübilett] *m* Flugticket *s*, Flugkarte *w*, Flugschein *m* (Ticket)
flyger [flüüger] *m* Pilot *m*, Flieger *m* (Person)
flykte [flükte] *v* flüchten *irgendwoher*, fliehen *irgendwoher*
flyplass [flüüplaß] *m* Flughafen *m*, Flugplatz *m*
flytende [flüütene] *adj* **1** schwimmend, Schwimm- **2** fließend, flüssig **3** fließend (ununterbrochen), flüssig (Bewegung usw.) **4** flüssig, fließend (Verkehr) ♦ *adv* fließend (lesen usw.), flüssig (reden usw.)
flytte [flütte] *v* **1** umziehen (in neue Wohnung usw.) **2** umziehen *etw. Akk* (Umzug durchführen), übertragen *etw. Akk irgendwohin* (Gegenstände usw.), verlegen *etw. Akk irgendwohin*, umstellen *etw. Akk irgendwohin* (Möbel usw.) **3** wegziehen (in andere Wohnung) **4** befördern *etw. Akk irgendwohin* (Güter usw.), transportieren *etw. Akk irgendwohin* **5** bewegen *etw. Akk* **6** verlegen (aufschieben) ► **~ fra** räumen (Zimmer usw.); **~ unna** abschieben; **~ ut** ausziehen (aus dem Haus usw.); **~** *noe* **nærmere** nähern *j-m etw. Akk*
flytur [flüüt~~uu~~r] *m* Flug *m*
flyvert [flüüwärt] *m* Steward *m* (im Flugzeug), Flugbegleiter *m*
flyvertinne [flüüwärtinne] *m/w* Stewardess *w*, Flugbegleiterin *w*
flørte [flörte] *v* flirten *mit j-m*
fløte [flööte] *m* Sahne *w*
fløyte [flöüte] *m/w* **1** Flöte *w* **2** Pfeife *w* (eines Schiedsrichters usw.)
flått [flott] *m* Zecke *w*
fold [fol] *m* Falte *w* (Stoff usw.)
folk [folk] *s* **1** Leute *Mz* (Lebewesen), Volk *s* (Bevölkerung) **2** Leute *Mz* (mehrere Menschen)
folkelig [folkeli] *adj* volkstümlich (verbreitet), Volks-
folklore [folkloore] *m* Folklore *w*, Überlieferung *w*
fontene [fonteene] *m* Brunnen *m* (Fontäne)
for [for] *prep* **1** für *j-n* (Geschenk, Nachricht usw.) **2** für *etw.* (Zweck usw.) **3** für *etw.* (Preis usw.) **4** für (Zeitdauer usw.) ♦ *conj* denn ► **~ lenge siden** längst; **~** *tidsreferanse* **siden** vor (zwei Jahren usw.); **~ en halvtime siden** vor einer halben Stunde; **Jeg trenger et rom ~ tre dager.** Ich brauche ein Zimmer für drei Tage.
foran [foran] *adv* **1** vorn, vorne (vor dem Sprecher usw.) **2** vorn, vorne (im vorderen Teil) ♦ *prep* vor *j-m/etw.* (auf dem Weg usw.) ► **Gå ~.** Gehen Sie voraus.
forandre [forandre] *v* **1** ändern *etw. Akk*, ändern *etw. Akk* **2** abwandeln *etw. Akk*, variieren *etw. Akk* **3** verwandeln *etw. Akk in etw. Akk*
forandring [forandring] *m/w* Änderung *w*, Veränderung *w*, Verwandlung *w*
forbedre [forbeedre] *v* aufbessern, verbessern, bessern *j-n* (Verbrecher usw.), korrigieren *etw. Akk*
forbedring [forbeedring] *m/w* Aufschwung *m* (Entwicklung), Verbesserung *w*, Aufbesserung *w*
forberede [forbereede] *v* **1** vorbereiten *etw. Akk*, bereiten *etw. Akk* **2** bereiten *j-m etw. Akk*, vorbereiten *etw. Akk für j-n*, bereit machen *etw. Akk für j-n*, bereitstellen *etw. Akk für j-n* **3** bereitmachen *j-n* ► **~ seg** *på noe* sich vorbereiten *auf etw. Akk*
forberedelse [forbereedelße] *m* **1** Vorbereitung *w auf/für etw.* **2** Training *s* **3** Zubereitung *w von etw.* (von Essen usw.) ► **forberedelser** *m Mz* Vorbereitungen *w Mz*
forbi [forbii] *adv* vorbei (gehen usw.) ♦ *prep* **1** vorbei *an etw. Dat* (weiter usw.) **2** über *etw. Akk* (hinaus), jenseits *etw. Gen* (der Grenze usw.) ► **gå ~** *noen* überholen *j-n* (vorbeigehen); **kjøre ~** *noe* vorbeifahren *an etw. Dat*
forbinde [forbinne] *v* **1** verbinden *j-n mit j-m* (telefonisch) **2** umbinden *etw. Akk mit etw.* **3** kombinieren (zusammenstellen), verbinden, vereinigen **4** verbinden (miteinander, zusammenschalten)
forbindelse [forbinnelße] *m* **1** Verbindung *w* (von einem Gerät usw.) **2** Anschluss *m* (Verkehrsverbindung), Verbindung *w* (Verkehrsverbindung usw.) **3** Zusammenhang *m* **4** Verbindung *w* (chemische) ► **ha ~** *med noe* sich beziehen *auf etw. Akk*
forbli [forblii] *v* **1** andauern, fortdauern (bleiben) **2** bleiben *irgendwo*
forblåst [forblooßt] *adj* windig
forbrenne [forbrenne] *v* verbrennen
forbruk [forbr~~uu~~k] *m* **1** Verbrauch *m* **2** Konsumierung *w*
forbrytelse [forbrüütelße] *m* Verbrechen *s*

forbryter [forbrüüt^{e}r] *m* **1** Verbrecher *m* **2** Schuldige *m*

forbud [forbʉd] *s* Verbot *s etw. Gen*

forbudt [forbʉt] *adj* verboten

forbund [forbʉn] *s* Assoziation *w*, Verein *m*

forby [forbüü] *v* **1** verbieten *j-m etw. Akk* **2** verbieten *etw. Akk*

fordel [fordeel] *m* **1** Vorteil *m* **2** Vorzug *m* (Vorteil) **3** Nutzen *m von etw.* **4** Vergünstigung *w*

fordelaktig [fordeelakti] *adj* günstig ♦ *adv* vorteilhaft

fordele [fordeel^{e}] *v* **1** verteilen (Ware usw.), distribuieren **2** verteilen *etw. Akk irgendwohin* (über eine Fläche)

forderves [fordärweß] *v* verderben (Essen), schlecht werden

fordi [fordii] *conj* denn, weil

fordoble [fordobl^{e}] *v* verdoppeln *etw. Akk*

fordom [fordom] *m* Vorurteil *s*, Voreingenommenheit *w*

fordype [fordüüp^{e}] *v* vertiefen *etw. Akk* (einen Graben usw.); **~ seg** *i noe* sich vertiefen *in etw. Akk* (sich konzentrieren)

fordøye [fordöü^{e}] *v* verdauen

fordøyelse [fordöü^{e}lß^{e}] *m* Verdauung *w*; **dårlig ~** Verdauungsstörung *w*

foregå [fooregoo] *v* im Gange sein, verlaufen (Veranstaltung usw.)

foregående [fooregoo^{e}n^{e}] *adj* **1** ehemalig **2** früher (Ausgabe usw.) **3** vergangen (Woche usw.), abgelaufen (Periode usw.)

forekomme [foorekomm^{e}] *v* **1** vorkommen (plötzlich usw.) **2** vorkommen *irgendwo* (Tierart usw.)

forekomst [foorekomßt] *m* **1** Auftreten *s* (Vorkommen), Vorkommen *s* **2** Lager *s* (Gesteinsschicht)

foreldre [foreldr^{e}] *m Mz* Eltern *Mz*

forelese [fooreleeß^{e}] *v* lesen (Vorlesungen halten)

forelesning [fooreleeßning] *m/w* Vortrag *m* (wissenschaftlicher), Vorlesung *w* (an der Uni usw.)

forelsket [forelßket] *adj* **1** verliebt *in j-n* (Mensch) **2** verliebt (Blicke usw.)

foreløpig [forelööpi] *adj* **1** provisorisch (noch nicht fest), vorläufig (Abkommen usw.) **2** provisorisch, vorläufig, einstweilig ♦ *adv* vorläufig, für jetzt, vorerst

forene [foreen^{e}] *v* **1** vereinigen, verbinden, vereinigen *etw. Akk*, verbinden *etw. Akk* (zu einem Ganzen) **2** einigen (Volk usw.), vereinheitlichen (Gesetze usw.) **3** sich verbinden (zu einem Ganzen) **4** kombinieren *etw. Akk*, kombinieren (zusammenstellen)

forening [foreening] *m/w* **1** Verein *m* **2** Union *w*, Vereinigung *w* (von Personen usw.) **3** Assoziation *w*, Verein *m*

forenkle [forengkl^{e}] *v* vereinfachen *etw. Akk*

forent [foreent] *adj* **1** vereinigt **2** einig

foreskrive [fooreßkriiw^{e}] *v* verschreiben (Medikament usw.), verordnen (Kur usw.)

foreslå [fooreschloo] *v* vorschlagen

forestille [fooreßtill^{e}] *v* darstellen *etw. Akk* (Symbol usw.)

forestille seg *v* **1** sich vorstellen (sich ausmalen) **2** hinzudenken

forestilling [fooreßtilling] *m/w* **1** Vorstellung *w von etw.* (Gedanke) **2** Konzeption *w* **3** Vorstellung *w* (Aufführung), Aufführung *w* (Theaterstück)

foreta [fooretaa] *v* unternehmen *etw. Akk*

foretrekke [fooretrekk^{e}] *v* bevorzugen *j-n/etw. vor j-m/etw.*, vorziehen *etw. Akk etw. Dat*, bevorzugen *etw. Akk*

forfall [forfal] *s* **1** Verschlimmerung *w* **2** Verfall *m*, Niedergang *m* (einer Zivilisation usw.)

forfalt [forfalt] *adj* **1** abgelaufen **2** fällig, zahlbar

forfatter [forfatt^{e}r] *m* **1** Autor *m* **2** Schreiber *m* (eines Briefes usw.) **3** Schriftsteller *m*

forferdelig [forfärd^{e}li] *adj* **1** schrecklich, furchtbar **2** grauenhaft, entsetzlich (Ereignis usw.), grässlich, schrecklich **3** fürchterlich, schrecklich (Qualität usw.) ♦ *adv* furchtbar

forfremme [forfremm^{e}] *v* befördern *j-n zu etw.* (zum Direktor usw.)

forfremmelse [forfremm^{e}lß^{e}] *m* Beförderung *w* (in einen Rang)

forfriske [forfrißk^{e}] *v* erfrischen (Körper usw.)

forfriskning [forfrißkning] *m/w* Erfrischung *w* (Getränk usw.)

forfølge [forfölg^{e}] *v* **1** verfolgen *j-n* (beschatten) **2** verfolgen (Gegner usw.) **3** stalken *j-n* (Fan usw.)

forføre [forföör^{e}] *v* verführen *j-n* (Mädchen usw.)

forgifte [forjift^{e}] *v* **1** vergiften *j-n* **2** verseuchen

forgiftning [forjiftning] *m/w* Vergiftung *w*

forgjeves [forjeeweß] *adj* ergebnislos, fruchtlos (Bemühung usw.), nutzlos, vergeblich (Bemühungen usw.) ♦ *adv* vergebens, umsonst, vergeblich

forgårs [forgoorsch] **i ~** vorgestern

forhandle [forhandl^{e}] *v* **1** aushandeln *etw. Akk* **2** verhandeln (Verhandlungen führen) **3** handeln *mit j-m über etw. Akk* (über Preis usw.), feilschen *mit j-m um etw.*

forhandler [forhandl^{e}r] *m* **1** Händler *m* **2** Verhandlungsführer *m*

forhandling [forhandling] *m/w* Verhandlung *w* (Besprechung)

forheng [forheng] *s* Vorhang *m* (zu Hause usw.)

forhindre [forhindr^e] *v* verhindern *etw. Akk*

forhindring [forhindring] *m/w* **1** Einschränkung *w* (Umstand) **2** Behinderung *w in etw. Dat* (in der Entwicklung usw.), Hindernis *s in etw. Dat*

forhold [forholl] *s* **1** Beziehung *w* (Handelsbeziehung usw.) **2** Verhältnis *s* (Verwandtschaft usw.) **3** Umstand *m* **4** Verhältnis *s mit j-m*, Beziehung *w* (intime usw.) **5** Relation *w etw. Gen zu etw.*

forhøye [forhöü^e] *v* erhöhen (Spannung usw.)

forhånd [forhon] **på ~** im Voraus

forhåpentligvis [forhoop^{e}ntliwiiß] *part* hoffentlich

forkjemper [forschemp^{e}r] *m* Verfechter *m etw. Gen* (einer Idee usw.), Vertreter *m etw. Gen* (einer Theorie usw.)

forkjølelse [forschööl^{e}lß^e] *m* Erkältung *w*, Schnupfen *m*

forkjørsrett [forschöörschrett] *m* Vorfahrt *w*

forklare [forklaar^e] *v* erklären *j-m etw. Akk* (Problematik usw.), klären *etw. Akk*, aufklären *etw. Akk*, erläutern *etw. Akk*; *~ noe* **i grove trekk** nahebringen *j-m etw. Akk*

forklaring [forklaaring] *m/w* **1** Erklärung *w*, Klarstellung *w* **2** Erläuterung *w*

forkle [forkl^e] *s* Schürze *w* ♦ *v* verbergen (verheimlichen)

forkorte [forkort^e] *v* **1** abkürzen *etw. Akk* (Wort usw.) **2** abkürzen (zeitlich) **3** verkürzen *etw. Akk* (Gegenstand usw.), kürzen *etw. Akk* (kürzer machen)

forkortelse [forkort^{e}lß^e] *m* Abkürzung *w* (Wort)

forlag [forlaag] *s* Verlag *m*

forlate [forlaat^e] *v* **1** verlassen *j-n/etw.* **2** räumen (Zimmer usw.)

forleden [forleed^{e}n] *adv* vor kurzem, kürzlich, neulich, neuerdings

forlenge [forleng^e] *v* **1** verlängern *etw. Akk* (räumlich) **2** verlängern *etw. Akk* (zeitlich)

forlengelse [forleng^{e}lß^e] *m* Verlängerung *w*

forlovet [forloowet] *adj* verlobt

forløp [forlööp] *s* **1** Verlauf *m*, Ablauf *m* (eines Ereignisses usw.) **2** Progression *w*, Fortschritt *m* (einer Krankheit usw.)

form [form] *m/w* **1** Form *w*, Gestalt *w* **2** Form *w* (Kondition) **3** Form *w* (Backform usw.)

formann [forman] *m* **1** Vorarbeiter *m*, Vormann *m* **2** Vorsitzende *m*

forme [form^e] *v* **1** ausformen *etw. Akk*, formen **2** modellieren

formell [formel] *adj* formal

formgi [formji] *v* entwerfen *etw. Akk*

formiddag [formiddaag] *m* Vormittag *m*; **om formiddagen** vormittags, am Vormittag; **klokka ti om formiddagen** um zehn Uhr vormittags

formode [formuud^e] *v* vermuten

formular [formulaar] *m/s* Formular *s*

formål [formool] *s* Bestimmung *w* (Zweck usw.), Zweck *m*

fornavn [fornawn] *s* Vorname *m*

fornuft [fornuft] *m* Verstand *m*, Vernunft *w*; **sunn ~** gesunder Menschenverstand

fornuftig [fornufti] *adj* **1** umsichtig, vernünftig **2** bedächtig (Schritt usw.) **3** besonnen, umsichtig **4** zurechnungsfähig (geistig normal)

fornærme [fornärm^e] *v* **1** beleidigen *j-n* **2** kränken *j-n*

fornærmelse [fornärm^{e}lß^e] *m* Beleidigung *w*

fornøyd [fornöüd] *adj* zufrieden (Lächeln usw.)

fornøyelse [fornöüelß^e] *m* **1** Vergnügen *s* (Freude) **2** Wonne *w*

forord [foruur] *s* Vorwort *s*

forpliktelse [forplikt^{e}lß^e] *m* **1** Verpflichtung *w* (zur Arbeit usw.) **2** Versprechen *s* (Zusicherung)

forresten [forreßt^{e}n] *adv* beiläufig, nebenbei ♦ *part* **1** übrigens **2** übrigens, im Übrigen

forretningsmann [forretningßman] *m* Geschäftsmann *m*, Unternehmer *m*

forrett [forrett] *m* Vorspeise *w*

forrige [forri^e] *adj* **1** vorherig, vorig, vergangen, letzt(er,e,es) (Woche usw.) **2** vorherig, vorig (früher) ► **~ uke** letztens, das letzte Mal

forringe [forring^e] *v* **1** verschlimmern **2** vorenthalten *j-m etw. Akk* (ein Erbe usw.) **3** vermindern *etw. Akk*

forråde [forrood^e] *v* hereinlegen *j-n*, verraten *j-n/etw.* (Verrat begehen)

forsamling [forschamling] *m/w* Versammlung *w* (Sitzung) ♦ *m* Versammlung *w* (politische)

forsegle [forschäil^e] *v* **1** versiegeln (Umschlag usw.) **2** abdichten **3** zukleben *etw. Akk* (Umschlag usw.) **4** besiegeln (Schicksal usw.)

forsendelse [forschenn^{e}lß^e] *m* **1** Postsendung *w* **2** Sendung *w* (Ware)

forsere [forscheer^{e}] *v* beschleunigen *etw. Akk* (Anfang usw.), beschleunigen (Entwicklung), vorantreiben

forside [forschii^{e}] *m/w* Spitze *w etw. Gen* (Vorderteil)

forsikre [forschikr^{e}] *v* **1** versichern *j-n etw. Gen* (bestätigen), zusichern *j-m etw. Akk* **2** versichern *j-n/etw.* (Versicherung abschließen)

forsikring [forschikring] *m/w* Versicherung *w* ► **tegne ~** eine Versicherung abschließen

forsiktig [forschikti] *adj* umsichtig, bedächtig (Person usw.), vorsichtig ♦ *adv* vorsichtig

forsinke [forschingk^{e}] *v* verzögern *etw. Akk* (hinauszögern), verzögern *j-n/etw.*

forsinkelse [forschingk^{e}lß^{e}] *m* Rückstand *m* (zeitlicher), Verspätung *w*, Verzögerung *w*

forsinket [forschingket] *adj* verspätet, verzögert, unpünktlich (Zahlung usw.); **bli ~** sich verzögern, sich verspäten (später eintreten); **være ~** sich verspäten (zu spät kommen)

forske [forschk^{e}] *v* erforschen *etw. Akk*, untersuchen *etw. Akk* (Struktur usw.), forschen

forsker [forschk^{e}r] *m* Forscher *m*, Wissenschaftler *m*

forskjell [forschel] *m* Unterschied *m* ► **se ~ på** unterscheiden *j-n/etw. von j-m/etw.* (Unterschied feststellen)

forskjellig [forschelli] *adj* **1** unterschiedlich *von etw.*, verschieden (nicht gleich), ungleich **2** verschieden, verschiedenartig, divers, vielerlei ♦ *adv* unterschiedlich, anders ► **være ~** *fra noe/noen* sich unterscheiden *in etw. Dat, von etw.*

forskning [forschkning] *m/w* Forschung *w*

forskrekkelse [forschkrekk^{e}lß^{e}] *m* **1** Schreck *m* **2** Entsetzen *s* **3** Furcht *w*

forskudd [forschkʉd] *s* Vorschuss *m*

forskuddsbetaling [forschkʉdßbetaaling] *m/w* Anzahlung *w* (auf den Preis)

forskyve [forschüüw^{e}] *v* verschieben *etw. Akk irgendwohin*, verschieben *etw. Akk irgendwohin* (Stelle wechseln)

forslag [forschlaag] *s* Vorschlag *m*

forsone seg *v* sich abfinden *mit etw.*, sich versöhnen *mit j-m*

forstad [forschtaa] *m* Vorstadt *w*

forsterke [forschtärk^{e}] *v* **1** verstärken *etw. Akk* (zahlenmäßig) **2** intensivieren *etw. Akk*, steigern *etw. Akk*, verstärken *etw. Akk* **3** verstärken *etw. Akk* (Eindruck usw.) **4** verschärfen (Konflikte usw.) **5** verstärken *etw. Akk*, verfestigen *etw. Akk*

forstoppelse [forschtopp^{e}lß^{e}] *m* Verstopfung *w*

forstue [forschtuu^{e}] *adj* verrenkt, ausgerenkt ♦ *v* (sich) verstauchen

forstyrre [forschtür^{e}] *v* **1** stören *j-n* **2** stören *etw. Akk*, stören *etw. Akk* (beeinträchtigen) **3** stören *j-n* (missfallen) **4** aufregen *j-n* (aus der Fassung bringen)

forstyrrelse [forschtürr^{e}lß^{e}] *m* **1** Störung *w* (der Ruhe usw.) **2** Eindringen *s* (in Privatbesitz usw.) **3** Defekt *m* **4** Störung *w* (gesundheitliche)

forstørre [forschtörr^{e}] *v* vergrößern

forstå [forschtoo] *v* **1** verstehen *j-n/etw.* **2** begreifen *etw. Akk*, verstehen *etw. Akk* ► **~ seg på** *noen/noe* verstehen *j-n/etw.*; **gjøre seg forstått** *på* sich verständigen *auf etw.* (auf Englisch usw.); **Jeg forstår ikke.** Ich verstehe nicht. (was du sagst usw.)

forståelig [forschtoo^{e}li] *adj* begreiflich, verständlich, fassbar, plausibel (Erklärung usw.) ♦ *adv* deutlich (geschrieben usw.), verständlich

forsvar [forschwaar] *s* Verteidigung *w* ► **ta** *noen* **i ~** eintreten *für j-n/etw.*

forsvare [forschwaar^{e}] *v* **1** verteidigen *j-n vor j-m/etw.* (vor Angriff) **2** verteidigen *j-n/etw.* (Ansichten usw.) **3** eintreten *für j-n/etw.* **4** rechtfertigen (eine Tat usw.) **5** verteidigen (Titel usw.) **6** befürworten *etw. Akk*

forsvinne [forschwinn^{e}] *v* **1** verschwinden **2** sich auflösen (verschwinden) **3** verloren gehen

forsvunnet [forschwʉnnet] *adj* **1** vermisst **2** erloschen (nicht mehr existierend)

forsyne seg *v* sich bedienen; **Forsyn dere!** Bedienen Sie sich., Greifen Sie zu!

forsyning [forschüüning] *m* Versorgung *w mit etw.*

forsøk [forschöök] *s* Versuch *m um etw.* (Bemühung)

forsøke [forschöök^{e}] *v* **1** versuchen *etw. Akk* **2** sich bemühen *um etw.* ► **~ på** *noe* versuchen *etw. Akk* (sich bemühen)

forsømme [forschömm^{e}] *v* **1** vernachlässigen *etw. Akk* (Pflicht usw.) **2** versäumen (vergessen zu tun usw.) **3** verpassen *etw. Akk* (Bus usw.), verpassen (Chance usw.) **4** versäumen *etw. Akk* (Unterricht usw.)

forsørge [forschörg^{e}] *v* **1** sich kümmern *um j-n/etw.* **2** ernähren *j-n* (unterhalten) **3** ernähren *j-n*, unterhalten *j-n* (Verwandte usw.) **4** versorgen *j-n* (finanziell usw.)

fort [furt] *adj* schnell (Bewegung usw.), rasch (Gang usw.) ♦ *adv* schnell, eilig ► **så ~ som** sobald, sowie (gleich usw.); **så ~ som mulig** so bald wie möglich, baldmöglichst

fortau [fortäʉ] *s* Gehweg *m*, Bürgersteig *m*

fortelle [fortell^e] *v* **1** erzählen *j-m etw. Akk* **2** erzählen *j-m etw. Akk*, sagen *j-m etw. Akk* **3** sagen *j-m etw. Akk* (mitteilen) **4** sprechen *von etw., über etw. Akk*, reden *von etw., über etw. Akk*

fortelling [fortelling] *m/w* Erzählung *w* (von Erlebnis usw.)

fortid [fortiid] *m/w* Vergangenheit *w* (Zeit)

fortjene [fortjeen^e] *v* verdienen *etw. Akk*

fortolle [fortoll^e] *v* abfertigen (zollamtlich)

fortrolig [fortruuli] *adj* **1** vertraulich (geheim) **2** vertraut, intim (Beziehung usw.)

fortrylle [fortrüll^e] *v* bezaubern *j-n durch etw.*, bezaubern *j-n*, verzaubern *j-n*

fortsette [fortschett^e] *v* **1** fortsetzen *etw. Akk*, fortfahren *in etw. Dat*, weiterführen *etw. Akk* (seine Arbeit usw.), weitermachen *mit etw.* **2** weitergehen (Prozess usw.) **3** fortdauern **4** durchhalten

fortsettelse [fortschett^elß^e] *m* Fortsetzung *w etw. Dat* (einer Tätigkeit usw.), Fortsetzung *w von etw.*, Folge *w von etw.* (Film usw.)

forunderlig [for~~u~~nd^erli] *adj* seltsam, (höchst) sonderbar ♦ *adv* bemerkenswert

forundre seg *v* sich wundern *über etw. Akk*

forurensning [for~~uu~~renßning] *m/w* Verschmutzung *w*

forurolige [for~~uu~~ruulig^e] *v* **1** beunruhigen *j-n* **2** entnerven **3** alarmieren *j-n* (Nachricht usw.), beunruhigen *j-n*, erschrecken *j-n*

forutseende [for~~uu~~ze^en^e] *adj* **1** clever, schlau **2** vorausschauend, vorausblickend, weitblickend

forutsetning [for~~uu~~zetning] *m/w* Voraussetzung *w* (Bedingung) *für etw.*, Vorbedingung *w für etw.*; **under ~ av at** unter der Bedingung, dass

forutsette [for~~uu~~zett^e] *v* voraussetzen; **forutsatt at** unter der Bedingung, dass

forutsi [for~~uu~~zii] *v* prophezeien, voraussagen *etw. Akk*

forvalte [forwalt^e] *v* **1** verwalten *etw. Akk* (ein Vermögen usw.) **2** haushalten *mit etw.*

forvaltning [forwaltning] *m/w* Verwaltung *w*

forvandle [forwandl^e] *v* **1** verwandeln *etw. Akk in etw. Akk* **2** umwandeln *etw. Akk*, umsetzen *etw. Akk* (in andere Form) **3** verzaubern *j-n in etw. Akk* (verhexen)

forveksle [forwekschl^e] *v* verwechseln *etw. Akk*, verwechseln *j-n/etw. mit j-m/etw.*

forvente [forwent^e] *v* **1** erwarten *etw. Akk* (voraussetzen usw.) **2** erwarten *j-n/etw.* (Besuch usw.)

forventning [forwentning] *m/w* Erwartung *w*, Vorwegnahme *w*

forverre [forwärr^e] *v* **1** verschlimmern *etw. Akk*, verschlechtern *etw. Akk* **2** sich verschlechtern (Wetter usw.)

forvirre [forwirr^e] *v* **1** irreführen *j-n*, verwirren *j-n* **2** mystifizieren (verwirren) **3** desorientieren, verwirren **4** aus der Ruhe bringen *j-n*

forvirring [forwirring] *m/w* **1** Chaos *s* **2** Verwirrung *w*

forårsake [fororschaak^e] *v* **1** bewirken *etw. Akk*, herbeiführen, bewirken (Folgen usw.), verursachen *etw. Akk* **2** zufügen (Schaden, Verletzung usw.) **3** sich zuziehen *etw. Akk* (Schaden usw.) **4** auslösen *etw. Akk* (verursachen) **5** verschulden *etw. Akk*

foss [foß] *m* Wasserfall *m*

foster [foßt^er] *s* Frucht *w* (ungeboren), Fetus *m*

fot [fuut] *m* **1** Fuß *m* **2** Fuß *m* (Sockel), Sockel *m* **3** Vorland *s*, Vorgebirge *s* ► **til fots** zu Fuß

fotball [futpal] *m* Fußball *m*

fotballspiller [futpalßpill^er] *m* Fußballspieler *m*

fotgjenger [fuutjeng^er] *m* Fußgänger *m*

fotgjengerovergang [fuutjeng^eroow^ergang] *m* Fußgängerübergang *m*, Fußgängerüberweg *m*, Zebrastreifen *m*

fotografi [futugrafii] *s* Fotografie *w*, Foto *s*

fottur [fuut~~tuu~~r] *m* Treck *m*, Wanderung *w*; **gå på ~** wandern (in den Bergen usw.)

fottøy [fuuttöü] *s* Schuhe *w Mz*

fra [fraa] *prep* **1** aus (stammend usw.) **2** von (Urheber usw.) **3** von, aus (weg) **4** vor (fliehen usw.) **5** von (Anfang), ab (Zukunft), seit (Vergangenheit) **6** von (Oberfläche usw.) ► **åpen ~... til...** geöffnet von... bis...

fradrag [fraadraag] *s* Abzug *m* (vom Lohn usw.)

frakk [frakk] *m* Mantel *m* (Kleidung)

frakt [frakt] *m/w* Beförderung *w* (von Gütern usw.), Transport *m*

frakte [frakt^e] *v* **1** befördern *etw. Akk irgendwohin* (Güter usw.), transportieren *etw. Akk irgendwohin*, transportieren *etw. Akk irgendwohin* **2** fahren *j-n/etw. irgendwohin*, transportieren *j-n/etw. irgendwohin*

fram [fram] *adv* nach vorne, vorwärts

frambringe [frambring^e] *v* produzieren

framfor [framfor] **~ alt** vor allem (zuerst)

framførelse [framfööör^elß^e] *m* Vortrag *m* (eines Gedichts usw.)

framgangsmåte [framgangkßmoot^e] *m* Verfahren *s* (Handlungsmethode usw.)

framheve [framheew^e] *v* betonen *etw. Akk*, hervorheben *etw. Akk*, markieren (anstreichen)

framkommelig [framkommeli] *adj* **1** gangbar (Weg usw.) **2** befahrbar **3** passierbar
framover [framoower] *adj* vorwärts (weiter) ♦ *adv* nach vorne, vorwärts
framside [framßiie] *m/w* Vorderteil *s/m etw. Gen*
framskritt [framßkrit] *s* Fortschritt *m*
framstille [framßtille] *v* **1** darstellen (abbilden usw.) **2** produzieren *etw. Akk* (Sauerstoff usw.) **3** herstellen (Produkt usw.), erzeugen, produzieren (industriell usw.) **4** darstellen *j-n* (spielen)
framsynt [framßünt] *adj* clever, schlau, vorausschauend, vorausblickend
framtid [framtidd] *m/w* Zukunft *w*
framtidig [framtiidi] *adj* **1** zukünftig, künftig **2** potenziell, voraussichtlich (Kunde usw.)
framtredende [framtreedene] *adj* **1** bedeutendst(er,e,es), wichtigst(er,e,es) **2** bedeutend (Person usw.), angesehen, berühmt
Frankrike [frangkriike] *s* Frankreich *s*
fransk [franßk] *adj* französisch ♦ *adv* französisch, auf Französisch ♦ *m* Französisch(e) *s*
franskmann [franßkman] *m* Franzose *m*
frata [fraataa] *v* **1** vorenthalten *j-m etw. Akk* (eine Nachricht usw.) **2** bringen *j-n um etw.*, berauben *j-n etw. Gen*
fraværende [fraawäärene] *adj* abwesend *in etw.* ♦ *adv* abwesend (blicken usw.) ► **være ~** fehlen *irgendwo* (nicht teilnehmen)
fred [freed] *m* **1** Ruhe *w*, Frieden *m* (Ungestörtheit) **2** Frieden *m* (nicht Krieg)
fredag [freeda] *m* Freitag *m*
frekk [frekk] *adj* frech, vorlaut
frem [frem] *adv* vorwärts, nach vorn; **~ og tilbake** hin und her
fremgå [fremgoo] *v* folgen *aus etw.*, sich ergeben *aus etw.* (Schluss usw.)
fremkalle [fremkalle] *v* **1** evozieren (Vorstellungen usw.), hervorrufen (Erinnerung usw.) **2** hervorrufen *etw. Akk* (Zustand usw.) **3** entwickeln (Film)
fremme [fremme] *v* vertreten (eine Meinung usw.)
fremmed [fremmed] *adj* **1** fremd (unbekannt) **2** fremdländisch, exotisch ♦ *m* Fremde *m*
fremragende [fremraagene] *adj* hervorragend (Persönlichkeit usw.)
fremre [fremre] *adj* vorder(er,e,es), Vorder- (Teil, Glied usw.)
fremst [fremßt] **først og ~** vor allem (Betonung)
fremstående [fremßtooene] *adj* hervorragend (Persönlichkeit usw.)
fremvise [fremwiiße] *v* zeigen *j-m etw. Akk* (vorzeigen usw.)
fri [frii] *adj* **1** frei **2** frei, Urlaub *m* (unbezahlter, mehrtägiger usw.) **3** Leerlauf *m* ♦ *v* umwerben *j-n* ► **~ inngang** Eintritt frei; **~ til** werben *um j-n*; **sette bilen i ~** den Gang ausschalten
fridag [friidaag] *m* Feiertag *m*
frigjøre [friijööre] *v* **1** befreien *j-n/etw.* **2** befreien (Stadt usw.)
frihet [friiheet] *m/w* Freiheit *w*
frimerke [friimärke] *s* Briefmarke *w*, Marke *w* (Wertzeichen)
frisk [frißk] *adj* **1** gesund **2** frisch (Aussehen usw.), munter
frist [frißt] *m* **1** Termin *m*, Deadline *w* (zur Fertigstellung usw.) **2** Frist *w*
fristelse [frißtelße] *m* Versuchung *w*
frisyre [frißüüre] *m* Frisur *w*
frisør [frißöör] *m* Friseur *m*
frisørsalong [frißöörschalong] *m* Friseursalon *m*
fritid [friitiid] *m/w* frei, Freizeit *w* (nach der Arbeit), Feierabend *m*
fritt [fritt] *adv* frei (ohne Beschränkung)
frivillig [friiwilli] *adj* freiwillig ♦ *adv* freiwillig ♦ *m* Freiwillige *m*
frodig [fruudi] *adj* **1** üppig (Bewuchs usw.) **2** lebhaft (Fantasie usw.) **3** knackig (Mädels usw.), sinnlich
frokost [fruukoßt] *m* Frühstück *s*; **overnatting med ~** Übernachtung mit Frühstück; **spise ~** frühstücken
frontlykt [frontlükt] *m/w* Scheinwerfer *m* (eines Autos)
frontrute [frontruute] *m/w* Frontscheibe *w*, Windschutzscheibe *w*
frosk [froßk] *m* Frosch *m*
frossen [froßßen] *adj* **1** gefroren **2** Gefrier-, tiefgekühlt, tiefgefroren
frost [froßt] *m* Frost *m*
fru [fru] **Fru X** Frau X
frue [fruue] *m/w* Frau *w*, Dame *w* (Person)
frukt [frukt] *m/w* **1** Obst *s* **2** Frucht *w* (einer Pflanze) ► **bære ~** Früchte tragen; **hermetisert ~** Kompott *s*
fruktbar [fruktbaar] *adj* fruchtbar
fryd [früüd] *m* Genuss *m*
frykt [frükt] *m* Angst *w vor etw. Dat*
frykte [frükte] *v* **1** fürchten *etw. Akk*, befürchten *etw. Akk*, fürchten *j-n/etw.* **2** sich (sehr) fürchten *vor etw. Dat*, grauen *j-m vor etw. Dat*
fryktelig [früükteli] *adj* entsetzlich (Ereignis usw.), schrecklich, gräulich, gruselig ♦ *adv* schrecklich

fryse [früüße] *v* **1** frieren (Wetter) **2** einfrieren (zu Eis werden), frieren (Wasser usw.) **3** anfrieren (Fenster usw.), überfrieren **4** kalt werde (Person) **5** kalt sein **6** erstarren (sich nicht bewegen) ► **~ i hjel** erfrieren; **~ til** gefrieren

fryseboks [früüßebokß] *m* Gefriertruhe *w*

fryser [früüßer] *m* Gefrierschrank *m*

frø [fröö] *s* Samen *m* (Samenkorn)

frøken [fröököen] *m/w* Fräulein *s*

fugl [fuul] *m* Vogel *m*

fuktig [fukti] *adj* feucht ♦ *adv* feucht, nass

fuktighet [fuktiheet] *m/w* **1** Nässe *w* **2** Feuchtigkeit *w* (der Luft) **3** Feuchtigkeit *w* (Wassertropfen usw.)

full [ful] *adj* **1** voll *etw. Gen* (gefüllt) **2** betrunken **3** generell (Maßnahme usw.) ► **for fullt** voll (aufgedreht)

fullføre [fullfööre] *v* **1** verwirklichen *etw. Akk* (vollziehen) **2** absolvieren *etw. Akk* (Schule) **3** fertig machen *etw. Akk*

fullstendig [fullßtendi] *adj* **1** komplett, vollständig, voll **2** absolut, völlig, gänzlich, vollkommen (Unsinn usw.) ♦ *adv* absolut, völlig, ganz, komplett

fundament [fundament] *s* **1** Fundament *s* (eines Baus usw.) **2** Basis *w* (eines Objekts usw.)

fundamental [fundamentaal] *adj* fundamental, Fundamental-, grundsätzlich

fundere [fundeere] *v* nachdenken *über etw. Akk*, überlegen *etw. Akk*, nachdenken *über etw. Akk*

fungere [fungeere] *v* **1** funktionieren **2** dienen *als etw. Nom, zu etw.* (Zweck haben)

funksjon [fungkschuun] *m* Funktion *w etw. Gen* (Zweck)

funksjonell [fungkschuunel] *adj* funktionsfähig

funksjonshemmet [fungkschuunßhemmet] *adj* **1** behindert **2** invalide

fuske [fußke] *v* betrügen

fyke [füüke] *v* stürmen *irgendwohin* (rennen)

fyll [fül] *m/s* Füllung *w* (Fleischfüllung usw.)

fylle [fülle] *v* **1** füllen *etw. Akk mit etw.*, füllen (Gefäß usw.) **2** ausfüllen *etw. Akk mit etw.* (Raum usw.) **3** laufen lassen (Wasser in Wanne usw.), zuschütten **4** sättigen (Markt usw.) ► **~ på** nachlegen; **~ ut** ausfüllen (Formular usw.)

fylling [fülling] *m/w* **1** Füllung *w* **2** Füllen *s*, Füllung *w* (Tätigkeit)

fyr [füür] *m* **1** Typ *m* (Mensch), Kerl *m* **2** Feuer *s* (Flammen) ► **sette ~** *på noe* anzünden *etw. Akk* (Gebäude usw.); **Fyr!** Es brennt!

fyre [füüre] *v* heizen *irgendwo*; **~ opp** *på noe* anzünden *etw. Akk* (Holz mit Papier usw.)

fyrstikk [fürschtikk] *m/w* Streichholz *s*, (ÖrD, SwD) Zündholz *s*

fyrtårn [füürtoorn] *s* Leuchtturm *m*

færre [färre] *adv* weniger (zahlbar)

føde [fööde] *m* Nahrung *w* ♦ *v* gebären *etw. Akk* ► **bli født** geboren sein/werden

fødsel [fözel] *m* **1** Geburt *w* **2** Entstehung *w etw. Gen*

fødselsdag [fözelßdaag] *m* Geburtstag *m*

fødselsår [fözelßoor] *s* Geburtsjahr *s*

føflekk [fööflekk] *m* Muttermal *s*

følbar [föölbaar] *adj* spürbar, empfindlich (Verlust usw.)

føle [fööle] *v* **1** fühlen *etw. Akk*, spüren *etw. Akk* (Kälte usw.), empfinden *etw. Akk* (Schmerz usw.) **2** ertasten *etw. Akk* **3** mitfühlen *mit j-m* ► **~ seg** sich fühlen

følelse [föölelße] *m* **1** Emotion *w*, Gefühl *s* (Emotion) **2** Empfindung *w* (Gefühle) **3** Ahnung *w* (Vorgefühl) **4** Gefühl *s* (in Fingern usw.)

føle seg *v* sich vorkommen *wie j./etw.*

følge[1] [fölge] *m* **1** Folge *w etw. Gen, von etw.*, Konsequenz *w etw. Gen* (einer Tat usw.) **2** Folge *w etw. Gen, von etw.* (Ergebnis) **3** Reihe *w* (von Zahlen), Folge *w* (von Zahlen usw.) ► **som ~** *av noe* infolge *etw. Gen*, als Folge *etw. Gen*

følge[2] [fölge] *v* **1** folgen *nach etw.* (in gewisser Reihenfolge) **2** folgen *aus etw.*, sich ergeben *aus etw.* (Schluss usw.) **3** verfolgen *j-n* (beschatten) **4** überwachen (Prozess usw.), beobachten (Entwicklung usw.) **5** begleiten *j-n* **6** befolgen *etw. Akk* (Rat usw.) **7** zusehen *etw. Dat* (hinsehen), (SüD, ÖrD, SwD) zuschauen *etw. Dat* (neugierig usw.) ► **~ (etter)** *noen* folgen *j-m/etw.*; **~ med** *noen/noe* beobachten *j-n/etw.*

følgende [fölgene] *adj* **1** nachfolgend, folgend (zeitlich usw.) **2** folgend, nächst(er,e,es) (in der Zukunft) **3** resultierend, End-

følsom [föölßom] *adj* **1** empfindsam **2** empfindlich *gegen etw.* (gegen Kälte usw.)

før [föör] *adv* **1** bevor **2** vorher **3** früher (einst), zuvor, vorher ♦ *prep* vor *etw. Dat* (einem Zeitpunkt)

føre [fööre] *v* **1** führen *j-n irgendwohin* **2** führen *irgendwohin/durch etw.* (Weg) **3** führen *j-n über etw. Akk* (auf die andere Seite usw.) **4** verlegen *etw. Akk irgendwohin* (Wasserleitung usw.) **5** führen *j-n irgendwohin*, bringen **6** eintragen *etw. Akk irgendwohin* (schriftlich) ► **~ videre** verbreiten (Nachricht usw.); **~** *noe* **videre** verbreiten *etw. Akk*

førerkort [föörerkort] *s* Führerschein *m*

først [förscht] *adv* **1** zuerst **2** frühestens, ehestens (nicht früher als) **3** erst (nicht früher als) **4** anfangs ♦ *part* erst ► **~ og fremst** vor allem

første [förscht^{e}] *num* erst(er,e,es); **for ~ gang** erstmals, zum ersten Mal

førstehjelpsrom [förscht^{e}jelpßruum] *s* Ambulanz *w* (in der Schule usw.)

førstehjelpsskrin [förscht^{e}jelpßßkriin] *s* Verbandkasten *m*, Erste-Hilfe-Kasten *m*

førti [förti] *num* vierzig

få [foo] *v* **1** bekommen (geschenkt usw.) **2** bekommen (Grippe usw.), kriegen (Krankheit) **3** sich lassen *etw. Akk tun* (veranlassen) **4** bringen *j-n/etw. irgendwohin* ♦ *adv* wenige ♦ *num* ein paar ► **~ klipt håret** sich die Haare schneiden lassen; **~ løs** *noen/noe* losbinden *j-n/etw.*; **~** *noe* **ut** *av noe* herausbekommen *etw. Akk aus etw.*

fårekjøtt [fooreschött] *s* Hammelfleisch *s*

G

gaffel [gaff^{e}l] *m* Gabel *w*

gagnlig [gangnli] *adj* nützlich *für j-n/etw.*

gal [gaal] *adj* **1** falsch, unrichtig **2** wahnsinnig **3** närrisch, verrückt

galle [gall^{e}] *m* Galle *w* (Sekret)

galleri [galleri] *s* Galerie *w*

galning [gaalning] *m* **1** Irre *m*, Wahnsinnige *m* **2** Irre *m*, Verrückte *m*, Narr *m*, Beutel *m* (Person)

galt [gaalt] *adv* falsch (antworten usw.)

gamleby [gamlebüü] *m* Altstadt *w*

gammel [gamm^{e}l] *adj* **1** alt (bejahrt) **2** alt (historisch), altertümlich **3** bejahrt, betagt **4** alt (Lebensmittel usw.), trocken (Gebäck usw.) **5** (lang) vergangen **6** ehemalig, vormalig

gammeldags [gamm^{e}ldakß] *adj* **1** altmodisch, unmodern, veraltet, überholt **2** altertümlich, archaisch

gang [gang] *m* **1** Gang *m* (Art des Gehens) **2** Vorraum *m* **3** Flur *m*, Korridor *m*, Gang *m* (im Haus usw.) **4** Gang *m* (im Zug) **5** Mal *s* (Wiederholung) ► **denne gangen** diesmal; **en annen ~** ein anderes Mal; **en eller annen ~** irgendwann; **en ~** einmal, eines Tages, einst; **en ~ til** noch einmal, nochmals; **flere ganger** einige Male, mehrmals; **for andre ~** zum zweiten Mal; **(for) siste ~** zum letzten Mal; **for tredje ~** zum dritten Mal; **gå i ~** *et sted* aufbrechen *irgendwohin*; **gjentatte ganger** wiederholt; **hver ~** jedes Mal, jeweils; **hvor mange ganger** wievielmal; **mange ganger** vielmals; **med en ~** direkt, gleich (sofort), sobald, sowie (gleich usw.); **neste ~** das nächste Mal; **sette i ~** anlaufen (beginnen), sich bewegen (vorwärts usw.), sich in Bewegung setzen, starten *etw. Akk* (Vorhaben usw.), eröffnen *etw. Akk* (Aktion usw.); **sette i ~** *noe* anlassen *etw. Akk* (Maschine usw.), in Gang setzen *etw. Akk*, betätigen *etw. Akk* (Anlage usw.); **sette i ~** *med noe* herangehen *an etw. Akk*, sich machen *an etw. Akk*, sich machen *an etw. Akk*; **to ganger** zweimal; **to ganger så mye** doppelt so viel; **tredje ~** zum dritten Mal; **to/tre ganger om dagen** zweimal/dreimal täglich

gangbro [gangbruu] *m/w* **1** Überführung *w* (für Fußgänger) **2** Steg *m* (für Fußgänger)

gange [gang^{e}] *m/w* Gang *m* (Art des Gehens)

ganger [gang^{e}r] *adv* mal (multipliziert)

ganske [ganßk^{e}] *adv* einigermaßen, ein wenig ♦ *part* ganz, ziemlich

garantere [garanteer^{e}] *v* **1** garantieren, verbürgen **2** haften *für j-n*, bürgen *für j-n* **3** haften *für etw.* (für Qualität usw.)

garanti [garantii] *m* **1** Bürgschaft *w für etw.* (Geld usw.) **2** Garantie *w* (einer Ware usw.)

garasje [garaasch^{e}] *m* Garage *w*

garderobe [garderuub^{e}] *m* **1** Kleiderschrank *m* **2** Garderobe *w* (Raum) **3** Ankleideraum *m*

gardin [gardiin] *m/w/s* Gardine *w*

garn [garn] *s* **1** Garn *s* **2** Netz *s* (Fischernetz usw.)

garnering [garneering] *m/w* Beilage *w*, Garnierung *w* (Gemüse usw.)

gass [gaß] *m* Gas *s* (Stoff)

gasspedal [gaßßpedaal] *m* Gas *s* (Pedal usw.), Gashebel *s*, Gaspedal *s*

gate [gaat^{e}] *m* Straße *w* (in Stadt)

gaupe [gäup^{e}] *m/w* Luchs *m*

gave [gaaw^{e}] *m/w* Geschenk *s*, Spende *w* (Zuwendung)

gebyr [gebüür] *s* Gebühr *w für etw.*

gehør [gehöör] *s* Gehör *s*

geit [jäit] *m/w* Ziege *w* (Tier)

gelender [gelend^{e}r] *s* Geländer *s*

gelé [schelee] *m* **1** Gel *s* **2** Gallert *s* **3** Gelee *s/m*

generell [schenerel] *adj* **1** allgemein **2** generell (Maßnahme usw.) **3** General-, generell, Gesamt-, allgemein

genser [genß^{e}r] *m* **1** Sweatshirt *s* **2** Pullover *m*, Pulli *m*

gest [jeßt] *m* Geste *w*

geværløp [gewäärlööp] *s* Lauf *m* (eines Gewehrs)

gi [jii] *v* **1** geben *j-m etw.* **2** vergeben *j-m etw. Akk*, aufgeben *j-m etw. Akk* (Aufgabe usw.) **3** leisten *j-m etw. Akk* (Dienst usw.), bieten *j-m etw. Akk* (Möglichkeit usw.) **4** bewilligen *j-m etw. Akk*, gewähren *j-m etw. Akk*, erteilen *j-m etw. Akk* (Genehmigung usw.) **5** schenken *j-m etw. Akk* 6 spenden *etw. Akk*, stiften *etw. Akk* 7 verleihen *etw. Akk etw. Dat* (Eigenschaft usw.) ► **~ bort** *noe* verschenken *etw. Akk an j-n*; **~ et eksempel** Beispiel anführen; **~ etter** *for noen* nachgeben *j-m/etw.* (Zwang usw.); **~ etter** *noen/noe* nachgeben *j-m/etw.* (Konzessionen machen); **~ opp** *noe* ablassen *von etw.*, aufgeben *etw. Akk* (Anstrengungen usw.); **~ seg i vei** abfahren (in einem Auto usw.), losfahren; **~ sparken** *til noen* feuern *j-n* (Mitarbeiter usw.); **~ tilbake** *noe til noen* zurückgeben *j-m etw. Akk*; **Gi deg!** Hören Sie damit auf!

gift [jift] *adj* verheiratet ♦ *m* Gift *s*

gifte seg *v* heiraten *j-n* (die Ehe eingehen)

giftig [jifti] *adj* giftig, toxisch

gips [gipß] *m* Gips *m*

gir [giir] *s* 1 Getriebe *s* (System) 2 Gang *m* (Geschwindigkeit) 3 Gangschaltung *w* ► **skifte ~** umschalten (Gang); **skifte til første/andre ~** in den ersten/zweiten Gang schalten

gire [giir^e] *v* (den Gang) einlegen, schalten (Gang)

giro [schiiru] *m* Girokonto *s*

gissel [gißß^el] *m/s* Geisel *w*

gitar [gitaar] *m* Gitarre *w*

gjedde [jedd^e] *m/w* Hecht *m*

gjeld [jel] *m/w* Schuld *w* (Betrag)

gjelde [jell^e] *v* 1 betreffen *j-n/etw.*, angehen *j-n/etw.*, anbelangen *j-n/etw.* 2 betreffen *etw. Akk*, angehen *etw. Akk* 3 gelten *für j-n/etw.*, betreffen *j-n/etw.* (Erklärung usw.) ► **gjøre seg gjeldende** sich durchsetzen (in Debatte usw.); **hva gjelder** *noen/noe* was *j-n/etw.* betrifft, was *j-n/etw.* angeht; **når det gjelder** *noen/noe* was *j-n/etw.* betrifft, was *j-n/etw.* angeht

gjemme [jemm^e] *v* 1 verstecken *etw. Akk vor j-m*, verbergen *etw. Akk vor j-m* (unter Mantel usw.) 2 verbergen *j-n* (einen Flüchtling usw.) 3 verstecken *etw. Akk* (Drogen usw.)

gjeng [jeng] *m* 1 Bande *w* (von Kriminellen usw.), Gang *w* (von Verbrechern) 2 Clique *w* (Freundeskreis), Bande *w* (Jugendlicher usw.) 3 Kollektiv *s*

gjengs [jengkß] *adj* 1 prävalent, verbreitet, üblich 2 obligat

gjenkjenne [jenschenn^e] *v* 1 erkennen (in der Ferne usw.) 2 erkennen *etw. Akk* (Umrisse in Dunkelheit usw.)

gjennom [jennom] *prep* 1 durch *etw. Akk* 2 mittels *j-s/etw.*

gjennomføre [jennomföör^e] *v* 1 durchführen *etw. Akk* (Aufgabe usw.), ausführen *etw. Akk* (Arbeit usw.) 2 durchführen *etw. Akk* (realisieren) 3 durchführen (Experiment usw.)

gjennomgå [jennomgoo] *v* 1 absolvieren *etw. Akk* (Training usw.) 2 hinter sich bringen *etw. Akk* 3 sich unterziehen *etw. Dat* 4 durchmachen *etw. Akk* (Krankheit usw.) 5 durchstudieren *etw. Akk* 6 überstehen *etw. Akk* (eine Krise usw.) 7 aushalten *etw. Akk*, ertragen *etw. Akk* 8 durchmachen *etw. Akk* (durchleben) 9 durchgehen *etw. Akk* (lesen usw.)

gjennomkjøring [jennomschööring] *m/w* Durchfahrt *w durch etw.* (Durchfahren) Durchreise *w durch etw.* (durch Stadt usw.)

gjennomsiktig [jennomßikti] *adj* 1 durchsichtig, transparent (Papier usw.) 2 klar (Wasser usw.), durchsichtig (Flüssigkeit usw.)

gjennomsnitt [jennomßnitt] *s* Durchschnitt *m* (Wert)

gjennomsnittlig [jennomßnitli] *adj* durchschnittlich

gjenoppbygge [jenoppügg^e] *v* rekonstruieren

gjenopprette [jenoprett^e] *v* erneuern (Beziehung usw.), wiederherstellen (Ordnung), rekonstruieren

gjensidig [jenßiidi] *adj* gegenseitig, reziprok

gjenstand [jenßtan] *m* Gegenstand *m etw. Gen* (Thema usw.), Gegenstand *m* (Sache)

gjenta [jentaa] *v* 1 wiederholen *etw. Akk* (nochmals machen) 2 wiederholen (um es zu betonen)

gjentakelse [jentaak^elß^e] *m* 1 Wiederholung *w etw. Gen* 2 Wiederholung *w* (eines Ereignisses), Wiederkehr *w* (wiederholtes Auftreten) 3 Rezidiv *s*, Rückfall *m* (einer Krankheit)

gjerde [jäär^e] *s* Zaun *m* ► **~** *noe* **inn** umgeben *etw. Akk mit etw.*

gjerne [jäärn^e] *adv* bereitwillig; **Jeg vil ~ snakke med…** Ich möchte (mit)… sprechen.

gjerning [järning] *m/w* Tat *w* ► **ta på fersk ~** erwischen *j-n* (bei der Tat)

gjerrig [järri] *adj* geizig

gjespe [jeßp^e] *v* gähnen

gjest [jeßt] *m* Gast *m*

gjestfri [jeßtfrii] *adj* gastfreundlich

gjette [jett^e] *v* raten *etw. Akk*; **~ riktig** erraten

gjødsel [jöz^el] *m/w* 1 Dung *m*, Mist *m* (Dünger usw.) 2 Dünger *m* (natürlicher)

gjøre [jöör^e] *v* 1 handeln (tun), machen *etw. Akk* (durchführen), tun *etw. Akk* 2 ausüben 3 anstellen *etw. Akk* (Dummheit usw.) 4 machen (hervorrufen) 5 bringen (in Verlegenheit usw.) 6 machen *etw. Akk irgendwie* 7 verleihen *etw. Akk etw. Dat* (Eigenschaft usw.) 8 machen (Schulden usw.) 9 anrichten (Schaden usw.) ► **~ bra** *i noe* Erfolg haben *bei etw.*; **~ om** umarbeiten; **~ opp** *(i) noe* ausgleichen (Schuld usw.); **~ opp**

med noen quitt werden *mit j-m*; **~ seg kjent med** *noe* sich bekannt machen *mit etw.*; **~** *noe* **godt igjen** *for noen* wiedergutmachen *j-m etw. Akk*; **Ikke gjør det!** Macht es nicht!

gjøre-det-selv [jöörededeeßel] *v* basteln

gjørme [jörme] *m/w* Schlamm *m*

glad [glaa] *adj* **1** froh **2** glücklich (Mensch usw.) **3** fröhlich, heiter (Stimmung) **4** freudig, beglückend, jubelnd (Nachricht usw.) ► **være ~** *for noe* froh sein *über etw. Akk*

glass [glaß] *s* Glas *s*

glassperle [glaßperle] *m/w* Perle *w* (aus Glas usw.)

glatt [glatt] *adj* **1** glatt (Oberfläche usw.) **2** rutschig, schlüpfrig, glatt (Gehweg usw.) ► **være ~** glatt sein

glede [gleede] *m* **1** Freude *w* **2** Genuss *m* ♦ *v* **1** Freude machen *j-m* **2** freuen *j-n* ► *gjøre noe* **med ~** gern *etw. Akk tun*, mit Vergnügen *etw. Akk tun*

gledeløs [gleedelööß] *adj* trostlos, trüb (Ort usw.)

glede seg *v* **1** sich freuen *auf etw. Akk* **2** sich freuen *über etw. Akk* (genießen), sich freuen *über etw. Akk*

glemme [glemme] *v* **1** vergessen *etw. Akk* (sich nicht erinnern) **2** vergessen *etw. Akk irgendwo* (liegen lassen)

gli [glii] *v* **1** rutschen (auf dem Gehweg), gleiten (über Bürgersteig usw.) **2** rutschen (herunterrutschen) **3** gleiten (fliegen)

glidelås [gliidelooß] *m/s* Reißverschluss *m*

glimre [glimre] *v* **1** glitzern **2** aufleuchten **3** glänzen **4** glänzen *in etw. Dat* (sich hervortun)

glinse [glinße] *v* glänzen (in der Sonne usw.)

glippe [glippe] *v* **1** rutschen **2** ausrutschen *aus etw.* (aus Hand usw.), ausgleiten (Löffel usw.)

glupsk [glupßk] *adj* **1** gierig (Blick usw.) **2** gefräßig

gløde [glööde] *v* **1** glühen (Feuer usw.) **2** Wärme ausstrahlen **3** prallen (Sonne usw.)

gni [gnii] *v* **1** reiben *etw. Akk* (Hände usw.) **2** einreiben *etw. Akk in etw. Akk*

gnist [gnißt] *m* Funke *m*

god [guu] *adj* gut (qualitätvoll usw.); **gjøre sitt beste** *j-s* Bestes tun; **Vær så ~.** Hier bitte. (Schenken usw.)

godkjenning [guuschenning] *m/w* Genehmigung *w*

godt [got] *adv* gut, wohl

godta [guutaa] *v* **1** annehmen *etw. Akk* (Angebot usw.) **2** annehmen (Plan usw.) **3** akzeptieren

godteri [gotterii] *s* Süßigkeit *w*, Süßigkeiten *w Mz*

godtgjørelse [gotjöörelße] *m* Entlohnung *w* (finanzielle usw.), Entschädigung *w*

grad [graad] *m* **1** Grad *m* **2** Titel *m* (von Universität) ► **i samme ~** ebenso, genauso

gradbøye [graadbööe] *v* steigern (Adjektiv usw.)

gradvis [graadwiiß] *adj* allmählich ♦ *adv* allmählich, stufenweise, schrittweise, nach und nach

gram [gram] *s* Gramm *s*

grammatikk [gramatikk] *m* Grammatik *w*

grapefrukt [greipfrükt] *m/w* Grapefruit *w*

gratis [graatiß] *adj* kostenlos, kostenfrei, frei (umsonst) ♦ *adv* kostenlos, gratis, umsonst

gratulasjon [gratulaschuun] *m* Glückwunsch *m*, Gratulation *w*, Beglückwünschung *w*

gratulere [gratuleere] *v* beglückwünschen *j-n zu etw.*, gratulieren *j-m zu etw.*; **Gratulerer!** Herzlichen Glückwunsch!

grav [graaw] *m/w* Grab *s*

grave [graawe] *v* **1** ausheben (Graben), graben (Loch), graben *etw. Akk* **2** baggern **3** aufgraben *etw. Akk* (auflockern) **4** umgraben *etw. Akk* **5** herumwühlen *in etw. Dat* (suchen) **6** graben *unter etw. Dat* **7** durchgraben *etw. Akk* ► **~ ned** vergraben *etw. Akk irgendwo* (Schatz usw.); **~ ut** ausgraben (aus der Erde usw.)

gravid [grawiid] *adj* schwanger, gravid

gre [gree] *v* **1** frisieren *etw. Akk*, kämmen *j-n/etw.* **2** durchkämmen (Haare) ► **~ håret** sich kämmen; **~ (seg)** kämmen

grei [gräi] *adj* prima, toll; **enkelt og greit** kurz gesagt

gren [green] *m/w* Zweig *m*, Ast *m* (eines Baumes)

grense [grenße] *m* **1** Grenze *w* (Landesgrenze), Grenzlinie *w* **2** Schranke *w etw. Gen*, Grenze *w etw. Gen* (Beschränkung usw.), Limit *s etw. Gen* **3** Grenze *w* (Trennungslinie) ♦ *v* anliegen *etw. Dat* (benachbart sein), grenzen *an etw. Akk*

grenseovergang [grenßeoowergang] *m* Grenzübergang *m*

gress [greß] *s* **1** Gras *s* **2** Kraut *s* (der Kartoffeln usw.)

gresskar [greßkaar] *s* Kürbis *m* (Pflanze)

gressløk [greßßlöök] *m* Schnittlauch *m*

grill [gril] *m* Grill *m* (im Backofen usw.)

grille [grille] *v* **1** grillen *etw. Akk* **2** braten (im Fett)

gripe [griipe] *v* **1** fassen *etw. Akk*, packen *etw. Akk* (schnell, fest usw.), fassen (festhalten) **2** greifen *zu etw.* (Maßnahmen usw.) **3** auffangen *j-n/etw.* (im Fallen fassen) ► **~ fast** umschließen; **~ fatt i** *noe* nehmen *etw. Akk* (in die Hand), packen *etw. Akk*, fassen *etw. Akk* (fest usw.), schnappen *etw. Akk*; ~ **inn** eingreifen

gris[1] [griiß] *m* Schwein *s*

gris[2] [griiß] *s* Schmiermittel *s*

grov [groow] *adj* **1** schmutzig (Wort usw.), vulgär, gemein **2** derb, grob (Manieren usw.) **3** brutal, roh (Tat usw.) **4** Brutto- **5** grob, rau (Oberfläche usw.) **6** grob (Struktur usw.) ► **beskrive** *noe* **i grove trekk** nahebringen *j-m etw. Akk*; **forklare** *noe* **i grove trekk** nahebringen *j-m etw. Akk*

grundig [grundi] *adj* gründlich, sorgfältig ♦ *adv* gründlich (untersuchen usw.)

grunn [grunn] *m* **1** Ursache *w etw. Gen* **2** Grundlagenarbeit *w für etw.* ♦ *adj* seicht (nicht tief), flach (Teich, Teller usw.) ► **på ~ av** auf Grund *m etw. Gen*, wegen *j-s/etw.*; **på ~ av dårlig vær** wegen des schlechten Wetters…

grunnlag [grunnlaag] *s* **1** Fundament *s etw. Gen* (Grundlage), Grundlage *w etw. Gen* **2** Untergrund *m* (Unterschicht usw.)

grunnlegge [grunnlegge] *v* gründen, gründen *etw. Akk auf etw. Akk* (Prinzip usw.)

grunnlov [grunnloow] *m* Verfassung *w*

grunnskole [grunnßkuule] *m* Grundschule *w*

gruppe [gruppe] *m/w* **1** Gruppe *w* **2** Ensemble *s* **3** Trupp *m* (Arbeitstrupp usw.)

grusom [gruußom] *adj* **1** schrecklich, furchtbar **2** grauenhaft, entsetzlich (Ereignis usw.) **3** brutal, grausam

gruve [gruuwe] *m/w* Mine *w* (für Bergbau), Grube *w* (Anlage), Bergwerk *s*

gryn [grüün] *s* Graupen *w*

gryte [grüüte] *m/w* Topf *m* (zum Kochen)

grøde [gröööde] *m/w* Ernte *w* (geerntete Früchte)

grøft [gröft] *m/w* **1** Rinne *w* (in der Erde) **2** Graben *m* (Straßengraben usw.)

grønn [grönn] *adj* grün

grønnsaker [grönnßaaker] *m/w Mz* Gemüse *s*

grøt [grööt] *m* Brei *m* (Gericht)

grå [groo] *adj* grau

gråte [groote] *v* weinen

gud [guud] *m* Gott *m*

gudfar [guudfaar] *m* Pate *m*, Taufpate *m*, Patenonkel *m*

gudstjeneste [guudßtjeeneßte] *m* Gottesdienst *m*

guide [gaid] *m* Reiseführer *m* ♦ *v* Touristen führen

gul [guul] *adj* gelb

gull [gull] *s* Gold *s*

gullsmed [gullßmeed] *m* Goldschmied *m*, Juwelier *m*

gulrot [guulruut] *m/w* Karotte *w*, Möhre *w*

gulv [gulw] *s* Boden *m* (im Zimmer usw.), Fußboden *m*

gummi [gummi] *m* Gummi *m/s*

gummibåt [gummiboot] *m* Schlauchboot *s*

gummistrikk [gummißtriikk] *m* Gummiband *s*

gummistøvler [gummißtöwler] *m Mz* Gummistiefel *m Mz*

gunst [gunßt] *m* Gunst *w*

gunstig [gunßti] *adj* günstig, gelegen ♦ *adv* vorteilhaft ► **gjøre** *noe* **gunstigere** begünstigen *etw. Akk*, günstig(er) machen *etw. Akk*

gutt [gutt] *m* Junge *m*

gyldig [jüldi] *adj* gültig; **være ~** gelten (Anordnung usw.)

gyldighet [jüldiheet] *m/w* Gültigkeit *w*, Geltung *w*

gyllen [jüllen] *adj* golden (Münze usw.)

gymnas [gümnaaß] *s* Gymnasium *s*

gymnastikk [gümnaßtikk] *m* Gymnastik *w*

gøy [göü] **ha det ~** sich vergnügen, sich amüsieren

gå [goo] *v* **1** gehen (zu Fuß), laufen (zu Fuß gehen) **2** gehen *irgendwohin* (sich bewegen) **3** gehen *in etw. Akk* (in die Schule usw.), besuchen *etw. Akk* (Kurs usw.) **4** laufen (in Gang sein) **5** gehen, weggehen **6** vergehen **7** zurücklegen *etw. Akk* (zu Fuß) ► **~ an** gehen (möglich sein); **~ av** aussteigen (aus Flugzeug usw.), von Bord gehen, zurücktreten (von einem Amt usw.); **~ en tur** spazieren gehen; **~ forut** *noe* vorausgehen *etw. Dat* (geschehen); **~ fram** vorgehen (handeln); **~ gjennom** *noe* durchgehen *durch etw.*; **~ i gang** *et sted* aufbrechen *irgendwohin*; **~ ned** hinuntergehen (nach unten), hinabsteigen, untergehen (Sonne); **~ ned i prisen** billiger werden, sich verbilligen; **~ opp** *på en måte* klappen *irgendwie* (Sache usw.); **~ over** überqueren *etw. Akk* (zu Fuß), überschreiten (Schwelle usw.); **~ på do** austreten gehen/müssen; **~ utenom** umgehen *etw. Akk* (herumgehen); **~ videre** vorgehen (nach vorn gehen), weitergehen

gågate [googaate] *m/w* Fußgängerzone *w*

gå gjennom *v* durchnehmen *etw. Akk* (in der Schule usw.)

gå inn *v* eintreten *in etw. Akk*, betreten *etw. Akk*, hereinkommen *in etw. Akk*, hineingehen *in etw. Akk*

gå ned *v* hinter den Wolken verschwinden, hinuntergehen *etw. Akk* (vom Sprecher), heruntergehen *etw. Akk* (zum Sprecher)

gå opp *v* hinaufgehen, steigen (Preise usw.)

gå over *v* **1** übertreten *(von etw.) zu etw.* (konvertieren usw.) **2** überlaufen (desertieren

usw.) **3** übergehen *zu etw.* (Thema usw.) **4** vergehen (Empfindung)
går [goor] **i ~ kveld** gestern Abend
gård [goor] *m* Bauernhof *m*, Hof *m* (landwirtschaftlicher), Farm *w*
gårdsplass [goorschplaß] *m* Hof *m* (Platz)
gårsdagens [goorschdag^e^nß] *adj* gestrig
gås [gooß] *m/w* Gans *w* (Vogel)
gåte [goot^e^] *m/w* Rätsel *s*
gåtur [gootuur] *m* Spaziergang *m*
gå ut *v* **1** ausgehen *aus etw.*, hinausgehen *aus etw.*, herauskommen *aus etw.* **2** aussteigen *aus etw.* (Zug usw.) **3** erlöschen (Licht), ausgehen

H

ha [haa] *v* **1** haben *etw. Akk* **2** nehmen (Essen usw.) ► **~ det** gehen (gut, schlecht usw.); **~ på (seg)** tragen (Kleider), anhaben; **~ noe på (seg)** tragen (Kleider); **Ha det bra.** Tschüss!
hage [haag^e^] *m* Garten *m*
hagl [hagl] *s* Hagel *m* (Niederschläge)
hai [hai] *m* Hai *m*
haike [haik^e^] *v* stoppen (Auto usw.), anhalten, trampen, per Anhalter fahren
hake [haak^e^] *m* **1** Kinn *s* **2** Häkchen *s* (diakritisches)
hale [haal^e^] *m* Schwanz *m* (eines Tiers) ♦ *v* ziehen *etw. Akk irgendwohin* (schleppen)
hall [hal] *m* Halle *w*
hallo [hallu] *interj* hallo; **Hallo!** Hallo!, Ja bitte?
hals [halß] *m* Hals *m* ► **sette noe i halsen** steckenbleiben *j-m* (im Hals)
halsbånd [halßbon] *s* Halsband *s*
halstørkle [halßtörkl^e^] *s* Tuch *s* (Kopftuch usw.)
halv [hal] *adj* halb, Hälfte *w etw. Gen*; **~ fem** um halb fünf
halvdel [halldeel] *m* Hälfte *w*
halvpart [hallpart] *m* Hälfte *w*
halvt [halt] *adv* halb, zur Hälfte
halvøy [hallöü] *m/w* Halbinsel *w*
ham [ham] *pron* ihn; **(til) ~** ihm
hammer [hamm^e^r] *m* Hammer *m*
han [han] *pron* er
handel [hand^e^l] *m* **1** Handel *m* **2** Geschäft *s* (Transaktion)
handelsmann [hand^e^lßman] *m* Geschäftsmann *m*
handikappet [handikappet] *adj* behindert
handle [hannl^e^] *v* **1** handeln (tun) **2** gehen *um etw.* **3** einkaufen, Einkauf machen **4** handeln *mit etw.* (Geschäft betreiben) ► **~ om** *noe* handeln *von etw., über etw. Akk* (Buch), behandeln *etw. Akk* (Film usw.)
handlevogn [handlewongn] *m/w* Einkaufswagen *m*
handling [handling] *m/w* **1** Tat *w* **2** Handlung *w* (eines Films usw.) **3** Aktion *w* (Tätigkeit usw.)
hane [haan^e^] *m* Hahn *m*
hang [hang] *m/s* Tendenz *w* (zu einer Handlung), Neigung *w*
hann [han] *m* Männchen *s*
hans [hanß] *pron* sein
hanske [hanßk^e^] *m* Handschuh *m*
hard [haar] *adj* **1** hart (Holz usw.) **2** anspruchsvoll (Aufgabe usw.), anstrengend (Tag usw.) **3** hart (Schlag usw.) **4** hart (unnachgiebig)
harddisk [haardißk] *m* Platte *w* (Festplatte)
hardnakket [haarnakket] *adj* halsstarrig, unbeugsam, stur, stark (Bemühung usw.)
hardt [hart] *adv* hart (schlagen usw.)
hare [haar^e^] *m* Hase *m*
hasard [haßaar] *m* Glücksspiel *s*, Hasard *s* (Wagestück)
hasselnøtt [haßß^e^lnött] *m/w* Haselnuss *w*
hastighet [haßtiheet] *m/w* Geschwindigkeit *w*, Schnelligkeit *w* (einer Bewegung usw.)
hat [haat] *s* Hass *m*
hate [haat^e^] *v* hassen *j-n/etw.*
hatt [hatt] *m* Hut *m*
haug [häug] *m* **1** Haufen *m* **2** Hügel *m*
hav [haaw] *s* Ozean *m*
havn [hawn] *m/w* Hafen *m*
hederlig [heed^e^rli] *adj* redlich (voller Bedenken) ♦ *adv* ehrlich
hefte [heft^e^] *v* haften *auf/an etw. Akk*; **bli heftet** aufgehalten werden (länger bleiben müssen); **~ sammen** zusammenheften *etw. Akk zu etw.*
heftig [hefti] *adj* **1** heftig (stark) **2** vehement ♦ *adv* heftig (sehr energisch usw.), stürmisch
hei [häi] *interj* **1** ciao, tschau, hallo **2** he ► **Hei!** Guten Tag., Hallo!
heis [häiß] *m* Aufzug *m*, Fahrstuhl *m*, Lift *m*
hekk [hekk] *m* **1** Hecke *w* **2** Hürde *w*, Hindernis *s* (in Athletik usw.)
heks [hekß] *m/w* Hexe *w*
hektar [hektar] *s* Hektar *s/m*
hel [heel] *adj* **1** ganz **2** völlig (total) **3** ganz (nicht beschädigt), heil (unversehrt) ► **hele tiden** immer (dauernd), stets, ständig; **i det hele tatt** gar, überhaupt; **ikke i det hele tatt** gar nicht, überhaupt nicht
heldig [heldi] *adj* **1** glücklich **2** zufällig (positiv) **3** rettend ► **være ~** Glück haben
heldigvis [heldiwiiß] *part* zum Glück, glücklicherweise

hele [heel^{e}] *v* **1** heilen (gesund werden) **2** handeln *mit etw.* **3** verschieben *etw. Akk* (Handel treiben) ► **~ tiden** immer (stets)

helg [helg] *m/w* Wochenende *s*

helhetlig [heelheetli] *adj* **1** ganz (komplett) **2** komplett (umfassend usw.) **3** zusammenhaltend

helikopter [helikopt^{e}r] *s* Hubschrauber *m*

hell [hel] *s* Glück *s*

helle [hell^{e}] *v* **1** gießen *etw. Akk in etw. Akk* (Wasser in die Tasse usw.) **2** schütten *etw. Akk irgendwohin*, streuen *etw. Akk irgendwohin* **3** begießen *j-n/etw. mit etw.*, übergießen *etw. Akk mit etw.* **4** gießen *etw. Akk in etw. Akk* (durch Gießen verteilen) **5** umgießen *etw. Akk irgendwohin* (in ein Gefäß) **6** zugießen *etw. Nom etw. Dat* **7** sich senken **8** inklinieren *zu j-m/etw.*, neigen *zu j-m/etw.*, neigen *zu etw.* (Ansicht), zuneigen (einer Ansicht usw.) ► **~ ut** *noe* ausgießen *etw. Akk* (Inhalt), ausschütten *etw. Akk* (Wasser usw.); **~** *noe* **ut** ausschütten *etw. Akk* (Sand usw.)

heller [hell^{e}r] *adv* lieber (klugerweise) ♦ *m* Heller *m* ♦ *part* eher ► **~ ikke** noch; **Ikke jeg ~.** Ich auch nicht.; **Jeg vil ~...** Ich möchte lieber...

hellig [helli] *adj* heilig

helse [helß^{e}] *m/w* Gesundheit *w*

helsesjekk [helß^{e}schekk] *m* Nachuntersuchung *w*

helst [helßt] *adv* am liebsten

helt [heelt] *adj* ganz ♦ *adv* ganz (allein usw.), durchaus (möglich usw.), komplett, völlig ♦ *m* Held *m*

helvete [helwet^{e}] *s* Hölle *w*, Inferno *s* (auch Brand usw.)

hemmelig [hemm^{e}li] *adj* **1** geheim **2** versteckt (geheim) **3** geheim (Angst usw.), heimlich

hemmelighet [hemm^{e}liheet] *m* Geheimhaltung *w* ♦ *s* Geheimnis *s*

hende [henn^{e}] *v* **1** geschehen, passieren (Ereignis usw.) **2** ausbrechen (Panik usw.)

hendelse [henn^{e}lß^{e}] *m* **1** Ereignis *s* **2** Zwischenfall *m*

henge [heng^{e}] *v* **1** hängen *etw. Akk* (Bild usw.) **2** hängen **3** aufhängen *j-n* (Mörder usw.) ► **~ sammen** *med noe* zusammenhängen *mit etw.*

hengsel [hengß^{e}l] *m/s* Angel *w* (einer Tür usw.); **løfte av hengslene** aushängen (Tür)

henholdsvis [henholßwiiß] *adv* beziehungsweise, eventuell

henne [henn^{e}] *pron* ihr, sie (Akkusativ); **(til) ~** ihr

hennes [henneß] *pron* ihr

hensikt [henßikt] *m* **1** Sinn *m etw. Gen* (Zweck) **2** Absicht *w*

hensiktsmessig [henßikzmeßßi] *adj* **1** zweckmäßig **2** geeignet *zu etw., für etw.* (passend), taugend *zu etw.* ♦ *adv* **1** ordentlich (angemessen) **2** geeignet, passend

hensyn [henßüün] *s* Rücksicht *w*, Rücksicht *w auf etw. Akk*; **med ~ til** *noe* angesichts *etw. Gen*; **med ~** *til noe* mit Rücksicht *auf etw. Akk*; **ta ~ til** erwägen *etw. Akk*, bedenken *etw. Akk* (durchdenken); **ta ~ til** *noe* in Erwägung ziehen *etw. Akk*, erwägen *etw. Akk*

hente [hent^{e}] *v* **1** holen *j-n/etw.* **2** abholen *j-n/etw.*, holen *j-n/etw.* ► **~ bagasjen** Gepäck abholen

henvende seg *v* ansprechen *j-n* (höflich usw.), sich wenden *an j-n/etw.* ► **Hvem skal jeg henvende meg til?** An wen soll ich mich wenden?

henvise [henwiiß^{e}] *v* **1** verweisen *j-n an j-n/etw.* **2** sich berufen *auf etw. Akk* (Gesetz usw.) **3** erwähnen *etw. Akk* (Quelle usw.)

henvisning [henwiißning] *m/w* Hinweis *m auf etw. Akk* (auf eine Quelle usw.)

her [häär] *adv* hier

herfra [häärfra] *adv* von hier (aus), von hier, hiervon

herlig [härli] *adj* **1** herrlich, wunderbar **2** wonnevoll, lustvoll ♦ *adv* wunderschön, toll

herpes [härpeß] *m* Herpes *m*

herre [härr^{e}] *m* Herr *m*; **herrer** *m Mz* Herren

herredømme [härr^{e}dömm^{e}] *s* **1** Vorherrschaft *w über j-n/etw.* **2** Herrschaft *w*, Regierung *w* (Tätigkeit)

herske [härschk^{e}] *v* **1** herrschen, regieren **2** kontrollieren (Gebiet usw.), beherrschen (Firma usw.) **3** dominieren *etw. Akk* **4** herrschen (in einem Land usw.), regieren ► **~ over** kontrollieren (Gebiet usw.), beherrschen (Firma usw.)

hest [heßt] *m* Pferd *s*

hestesko [heßteßkuu] *m* Hufeisen *s*

het [heet] *adj* **1** heiß (Gegenstand usw.) **2** kochend (heiß) **3** heiß (Liebe usw.)

hete [heet^{e}] *m* Hitze *w* ♦ *v* heißen *irgendwie* ► **Hva heter du?** Wie heißt du?; **Jeg heter...** Ich heiße...

hette [hett^{e}] *m/w* Kapuze *w*

hevde [hewd^{e}] *v* befürworten *etw. Akk*, behaupten *etw. Akk*

heve [heew^{e}] *v* aufgehen (Teig), hinaufsetzen *j-n auf etw. Akk*

hevelse [heew^{e}lß^{e}] *m* Schwellung *w*

hevn [hewn] *m* Rache *w*

hevne [hewn^{e}] *v* rächen *j-n/etw.*

hilse [hilße] *v* **1** begrüßen *j-n*, grüßen *j-n* **2** grüßen (offiziell, formell) **3** kennenlernen *j-n* (neue Freunde usw.) ► **Hyggelig å ~ på deg.** Freut mich.

hilsen [hilßen] *m* Gruß *m*, Salut *m*

himmel [himmel] *m* Himmel *m* ► **klar ~** *m* klarer Himmel

hindre [hindre] *v* **1** hindern *j-n an etw. Dat* (nicht erlauben), hindern *j-n an etw. Dat* **2** verhindern *j-n/etw.* **3** behindern *etw. Akk*, hindern *j-n* (im Wege stehen) **4** hemmen *etw. Akk* (Umstände usw.) **5** vereiteln **6** unterdrücken (Bemühung usw.)

hindring [hindring] *m/w* Hindernis *s für etw.*

hint [hint] *s* Andeutung *w*

historie [hißtuurie] *m/w* **1** Geschichte *w* **2** Geschichte *w etw. Gen*

historisk [hißtuurißk] *adj* historisch

hit [hiit] *adv* **1** her, hierher **2** hier (durch) ♦ *m* Hit *m*, Schlager *m*

hjelm [jelm] *m* Helm *m*

hjelp [jelp] *m/w* Hilfe *w*; **ved ~ av** mithilfe *etw. Gen*; **ved ~ av** *noen/noe* mittels *j-s/etw.*

hjelpe [jelpe] *v* **1** helfen *j-m mit etw., bei etw.* **2** Beihilfe leisten *j-m* (einem Verbrecher usw.) ► **~ til** helfen *j-m mit etw., bei etw.* (bei einer Arbeit usw.)

hjelpeløs [jelpelööß] *adj* machtlos, wehrlos, hilflos

hjelpemiddel [jelpemiddel] *s* Hilfsmittel *s*

hjelpsomhet [jelpßomheet] *m/w* Bereitschaft *w* (zu helfen), Bereitwilligkeit *w*

hjem [jem] *adv* nach Haus(e), heim ♦ *s* Heim *s*

hjemland [jemlan] *s* Heimat *w*

hjemlig [jemli] *adj* gemütlich, heimisch, anheimelnd

hjemme [jemme] *adv* zu Hause, (SwD, SüD) daheim

hjerne [jäärne] *m* Gehirn *s*

hjernerystelse [jäärnerüßtelße] *m* Gehirnerschütterung *w*

hjerte [järte] *s* Herz *s* (Organ)

hjertelig [järteli] *adj* herzlich, warm (Empfang usw.) ♦ *adv* herzlich

hjul [jʉʉl] *s* **1** Rad *s* **2** Rolle *w* (Möbelrolle usw.)

hjullås [julloß] *m/s* Parkkralle *w*, Kralle *w* (Vorrichtung)

hjørne [jörne] *s* **1** Winkel *m* (Ecke), Ecke *w* (eines Raumes) **2** Ecke *w* (der Straßen usw.)

hobby [hobbü] *m* Hobby *s*

hode [huude] *s* **1** Kopf *m* **2** Stecknadelkopf *m* ► **overhodet ikke** gar nicht, überhaupt nicht; **riste på hodet** den Kopf schütteln

hofte [hufte] *m/w* Hüfte *w*

holdbar [hollbaar] *adj* **1** belastbar, durabel (widerstandsfähig), haltbar (Material usw.) **2** langlebig (Batterie usw.)

holde [holle] *v* **1** halten *etw. Akk* (in der Hand), (kurz) halten *etw. Akk* **2** halten (in einer Lage usw.) **3** zurückhalten, aufhalten (Atem usw.) **4** halten (können) *etw. Akk* **5** einhalten *etw. Akk* **6** aufhalten *j-n irgendwo*, halten *j-n irgendwohin* **7** halten (fest sein usw.) **8** bleiben *irgendwo* **9** aufnehmen (Behälter usw.) ► **~ fast** *på noe* sich festhalten *an etw. Dat* (mit der Hand); **~ følge med noen** mithalten *mit j-m*, nachkommen *j-m*; **~ opp** *med noe* aufhören *mit etw.*; **~ på** *med noe* sich befassen *mit etw.*, sich beschäftigen *mit etw.*; **~ ut** *noe* aushalten *etw. Akk*, ertragen *etw. Akk*; **~** *sitt* **ord** das Wort halten; **Hold kjeft!** Halt die Klappe!; **kunne ~** *noe* halten (können) *etw. Akk*; **Hold opp!** Hören Sie damit auf!

holdeplass [holleplaß] *m* Haltestelle *w*

holder [holler] *m* Träger *m* (eines Titels)

holde seg *v* **1** sich festhalten *an etw. Dat* **2** sich halten *irgendwo* (sich nicht entfernen) **3** halten (frisch bleiben usw.) ► **~ til** *noe* sich halten *an etw. Akk* (Anweisungen usw.)

holdning [holdning] *m/w* Stellung *w* (Einstellung)

homo [huumu] *adj* schwul

honning [honning] *m* Honig *m*

honnør [hunnör] *m* Ehre *w* (Ehrenerweisung)

hopp [hopp] *s* **1** Sprung *m* **2** Überspringen *s etw. Gen* **3** Aufsprung *m* (nach oben)

hoppe [hoppe] *v* **1** hüpfen, springen (Sprünge machen) **2** springen (einen Sprung machen) **3** aufspringen *auf etw. Akk* (auf Fahrzeug) ♦ *m* Stute *w* ► **~ opp** aufspringen (hochspringen); **~ over** *noe* überspringen *etw. Akk* (auslassen), überspringen *etw. Akk* (Sprung machen), springen *über etw. Akk*; **~ ut** *av noe* springen *aus etw.*

horehus [huurehʉʉß] *s* Bordell *s*

horisont [horißont] *m* Horizont *m*

horn [horn] *s* **1** Horn *s* (eines Tiers usw.) **2** Hupe *w* **3** Hörnchen *s*

hoste [hußte] *m* Husten *m* ♦ *v* husten, hüsteln

hotell [hotel] *s* Hotel *s*

hovedgate [huuwedgaate] *m* Hauptstraße *w* (für Fußgänger usw.)

hovedrett [huuwedrett] *m* Hauptgericht *s*

hovedsakelig [huuwezaakeli] *adj* vorrangig, erstrangig ♦ *adv* das wichtigste ist, größtenteils, überwiegend ♦ *part* hauptsächlich, vor allem

hovedstad [huuweztaad] *m* Hauptstadt *w*

hovedstasjon [huuweztaschuun] *m* Hauptbahnhof *m*

hovedvei [huuwedwäi] *m* Fernstraße *w*, Hauptstraße *w*, Magistrale *w*
hud [huud] *m/w* Haut *w* (Körpergewebe) ♦ *m* Teint *m*
hul [huul] *adj* hohl
hule [huulᵉ] *m/w* Höhle *w*
hull [hul] *s* Loch *s*; **stikke ~** *på noe med noe* durchstechen *etw. Akk mit etw.*
human [humaan] *adj* human, menschlich (Behandlung usw.)
humor [huumor] *m* Humor *m*
humør [humöör] *s* Laune *w* (gute usw.), Stimmung *w*
hun [hun] *pron* sie (Fem. Singular)
hund [hun] *m* Hund *m*
hundre [hundrᵉ] *num* hundert; **fem ~** fünfhundert; **ni ~** neunhundert
hurtig [hurti] *adj* **1** schnell (Erledigung usw.), rasch (Genesung usw.) **2** rapid, jäh, rapide ♦ *adv* rapid, rapide
hurtigkoker [hurtikuukᵉr] *m* Wasserkocher *m*
hurtigtog [hurtitoog] *s* D-Zug *m*
hus [huuß] *s* Gebäude *s*, Haus *s*
husholdning [huußholning] *m/w* Haushalt *m*, Haushaltsführung *w*, Haushaltung *w*
husholdningsartikler [huußholningßartiklᵉr] *m Mz* Haushaltswaren *Mz*
huske [hußkᵉ] *v* **1** sich merken *etw. Akk* **2** sich erinnern *an etw. Akk*, *etw. Gen*, sich erinnern *an j-n/etw.* **3** denken *an etw. Akk*, sich erinnern *an etw. Akk* **4** schaukeln *j-n* (Kind usw.) **5** schwingen *mit etw.* (schaukeln usw.) ♦ *m/w* Schaukel *w*
hva [wa] *pron* was (Frage); **~ som helst** was auch immer
hvem [wem] *pron* der, die, das (bei Personen), wem, wen (in Frage), wer (Frage); **~ sin** wessen; **~ som helst** jed(er,e,es) (beliebige Person), wer auch immer
hvems [wemß] *pron* wessen
hver [wäär] *pron* jed(er,e,es) (ohne Ausnahme); **etter hvert** schließlich; **~ for seg** separat, extra (eingepackt usw.)
hverandre [wärandrᵉ] *adv* einander, untereinander, gegenseitig ♦ *pron* einander ► **falle fra ~** entzweigehen, auseinanderfallen; **fra ~** auseinander, voneinander; **med ~** miteinander
hverdagslig [wärdaagschli] *adj* alltäglich, gewöhnlich (normal), Alltags-, prosaisch
hvil [wiil] *m* Ruhe *w* (Erholung)
hvile [wiilᵉ] *v* sich ausruhen ♦ *m* Rast *w* (Pause)
hvilken [wilkᵉn] *pron* **1** welch(er,e,es) **2** wievielt(er,e,es) ► **~ som helst** beliebig; **~ vei** welchen Weg, wie
hvilket [wilket] *pron* **1** wievielt(er,e,es) **2** was (Nebensatz)
hvis [wiß] *conj* wenn (konditional) ♦ *pron* **1** dessen **2** deren
hviske [wißkᵉ] *v* **1** flüstern, wispern **2** zuflüstern *j-m etw. Akk*
hvit [wiit] *adj* **1** weiß **2** hellhäutig (Rasse usw.)
hvitløk [wiitlöök] *m* Knoblauch *m*
hvor [wur] *adv* **1** wo (Frage) **2** wohin ► **~ ... fra** woher; **~ hen** wohin; **~ mange** wie viel; **~ mye** wie viel; **~ som helst** wo auch immer; **Hvor er du fra?** Woher kommen Sie?; **Hvor kommer du fra?** Woher kommen Sie?
hvordan [wurdan] *adv* wie (Frage) ♦ *pron* was für ein ► **Hvordan er det?** Wie ist es?
hvorfor [wurfor] *adv* warum
hyggelig [hüggᵉli] *adj* nett (angenehm); **Det er ~ av deg.** Das ist lieb von Ihnen.; **Hyggelig å hilse på deg.** Freut mich.; **Hyggelig å møte deg.** Freut mich.
hygiene [hügieenᵉ] *m* Hygiene *w*
hygienisk [hügieenißk] *adj* hygienisch
hylle [hüllᵉ] *m* **1** Regal *s*, Bord *s* (Brett) **2** Fach *s* (im Schrank usw.) **3** Regal *s* (im Geschäft usw.) ♦ *v* **1** bejubeln *j-n* (Held usw.) **2** huldigen *j-m* **3** beehren *j-n mit etw.*
hyppe [hüppᵉ] *v* hacken (ein Beet usw.)
hyppig [hüppi] *adj* frequent, häufig
hytte [hüttᵉ] *m/w* **1** Bauernhaus *s* **2** Wochenendhaus *s* **3** Hütte *w* (Berghütte usw.) **4** Hütte *w* (primitive)
hæl [hääl] *m* Ferse *w*
hær [häär] *m* Armee *w*, Heer *s*, Militär *s* (Streitkräfte)
høflig [höfli] *adj* **1** höflich **2** artig, manierlich ♦ *adv* höflich, anständig ► **den høflige formen** Siezen *s*
høflighet [höfliheet] *m/w* Höflichkeit *w*
høne [hönᵉ] *m/w* Henne *w*, Huhn *s*
høre [hööᵉ] *v* **1** hören *etw. Akk* (wahrnehmen) **2** zuhören *j-m/etw.* **3** hören *etw. Akk* (erfahren) ► **få ~** aufschnappen *etw. Akk* **~ til** *noen* gehören *j-m*
høres [hööreß] *v* klingen (hörbar sein)
hørsel [hörschᵉl] *m/w* Gehör *s*
høst [hößt] *m* **1** Herbst *m* **2** Ernte *w* (geerntete Früchte)
høste [hößtᵉ] *v* **1** ernten *etw. Akk* (Getreide usw.) **2** ernten (Ergebnisse seiner Bemühungen usw.)
høy [höü] *adj* **1** hoch (Berg usw.) **2** groß (hoch usw.) **3** laut **4** hoch (Summe usw.) ♦ *s* Heu *s*

høyakte [höüakt^e] *v* schätzen *j-n/etw.* (hochachten)
høyde [höüd^e] *m* Höhe *w*
høydepunkt [höüd^epungkt] *s* Höhepunkt *m* (Phase), Kulmination *w*
høyere [höüer^e] *adj* größer (Gestalt usw.), höher (Wert usw.) ♦ *adv* höher
høyland [höülan] *s* Hochland *s*
høylytt [höülütt] *adj* laut
høyre [höür^e] *adj* recht(er,e,es) ♦ *s* Rechte *w* (Partei) ► **fra ~** von rechts; **på ~ side** *av noe* rechts *von etw.*; **til ~** nach rechts, rechts
høyt [höüt] *adv* **1** hoch (nach oben) **2** laut **3** hoch (oben)
høytidelig [höütiid^eli] *adj* zeremoniell, feierlich
høyttaler [höüttaal^er] *m* Lautsprecher *m*
høyvann [höüwan] *s* Hochwasser *s* (der Flut)
hålke [holk^e] *m/w* Glatteis *s*
hånd [hon] *m/w* Hand *w*; **på egen ~** selbst (allein); **ta ~ om** *noen* sich kümmern *um j-n/etw.*
håndbagasje [honbagaasch^e] *m* Handgepäck *s*
håndbok [honbuuk] *m/w* Anleitung *w*, Bedienungsanleitung *w* (in Druckform usw.), Handbuch *s*
håndflate [honflaat^e] *m/w* Handfläche *w*
håndjern [honjäärn] *s* Fesseln *w Mz*, Handschellen *w Mz* ► **sette ~** *på noen* Handschellen anlegen *j-m*
håndkle [hongkl^e] *s* Handtuch *s*
håndledd [honled] *s* Handgelenk *s*
håndskrift [honßkrift] *m/w* Handschrift *w* (schön usw.), Schrift *w* (lesbar usw.)
håndtak [hontaak] *s* **1** Griff *m* (Handgriff), Handgriff *m* **2** Henkel *m* **3** Halter *m* **4** Hebel *m*
håndtere [honteer^e] *v* **1** umgehen *mit etw. irgendwie* (manipulieren) **2** umgehen *mit etw.* (benutzen) **3** beseitigen *etw. Akk* (Abfall usw.)
håndverk [honwärk] *s* Handwerk *s*
håndverker [honwärk^er] *m* Handwerker *m*
håndveske [honweßk^e] *m/w* Handtasche *w*
håp [hoop] *s* Hoffnung *w auf etw. Akk*
håpe [hoop^e] *v* hoffen *auf etw. Akk*
hår [hoor] *s* **1** Haar *s* **2** Haare *s Mz* (auf der Brust usw.) **3** Barthaar *s* ► **få klipt håret** sich die Haare schneiden lassen
hårklipp [hoorklipp] *m* Haarschnitt *m*, Schnitt *m* (Haar)
hårspray [hoorschpräi] *m* Haarlack *m*, Haarspray *m/s*
hårtørrer [hoortörr^er] *m* Haartrockner *m*, Föhn *m* (Gerät)

I

i [i] *prep* **1** in (einem Raum usw.) **2** auf (Richtung usw.), in, zu, nach (räumlich usw.) ► **i tide** rechtzeitig; **i verste/beste fall** im schlimmsten/besten Fall *m*
ideell [ide-el] *adj* ideal
identitet [identiteet] *m* Identität *w* (einer Person usw.)
identitetskort [identiteezkort] *s* Dokumente *s Mz*, Papiere *s Mz*
idé [idee] *m* **1** Idee *w* **2** Ahnung *w*, Idee *w* (Vorstellung usw.)
idiot [idiuut] *m* Dummkopf *m*, Idiot *m*, Blödmann *m*, Trottel *m*
idrett [iidrett] *m* **1** Sport *m* **2** Leibeserziehung *w*
idrettsmann [iidrezman] *m* Sportler *m*
idrettsplass [iidrezplaß] *m* **1** Sportplatz *m*, Spielfeld *m* **2** Sportanlage *w*
ifra [ifraa] **langt ~** ach wo
igjen [ijen] *adv* aufs Neue, wieder, abermals
i går *adv* gestern
ihjell [ijel] **kvele** *noen* **~** erwürgen *j-n*
ikke [ikk^e] *part* **1** nicht **2** nein ► **heller ~** noch; **hvorfor ~** warum nicht (Zustimmung); **~ behøve** nicht müssen; **~ i det hele tatt** gar nicht, überhaupt nicht; **~ trenge** nicht müssen; **overhodet ~** gar nicht, überhaupt nicht
ikke-røyker [ikk^eröük^er] *m* Nichtraucher *m*
ild [il] *m* Feuer *s* (Flammen); **gjøre opp ~** das Feuer anmachen
imens [imenß] *adv* dabei
imidlertid [imidleertiid] *adv* jedoch ♦ *part* immerhin, ja
imitere [imiteer^e] *v* **1** imitieren *j-n/etw.*, nachahmen *j-n/etw.* **2** nachahmen *j-n*, imitieren *j-n* (komisch usw.), nachäffen *j-n* (Persönlichkeit usw.)
imot [imuut] *noen* **ha ikke noe ~** *noe* nicht stören *etw. Akk j-n*
importere [importeer^e] *v* einführen *etw. Akk irgendwohin*, importieren *etw. Akk irgendwohin*
indisk [indißk] *adj* indisch
individuell [indiwiduel] *adj* individuell
indre [indr^e] *adj* **1** inner(er,e,es), Innen- **2** innerlich (Gefühle usw.), Innen- ♦ *s* Innere *s* (einer Höhle usw.)
industri [indußtrii] *m* Industrie *w*
infeksjon [infekschuun] *m* Ansteckung *w*, Infektion *w*
influensa [influenßa] *m* Grippe *w*
informasjon [informaschuun] *m* Information *w*, Info *s*, Auskunft *w*

informasjonskontor [informaschuunß-kontuur] *s* Auskunftsbüro *s*, Informationsbüro *s*, Information *w*

informere [informeer^{e}] *v* informieren *j-n über etw. Akk*

ingen [ingen] *pron* **1** niemand **2** kein (nicht ein) ► **på ~ måte** keineswegs

ingeniør [inschenióöör] *m* Ingenieur *m*

ingenting [ingenting] *pron* nichts; **~ i det hele tatt** gar nichts; **Det gjør ~!** (Das) Macht nichts!; **Det var ~!** Nichts zu danken.

ingrediens [inggredienß] *m* Zutat *w*, Ingredienz *w*

injeksjon [injekschuun] *m* Injektion *w*, Spritze *w* (Dosis von Impfstoff usw.)

inkludere [ingklʉdeer^{e}] *v* **1** einbeziehen *etw. Akk in etw. Akk* **2** einschließen *etw. Akk* (in sich usw.), einbegreifen *etw. Akk* **3** zählen *j-n/etw. zu j-m/etw.* (zuordnen) **4** einrechnen *etw. Akk in etw. Akk*

inkludert [ingklʉdeert] *prep* einschließlich *etw. Gen*

inn [in] *prep* in *etw. Akk*, in (Richtung); **~ (i)** herein, hinein

innbringe [innbring^{e}] *v* einbringen, abwerfen, bringen, einbringen *etw. Akk* (Gewinn usw.)

innbrudd [innbrʉd] *s* Einbruch *m* (in ein Haus usw.)

innbruddstyv [innbrʉdßtüüw] *m* Einbrecher *m*, Dieb *m*

innbygger [innbügg^{e}r] *m* Bewohner *m* (von Haus usw.), Einwohner *m* (von Land usw.)

inne [inn^{e}] *adv* drinnen, innen ♦ *prep* innerhalb *etw. Gen*, im Inneren *etw. Gen*

innehaver [inn^{e}haaw^{e}r] *m* **1** Besitzer *m* **2** Träger *m*

inneholde [inn^{e}holl^{e}] *v* **1** enthalten *etw. Akk* **2** umfassen (enthalten)

innen [inn^{e}n] *prep* innerhalb *etw. Gen*, binnen *etw. Dat*, im Inneren *etw. Gen*

innenfor [inn^{e}nfor] *prep* im Rahmen *etw. Gen*, innerhalb *etw. Gen*, im Inneren *etw. Gen*; **~ rammene** *av noe* im Rahmen *etw. Gen*

innenfra [inn^{e}nfra] *adv* von (dr)innen, von innen

innenlands [inn^{e}nlanß] *adj* binnenländisch

innenlandsk [inn^{e}nlanßk] *adj* inländisch (Produkt usw.)

innfinne seg *v* sich einfinden *irgendwohin*, sich einstellen *bei j-m* (kommen)

innflytelse [innflüüt^{e}lß^{e}] *m* Einfluss *m*

innfri [innfrii] *v* einlösen (Pfand usw.)

innfødt [innföt] *adj* **1** gebürtig **2** einheimisch (Bevölkerung usw.) ♦ *m* **1** Eingeborene *m* **2** Muttersprachler *m*

innføre [innföör^{e}] *v* **1** einführen (Maßnahme usw.) **2** herstellen (Ordnung usw.) **3** einführen (ein Produkt), auf den Markt bringen

inngang [inngang] *m* **1** Eingang *m* **2** Eintritt *m* (ins Museum usw.) ► **fri ~** Eintritt frei

inngangspenger [inngangßpeng^{e}r] *m Mz* Eintrittsgeld *s*, Eintritt *m* (Geld), Eintrittsgebühr *w*

inngjerding [innjärding] *m/w* eingezäuntes Grundstück *s*, Pferch *m*, Zaun *m*

inngå [inngoo] *v* abschließen (Abkommen usw.), schließen (Vertrag)

innhold [innhol] *s* Inhalt *m*, Inhaltsverzeichnis *s*

inni [inni] *adv* drinnen, innen

innkjøp [innschööp] *s* Einkaufen *s*, Einkauf *m* (Tätigkeit)

innkjørsel [innschöörsch^{e}l] *m/w* **1** Zufahrt *w* (Fahrweg) **2** Einfahrt *w* (Stelle) **3** Auffahrt *w* (zur Autobahn) **4** Einfahrt *w* (Einfahren)

innkvartere [innkwarteer^{e}] *v* unterbringen *j-n*

innkvartering [innkwarteering] *m/w* Unterkunft *w* (Raum usw.)

innland [innlan] *s* **1** Inland *s*, Binnenland *s* (einer Insel usw.) **2** Inland *s* (eigenes Land)

innledning [innleedning] *m/w* **1** Einleitung *w* **2** Vorwort *s* **3** (feierliche) Einführung *w*, Aufnahme *w*

innløse [innlööß^{e}] *v* einlösen (Pfand usw.)

innmelde [innmeld^{e}] *v* anmelden *j-n/etw.* (registrieren usw.)

innpakning [innpakning] *m/w* Umschlag *m* (zu Heilzwecken)

innreisetillatelse [innräißetillaat^{e}lß^{e}] *m* Einreisevisum *s*

innretning [innretning] *m/w* Anlage *w*, Vorrichtung *w* (technische usw.)

innrømme [innrömm^{e}] *v* **1** zugeben, zugestehen, einsehen **2** eingestehen *etw. Akk*

innsamling [innßamling] *m/w* Sammlung *w* (von Altpapier usw.)

innsats [innßaz] *m* **1** Beitrag *m für etw.* (Mitwirkung) **2** Einlage *w* (Gegenstand)

innsjekking [innschekking] *m/w* Abfertigung *w*

innsjø [innschöö] *m* See *m* (Binnengewässer)

innskrift [innßkrift] *m/w* Aufschrift *w*

innskrive [innßkriiw^{e}] *v* anmelden *j-n/etw.* (registrieren usw.), einschreiben *in etw. Akk*

innstille [innßtill^{e}] *v* **1** stilllegen *etw. Akk* **2** aufgeben *etw. Akk* (aufhören), einstellen *etw. Akk* (Tätigkeit usw.) **3** annullieren

innstilling [innßtilling] *m/w* Einstellung *w zu etw.* (Meinung), Stellung *w* (Einstellung)

innta [inntaa] *v* einnehmen (Stellung usw.), nehmen (essen usw.)
inntak [inntaak] *s* Aufnahme *w* (Nahrung usw.), Zuleitung *w* (Rohr usw.)
inntekt [inntekt] *m/w* Einkommen *s*, Verdienst *m* (Einkommen)
inntil [inntil] *conj* bis (etwas passiert usw.)
inntreffe [inntreff^{e}] *v* ausbrechen (Panik usw.), eintreten
inntrykk [inntrükk] *s* Eindruck *m*, Schein *m* (Eindruck usw.), Anschein *m*; **gjøre** ~ *på noen* beeindrucken *j-n*, wirken *auf j-n irgendwie* (Eindruck machen)
innånde [innondd^{e}] *v* einatmen *etw. Akk* (Rauch usw.)
insekt [inßekt] *s* Insekt *s*
insistere [inßißteer^{e}] *v* bestehen *auf etw. Dat* (beharren)
inskripsjon [inßkripschuun] *m* Aufschrift *w*
inspeksjon [inßpekschuun] *m* **1** Inspektion *w* (Inspizieren) **2** Durchsuchung *w* (Haussuchung usw.), Kontrolle *w* (Zollkontrolle usw.)
institusjon [inßtituschuun] *m* Anstalt *w*, Institution *w*
institutt [inßtitutt] *s* **1** Institut *s* **2** Lehrstuhl *m*
instruksjon [inßtrukschuun] *m* Anleitung *w*, Anweisung *w* (zur Verwendung usw.), Aufgabenstellung *w*
instrument [inßtrument] *s* **1** Gerät *s* (Zange usw.), Werkzeug *s*, Instrument *s* **2** Gerät *s* (Messgerät usw.)
intelligent [inteligent] *adj* intelligent
intens [intenß] *adj* intensiv (Gefühl, Hitze usw.), Intensiv-
interessant [intereßant] *adj* interessant ♦ *adv* interessant
interesse [intereßß^{e}] *m* **1** Interesse *s an etw. Dat* **2** Eingenommenheit *w für etw.*
interessert [intereßeert] *adj* **1** interessiert *an etw. Dat* **2** beteiligt *an etw. Dat* ► **Jeg er ikke ~.** Ich habe kein Interesse.
internasjonal [internaschunaal] *adj* international
Internett [internett] *s* Internet *s*; **tilkobling til ~** Internetanschluss *m*
intervju [int^{e}rwjuu] *s* **1** Interview *s* **2** Besprechung *w*
intet [intet] *pron* kein (nicht ein)
invadere [inwadeer^{e}] *v* einbrechen *in etw. Akk* (Feind usw.), einfallen *irgendwohin* (in ein Land usw.)
investere [inweßteer^{e}] *v* investieren *in etw. Akk*, anlegen *etw. Akk in etw. Akk* (Geld), verwenden *etw. Akk auf etw. Akk* (Mühe, Geld usw.)
invitasjon [inwitaschuun] *m* Einladung *w*
invitere [inwiteer^{e}] *v* **1** einladen *j-n irgendwohin* **2** hinzuziehen *j-n*
involvere [inwolweer^{e}] *v* **1** beteiligen *j-n an etw. Dat* (Tätigkeit usw.), interessieren *j-n für etw., an etw. Dat* (j-n gewinnen suchen) **2** umfassen (enthalten) ► **bli involvert** *i noe* sich beteiligen *an etw. Dat*
irritere [iriteer^{e}] *v* **1** aufbringen *j-n* (erzürnen) **2** reizen (Haut usw.)
irritert [iriteert] *adj* aufgeregt, erregt (missgelaunt usw.), ärgerlich (Person), gereizt (Haut usw.)
is [iiß] *m* Eis *s*
isbre [iißbree] *m* Gletscher *m*
iskald [iißkall] *adj* eiskalt, eisig (Wasser usw.), frostig, Frost-
iskrem [iißkreem] *m* Eis *s* (Speiseeis)
islag [iißlaag] *s* Glatteis *s*
istedenfor [ißteed^{e}nfor] *adv* stattdessen, dafür ♦ *prep* für *j-n* (anstatt usw.), statt *etw. Gen*, anstelle *etw. Gen*, anstatt *etw. Gen*

J

ja [ja] *part* ja (Zustimmung)
jage [jaag^{e}] *v* **1** jagen *j-n*, verfolgen *j-n* (Polizei usw.) **2** hetzen (Tier usw.) **3** stürmen (eilen) **4** treiben *j-n/etw. irgendwohin* ► ~ *noen/noe* **vekk** vertreiben *j-n/etw.*, fortjagen *j-n/etw.*, wegjagen *j-n/etw.* (Tier usw.); ~ *noen* **ut** *av et sted* hinausjagen *j-n aus etw.*
jakke [jakk^{e}] *m/w* **1** Jacke *w* **2** Sakko *m/s*
jakt [jakt] *m/w* **1** Jagd *w* **2** Suche *w nach etw.* (Schatz usw.)
jakte [jakt^{e}] *v* **1** jagen (Wildtiere usw.) **2** erjagen
jamføre [jamföör^{e}] *v* vergleichen *j-n/etw. mit j-m/etw.* (Unterschiede)
januar [januaar] *m* Januar *m*
jaså [jaßoo] *interj* aha (ich verstehe); **Jaså?** Im Ernst?, Ehrlich?, Wirklich?
jeans [dshiins] *m Mz* Jeans *Mz*
jeg [jäi] *s* Ich *s* (Ego usw.) ♦ *pron* ich
jeger [jeeg^{e}r] *m* Jäger *m*
jekk [jekk] *m* Wagenheber *m*, Winde *w*
jeksel [jekß^{e}l] *m* Backenzahn *m*
jente [jent^{e}] *m/w* Mädchen *s*
jern [jäärn] *s* Eisen *s*
jernbane [jäärnbaan^{e}] *m* Eisenbahn *w*, Bahn *w* (Schienenverkehrsmittel)
jernbaneovergang [jäärnbaan^{e}oow^{e}rgang] *m* Bahnübergang *m*
jernbanestasjon [jäärnbaan^{e}ßtaschuun] *m* Bahnhof *m*
jerrykanne [jerrikann^{e}] *m/w* Kanister *m*

jevn [jewn] *adj* **1** eben (Fläche usw.) **2** gleichmäßig, ebenmäßig
jo [juu] *adv* doch (auf eine negative Frage); **~… desto** je… desto
jobb [job] *m* Arbeit *w*, Arbeitsstelle *w* (Beruf)
joggebukse [joggebukße] *m/w* Trainingshose *w*
joggesko [joggeßkuu] *m Mz* Turnschuhe *m Mz*
jomfru [jumfruu] *m/w* Jungfrau *w*
jord [juur] *m/w* **1** Erde *w*, Grund *m*, Boden *m* (Oberfläche) **2** Boden *m*, Erde *w* **3** Land *s* (Grundstück) ► **Jorden** *m* Erde *w* (Planet); **under jorden** unter der Erde
jordbruker [juurbruuker] *m* Bauer *m*, Landwirt *m*
jordbær [juurbäär] *s* Erdbeere *w* (Frucht)
jordeiendom [juuräiendom] *m* Grundstück *s*
jordfeste [juurfeßte] *v* beerdigen *j-n*
jordskjelv [juurschelw] *s* Erdbeben *s*
journalist [schurnalißt] *m* Journalist *m*, Publizist *m*
jubileum [jubileeum] *s* Jahrestag *m etw. Gen*, Jubiläum *s*
juice [juuß] *m* Saft *m* (aus Obst usw.)
jukse [jukße] *v* betrügen
jul [juul] *m/w* Weihnachten *s*, Weihnachtsfest *s*
juli [juuli] *m* Juli *m*
juni [juuni] *m* Juni *m*
jus [juuß] *m* Saft *m* (aus Obst usw.)
justere [jußteere] *v* einstellen (Maschine usw.)
juv [juuw] *s* Schlucht *w*

K

kabel [kaabel] *m* Kabel *s*
kabin [kabiin] *m* Kabine *w* (für Passagiere usw.)
kafé [kafee] *m* Café *s*, (ÖrD) Kaffeehaus *s*
kaffe [kaffe] *m* Kaffee *m*
kahytte [kahütte] *m* Kajüte *w*
kai [kai] *m/w* Mole *w*
kakao [kakaau] *m* Kakao *m*
kake [kaake] *m/w* **1** Kuchen *m* **2** Torte *w*
kald [kal] *adj* **1** kalt **2** ungerührt (ohne Gefühl) **3** kühl (Getränk usw.), gekühlt (Wein usw.) ► **bli kaldt** sich abkühlen, kühl werden (Wetter usw.); **Jeg er ~.** Mir ist kalt.
kaldt [kalt] *adv* kalt
kalender [kalender] *m* Kalender *m*
kalkulator [kalkulaator] *m* Taschenrechner *m*
kalle [kalle] *v* **1** nennen *j-n irgendwie* (bezeichnen) **2** nennen *j-n/etw. irgendwie* (einen Namen geben), benennen *j-n irgendwie* (Kind usw.) **3** einen Spitznamen geben *j-m* ► *~ noen* **fram** aufrufen *j-n*, ausrufen *j-n* (durch Lautsprecher)
kalv [kalw] *m* Kalb *s*
kalvekjøtt [kalweschött] *s* Kalbfleisch *s*
kamera [kaamera] *s* Kamera *w* (fotografische), Fotoapparat *m*
kamp [kamp] *m* **1** Kampf *m*, Schlacht *w* **2** Spiel *s* (Match) **3** Ringkampf *m* **4** Anstrengung *w*
kanal [kanaal] *m* **1** Kanal *m* (für Schiffe usw.) **2** Kanal *m*, Programm *s* (TV) **3** Kanal *m* (diplomatischer usw.) **4** Kanal *m* (Wasserleitung usw.)
kanin [kaniin] *m* Kaninchen *s*
kanne [kanne] *m/w* **1** Kanne *w* (für Tee usw.) **2** Gießkanne *w*
kanskje [kansche] *adv* möglicherweise, eventuell ♦ *part* möglicherweise, vielleicht
kant [kant] *m* **1** Rand *m* (Kante) **2** Kante *w* **3** Rand *m* (eines Gefäßes usw.)
kantete [kantete] *adj* eckig
kantine [kantiine] *m/w* Kantine *w*
kaos [kaauß] *s* Chaos *s*, Durcheinander *s* (Chaos usw.)
kapasitet [kapaßiteet] *m* Kapazität *w*
kapell [kapel] *s* Kapelle *w* (Bau)
kapittel [kapittel] *s* Kapitel *s*
kapp [kapp] *s* Kap *s*; **løpe/svømme/gå om ~** *med noen* an einem Wettkampf *gegen j-n* teilnehmen
kappe [kappe] *v* **1** sägen (arbeiten) **2** sägen *etw. Akk* (Baumstamm usw.), zersägen *etw. Akk* **3** durchhauen *etw. Akk* ♦ *m/w* Mantel *m* ► **~ av** abschneiden *etw. Akk* (mit einem Messer usw.); **~ av** *noe* absägen *etw. Akk*
kapre [kapre] *v* entführen *etw. Akk*
kapring [kapring] *m* Entführung *w* (eines Flugzeugs usw.)
kaptein [kaptäin] *m* Kapitän *m*
karakter [karakteer] *m* **1** Charakter *m* (Wesen), Natur *w* (einer Person) **2** Note *w* (in der Schule) **3** Charakter *m* (einer Landschaft usw.)
karakteristisk [karakterißtißk] *adj* charakteristisch
karosseri [karoßerii] *s* Karosserie *w*
karpe [karpe] *m* Karpfen *m*
karri [karri] *m* Curry *m/s*
karriere [kariääre] *m* Karriere *w*
kart [kart] *s* Landkarte *w*, Karte *w* (geografisch)
kartong [kartong] *m* Karton *m*, Pappe *w*

kasse [kaßße] *m/w* **1** Kasse *w* (Zahlstelle) **2** Kasten *m* (zum Aufbewahren) **3** Kasten *m* (Sicherungskasten usw.)
kasselapp [kaßßelapp] *m* Zettel *m* (Kassenzettel usw.)
kasserer [kaßeerer] *m* Bankkassierer *m*, Kassenwart *m*, Kassierer *m*
kast [kaßt] *s* Wurf *m*
kaste [kaßte] *v* **1** werfen *etw. Akk*, schmeißen *etw. Akk* **2** hinaufwerfen *etw. Akk* **3** hinwerfen *etw. Akk irgendwohin* (Abfälle usw.) **4** werfen *etw. Akk irgendwohin* (Schatten usw.) **5** werfen (in Baseball usw.) **6** auswerfen (Angel usw.) **7** abwerfen (Bomben usw.) ♦ *m* Kaste *w* ► **bli kastet tilbake** *av noe* reflektiert werden *von etw.*; ~ **av seg** abwerfen (Jacke usw.); ~ **bort** *noe* wegwerfen (zum Abfall tun); ~ **opp** brechen (bei Übelkeit); ~ **seg** *et sted* stürzen *irgendwohin* (springen), sich werfen *irgendwohin*; ~ *noe* **bort** wegwerfen (zum Abfall tun); ~ *noe* **gjennom** durchwerfen *j-n/etw. durch etw.*; ~ *noe* **i** *noe* hineinwerfen *etw. Akk in etw. Akk*, einwerfen *etw. Akk in etw. Akk*; ~ *noe* **ned** abwerfen *etw. Akk* (Bombe usw.); ~ *noen* **ut** *(av) noe/et sted* hinauswerfen *j-n aus etw.*
katastrofe [kataßtruufe] *m* Katastrophe *w*, Unglück *s* (Tragödie usw.)
katedral [katedraal] *m* Kathedrale *w*
katt [katt] *m* Katze *w* (Haustier usw.)
keeper [kiipe] *m* Torwart *m*
keiser [käißer] *m* Kaiser *m*
kelner [kelner] *m* Kellner *m*
keramikk [keramikk] *m* Keramik *w*
kidnapping [kidnäping] *m/w* Entführung *w*, Kidnapping *s* (von Person)
kikke [schikke] *v* **1** sich ansehen *etw. Akk* **2** hineinsehen *in etw. Akk* **3** begucken *j-n/etw.* **4** angucken *j-n/etw.*
kikkert [schikkert] *m* Fernglas *s*
kilde [schilde] *m* **1** Quelle *w* (eines Flusses usw.) **2** Quelle *w etw. Gen*
kilogram [schiilugram] *s* Kilogramm *s*
kilometer [schilumeeter] *m* Kilometer *m*
kinn [schin] *s* Wange *w*, Backe *w* (Gesicht)
kino [schiinu] *m* Kino *s*
kiosk [schoßk] *m* Kiosk *m*, Stand *m* (zum Verkauf), Verkaufsstand *m*
kirke [schirke] *m/w* Kirche *w*
kirkegård [schirkegoor] *m* Friedhof *m*, Kirchhof *m*
kirsebær [schirschebäär] *s* Kirsche *w* (süße, Frucht)
kirurg [schirurg] *m* Chirurg *m*
kirurgi [schirurgii] *m* Chirurgie *w*
kiste [schißte] *m/w* Kiste *w*, Kasten *m*, Truhe *w*
kjede [scheede] *m* Kette *w* ♦ *v* **1** langweilen *j-n* **2** müde machen *j-n*, ermüden *j-n*
kjedelig [scheedeli] *adj* langweilig, lästig
kjede seg *v* sich langweilen
kjedsomhet [scheedßomheet] *m/w* Langeweile *w*
kjefte [schefte] *v* schimpfen *mit j-m*
kjegle [schegle] *m/w* Kegel *m*
kjelke [schelke] *m* Schlitten *m*
kjeller [scheller] *m* Keller *m*
kjemme [schemme] *v* durchkämmen (Haare), frisieren *etw. Akk*, kämmen *j-n/etw.*
kjempe [schempe] *v* **1** kämpfen (mit Waffen) **2** aufeinandertreffen, ringen *mit j-m um etw.* **3** kämpfen *mit etw.* (mit Problemen usw.), bekämpfen *etw. Akk* (Schwierigkeiten usw.) **4** verlangen *etw. Akk* (fordern), beanspruchen *etw. Akk* ♦ *m* Riese *m* (Wesen)
kjempestor [schempeßtoor] *adj* riesig, riesengroß
kjenne [schenne] *v* **1** kennen *j-n/etw.* **2** sich auskennen *in etw. Dat* **3** ertasten *etw. Akk*, tasten (berühren usw.) **4** fühlen *etw. Akk*, spüren *etw. Akk* (Kälte usw.), empfinden *etw. Akk* (Schmerz usw.) ► ~ **igjen** *noen* erkennen *j-n/etw.* (identifizieren)
kjenning [schenning] *m/w* Bekannte *m*
kjent [schent] *adj* **1** berühmt, ruhmreich, ruhmvoll **2** kundig *etw. Gen* **3** vertraut (Gesicht usw.) ► **bli** ~ **med** *noe* sich bekannt machen *mit etw.*; **bli** ~ *med noen/noe* kennenlernen *j-n/etw.*; **bli** ~ *med noen* kennenlernen *j-n*; **gjøre seg** ~ **med** *noe* sich bekannt machen *mit etw.*
kjepp [schepp] *m* Stock *m* (Zweig)
kjerne [schärne] *m* **1** Kern *m* **2** Atomkern *m*
kjerre [schärre] *m/w* Karre *w*, Karren *m*
kjertel [schärtel] *m* Drüse *w*
kjole [schuule] *m* Kleid *s*
kjæledyr [schääledüür] *s* Haustier *s* (Heimtier)
kjær [schäär] *adj* lieb (geliebt)
kjære [schääre] *adj* lieb (in der Anrede usw.) ♦ *m* Schatz *m*, Liebling *m*
kjæreste [schääreßte] *m* **1** Freund *m* (Partner) **2** Freundin *w* (Partnerin)
kjærlig [schäärli] *adj* **1** liebevoll, liebreich **2** zart (empfindlich usw.), zärtlich
kjærlighet [schäärliheet] *m/w* Liebe *w*
kjøkken [schökken] *s* Küche *w*
kjøkkentøy [schökkentöü] *s* Geschirr *s* (zum Essen)
kjøler [schööler] *m* Kühler *m*
kjøleskap [schööleßkaap] *s* Kühlschrank *m*

kjølig [schööli] *adj* **1** kühlend, Kühl- **2** kühl (ein bisschen kalt) **3** kühl (Wetter usw.) ♦ *adv* kalt (Wetter)

kjølne [schölnᵉ] *v* abkühlen (kühler werden), auskühlen, kühl werden

kjønn [schön] *s* **1** Geschlecht *s* (sexuell) **2** Genus *s*

kjøp [schööp] *s* Kauf *m*, Ankauf *m*

kjøpe [schööpᵉ] *v* **1** kaufen, kaufen *etw. Akk* **2** abkaufen *j-m etw. Akk*

kjøpesenter [schööpᵉßentᵉr] *s* Einkaufspassage *w*, Einkaufsgalerie *w*

kjøre [schöörᵉ] *v* **1** fahren *etw. Akk* (Auto) **2** fahren *in etw. Akk* (mit dem Auto) **3** abfahren, abgehen (Zug usw.) **4** fahren *j-n irgendwohin*, bringen *j-n irgendwohin*, mitnehmen *j-n irgendwohin* (mit dem Auto), fahren *j-n/etw. irgendwohin* **5** fahren *etw. Akk* (Fahrrad usw.) **6** einstechen *etw. Akk in etw. Akk*, stecken *etw. Akk irgendwohin* ► **begynne å ~** anfahren (Wagen usw.); **~ en tur** ausfahren (mit Freunden usw.), eine Ausfahrt machen; **~ forbi** umfahren *etw. Akk* (ausweichen); **~ forbi** *noen* überholen *j-n* (vorbeifahren); **~ ned** herabfahren *etw. Akk*; **~ over** *noen/noe* überfahren *j-n/etw.* (Fußgänger usw.); **~ rundt** herumfahren *um etw.*; **~ ut** ausfahren *aus/von etw.*, hinausfahren *aus/von etw.* (mit dem Auto usw.); **~ vekk** wegfahren, abfahren (Fahrer); **~** *noe* **ut av** *noe/et sted* hinausfahren *j-n/etw. von/aus etw.*

kjørebane [schööräbaanᵉ] *m* Fahrbahn *w*

kjørefelt [schöörᵉfelt] *s* Fahrspur *w*

kjøre forbi *v* vorbeifahren *an j-m/etw.*

kjøretur [schöörᵉtuur] *m* **1** Spazierfahrt *w* **2** Fahrt *w*

kjøretøy [schörᵉtöü] *s* Fahrzeug *s* (Wagen usw.)

kjøtt [schött] *s* Fleisch *s*

kjøttdeig [schöttdäi] *m* Hackfleisch *s* (Faschiertes)

klage [klaagᵉ] *v* **1** sich beschweren *bei j-m über etw. Akk* **2** sich beschweren *über etw. Akk*, sich beklagen *über etw. Akk* **3** klagen, jammern ♦ *m/w* Beschwerde *w*

klappe [klappᵉ] *v* **1** applaudieren *j-m* **2** tätscheln *j-m* (den Rücken usw.) **3** streicheln *j-n/etw.* **4** tippen *an etw. Akk*, (leicht) klopfen *auf/an etw.*

klar [klaar] *adj* **1** hell (Licht usw.) **2** klar (Bedeutung usw.) **3** klar (Himmel usw.), heiter (Tag usw.) **4** vorbereitet *auf etw. Akk, für etw.*, bereit *zu etw.* **5** klar (Glas usw.) **6** klar (Wasser usw.), durchsichtig (Flüssigkeit usw.) ► **bli klart** sich klären; **få** *noe* **klart for seg** sich klar werden *über etw. Akk*; **gjøre** *noe* **klart for** *noen* sich klarmachen *etw. Akk* (gegenseitig)

klare [klaarᵉ] *v* **1** schaffen *etw. Akk* (bewältigen) **2** sich abfinden *mit etw.*, zurechtkommen *mit etw.*

klare seg *v* **1** gehen *j-m irgendwie* (Erfolg haben usw.) **2** auskommen *mit etw.* ► **~ uten** sich behelfen *ohne etw.*

klargjøre [klaarjöörᵉ] *v* **1** klarmachen *j-m etw. Akk*, klären *etw. Akk*, aufklären *etw. Akk*, erläutern *etw. Akk* **2** sich klar werden *über etw. Akk* **3** sich klarmachen *etw. Akk*

klart [klaart] *adv* deutlich (verständlich usw.), hell (scheinen usw.), klar (Wetter)

klasse [klaßßᵉ] *m/w* Klasse *w*

klasserom [klaßßᵉruum] *s* Klasse *w* (Zimmer), Klassenzimmer *s*

klatre [klatrᵉ] *v* **1** klettern *auf etw. Akk* (auf eine Leiter usw.) **2** klettern (im Gebirge usw.) ► **~ (opp)** klettern *auf etw. Akk* (hinauf); **~ opp på** hinaufklettern *etw. Akk*; **~ opp** *et sted/gjennom noe* klettern *irgendwohin* (durchs Fenster usw.)

kle [klee] *v* **1** anziehen *j-n* (bekleiden) **2** stehen *j-m* (Kleidung) ► **~ av seg** sich ausziehen; **~ av** *noe* ausziehen *etw. Akk* (Hose usw.); **~ av** *noen* ausziehen *j-n*

klebe [kleebᵉ] *v* kleben (Klebkraft haben)

klebrig [kleebri] *adj* klebrig, pappig

klemme [klemmᵉ] *m/w* **1** Büroklammer *w* **2** Klammer *w* (Gerät) ♦ *v* **1** umarmen *j-n* **2** drücken *etw. Akk* (in der Hand usw.) **3** drücken *j-n/etw. in/an etw. Akk* **4** zerdrücken **5** spannen *etw. Akk* (einspannen), klammern *etw. Akk* **6** auspressen *etw. Akk aus etw.* (Saft usw.) **7** drücken (zu eng sein) **8** klemmen *etw. Akk* (in der Tür) (Finger usw.)

kle seg *v* sich anziehen; **~ ut som** sich verkleiden *als j./etw.*

kleshenger [kleeßhengᵉr] *m* Kleiderbügel *m*, Bügel *m* (für Kleider)

klient [klient] *m* Kunde *m* (Bankkunde usw.), Klient *m*

klima [kliima] *s* Klima *s*

klimaanlegg [kliima-anleg] *s* Klimaanlage *w*

klinikk [klinikk] *m* Klinik *w*

klipp [klipp] *s* Abschnitt *m* (Papier usw.), Kurzaufnahme *w*, Schnitt *m* (im Film)

klippe [klippᵉ] *m* **1** Felsen *m* **2** Kliff *s* ♦ *v* **1** schneiden (mit Schere) **2** schneiden *j-n* (Haar) **3** durchschneiden *etw. Akk* (mit der Schere) **4** abmähen **5** schneiden (Film usw.) **6** schneiden (Schaf usw.)

klistre [klißtrᵉ] *v* aufkleben *etw. Akk auf etw. Akk*, kleben *etw. Akk an/auf etw. Akk* (befestigen); **~** *noe* **igjen** zukleben *etw. Akk* (Umschlag usw.)

klo [kluu] *m/w* **1** Kralle *w* (eines Vogels usw.) **2** Schere *w* (bei Krebsen)

klok [kluuk] *adj* **1** klug, schlau, clever **2** weise **3** umsichtig, bedachtsam

klokke [klokk^{e}] *m/w* Uhr *w* ► **Hva er klokka?** Wie spät ist es?; **klokka tre** um drei Uhr; **klokken sju** um sieben Uhr

kloss [kloß] *m* Block *m* (von Häusern usw.)

klossete [kloßßet^{e}] *adj* unbeholfen, ungeschickt

kloster [kloßt^{e}r] *s* Kloster *s*, Mönchskloster *s*

klumsete [klumßet^{e}] *adj* ungeschickt (unbeholfen)

klut [kluut] *m* Lappen *m* (zum Abwischen usw.)

klær [kläär] *s Mz* **1** Kleider *s Mz*, Kleidung *w* **2** Kleidung *w* (Artikel) ► **vaske ~** waschen *etw. Akk* (Wäsche)

klø [klö] *v* **1** kratzen (reiben) **2** jucken (Haut usw.)

kløft [klöft] *m/w* Cañon *m*, Schlucht *w*

klø seg *v* kratzen (wegen Juckreizes)

kløtsj [klötsch] *m* Kupplung *w* (im Fahrzeug)

knagg [knag] *m* Kleiderhaken *m*, Haken *m* (Hängeisen)

knalle [knall^{e}] *v* knallen

knapp [knapp] *adj* **1** knapp, nicht ganz **2** zu gering, knapp **3** rar, knapp (kaum vorhanden) ♦ *m* **1** Knopf *m* (an Kleidungsstücken) **2** Druckknopf *m* (Maschinenteil usw.), Knopf *m* (Schalter usw.) **3** Schalter *m* (elektrischer) **4** Zwecke *w*

knappenål [knapp^{e}nool] *m/w* Nadel *w* (Stecknadel), Stecknadel *w*

knapt [knapt] *adv* kaum, mit Mühe

kne [knee] *s* Knie *s*

kneipe [knäip^{e}] *m/w* Kneipe *w*

knekke [knekk^{e}] *v* **1** zerbrechen (Ast usw.) **2** anschlagen (Teller usw.) **3** anbrechen (entzweigehen) **4** knacken **5** aufknacken *etw. Akk*, knacken (Nüsse usw.)

knele [kneel^{e}] *v* **1** sich knien, sich niederknien **2** knien

kniv [kniiw] *m* Messer *s*

knokkel [knokk^{e}l] *m* Knochen *m*

knopp [knopp] *m* **1** Blütenknospe *w* **2** Knospe *w*

knuse [knuuß^{e}] *v* **1** zerdrücken *etw. Akk*, zerquetschen *etw. Akk* **2** zerdrücken (zerquetschen usw.) **3** zerschlagen *etw. Akk* (absichtlich usw.) **4** zerstampfen *etw. Akk* (in Mörser usw.)

knute [knuut^{e}] *m* Knoten *m* (in Schnur usw.)

knutekål [knuut^{e}kool] *m* Kohlrabi *m*

knutepunkt [knuut^{e}pungkt] *s* Knotenpunkt *m* (Verknüpfung)

knyte [knüüt^{e}] *v* zubinden; **~ opp** *noe* aufbinden *etw. Akk* (Schleife usw.)

knytte [knütt^{e}] *v* **1** binden, knüpfen, zubinden **2** festbinden *etw. Akk an etw. Dat* **3** angliedern *etw. Akk an etw. Dat* **4** ballen ► **~ sammen** verbinden *etw. Akk mit etw.* (mehrere Teile usw.); **~** *noe* **sammen** verbinden *etw. Akk* (Schnüre usw.)

knyttneve [knüttneew^{e}] *m* Faust *w*

koble [kobl^{e}] *v* **1** anschließen *etw. Akk an etw. Akk* **2** anschließen *etw. Akk an etw. Akk*, verbinden *etw. Akk mit etw.* (Ganzes bilden) **3** anschließen (ans Netz usw.) ► **~ fra** abkuppeln, abkoppeln, abhängen; **~ sammen** verbinden *etw. Akk mit etw.* (mehrere Teile usw.); **~ til** sich anschließen *an etw. Akk*; **~ ut** abschalten (Fernseher usw.); **~** *noe* **fra** den Stecker herausziehen

koblet [koblet] *adj* verbunden *mit etw.*

koffert [kuff^{e}rt] *m* Koffer *m*

koke [kuuk^{e}] *v* **1** kochen *etw. Akk* (im Wasser usw.) **2** kochen (Wasser usw.) ► **~ opp** aufkochen

kokekar [kuuk^{e}kaar] *s Mz* Geschirr *s* (zum Kochen)

kokeplate [kuuk^{e}plaat^{e}] *m/w* **1** Herdplatte *w* **2** Kochplatte *w* **3** Kocher *m*

kokk [kokk] *m* **1** Koch *m* **2** Kokke *w*

kokt [kukt] *adj* gekocht

koldtbord [koltbuur] *s* kaltes Büfett, warmes Büfett

kollega [kuleega] *m* Kollege *m*, Mitarbeiter *m*

kollisjon [kulischuun] *m* Kollision *w*, Zusammenstoß *m*

komedie [komeedi^{e}] *m* Komödie *w*

komfort [komfort] *m* Bequemlichkeit *w*, Komfort *m*

komfyr [komfüür] *m* Herd *m*, Kochherd *m*

komisk [kuumißk] *adj* komisch (lustig), witzig, spaßig ♦ *adv* komisch (lustig usw.)

komma [komma] *s* Komma *s* (Satzzeichen)

komme [komm^{e}] *v* **1** gelangen *irgendwohin* (zu Fuß), kommen *irgendwohin*, ankommen *irgendwohin*, eintreffen *irgendwohin* **2** kommen *zu etw.* (Ansicht usw.) **3** eingehen (Brief usw.) **4** anlaufen (Schiff) **5** eintreten (geschehen), kommen (Zeit) ► **~ fra** herkommen *aus etw.* (aus China usw.), stammen *aus etw.*; **~ frem** ankommen *in etw. Dat, an etw. Dat*, anlangen *an etw. Dat* (mit dem Auto usw.); **~ godt overens** *med noen* auskommen *mit j-m*; **~ godt ut av det** *med noen* auskommen *mit j-m*; **~ inn under** fallen *in etw. Akk* (in eine Kategorie); **~ likt** ausgleichen (Score usw.); **~ over** stoßen *auf j-n/etw.* (begegnen); **~ på** *noe* denken *an etw. Akk*, sich erinnern *an etw. Akk*; **~ sammen** zusammenkommen, sich versammeln; **~ seg til** *et sted* kommen *irgendwohin* (gelangen); **~ seg** *etter noe* sich erholen *von etw.* (gesund werden); **~ til hektene** *etter noe* sich erholen *von etw.*

(gesund werden); ~ **tilbake** zurückkommen, wiederkommen; **Kom deg ut!** Verschwinde!; **Kom igjen!** Komm schon!; **Kom inn!** Herein!; **Kom inn.** Kommen Sie herein.

komme fram *v* weitergehen, vorankommen (sich bewegen)

kommer [komm^{e}r] ~ **til å** wird

kommune [kommuun^{e}] *m* Gemeinde *w* (Dorf, Stadt usw.), Stadtverwaltung *w* (Behörde)

kommunestyre [kommuun^{e}ßtüür^{e}] *s* Rat *m* (Gremium)

kommunikasjon [komunikaschuun] *m* Kommunikation *w*

kommunisere [komunißeer^{e}] *v* kommunizieren *mit j-m*

kompass [kompaß] *m/s* Kompass *m*

kompensere [kompenßeer^{e}] *v* entschädigen *j-n für etw.*

kompetanse [kompetanß^{e}] *m* **1** Kompetenz *w* (Rechte usw.) **2** Qualifikation *w für etw.* **3** Kompetenz *w* (Fachkompetenz usw.)

kompetent [kompetent] *adj* berufen, befugt, kompetent (Gericht usw.), zuständig

komplett [komplett] *adj* komplett, völlig (total) ♦ *adv* komplett

kompliment [komplimang] *m* Kompliment *s*

komplisere [kumplißeer^{e}] *v* **1** komplizieren *etw. Akk*, verkomplizieren **2** erschweren *etw. Akk* (komplizieren)

komplisert [kumplißeert] *adj* kompliziert ♦ *adv* kompliziert

kompress [kompreß] *m* Umschlag *m* (zu Heilzwecken)

konditori [konditorii] *s* Konditorei *w*, Süßwarengeschäft *s*

kondolanse [kundulangß^{e}] *m* Beileid *s*

kondom [konduum] *s* Präservativ *s*, Kondom *s/m*

konduktør [konduktöör] *m* Schaffner *m*

kone [kuun^{e}] *m/w* Ehefrau *w*, Frau *w* (Gattin)

konflikt [kunflikt] *m* Konflikt *m*, Zusammenstoß *m* (Auseinandersetzung)

konge [kong^{e}] *m* König *m* (Herrscher)

kongelig [kong^{e}li] *adj* königlich

kongerike [kongeriik^{e}] *s* Königtum *s*

konklusjon [kongkluschuun] *m* Beendigung *w*, Schluss *m* (gezogener usw.), Entschluss *m*; **trekke en ~** zu dem Schluss kommen

konkurranse [kongkurranß^{e}] *m* **1** Rennen *s* **2** Wettbewerb *m*, Wettkampf *m* **3** Wettbewerb *m* (Spiel) **4** Konkurrenz *w*

konkurransedeltaker [kongkurranß^{e}deeltaak^{e}r] *m* Teilnehmer *m*

konkurrent [kongkurent] *m* **1** Konkurrent *m* **2** Teilnehmer *m* **3** Wettkämpfer *m*

konkurs [kongkursch] *adj* bankrott ♦ *m* Bankrott *m*, Konkurs *m* ► **gå ~** Bankrott machen

konsekvens [kunßekwenß] *m* **1** Folge *w etw. Gen, von etw.*, Konsequenz *w etw. Gen* (einer Tat usw.) **2** Wirkung *w auf j-n/etw.* (Auswirkung)

konsept [kunßept] *s* Konzept *s* (eines Textes), Entwurf *m* (schriftlicher)

konsert [konßärt] *m* Konzert *s* (Veranstaltung)

konservativ [kunßerwatiiw] *adj* konservativ

konstabel [kunßtaab^{e}l] *m* Polizist *m*

konstant [kunßtant] *adj* **1** konstant **2** dauernd, ständig ♦ *adv* konstant ♦ *m* Konstante *w*

konstruksjon [kunßtrukschuun] *m* **1** Konstruktion *w* **2** Aufbau *m etw. Gen* (Errichtung)

konsul [konßul] *m* Konsul *m*

konsulat [konßulaat] *s* Konsulat *s*

konsultasjon [konßultaschuun] *m* Beratung *w* (Besprechung)

kontakt [kontakt] *m* **1** Kontakt *m* **2** Stecker *m* ► **være i ~** *med noen* in Kontakt stehen *mit j-m*

kontakte [kontakt^{e}] *v* kontaktieren *j-n*, sich verbinden *mit j-m* (telefonisch usw.), Kontakt aufnehmen *mit j-m*

kontant [kontant] *adv* (in) bar (bezahlen) ♦ *m* Bargeld *s*

kontanter [kontant^{e}r] *m Mz* Bargeld *s*

konteiner [kontäin^{e}r] *m* Container *m*, Behälter *m*

kontinuerlig [kontinueerli] *adj* **1** dauernd, ständig, kontinuierlich **2** andauernd, anhaltend ♦ *adv* **1** ununterbrochen, dauernd (ohne Unterbrechung) **2** dauernd (ohne Unterbrechung), ständig

konto [kontuu] *m* Konto *s*

kontor [kontuur] *s* **1** Büro *s* **2** Amt *s*, Behörde *w* (staatliche usw.), Dienststelle *w* **3** Arbeitszimmer *s*

kontoutskrift [kontuuuzkrift] *m/w* Kontoauszug *m*

kontrakt [kuntrakt] *m* Kontrakt *m*, Vertrag *m*

kontroll [kontrol] *m* **1** Kontrolle *w über etw. Akk* (Beherrschung) **2** Kontrolle *w* (Überprüfung) **3** Überprüfung *w* (strenge usw.), Kontrolle *w* (gründliche usw.)

kontrollere [kontrolleer^{e}] *v* **1** kontrollieren *etw. Akk* (überwachen) **2** kontrollieren (Gebiet usw.), beherrschen (Firma usw.)

kontrollør [kontrolöör] *m* Kontrolleur *m*
konversasjon [kunwerßaschuun] *m* Gespräch *s*, Konversation *w*
konvolutt [konwul~~u~~tt] *m* Umschlag *m* (für Briefe), Kuvert *s*, Briefumschlag *m*
kopi [kupii] *m* Abzug *m* (Foto), Kontaktabzug *m*, Kopie *w*
kopiere [kupieere] *v* **1** kopieren **2** fotokopieren, fotokopieren *etw. Akk*, kopieren *etw. Akk*, ablichten *etw. Akk* (Formular usw.)
kopp [kopp] *m* Tasse *w*
kopper [kopper] *m Mz* Pocken *Mz* ♦ *s* Kupfer *s*
kork [kork] *m* **1** Kork *m* **2** Verschluss *m* (einer Flasche), Flaschendeckel *m*, Deckel *m* **3** Korken *m* **4** Stöpsel *m* **5** Stau *m* (Verkehr)
korketrekker [korketrekker] *m* Korkenzieher *m*
korn [korn] *s* **1** Korn *s*, Getreide *s* **2** Korn *s* (Frucht) **3** Korn *s* (einer Waffe)
kornlager [kornlaager] *s* Getreidespeicher *m*, Speicher *m* (für Getreide)
korps [korpß] *s* Organ *s* (Kollegium usw.)
korrekt [korekt] *adj* korrekt (Benehmen usw.)
korridor [kurriduur] *m* **1** Flur *m*, Korridor *m*, Gang *m* (im Haus usw.) **2** Gang *m* (im Zug) **3** Korridor *m* (Gebiet)
korrigere [korigeere] *v* **1** korrigieren (ändern) **2** wiedergutmachen *etw. Akk*, beheben *etw. Akk* (Fehler usw.)
korrigering [korigeering] *m/w* Berichtigung *w* (im Text), Korrektur *w*, Verbesserung *w* (eines Fehlers usw.)
kors [korsch] *s* Kreuz *s*
kort [kort] *s* **1** Karte *w* (für Skat usw.), Spielkarte *w* **2** Karte *w* (Plastikkarte usw.) **3** Ansichtskarte *w*, Postkarte *w* (aus dem Urlaub usw.) **4** Ausweis *m* ♦ *adj* **1** kurz (Gegenstand usw.) **2** kurz (zeitlich) ♦ *adv* **1** kurz, bündig **2** kurz (geschnitten usw.) ▶ **~ sagt** kurz gesagt
kortfattet [kortfattet] *adj* bündig, kurz (nicht ausführlich), knapp (gekürzt) ♦ *adv* kurz, bündig
kortslutning [kortschl~~u~~tning] *m/w* Kurzschluss *m* (elektrischer)
kortvarig [kortwaari] *adj* kurzzeitig
koselig [kuuschelig] *adj* gemütlich
kosmetikk [kußmetikk] *m* Kosmetik *w* (Kosmetika)
kost [koßt] *m* **1** Kost *w* **2** Verpflegung *w* **3** Besen *m*
kostbar [koßtbaar] *adj* **1** aufwendig, aufwändig, kostspielig **2** kostbar **3** aufwendig, luxuriös
koste [koßte] *v* kosten *wie viel* (Preis haben); *~ noe* **(på)** *noe* ausgeben *etw. Akk für etw.* (Geld); **Hva koster det?** Was/Wie viel kostet es?
kosthold [koßthol] *s* Ernährung *w* (Regime)
kostnad [koßtnad] *m* Kosten *Mz*
kostnadsfritt [koßtnazfritt] *adv* kostenlos, gratis
kotelett [kutelett] *m* Kotelett *s*
kott [kott] *s* Kammer *w* (Abstellraum)
krabbe [krabbe] *v* kriechen ♦ *m/w* Krabbe *w*
kraft [kraft] *m/w* **1** Kraft *w* (körperlich), Stärke *w* (eines Menschen) **2** Kraft *w* (Ursache der Bewegung) **3** Brühe *w* (Suppe) **4** Rasanz *w*
kraftig [krafti] *adj* **1** stark (wirksam) **2** massiv (fest usw.), Massiv- **3** stattlich (Mann usw.) **4** dicht (Soße usw.), dick (Suppe usw.), herzhaft (Abendessen usw.), kräftig (Essen usw.) ♦ *adv* heftig (sehr energisch usw.), stürmisch
kraftverk [kraftwärk] *s* Kraftwerk *s*
krakk [krakk] *m* Hocker *m*
krampe [krampe] *m* Krampf *m*
kran [kraan] *m/w* **1** Kran *m* **2** Absperrhahn *m* **3** Hahn *m* (Wasserhahn usw.)
krangel [krangel] *m* Scherereien *w Mz um etw.*, Streit *m*
krangle [krangle] *v* sich streiten *mit j-m*, (sich) streiten *über etw. Akk*, sich zerstreiten, streiten *mit j-m über etw. Akk* (diskutieren)
krasje [krasche] *v* **1** einen Autounfall haben, einen Unfall haben **2** anstoßen *an/gegen etw.*, prallen *gegen etw.* (Wagen usw.), stoßen *an etw. Dat*, stoßen *an etw.* (beschädigen usw.)
kratt [kratt] *s* Gebüsch *s*, Gestrüpp *s*
krav [kraaw] *s* **1** Forderung *w*, Anspruch *m* (an Qualität usw.) **2** Ansprüche *m Mz an j-n/etw.*, Forderungen *w Mz an j-n/etw.* **3** Anspruch *m auf etw. Akk* (erhobener usw.) ▶ **oppfylle ~** *til/om noe* Anspruch erlangen *auf etw. Akk*
kredittkort [kredittkort] *s* Kreditkarte *w*
kreft [kreft] *m* Krebs *m* (Krankheit)
krem [kreem] *m* **1** Creme *w* **2** Schlagsahne *w* (geschlagene), (ÖrD) Schlagobers *s* (Verzierung usw.)
kremmerhus [kremmerh~~uu~~ß] *s* Tüte *w*
krenke [krengke] *v* **1** entehren **2** demütigen *j-n* **3** verletzen *etw. Akk* (Gesetz usw.), verstoßen *gegen etw.* (Vertrag usw.) **4** widerrechtlich betreten
kreps [krepß] *m* Krebs *m* (Tier)
Krepsen [krepßen] *m* Krebs *m* (Sternzeichen)
krets [krez] *m* **1** Stromkreis *m* **2** Bezirk *m* (Verwaltungseinheit) **3** Bereich *m* (thematischer usw.), Gebiet *s* (einer Tätigkeit usw.), Sphäre *w*

kreve [kreew^e] *v* **1** fordern *etw. Akk*, verlangen *etw. Akk*, fordern *etw. Akk von j-m* **2** erfordern (notwendig machen), fordern *etw. Akk* (Zeit usw.), verlangen *etw. Akk* (Situation usw.) **3** verlangen *etw. Akk von j-m*, fordern *etw. Akk von j-m* **4** anfordern *etw. Akk*, verlangen *etw. Akk* (fordern), beanspruchen *etw. Akk* **5** fordern *etw. Akk* (Unfall – Opfer)

krevende [kreew^{e}n^e] *adj* anspruchsvoll (mit hohen Ansprüchen)

krig [kriig] *m* Krieg *m*, Kriegführung *w*

kriminell [kriminel] *adj* **1** kriminell, Kriminal- **2** strafbar **3** sträflich **4** verbrecherisch

kringkaste [kringkaßt^e] *v* senden (ausstrahlen)

kringkasting [kringkaßting] *m/w* Sendung *w*

krise [kriiß^e] *m/w* Krise *w*

kritikk [kritikk] *m* Kritik *w*

kritisere [kritißeer^e] *v* kritisieren

kritisk [kriitißk] *adj* kritisch

krok [kruuk] *m* **1** Haken *m* (zum Angeln usw.) **2** Winkel *m* (Ecke), Ecke *w* (eines Raumes) **3** Haken *m* (zum Aufhängen) **4** Hakennagel *m*

kroket [kruuket] *adj* krumm

krone [kruun^e] *m* Krone *w* ♦ *v* **1** krönen *j-n* (König usw.) **2** krönen *etw. Akk mit etw.* (Laufbahn usw.)

kropp [kropp] *m* **1** Körper *m* (menschlich) **2** Rumpf *m* (eines Menschen)

krumme [krumm^e] *v* deformieren, krümmen (krumm machen), verkrümmen

krydder [krüdd^{e}r] *s* Gewürz *s*, Würze *w* (Zutat)

krydre [krüdr^e] *v* würzen; **sterkt krydret** scharf (Paprika usw.)

krype [krüüp^e] *v* **1** kriechen (auf allen vieren usw.) **2** kriechen, sich winden, sich schlängeln (Schlange usw.) **3** kriechen (liegend usw.) ► **~ inn** *i noe* hineinkriechen *irgendwohin*; **~ ut** klettern *aus etw.* (herauskommen usw.); **~ ut** *av noe* kriechen *aus etw.*

kryss [krüß] *s* Knotenpunkt *m* (im Verkehr usw.), Kreuzung *w* (Straßen usw.)

krysse [krüßß^e] *v* **1** überqueren *etw. Akk* (fahrend), überschreiten *etw. Akk* (Grenze usw.) **2** sich kreuzen (Linien usw.) **3** durchqueren *etw. Akk* **4** kreuzen *etw. Akk* (schneiden) **5** kreuzen *etw. Akk* (schräg legen) **6** kreuzen *etw. Akk* (Rassen usw.), kreuzen (Tiere usw.) **7** durchkreuzen (Pläne usw.)

krøll [kröl] *m* Locke *w*

ku [kuu] *m/w* Kuh *w* (Tier)

kube [kuub^e] *m* Würfel *m*, Kubus *m*

kue [kuu^e] *v* unterdrücken *etw. Akk*, niederschlagen *etw. Akk* (Aufstand usw.)

kul [kuul] *adj* prima, toll ♦ *m* Beule *w*

kulde [kuld^e] *m/w* Kälte *w*

kuldegrader [kuld^{e}graad^{e}r] *m Mz* Temperaturen unter Null

kule [kuul^e] *m/w* Kugel *w*

kulepenn [kuul^{e}pen] *m* Kugelschreiber *m*

kull [kul] *s* **1** Kohle *w* (Brennstoff) **2** Schuljahr *s*

kultur [kultuur] *m* Kultur *w*

kulørt [kulöört] *adj* bunt (nicht schwarz-weiß), farbig (Stoff usw.), Farb-

kun [kun] *adv* einzig, lediglich

kunde [kund^e] *m* **1** Kunde *m* (im Geschäft usw.) **2** Abnehmer *m*

kunne [kunn^e] *v* **1** können *etw. Akk* (imstande sein), können *tun etw. Akk* **2** dürfen **3** beherrschen (Fremdsprache usw.)

kunngjøre [kunnjöör^e] *v* **1** bekannt machen *etw. Akk*, melden *etw. Akk* (öffentlich usw.) **2** verkündigen

kunngjøring [kunnjööring] *m/w* **1** Meldung *w* (amtliche) **2** Bekanntgabe *w* **3** Hinweis *m* (Warnung usw.)

kunnskap [kunnßkaap] *m* **1** Kenntnisse *w Mz* **2** Bewusstsein *s etw. Gen* (Wissen)

kunst [kunßt] *m* Kunst *w*

kunsthåndverk [kunßthonwärk] *s* Kunsthandwerk *s*

kunstig [kunßti] *adj* **1** künstlich **2** gekünstelt, geziert

kunstner [kunßtn^{e}r] *m* **1** Künstler *m* **2** Interpret *m* (Künstler)

kupé [kupee] *m* Abteil *s* (im Zug usw.), Coupé *s* (Auto)

kupong [kupong] *m* Gutschein *m*, Kupon *m*

kuppel [kupp^{e}l] *m* Kuppel *w*

kurbad [kuurbaad] *s* Bad *s* (mit Heilquellen), Kurort *m*

kurs [kursch] *m* **1** Kurs *m* (Richtung) **2** Kurs *m* (einer Währung), Wechselkurs *m* ► **sette kursen** *mot et sted* gehen *irgendwohin*

kursted [kuurschteed] *s* **1** Bad *s* (mit Heilquellen), Kurort *m* **2** Sanatorium *s*, Erholungsheim *s*, Genesungsheim *s*

kurv [kurw] *m* Korb *m*

kurve [kurw^e] *m* Kurve *w* (Linie)

kusine [kußiin^e] *m/w* Cousine *w*

kutte [kutt^e] *v* **1** schneiden, schneiden *etw. Akk* (mit Messer) **2** schneiden *j-n mit etw.* (verletzen) **3** hacken *in etw. Akk* (verletzen) **4** durchhauen *etw. Akk*

kvalifikasjon [kwalifikaschuun] *m* Qualifikation *w*

kvalitet [kwaliteet] *m* Qualität *w*, Qualität *w etw. Gen*

kvalm [kwalm] *adv* schlecht (körperlich unwohl), übel (körperlich); **Jeg er ~.** Mir ist schlecht.

kvalme [kwalm^e] *m* unwohl, übel, Übelkeit *w*
kvantitet [kwantiteet] *m* Größe *w* (in Physik), Quantität *w*
kveg [kweeg] *s* Vieh *s*
kveld [kwel] *m* Abend *m*; **i går ~** gestern Abend; **om kvelden** abends; **God ~.** Guten Abend.
kveldsmat [kwelßmaat] **spise ~** zu Abend essen
kveles [kweeleß] *v* **1** ersticken **2** würgen *an etw. Dat* (an Essen) ► **~ ihjell** ersticken (sterben)
kveppe [kwepp^e] *v* erschrecken *vor j-m/etw.*
kvern [kwärn] *m/w* Mühle *w* (Haushaltsgerät)
kverne [kwärn^e] *v* **1** mahlen **2** hacken (Fleisch usw.)
kvikk [kwikk] *adj* **1** lebhaft (Mensch), munter **2** flink, behänd, geschmeidig **3** flott (Schritt usw.), schnell
kvikne [kwikn^e] *v* genesen, sich beleben (Straßen usw.); **~ til** *etter noe* sich erholen *von etw.* (gesund werden)
kvinne [kwinn^e] *m* Frau *w*
kvinnelig [kwinn^eli] *adj* weiblich, Frauen-
kvise [kwiiß^e] *m/w* Pickel *m* (in der Haut)
kvist [kwißt] *m* **1** Rute *w* **2** Dachgeschoss *s*
kvittering [kwitteering] *m/w* Quittung *w*, Zettel *m* (Kassenzettel usw.)
kylling [schülling] *m* Hähnchen *s*, Küken *s*, (junges) Huhn *s*
kyss [schüß] *m/s* Kuss *m*
kysse [schüßß^e] *v* küssen *j-n/etw.*, küssen *j-n*, sich küssen
kyst [schüßt] *m* Küste *w*
kø [köö] *m* **1** Reihe *w* (Schlange usw.) **2** Schlange *w* (Reihe) ► **stå i ~** in der Schlange warten *auf etw. Akk*
kål [kool] *m* Kohl *m* (Weißkohl usw.), Wirsing *m*, Wirsingkohl *m*, (ÖrD) Kohl *m* (Rosenkohl usw.)
kåpe [koop^e] *m/w* Mantel *m* (Kleidung)

L

la [laa] *v* **1** lassen *j-n etw. Akk zu tun* (erlauben) **2** lassen *etw. Akk* (nicht ändern) ► **~ være** *å gjøre noe* ablassen *von etw.*; **~** *noen* **gå** einlassen *j-n irgendwohin* (hineinlassen usw.)
labb [lab] *m* Pfote *w*
lade [laad^e] *v* aufladen (Batterie usw.), laden (Waffe)
lader [laad^er] *m* Ladegerät *s*
ladning [laadning] *m/w* Ladung *w* (elektrische)
la få/ha *v* lassen *j-m etw. Akk* (nicht wegnehmen)
lag [laag] *s* **1** Kollektiv *s* **2** Mannschaft *w*, Team *s* (von Sportlern) **3** Schicht *w* (Masse) **4** Schicht *w* (Gesellschaftsschicht usw.) **5** Ensemble *s* **6** Trupp *m* (Arbeitstrupp usw.)
lage [laag^e] *v* **1** machen, schaffen (hervorbringen) **2** anfertigen, machen (erzeugen) **3** bilden, schaffen (hervorrufen usw.) **4** zubereiten **5** erzeugen (Energie usw.)
lagerhus [laag^erh~~uu~~ß] *s* Lager *s* (für Vorräte usw.)
lagre [lagr^e] *v* **1** einlagern *etw. Akk* (in einem Lager usw.) **2** speichern (Daten usw.) **3** einlagern *etw. Akk irgendwo*, lagern *etw. Akk irgendwohin*, speichern *etw. Akk irgendwohin* (Vorräte usw.)
laken [laak^en] *s* Bettlaken *s*, Laken *s*, Betttuch *s*, Tuch *s* (Bettwäsche)
lakk [lakk] *m* Lack *m*
laks [lakß] *m* Lachs *m*
lam [lam] *adj* lahm (Bein usw.) ♦ *s* Lamm *s*
lammekjøtt [lammeschött] *s* Lammfleisch *s*
lampe [lamp^e] *m/w* Lampe *w*
land [lan] *s* Land *s*
landbruk [lanbr~~uu~~k] *s* Landwirtschaft *w*
lande [lann^e] *v* landen, anlanden
landing [lanning] *m/w* Landung *w*
landsby [lanßbüü] *m* Dorf *s*
landsbygd [lanßbügd] *m/w* Land *s* (ländliches Gebiet)
landskap [lanßkaap] *s* Landschaft *w*
lang [lang] *adj* lang
langs [langß] *prep* **1** über (auf der Oberfläche) **2** entlang *etw. Dat*
langsom [langßom] *adj* **1** langsam **2** schleppend (Tempo usw.), langsam **3** allmählich
langt [langt] *adv* weit (entfernt usw.); **~ borte** weit (entfernt usw.)
langvarig [langwaari] *adj* **1** langfristig **2** langjährig **3** langwierig (Prozess usw.)
lapp [lapp] *m* **1** Zettel *m* **2** Lappen *m* (eines Organs usw.) **3** Pfannkuchen *m* (Eierkuchen) **4** Flicken *m*
lappe [lapp^e] *v* **1** überkleben *etw. Akk mit etw.* **2** verkleben *etw. Akk mit etw.*, zukleben *etw. Akk mit etw.* ► **~ en (sykkel)slange** den Schlauch flicken
lass [laß] *s* Ladung *w* (Frachtgut), Last *w* (auf dem Wagen usw.)
last [laßt] *m/w* **1** Fracht *w* (Ware usw.), Frachtgut *s* **2** Belastung *w* (Gewicht usw.), Last *w* (in Kilogramm usw.) **3** Belastung *w* (Schwierigkeit usw.), Last *w* (Sorge usw.) **4** Belastung *w etw. Gen* (Arbeit usw.) **5** Laster *s*
laste [laßt^e] **~ ned** herunterladen

lastebil [laßt^{e}biil] *m* Lastwagen *m*, Lkw *m*, Sattelschlepper *m*

lat [laat] *adj* faul (Mensch usw.)

late [laat^{e}] **~ som** *om noen gjør noe* so tun, als ob…, vorgeben *etw. Akk*, vortäuschen *etw. Akk*, heucheln *etw. Akk* (Mitleid usw.)

latter [latt^{e}r] *m* Lachen *s*

latterlig [latt^{e}rli] *adj* lächerlich

lav [laaw] *adj* niedrig ♦ *m/s* Flechte *w* (Pflanze)

lavland [laawlan] *s* Tiefland *s*

lavslette [laafschlett^{e}] *m/w* Kessel *m* (Tal)

lavt [laawt] *adv* leise (sprechen usw.), niedrig

lavvann [laavvan] *s* Ebbe *w*

le [lee] *s* Windschatten *m* ♦ *v* lachen *über j-n/etw.*

ledd [led] *s* **1** Gelenk *s* **2** Glied *s* (einer Kette), Segment *s* (Teilstück)

leddbånd [leddbon] *s* Ligament *s*, Band *s* (Gewebe)

lede [leed^{e}] *v* **1** führen *etw. Akk* (Unternehmen usw.) **2** führen (im Wettkampf usw.) **3** vorsitzen *etw. Dat* **4** führen *j-n irgendwohin*, leiten *j-n irgendwohin* **5** verlegen *etw. Akk irgendwohin* (Wasserleitung usw.) **6** leiten (Wasser usw.) **7** moderieren **8** dirigieren (Orchester usw.) **9** leiten (leitfähig sein) **10** lenken *etw. Akk irgendwohin* (zum Ziel) ♦ *m* langweilige Sache ► **~ inn** *noen et sted* führen *j-n irgendwohin*, bringen

ledelse [leed^{e}lß^{e}] *m* **1** Führung *w*, Management *s* (Personen usw.), Leitung *w* (Hauptvertreter) **2** Direktion *w* **3** Führung *w* (eines Betriebes usw.), Leitung *w* (einer Firma usw.), Management *s* (Tätigkeiten) **4** Führung *w* (Führungsposition)

leder [leed^{e}r] *m* **1** Leiter *m* **2** leitender Angestellter **3** Vorsitzende *m* **4** Führer *m*, Leiter *m* (einer Bewegung usw.) **5** Führer *m* (Leiter), Chef *m* **6** Kommandant *m* **7** Editorial *s* (Artikel)

ledig [leedi] *adj* **1** frei (Platz), unbesetzt (Platz usw.), vakant **2** leger, lässig (Kleidungsstil usw.) ♦ *adv* frei (nicht besetzt) ► **gjøre ~** räumen (Zimmer usw.)

ledning [leedning] *m/w* **1** Kabel *s* **2** Leitung *w* (Telefonleitung usw.)

legalt [legaalt] *adv* legal

lege [leeg^{e}] *v* **1** ausheilen *etw. Akk* **2** heilen (gesund werden) ♦ *m* Arzt *m*, Doktor *m*

legekontor [leeg^{e}ontuur] *s* Sprechzimmer *s*, Arztpraxis *w*

legemiddel [leeg^{e}midd^{e}l] *s* **1** Medikation *w*, Medikament *s* **2** Heilmittel *s* **3** Mittel *s gegen etw.* (Arzneimittel usw.)

legende [legend^{e}] *adj* **1** Heil- **2** medikamentös, heilend (Wirkung usw.) ♦ *m* **1** Sage *w* **2** Legende *w* (in einer Landkarte usw.)

leges [leegeß] *v* heilen (Wunde usw.)

legevakt [leegewakt] *m/w* Notaufnahme *w*, Notdienst *m*, Bereitschaftsdienst *m* (ärztlicher)

legg [leg] *m* Wade *w*

legge [legg^{e}] *v* **1** hinlegen *etw. Akk irgendwohin*, legen *etw. Akk irgendwohin* **2** anlegen *etw. Akk an etw. Akk* (legen), legen *etw. Akk in etw. Akk* (in Mappe usw.) **3** verlegen *etw. Akk irgendwohin* (Kabel, Rohre usw.) ► **~ bort** ablegen (Gegenstand); **~ fram** vorlegen (Entwurf usw.); **~ ned** schließen (Betrieb); **~ på seg** zunehmen (dicker werden); **~ på ved** nachlegen; **~ til** beifügen, anfügen (einem Dokument usw.), zugeben *etw. Akk irgendwohin* (hinzufügen); **~ ved** beifügen, anfügen (einem Dokument usw.)

legge seg *v* sich hinlegen ► **~ til** übernehmen (Methode usw.)

legitimasjonskort [legitimaschuunß-kort] *s* Ausweis *m*, Personalausweis *m*, (ugs.) Perso *m*, Dokumente *s Mz*

lei [läi] *adj* **1** angewidert *von etw.* **2** gelangweilt ► **være ~** *for noe* leidtun *j-m etw. Nom*; **Jeg er ~ av det.** Ich habe davon die Nase voll.

leie [läi^{e}] *m* Miete *w* ♦ *v* mieten *etw. Akk*, anmieten *etw. Akk* ► **rom til ~** Zimmer zu vermieten

leietaker [läi^{e}taak^{e}r] *m* Mieter *m*, Pächter *m*

leie ut *v* pachten *etw. Akk*, vermieten *etw. Akk an j-n*; **leie** *noen/noe* **ut** *av noe* hinausführen *j-n/etw. aus etw.*

leilighet [läiliheet] *m/w* Wohnung *w*

leir [läiir] *m* Lager *s* (Unterkunft)

leirplass [läiirplaß] *m* Camp *s*, Campingplatz *m*

lek [leek] *adj* Laien-, laienhaft ♦ *m* Spiel *s* (Spielen)

leke [leek^{e}] *v* **1** spielen *mit etw.* **2** herumspielen *an/mit etw.* ♦ *m* Spielzeug *s*

lekeplass [leek^{e}plaß] *m* Spielplatz *m*

leketøy [leek^{e}töü] *s* Spielzeug *s*

lekke [lekk^{e}] *v* **1** entweichen, auslaufen (Wasser usw.) **2** durchsickern (Flüssigkeit), laufen (Gefäß usw.), lecken (Fass usw.) **3** Luft verlieren (Reifen)

lekser [lekß^{e}r] *m/w Mz* Hausaufgaben *w Mz*

lem [lem] *s* Glied *s* (Gliedmaße)

lenestol [leeneßtuul] *m* Armsessel *m*, Sessel *m*

lengde [lengd^{e}] *m/w* Länge *w*

lenge [leng^{e}] *adv* lange; **for ~ siden** längst; **så ~** solange, während

lenger [leng^{e}r] *adv* weiter (entfernt)

lengte [lengt^{e}] *v* begehren *etw. Akk*, sich sehnen *nach etw.*, sich sehnen *nach j-m/etw.*, verlangen *nach etw.*

leppe [lepp^{e}] *m/w* Lippe *w*

leppestift [lepp^{e}ßtift] *m* Lippenstift *m*

lesbisk [leßbißk] *adj* lesbisch

lese [leeß^{e}] *v* **1** lesen *etw. Akk* (ein Buch usw.) **2** lernen (für eine Prüfung usw.) **3** ablesen *etw. Akk* (Werte usw.)

leser [leeß^{e}r] *m* Browser *m*, Leser *m*

lete [leet^{e}] *v* nachforschen *nach etw.*; **~ etter** *noen/noe* suchen *j-n/etw.*, suchen *nach j-m/etw.* (Täter usw.)

lett [lett] *adj* leicht ♦ *adv* **1** leicht **2** leicht, sanft **3** leicht (erreichbar usw.), bequem (zugänglich usw.) ▶ **Det er ~ å reparere.** Das lässt sich leicht reparieren.; **gjøre** *noe* **lettere** erleichtern *etw. Akk* (einfacher machen)

lette [lett^{e}] *v* **1** erleichtern *j-m etw. Akk* **2** entlasten *etw. Akk* (Verkehr usw.) **3** abheben (Flugzeug usw.) ▶ **~ (fra bakken)** abheben (Flugzeug usw.)

lettfattelig [lettfatt^{e}li] *adv* deutlich (geschrieben usw.), verständlich

lettvint [lettwint] *adj* **1** einfach (leicht) **2** arbeitslos (Einkommen usw.), leicht verdient (Geld usw.) ♦ *adv* ohne Arbeit (reich werden usw.)

leve [leew^{e}] *v* **1** leben (am Leben sein) **2** erleben *etw. Akk* (Alter) **3** seinen Lebensunterhalt *mit etw.* verdienen **4** aufgeben (Paket usw.) ▶ **(få) ~ til** *å gjøre noe* erleben *etw. Akk*

levende [leew^{e}n^{e}] *adj* **1** lebend, lebendig **2** am Leben **3** lebhaft (Kind usw.) **4** lebhaft (Erinnerung usw.) ♦ *adv* **1** lebendig **2** lebhaft

lever [leew^{e}r] *adj* Leber- ♦ *m* Leber *w*

levere [leweer^{e}] *v* **1** zustellen *j-m etw. Akk* **2** liefern *j-m etw. Akk*, abliefern *etw. Akk bei j-m* **3** abgeben (Arbeit usw.)

levering [leweering] *m* Gewährung *w von etw.*, Versorgung *w mit etw.*

lide [liid^{e}] *v* **1** leiden *an/unter etw. Dat* **2** erleiden *etw. Akk*, erleiden (Niederlage usw.)

lidelse [liid^{e}lß^{e}] *m* **1** Elend *s*, Leiden *s*, Qual *w* **2** Schmerz *m* (seelisch)

lidenskap [liid^{e}nßkaap] *m* Leidenschaft *w*

ligament [ligament] *s* Ligament *s*, Band *s* (Gewebe)

ligge [ligg^{e}] *v* **1** liegen (Mensch) **2** liegen *irgendwo* (Sache) **3** herumliegen (unordentlich usw.) **4** liegen *in etw. Dat* (Problem usw.) ▶ **~ med** *noen* schlafen *mit j-m* (koitieren)

liggestol [ligg^{e}ßtuul] *m* Strandliege *w*

ligne [lingn^{e}] *v* **1** ähnlich sein *j-m/etw.* **2** geraten *nach j-m*, ähneln *j-m* ▶ **~ på hverandre** gleichen (einander)

lik [liik] *adj* gleich (mit denselben Eigenschaften), identisch, übereinstimmend ♦ *s* Leiche *w* ▶ **i like måte** gleichfalls; **være ~** gleich (sein) *etw. Nom*, ergeben *etw. Akk* (Resultat usw.)

like [liik^{e}] *adj* gleich ♦ *v* **1** gern *etw. Akk tun* **2** mögen *j-n/etw.*, gernhaben *j-n/etw.* **3** stehen *auf j-n/etw.* (Interesse haben) ▶ **(begynne å) ~** *noen/noe* Gefallen finden *an j-m/etw.*; **~** *noen/noe* **best** am liebsten mögen *j-n/etw.*; **Jeg liker det.** Es gefällt mir.; **Jeg liker det ikke.** Es schmeckt mir nicht.

likeglad [liik^{e}glaa] *adj* **1** gleichgültig **2** abgestumpft (Mensch usw.)

likegyldig [liik^{e}jüldi] *adj* **1** gleichgültig **2** abgestumpft (Mensch usw.)

liketil [liiketil] *adj* direkt (Lösung usw.)

likevel [liikewel] *adv* sowieso, jedenfalls ♦ *conj* jedoch, aber

likhet [liikheet] *m/w* **1** Ähnlichkeit *w* (Abbild) **2** Gleichheit *w* (kein Unterschied) **3** Gleichheit *w* (vor dem Gesetz usw.)

liknende [likn^{e}n^{e}] *adj* ähnlich *etw. Gen*

likt [liikt] *adv* **1** ähnlich **2** übereinstimmend, identisch

likvidasjon [likwidaschuun] *m* **1** Beseitigung *w von etw.* (Tilgung usw.) **2** Liquidierung *w* (einer Firma)

likør [liköör] *m* Likör *m*

lim [liim] *s* Klebstoff *m*, Kleister *m*

lime sammen *v* zusammenkleben *etw. Akk* (verkleben), kleben *etw. Akk*

limonade [limonaad^{e}] *m* Limonade *w*, Limo *w/s*

linje [linj^{e}] *m/w* **1** Linie *w* (Strich) **2** Zeile *w* **3** Linie *w* (Verkehrsstrecke)

linjestykke [linj^{e}ßtükk^{e}] *s* Strecke *w* (in Geometrie)

linse [linß^{e}] *m/w* Linse *w* (optisch)

list [lißt] *m/w* **1** Latte *w*, Leiste *w* (hölzerne usw.) **2** Leiste *w* (einer Applikation) **3** List *w* **4** Schwindel *m*

liste [lißt^{e}] *m/w* **1** Liste *w etw. Gen*, Verzeichnis *s etw. Gen* **2** Charts *Mz*

lite [liit^{e}] *adv* wenig

liten [liit^{e}n] *adj* klein ▶ **bitte ~** winzig

liter [liit^{e}r] *m* Liter *m/s*

litt [litt] *adv* ein bisschen

litteratur [litteratuur] *m* Literatur *w*

liv [liiw] *s* Leben *s*; **i live** am Leben

livbøye [liiwböü^{e}] *m* Rettungsring *m*

livlig [liiwli] *adj* **1** lebhaft (Mensch), munter, voll von Leben **2** lebhaft (Fantasie usw.)

livsledsager [liifßledßaag^{e}r] *m* Partner *m* (Ehepartner)

lodd [lod] *s* Los *s*, Lotterielos *s*; **trekke ~** losen

loft [loft] *s* Dachboden *m*

logisk [luugißk] *adj* logisch

lojal [lujaal] *adj* **1** loyal **2** treu *j-m* (zuverlässig)

lokal [lukaal] *adj* **1** lokal, Lokal-, örtlich, Orts- **2** hiesig **3** dortig
lokk [lokk] *s* **1** Topfdeckel *m* **2** Deckel *m* **3** Verschluss *m* (einer Flasche)
lokke [lokk^e] *v* **1** anlocken, locken (lockend sein) **2** anlocken *j-n*, verlocken *j-n zu etw. Akk* **3** verlocken *j-n*, verleiten *j-n* (zum Trinken usw.) **4** locken *j-n in etw. Akk*, locken *j-n irgendwohin* (Opfer usw.) **5** abschmeicheln *j-m etw. Akk*, abluchsen *j-m etw. Akk*, abschmeicheln *j-m etw.*, herauslocken *etw. Akk aus j-m* (Geld usw.) ► **~ frem** *noe hos noen* herauslocken *etw. Akk aus j-m*
lokomotiv [lukumutiiw] *s* Lokomotive *w*
lomme [lomm^e] *m/w* Tasche *w* (in Kleidungsstücken)
lommebok [lummebuuk] *m* Geldtasche *w*, Portemonnaie *s*, Geldbörse *w*
lommekniv [lummekniiw] *m* Taschenmesser *s*
lommelykt [lommelükt] *m/w* Taschenlampe *w*
lommetyv [lommetüüw] *m* Taschendieb *m*
lommetørkle [lommetörkl^e] *s* Taschentuch *s*
lotteri [lotterii] *s* Lotterie *w*
lov [loow] *m* Gesetz *s*; **få ~** *til noe* dürfen
love [luoow^e] *v* **1** versprechen *j-m etw. Akk* **2** geloben **3** hindeuten *auf etw. Akk*
lovende [loow^en^e] *adj* vielversprechend ♦ *adv* vielversprechend
lovlig [loowli] *adj* **1** legal, gesetzlich **2** angängig, erlaubt
lovmessig [loowmeßßi] *adj* gesetzlich, rechtmäßig ♦ *adv* gesetzmäßig
lue [luu^e] *m* Kappe *w*, Mütze *w*
luft [luft] *m/w* Luft *w*
luftballong [luftbalong] *m* Ballon *m*
lufte [luft^e] *v* **1** lüften **2** auslassen (Wut usw.)
luftig [lufti] *adj* locker (Gebäck usw.)
luftmadrass [luftmadraß] *m* Luftmatratze *w*
luftpost [luftpoßt] *m* Luftpost *w*
luke [luuk^e] *m* Schalter *m* (zur Abfertigung) ♦ *v* ausreißen
lukke [lukk^e] *v* **1** schließen *etw. Akk* (Fenster usw.), zumachen *etw. Akk* (Tür usw.) **2** sperren **3** zuklappen *etw. Akk*
lukket [lukket] *adj* geschlossen
luksus [lukßuß] *m* Luxus *m*
lukt [lukt] *m/w* Geruch *m*
lukte [lukt^e] *v* **1** riechen *etw. Akk*, riechen (durch den Geruchssinn) **2** riechen *an etw. Dat* **3** riechen *nach etw.* (Rosen usw.), stinken *nach etw.*
lunge [lung^e] *m/w* Lunge *w*, Pulmo *m*, Lungenflügel *m*
lungebetennelse [lung^ebetenn^elß^e] *m* Lungenentzündung *w*
lunken [lungk^en] *adj* lauwarm, lau
lunsj [lunsch] *m* Mittagessen *s*; **spise ~** zu Mittag essen
lure [luur^e] *v* **1** sich *etw. Akk* fragen **2** lauern **3** hereinlegen *j-n*, täuschen *j-n* (irreführen), überlisten **4** betrügen *j-n um etw.*, abschwindeln *j-m etw. Akk*, betrügen *j-n* **5** herauslocken *etw. Akk aus j-m* ► **Jeg lurer på om...** Ich frage mich, ob...
lus [luuß] *m/w* Laus *w*
ly [lüü] *s* **1** Sicherheit *w* (Platz) **2** Zuflucht *w* (Ort) **3** Heim *s* (für Obdachlose usw.)
lyd [lüüd] *m* **1** Geräusch *s*, Klang *m* (klarer usw.) **2** Laut *m* (stimmhafter usw.) ► **gi ~ fra seg** *til noen* sich melden *bei j-m* (anrufen, schreiben usw.)
lyde [lüüd^e] *v* **1** ertönen, klingen (hörbar sein) **2** klingen *irgendwie* (Eindruck vermitteln)
lydig [lüüdi] *adj* brav, gehorsam ♦ *adv* gehorsam, brav
lykke [lükk^e] *m/w* **1** Glück *s* (Gefühl) **2** Fortuna *w* (Glück)
lykkelig [lükk^eli] *adv* glücklich (lachen usw.)
lykkes [lükkeß] *v* **1** Erfolg haben *bei etw.*, gelingen *j-m etw. Nom* **2** klappen, gelingen (Sache usw.) **3** abschneiden (Erfolg haben)
lykkespill [lükkeßpil] *s* Glücksspiel *s*
lykkønske [lükkönßk^e] *v* gratulieren *j-m zu etw.*
lyn [lüün] *s* Blitz *m*
lyne [lüün^e] *v* blitzen; **Det lyner.** Es blitzt.
lys [lüüß] *adj* **1** hell **2** blond (Mensch) **3** hell, blond (Haar) ♦ *s* **1** Licht *s* (Lichtschein) **2** Licht *s* (Lampe) **3** Licht *s* (eines Wagens usw.) **4** Schein *m* (des Lichts) **5** Schein *m* (einer Kerze usw.) ► **slå på lyset** (Licht) einschalten, (Licht) anmachen
lyse [lüüß^e] *v* **1** leuchten (Lampe usw.), scheinen (Licht ausstrahlen) **2** beleuchten *etw. Akk*, leuchten *auf etw. Akk* (mit Taschenlampe usw.)
lyshåret [lüüßhooret] *adj* blond (Mensch), hellhaarig
lysne [lüüßn^e] *v* **1** dämmern (Morgen werden), hell werden (Tag) **2** aufklaren **3** sich aufhellen (Himmel usw.) **4** aufgehen *j-m etw. Akk*
lyspære [lüüßpäär^e] *m/w* Glühbirne *w*, Birne *w* (mattierte usw.)
lyst [lüßt] *adv* hell ♦ *m* Appetit *m auf etw. Akk*, Lust *w an etw. Akk* ► **ha ~** *til å gjøre noe/på noe* stehen *auf j-n/etw.* (Interesse haben); **ha ~** *til å gjøre noe* Lust haben *etw. Akk zu tun*
lysten [lüßt^en] *adj* gierig (Blick usw.)

lystspill [lüßzpil] *s* Komödie *w*
lyte [lüüt^e^] *s* Fehler *m* (an einer Ware usw.), Mangel *m* (an einem Produkt usw.)
lyve [lüüw^e^] *v* lügen *j-m*
lær [läär] *s* Leder *s*
lære [läär^e^] *v* **1** einüben *etw. Akk* (Fähigkeit usw.) **2** beibringen *j-m etw. Akk* **3** belehren *j-n über etw. Akk* (informieren) **4** lernen *aus etw.* (durch Erfahrungen) ♦ *m* Lehre *w* (christliche usw.) ► **~ opp** ausbilden *j-n* (Arbeiter usw.); **~ seg** *(å gjøre) noe* lernen *etw. Akk*, erlernen *etw. Akk*
lærebok [läär^e^buuk] *m/w* Lehrbuch *s*
lærer [läär^e^r] *m* Lehrer *m*
lære seg *v* lernen *etw. Akk* (Fertigkeiten erwerben)
lærling [läärling] *m* Lehrling *m*, Auszubildende *m*, (ugs.) Azubi *m*
løfte [löft^e^] *s* **1** Versprechen *s* **2** Zusage *w* **3** Gelübde *s* ♦ *v* **1** heben *etw. Akk* (Gewicht usw.) **2** anheben *etw. Akk* (hochheben) **3** über Wasser halten **4** hochklappen (öffnen)
løgn [löün] *m/w* Lüge *w*
løk [löök] *m* Zwiebel *w*
lønn [lön] *m/w* **1** Lohn *m* **2** Gehalt *s* (Entlohnung) **3** Ahorn *m*
lønne seg *v* sich lohnen
løp [lööp] *s* **1** Lauf *m* (physische Aktivität) **2** Wasserlauf *m* ► **i løpet av** innerhalb *etw. Gen*, binnen *etw. Dat*, während, im Laufe *etw. Gen*, im Verlauf *etw. Gen*
løpe [lööp^e^] *v* **1** laufen, joggen, rennen **2** laufen *über etw. Akk* (hinüberlaufen) **3** durchlaufen *etw. Akk* (schnell durchkommen) **4** läufig sein ► **~ forbi** *noen* überholen *j-n* (vorbeilaufen)
løpebane [lööp^e^baan^e^] *m* Bahn *w* (für Läufer usw.)
lørdag [löörda] *m* Samstag *m*, (NoD) Sonnabend *m*
løs [lööß] *adj* **1** locker (nicht befestigt), lose **2** locker (Boden usw.), Schütt- **3** lose, locker (Schraube usw.) **4** grob (ungefähr)
løse [löößᵉ] *v* **1** bewältigen *etw. Akk*, anpacken *etw. Akk*, sich *über etw. Akk* hermachen (Problem usw.) **2** lösen *etw. Akk* (Problem usw.)
løsne [lößn^e^] *v* **1** lockern (Schraube usw.), lösen *etw. Akk* (Krawatte usw.) **2** sich lockern (Schraube usw.) **3** lockern (Spannung usw.) **4** abschnallen **5** losbinden **6** ablösen (Briefmarke usw.)
løsning [löößning] *m/w* **1** Lösung *w etw. Gen* (einer Aufgabe), Auflösung *w etw. Gen* **2** Lösung *w* (eines Geheimnisses usw.) **3** Lösungswort *s*
løv [lööw] *s* Laub *s*, Blätter *s Mz*
løve [lööw^e^] *m/w* Löwe *m* (Tier)
Løven [lööw^e^n] *m* Löwe *m* (Sternzeichen)
låne [loon^e^] *v* **1** leihen *j-m etw. Akk* **2** sich ausleihen *etw. Akk von j-m*, (sich) leihen *etw. Akk von j-m*, sich ausleihen *etw. Akk von j-m* **3** übernehmen
lår [loor] *s* **1** Oberschenkel *m*, Schenkel *m* **2** Keule *w* (bei Schlachtvieh)
lås [looß] *m/s* Schloss *s* (Türschloss)
låse [looß^e^] *v* abschließen (Wohnung usw.), schließen (mit dem Schlüssel); **~ opp** *noe* aufschließen *etw. Akk*; **~ seg ute** sich (die Tür) zuschlagen
låve [loow^e^] *m* Scheune *w*

M

madrass [madraß] *m* Matratze *w*
magasin [magaßiin] *s* **1** Zeitschrift *w* **2** Magazin *s* (einer Waffe)
mage [maag^e^] *m* Bauch *m*, Wanst *m* (Bauch); **ha en urolig ~** sich den Magen verderben; **spise noe magen ikke tåler** sich den Magen verderben
mager [maag^e^r] *adj* **1** ausgemergelt, abgezehrt, mager (Mensch) **2** mager (Fleisch)
magesekk [maageßekk] *m* Magen *m*
magnet [magneet] *m* Magnet *m*
mai [mai] *m* Mai *m*
mais [maiß] *m* Mais *m*
majones [maiuneeß] *m* Mayonnaise *w*, Majonäse *w*
makrell [makrel] *m* Makrele *w*
makt [makt] *m/w* Macht *w*
male [maal^e^] *v* **1** malen **2** streichen (Wände usw.) **3** anstreichen *etw. Akk* (Haus usw.) **4** mahlen, vermahlen (Kaffee usw.) **5** schnurren
maler [maal^e^r] *m* Maler *m*
maleri [malerii] *s* Gemälde *s*
malerkunst [maal^e^rkunßt] *m* Malerei *w*
maling [maaling] *m/w* Farbe *w* (aufgetragene), Anstrich *m* (bunter usw.)
malt [maalt] *adj* gemahlen ♦ *s* Malz *s*
mamma [mamma] *m* Mama *w*, Mutti *w*
mandag [manda] *m* Montag *m*
mandarin [mandariin] *m* Mandarine *w*
mandel [mand^el^] *m* **1** Mandel *w* (Samen) **2** Tonsillen *w Mz*, Mandeln *w Mz*
manet [maneet] *m/w* Qualle *w*
mange [mang^e^] *adv* viele; **hvor ~** wie viel, wie viele; **hvor ~ ganger** wievielmal; **~ ganger** vielmals; **så ~** so viel
mangel [mang^el^] *m* **1** Mangel *m an etw.*, Knappheit *w an etw.*, Mangel *m an etw. Dat* (Knappheit) **2** Deprivation *w* (Mangel) **3** Fehler *m* (an einer Ware usw.), Mangel *m* (an einem Produkt usw.)

mangfoldiggjøre [mangfoldijöör^{e}] *v* **1** fotokopieren, vervielfältigen *etw. Akk*, fotokopieren *etw. Akk* **2** vermehren *etw. Akk* (Eigentum usw.)
mangle [mangl^{e}] *v* **1** mangeln *j-m an etw. Dat* **2** fehlen *j-m an etw. Dat*, mangeln *j-m an etw. Dat*, mangeln *an etw. Dat*, fehlen *an etw. Dat*
manglende [mangl^{e}n^{e}] *adj* abwesend *in etw.*
mann [man] *m* Mann *m*
mannlig [mannli] *adj* **1** männlich **2** männlich (Eigenschaft usw.), Mannes-
mannskap [mannßkaap] *s* Besatzung *w*
manus [maanʉß] *s* **1** Manuskript *s*, Handschrift *w* (Urkunde usw.) **2** Drehbuch *s*, Szenarium *s* (eines Films usw.)
mappe [mapp^{e}] *m/w* **1** Dateiverzeichnis *s* **2** Aktenkoffer *m* **3** Mappe *w*, Aktenmappe *w* (Hülle)
marg [marg] *m* Mark *s* (Gewebe)
margarin [margariin] *m* Margarine *w*
mark [mark] *m* **1** Wurm *m* **2** Mark *w* (Währungseinheit)
markant [markant] *adj* markant ♦ *adv* beträchtlich, markant
marked [marked] *s* **1** Markt *m* (Warenverkehr) **2** Absatzgebiet *s* **3** Markt *m* (Platz), Marktplatz *m* **4** Volksfest *s*, Fest *s* (Jahrmarkt usw.)
markedsføring [markedßfööring] *m/w* Marketing *s*, Werbung *w* (Werben), Reklame *w*
markere [markeer^{e}] *v* **1** feiern *etw. Akk* (Geburtstag usw.) **2** markieren
marmelade [marmelaad^{e}] *m* Marmelade *w* (aus Zitrusfrüchten)
marmor [marmor] *m/s* Marmor *m*
mars [marsch] *m* März *m*
maskara [maßkaara] *m* Mascara *w*, Wimperntusche *w*
maskin [maschiin] *m* **1** Maschine *w* **2** Apparat *m* (Gerät), Werk *s* (Mechanismus)
massasje [maßaasch^{e}] *m* Massage *w*
masse [maßß^{e}] *m* **1** große Menge, Masse *w* **2** eine Menge *von etw.* **3** Stoff *m* (fester usw.), Substanz *w*, Materie *w*
mast [maßt] *m/w* **1** Mast *m* (auf dem Schiff) **2** Leitungsmast *m*
mat [maat] *m* Essen *s*; **lage ~** kochen (zubereiten)
mate [maat^{e}] *v* füttern *j-n mit etw.*
materiale [materiaal^{e}] *s* Material *s*
matlyst [maatlüßt] *m/w* Appetit *m*, Esslust *w*, Lust zu essen
matpakke [maatpakk^{e}] *m/w* Imbiss *m* (Gericht), Pausenbrot *s* (in der Schule usw.)
matrett [maatrett] *m* Gericht *s*, Speise *w* Mahlzeit *w* (warme usw.)
matte [matt^{e}] *m/w* **1** Unterlage *w* (Polster usw.) **2** Matte *w* (zum Turnen)
matvare [maatwaar^{e}] *m* Lebensmittel *s*, Nahrungsmittel *s*
matvarer [maatwaar^{e}r] *m/w Mz* Lebensmittel *Mz*
maur [mäʉr] *m* Ameise *w*
med [mee] *prep* **1** mit *j-m/etw.* **2** um (bei Differenzangaben) **3** mit, mit sich (bringen usw.) ► **~ en gang** sobald, sowie (gleich usw.); **~ seg** mit, mit sich (bringen usw.); **til og ~** sogar
medarbeider [meearbäid^{e}r] *m* Mitarbeiter *m*, Kollege *m*
meddele [meedeel^{e}] *v* **1** benachrichtigen *j-n von etw.*, mitteilen *j-m etw. Akk*, mitteilen *j-m etw.*, übermitteln *j-m etw.* **2** verständigen *j-n von etw.*
meddelelse [meedeel^{e}lß^{e}] *m* Mitteilung *w*
medfølelse [meeföölelß^{e}] *m* Anteilnahme *w*, Teilnahme *w* (herzliche usw.), Mitleid *s*, Mitgefühl *s*
medikament [medikament] *s* **1** Medikament *s*, Medikation *w* **2** Heilmittel *s*
medisin [medißiin] *m* **1** Arzneimittel *s* Medikament *s* **2** Medizin *w* (Wissenschaft)
medlem [meedlem] *s* Mitglied *s etw. Gen*, Angehörige *m etw. Gen*; **bli ~ av** *noe* beitreten *etw. Dat*
medregne [meeräin^{e}] *v* **1** zählen *j-n/etw. zu j-m/etw.* (zuordnen) **2** einrechnen *etw. Akk in etw. Akk*
medspiller [meeßpill^{e}r] *m* **1** Mitspieler *m* **2** Partner *m* (bei einer Tätigkeit)
meg [mäi] *pron* **1** mir **2** mich ► **med ~** mit mir; **til ~** mir
meget [meeget] *adv* sehr, sehr (viel)
mekaniker [mekaanik^{e}r] *m* Mechaniker *m*
mektig [mekti] *adj* **1** mächtig (Herrscher usw.) **2** mächtig (groß), gewaltig (Welle usw.)
mel [meel] *s* Mehl *s*
melbolle [meelboll^{e}] *m* Kloß *m*, (SüD, ÖD) Knödel *m*
melde seg *v* **1** sich anmelden *zu etw.* (Teilnehmer) **2** sich anmelden (registrieren usw.) **3** sich melden *bei j-m* (beim Chef usw.) ► **~ inn** *i noe* beitreten *etw. Dat*
melding [melding] *m/w* **1** Nachricht *w* (E-Mail usw.) **2** Mitteilung *w*
melk [melk] *m/w* Milch *w*
melkebutikk [melkebʉtikk] *m* Milchgeschäft *s*
mellom [mellom] *prep* zwischen

mellomlanding [mellomlanning] *m/w* Zwischenlandung *w*
mellomrom [mellomruum] *s* **1** Lücke *w* (Stelle usw.) **2** Leerzeichen *s*
melodi [meludii] *m* Melodie *w*
melon [meluun] *m* Melone *w*, Zuckermelone *w*
men [men] *adv* dafür (aber) ♦ *conj* aber, nur dass
mene [meen^{e}] *v* **1** denken *etw. Akk von etw.* (schlussfolgern), meinen, glauben (Ansicht haben), denken (Meinung haben) **2** meinen *etw. Akk irgendwie* ► **Hva mener du (med det)?** Was meinen Sie damit?; **Mener du det?** Ist das Ihr Ernst?, Meinen Sie das ernst?
mengde [mengd^{e}] *m* **1** Menge *w*, Quantität *w* **2** große Menge **3** Höhe *w* (Summe usw.) **4** Menge *w* (von Elementen)
mening [meening] *m/w* **1** Sinn *m etw. Gen* (Zweck) **2** Meinung *w*, Meinung *w über etw. Akk*, Ansicht *w von etw., über etw. Akk* ► **gi ~** Sinn ergeben; **komme med ens ~** *om noe* sich äußern *zu etw.*
meningsfull [meeningßful] *adj* sinnvoll (Sinn habend) ♦ *adv* sinnvoll
meningsløs [meeningßlööß] *adj* **1** sinnlos, unsinnig **2** unsinnig, sinnlos
menn [men] *m Mz* Herren
menneske [menn^{e}ßk^{e}] *s* Mensch *m*
menneskelig [menn^{e}ßk^{e}li] *adj* Menschen-, menschlich (Körper, Wesen usw.)
mennesker [menn^{e}ßk^{e}r] *s Mz* Leute *Mz* (Lebewesen)
mens [menß] *conj* während
menstruasjon [menßtruaschuun] *m* Menstruation *w*, Monatsblutung *w*
mental [mentaal] *adj* mental, geistig, seelisch
meny [menüü] *m* **1** Speisekarte *w* **2** Menü *s*
mer [meer] *adv* mehr, noch (ein Bier usw.)
merkbar [märkbaar] *adj* merklich, spürbar, empfindlich (Verlust usw.)
merke [märk^{e}] *s* **1** Marke *w* (Ware) **2** Kennzeichen *s*, Zeichen *s* (zum Unterscheiden) **3** Marke *w* (Zeichen usw.), Markierung *w* **4** Kennzeichnung *w* **5** Abzeichen *s* ♦ *v* **1** markieren (kenntlich machen) **2** kennzeichnen (mit einem Brandzeichen) **3** anstreichen (Fehler usw.) ► **legge ~ til** *noen/noe* erblicken *j-n/etw.*; **legge ~** *til noe* achten *auf j-n/etw.*, beachten *etw. Akk* (Aufmerksamkeit widmen); **legge ~** *til noen/noe* bemerken *j-n/etw.* (sehen usw.), merken *j-n/etw.*, registrieren *j-n/etw.*; **sette ~** *på noe* bezeichnen *etw. Akk mit etw.*, markieren *etw. Akk mit etw.*
merkelig [mhrk^{e}li] *adj* merkwürdig, seltsam, sonderbar ♦ *adv* seltsam, merkwürdig, sonderbar
merkostnader [meerkoßtnad^{e}r] *m Mz* Nebenkosten *Mz*
messe [meßß^{e}] *m/w* Messe *w*
messing [meßßing] *m* Messing *s*
mest [meßt] *adv* am meisten; **for det meste** meist, meistens
mesteparten [meßtepart^{e}n] *m* Mehrheit *w j-s/etw.*, Majorität *w j-s/etw.*, überwiegender Teil *etw. Gen*, Hauptteil *m etw. Gen*
mester [meßt^{e}r] *m* **1** Meister *m in etw. Dat* (Könner) **2** Meister *m* (Weltmeister usw.), Champion *m*
mesterskap [meßt^{e}rschkaap] *s* Meisterschaft *w*
mestre [meßtr^{e}] *v* beherrschen (gelernt haben)
metall [metal] *s* Metall *s*
meter [meet^{e}r] *m* Meter *m/s*
metode [metuud^{e}] *m* Methode *w*, Methodik *w*
mett [mett] *adj* satt (nicht hungrig) ♦ *adv* nach Herzenslust
middag [middaag] *m* Abendessen *s*, Abendbrot *s*; **spise ~** zu Abend essen
middel [midd^{e}l] *s* Mittel *s*
midler [midl^{e}r] *s Mz* Mittel *Mz* (finanzielle)
midlertidig [midl^{e}rtiidi] *adj* einstweilig, vorübergehend, provisorisch, vorläufig ♦ *adv* vorübergehend, zeitweilig
midnatt [midnatt] *m/w* Mitternacht *w*
midt [mit] *m* Mitte *w etw. Gen* ♦ *prep* in der Mitte *etw. Gen*, mitten *in etw. Dat* (irgendwo) ► **~ i** in der Mitte *etw. Gen*, mitten *in etw. Dat* (räumlich); **~ på dagen** Mittag *m*
midtgang [mitgang] *m* Gang *m* (zwischen den Sitzen usw.)
migrene [migreen^{e}] *m* Migräne *w*
mikrobølgeovn [miikrubölgeown] *m* Mikrowelle *w* (Gerät), Mikrowellenherd *m*, Mikrowellengerät *s*, Mikrowellenofen *m*; **varme** *noe* **opp i mikrobølgeovnen** in der Mikrowelle aufwärmen *etw. Akk*
mikrofon [mikrufuun] *m* Mikrofon *s*, Mikro *s*
mikser [mikß^{e}r] *m* Mixer *m*
mikset [mikßet] *adj* gemischt (Getränk usw.), Misch-
mil [miil] **engelsk ~** *m* Meile *w*
mild [mil] *adj* **1** sanft (nicht stark usw.), leicht, sacht (Berührung usw.) **2** mäßig **3** sanft (Geschmack usw.), milde (Essen usw.) **4** fade (Geschmack usw.), (SüD, ÖrD) fad **5** milde (Klima usw.)
militær [militäär] *adj* militärisch, Militär-
miljø [miljöö] *s* **1** Milieu *s* **2** Umwelt *w*

miljøvennlig [miljööwennli] *adj* umweltfreundlich
milliard [miliard] *m* Milliarde *w*
million [milliuun] *m* Million *w*
milt [milt] *m* Milz *w*
min, mitt, mine *pron* mein, meine
mindre [mindre] *adj* **1** kleiner (Größe) **2** geringfügig (Verletzung usw.), kleiner (Bedeutung usw.) ♦ *adv* weniger (Maß usw.) ► **ikke desto** ~ trotzdem, dennoch
mindreverdig [mindrewärdi] *adj* minderwertig
mindreårig [mindreoori] *adj* minderjährig
mine [miine] *m* Mine *w* (Sprengkörper)
mineralvann [mineraalwan] *s* Mineralwasser *s*
minibank [miinibangk] *m* Bankautomat *m*, Geldautomat *m*
minimal [minimaal] *adj* minimal
minister [minißter] *m* Minister *m*
minne [minne] *s* **1** Gedächtnis *s* **2** Speicher *m* (Computer) **3** Erinnerung *w an j-n/etw.* **4** Andenken *s* (Gedenken), Erinnerung *w* **5** Andenken *s* (Erinnerung) ♦ *v* **1** erinnern *j-n an etw. Akk* **2** erinnern *j-n an etw. Akk* (an Erlebnis usw.), erinnern *j-n an j-n/etw.* (Erinnerung wachrufen), Erinnerungen hervorrufen *an etw. Akk*, erinnern *an etw. Akk* (evozieren usw.)
minnes [minneß] *v* **1** sich erinnern *an j-n/etw.* **2** gedenken
minnesmerke [minneßmärke] *s* Denkmal *s*
minoritet [minuriteet] *m* Minderheit *w*, Minorität *w*
minske [minßke] *v* **1** weniger werden **2** reduzieren (Ausgaben usw.) **3** mindern *etw. Akk*, verringern *etw. Akk* (Risiko usw.)
minst [minßt] *adv* **1** mindestens **2** am wenigsten ♦ *adj* geringst(er,e,es) (Wert usw.) ► **i det minste** mindestens, wenigstens
minus [miinuß] *adv* minus ♦ *s* minus, Nachteil *m*
minutt [minutt] *s* Minute *w*
mirakel [miraakel] *s* Wunder *s*
misbruk [mißbruuk] *m/s* Missbrauch *m*
misbruke [mißbruuke] *v* **1** missbrauchen *j-n/etw.* (Macht usw.) **2** missbrauchen (Macht usw.)
misfornøyd [mißfornöüd] *adj* unzufrieden *mit etw.*, nicht zufrieden *mit etw.*
misforstå [mißforschtoo] *v* missverstehen *etw. Akk*
misforståelse [mißforschtooelße] *m* Missverständnis *s*
mislykkes [mißlükkeß] *v* **1** misslingen, missglücken, schiefgehen, versagen (keinen Erfolg haben) **2** scheitern (keinen Erfolg haben)
mistanke [mißtangke] *m* Verdacht *m*
miste [mißte] *v* **1** verlieren *etw. Akk* (aus Unachtsamkeit) **2** kommen *um etw.* (verlieren), verlieren *etw. Akk* (Vertrauen usw.) **3** verpassen *etw. Akk* (Bus usw.) **4** fallen lassen *etw. Akk* **5** entgehen *j-m etw. Akk* (Fehler usw.) ► **Jeg mistet bussen.** Ich habe den Bus verpasst.
mistenke [mißtengke] *v* verdächtigen *j-n etw. Gen*
mistenkelig [mißtengkeli] *adj* **1** verdächtig **2** verdächtig *etw. Gen* (einer Tat usw.)
mistenksom [mißtengkßom] *adj* misstrauisch
mistenkt [mißtengkt] *adj* verdächtig *etw. Gen* (einer Tat usw.) ♦ *m* Verdächtige *m*
mistet [mißtet] *adj* verloren
mistillit [mißtillit] *m/w* Misstrauen *s*
mistroisk [mißtruuißk] *adj* **1** misstrauisch **2** ungläubig
misunne [mißunne] *v* beneiden *j-n um etw.*
misunnelse [mißunnelße] *m* Neid *m*
mobil [mobiil] *adj* mobil ♦ *m* Handy *s*
mobiltelefon [mobiiltelefuun] *m* Handy *s*
modell [mudel] *m* Modell *s*
moden [muuden] *adj* reif ► **bli** ~ erwachsen werden
moderat [muderaat] *adj* maßvoll, gemäßigt, mäßig (im Essen usw.), enthaltsam
moderne [mudäärne] *adj* **1** aktuell, zeitgemäß (Technologie usw.), up to date **2** modern (Frisur usw.), modisch, Mode- **3** modern, heutig, neuzeitlich (Entwicklung usw.)
modig [muudi] *adj* kühn, mutig, tapfer
modne [muudne] *v* ausreifen, heranreifen, reif werden
moms [mumß] *m* Mehrwertsteuer *w*, MwSt.
monument [munument] *s* Denkmal *s*, Monument *s*
mor [muur] *m/w* Mutter *w* (Frau)
mord [mord] *s* Mord *m*
morder [murder] *m* Mörder *m*
morell [morel] *m* Sauerkirsche *w* (Frucht), Kirsche *w* (saure)
morelltre [murelltree] *s* Kirschbaum *m*, Kirsche *w* (Baum)
morgen [moorn] *m* Morgen *m*, Früh *w*; **i** ~ morgen; **om morgenen** morgens, am Morgen; **God** ~**.** Guten Morgen.
moro [muuru] *m/w* Spaß *m*, Vergnügen *s* (Tätigkeit usw.), Amüsement *s*, Unterhaltung *w* (Zeitvertreib)
morsk [morschk] *adj* finster (Gesicht usw.), düster (Gesicht)

morsom [murschom] *adj* humorvoll, humorig, lustig (amüsant)

morsomt [murschomt] *adv* **1** humorvoll **2** komisch (lustig usw.)

moské [moßkee] *m* Moschee *w*

moskito [mußkiitu] *m* Moskito *m*

mot [muut] *s* Mut *m*, Tapferkeit *w* ♦ *prep* **1** gegen *j-n/etw.* (wirken usw.) **2** entgegen *j-m/etw.* **3** auf (Richtung usw.), in, zu, nach (räumlich usw.) ► **beskytte** *noen/noe* **~** *noe/noen* schützen *j-n/etw.* gegen *etw.*

mote [muut^e^] *m* Mode *w*

motiv [mutiiw] *s* Beweggrund *m*, Motiv *s* (Anlass)

motor [muutur] *m* Motor *m*

motorstopp [muuturschtopp] *m/s* Störung *w* (technische), Panne *w* (Fahrzeug)

motorsykkel [muuturschükk^e^l] *m* Motorrad *s*

motorvei [muuturwäi] *m* Autobahn *w*, Schnellstraße *w*

motsatt [muuzatt] *adj* **1** umgekehrt **2** gegenüberliegend, gegenüberstehend, umgekehrt, entgegengesetzt **3** gegensätzlich, gegenteilig (Meinung usw.), Gegen- ► **det motsatte** im Gegenteil

motsetning [muuzetning] *m/w* Gegensatz *m zu etw.*, Gegenteil *s von etw.*; **i ~ til** im Vergleich zu *etw.*, gegenüber *etw.* (verglichen), gegen *etw.*

motsi [muuzii] *v* widersprechen *j-m/etw.* (Behauptung usw.)

motsigelse [muuzig^e^lß^e^] *m* Widerspruch *m* (Gegensatz)

motstand [muuztan] *m* **1** Widerstand *m gegen j-n/etw.* (Trotz) **2** Widerstand *m* (Kraft) **3** Widerwille *m gegen j-n/etw.*, Abneigung *w gegen j-n/etw.*, Aversion *w gegen j-n/etw.* **4** Widerstand *m* (Bewegung)

motstander [muuztann^e^r] *m* **1** Opponent *m j-s/etw.* **2** Gegner *m*

motstandsbevegelse [muuztanßbeweeg^e^lß^e^] *m* Widerstand *m* (Bewegung)

motstå [muuztoo] *v* **1** widerstehen *etw. Dat*, sich sträuben *etw. Gen*, sich widersetzen *etw. Dat* (Änderung usw.) **2** widerstehen *etw. Dat* (Angriff, Anprall usw.)

motta [muttaa] *v* **1** erhalten *etw. Akk* (Brief usw.) **2** beziehen (geliefert bekommen) **3** beziehen (Gehalt usw.) **4** empfangen *j-n* (Gäste usw.)

mottak [muttaak] *s* Annahme *w*, Empfang *m* (von Ware usw.)

mottakelse [muuttaak^e^lß^e^] *m* Empfang *m* (Veranstaltung)

mottaker [muttaak^e^r] *m* **1** Empfänger *m*, Adressat *m* (eines Briefes usw.) **2** Empfänger *m etw. Gen* **3** Leistungsempfänger *m* **4** Empfänger *m* (Gerät)

motvilje [muutwilj^e^] *m* **1** Widerwille *m gegen j-n/etw.*, Abneigung *w gegen j-n/etw.*, Aversion *w gegen j-n/etw.*, Widerwille *m gegen etw.* **2** Unwille *m*

motvillig [muutwilli] *adv* ungern, widerwillig

mugg [mug] *m/s* Schimmel *m*

mugge [mugg^e^] *m/w* Krug *m*

mulig [muuli] *adj* **1** möglich **2** möglich (potenziell), eventuell **3** erfüllbar (Traum usw.) ► **det er ~** *å gjøre noe* es ist möglich *etw. Akk zu tun*, es geht *etw. Akk zu tun*; **være ~** gehen, sich lassen (machen usw.), möglich sein

muligens [muulig^e^nß] *adv* möglicherweise, eventuell

muliggjøre [muulijöör^e^] *v* **1** erlauben *j-m etw. Akk* **2** ermöglichen *(j-m) etw. Akk*

mulighet [muuliheet] *m/w* Chance *w* (Möglichkeit), Möglichkeit *w* (Chance)

multiplisere [multiplißeer^e^] *v* **1** multiplizieren *etw. Akk mit etw.* **2** vervielfachen (Angebot usw.)

munn [mun] *m* Mund *m*

munne [munn^e^] **~ ut** *i noe* münden *in etw. Akk* (Fluss usw.)

munnvann [munnwan] *s* Mundwasser *s*

munter [munt^e^r] *adj* **1** fröhlich, heiter (Stimmung) **2** lustig (amüsant)

muntlig [muntli] *adj* **1** umgangssprachlich, Gesprächs- **2** mündlich (Prüfung usw.) ♦ *adv* mündlich, verbal

mur [muur] *m* Mauer *w*

murer [muur^e^r] *m* Maurer *m*

murstein [muurschtäin] *m* Ziegel *m* (Baustein), Backstein *m*

mus [muuß] *m/w* (vulg.) Fotze *w* (Vagina), Möse *w*, Maus *w* (PC)

museum [mußeeum] *s* Museum *s*

musikal [mußikaal] *m* Musical *s*

musikalsk [mußikaalßk] *adj* musikalisch

musikant [mußikant] *m* Musiker *m*

musikk [mußikk] *m* Musik *w*

musikkinstrument [mußikkinßtrument] *s* Musikinstrument *s*, Instrument *s* (Geige usw.)

muskel [mußk^e^l] *m* Muskel *m*

muslim [muschliim] *m* Muslim *m*, Moslem *m*

musling [muschling] *m* Muschel *w* (Tier)

mutter [mutt^e^r] *m* Mutter *w* (Schraube), Schraubenmutter *w*

MVA [emweeaa] *abbr* Mehrwertsteuer *w*, MwSt.

mye [müü^e] *adv* 1 viel (große Menge) 2 viel *irgendwie* (schlimmer usw.), weitaus *irgendwie* ► **hvor ~** wie viel; **så ~** so viel
mygg [müg] *m* Mücke *w*
myk [müük] *adj* schmiegsam (Stoff usw.), weich (nicht hart); **gjøre** *noe* **mykt** weich machen *etw. Akk*, erweichen
mykt [müükt] *adv* weich (landen usw.)
myndig [mündi] *adj* handlungsfähig, geschäftsfähig, mündig (Wähler usw.), volljährig
mynt [münt] *m* Münze *w*
mynte [münt^e] *m/w* Minze *w*
myr [müür] *m/w* Sumpf *m*
myrde [mürd^e] *v* 1 töten 2 ermorden *j-n* 3 ein Attentat *auf j-n* verüben
mysterium [müßteerium] *s* Mysterium *s* (Rätsel), Rätsel *s* (Geheimnis)
mysteriøs [müßteriööß] *adj* geheimnisvoll, rätselhaft
møbel [mööb^el] *s* Möbel *s Mz*
møkk [mökk] *m* 1 Schmutz *m*, Unreinheit *w* 2 Kot *m*
møkkete [mökket^e] *adj* 1 beschmutzt, verschmutzt (unsauber), schmutzig 2 schmutzig (Raum usw.), dreckig (Zimmer usw.)
mølle [möll^e] *m/w* Mühle *w* (Anlage)
mønster [mönßt^er] *s* 1 Muster *s an etw. Dat* (Vorbild) 2 Modell *s* (Grundlage usw.), Vorlage *w* (zum Zeichnen usw.), Muster *s* (Entwurf) 3 Muster *s* (eines Stoffes usw.)
mønstre [mönßtr^e] *v* sammeln (ein Heer usw.)
mørk [mörk] *adj* 1 dunkel (fast schwarz), dunkelfarbig, dunkelfarben 2 dunkel, düster (Raum usw.)
mørke [mörk^e] *s* Dunkelheit *w*, Finsternis *w*
mørkhudet [mörkhuudet] *adj* dunkel (mit dunkler Haut), dunkelhäutig
mørkhåret [mörkhooret] *adj* dunkelhaarig
mørkne [mörkn^e] *v* 1 dunkel werden 2 sich verfinstern 3 sich verdunkeln, dunkel werden
mørkt [mörkt] *adv* dunkel
møte [mööt^e] *v* 1 treffen *j-n*, begegnen *j-m* 2 sich treffen *mit j-m* 3 stoßen *auf etw. Akk* (Probleme usw.) ♦ *s* 1 Verabredung *w mit j-m*, Termin *m mit j-m* (bei Arzt usw.) 2 Besprechung *w* 3 Treffen *s* 4 Sitzung *w* (eines Gerichts usw.), Tagung *w* 5 Meeting *s* 6 Rendezvous *s* (Verabredung) ► **avtale et ~** ein Treffen verabreden; **gå** *noen* **i ~** entgegengehen *j-m irgendwohin*; **ikke ~ opp** *et sted* fernbleiben *etw. Dat*, nicht teilnehmen *an etw. Dat*; **Hyggelig å møte deg.** Freut mich.
møtes [mööteß] *v* 1 sich treffen *mit j-m*, zusammentreffen *mit j-m*, begegnen *j-m* 2 sich treffen (wie vereinbart) 3 zusammentreten
må [moo] **Jeg ~ på toalettet.** Ich muss auf die Toilette.
måke [mook^e] *m* Möwe *w*
mål [mool] *s* 1 Bestimmungsort *m* 2 Ziel *s* 3 Zielscheibe *w*, Schießscheibe *w* 4 Tor *s* (im Fußball usw.) 5 Tor *s* (Treffer) 6 Maß *s* (Größe)
måle [mool^e] *v* 1 messen *j-n/etw.* (Größe bestimmen) 2 messen *wie viel* (Größe haben) ► **kunne ~ seg** *med* gewachsen sein *etw. Dat* (bewältigen usw.), gleichkommen *j-m/etw.*
målestokk [mool^eßtokk] *m* Maßstab *m* (Verhältnis)
måltid [mooltiid] *s* Gericht *s*, Speise *w*, Mahlzeit *w* (warme usw.)
måne [moon^e] *m* Mond *m*
måned [mooned] *m* Monat *m*
månedskort [moonedßkort] *s* Dauerkarte *w* (Fahrkarte usw.)
måte [moot^e] *m* Art *w* (einer Tätigkeit usw.), Weise *w* (Methode usw.); **i like ~** gleichfalls; **på denne måten** so (auf diese Weise); **på en eller annen ~** irgendwie (auf irgendeine Weise); **på ingen ~** keineswegs; **på samme ~** ebenso, genauso
måtte [mott^e] *v* 1 müssen *etw. Akk tun* 2 sollen, haben *+ zu + Inf.* ► **~ ikke** nicht dürfen

N

nabo [naabuu] *m* Nachbar *m*
naiv [naiiw] *adj* naiv
naken [naak^en] *adj* 1 nackt (Körper) 2 kahl, nackt (Stelle usw.)
nakke [nakk^e] *m* 1 Nacken *m* 2 Genick *s*, Nacken *m*
nappe [napp^e] *v* 1 ergreifen (mit der Hand) 2 entreißen 3 zerren *an etw. Dat* 4 abreißen (Blätter usw.) 5 ausreißen
narr [nar] *m* Narr *m*; **gjøre ~** *av noen* **sich** lustig machen *über j-n/etw.*
narre [narr^e] *v* täuschen *j-n* (irreführen)
nasjon [naschuun] *m* Volk *s*, Nation *w*
nasjonal [naschunaal] *adj* national, National-
nasjonalitet [naschunaliteet] *m* Nationalität *w*
nasjonalsang [naschunaalßang] *m* Hymne *w*
natron [natrun] *s* Natron *s*, Speisesoda *w*

natt [natt] *m/w* Nacht *w*; **i går ~** gestern Nacht; **over natten** über Nacht; **God ~!** Gute Nacht!

natur [natuur] *m* **1** Natur *w* (Tiere, Pflanzen usw.) **2** Charakter *m* (Wesen) **3** Wesen *s* (Charakter)

naturlig [natuurli] *adj* **1** natürlich (Tod usw.) **2** Natur-, natürlich **3** gesetzmäßig (Entwicklung usw.), naturgemäß

naturligvis [natuurliwiiß] *part* natürlich (Zustimmung), selbstverständlich

navigasjon [naawigaschuun] *m* Navigation *w*

navle [nawl^e] *m* Nabel *m*

navn [nawn] *s* **1** Name *m* **2** Bezeichnung *w*

navnelapp [nawnelapp] *m* Anhänger *m* (mit einer Adresse usw.)

navneskilt [nawneschilt] *s* **1** Namensschild *s* **2** Anhänger *m* (mit einer Adresse usw.)

nebb [neb] *s* Schnabel *m* (eines Vogels)

ned [need] *adv* die Treppe hinunter, herunter (zum Sprecher), hinunter (von Sprecher), nach unten ♦ *prep* -ab

nedbetale [needbetaal^e] *v* abzahlen (Darlehen usw.), abtragen (Kredit usw.)

nedbør [needböör] *m* Niederschläge *w Mz*

nede [need^e] *adv* unten

nedenfor [neede^enfor] *adv* unten (im Text usw.) ♦ *prep* unter *etw. Dat* (dem Tisch usw.)

nedenfra [need^enfra] *adv* von unten

nederlag [need^erlaag] *s* Niederlage *w*

nederste [need^erscht^e] **~ del** Unterteil *s/m*

nedover [needoow^er] **~ (bakke)** bergab; **~ (trappa)** die Treppe hinunter

nedre [needr^e] *adj* unter(er,e,es)

nedsette [needßett^e] *v* **1** einrichten, bilden (Ausschuss usw.), gründen (Kommission) **2** entwerten (Wert mindern)

negativ [negatiiw] *adj* negativ ♦ *s* Negativ *s*

negl [näil] *m* Nagel *m* (Fingernagel)

neglelakk [näilelakk] *m* Nagellack *m*

nei [näi] *part* nein, (ugs.) nee

nektarin [nektariin] *m* Nektarine *w*

nekte seg *v* sich enthalten *etw. Gen*, sich versagen *etw. Akk* (verzichten)

nemlig [nemli] *adv* **1** und zwar **2** nämlich ♦ *conj* nämlich

neppe [nepp^e] *adv* kaum, mit Mühe

nerve [närw^e] *m* Nerv *m*

nerver [närw^er] *m Mz* Nerven *m Mz* (System)

nervøs [närwööß] *adj* nervös *wegen etw.*

nes [neeß] *s* Kap *s*, Landzunge *w*

nese [neeß^e] *m/w* Nase *w*

nesebor [neeß^ebuur] *s* **1** Nasenloch *s* **2** Nüstern *w Mz*

neste [neßt^e] *adj* nächst(er,e,es); **~ gang** das nächste Mal

nesten [neßt^en] *adv* beinahe, fast, nahezu

nett [nett] *adj* präsentabel, ansehnlich (gut aussehend) ♦ *s* Netz *s* (Struktur)

nettopp [netopp] *adv* **1** gerade, eben (in dem Zeitpunkt) **2** akkurat, genau

nevne [newn^e] *v* erwähnen *j-n/etw.*

nevø [newöö] *m* Neffe *m*

ni [nii] *num* neun

niende [nii^en^e] *num* neunt(er,e,es)

niese [nieeß^e] *m/w* Nichte *w*

nitten [nitt^en] *num* neunzehn

nitti [nitti] *num* neunzig

nivå [niwoo] *s* Niveau *s*

noe [nuu^e] *pron* einig(er,e,es), manch (unbestimmte Menge), etwas, irgendetwas

noen [nuu^en] *pron* **1** jemand, irgendjemand **2** irgendein **3** einig(er,e,es), manch (unbestimmte Menge) **4** irgendwelch, irgendein ► **navigere** ans Ziel führen *j-n* (Fahrer usw.); **~ sin** irgendjemandes, jemandes

noens [nuu^enß] *pron* irgendjemandes, jemandes

nok [nok] *adv* genug (ausreichend); **være ~** genügen, reichen (Menge usw.); **Vil det være ~?** Ist das genug?

nonsens [nonßenß] *s* Unsinn *m*

nord [nuur] *s* Norden *m*

normal [nurmaal] *adj* normal ♦ *m* Normalzustand *m*

normalt [nurmaalt] *adv* normalerweise, üblich, gewöhnlich

notarius publikus *m* Notar *m*

notat [nutaat] *s* **1** Bemerkung *w* (schriftlich), Notiz *w* **2** Eintrag *m*

notatblokk [nutaatblokk] *m/w* Block *m* (Heft usw.), Notizblock *m*, Papierblock *m*

note [nuut^e] *m* Note *w* (Notenzeichen)

notere [nuteer^e] *v* aufschreiben *etw. Akk*, aufzeichnen, vermerken, notieren *etw. Akk*

november [nowemb^er] *m* November *m*

nudler [nudl^er] *m Mz* Nudeln *w Mz*

null [nul] *m/s* Null *w*

nummer [numm^er] *s* **1** Zahl *w* (Zahlwort usw.), Nummer *w* (zwei usw.) **2** Nummer *w* (Zeitschrift usw.) **3** Nummer *w* (Schuhe usw.)

nummerskilt [numm^erschilt] *s* Nummernschild *s* (Kfz)

ny [nüü] *adj* **1** neu **2** neuest(er,e,es)

nyanse [nüanß^e] *m* Farbton *m*, Tönung *w* (einer Farbe)

nybegynner [nüübejunn^er] *m* Anfänger *m*

nydelig [nüüd^eli] *adj* entzückend, niedlich, süß, liebenswert (Mensch usw.) ♦ *adv* reizend

nyest [nüüeßt] *adj* letzt(er,e,es) (neuester), neuest(er,e,es) (Nachricht usw.)
nyhet [nüüheet] *m/w* **1** Nachricht *w*, Neuigkeit *w* (Auskunft usw.) **2** Neuheit *w*, Novum *s*
nyheter [nüüheet^e^r] *m/w Mz* Berichterstattung *w*, Nachrichten *w Mz* (im Fernsehen usw.)
nylig [nüüli] *adj* neuest(er,e,es) ♦ *adv* vor kurzem, kürzlich, neulich, neuerdings
nyre [nüür^e^] *m/w* Niere *w*
nyse [nüüß^e^] *v* niesen
nysgjerrig [nüschärri] *adj* **1** neugierig **2** wissbegierig **3** naseweis, vorwitzig
nyte [nüüt^e^] *v* **1** genießen *etw. Akk* **2** genießen *etw. Akk* (Anblick), sich ergötzen *an etw. Dat* (an Anblick)
nytelse [nüüt^e^lß^e^] *m* Genuss *m*
nytt [nütt] *adv* neu (eröffnet usw.)
nytte [nütt^e^] *m/w* **1** Nützlichkeit *w* **2** Nutzen *m von etw.* ► **dra ~ av** *noe* Nutzen haben *von etw.*; **dra ~ av** *på noe* Nutzen ziehen *aus etw.*
nytteløs [nütt^e^löößt] *adj* vergeblich, nutzlos
nytteløst [nütt^e^löößt] *adv* nutzlos
nyttig [nütti] *adj* **1** nützlich, hilfreich (Tipp usw.) **2** effektiv ► **være ~** *for noen* gelegen kommen *j-m etw. Nom*
nyttårsdag [nüttoorschdaag] *m* Neujahr *s*
nær [näär] *adj* **1** nahe (nicht weit entfernt) **2** eng (Zusammenhang usw.) ♦ *prep* in der Nähe *von etw.*, nahe, nahe *etw. Dat* ► **på nært hold** aus der Nähe *w*
nære [näär^e^] *v* ernähren *j-n*, unterhalten *j-n* (Verwandte usw.), füttern *j-n mit etw.*
nærhet [näärheet] *m/w* Nähe *w*; **i nærheten** *av noe* daneben, nebenan (in der Nähe), nahe (nicht weit entfernt)
næring [nääring] *m/w* Nahrung *w*
næringsdrivende [nääringßdriiw^e^n^e^] *m* **1** Gewerbetreibende *m* **2** Geschäftsmann *m*
næringsvei [nääringßwäi] *m* Lebensunterhalt *m*, Unterhalt *m* (Mittel)
nærliggende [näärligg^e^n^e^] *adj* anliegend, angrenzend, nahe, nicht weit ♦ *v* naheliegen (Lösung usw.)
nærmere [närmer^e^] *adj* näher (liegend), näher (Erklärung usw.), ausführlich ♦ *adv* näher ► **flytte** *noe* ~ nähern *j-m etw. Akk*
nærme seg *v* **1** sich annähern *j-m/etw.*, herankommen *an j-n/etw.*, sich nähern *j-m/etw.* **2** bevorstehen
nærmest [närmeßt] *adj* nächst(er,e,es) (in der Nähe), nächstliegend
nært [näärt] *adv* **1** nahebei, nahe **2** nahe (verwandt usw.)
nød [nööd] *m/w* Not *w*, Notlage *w*, Notfall *m*
nødlanding [nöödlanning] *m/w* Notlandung *w*
nødstilfelle [nööztilfell^e^] *s* Notfall *m*
nødt [nött] **være ~** *til å gjøre noe* verpflichtet sein *etw. Akk zu tun*, müssen *etw. Akk tun* (Pflicht haben)
nødutgang [nöödu͟u͟tkang] *m* Notausgang *m*
nødvendig [nöödwendi] *adj* erforderlich notwendig, nötig, unentbehrlich; **om ~** wenn notwendig, gegebenenfalls; **være ~** notwendig sein; **Det er ikke ~.** Das ist nicht nötig.
nødvendigvis [nöödwendiwiiß] *adv* notwendig, notwendigerweise, unausweichlich
nøkkel [nökk^e^l] *m* **1** Schlüssel *m* (zum Schließen) **2** Schraubenschlüssel *m* **3** Schlüssel *m zu etw.* (Lösung)
nøle [nööl^e^] *v* **1** zaudern, zögern **2** nicht wollen *etw. Akk zu tun*
nøtt [nött] *m/w* Nuss *w*
nøtteskall [nötteßkal] *s* Schale *w* (einer Nuss), Nussschale *w*
nøyaktig [nöüakti] *adj* genau, akkurat (Arbeit usw.), exakt, treu ♦ *adv* genau (richtig)
nøye [nöü^e^] *adj* sorgfältig ♦ *adv* sorgfältig
nøytral [nöütraal] *adj* neutral, sächlich (Neutrum)
nå [noo] *v* **1** erlangen *etw. Akk* **2** erreichen *etw. Akk* (Niveau usw.) **3** schaffen *etw. Akk* (rechtzeitig machen) **4** kommen *irgendwohin* (gelangen) **5** anlaufen (Schiff) ♦ *adv* jetzt, nun ♦ *part* na ► **akkurat ~** gerade (momentan); **~ igjen** einholen *j-n*; **til ~** bisher, bis jetzt; **Akkurat ~?** Jetzt sofort?
nål [nool] *m/w* Nadel *w* (Nähnadel)
når [noor] *adv* **1** wann (Frage) **2** wenn (in dem Moment) ♦ *conj* **1** wenn (Nebensatz) **2** als (Gleichzeitigkeit) **3** wenn (Bedingung) ► **~ som helst** jedes Mal wenn, wann auch immer, jederzeit
nåtid [nootiid] *m/w* Gegenwart *w*
nåværende [noowäär^e^n^e^] *adj* bestehend, gegenwärtig, bisherig, jetzig

O

objektiv [objektiiw] *adj* objektiv ♦ *s* Objektiv *s*
observant [opßerwant] *adj* aufmerksam, wachsam, einfühlsam
observere [opßerweere] *v* beobachten (bemerken)
odde [odde] *adj* ungerade ♦ *m* Kap *s*
offentlig [offentli] *adj* öffentlich ♦ *adv* in der Öffentlichkeit, öffentlich
offer [offer] *s* **1** Opfer *s*, Opfer *s etw. Gen* (Geschädigte) **2** Opfer *s*, Opfergabe *w*
offisiell [ufißiel] *adj* amtlich, behördlich, offiziell
ofte [ofte] *adv* oft
og [o] *conj* **1** und **2** auch ▶ **av ~ til** ab und zu
også [oßßo] *adv* auch, ebenfalls
okse [ukße] *m* **1** Stier *m* (Bulle) **2** Ochse *m* **3** Rind *s* (Büffel usw.)
oksekjøtt [ukßeschött] *s* Rindfleisch *s*
oksygen [ukßügeen] *s* Sauerstoff *m*
oktober [oktoober] *m* Oktober *m*
olabukse [uulabukße] *m/w* Jeans *Mz*
oliven [uliiwen] *m* Olive *w*
olje [olje] *m/w* **1** Öl *s* (Flüssigkeit) **2** Erdöl *s*, Öl *s* (Rohstoff) ♦ *v* einölen *etw. Akk*
om [om] *prep* **1** über *etw. Akk* (sprechen usw.), von *etw.* (reden, hören usw.), um *etw.* (sich handeln usw.) **2** in (Dauer) ♦ *conj* **1** ob **2** wenn (konditional)
ombord [ombuur] *adv* an Bord *etw. Gen*
omelett [omelett] *m* Omelett *s*, (ÖrD, SwD) Omelette *w*
omfang [omfang] *s* **1** Maß *s etw. Gen* (Grad usw.) **2** Umfang *m etw. Gen* (eines Grundstücks usw.) **3** Höhe *w* (Summe usw.) **4** Spannweite *w* **5** Umfang *m etw. Gen* (einer Maßnahme usw.)
omfangsrikt [omfangkßriikt] *adv* umfangreich, umfassend
omfatte [omfatte] *v* **1** zählen (Anzahl haben) **2** einschließen *etw. Akk* (in sich usw.), einbegreifen *etw. Akk* **3** umfassen (inhaltlich)
omfattende [omfattene] *adj* **1** weitreichend, weitgreifend **2** umfangreich, umfassend (Dokument usw.) **3** umfassend (vollständig) ♦ *adv* umfangreich, umfassend
omgivelser [omjiiwelßer] *m Mz* Umgebung *w etw. Gen*
omgjøre [omjööre] *v* verändern
omgå [omgoo] *v* umgehen *etw. Akk* (Regeln usw.)
omgående [omgooene] *adv* **1** sofort, umgehend, unverzüglich **2** direkt (sofort) ♦ *adj* sofortig
omkjøring [omschööring] *m/w* Umleitung *w* (Strecke)
omkledningsrom [omkleedningßruum] *s* Ankleideraum *m*
omkostning [omkoßtning] *m/w* Kosten *Mz*
omkrets [omkrez] *m* Umfang *m*, Umkreis *m*
område [omroode] *s* **1** Gebiet *s*, Gegend *w* (Region) **2** Raum *m* (Gebiet) **3** Bezirk *m* **4** Bereich *m* (thematischer usw.), Gebiet *s* (einer Tätigkeit usw.), Sphäre *w*, Rahmen *m* (einer Tätigkeit usw.) **5** Zweig *m* (Abteilung usw.)
omskape [omßkaape] *v* verändern
omslag [omschlaag] *s* Umschlag *m* (zu Heilzwecken)
omsorg [omßorg] *m/w* Pflege *w j-s*, Sorge *w für j-n*
omtrent [omtrent] *adv* ungefähr, etwa, mehr oder minder ♦ *prep* gegen (Menge), ungefähr
omtrentlig [omtrentli] *adj* ungefähr, annähernd
omvei [omwäi] *m* Umleitung *w*, Umweg *m*
omvendt [omwent] *adj* umgedreht, überschlagen (Auto usw.), gekentert (Boot), umgekehrt ♦ *adv* umgekehrt
omvisning [omwiißning] *m/w* **1** Besichtigung *w etw. Gen* **2** geführte Tour (Fremdenführung usw.), Führung *w* (Besichtigung), geführte Tour
ond [un] *adj* böse (Mensch, Charakter usw.), unfreundlich, unangenehm (Mensch usw.)
onkel [ungkel] *m* Onkel *m*
onsdag [unßta] *m* Mittwoch *m*
opera [uupera] *m* Oper *w*
operasjon [operaschuun] *m* **1** Operation *w* (chirurgische usw.) **2** Schritt *m* (Handlung)
opp [opp] *adv* aufwärts ♦ *prep* -auf ▶ **~ til** bis zu/an/über
oppbevare [oppewaare] *v* **1** lagern *etw. Akk irgendwohin*, speichern *etw. Akk irgendwohin* (Vorräte usw.) **2** aufbewahren **3** verstauen
oppbevaring [oppewaaring] *m/w* **1** Aufbewahrung *w* (Aufbewahren) **2** Aufbewahrung *w* (Schalter), Gepäckaufbewahrung *w* (Stelle)
oppblåsbar [opplooßbaar] *adj* Luft-, aufblasbar
oppbygning [oppügning] *m/w* Struktur *w etw. Gen* (von Molekülen usw.), Bau *m etw. Gen*
oppdage [opptaage] *v* **1** feststellen *etw. Akk* **2** entdecken *etw. Akk* (Kontinent usw.) **3** detektieren (ermitteln)

oppdagelse [opptaag^{e}lß^{e}] *m* Entdeckung *w*, Feststellung *w* (Feststellen)
oppdra [opptraa] *v* erziehen *j-n*
oppdragelse [opptraag^{e}lß^{e}] *m* Erziehung *w*
oppe [opp^{e}] *adv* oben ► **være ~** auf sein
oppfinne [oppfinn^{e}] *v* erfinden *etw. Akk* (Glühbirne usw.)
oppfinnelse [oppfinn^{e}lß^{e}] *m* Erfindung *w* (Gerät usw.)
oppfordre [oppfordr^{e}] *v* **1** auffordern *j-n zu etw.* **2** mahnen *j-n zu etw.*
oppføre seg *v* **1** sich benehmen, sich verhalten, vorgehen **2** behandeln *j-n irgendwie* (respektvoll usw.)
oppførsel [oppförsch^{e}l] *m* Verhalten *s*, Benehmen *s*
oppgave [oppkaaw^{e}] *m/w* Aufgabe *w*, Berufung *w* (innere Bestimmung)
oppheve [oppheew^{e}] *v* annullieren
opphisse [opphißß^{e}] *v* erregen *j-n* (sexuell)
opphold [opphol] *s* **1** Aufenthalt *m* **2** Halt *m* **3** Verzug *m*
oppholde [opphoII^{e}] *v* aufhalten *j-n/etw.*, zurückhalten *j-n/etw.* (Person usw.)
oppholde seg *v* sich aufhalten, verweilen, wohnen *irgendwo* (vorübergehend)
opphøre [opphöör^{e}] *v* **1** aufhören (Regen usw.) **2** vergehen (Empfindung usw.) **3** untergehen (zugrunde gehen)
oppklare [oppklaar^{e}] *v* erklären *etw. Akk*, klarmachen *j-m etw. Akk*, klarstellen *etw. Akk*, klären *etw. Akk*
oppleve [oppleew^{e}] *v* **1** verspüren **2** erleben *etw. Akk* (wahrnehmen) **3** erleben *etw. Akk* (durchmachen) **4** erleben *etw. Akk* (miterleben)
opplevelse [oppleew^{e}lß^{e}] *m* Erlebnis *s*
opplyse [opplüüß^{e}] *v* informieren *j-n über etw. Akk*
opplysning [opplüüßning] *m/w* **1** Anleitung *w*, Anweisung *w* (zur Verwendung usw.) **2** Aufklärung *w* (Erleuchtung) ► **personlige opplysninger** Personaldaten *w Mz*
opplæring [oppläaring] *m/w* Ausbildung *w*, Training *s*
oppløsning [opplöößning] *m/w* **1** Lösung *w* (Flüssigkeit) **2** Zerfall *m* **3** Auflösung *w* (des Bildschirms usw.)
oppmerksom [oppmärkßom] *adj* **1** aufmerksam **2** einfühlsam, aufmerksam **3** aufmerksam, wachsam **4** bedacht *auf etw. Akk*, bewusst *etw. Gen*, achtend *auf etw. Akk* ► **gjøre ~** *på noe* aufmerksam machen *j-n auf etw. Akk*; **~ på** *noe* bewusst *etw. Gen* (einer Tatsache usw.)
oppmerksomhet [oppmärkßomheet] *m/w* Aufmerksamkeit *w*, Acht *w*; **vise ~** *for noen/noe* Aufmerksamkeit widmen *j-m/etw.*
oppmerksomt [oppmärkßomt] *adv* aufmerksam, sorgfältig
oppnå [oppnoo] *v* **1** erlangen *etw. Akk*, erreichen *etw. Akk* **2** sich erkämpfen, erringen
oppnåelig [oppnoo^{e}li] *adj* realisierbar (Plan usw.)
opposisjon [opußischuun] *m* Opposition *w*
oppover [oppoow^{e}r] *adv* aufwärts
oppoverbakke [oppoow^{e}rbakk^{e}] *m* bergauf
oppreist [oppräißt] *adv* gerade, aufrecht (sitzen usw.)
opprett [opprett] *adj* aufgerichtet, aufrecht (Stellung usw.) ♦ *adv* gerade, aufrecht (sitzen usw.)
opprette [opprett^{e}] *v* einrichten, bilden (Ausschuss usw.), gründen (Kommission), errichten *etw. Akk auf etw. Akk*
oppretthode [opprettholl^{e}] *v* **1** erhalten (Entwicklung usw.) **2** aufrechterhalten (weiterhin fortsetzen) **3** bleiben *irgendwo*
oppriktig [opprikti] *adj* **1** aufrichtig (ehrlich) **2** ungespielt ♦ *adv* aufrichtig (antworten usw.), ehrlich
opprinnelig [opprinn^{e}li] *adj* ursprünglich, Ur- ♦ *adv* ursprünglich
opprinnelse [opprinn^{e}lß^{e}] *m* **1** Ursprung *m*, Herkunft *w* **2** Entstehung *w etw. Gen* **3** Entstehung *w* (Aufkommen)
opprøre [oppröör^{e}] *v* **1** empören *j-n* **2** aufregen *j-n* (aus der Fassung bringen) **3** erschüttern *j-n* (schockieren usw.), bestürzen *j-n*
oppskrift [oppßkrift] *m/w* **1** Rezept *s für etw.* (Gericht) **2** Rezeptur *w*
oppstå [oppßtoo] *v* entstehen
oppsummering [oppßummeering] *m/w* Zusammenfassung *w*
oppta [opptaa] *v* **1** besetzen (Platz usw.) **2** in Anspruch nehmen (Zeit)
opptak [opptaak] *m* Aufnahme *w* (Film usw.) ♦ *s* Aufnahme *w* (in Verein usw.)
opptatt [opptatt] *adj* **1** besetzt **2** reserviert (Tisch usw.) **3** beschäftigt (sehr usw.)
opptre [opptree] *v* **1** auftreten *in etw. Dat*, spielen (im Theater usw.) **2** sich benehmen, sich verhalten
opptreden [opptreed^{e}n] *m* Verhalten *s*
opptrekker [opptrekk^{e}r] *m* Flaschenöffner *m*
opptøyer [opptöü^{e}r] Krawalle *m Mz*, Unruhen *w Mz* (Arbeiterunruhen usw.)

oppvarming [oppwarming] *m/w* **1** Heizung *w* **2** Erwärmung *w* **3** Aufwärmen *s* (Übung usw.)

oppvaskkum [oppwaßkkum] *m* Spülbecken *s*

oppvaskmaskin [oppwaßkmaschiin] *m* Spülmaschine *w*

optiker [optik^{e}r] *m* Optiker *m*

oransje [oransch^{e}] *adj* orange

ord [uur] *s* Wort *s*

ordbok [uurbuuk] *m/w* Wörterbuch *s*

orden [ord^{e}n] *m* **1** Ordnung *w* (Harmonie) **2** Orden *m* (Gemeinschaft) **3** Orden *m* (Ehrenzeichen)

ordentlig [ord^{e}ntli] *adj* **1** ordentlich (angemessen), richtig (entsprechend usw.) **2** ordentlich (vorschriftsmäßig) **3** ordentlich (Leben usw.) ♦ *adv* **1** ordentlich (angemessen), gründlich (wie es sein soll) **2** ordentlich, richtig (viel) **3** anständig

ordfører [uurfööɾ^{e}r] *m* Bürgermeister *m*, Oberbürgermeister *m*

ordne [ordn^{e}] *v* **1** erledigen *etw. Akk*, besorgen *etw. Akk* (Aufgabe usw.) **2** arrangieren *etw. Akk* (erledigen) **3** ordnen *etw. Akk*, anordnen *etw. Akk* **4** schlichten *etw. Akk* (Streit usw.) **5** erledigen (Bestellung usw.)

ordre [ordr^{e}] *m* **1** Auftrag *m* (Bestellung) **2** Anweisung *w* (Befehl) **3** Befehl *m* (militärischer usw.)

organ [urgaan] *s* Organ *s*

organisere [urganißeer^{e}] *v* organisieren *etw. Akk* (Veranstaltung usw.), organisieren (sorgfältig)

orgasme [urgaßm^{e}] *m* Orgasmus *m*

orgel [org^{e}l] *s* Orgel *w*

orientere seg *v* **1** sich orientieren **2** einen (guten) Überblick *über etw. Akk* haben

orientering [urienteering] *m/w* Orientierung *w* (fachliche usw.)

original [uriginal] *adj* original (authentisch usw.) ♦ *m* Original *s*

orkan [orkaan] *m* Hurrikan *m*, Orkan *m*, Wirbelsturm *m*

orke [ork^{e}] *v* können *etw. Akk* (imstande sein); **Jeg orker ikke mer.** Ich kann nicht mehr.

orkester [orkeßt^{e}r] *s* Orchester *s*

os [uuß] *m* Mündung *w*

oss [oßß] *pron* uns

ost [ußt] *m* Käse *m*

ovenfor [oow^{e}nfor] *adv* oben (im Text)

over [oow^{e}r] *prep* **1** über *etw. Akk* (hinaus), jenseits *etw. Gen* (der Grenze usw.) **2** über *etw. Dat* (höher) **3** über (dem Niveau) **4** via *etw. Akk* (reisen usw.) **5** über *etw. Akk* (eine Oberfläche) **6** über *wie viel* (mehr als) ♦ *adv* vorbei (vergangen) ► **gå ~** *i noe* übergehen *in etw. Akk* (Schnee in Regen usw.)

overalt [oow^{e}ralt] *adv* überall

overbelaste [oow^{e}rbelaßt^{e}] *v* überlasten *etw. Akk* (System usw.)

overbevise [oow^{e}rbewiiß^{e}] *v* überzeugen *j-n von etw.*

overbevisende [oow^{e}rbewiiß^{e}n^{e}] *adj* persuasiv, überzeugend

overbevisning [oow^{e}rbewiißning] *m/w* Überzeugung *w*

overbevist [oow^{e}rbewiißt] *adj* **1** überzeugt *von etw.* **2** eingefleischt (Vertreter usw.)

overbringe [ooweerbring^{e}] *v* ausrichten *j-m etw. Akk*

overdra [oow^{e}rdraa] *v* **1** übertragen *etw. Akk auf j-n* (Befugnis usw.) **2** übertragen *etw. Akk auf j-n* (Besitz usw.)

overdrive [oow^{e}rdriiw^{e}] *v* übertreiben *etw. Akk* (aufbauschen), übertreiben (im Erzählen usw.)

overdrivelse [oow^{e}rdriiw^{e}lß^{e}] *m* Übertreibung *w*

overfalle [oow^{e}rfall^{e}] *v* überfallen *j-n*

overflate [oow^{e}rflaat^{e}] *m/w* Oberfläche *w etw. Gen* (einer Straße usw.)

overflødig [oow^{e}rflöödi] *adj* **1** überflüssig, überschüssig **2** überzählig

overfor [oow^{e}rfor] *prep* gegenüber *j-m/etw.* ♦ *adv* gegenüber, drüben

overfylt [oow^{e}rfült] *adj* überfüllt, vollgestopft (Bus usw.), voll (Zug usw.)

overføre [oow^{e}rfööɾ^{e}] *v* **1** überweisen *etw. Akk* (Geld) **2** übertragen (senden) **3** übertragen *etw. Akk auf j-n* (Besitz usw.)

overføring [oow^{e}rfööring] *m/w* **1** Überweisung *w* (von Geld) **2** Übertragung *w* (Daten usw.)

overgang [oow^{e}rgang] *m* **1** Übergang *m* **2** Zwischenstufe *w* **3** Umsteigen *s* **4** Umstieg *m*

overgrep [oow^{e}rgreep] *s* Missbrauch *m* (sexueller usw.)

overimorgen [oow^{e}rimoorn] *adv* übermorgen

overleve [oow^{e}rleew^{e}] *v* überleben

overligger [oow^{e}rligg^{e}r] *m* Sturz *m* (Türsturz usw.)

overnatte [oow^{e}rnatt^{e}] *v* übernachten, die Nacht verbringen; **finne et sted å ~** unterkommen; **~ i leir** lagern (im Wald usw.), campen

overnatting [oow^{e}rnatting] *m/w* Übernachtung *w*; **~ med frokost** Übernachtung mit Frühstück

overraske [oowerraßke] *v* **1** überraschen *j-n* (ertappen), überraschen *j-n mit etw.* (erstaunen) **2** erwischen *j-n* (bei der Tat)

overraskelse [oowerraßkelße] *m* Überraschung *w* (unerwartetes Ereignis)

overraskende [oowerraßkene] *adj* überraschend ♦ *part* überraschend (erstaunlicherweise)

overrasket [oowerraßket] *adj* betroffen (überrascht usw.), verblüfft, überrascht *von etw.*

oversette [oowerschette] *v* übersetzen (in andere Sprache)

oversettelse [oowerschettelße] *m* Übersetzung *w*

oversetter [oowerschetter] *m* Übersetzer *m*

oversikt [oowerschikt] *m* Überblick *m* (Zusammenfassung), Übersicht *w* (Resümee)

overskrift [oowerschkrift] *m/w* Schlagzeile *w*, Überschrift *w*

overskyet [oowerschüüet] *adj* bewölkt, trüb (Himmel) ♦ *adv* bewölkt, wolkig ► **bli** ~ sich bewölken

overslag [oowerschlaag] *s* Schätzung *w* (von Entfernung usw.)

oversvømmelse [oowerschwömmelße] *m* Überschwemmung *w*, Hochwasser *s*

overta [oowertaa] *v* **1** übernehmen **2** einnehmen (mit Gewalt)

overtale [oowertaale] *v* bereden *j-n*, herumkriegen *j-n*, überreden *j-n (zu etw.)*, überreden *j-n zu etw.*

overtredelse [oowertreedelße] *m* **1** Verstoß *m* **2** Verletzung *w etw. Gen* (Verstoß)

overtrekk [oowertrekk] *s* Bezug *m*, Kontoüberziehung *w*

overtrekke [oowertrekke] *v* bedecken *j-n/etw. mit etw.*, zudecken *j-n/etw. mit etw.* (mit einer Decke usw.), überziehen (Konto usw.)

overtro [oowertruu] *m/w* Aberglaube *m* (konkreter Glaube)

overtroiskhet [oowertruuißkheet] *m/w* Aberglaube *m* (Eigenschaft)

overveielse [oowerwäielße] *m* Erwägung *w*

overveiende [oowerwäiene] *adv* größtenteils, überwiegend, vorwiegend

overvinne [oowerwinne] *v* **1** unterwerfen *j-n* (Nation usw.) **2** besiegen *j-n*, schlagen *j-n* (im Wettkampf, Krieg) **3** überwältigen (Angreifer usw.) **4** hinwegkommen *über etw. Akk*, überwinden *etw. Akk* (Verlust usw.), bezwingen *etw. Akk* (Probleme usw.)

ovn [own] *m* **1** Ofen *m* (im Zimmer usw.) **2** Ofen *m* (zum Backen usw.), Backofen *m*

P

pakke [pakke] *m* **1** Paket *s* **2** Schachtel *w etw. Gen* (Packung usw.) **3** Packung *w* (Menge), Paket *s* (Ware) ♦ *v* **1** einpacken, packen (in Papier usw.), verpacken **2** einpacken *etw. Akk* **3** packen *etw. Akk* (Koffer) **4** zusammenpacken ► **~ ut** auspacken (Koffer usw.); **~ ut** *noe* auspacken *etw. Akk* (Geschenk usw.); **~** *noe* **inn** *i noe* hüllen *etw. Akk in etw. Akk*, einwickeln *etw. Akk in etw. Akk*

pakkereise [pakkeräiße] *m/w* Pauschalreise *w*

pakketur [pakketuur] *m* Gesellschaftsreise *w*, Reise *w*

pakning [pakning] *m/w* **1** Verpackung *w*, Packung *w* (Hülle usw.) **2** Dichtung *w* (Schicht)

palass [palaß] *s* Palast *m*

panel [panel] *s* **1** Verkleidung *w* (aus Holz usw.) **2** Platte *w* (Bauteil) **3** Team *s*, Gruppe *w* (von Fachleuten usw.)

panne [panne] *m/w* **1** Stirn *w* **2** Pfanne *w*

pant [pant] *m* Pfand *s*, Sicherheit *w* (Geld usw.)

papir [papiir] *s* Papier *s*

papp [papp] *m* Pappe *w*, Karton *m* (Papier)

pappa [pappa] *m* Papa *m*, Vati *m*

paprika [paaprika] *m* Gemüsepaprika *m*, Paprikaschote *w*, Paprika *m* (Gewürz)

par [paar] *s* Paar *s* ♦ *adj* gerade (Zahl)

paradis [paradiiß] *s* Paradies *s*

paraply [paraplüü] *m* Regenschirm *m*, Schirm *m* (Regenschutz)

parentes [parenteeß] *m* **1** Klammer *w* (Schriftzeichen) **2** Parenthese *w*

parfyme [parfüüme] *m* Parfüm *s*

park [park] *m* Park *m*

parkere [parkeere] *v* parken *irgendwo* (abstellen)

parkering [parkeering] *m/w* Parken *s*

parkeringsautomat [parkeeringßäutumaat] *m* Parkuhr *w*

parkeringsplass [parkeeringßplaß] *m* Parkplatz *m*

parkeringsskive [parkeeringßschiiwe] *m* Parkscheibe *w*

parlament [parlament] *s* Parlament *s*

parti [partii] *s* **1** Partei *w* **2** Partie *w* (Schach) **3** Partie *w* (des Körpers)

partner [partner] *m* **1** Partner *m* (bei einer Tätigkeit) **2** Gesellschafter *m* **3** Partner *m* (Ehepartner)

partoutkort [partuukort] *s* Dauerkarte *w* (Eintrittskarte usw.)

pasient [paßient] *m* Patient *m*

pass [paß] *s* Reisepass *m*, Pass *m* (zum Reisen)

passasje [paßaasche] *m* **1** Durchgang *m* **2** Passage *w* (eines Textes usw.)
passasjer [paßascheer] *m* Beifahrer *m* (im Pkw), Fahrgast *m*, Passagier *m*, Reisende *m*
passe [paßße] *v* **1** passen *j-m*, stehen *j-m* (Kleidung) **2** passen *j-m* (gefallen) **3** gelegen kommen *j-m etw. Nom* **4** aufpassen *auf etw. Akk* (Warnung usw.), Acht geben *auf etw. Akk* **5** aufpassen *auf j-n/etw.* **6** zuspielen *j-m etw. Akk* (Ball usw.) **7** geeignet sein *zu etw., für etw.* ► **pass på** *noe/noen* sich hüten *vor j-m/etw.*; **~ barn** *for noen* babysitten *bei j-m*, Kinder *j-s* hüten; **~ inn** hineinpassen; **~ (inn)** *i noe* hineingehen *in etw. Akk* (Gepäck usw.); **~ på** *noe/noen* sorgen *für etw.* (sich kümmern); **~ på** *noe* aufpassen *auf etw. Akk*, beaufsichtigen *etw. Akk*; **~ på** *noen/noe* hüten *j-n* (Kinder usw.), aufpassen *auf j-n*
passelig [paßßeli] *adj* leidlich, passabel (Qualität usw.) ♦ *adv* angemessen, entsprechend ► **være ~** gehen (akzeptabel sein)
passende [paßßene] *adj* **1** angemessen *etw. Dat* **2** gehörig, gebührend **3** geeignet *zu etw., für etw.*, taugend *zu etw.*, passend **4** günstig (Augenblick usw.), gelegen ♦ *adv* **1** ordentlich (angemessen) **2** angemessen, entsprechend **3** geeignet, passend
passord [paßßuur] *s* Passwort *s*, Kennwort *s*
pasta [paßta] *m* **1** Paste *w* **2** Teigwaren *w Mz*
pause [päußße] *m* Pause *w*; **Vi tar en ~.** Machen wir eine Pause.
peanøtt [piinött] *m/w* Erdnuss *w* (Frucht)
pedal [pedaal] *m* Pedal *s*
peis [päiß] *m* Kamin *m*
peke [peeke] *v* zeigen *auf j-n/etw.* (in einer Richtung)
pels [pelß] *m* Fell *s*, Pelz *m*
pen [peen] *adj* schön, hübsch, gutaussehend; **gjøre seg ~** sich zurechtmachen
pendle [pendle] *v* **1** pendeln (zur Arbeit) **2** oszillieren, schwingen (Teilchen usw.)
penger [penger] *m Mz* Geld *s*
pengespill [pengeßpil] *s* Glücksspiel *s*
penis [peeniß] *m* Glied *s* (Penis), Penis *m*
penn [pen] *m* Feder *w* (Schreibgerät)
pennal [penaal] *s* Etui *s*, Federmappe *w*
pensel [penßel] *m* Bürste *w* (zum Anstreichen usw.), Pinsel *m*
pensjon [pangschuun] *m* Pension *w*, Rente *w*, Ruhestand *m*; **gå av med ~** in den Ruhestand treten
pensjonat [pangschonaat] *s* Pension *w* (Gebäude usw.)
pensjonist [pangschunißt] *m* Rentner *m*
pepper [pepper] *m* Pfeffer *m*
pepperrot [pepperruut] *m/w* Meerrettich *m*
per [per] *prep* pro
perfekt [pärfekt] *adj* vollkommen (Lösung usw.), perfekt ♦ *adv* einwandfrei, tadellos, perfekt
periode [periuude] *m* **1** Periode *w*, Zeitabschnitt *m* **2** Zeit *w* (Ära) **3** Amtszeit *w*, Amtsperiode *w*
perle [pärle] *m* Perle *w* ♦ *v* sprudeln (Sekt usw.)
permanent [pärmanent] *adj* permanent ♦ *adv* auf Dauer, dauernd, dauerhaft, permanent
permisjon [permischuun] *m* frei, Urlaub *m* (unbezahlter, mehrtägiger usw.)
perrong [perong] *m* Bahnsteig *m*
persille [pärschille] *m/w* Petersilie *w*
person [phrschuun] *m* Person *w* (Mensch)
personalia [pärschunaalia] Personaldaten *w Mz*
personlig [pärschuunli] *adj* persönlich, Personal- ♦ *adv* persönlich
perspektiv [pärschpektiiw] *s* **1** Perspektive *w* (Sicht) **2** Ansicht *w von etw., über etw. Akk* (Meinung), Gesichtspunkt *m*, Sicht *w* (Blickwinkel)
piano [piaanu] *adv* piano ♦ *s* Klavier *s*, Piano *s*
pigg [pig] *m* Stachel *m*
pikéskjorte [pikeeschurte] *m/w* Polohemd *s*, Poloshirt *s*
piknik [piknik] *m* Picknick *s*
pil [piil] *m/w* Pfeil *m*
pilar [pilaar] *m* Pfeiler *m*
pille [pille] *m* Pille *w*
pilot [piluut] *m* Pilot *m*
pine [piine] *m* Schmerzen *m Mz* ♦ *v* **1** quälen *j-n* (physisch) **2** quälen *j-n* (seelisch)
PIN-kode [pin kuude] *m* PIN, Geheimzahl *w* (einer Karte)
pinlig [piinli] *adj* **1** peinlich **2** heikel, delikat (Thema usw.) **3** prekär ♦ *adv* peinlich
pinne [pinne] *m* Stock *m* (Zweig)
pinnsvin [pinnßwiin] *s* Igel *m*
pinsett [pinßett] *m* Pinzette *w*
pipe [piipe] *m* Pfeife *w* (zum Rauchen) ♦ *v* piepen, piepsen (Gerät usw.), quietschen
pirke [pirke] *v* **1** anstoßen *j-n/etw. mit etw.* (mit Finger usw.) **2** stupsen (mit einem Knüppel usw.) **3** herumstochern *in etw. Dat*
pistol [pißtuul] *m* Pistole *w*
plage [plaage] *m* **1** Qual *w* **2** Kummer *m* (Sorgen) **3** Übel *s* (Krankheit) ♦ *v* **1** belästigen *j-n mit etw.* **2** ärgern *j-n*, (ugs.) nerven

j-n, (ugs.) fuchsen *j-n* **3** bedrängen *j-n* (belästigen) **4** bekümmern *j-n*, plagen *j-n/etw.* **5** quälen *j-n* (physisch) **6** bedrängen *j-n/etw.* (belasten) **7** quälen *j-n* (seelisch)
plages [plaageß] *v* leiden *an/unter etw. Dat*
plagsom [plaakßom] *adj* lästig
plakat [plakaat] *m* Plakat *s*
plan [plaan] *m* Plan *m*
planet [planeet] *m* Planet *m*
planke [plangk^e] *m* Brett *s* (aus Holz)
planlegge [plaanlegg^e] *v* **1** planen *etw. Akk* **2** einteilen (planen) **3** projektieren
plante [plant^e] *v* **1** auspflanzen, pflanzen, pflanzen *etw. Akk*, einpflanzen *etw. Akk* **2** unterschieben *etw. Akk irgendwohin* (falsche Beweise usw.) ♦ *m/w* Pflanze *w*
plass [plaß] *m* Platz *m* (umbaute Fläche); **gjøre ~** frei machen (Weg usw.), Platz machen
plassbillett [plaßßbilett] *m* Platzkarte *w*
plassere [plaßeer^e] *v* **1** platzieren *etw. Akk irgendwohin*, platzieren *j-n/etw. irgendwohin* **2** aufstellen *etw. Akk irgendwo* (in bestimmter Ordnung) **3** einordnen *etw. Akk in etw. Akk* (in Kategorie usw.)
plast [plaßt] *m* Kunststoff *m*, Plastik *s*
plaster [plaßt^er] *s* Pflaster *s* (Verband)
plastikk [plaßtikk] *m* Plastik *w*, Skulptur *w* (Bildwerk)
plate [plaat^e] *m/w* **1** Platte *w* (aus Metall usw.), Scheibe *w* (aus Metall) **2** Steinplatte *w* **3** Tafel *w* (Schokolade usw.)
plattform [plattform] *m/w* Plattform *w* (erhöhte usw.)
plen [pleen] *m* Grasnarbe *w*, Rasen *m*
plett [plett] *m* Fleck *m*
plikt [plikt] *m/w* Pflicht *w*
plog [pluug] *m* Pflug *m*
plombe [plumb^e] *m* Zahnfüllung *w*
plomme [plomm^e] *m/w* Pflaume *w*
plukke [plukk^e] *v* **1** abpflücken, abreißen (Blätter usw.), pflücken **2** zupfen (Augenbrauen usw.) **3** aufsammeln (vom Boden usw.) **4** entfernen *etw. Akk von etw.*, beseitigen *etw. Akk von etw.* (mit den Fingern usw.) **5** entreißen **6** aufnehmen *etw. Akk* (lernen usw.) ► **~ opp** aufheben *etw. Akk*, aufnehmen *etw. Akk* (vom Boden usw.)
pluss [pluß] *adv* plus ♦ *s* Pluszeichen *s*, Vorzug *m* (Vorteil)
plutselig [pluz^eli] *adj* plötzlich, unerwartet ♦ *adv* aus heiterem Himmel, plötzlich, auf einmal, scharf (abbiegen usw.)
pløye [plöü^e] *v* pflügen
poeng [poeng] *s* **1** Punkt *m* (Bewertung) **2** Pointe *w*
pokal [pukaal] *m* Pokal *m* (Trophäe)
politi [pulitii] *s* Polizei *w*
politiker [puliitik^er] *m* Politiker *m*
politikk [pulitikk] *m* Politik *w*
politimann [pulitiiman] *m* Polizist *m*
politisk [puliitißk] *adj* politisch
politistasjon [pulitiißtaschuun] *m* Polizeidienststelle *w*, Polizeiwache *w*
populær [populäär] *adj* beliebt *bei j-m*, populär *bei j-m*
porselen [porscheleen] *s* Porzellan *s*
porsjon [porschuun] *m* **1** Portion *w* **2** Charge *w* (Serie usw.), Ladung *w* (Warenmenge usw.)
port [port] *m* Tor *s* (Eingang)
porto [portu] *m* Porto *s*, Postgebühr *w*
portrett [purtrett] *s* Porträt *s*
pose [puuß^e] *m* **1** Beutel *m*, Tüte *w* **2** Tragetasche *w*
posisjon [pußischuun] *m* Position *w etw. Gen* (räumliche)
positiv [pußitiiw] *adj* positiv, bejahend
post [poßt] *m* **1** Post *w* **2** Posten *m* (Betrag), Position *w* (einer Liste) **3** Posten *m* (Stellung) **4** Standort *m*
postboks [poßtbokß] *m* Postfach *s*
postbud [poßtbuud] *s* **1** Briefträger *m* Briefzusteller *m* **2** Zusteller *m*, Überbringer *m*
postei [pußtäi] *m* Pastete *w*
postkasse [poßtkaßß^e] *m/w* Briefkasten *m*
postkontor [poßtkontuur] *s* Post *w* (Amt), Postamt *s*
postkort [poßtkort] *s* Ansichtskarte *w*, Postkarte *w* (aus dem Urlaub usw.)
postnummer [poßtnumm^er] *s* Postleitzahl *w*
potet [puteet] *m* Kartoffel *w*, (ÖrD) Erdapfel *m*
p-pille [pee pill^e] *m* Antibabypille *w*, Pille *w* (Verhütungsmittel)
praksis [prakßiß] *m* Praktikum *s*, Praxis *w* (Berufserfahrung), Berufserfahrung *w*
praktfull [praktful] *adj* **1** großartig (Bauwerk usw.), überwältigend, wunderschön, wundervoll **2** luxuriös, prächtig, prunkvoll **3** aufwendig, luxuriös
praktisere [praktißeer^e] *v* ausüben, praktizieren (Methode usw.)
praktisk [praktißk] *adj* praktisch ♦ *adv* praktisch (orientiert usw.)
prale [praal^e] *v* prahlen, angeben, protzen *mit etw.*, sich brüsten *mit etw.*
prat [praat] *m/s* Gespräch *s*, Plausch *m*, Plauderei *w*, Schwatz *m*
prate [praat^e] *v* **1** plaudern *mit j-m über etw. Akk*, sich unterhalten *über etw. Akk*, sprechen *mit j-m von etw., über etw. Akk* reden *mit j-m von etw., über etw. Akk* (sich

unterhalten) **2** quatschen (Unsinn reden), schwatzen, plaudern
preg [preeg] *s* Charakter *m* (einer Landschaft usw.)
premie [preemie] *m* Preis *m* (Belohnung)
presentasjon [preßentaschuun] *m* **1** Vorführung *w* (eines Gerätes usw.) **2** Vorstellung *w* (Bekanntmachen)
presentere seg *v* sich vorstellen (Namen nennen)
president [preßident] *m* Präsident *m*
presis [preßiiß] *adj* **1** exakt, präzis **2** pünktlich (Ankunft usw.) ♦ *adv* genau, präzis
press [preß] *s* **1** Belastung *w etw. Gen* (Arbeit usw.) **2** Druck *m* (Zwang), Zwang *m* (rücksichtsloser usw.) ♦ *m* Presse *w* (Zeitung usw.)
presse [preßße] *v* **1** pressen (Obst usw.) **2** drücken *etw. Akk* (pressen) **3** zerdrücken **4** auspressen *etw. Akk* (Zitrone usw.) **5** auspressen *etw. Akk aus etw.* (Saft usw.), herauspressen *etw. Akk aus etw.*, auspressen *etw. Akk aus etw.* (Zahnpasta usw.) **6** drücken *j-n/etw. in/an etw. Akk* **7** dringen *auf j-n mit etw.* **8** hineinpressen *etw. Akk irgendwohin*, hineinpressen *j-n/etw. irgendwohin*, hineinpressen *etw. Akk irgendwohin*, hineinzwängen *etw. Akk irgendwohin* **9** erpressen *etw. Akk von j-m* ♦ *m* Presse *w* (Maschine) ► **~ inn** kriegen *etw. Akk irgendwohin* (hineinpressen usw.); **~ penger ut av noen** erpressen *j-n*; **~** *noe* **sammen** zusammendrücken *etw. Akk* (Volumen reduzieren)
presserende [preßeerene] *adj* dringend, eindringlich, eilig, unaufschiebbar ♦ *adv* sofort, dringend
prest [preßt] *m* Priester *m*
preteritum [preeteritum] *s* Vergangenheit *w* (Zeitform)
prevensjon [prewenschuun] *m* **1** Empfängnisverhütung *w* **2** Prävention *w*
prevensjonsmiddel [prewenschuunßmiddel] *s* Verhütungsmittel *s*
prevensjonspille [prewenschuunßpille] *m* Antibabypille *w*, Pille *w* (Verhütungsmittel)
prikk [prikk] *m* Punkt *m* (Tupfen)
prikke [prikke] *v* **1** stechen *mit etw. in j-n/etw.* (mit Nadel usw.) **2** stechen (Dornen usw.) **3** prickeln
prins [prinß] *m* Prinz *m*
prinsesse [prinßeßße] *m/w* Prinzessin *w*
prinsipp [prinßipp] *s* Prinzip *s*
prioritere [priuriteere] *v* bevorzugen *j-n/etw. vor j-m/etw.* (favorisieren), *j-m/etw.* den Vorzug geben
pris [priiß] *m* **1** Preis *m* (Betrag) **2** Preis *m etw. Gen* (für Beschaffung usw.) **3** Auszeichnung *w* ► **gå ned i prisen** billiger werden, sich verbilligen; **sette ~ på** schätzen *etw. Akk* (Verdienst usw.)
privat [priwaat] *adj* privat, Privat-
problem [prubleem] *s* Haken *m* (Schwierigkeit), Problem *s*
produksjon [prudukschuun] *m* Produktion *w*, Regie *w* (beim Theaterstück)
produkt [prudukt] *s* **1** Erzeugnis *s*, Produkt *s* (neues usw.) **2** Ausgeburt *w* **3** Produkt *s* (einer Multiplikation)
produktiv [pruduktiiw] *adj* fruchtbar (Schriftsteller usw.), produktiv
produsent [prudußent] *m* **1** Hersteller *m von etw.*, Erzeuger *m von etw.* (von Ware usw.), Produzent *m von etw.* **2** Verarbeiter *m* **3** Produzent *m* (von Filmen usw.)
produsere [prudußeere] *v* **1** herstellen (Produkt usw.), erzeugen, produzieren (industriell usw.) **2** produzieren *etw. Akk* (Sauerstoff usw.) **3** erzeugen (Energie usw.)
profesjon [prufeschuun] *m* Beruf *m*
professor [prufeßßor] *m* Professor *m*
program [prugram] *s* **1** Programm *s etw. Gen* (Ablauf) **2** Sendung *w* (Programm) **3** Programm *s* (Computer), Computerprogramm *s*
propagere [prupageere] *v* propagieren (Gedanken usw.), verbreiten (Ideen usw.)
propp [propp] *m* Stöpsel *m* (in einer Wanne usw.)
prosent [prußent] *m* Prozent *s*
prosesjon [prußeschuun] *m* Prozession *w*, Umzug *m* (Parade usw.)
prosess [prußeß] *m* Prozess *m* (Vorgang)
prostituert [prußtitueert] *m* Prostituierte *w*
protest [pruteßt] *m* Protest *m*
protestere [pruteßteere] *v* protestieren *gegen etw.* (öffentlich usw.), protestieren *gegen j-n/etw.* (zurückweisen)
provins [pruwinß] *m* Provinz *w*
provisorisk [pruwißuurißk] *adj* **1** provisorisch, vorläufig **2** provisorisch (Reparatur usw.) **3** provisorisch (noch nicht fest), vorläufig (Abkommen usw.) **4** provisorisch (Regierung usw.), Interims-
provosere [pruwußeere] *v* aufreizen *j-n zu etw.* (aufhetzen), hetzen *j-n* (provozieren usw.), provozieren *j-n*
pryd [prüüd] *m* Schmuck *m* (Zierde), Verzierung *w* (Gegenstand usw.)
pryde [prüüde] *v* schmücken *etw. Akk mit etw.*

prøve [prööwe] *m/w* **1** Prüfung *w* (Qualität usw.), Test *m*, Probe *w* **2** Probe *w* (Proberen) **3** Klassenarbeit *w* **4** Prüfung *w* (im Theater usw.) **5** Muster *s*, Probestück *s* (einer Ware usw.) ♦ *v* **1** probieren *etw. Akk* (ausprobieren) **2** prüfen *etw. Akk* (Qualität) **3** versuchen *etw. Akk* **4** sich bemühen *um etw.* ► ~ **på** *noe* versuchen *etw. Akk* (sich bemühen)
prøveeksemplar [prööweekßemplaar] *s* Muster *s*, Probestück *s* (einer Ware usw.)
prøverom [prööweruum] *s* Kabine *w*, Ankleidekabine *w*
pub [pöb] *m* Kneipe *w*
publikum [publikum] *s* Publikum *s*
pudder [pudder] *s* Puder *m*
puffe [puffe] *v* **1** anstoßen *j-n/etw. mit etw.* (mit Ellbogen usw.), anstupsen (leicht anstoßen) **2** einen Stoß versetzen *j-m/etw.*, stoßen *j-n/etw.* **3** drängeln (in der Volksmenge usw.)
pullover [pulloower] *m* Pullover *m*, Pulli *m*
pulver [pulwer] *s* Pulver *s*
pumpe [pumpe] *m/w* **1** Pumpe *w* **2** Luftpumpe *w* ♦ *v* **1** pumpen **2** einpumpen *etw. Akk in etw. Akk* **3** abpumpen, abzapfen (Wasser usw.) **4** abziehen (Energie usw.) ► ~ **opp** aufpumpen; ~ **opp dekkene** die Reifen *m Mz* aufpumpen
pung [pung] *m* **1** Beutel *m* **2** Portemonnaie *s* **3** Hodensack *m*
punkt [pungkt] *s* Punkt *m*
punktere [pungkteere] **Jeg har punktert.** Ich habe einen Platten.
punktering [pungkteering] *m/w* Reifenpanne *w*, Platten *m*
punktlig [pungktli] *adj* pünktlich
punktum [pungktum] *s* Punkt *m* (Satzzeichen)
puppe [puppe] *m/w* Puppe *w* (eines Schmetterlings usw.)
pur [puur] *adj* rein (Gold usw.), pur (Silber usw.)
puré [puree] *m* Mark *s* (aus Tomaten usw.), Püree *s*
purre [purre] *m* Porree *m*
purring [purring] *m/w* Mahnung *w* (Mahnbrief usw.)
pusle [puschle] *v* basteln
puss [puß] *m/s* Eiter *m*
pusse [pußße] *v* **1** polieren *etw. Akk* **2** verputzen (Fassade usw.) ► ~ **opp** *noe* rekonstruieren *etw. Akk*
pusse opp *v* wieder bemalen (Wohnung usw.)
pussig [pußßi] *adj* witzig, spaßig
pust [pußt] *m* Atem *m*
puste [pußte] *v* atmen; ~ **inn** einatmen (Atem holen)
pute [puute] *m/w* Kissen *s*
pynt [pünt] *m* Schmuck *m* (Zierde), Verzierung *w* (Gegenstand usw.)
pynte [pünte] *v* ausschmücken *etw. Akk mit etw.*, verzieren *etw. Akk mit etw.* (Zimmer), dekorieren *etw. Akk mit etw.* (Saal usw.), schmücken *etw. Akk mit etw.*
pysjamas [püschaamaß] *m* Pyjama *m*, Schlafanzug *m*
pytt [pütt] *m* Pfütze *w*
pære [pääre] *m/w* Birne *w* (Frucht)
pæretre [päääretree] *s* Birne *w* (Baum)
pølse [pölße] *m/w* **1** Würstchen *s* **2** Knackwurst *w*, Bockwurst *w* **3** Wurst *w* (Bierwurst usw.), Bratwurst *w* **4** Wurst *w* (Schinkenwurst usw.)
på [poo] *prep* **1** an *j-n/etw.* (denken usw.) **2** auf (einer Oberfläche usw.) **3** in (der Wüste usw.), auf (einer Stelle usw.), an (Ort) **4** auf (hinauf) ♦ *adj* eingeschaltet ► ~ **mandag/tirsdag** am Montag/Dienstag
påføre [poofööre] *v* verpassen *j-m etw. Akk* (Niederlage usw.)
pågripe [poogriipe] *v* fassen (Täter usw.), fangen (Verdächtige usw.), festnehmen *j-n*
påkjøringsrampe [pooschööringßrampe] *m/w* Autobahnauffahrt *w*
pålegg [pooleg] *s* Aufstrich *m*
pålitelig [pooliiteli] *adj* zuverlässig, verlässlich ♦ *adv* zuverlässig, verlässlich
påminning [poominning] *m/w* Erinnerung *w etw. Dat*
påpeke [poopeeke] *v* hinweisen *auf etw. Akk*, hinweisen *auf etw.*
påske [pooßke] *m/w* Ostern *s*
påskrift [pooßkrift] *m/w* Aufschrift *w*
påskynde [pooschünne] *v* **1** antreiben *j-n* **2** beschleunigen (Entwicklung), vorantreiben **3** beschleunigen *etw. Akk* (Anfang usw.)
påstand [pooßtan] *m* Behauptung *w*
påstå [pooßtoo] *v* behaupten, anführen, behaupten *etw. Akk*
påtale [pootaale] *v* verfolgen (strafrechtlich)
påta seg *v* nehmen (Risiko usw.)
påtrengende [pootrengene] *adj* **1** dringend, eindringlich, eilig, unaufschiebbar **2** beharrlich **3** aufdringlich, zudringlich **4** aufdringlich, penetrant, zudringlich
påvirke [poowirke] *v* **1** beeinflussen *j-n/etw.*, einwirken *auf j-n/etw.* **2** einwirken *auf j-n/etw. irgendwie*, sich auswirken *auf j-n/etw. irgendwie*, wirken *auf j-n/etw.* (Wirkung haben)
påvirket [poowirket] *adj* betroffen *von etw.* (Krankheit usw.)
påvirkning [poowirkning] *m/w* Einfluss *m*

R

rabatt [rabatt] *m* Rabatt *m*; **gi ~** nachlassen *j-m wie viel* (Rabatt)
racket [raket] *m* Schläger *m* (Tennis usw.)
rad [raad] *m* Reihe *w*, Rang *m* (im Theater usw.)
radio [raadiu] *m* Radio *s*, Rundfunk *m*
radius [raadiuß] *m* Halbmesser *m*
rakett [rakett] *m* Rakete *w*
ramme [ramm^{e}] *m* Rahmen *m* ♦ *v* betreffen *etw. Akk* (Erdbeben) ► **innenfor rammene** *av noe* im Rahmen *etw. Gen*
rammet [rammet] *adj* befallen *von etw.* (von einer Krankheit usw.), betroffen *von etw.* (Krankheit usw.)
rammeverk [rammewärk] *s* Rahmen *m* (Konstruktion)
ran [raan] *s* Raub *m*, Raubüberfall *m*
rane [raan^{e}] *v* **1** rauben, Raub verüben **2** bestehlen *j-n um etw.* **3** betrügen *j-n um etw.* **4** überfallen *j-n* **5** ausrauben *etw. Akk* (Bank usw.), ausräumen *etw. Akk* (Laden, Wohnung usw.)
rang [rang] *m* Rang *m*
rangle [rangl^{e}] *v* feiern, abfeiern (eine Party haben)
rank [rangk] *adj* aufgerichtet, aufrecht (Stellung usw.)
ransake [ranßaak^{e}] *v* **1** durchsuchen *j-n/etw.* **2** durchwühlen, durchkramen (durchsuchen)
rapport [raport] *m* **1** Bericht *m* **2** Bericht *m über etw. Akk*, Meldung *w über etw. Akk* (dienstliche), Report *m über etw. Akk*
rar [raar] *adj* merkwürdig, seltsam, sonderbar
rase [raaß^{e}] *m* Rasse *w* ♦ *v* **1** wüten, wütend werden **2** toben (rasen) **3** stürzen (fallen) **4** rasen *irgendwohin* (sich fortbewegen)
rasende [raaß^{e}n^{e}] *adj* wütend
rasere [raßeer^{e}] *v* **1** abreißen *etw. Akk*, niederreißen *etw. Akk* (Gebäude usw.) **2** devastieren, verwüsten
raseri [raßerii] *s* Wut *w*, Zorn *m*
rasjonell [raschunel] *adj* rational, vernünftig
rask [raßk] *adj* **1** schnell (Bewegung usw.), rasch (Gang usw.) **2** flott (Schritt usw.), schnell **3** flink, behänd **4** schnell (Erledigung usw.), rasch (Genesung usw.) **5** baldig
rastløshet [raßtlöößheet] *m/w* Unruhe *w* (innere), Rastlosigkeit *w*
ratt [ratt] *s* Lenkrad *s*
rav [raaw] *s* Bernstein *m*
reagere [reageer^{e}] *v* reagieren *auf etw. Akk*
realitet [realiteet] *m* Realität *w*, Wirklichkeit *w*
redd [red] *adj* ängstlich, angstvoll; **være ~** *for noe* fürchten *j-n/etw.*
redde [redd^{e}] *v* retten *j-n/etw. vor j-m/etw.*
reddik [reddik] *m* Radieschen *s*
rede [reed^{e}] *s* Nest *s*
redigere [redigeer^{e}] *v* **1** redigieren (Buch usw.) **2** schneiden (Film usw.) **3** editieren
redning [redning] *m/w* Rettung *w*
redningsmann [redningßman] *m* Retter *m*, Rettungsmann *m*
redningsvest [redningßweßt] *m* Schwimmweste *w*
redsel [rez^{e}l] *m* Angst *w vor etw. Dat*, Entsetzen *s*, Schrecken *m*
redskap [rezkaap] *m/s* **1** Werkzeug *s* (Gesamtheit von Werkzeugen), Gerät *s* (Ausrüstung usw.) **2** Gerät *s* (Zange usw.), Werkzeug *s*, Instrument *s*, Werkzeuge *s Mz*
redusere [redußeer^{e}] *v* **1** einschränken, reduzieren (Ausgaben usw.), kürzen *etw. Akk* (Geld), verringern *etw. Akk* (Menge usw.) **2** verkleinern *etw. Akk* **3** mindern *etw. Akk*, verringern *etw. Akk* (Risiko usw.) **4** vermindern *etw. Akk* ► **~ hastigheten** verlangsamen *etw. Akk*; **~ (prisen)** ermäßigen *etw. Akk*
referanse [referanß^{e}] *m* Zeugnis *s* (vom Arbeitgeber), Empfehlungsschreiben *s*
regel [reeg^{e}l] *m* Regel *w*, Vorschrift *w*
regelmessig [reeg^{e}lmeßßi] *adj* **1** regelmäßig **2** gleichmäßig ♦ *adv* regelmäßig
region [regiuun] *m* Region *w*
regional [regiunaal] *adj* regional, Regional-
regissør [reschißöör] *m* Regisseur *m*
registrere [regißtreer^{e}] *v* **1** registrieren *j-n/etw.* (amtlich), eintragen *j-n/etw.* (in ein Register), registrieren *etw. Akk*, erfassen *etw. Akk* (statistisch usw.) **2** messen
registreringsnummer [regißtreeringßnumm^{e}r] *s* Kraftfahrzeugkennzeichen *s*, Autonummer *w*, Autokennzeichen *s*
regjering [rejääring] *m/w* Regierung *w* (Organ)
reglement [regl^{e}mang] *s* **1** Ordnung *w* (Verkehrsordnung usw.) **2** Verordnung *w*
regn [räin] *s* Regen *m*
regnbue [räinbuu^{e}] *m* Regenbogen *m*
regne [räin^{e}] *v* **1** regnen **2** kalkulieren *etw. Akk*, rechnen *etw. Akk*, ausrechnen *etw. Akk* (Rechenaufgabe), berechnen *etw. Akk* (Umfang usw.) **3** rechnen *mit etw.*, zählen *auf etw. Akk* ► **~ med** berücksichtigen *etw. Akk*, rechnen *mit etw.* (Risiko usw.), zählen *j-n/etw. zu j-m/etw.* (zuordnen); **~ om** umrechnen

etw. Akk in etw. Akk, konvertieren *etw. Akk in etw. Akk* (Währung usw.)
regnes [räineß] *v* zählen *zu j-m/etw.* (gehören)
regnfrakk [räinfrakk] *m* Regenmantel *m*
regning [räining] *m/w* **1** Rechnung *w* (im Restaurant usw.) **2** Abrechnung *w* (Schlussrechnung) ► **gi** *noen* **~** *på noe* berechnen *j-m etw. Akk* (anrechnen); **Regningen, takk!** Bitte zahlen!
regulere [regu̶leerᵉ] *v* lenken *etw. Akk* (Richtung bestimmen), richten *etw. Akk*, regeln *etw. Akk* (durch Gesetz usw.)
regulering [regu̶leering] *m/w* **1** Regelung *w* **2** Zahnspange *w*
reim [räim] *m/w* Gurt *m* (zum Anschnallen)
reise [räißᵉ] *m* **1** Reise *w* **2** Reisen *s* ♦ *v* **1** fahren *irgendwohin* (sich bewegen), reisen **2** abreisen *aus etw. nach etw.* **3** durchfahren, durchreisen (Land usw.) **4** aufstellen *etw. Akk* (Mast usw.) **5** aufbauen *etw. Akk* (Haus usw.), erbauen *etw. Akk*, errichten *etw. Akk*, bauen *etw. Akk* **6** erheben *etw. Akk* (Widerspruch usw.) ► **~ over** überqueren *etw. Akk* (fahrend); **~ ut** *et sted* aufbrechen *irgendwohin*; **God ~.** Gute Reise., Gute Fahrt.
reisebyrå [räißᵉbüroo] *s* Reisebüro *s*, Reiseagentur *w*
reisehåndbok [räißᵉhonbuuk] *m/w* Führer *m* (Buch)
reisende [räißᵉnᵉ] *m* Reisende *m*
reise seg *v* sich erheben, aufstehen
reisesjekker [räißeschekkᵉr] *m Mz* Reiseschecks *m Mz*
reke [reekᵉ] *m/w* Garnele *w*, Krevette *w*
rekke [rekkᵉ] *v* **1** schaffen *etw. Akk* (rechtzeitig kommen), schaffen (rechtzeitig machen) **2** erreichen *etw. Akk* (berühren) **3** reichen *j-m etw. Akk* (geben) **4** ausstrecken **5** ausreichen ♦ *m* **1** Reihe *w* (von Gegenständen) **2** eine (ganze) Reihe *von etw.* ► **~ opp hånden** sich melden (Schüler usw.); **~ opp** *noe* heben *etw. Akk* (Hand usw.), hochheben *etw. Akk*; **~ ut** sich strecken (Körper usw.)
rekkefølge [rekkᵉfölgᵉ] *m* Folge *w*, Reihenfolge *w*, Aufeinanderfolge *w*
rekkevidde [rekkewiddᵉ] *m/w* Reichweite *w etw. Gen*, Umfang *m etw. Gen* (einer Maßnahme usw.)
rekkverk [rekkwärk] *s* **1** Geländer *s* **2** Leitplanke *w*
reklamasjon [reklamaschuun] *m* Reklamation *w*
reklame [reklaamᵉ] *m* **1** Werbung *w* (Werben), Reklame *w* **2** Werbung *w* (eines Produktes), Promotion *w* (Reklame) **3** Werbespot *m*
reklamere [reklameerᵉ] *v* **1** werben *für etw.* (Produkt usw.) **2** reklamieren *etw. Akk*, beanstanden *etw. Akk*
rekonstruksjon [rekunßtru̶kschuun] *m* Umbau *m*
rekord [rekord] *m* Rekord *m*
rekreasjon [rekreaschuun] *m* Erholung *w* (Ausruhen usw.), Urlaub *m* (mit Familie usw.)
relativ [relatiiw] *adj* relativ
relativt [relatiiwt] *adv* relativ
religion [religiuun] *m* Religion *w*
religiøs [religiööß] *adj* Religions-, religiös (Religion betreffend)
remse [remßᵉ] *m/w* Streifen *m etw. Gen* (Stoff usw.)
ren [reen] *adj* **1** sauber **2** rein (Gold usw.), pur (Silber usw.) **3** rein (Unsinn usw.), pur (völlig) ► **gjøre rent** reinigen *etw. Akk*, putzen *etw. Akk*
rengjøre [reenjöörᵉ] *v* reinigen *etw. Akk* (Kleidung usw.), sauber machen *etw. Akk*
rengjører [reenjöörᵉr] *m* Putzfrau *w*
rengjøring [reenjööring] *m/w* **1** Reinigung *w* **2** Aufräumen *s*
rengjøringsmiddel [reenjöringßmiddᵉl] *s* Reinigungsmittel *s*
renne [rennᵉ] *v* **1** fließen, strömen (Flüssigkeit usw.) **2** hineinlaufen *in etw. Akk* (fließen) ♦ *m* Trog *m* ► **~ inn** *i noe* einfließen *in etw. Akk*; **~ ut** abfließen (wegfließen)
renning [renning] *m/w* Kette *w* (im Gewebe usw.)
rense [renßᵉ] *v* **1** abputzen *etw. Akk*, reinigen *etw. Akk*, putzen *etw. Akk*, sauber machen *etw. Akk* **2** schaben **3** reinigen (von Zusatzstoffen usw.), säubern (Wasser usw.) **4** ausnehmen (Schlachttier usw.), ausweiden
renseri [renßerii] *s* Reinigung *w* (Geschäft)
rente [rentᵉ] *m/w* Zins *m*
reparasjon [reparaschuun] *m* Reparatur *w*
reparere [repareerᵉ] *v* reparieren *etw. Akk*
repetere [repeteerᵉ] *v* **1** wiederholen *etw. Akk* (Lernstoff usw.) **2** wiederholen (um es zu betonen)
repetisjon [repetischuun] *m* Wiederholung *w* (des Lernstoffes)
reporter [repoortᵉr] *m* Reporter *m*
representant [repreßentant] *m* Vertreter *m*, Repräsentant *m*
representere [repreßenteerᵉ] *v* **1** repräsentieren (ein Land usw.) **2** vertreten *j-n/etw.* (als Beauftragter)
republikk [repu̶blikk] *m* Republik *w*
resepsjon [reßepschuun] *m* **1** Rezeption *w* **2** Empfang *m* (Veranstaltung)
resept [reßept] *m* Rezept *s* (Heilmittel)

reservat [reßerwaat] *s* Reservat *s*
reserve [reßärwᵉ] *m* **1** Reserve *w*, Vorrat *m* **2** Bereitschaft *w* (Reserve)
reservedeler [reßerwedeelᵉr] *m Mz* Ersatzteile *s Mz*
reservehjul [reßerwejuul] *s* Reserverad *s*, Reservereifen *m*
reservere [reßerweerᵉ] *v* **1** reservieren *etw. Akk* (Tisch usw.), buchen *etw. Akk* (Reise usw.) **2** beiseitelegen (Geld usw.), abzweigen
reservert [reßerweert] *adj* **1** gebucht (Platz usw.), reserviert (Zimmer usw.) **2** reserviert, steif (Mensch usw.), unnahbar, zurückhaltend ♦ *adv* reserviert
residens [reßidenß] *m* Residenz *w*
resirkulering [reßirkuleering] *m/w* Recycling *s*, Rezyklierung *w*
respekt [reßpekt] *m* Achtung *w vor j-m* (Hochschätzung usw.), Respekt *m vor j-m*
respektere [reßpekteerᵉ] *v* achten (Gesetz usw.), respektieren *etw. Akk* (Gesetze usw.)
respons [reßponß] *m* Reaktion *w auf etw. Akk*
ressurser [reßurschᵉr] *m Mz* Ressourcen *w Mz* (Rohstoffe usw.)
rest [reßt] *m* **1** Rest *m etw. Gen* (beim Verbrauch) **2** Überrest *m* ► **Behold resten.** Stimmt so.
restaurant [reßtorang] *m* Restaurant *s*
resterende [reßteerᵉnᵉ] *adj* übrig, restlich
restriksjon [reßtrikschuun] *m* Beschränkung *w*
resultat [reßultaat] *s* Ergebnis *s etw. Gen*
retning [retning] *m/w* Richtung *w*
retningsnummer [retningßnummᵉr] *s* Vorwahl *w* (Nummer)
rett [rett] *m* **1** Anspruch *m auf etw. Akk* (Recht), Recht *s zu etw.* (Berechtigung) **2** Gericht *s*, Speise *w* **3** Gang *m* (Gericht) ♦ *adj* gerade (Linie usw.) ► **~ frem** geradeaus; **~ og slett** kurz gesagt; **Du har ~.** Sie haben Recht.
rette [rettᵉ] *v* **1** aufrichten *etw. Akk* (Körper usw.), gerade machen **2** gutmachen *etw. Akk* (Fehler usw.), korrigieren **3** konzentrieren *etw. Akk auf j-n/etw.* (Aufmerksamkeit usw.), richten *etw. Akk auf etw. Akk* (eine Tätigkeit usw.) **4** richten *etw. Akk irgendwohin* **5** richten (Augen usw.) ♦ *m/w* Oberseite *w* ► **~ på** herrichten
rettelse [rettᵉlßᵉ] *m* Berichtigung *w* (im Text), Korrektur *w*, Verbesserung *w* (eines Fehlers usw.)
rettferdig [rettfäärdi] *adj* fair, gerecht ♦ *adv* mit Recht, zu Recht, rechtmäßig
rettferdiggjøre [rettfäärdijöörᵉ] *v* **1** rechtfertigen *etw. Akk* (entschuldigen) **2** rechtfertigen (eine Tat usw.)
rettighet [rettiheet] *m/w* Recht *s* (Rechtsordnung)
rettlinjet [rettlinjet] *adj* geradlinig (Mensch usw.), direkt (Person)
rettmessig [rettmeßßi] *adj* gesetzlich, rechtmäßig
rettsforfølge [rezforfölgᵉ] *v* verfolgen (strafrechtlich)
rettsforhandling [rezforhandling] *m/w* Verhandlung *w*, Gerichtsverhandlung *w*
rettslig [rettschli] *adj* **1** Rechts-, rechtlich **2** Gerichts-, gerichtlich
rettssak [rettßaak] *m/w* **1** Rechtsstreit *m* **2** Gerichtsverfahren *s*, Prozess *m* (Rechtsstreit)
returbillett [retuurbilett] *m* Rückfahrkarte *w*
revers [rewärsch] *m* Rückwärtsgang *m*
revne [rewnᵉ] *v* aufplatzen, platzen
revolver [rewolwᵉr] *m* Revolver *m*
ri [rii] *v* reiten
ribbe [ribbᵉ] *v* **1** rupfen *etw. Akk* (Huhn usw.), rupfen (Federn usw.) **2** rupfen *j-n* (Geld abnehmen) **3** bestehlen *j-n um etw.* ♦ *m/w* Rippe *w*
ridetur [riidetuur] *m* Fahrt *w*
ridning [riidning] *m* Pferdereiten *s*, Reiten *s* (Sportart)
rifle [riflᵉ] *m/w* Gewehr *s*
rik [riik] *adj* **1** reich (Mensch usw.) **2** reich (Quelle usw.), reichlich
rikdom [riiktom] *m* Reichtum *m* (Geld usw.)
rike [riikᵉ] *s* Reich *s*
rikstelefon [riikßtelefuun] *m* Ferngespräch *s*
riktig [rikti] *adj* richtig (nicht falsch), korrekt ♦ *adv* richtig (korrekt)
riktignok [riktignok] *conj* zwar
rim [riim] *s* **1** Raureif *m* **2** Reif *m* **3** Reim *m*
rimelig [riimᵉli] *adj* **1** erschwinglich **2** gehörig, gebührend **3** passabel, leidlich ♦ *adv* leidlich
ring [ring] *m* Ring *m*
ringe [ringᵉ] *v* **1** klingeln (an der Tür) **2** anrufen *j-n*, einen Anruf machen, telefonieren *mit j-m* **3** klingen, läuten ► **~ opp** anrufen *j-n* (telefonieren), wählen (eine Telefonnummer)
ringeklokke [ringᵉklokkᵉ] *m/w* Klingel *w* (an der Tür)
ringperm [ringpärm] *m* Aktenordner *m*, Ordner *m* (für Schriftgut), Mappe *w* (Aktenhefter usw.), Hefter *m*
ringvei [ringwäi] *m* Ringstraße *w*

rips [ripß] *m* Johannisbeere *w*, (ÖrD) Ribisel *w*
ris [riiß] *m* Reis *m*
risikabel [rißikaab^el] *adj* riskant
risikere [rißikeer^e] *v* riskieren *etw. Akk*, Risiko *etw. Gen* eingehen
risiko [riißiku] *m* Risiko *s*
rispe [rißp^e] *v* kratzen (ritzen), zerkratzen
rist [rißt] *m/w* Rost *m*
riste [rißt^e] *v* **1** rütteln *an j-m/etw.* **2** durchschütteln *etw. Akk*, schütteln *etw. Akk*, schütteln *j-n/etw.*, schütteln *etw. Akk* **3** toasten, rösten **4** sich schütteln, zittern (vor Kälte usw.) **5** sich schütteln (Hund usw.) **6** anrösten *etw. Akk*, anbraten *etw. Akk*, sautieren (kurz anbraten) **7** rösten (Kaffee usw.) **8** vibrieren **9** aufschütteln **10** zittern, sich schütteln ► **~ av seg** *noen/noe* abschütteln *etw. Akk* (Schnee usw.); **~ på hodet** den Kopf schütteln
rive [riiw^e] *v* **1** reißen *etw. Akk* (Papier usw.) **2** zerreißen (Seil usw.) **3** reiben *etw. Akk* (Gemüse usw.), raspeln *etw. Akk* **4** reiben (raspeln) **5** zerfleischen (ein Raubtier einen Menschen usw.) ♦ *m/w* Harke *w*, Rechen *m* ► **~ av** *noe* abreißen *etw. Akk*, herunterreißen *etw. Akk*; **~** *noe* **i stykker** reißen *etw. Akk*, zerreißen *etw. Akk* (in Stücke)
ro [ruu] *m/w* **1** Ruhe *w* (Untätigkeit) **2** Ruhe *w*, Frieden *m* (Ungestörtheit) **3** Stille *w*, Ruhe *w* (Stille) ♦ *v* rudern
robåt [ruuboot] *m* Ruderboot *s*
roe [ruu^e] *v* **1** mildern (Zorn usw.) **2** beruhigen *j-n* **3** zur Ruhe bringen *j-n/etw.* ► **~ seg** sich beruhigen
rokke [rokk^e] *m* Rochen *m* ♦ *v* erschüttern *etw. Akk* (Vertrauen usw.)
rolig [ruuli] *adj* gemächlich, geruhsam (Lebenstempo usw.), ruhig, friedlich (ohne Aufregung) ♦ *adv* ruhig
rolle [roll^e] *m/w* Rolle *w* (Schauspiel)
rom [ruum] *s* **1** Zimmer *s*, Raum *m* (im Haus) **2** Platz *m* (Kapazität usw.), Raum *m* (leerer usw.) ► **Jeg trenger et ~ for tre dager.** Ich brauche ein Zimmer für drei Tage.
roman [rumaan] *m* Novelle *w* (Erzählung), Roman *m*
rop [ruup] *s* **1** Schrei *m* **2** Geschrei *s*, Schreien *s*
rope [ruup^e] *v* **1** schreien (laut sprechen) **2** anbrüllen *j-n*, anschreien *j-n* **3** rufen *j-n* (schreien usw.), zurufen *j-m* **4** ausrufen (spontan)
ror [ruur] *s* Ruder *s* (Steuerruder), Steuer *s*
rosa [ruußa] *adj* rosa, rosig, rosenrot
rose [ruuß^e] *m* Rose *w* ♦ *v* loben *j-n für etw.*
rosenkål [ruuß^engkool] *m* Rosenkohl *m*
rosiner [roßiin^er] *m/w Mz* Rosinen *w Mz*
rot[1] [ruut] *m* Wurzel *w* ► **dra** *noe* **opp med roten** entwurzeln (Baum usw.)
rot[2] [ruut] *s* Saustall *m* (Unordnung), Unordnung *w*
rote [ruut^e] *v* durcheinanderbringen, durcheinanderbringen *etw. Akk*
rotte [rott^e] *m/w* Ratte *w*
rovdyr [roowdüür] *s* Raubtier *s*
rug [ruug] *m* Roggen *m*
ruin [ruiin] *m* Ruine *w*
rull [rul] *m* **1** Rolle *w* **2** Rolle *w* (Fleischrolle usw.), Roulade *w*
rulle [rull^e] *v* **1** rollen **2** rollen *etw. Akk*, wälzen *etw. Akk* (Fass usw.) **3** scrollen ♦ *m/w* Mangel *w* ► **~ (seg)** rollen (sich rollend bewegen); **~ ut** ausrollen (Zusammengerolltes)
rulle seg *v* sich wälzen
rullestol [rull^eßtuul] *m* Rollstuhl *m*
rulletrapp [rull^etrapp] *m/w* Rolltreppe *w*
rumpe [rump^e] *m/w* **1** Hintern *m*, Gesäß *s* **2** Hinterteil *s* (einer Keule usw.)
rund [run] *adj* **1** rund **2** kugelig, kugelförmig, Kugel- **3** rundlich, Rund-
runde [rund^e] *m* **1** Runde *w* **2** Visite *w*
runding [runding] *m* Kreis *m* (Figur)
rundkast [runkaßt] *s* Rolle *w* (Purzelbaum)
rundkjøring [runschööring] *m/w* Kreisverkehr *m*
rundreise [runräiß^e] *m/w* Rundreise *w*
rundstykke [runßtükk^e] *s* Brötchen *s*, (ÖrD, SüD) Semmel *w*
rundt [runt] *adv* rings, ringsherum, ringsum ♦ *prep* gegen (Menge), ungefähr ► **~ (om)** um *etw. Akk* (räumlich)
rundtur [runntuur] *m* Rundreise *w*
rushtid [röschtiid] *m/w* Stoßzeit *w*
rusmiddel [ruußmidd^el] *s* Droge *w*
russer [rußß^er] *m* Russe *m*
russisk [rußßißk] *adj* russisch ♦ *adv* russisch, auf Russisch ♦ *m* Russisch(e) *s*
Russland [rußßlan] *s* Russland *s*
rust [rußt] *m/w* Rost *m* (Eisenoxid)
rute [ruut^e] *m/w* Route *w*
rutine [rutiin^e] *m* Ordnung *w* (Tagesordnung usw.), Routine *w*
rutinert [rutineert] *adv* erfahren
rydde [rüdd^e] *v* **1** aufräumen **2** räumen *etw. Akk*, abräumen *etw. Akk* (Geschirr usw.) **3** säubern *etw. Akk* (Partei usw.) **4** räumen, ausräumen (Zimmer usw.) **5** wegräumen
ryddig [rüddi] *adj* aufgeräumt (Zimmer usw.), ordentlich (ordnungsliebend)
rygg [rüg] *m* Rücken *m*
rygge [rügg^e] *v* **1** zurücktreten (nach hinten) **2** rückwärtsfahren, zurückfahren (von einem Wagen usw.) **3** zurückweichen (nach hinten treten)
ryggrad [rüggraad] *m/w* Wirbelsäule *w*

ryggsekk [rüggßekk] *m* Rucksack *m*
ryke [rüük^e] *v* **1** durchgebrannt werden **2** abreißen (Schlaufe usw.), ab sein ► **~ ut** *av noe* ausscheiden (aus einem Spiel usw.)
rykke [rükk^e] *v* **1** zerren *an etw. Dat*, reißen *an etw. Dat* **2** zucken (Muskel usw.) ► **~ frem** vorgehen (nach vorn gehen), weitergehen
rykte [rükt^e] *s* **1** Gerücht *s* **2** Reputation *w*, Ruf *m* (guter usw.)
rynke [rüngk^e] *m* Falte *w* (Runzel) ♦ *v* runzeln ► **~ pannen** *til noen* die Stirn runzeln, finster ansehen *j-n*
rytter [rütt^er] *m* **1** Reiter *m* **2** Fahrer *m* (Motorradfahrer usw.)
rød [röö] *adj* rot
røff [röf] *adj* rau (Sitten usw.)
rømme [römm^e] *v* flüchten *irgendwoher*, fliehen *irgendwoher*, weglaufen
røntgenbilde [röntgeenbild^e] *s* Röntgenaufnahme *w*
røpe [rööp^e] *v* verraten, preisgeben (Geheimnis usw.), verraten *j-m etw. Akk*, preisgeben *j-m etw. Akk* (Geheimnis usw.)
rør [röör] *s* **1** Rohr *s* (Hohlkörper), Röhre *w* **2** Rohr *s* (Pflanze)
røre [röör^e] *v* **1** bewegen *etw. Akk*, rücken *etw. Akk* (Tisch usw.) **2** anfassen *etw. Akk* **3** rühren *etw. Akk*, umrühren *etw. Akk* (Suppe usw.) **4** einrühren *etw. Akk in etw. Akk*, rühren *j-n* (innerlich), vermischen *etw. Akk in etw. Dat*
røve [rööw^e] *v* **1** rauben, Raub verüben **2** plündern **3** betrügen *j-n um etw.*
røyk [röük] *m* **1** Rauch *m* **2** Dünste *m Mz*, Abgase *s Mz*
røyke [röük^e] *v* rauchen
røyker [röük^er] *m* Raucher *m*
rå [roo] *adj* **1** roh (Gemüse usw.) **2** roh, Roh- **3** brutal ♦ *m/w* Rehgeiß *w* ♦ *v* verfügen *über etw. Akk* (besitzen)
råd [rood] *s* Rat *m*, Ratschlag *m*; **gi ~** *til noen* beraten *j-n bei etw.*, raten *j-m etw. Akk*, raten *j-m*; **ha ~** *til noe* sich *etw. Akk* leisten können (finanziell usw.)
råde [rood^e] *v* beraten *j-n bei etw.*, raten *j-m etw. Akk*, raten *j-m*
rådgiving [roodjiiwing] *m/w* Beratung *w* (Beratertätigkeit)
rådhus [roodhuuß] *s* Rathaus *s*
råstoff [rooßtof] *s* Rohstoff *m*
råtten [rott^en] *adj* faul (Obst usw.), verfault

S

safe [ßeif] *m* Safe *m/s*
saft [ßaft] *m/w* Saft *m* (aus Obst usw.)
sag [ßaag] *m/w* Säge *w*
sage [ßaag^e] *v* sägen *etw. Akk* (Baumstamm usw.), zersägen *etw. Akk*, sägen (arbeiten); **~ av** *noe* absägen *etw. Akk*
sagn [ßangn] *s* Sage *w*
sak [ßaak] *m/w* **1** Angelegenheit *w*, Frage *w* (Problem usw.), Sache *w* (Sachverhalt) **2** Rechtsstreit *m* **3** Rechtsfall *m*
saker [ßaak^er] *m/w Mz* Sachen *w Mz*
sakkyndig [ßaakschündi] *adj* **1** qualifiziert, sachkundig (fachlich ausgebildet) **2** kompetent (Gericht usw.), zuständig
saklig [ßaakli] *adj* sachlich
saks [ßakß] *m/w* Schere *w* (Werkzeug)
sakte [ßakt^e] *adv* allmählich, langsam
sal [ßaal] *m* **1** Saal *m* **2** Zuschauerraum *m* **3** Sattel *m* (Pferd usw.)
salat [ßalaat] *m* Salat *m*
salg [ßalg] *s* **1** Absatz *m* (Verkauf), Vertrieb *m* **2** Ausverkauf *m* ► **på ~** verbilligt, ermäßigt (Preis)
salgsassistent [ßalgßaßißtent] *m* Verkäufer *m*
salgsautomat [ßalgßäutumaat] *m* Münzautomat *m*, Automat *m* (Zigaretten usw.)
salt [ßalt] *adj* salzig ♦ *s* Salz *m* (Verbindung), Salz *s*
saltbøsse [ßaltbößß^e] *m/w* Salzstreuer *m*
salte [ßalt^e] *v* salzen *etw. Akk*
saltpølse [ßaltpölß^e] *m/w* Dauerwurst *w*, Salami *w*
salve [ßalw^e] *m/w* Salbe *w*
salvie [ßalwii^e] *m* Salbei *m/w*
samarbeide [ßamarbäid^e] *v* kooperieren, zusammenarbeiten *mit j-m*
samfunn [ßamfun] *s* Gemeinschaft *w* (von Menschen), Gesellschaft *w* (menschliche)
samle [ßaml^e] *v* **1** ansammeln, sammeln (Sachen usw.) **2** sammeln (ein Heer usw.), versammeln **3** konzentrieren (Arbeitskräfte usw.) **4** sammeln (Briefmarken usw.) **5** aufhäufen ► **~ (inn)** einsammeln, sammeln (Holz usw.); **~ sammen** zusammenschieben (zu Haufen usw.)
samleie [ßamläi^e] *s* Geschlechtsverkehr *m*, Koitus *m*, Beischlaf *m*
samler [ßaml^er] *m* Sammler *m*
samling [ßamling] *m/w* **1** Sammlung *w* (von Gemälden usw.) **2** Satz *m von etw.* (Teller usw.) **3** Massenversammlung *w*, Massentreffen *s* **4** Sitzung *w* (eines Gerichts usw.), Tagung *w* **5** Gesamtheit *w etw. Gen* **6** Sammlung *w* (von Müll usw.)

samme [ßamme] **det ~** dasselbe; **i ~ grad** ebenso, genauso; **med det ~** direkt (sofort); **på ~ måte** ebenso, genauso; **den/det ~** derselbe; **Det er ~ for meg.** Es ist mir egal.
sammen [ßammen] *adv* **1** beisammen, zusammen (arbeiten usw.), gemeinsam **2** zusammen (verbinden usw.) **3** miteinander ► **til ~** insgesamt, zusammen (betragen usw.)
sammendrag [ßammendraag] *s* Zusammenfassung *w*
sammenheng [ßammenheng] *m* Beziehung *w* (Zusammenhang usw.), Zusammenhang *m zwischen etw. Dat*
sammenkomst [ßammenkomßt] *m* **1** Begegnung *w* **2** Versammlung *w* (Menschen)
sammenlagt [ßammenlakt] *adv* zusammengenommen, insgesamt
sammenligning [ßammenligning] *m/w* Vergleich *m* (Benennung usw.)
sammenlikne [ßammenlikne] *v* **1** vergleichen *etw. Akk mit etw.* (Ähnlichkeiten), vergleichen *j-n/etw. mit j-m/etw.* (angleichen) **2** vergleichen *j-n/etw. mit j-m/etw.* (Unterschiede) ► **kunne sammenliknes** gleichkommen können *j-m/etw.*, zu vergleichen sein *mit etw.*
sammensatt [ßammenßatt] *adj* **1** kompliziert **2** komplex **3** gebildet *aus etw.* **4** zusammengesetzt (Auge usw.)
sammenstøt [ßammenßtööt] *s* Zusammenstoß *m* (Zusammenprall)
sammentreff [ßammentref] *s* Zufall *m*, Zusammentreffen von Ereignissen
samråd [ßamrood] *s* Beratung *w* (Besprechung)
samt [ßamt] *conj* auch
samtale [ßamtaale] *m* Gespräch *s* ♦ *v* konversieren *mit j-m über etw. Akk*, Konversation machen *mit j-m über etw. Akk*
samtidig [ßamtiidi] *adj* **1** zeitgenössisch **2** parallel (gleichzeitig) ♦ *adv* zugleich
samtykke [ßamtükke] *s* **1** Zustimmung *w zu etw.* **2** Bewilligung *w j-s* ♦ *v* **1** zustimmen *j-m/etw.* **2** bewilligen *etw. Akk* **3** einwilligen *in etw. Akk*
samvittighet [ßamwittiheet] *m/w* Gewissen *s*
sand [ßan] *m* Sand *m*
sandaler [ßandaaler] *m Mz* Sandalen *w Mz*
sang [ßang] *m* **1** Lied *s* **2** Gesang *m*
sanger [ßanger] *m* Sänger *m*
sann [ßan] *adj* wahr; **Det er ikke sant.** Das ist nicht wahr.
sannhet [ßannheet] *m/w* Wahrheit *w*
sannsynlig [ßannßüünli] *adj* wahrscheinlich
sannsynlighet [ßannßüünliheet] *m/w* Wahrscheinlichkeit *w etw. Gen*
sannsynligvis [ßannßüünliwiiß] *part* wahrscheinlich, vielleicht, wohl
sans [ßanß] *m* **1** Sinn *m* (Sehkraft usw.) **2** Gefühl *s für etw.*, Sinn *m für etw.* (Gerechtigkeit usw.)
sanselig [ßanßeli] *adj* sinnlich (Lippen usw.)
sant [ßant] **Ikke ~?** Nicht wahr?, Oder?
sardin [ßardiin] *m* Sardine *w*, Pilchard *m*
satellittnavigasjon [ßatelittnawigaschuun] *m* Navi *s*, Satellitennavigation *w*, Navigationssystem *s* (Gerät), Navigationsgerät *s* (im Auto)
sats [ßaz] *m* **1** Satz *m* (Gebühr usw.) **2** Rate *w etw. Gen* (in Prozent), Maß *s etw. Gen* (Ausmaß)
satse [ßaze] *v* tippen (im Wettbüro usw.)
sau [ßäu] *m* Schaf *s*
saus [ßäuß] *m* **1** Soße *w* **2** Saft *m* (Fleischsaft)
savne [ßawne] *v* **1** vermissen *j-n/etw.* (Freunde usw.), fehlen *j./etw. j-m* **2** vermissen *j-n/etw.* (verlorene Person usw.) ► **være savnet** fehlen (gestohlen werden usw.), verschwunden sein
savnet [ßawnet] *adj* vermisst
scene [ßeene] *m* **1** Bühne *w* **2** Schauplatz *m* **3** Szene *w* (hysterische usw.)
se [ßee] *v* **1** angucken *etw. Akk*, gucken *auf etw. Akk*, schauen *auf j-n/etw.*, ansehen *j-n/etw.* **2** sehen *j-n/etw.* **3** ansehen *j-n/etw.*, anschauen *j-n/etw.* **4** erblicken **5** besichtigen *etw. Akk*, sich ansehen *etw. Akk* **6** siehe, stöbern (in Geschäften usw. ► **~ frem til** *noe* begrüßen *etw. Akk*; **~ opp for** *noe/noen* sich hüten *vor j-m/etw.*; **~ på** *noen/noe* beobachten *j-n/etw.*, (sich) ansehen *j-n/etw.* (Film usw.); **~ seg tilbake** sich umsehen *nach j-m/etw.*, zurückblicken *auf j-n/etw.*, (SüD, ÖrD, SwD) sich umschauen *nach j-m/etw.*; **stort sett** gewöhnlich; **vi sees** auf Wiedersehen; **Se opp!** Vorsicht!, Achtung!
seddel [ßeddel] *m* Banknote *w*, Schein *m* (Geld)
sediment [ßediment] *s* Satz *m* (Bodensatz), Sediment *s* (Gestein)
seer [ßeeer] *m* Zuschauer *m*
se etter *v* sorgen *für j-n/etw.* (pflegen), sich kümmern *um j-n/etw.*
seg [ßäi] *pron* sich
segl [ßäil] *s* **1** Plombe *w* **2** Siegel *s* (Abdruck)
seier [ßäier] *m* Sieg *m*
seig [ßäig] *adj* zäh
seil [ßäil] *s* Segel *s*
seilduk [ßäilduuk] *m* Plane *w*

seile [ßäil^{e}] *v* **1** mit einem Schiff fahren, steuern (Schiff – Kurs nehmen) **2** segeln (mit Segelboot usw.) **3** durchsegeln *durch etw.* (hindurch), segeln *an etw. Dat vorbei*

sekk [ßekk] *m* Sack *m*

sekretær [ßekreteäär] *m* **1** Sekretärin *w* **2** Sekretär *m* (einer Partei usw.) **3** Sekretär *m* (Möbelstück)

seks [ßekß] *num* sechs

seksjon [ßekschuun] *m* Abteil *s* (abgegrenzter Teil)

seksten [ßäißt^{e}n] *num* sechzehn

seksti [ßekßti] *num* sechzig

seksuell [ßekßuel] *adj* sexuell

sekund [ßekun] *s* Sekunde *w*

sel [ßeel] *m* Hundsrobbe *w*

selge [ßelg^{e}] *v* teilweise verkaufen *j-m etw. Akk*, verkaufen *j-m etw. Akk für etw.*

selger [ßelg^{e}r] *m* Verkäufer *m*

selle [ßell^{e}] *m* Zelle *w* (in Lebewesen)

selleri [ßellerii] *m* Sellerie *m*, Knollensellerie *m* (Knolle)

selskap [ßelßkaap] *s* **1** Gesellschaft *w*, Unternehmen *s* (Firma usw.) **2** Party *w* **3** Gesellschaft *w* (von Freunden usw.) ► **holde noen med ~** Gesellschaft leisten *j-m*

selskapelig [ßelßkaap^{e}li] *adj* gesellig, umgänglich (Mensch usw.), gesellschaftlich

selv [ßel] *adj* selbst (persönlich) ♦ *pron* selbst (ich – Singular) ► **seg ~** sich; **~ om** auch wenn, obwohl

selvbetjening [ßellbetjeening] *m/w* Cafeteria *w*, Selbstbedienungsrestaurant *s*, Selbstbedienung *w*

selvfølgelig [ßellfölg^{e}li] *adj* selbstverständlich ♦ *part* natürlich (Zustimmung), selbstverständlich

selvklar [ßellklaar] *adj* offensichtlich (klar usw.), selbstverständlich

selvmord [ßellmurd] *s* Selbstmord *m*

selvsagt [ßellßakt] *adj* selbstverständlich

selvstendig [ßellßtendi] *adj* **1** autonom, selbstständig **2** separat, getrennt **3** autonom, eigenständig **4** selbstständig, unabhängig

selvtillit [ßelltillit] *m/w* Selbstbewusstsein *s*, Selbstvertrauen *s*

semester [ßemeßt^{e}r] *s* Halbjahr *s* (in der Schule), Semester *s*

seminar [ßeminaar] *s* Priesterseminar *s*, Seminar *s*

sen [ßeen] *adj* verspätet, Spät-; **Jeg kommer senest klokka fem.** Spätestens um fünf bin ich da.

sende [ßenn^{e}] *v* **1** abschicken *etw. Akk*, absenden *etw. Akk*, versenden *etw. Akk*, expedieren **2** senden *j-m etw. Akk* (Brief usw.), schicken *j-m etw. Akk* **3** entsenden *j-n irgendwohin*, aussenden *j-n irgendwohin* (einen Boten usw.), schicken *j-n irgendwohin*

sending [ßenning] *m/w* **1** Sendung *w* **2** Übertragung *w* (TV)

senest [ßeeneßt] *adj* letzt(er,e,es) (neuester), neuest(er,e,es) (Nachricht usw.) ♦ *adv* spätestens

seng [ßeng] *m/w* **1** Bett *s* **2** Feldbett *s* **3** Liege *w*

sengeteppe [ßengetepp^{e}] *s* Tagesdecke *w*

sengetøy [ßengetöü] *s* Bettwäsche *w*

senke [ßengk^{e}] *v* **1** sinken (Wert usw.) **2** verringern *etw. Akk* (Menge usw.), senken *etw. Akk* (Summe usw.), herabsetzen *etw. Akk* (Kosten usw.) **3** senken (nach unten) **4** senken (Kopf usw.) **5** senken (Stimme) ► **~ farten** *av noe* verlangsamen *etw. Akk*

sennep [ßennep] *m* Senf *m*

sensuell [ßenßuel] *adj* sinnlich (Lippen usw.)

sent [ßeent] *adv* spät; **komme for ~** sich verspäten (zu spät kommen)

sentral [ßentraal] *adj* **1** zentral **2** Schlüssel- **3** zentral, Mittel- (Position usw.) ♦ *m* **1** Zentrale *w* (Telefonzentrale) **2** Dispatching *s*

sentrum [ßentrum] *s* **1** Stadtzentrum *s*, Innenstadt *w* **2** Mittelpunkt *m* (eines Kreises usw.), Zentrum *s* (Stadtzentrum usw.) **3** Zentrum *s* (Mitte) **4** Mittelpunkt *m* (einer Tätigkeit usw.), Knotenpunkt *m* (von Aktivitäten usw.), Zentrum *s* (Einrichtung)

separat [ßeparaat] *adj* **1** frei stehend (Gebäude usw.) **2** separat, Separat- ♦ *adv* separat, extra (eingepackt usw.)

separere [ßepareer^{e}] *v* trennen *j-n/etw.*, abtrennen *j-n/etw.*, trennen (zerlegen usw.)

september [ßeptemb^{e}r] *m* September *m*

seremoni [ßeremunii] *m* Zeremonie *w*

serie [ßeeri^{e}] *m* Serie *w*

seriøs [ßeriööß] *adj* **1** seriös (Mensch usw.), solide **2** ernst (nicht amüsant) ♦ *adv* ernst (gemeint usw.)

sertifikat [ßertifikaat] *s* Bescheinigung *w*, Zeugnis *s*, Zertifikat *s*

servere [ßärweer^{e}] *v* servieren (Essen)

service [ßörwiß] *m* **1** Service *m/s* (Dienst) **2** Dienst *m* (Leistung)

serviett [ßerwiett] *m* Serviette *w*

servise [ßerwiiß^{e}] *s* Service *s* (Geschirr)

servitør [ßerwitöör] *m* **1** Kellner *m* **2** Kellnerin *w*

sesong [ßeßong] *m* Saison *w*

sete [ßeet^{e}] *s* **1** Sitz *m* (Sitzgelegenheit), Sitzplatz *m* **2** Sattel *m* (Fahrrad usw.) **3** Sitz *m* (Institution) **4** Gesäß *s*, Hintern *m*

setning [ßetning] *m* Satz *m* (Aussage)

sett [ßett] *s* **1** Satz *m von etw.* (Teller usw.) **2** Satz *m von etw.*, Garnitur *w etw. Gen* (Geschirr usw.) **3** Kit *s/m* **4** Satz *m* (im Tennis usw.) **5** Gesamtheit *w etw. Gen*

sette [ßett^{e}] *v* **1** stellen *etw. Akk irgendwohin* (auf den Tisch usw.) **2** setzen *j-n irgendwohin* **3** aufstellen *etw. Akk irgendwo* (in bestimmter Ordnung) **4** ansetzen *etw. Akk an etw. Akk* **5** festlegen ► **satt ut** aufgeregt; **~ av** aussetzen *j-n* (Touristen usw.), absetzen *j-n* (Mitfahrer usw.); **~ i gang** *noe* anlassen *etw. Akk* (Maschine usw.), in Gang setzen *etw. Akk*, betätigen *etw. Akk* (Anlage usw.); **~ i gang** *med noe* herangehen *an etw. Akk*, sich machen *an etw. Akk*, sich machen *an etw. Akk*; **~ i vei** losgehen (aufbrechen); **~ inn** anlegen *etw. Akk irgendwo* (in einer Bank usw.), einlegen *etw. Akk irgendwo* (Geld), einzahlen *etw. Akk auf etw. Akk*; **~ noe i halsen** steckenbleiben *j-m* (im Hals); **~ på** montieren (befestigen); **~ sammen** montieren (zusammenbauen); **~ sammen** *noe* zusammensetzen *etw. Akk*

sette seg *v* **1** sich setzen **2** sich ansetzen **3 ~ *opp*** sich stellen *j-m* (widersprechen), sich widersetzen *j-m* ► **~ fast** sich verklemmen; **~ fast** *i noe* einsinken *in etw. Dat*; **~ inn** in ein Auto einsteigen

se ut *v* aussehen *irgendwie*, dreinblicken, schauen *irgendwie*

severdighet [ßeewärdiheet] *m/w* Sehenswürdigkeit *w*; **gjøre en rundtur på severdigheter** die Sehenswürdigkeiten besuchen; **severdigheter** *m/w Mz* Sehenswürdigkeiten *w Mz*

sex [ßekß] *m* Sex *m*

sfære [ßfäär^{e}] *m* Bereich *m* (thematischer usw.), Gebiet *s* (einer Tätigkeit usw.), Sphäre *w*

si [ßii] *v* **1** sagen *etw. Akk* (aussprechen) **2** sagen *j-m etw. Akk* (mitteilen) **3** anführen *etw. Akk* (sagen usw.) **4** erzählen *j-m etw. Akk* ► **det vil ~** das heißt, d. h.; **kort sagt** kurz gesagt; **~ opp** entlassen *j-n* (Arbeiter usw.), stornieren (Bestellung usw.); **Sier du det?** Im Ernst?, Ehrlich?, Wirklich?

side [ßii^{e}] *m/w* Seite *w* ♦ *m* Seite *w* (einer Zeitung usw.) ► **til ~** beiseite (legen usw.); **ved siden av** neben *etw. Dat* (an der Seite); **På den ene siden… på den andre siden…** Einerseits… andererseits…, Einesteils… anderenteils…, Zum einen… zum anderen…

sidelengs [ßiidelengß] *adv* beiseite (zur Seite)

siden [ßiid^{e}n] *conj* **1** seit **2** denn, weil ► **for lenge ~** längst; **for** *tidsreferanse* **~** vor (zwei Jahren usw.); **for en halvtime ~** vor einer halben Stunde

sigar [ßigaar] *m* Zigarre *w*

sigarett [ßigarett] *m* Zigarette *w*

sigarettenner [ßigarettenn^{e}r] *m* Feuerzeug *s*

signal [ßignaal] *s* Signal *s* (Zeichen usw.)

signatur [ßignatuur] *m* Unterschrift *w*

signere [ßigneer^{e}] *v* unterschreiben *etw. Akk*

sikker [ßikk^{e}r] *adj* **1** sicher **2** überzeugt *von etw.* ► **være ~ *på noe*** sich *etw. Gen* sicher sein

sikkerhet [ßikkerheet] *m/w* **1** Sicherheit *w*, Gewissheit *w* **2** Sicherheit *w* (Selbstsicherheit) **3** Sicherheit *w etw. Gen* (von Betrieb usw.) **4** Sicherung *w* (Schutz) **5** Bürgschaft *w für etw.* (Geld usw.)

sikkerhetsbelte [ßikk^{e}rheezbelt^{e}] *s* Sicherheitsgurt *m*

sikkerhetsnål [ßikkerheznool] *m/w* Sicherheitsnadel *w*

sikkert [ßikkert] *adv* **1** gewiss, sicherlich, bestimmt **2** sicher (ohne Gefahr) ♦ *part* bestimmt, gewiss, sicher (ohne Zweifel usw.), sicherlich

sikre [ßikr^{e}] *v* **1** sichern *etw. Akk*, absichern *etw. Akk* (vor Gefahr) **2** sichern *etw. Akk* (garantieren) **3** sichern *etw. Akk irgendwohin* (Wagen, Waffe usw.) **4** sichern *j-n/etw.* (schützen)

sikring [ßikring] *m* **1** Sicherung *w* **2** Gewährung *w von etw.*, Versorgung *w mit etw.* ► **Sikringen er gått.** Die Sicherung ist herausgesprungen.

sikte [ßikt^{e}] *v* **1** zielen *auf j-n/etw.*, zielen *mit etw. auf j-n/etw.* **2** richten *etw. Akk auf j-n/etw.* (Fernrohr usw.) **3** konzentrieren *etw. Akk auf j-n/etw.* (Aufmerksamkeit usw.) **4** richten *auf etw. Akk* (seine Anstrengung usw.) **5** durchsieben (Mehl usw.) ► **være i ~** in Sichtweite sein

sild [ßil] *m/w* Hering *m* (Fisch)

silke [ßilk^{e}] *m* Seide *w*

singel [ßingg^{e}l] *adj* ledig ♦ *m* Einzelspiel *s*, Single *s* (im Tennis usw.)

singlet [ßinglet] *m* Unterhemd *s*

sinn [ßin] *s* Geist *m*, Sinn *m* (Gedanken usw.)

sinne [ßinn^{e}] *s* Wut *w*, Zorn *m*

sint [ßint] *adj* **1** sauer *auf j-n*, verärgert **2** wütend ► **gjøre** *noen* **~** verärgern *j-n*, wütend machen *j-n*; **være ~** *for noe, på noen* sich ärgern *über j-n*; **være ~** *på noen* sich ärgern *über j-n*, böse sein *j-m, auf j-n*

si opp *v* entlassen *j-n* (wegen Arbeitsmangel), feuern *j-n* (Mitarbeiter usw.), kündigen *etw. Akk*

sirkel [ßirk^{e}l] *m* **1** Kreis *m* (Figur) **2** Kreislinie *w*

sirkus [ßirkuß] *s* Zirkus *m*

sist [ßißt] *adj* letzt(er,e,es) (in einer Reihe); **(for) siste gang** zum letzten Mal; **i det siste** in letzter Zeit; **nest ~** vorletzt(er,e,es); **siste gang** letztens, das letzte Mal

sisterne [ßißtärn^{e}] *m/w* **1** Tank *m*, Zisterne *w* **2** Wasserbehälter *m* (bei einem Klosett usw.)
sitron [ßitruun] *m* Zitrone *w*
sitronlimonade [ßitruunlimunaad^{e}] *m* Zitronenlimonade *w*
sitte [ßitt^{e}] *v* **1** sitzen **2** dicht schließen ► **~ fast** *i noe, et sted* stecken *irgendwo* (festsitzen)
sitteplass [ßitt^{e}plaß] *m* Sitzplatz *m*
situasjon [ßituaschuun] *m* Situation *w*
siv [ßiiw] *s* Röhricht *s*, Schilf *s*
sjakk [schakk] *m* Schach *s*
sjalu [schaluu] *adj* eifersüchtig; **være ~** *på noen* eifersüchtig sein *auf j-n*
sjalusi [schalußii] *m* Eifersucht *w*
sjampo [schampuu] *m* Shampoo *s*
sjanse [schanß^{e}] *m* Chance *w* (Möglichkeit), Chancen *w Mz* (Gewinnquote usw.)
sjarm [scharm] *m* Charme *m*, Grazie *w* (Anmut), Zauber *m* (Reiz)
sjef [scheef] *m* **1** Chef *m* **2** Vorsteher *m*, Leiter *m* (Person), Chef *m*
sjekk [schekk] *m* Scheck *m*
sjekke [schekk^{e}] *v* **1** kontrollieren *etw. Akk* (überwachen) **2** überprüfen *etw. Akk* (nochmals prüfen) **3** checken, abchecken, prüfen (Bremsen usw.) ► **~ inn** einchecken *j-n*, empfangen *j-n* (im Hotel); **~ inn bagasjen** Gepäck einchecken; **~ ut** auschecken (Hotel)
sjel [schel] *m/w* Seele *w*
sjelden [scheld^{e}n] *adj* rar, knapp (kaum vorhanden), selten ♦ *adv* selten
sjenerende [scheneer^{e}n^{e}] *adj* unangenehm (Situation usw.)
sjenert [scheneert] *adj* schüchtern, zaghaft; **være ~** sich schämen (scheu sein)
sjenerøs [scheneröößß] *adj* edel (Mensch usw.), edelmütig, freigebig
sjette [schett^{e}] *num* sechst(er,e,es)
sjokk [schokk] *s* Schock *m*
sjokolade [schukulaad^{e}] *m* Schokolade *w*; **varm ~** heiße Schokolade
sju [schuu] *num* sieben; **~ hundre** siebenhundert
sjuende [schuu^{e}n^{e}] *num* siebent(er,e,es), siebt(er,e,es)
sjø [schöö] *m* Meer *s*, See *w* (Meer)
sjøgress [schöögreß] *s* Algen *w Mz*
sjømann [schööman] *m* Seemann *m*, Matrose *m*
sjøpinnsvin [schööpinnßwiin] *s* Seeigel *m*
sjøreise [schööräiß^{e}] *m/w* **1** Schiffsreise *w* **2** Kreuzfahrt *w* (Ausflug)
sjøside [schöößii^{e}] *m/w* Kai *m*
sjåfør [schofföör] *m* Fahrer *m*, Lenker *m*, Chauffeur *m*
skade [ßkaad^{e}] *m* **1** Beschädigung *w* **2** Unfall *m* (Verletzung), Verletzung *w* **3** Schaden *m* (Einbuße) ♦ *v* **1** beschädigen **2** verletzen *j-n*, wehtun *j-m* (absichtlich usw.) **3** schaden *j-m/etw.* **4** stören, beschädigen (Ganzheit usw.) **5** sich prellen *etw. Akk*
skadelig [ßkaad^{e}li] *adj* **1** schädlich **2** unzuträglich, schädlich **3** verderblich (Einfluss usw.), verheerend
skade seg *v* sich verletzen
skadet [ßkaadet] *adj* **1** verletzt, verwundet **2** zerstört
skaffe [ßkaff^{e}] *v* **1** auftreiben *etw. Akk*, beschaffen *etw. Akk* (Geld usw.) **2** besorgen *j-m etw. Akk für j-n* (beschaffen), verschaffen *j-m etw. Akk* **3** zuschustern *j-m etw. Akk* ► **~ (seg)** *noe* anschaffen *etw. Akk*, verschaffen *etw. Akk* (gewinnen)
skaft [ßkaft] *s* Stiel *m* (einer Schaufel etc.), Griff *m* (des Hammers usw.)
skakk [ßkakk] *adv* schief
skal [ßkal] *v* wird
skall [ßkal] *s* **1** Schale *w* (Frucht), Haut *w* (von Pfirsich usw.) **2** Schale *w* (von Orange usw.) **3** Panzer *m* (von Schildkröte usw.) **4** Muschel *w* (Schale)
skalle [ßkall^{e}] *m* Schädel *m* ♦ *v* enthülsen *etw. Akk* (Nüsse usw.)
skam [ßkam] *m/w* **1** Scham *w*, Schande *w* (Unehre) **2** Demütigung *w*
skamme seg *v* sich schämen *für j-n/etw.*
skap [ßkaap] *s* **1** Schrank *m* **2** Schränkchen *s*
skape [ßkaap^{e}] *v* **1** schaffen (hervorbringen) **2** schaffen, erschaffen (Welt usw.) **3** bilden, schaffen (hervorrufen usw.)
skarp [ßkarp] *adj* **1** scharf (Messer usw.) **2** rau (Geräusch usw.), grell (Klang usw.) **3** scharf (Foto usw.)
skatt [ßkatt] *m* **1** Steuer *w auf etw. Akk* (Abgabe) **2** Schatz *m* (Reichtum)
skeptisk [ßkeptißk] *adj* misstrauisch, skeptisch, zweiflerisch
ski [schii] *m* Ski *m*; **gå på ~** Ski fahren
skibakke [schiibakk^{e}] *m* Piste *w*, Skipiste *w*
skift [schift] *s* **1** Schicht *w* (Arbeitsabschnitt) **2** Wechsel *m* (Änderung), Austausch *m*, Ersetzung *w*
skifte [schift^{e}] *s* **1** Wechsel *m* (Ablösung) **2** Wende *w* (des Jahres usw.) ♦ *v* **1** wechseln (Berufe usw.) **2** tauschen (gegenseitig) **3** wechseln (Schalter) ► **~ klær** sich umziehen; **~ på** sich abwechseln *bei etw.*, abwechselnd tun *etw. Akk*; **~** *noe* **(over) til** *noe* umschalten *etw. Akk auf etw. Akk*, schalten *etw. Akk auf etw. Akk* (Kamera usw.);

~ til første/andre gir in den ersten/zweiten Gang schalten

skiheis [schiihäiß] *m* Skilift *m*

skikk [schikk] *m* Bräuche *w Mz*; **~ og bruk** Bräuche *w Mz*

skikkelig [schikk^{e}li] *adv* **1** ordentlich (angemessen), gründlich (wie es sein soll) **2** ordentlich, richtig (viel) **3** höflich, anständig ♦ *adj* ordentlich (angemessen), richtig (entsprechend usw.)

skildre [schildr^e] *v* **1** schildern *etw. Akk* **2** darstellen (abbilden usw.) **3** darstellen *j-n* (spielen)

skille [schill^e] *v* **1** isolieren *j-n/etw. von j-m/etw.*, trennen (zerlegen usw.) **2** unterscheiden *j-n/etw. von j-m/etw.* (anders machen) **3** abkuppeln, abkoppeln, abhängen **4** differenzieren **5** scheiden (Ehe) ♦ *s* Grenze *w* (Trennungslinie) ► **~** *noe* **fra hverandre** einteilen *etw. Akk in etw. Akk* (in Stücke); **~** *noen/noe* **fra hverandre** trennen *j-n/etw.*, abtrennen *j-n/etw.*

skille seg *v* **1** sich scheiden lassen *von j-m* **2** sich unterscheiden *von etw.* **3** gerinnen (Milch usw.) ► **~ ut** *fra noen* herausragen *unter j-m/etw.*, hervorragen *unter j-m/etw.* (Persönlichkeit usw.)

skilsmisse [schilßmißß^e] *m* Scheidung *w*

skilt [schilt] *s* **1** Schild *s* **2** Wegweiser *m* ♦ *adj* geschieden ► **(trafikk) ~** *s* Verkehrszeichen *s*

skiløper [schiilööp^{e}r] *m* Skifahrer *m*

skinke [schingk^e] *m/w* Schinken *m*

skinn [schin] *s* greller Schein, Glanz *m*, Schein *m* (einer Kerze usw.)

skinne [schinn^e] *m* Schiene *w* (für einen Zug usw.) ♦ *v* leuchten (Lampe usw.), scheinen (Licht ausstrahlen)

skinnebein [schinn^{e}bäin] *s* Schienbein *s*

skip [schiip] *s* Schiff *s* (Wasserfahrzeug)

skipass [schiipaß] *s* Skipass *m*

skisport [schiißport] *m* Skifahren *s*

skisse [ßkißß^e] *m/w* **1** Skizze *w* (grobe) **2** Riss *m* (Zeichnung) **3** Entwurf *m* (einer Konstruktion usw.)

skistaver [schiißtaaw^{e}r] *m Mz* Skistöcke *m Mz*

skitrekk [schiitrekk] *s* Skilift *m*

skitt [schitt] *m* Schmutz *m*, Unreinheit *w*

skitten [schitt^{e}n] *adj* **1** beschmutzt, verschmutzt, schmutzig **2** schmutzig (Raum usw.), dreckig (Zimmer usw.)

skive [schiiw^e] *m* **1** Scheibe *w* (Gegenstand) **2** Scheibe *w etw. Gen* (Brot usw.) **3** Scheibe *w* (Wurst usw.) **4** Unterlegscheibe *w* ♦ *v* aufschneiden *etw. Akk* (in Scheiben) ► **skjære** *noe* **i skiver** aufschneiden *etw. Akk* (in Scheiben)

skje [schee] *v* **1** geschehen, passieren (Ereignis usw.) **2** stattfinden **3** vorgehen (geschehen) ♦ *m* Löffel *m*

skjebne [scheebn^e] *m* Schicksal *s*

skjede [scheed^e] *m* Scheide *w*, Vagina *w*

skjefull [scheeful] *m* Löffel *m etw. Akk* (Maßangabe)

skjegg [scheg] *s* Bart *m*

skjelett [scheelett] *s* **1** Skelett *s* **2** Konstruktion *w* (Bauteil)

skjell [schel] *s* **1** Muschel *w* (Schale) **2** Schuppe *w* (von Fisch usw.)

skjelne [scheln^e] *v* unterscheiden *j-n/etw. von j-m/etw.* (Unterschied feststellen); **~ mellom** unterscheiden *j-n/etw. von j-m/etw.* (Unterschied feststellen)

skjelve [schelw^e] *v* **1** sich schütteln, zittern (vor Kälte usw.) **2** zittern, sich schütteln **3** schüttern, erzittern, zittern

skjema [scheema] *s* **1** Formular *s* **2** Schema *s*

skjemme [schemm^e] *v* **1** verunstalten **2** verderben *etw. Akk* (Freude usw.)

skjenke [schengk^e] *v* beschenken *j-n mit etw.*, einschenken *etw. Akk in etw. Akk*, eingießen *etw. Akk in etw. Akk* (Wein usw.) geben *j-m etw. Akk* (Fähigkeiten)

skjensel [schenß^{e}l] *m* Schande *w* (Schamgefühl)

skjerf [schärf] *s* Schal *m*

skjerm [schärm] *m* **1** Bildschirm *m* **2** Monitor *m* **3** Display *s* (Gerät) **4** Bildschirm *m*, Monitor *m* **5** Schirm *m* (einer Lampe usw.), Lampenschirm *m*

skjerpe [schärp^e] *v* **1** schärfen *etw. Akk* (Sense usw.), schleifen *etw. Akk* (Messer usw.), schärfen (Sense usw.), schleifen **2** verschärfen (Konflikte usw.)

skjev [scheew] *adj* **1** zapfenförmig, zapfenartig **2** schief, schräg ♦ *adv* schief

skjold [schol] *s* Schild *m* (Schutzschild usw.)

skjorte [schurt^e] *m/w* Hemd *s*

skjule [schuul^e] *v* **1** verheimlichen *j-m etw. Akk* **2** verleugnen *j-n/etw.* (verheimlichen) **3** bedecken *j-n/etw. mit etw.*, zudecken *j-n/etw. mit etw.* (mit einer Decke usw.) **4** verstecken *etw. Akk* (Drogen usw.) **5** verbergen *j-n* (einen Flüchtling usw.)

skjult [schult] *adj* **1** versteckt, verborgen **2** latent **3** implizit, indirekt ausgedrückt

skjære [schäär^e] *v* **1** schneiden *etw. Akk*, schneiden (mit Messer) **2** schneiden *j-n mit etw.* (verletzen) **3** aufschneiden (in Scheiben), schneiden (Salami usw.) **4** mähen *etw. Akk* (Getreide) ♦ *m/w* Elster *w* ► **~ av** abschneiden *etw. Akk* (mit einem Messer usw.); **~ opp** schneiden *etw. Akk* (in Teile); **~ seg i** *noe* sich schneiden *an etw. Dat, in etw. Akk*

(Schnittwunde); ~ **seg på** *noe* sich schneiden *an etw. Dat, in etw. Akk* (Schnittwunde); ~ *noe* **i skiver** aufschneiden *etw. Akk* (in Scheiben)

skjødesløst [schöödeßlöößt] *adv* nachlässig

skjønn [schön] *adj* wunderschön, schön (hübsch anzusehen)

skjønne [schönne] *v* begreifen *etw. Akk*, verstehen *etw. Akk*

skjønnhet [schönnheet] *m* **1** Pracht *w*, Schönheit *w* **2** Schöne *w*

skjønt [schönt] *conj* obwohl

skjør [schöör] *adj* **1** zerbrechlich, brüchig **2** zart (körperlich), schwach **3** empfindlich (wenig beständig)

skjørost [schöörußt] *m* Quark *m*

skjørt [schört] *s* Rock *m*

skli [ßklii] *v* ausrutschen (hinfallen), rutschen, rutschen *auf etw. Dat* (auf Rutsche usw.); ~ **ned** *fra et sted, på noe* herunterrutschen *von/aus etw.*

sko [ßkuu] *m* **1** Schuh *m* **2** Schuhe *w Mz* ♦ *v* beschlagen (Pferd) ► **ta på (seg) skoene** anziehen (Schuhe)

skog [ßkuug] *m* Wald *m*

skohæl [ßkuuhääl] *m* Absatz *m* (eines Schuhs)

skole [ßkuule] *m* Schule *w*; **på skolen** in der Schule

skolisse [ßkuulißße] *m/w* Schnürsenkel *m*

skomaker [ßkuumaaker] *m* Schuhmacher *m*, Schuster *m*

skorstein [ßkoorschtäin] *m* Schornstein *m*

skosåle [ßkuußoole] *m* Sohle *w*, Schuhsohle *w*

skrape [ßkraape] *v* **1** kratzen (ritzen), zerkratzen **2** scheuern (bei Bewegung), reiben **3** abwetzen *etw. Akk* (verschrammen usw.) ► ~ **av** abkratzen, herunterkratzen (Farbe usw.); ~ **opp** sich aufscheuern *etw. Akk* (Knie usw.), sich abschürfen *etw. Akk*

skravle [ßkrawle] *v* quatschen (Unsinn reden), schwatzen, plaudern, schwatzen *über etw. Akk*

skrekk [ßkrekk] *m* Schreck *m*

skrekkelig [ßkrekkeli] *adj* grässlich, schrecklich, gräulich, gruselig

skrelle [ßkrelle] *v* **1** abschälen (Obst usw.), schälen, schälen *etw. Akk* **2** schaben

skremme [ßkremme] *v* **1** alarmieren *j-n* (Nachricht usw.), beunruhigen *j-n*, aufschrecken *j-n*, erschrecken *j-n* **2** aufschrecken, erschrecken **3** abraten (entmutigen) **4** verscheuchen *etw. Akk* (Tiere usw.)

skrent [ßkrent] *m* **1** Hang *m* (steil usw.), Abhang *m* **2** Kliff *s* **3** Absturz *m* (Abhang)

skrift [ßkrift] *m/w* Schrift *w* (System)

skriftlig [ßkriftli] *adj* schriftlich ♦ *adv* schriftlich

skrifttype [ßkrifttüüpe] *m* Schrift *w* (Druckschrift)

skrik [ßkriik] *s* **1** Schrei *m* **2** Geschrei *s*, Schreien *s*

skrike [ßkriike] *v* **1** schreien (laut sprechen) **2** kreischen, schreien **3** anbrüllen *j-n*, anschreien *j-n* **4** rufen *j-n* (schreien usw.) **5** krächzen **6** quieken ► ~ **opp** aufschreien

skritt [ßkritt] *s* Schritt *m*

skrive [ßkriiwe] *v* schreiben *etw. Akk* (formulieren), schreiben (aufzeichnen), tippen, Maschine schreiben; ~ **av** abschreiben *etw. Akk von j-m, etw. Akk aus etw.* (von Mitschüler usw.), abschreiben (Abschrift machen), umschreiben (Rede von Aufnahme usw.); ~ **ned** *noe* notieren *etw. Akk*, aufschreiben *etw. Akk*; ~ *noe* **ned** aufschreiben *etw. Akk*, aufzeichnen, vermerken

skrivebok [ßkriiwebuuk] *m/w* Heft *s* (Schulheft usw.)

skrivebord [ßkriiwebuur] *s* Desktop *m*, Arbeitsfläche *w* (eines Computers), Schreibtisch *m*

skrot [ßkruut] *s* Schrott *m* (Alteisen)

skru [ßkruu] *v* schrauben *etw. Akk irgendwohin*; ~ **av** *noe* abschrauben *etw. Akk* (Deckel usw.); ~ **ned** leiser stellen, zurückstellen (Heizung usw.); ~ **opp** *noe* lauter stellen *etw. Akk* (Radio usw.), aufdrehen *etw. Akk* (Heizung)

skrue [ßkruue] *m* Schraube *w*

skrutrekker [ßkruutrekker] *m* Schraubenzieher *m*

skryte [ßkrüüte] *v* **1** sich rühmen *etw. Gen* **2** großtun *mit etw.*, angeben *mit etw.*, sich hervortun *mit etw.* (großspurig), prahlen *mit etw.* **3** prahlen, angeben, protzen *mit etw.*, sich brüsten *mit etw.* **4** iahen ► ~ **av** *noe* großtun *mit etw.*, angeben *mit etw.*, sich hervortun *mit etw.* (großspurig)

skrå [ßkroo] *adj* schief, schräg ♦ *adv* schief

skråle [ßkroole] *v* brüllen

skråning [ßkrooning] *m/w* **1** Hang *m* (steil usw.), Abhang *m* **2** Gefälle *s* (einer Straße usw.), Neigung *w* (Winkel)

skrått [ßkrott] *adv* schräg

skudd [ßkudd] *s* **1** Schuss *m* (aus Pistole usw.) **2** Geschoss *s* (Kugel usw.) **3** Schuss *m* (im Fußball usw.)

skuespiller [ßkuueßpiller] *m* Schauspieler *m*

skuff [ßkuf] *m* Schublade *w*

skuffe [ßkuffe] *v* **1** enttäuschen *j-n* **2** *j-n* im Stich lassen ♦ *m/w* Schaufel *w* (Schippe)

skuffelse [ßkuffelße] *m* Enttäuschung *w*, Ernüchterung *w* (Enttäuschung)
skulder [ßkulder] *m/w* Schulter *w*
skulle [ßkulle] *v* **1** sollen, haben + *zu* + *Inf.* **2** würde ► **~ akkurat** *gjøre noe* im Begriff sein *etw. Akk zu tun*, vorhaben *etw. Akk zu tun*; **Hva skal jeg gjøre?** Und was soll ich machen?
skulptør [ßkulptöör] *m* Bildhauer *m*
skum [ßkum] *s* Schaum *m*
skumring [ßkumring] *m/w* Abenddämmerung *w*, Dämmerung *w* (am Abend)
sky [schüü] *adj* **1** scheu, schüchtern **2** ängstlich ♦ *v* meiden *j-n/etw.*, ausweichen *j-m/etw.*, meiden *j-n* ♦ *m* Wolke *w*
skye [schüüe] **~ over** sich bewölken, sich verfinstern
skygge [schügge] *m* Schatten *m etw. Gen* (eines Körpers) ♦ *v* beschatten *etw. Akk* (vor Sonne)
skyld [schül] *m/w* Schuld *w an etw. Dat* (Verantwortung usw.), Schuld *w* (Fehler); **Det var ikke min ~!** Es ist nicht meine Schuld!
skylde [schülle] *v* **1** schulden *j-m etw. Akk*, schuldig sein *j-m etw. Akk*, schulden *j-m etw. Akk* **2** abwälzen *etw. Akk auf j-n/etw.*, abwälzen *etw. Akk auf j-n* (Schuld usw.) **3** verdanken *j-m etw. Akk*
skyldes [schülleß] *v* entspringen *aus etw.*
skyldig [schüldi] *adj* **1** schuldig *etw. Gen* **2** schuldig (Summe) **3** schuldbewusst ► **være ~** schuld sein *an etw. Dat*
skynde seg *v* eilen, sich beeilen *mit etw.*
skyss [schüß] *m* Mitnehmen *s irgendwohin* (eines Trampers); **få ~** *med noen* fahren *mit j-m*, mitfahren *bei j-m*
skyte [schüüte] *v* **1** schießen **2** anschießen *j-n* (verletzen) **3** abschießen *j-n/etw.* (töten) **4** drehen (Film) **5** abfeuern (Rakete usw.) ► **~ frem** hinausstürzen; **~** *noen* **(ihjel)** erschießen *j-n*
skytevåpen [schüütewoopen] *s* Feuerwaffe *w*, Schusswaffe *w*
skøyte [schöüte] *m/w* Schlittschuh *m*; **gå på skøyter** Schlittschuh laufen
skål [ßkool] *m/w* **1** Schüssel *w* **2** Trinkspruch *m* **3** Untertasse *w* ► **Skål!** Prosit!, Zum Wohl!
skåle [ßkoole] *v* anstoßen, trinken *auf j-n/etw.*
skåne [ßkoone] *v* schonen *j-n/etw.*
slag [schlaag] *s* **1** Faustschlag *m*, Schlag *m* (mit der Faust), Schlag *m* (mit Faust usw.) **2** Knall *m* **3** Art *w* (Typus usw.), Sorte *w* (Typ usw.) **4** Schlacht *w* **5** Schlaganfall *m* **6** Schlag *m* (des Herzens usw.)
slagord [schlaaguur] *s* Slogan *m*, Parole *w*, Schlagwort *s* (Spruch usw.)
slagsmål [schlaagßmool] *s* Kampf *m* (Schlägerei), Plänkelei *w*, Scharmützel *s*, Schlägerei *w*
slakte [schlakte] *v* **1** schlachten **2** hinmorden **3** abschlachten
slakter [schlakter] *m* Fleischer *m*, (SüD) Metzger *m*
slakterbutikk [schlakterbutikk] *m* Fleischerei *w*, (SüD) Metzgerei *w*
slalåm [schlaalom] *m* Slalom *m*
slalåmski [schlaalomschii] *m/w Mz* Abfahrtsski *m Mz*
slange [schlange] *m* **1** Schlauch *m* (beim Reifen) **2** Schlange *w* (Tier) **3** Schlauch *m* (Röhre)
slank [schlangk] *adj* schlank, schmal
slapp [schlapp] *adj* **1** müde **2** matt (schwach usw.), schlaff (Müde usw.) **3** lax, nachlässig **4** schlaff (Muskeln usw.)
slappe av *v* **1** sich ausruhen **2** sich entspannen (ruhiger sein usw.) **3** nachlassen (in Leistung) **4** es sich gemütlich machen
slave [schlaawe] *m* Sklave *m*
slektning [schlektning] *m* Verwandte *m*
slektninger [schlektninger] *m Mz* Verwandtschaft *w*
slem [schlem] *adj* böse (Mensch, Charakter usw.), unfreundlich, unangenehm (Mensch usw.); **være ~** *mot noen* unangenehm sein *j-m gegenüber*
slenge [schlenge] *v* **1** werfen *etw. Akk irgendwohin*, hinschmeißen *etw. Akk irgendwohin*, schleudern *etw. Akk irgendwohin* **2** schleudern (in die Höhe usw.) **3** herumlungern, sich herumtreiben ► **~ vekk** *noe* wegwerfen (zum Abfall tun); **~** *noe* **i** *noe* hineinwerfen *etw. Akk in etw. Akk*, einwerfen *etw. Akk in etw. Akk*
slepe [schleepe] *v* **1** schleifen *etw. Akk* (Sack usw.), schleppen *etw. Akk*, schleppen **2** schleppen *etw. Akk* (Koffer usw.) **3** ziehen *etw. Akk irgendwohin* (herbeischleppen) **4** herausschleppen *j-n/etw.* **5** verschleppen *j-n irgendwohin* (gewaltsam bringen)
slette [schlette] *v* **1** löschen (Daten) **2** ablöschen **3** verwischen (beseitigen) ♦ *m/w* Ebene *w* (Land)
slik [schliik] *adj* solch(er,e,es), derartig ♦ *adv* **so** (auf diese Weise) ► **~ at** damit (zu dem Zweck), um… zu; **~ som** wie (zum Beispiel)
slikke [schlikke] *v* lecken, lecken *etw. Akk*
slippe [schlippe] *v* **1** fallen lassen *etw. Akk* **2** loslassen *j-n/etw.* (nicht festhalten) **3** ausrutschen *aus etw.* (aus Hand usw.), ausgleiten (Löffel usw.) ► **~ luften ut** *av noe* Luft ablassen *aus etw.*; **~ tak** *i noe* loslassen *etw. Akk* (nicht festhalten); **~ unna** *noe* davonkommen
slips [schlipß] *s* Krawatte *w*, Schlips *m*

slite [schliit^e] *v* **1** schuften, sich abschuften **2** sich quälen *mit etw.* (sich abmühen) **3** sich abnutzen **4** abwetzen *etw. Akk* (verschrammen usw.) **5** sich schleppen **6** zerreißen ► ~ *noe* **ut** kaputt machen *etw. Akk*

slitsom [schliizom] *adj* **1** ermüdend, anstrengend **2** lästig

slokke [schlokk^e] *v* **1** auslöschen (Feuer mit Wasser usw.), löschen (Feuer) **2** stillen (Durst)

slott [schlott] *s* Palast *m*, Schloss *s* (Palast)

sluke [schluuk^e] *v* **1** hinunterschlingen *etw. Akk*, schlingen (essen) **2** verschlingen (Geld usw.) **3** schlucken (Firma usw.)

slukke [schlukk^e] *v* ausblasen (Kerze usw.), löschen (Brand usw.)

slurk [schlurk] *m* Schluck *m etw. Gen*

slurvete [schlurwet^e] *adj* **1** nachlässig (Mensch usw.) **2** schlampig (Arbeit usw.), lausig (von der Qualität her) ♦ *adv* nachlässig, schlampig

slutt [schlutt] *m* Ende *s*, Schluss *m*; **ta ~** ausgehen (verbraucht sein); **Det er ~.** Es ist aus.

slutte [schlutt^e] *v* **1** aufgeben *etw. Akk*, einstellen *etw. Akk* (Tätigkeit usw.), aufhören *mit etw.* **2** aufhören (Regen usw.) **3** beenden *etw. Akk* (stoppen) **4** abschließen (Abkommen usw.), schließen (Vertrag) **5** schließen (Tatsache usw.), zu dem Schluss kommen **6** dicht schließen ► **~ (å snakke)** ausreden (zu Ende reden)

slutte seg *v* **1** sich anschließen *j-m/etw.* **2** Anteil *an etw. Dat* nehmen, sich einlassen *auf etw. Akk* **3** beitreten *etw. Dat* **4** einwilligen *in etw. Akk* **5** unterstützen *etw. Dat* (ein Projekt usw.)

sløse [schlöößß^e] *v* verschwenden *etw. Akk*, verschwenden *etw. Akk*, vergeuden *etw. Akk* (Geldmittel usw.); **~ (bort)** *noe* verschwenden *etw. Akk*, vergeuden *etw. Akk* (Geldmittel usw.)

sløsing [schlöößßing] *m/w* Verschwendung *w von etw.*

sløv [schlööw] *adj* **1** stumpf (nicht scharf) **2** begriffsstutzig, beschränkt, dumm **3** lethargisch **4** saumselig, säumig **5** apathisch, teilnahmslos **6** betäubt

sløyfe [schlöüf^e] *m/w* **1** Schleife *w* (im Haar usw.) **2** Fliege *w* (Krawatte) **3** Schlinge *w* (gebunden usw.)

slå [schloo] *v* **1** schlagen *j-n*, prügeln *j-n* **2** schlagen *j-n* (Schlag geben) **3** schlagen *an etw. Akk*, hämmern *gegen etw.*, schlagen *auf/an etw. Akk* (an die Tür usw.) **4** schlagen *an etw. Akk* (an den Tisch usw.) **5** einschlagen *etw. Akk in etw. Dat* **6** abmähen **7** mähen **8** auffallen *j-m* ♦ *m/w* Riegel *m* (an der Tür) ► **bli slått på** sich einschalten (Gerät usw.), gezeigt werden (rotes Licht usw.); **~ av** abschlagen *etw. Akk* (abbrechen usw.), ausschalten *etw. Akk* (Maschine usw.); **~ gjennom** sich durchsetzen (Erfolg haben); **~ i stykker** zerschlagen *etw. Akk* (absichtlich usw.); **~ ned** umstoßen *j-n/etw.*, umwerfen *j-n/etw.*; **~ opp** auseinandergehen *von j-m*, sich trennen *von j-m*, sich auflösen (ein Band usw.); **~ opp telt** ein Zelt aufstellen; **~ på** anstellen, einschalten, anschalten (Gerät usw.), starten (Motor usw.); **~ på lyset** (Licht) einschalten, (Licht) anmachen; **~ sammen** verbinden *etw. Akk mit etw.* (mehrere Teile usw.); **~ seg ned** *et sted* sich niederlassen *irgendwo* (wohnen usw.); **~ til** *noen* eine schmieren *j-m*; **~ ut** *noen* k.o. schlagen *j-n*; **~** *noe* **(i gulvet)** knallen *etw. Akk* (in die Ecke usw.); **~** *noe* **sammen** zusammenschieben (zusammenrücken); **~** *noen/noe* **opp** aufsuchen *j-n/etw.*; **slått av** aus (nicht angeschaltet), ausgeschaltet; **slått i stykker** zerschlagen (Gegenstand usw.)

slåss [schloß] *v* sich prügeln *mit j-m*, (sich) raufen *mit j-m* (kämpfen), sich schlagen *mit j-m*

slåttonn [schlotton] *m/w* Ernte *w*

smak [ßmaak] *m* **1** Geschmack *m* (Sinn), Geschmackssinn *m* **2** Geschmack *m* (des Essens usw.) **3** Geschmack *m* (Vorliebe)

smake [ßmaak^e] *v* **1** schmecken *nach etw.* (Beigeschmack haben) **2** kosten *etw. Akk* (Speise)

smaksette [ßmaakßett^e] *v* abschmecken *etw. Akk mit etw.*

smakstilsetning [ßmaakßtilßetning] *m/w* Geschmack *m* (von Erdbeeren usw.)

smal [ßmaal] *adj* **1** eng, schmal **2** schmal, schlank ► **bli smalere** enger werden

smart [ßmart] *adj* **1** schlau, clever **2** (schnell) auffassend **3** sinnvoll (Lösung usw.), sinnreich **4** passend

smell [ßmel] *m/s* Knall *m*

smelte [ßmelt^e] *v* **1** tauen, schmelzen, abschmelzen (zergehen) **2** zerfließen (flüssig werden) **3** schmelzen, abschmelzen (zergehen lassen) **4** schmelzen *etw. Akk* ► **~ sammen** sich verbinden (zu einem Ganzen)

smeltehytte [ßmelt^ehütt^e] *m/w* Hütte *w* (Hüttenwerk)

smelting [ßmelting] *m/w* **1** Schmelzen *s* (Flüssigwerden) **2** Tauwetter *s*

smerte [ßmärt^e] *m* Schmerz *m* (körperlich)

smigre [ßmigr^e] *v* schmeicheln *j-m*

smil [ßmiil] *m/s* Lächeln *s*

smile [ßmiil^e] *v* anlachen *j-n*, anlächeln *j-n*, lächeln

sminke [ßmingk^{e}] *m* Make-up *s*, Schminke *w* ♦ *v* schminken *etw. Akk*, schminken *j-n/etw.*
sminking [ßmingking] *m/w* Make-up *s*
smiske [ßmißk^{e}] *v* schmeicheln *j-m*
smitte [ßmitt^{e}] *v* **1** anstecken *j-n (mit etw.)*, infizieren *j-n (mit etw.)*, infizieren *j-n/etw. mit etw.* **2** übertragen *etw. Akk auf j-n* (Krankheit usw.), übertragen (Krankheiten usw.) ♦ *m* Ansteckung *w*, Infektion *w*
smittsom [ßmittßom] *adj* ansteckend, infektiös, Infektions-
smykke [ßmükk^{e}] *s* Schmuck *m* (Ring usw.)
smør [ßmöör] *s* Butter *w*
smørbrød [ßmöörbröö] *s* Sandwich *m/s*
smøre [ßmöör^{e}] *v* **1** beschmieren *etw. Akk mit etw.*, bestreichen *etw. Akk mit etw.*, verstreichen *etw. Akk auf etw. Dat* (verteilen) **2** auftragen *etw. Akk (auf etw. Akk)* (streichen), verstreichen *etw. Akk auf etw. Dat* **3** mit Fett übergießen **4** ausschmieren **5** einölen *etw. Akk*, schmieren *etw. Akk mit etw.* ► **~ seg med krem** sich eincremen
smørgåsbord [ßmöörgooßbuur] *s* kaltes Büfett, warmes Büfett
småen [ßmoo^{e}n] *m* Kerlchen *s*, Zwerg *m* (kleiner Mensch)
smålig [ßmooli] *adj* kleinlich, penibel
småpenger [ßmoopeng^{e}r] *m Mz* Kleingeld *s*, Wechselgeld *s*
småprate [ßmoopraat^{e}] *v* plaudern
småting [ßmooting] *m* Kleinigkeit *w*
snakke [ßnakk^{e}] *v* diskutieren *über etw. Akk*, sprechen *mit j-m von etw., über etw. Akk*, reden *mit j-m von etw., über etw. Akk* (sich unterhalten), sprechen *mit j-m von etw., über etw. Akk* ► **Jeg snakker ikke engelsk/tysk/fransk.** Ich spreche kein Englisch/Deutsch/Französisch.
snarere [ßnaarer^{e}] *part* eher
snart [ßnaart] *adv* bald, in Kürze, demnächst
snarvei [ßnaarwäi] *m* **1** Abkürzung *w* (kürzerer Weg) **2** Shortcut *m*
snegle [ßnäil^{e}] *m* Gastropode *m*, Schnecke *w*
snekker [ßnekk^{e}r] *m* Tischler *m*
snike [ßniik^{e}] *v* **1** schwarzfahren **2** sich vordrängen (in einer Schlange usw.)
snill [ßnil] *adj* gut *zu j-m*, gütig, nett, liebenswürdig (Person); **vær så ~** bitte
snitt [ßnitt] *s* **1** Schnitt *m* **2** Einschnitt *m* **3** Durchschnittsmenge *w*
sno [ßnuu] *v* **1** wickeln (Draht usw.) **2** wickeln *etw. Akk auf etw. Akk* (Wolle usw.)
snop [ßnuup] *s* Bonbon *m*
snor [ßnuur] *m/w* **1** Schnur *w* **2** Bindfaden *m*
snorke [ßnork^{e}] *v* schnarchen
snorkel [ßnork^{e}l] *m* Schnorchel *m*
snu [ßnuu] *v* **1** sich umdrehen (woanders gehen usw.), wenden (Auto, Schwimmer usw.), drehen (Schiff, Wind usw.) **2** sich umdrehen (im Kreis) **3** wenden *etw. Akk* (Auto usw.) **4** invertieren (Reihenfolge), umkehren (Richtung usw.) **5** umwenden, wenden, umdrehen *etw. Akk* (Seite usw.) **6** umdrehen *etw. Akk*, herumdrehen *etw. Akk* (um die Achse) **7** wenden *etw. Akk* (in andere Richtung), umwenden *etw. Akk* **8** aufwickeln (zusammenrollen) **9** umkehren *etw. Akk* (ins Gegenteil) ♦ *m* Drehung *w*, Wendung *w* (Kehrtwendung usw.)
snuble [ßnubl^{e}] *v* stolpern *über etw. Akk*; **få noen til å ~** ein Bein stellen *j-m*
snurre [ßnurr^{e}] *v* **1** umwickeln *etw. Akk um etw.* **2** sich umdrehen (im Kreis) **3** quirlen (sich um die Achse drehen) **4** schwindeln *j-m* (Kopf)
snu seg *v* sich drehen
snute [ßnuut^{e}] *m/w* Schnauze *w*
snø [ßnöö] *m* Schnee *m* ♦ *v* schneien
snøkrystall [ßnöökrüßtal] *m/s* Schneeflocke *w*, Flocke *w*
snøskred [ßnöößkreed] *s* Lawine *w*
sofa [ßuufa] *m* Sofa *s*, Couch *w*
sogn [ßungn] *s* Pfarrei *w*, Gemeinde *w* (Bezirk)
sokk [ßokk] *m* Socke *w*
sol [ßuul] *m/w* **1** Sonne *w* **2** Sonnenschein *m*
soldat [ßuldaat] *m* Soldat *m*
sole seg *v* bräunen (in der Sonne)
solforbrenning [ßullforbrenning] *m/w* Sonnenbrand *m*
solfylt [ßuulfült] *adj* sonnig
solid [ßuliid] *adj* **1** solide, redlich **2** fest (Stoff usw.)
solkrem [ßuulkreem] *m* Sonnencreme *w*, Sonnenschutzcreme *w*, Sonnenlotion *w*
solnedgang [ßuulneedgang] *m* Sonnenuntergang *m*
soloppgang [ßuuloppgang] *m* Sonnenaufgang *m*
solsikke [ßuulßikk^{e}] *m* Sonnenblume *w*
solstikk [ßuulßtikk] *s* Sonnenstich *m*
som [ßom] *pron* **1** der, die, das (Relativpronomen) **2** was (Nebensatz) ♦ *conj* **1** wie (Ähnlichkeit) **2** als (arbeiten als usw.) **3** wie (Vergleich) ♦ *adv* wo (Nebensatz) ► **~ om** als ob; **Som du vil.** Wie Sie wollen.
sommer [ßomm^{e}r] *m* Sommer *m*
sommerfugl [ßomm^{e}rfuul] *m* Schmetterling *m*
sopp [ßopp] *m* Pilz *m*

sorg [ßorg] *m/w* **1** Kummer *m*, Trauer *w* (Gefühl), Traurigkeit *w* **2** Trauer *w* (gehaltene) **3** Trübsal *w*
sort [ßort] *adj* schwarz ♦ *m* Sorte *w*, Abart *w* (von Frucht usw.)
sortiment [ßurtiment] *s* Sortiment *s*
sosial [ßußiaal] *adj* **1** sozial **2** gesellschaftlich **3** gesellig, umgänglich (Mensch usw.)
sove [ßoowᵉ] *v* durchschlafen *etw. Akk*, schlafen (gut, lange usw.)
sovepose [ßoowᵉpuußᵉ] *m* Schlafsack *m*
soverom [ßoowᵉruum] *s* Schlafzimmer *s*
sovetablett [ßoowᵉtablett] *m* Schlaftablette *w*, Schlafmittel *s*
sovevogn [ßoowᵉwongn] *m/w* Schlafwagen *m*
sovne [ßownᵉ] *v* einschlafen (in Schlaf sinken)
spak [ßpaak] *m* Hebel *m*
spalte [ßpaltᵉ] *v* **1** spalten *etw. Akk*, spalten (Atomkerne usw.) **2** aufspalten, spalten (chemische Verbindung usw.) ♦ *m/w* **1** Spalte *w* (in einem Text) **2** Spalte *w* (Gaumenspalte usw.)
Spania [ßpaania] *s* Spanien *s*
spanjol [ßpanjuul] *m* Spanier *m*
spansk [ßpanßk] *adj* spanisch ♦ *adv* spanisch, auf Spanisch ♦ *m* Spanisch(e) *s*
spare [ßpaarᵉ] *v* **1** sparen *etw. Akk* (Wasser usw.) **2** ersparen *etw. Akk*, ansparen *etw. Akk*, sparen *etw. Akk* (Geld usw.), sparen *auf etw. Akk* **3** schonen *j-n/etw.*, verschonen *j-n mit etw.*
sparebank [ßpaarᵉbangk] *m* Sparkasse *w*
sparke [ßparkᵉ] *v* **1** treten *j-n/etw.*, Tritt versetzen *j-m/etw.* **2** rausschmeißen *j-n aus etw.*, rauswerfen *j-n aus etw.*
sparsom [ßpaarschom] *adj* sparsam (Person)
sparsommelig [ßpaarschommᵉli] *adj* sparsam (Person) ♦ *adv* sparsam
spasere [ßpaßeerᵉ] *v* gehen (zu Fuß), spazieren, herumgehen (stundenlang usw.)
spasertur [ßpaßeertuur] *m* Spaziergang *m*
speil [ßpäil] *s* Spiegel *m* (Glas)
spekk [ßpekk] *s* Speck *m* (Schweinespeck)
spenne [ßpennᵉ] *v* **1** spannen *etw. Akk*, ausspannen *etw. Akk* **2** anspannen (Muskeln) ♦ *m/w* **1** Schnalle *w* **2** Klemme *w* ► **~ bein for** *noen* ein Bein stellen *j-m*
spennende [ßpennᵉnᵉ] *adj* **1** fesselnd, packend (Film usw.), spannend (Geschichte usw.) **2** aufregend
spenning [ßpenning] *m/w* **1** Spannung *w* (elektrische) **2** Aufregung *w*, Erregung *w* (Emotionen), Spannung *w* (Anspannung)
spent [ßpent] *adj* **1** gespannt (Muskeln, Seil usw.) **2** gespannt, angespannt, spannungsgeladen (Atmosphäre usw.) **3** aufgeregt (begeistert usw.)
sperre [ßperrᵉ] *m* Barriere *w* ♦ *v* sperren, versperren
spesialitet [ßpeßialiteet] *m* Spezialität *w* (Gericht usw.)
spesiell [ßpeßiel] *adj* Sonder-, besonder(er,e,es)
spiker [ßpiikᵉr] *m* Nagel *m* (Metallstift), Spike *m*
spill [ßpil] *s* **1** Spiel *s* (Spielen) **2** Seilwinde *w* ► **stå på ~** auf dem Spiel stehen
spille [ßpillᵉ] *v* **1** spielen *etw. Akk* **2** spielen *j-n/etw.* **3** überschwappen, aufspritzen ► **~ inn** drehen (Film); **~ inn** *noe* aufnehmen *etw. Akk* (Musik usw.), aufzeichnen
spillebank [ßpillᵉbangk] *m* Spielkasino *s*
spillekort [ßpillᵉkort] *s* Karte *w* (für Skat usw.), Spielkarte *w*
spiller [ßpillᵉr] *m* **1** Spieler *m* (Sportler usw.) **2** Rekorder *m*
spinat [ßpinaat] *m* Spinat *m*
spinne [ßpinnᵉ] *v* **1** sich umdrehen **2** hochdrehen (Motor usw.) **3** spinnen (Flachs usw.)
spiral [ßpiraal] *m* Spirale *w*
spire [ßpiirᵉ] *v* **1** keimen (Bohnen usw.), aufkeimen **2** aufgehen (Samen usw.) ♦ *m* Keim *m* (von Bohne usw.)
spise [ßpiißᵉ] *v* essen; **~ opp** *noe* essen *etw. Akk*, aufessen *etw. Akk*
spiselig [ßpiißᵉli] *adj* essbar, genießbar
spisesal [ßpiißeßaal] *m* Speisesaal *m*
spisestue [ßpiißeßtuuᵉ] *m/w* Esszimmer *s*
spisevogn [ßpiißewongn] *m/w* Speisewagen *m*
spiss [ßpiß] *adj* spitz ♦ *m* **1** Spitze *w* (eines Pfeils usw.) **2** Spitze *w* (Posten)
spjelk [ßpjelk] *m* Schiene *w* (für Frakturen)
splint [ßplint] *m* **1** Splitter *m* (im Finger usw.) **2** Bruchstück *s*, Splitter *m* **3** Splitter *m* (Granatsplitter usw.)
splitte [ßplittᵉ] *v* **1** teilen *etw. Akk in etw. Akk* (in Teile) **2** aufgliedern *etw. Akk in etw. Akk*, unterteilen *etw. Akk in etw. Akk*
splittelse [ßplittᵉlßᵉ] *m* Streit *m*, Zwiespalt *m*
spon [ßpuun] *m* Splitter *m* (im Finger usw.)
spor [ßpuur] *s* **1** Spur *w* (im Boden) **2** Spur *w etw. Gen* (Zeichen), Spur *w* (einer Tätigkeit usw.) **3** Anhaltspunkt *m* **4** Schiene *w* (für einen Zug usw.) **5** Gleis *w* (Schienen)
spore [ßpuurᵉ] *m* **1** Spore *w* **2** Sporn *m* (Reitersporn usw.) ♦ *v* **1** verfolgen (Wild usw.) **2** aufspüren *j-n/etw.*

sportslig [ßportschli] *adj* sportlich (Aussehen usw.)
sporvogn [ßpuurwongn] *m/w* Straßenbahn *w*, Bahn *w* (Stadtverkehrsmittel)
spray [ßpräi] *m* Spray *m/s*
spre [ßpree] *v* **1** verbreiten *etw. Akk*, verbreiten **2** verstreuen (Kleider usw.), zerstreuen (auf Fläche usw.) **3** verstreuen *etw. Akk* (streuend verteilen), zerstäuben *etw. Akk* **4** ausbreiten *etw. Akk* (Arme usw.) **5** ausbreiten *etw. Akk*, verteilen *etw. Akk irgendwohin* (über eine Fläche) **6** vermehren (Pflanzen usw.) **7** auseinandertreiben *j-n/etw.*, zerstreuen (Demonstranten usw.) **8** zerstreuen (Licht usw.) ► **~ ut** verteilen *etw. Akk irgendwohin* (über eine Fläche)
sprek [ßpreek] *adj* lebhaft (Mensch), munter, rüstig
sprekk [ßprekk] *m* **1** Öffnung *w*, Schlitz *m* (Öffnung), Spalte *w* (Riss) **2** Riss *m*
sprekke [ßprekk^e] *v* **1** springen **2** rissig werden **3** anschlagen (Teller usw.) **4** platzen (Blase usw.)
sprenge [ßpreng^e] *v* **1** losgehen (Bombe usw.) **2** sprengen (einen Felsen usw.) ► **~** *noe* **i lufta** sprengen *etw. Akk*
sprengladning [ßprenglaadning] *m/w* Ladung *w* (von Munition)
spre seg *v* **1** auseinandergehen (Menge usw.) **2** sich verbreiten (Nachricht usw.)
sprette [ßprett^e] *v* **1** hüpfen **2** abprallen **3** schießen (Tränen in die Augen) ► **~ opp** *noe* aufschneiden (Verpackung usw.)
sprit [ßpriit] *m* **1** Alkohol *m* (Spiritus) **2** Spirituose *w*
sprute [ßpruut^e] *v* **1** spritzen (Wasser usw.) **2** ausspeien (Lava usw.), auswerfen *etw. Akk* (Vulkan) **3** bespritzen *etw. Akk mit etw.* (befeuchten) **4** hervorsprudeln, quellen (Wasser usw.), spritzen *aus etw.* **5** prusten ► **~ på** *noe* bespritzen *etw. Akk mit etw.* (beschmutzen)
sprø [ßpröö] *adj* **1** knusprig, mürbe **2** bekloppt, plemplem, verrückt
sprøyte [ßpröüt^e] *v* **1** spritzen (sprudeln) **2** bespritzen *etw. Akk mit etw.* (befeuchten) **3** besprühen, spritzen (mit Pestiziden usw.) ♦ *m/w* **1** Spritze *w* (für Injektionen), Injektionsspritze *w* **2** Spritze *w* (zum Versprühen)
sprøytelakkere [ßpröüt^elakkeer^e] *v* spritzen (mit Farbe), sprühen (mit Lack usw.)
sprøytemale [ßpröüt^emaal^e] *v* spritzen (mit Farbe), sprühen (mit Lack usw.)
språk [ßprook] *s* Sprache *w* (als Kommunikation)
spy [ßpüü] *v* **1** kotzen, sich übergeben **2** auswerfen *etw. Akk* (viel produzieren usw.)
spytt [ßpütt] *s* Speichel *m*
spytte [ßpütt^e] *v* spucken
spøk [ßpöök] *m* **1** Witz *m* **2** Scherz *m*
spørre [ßpörr^e] *v* **1** befragen *j-n über etw. Akk*, fragen *j-n nach etw.*, fragen *j-n nach j-m/etw.* **2** nachfragen *nach j-m/etw.*, sich erkundigen *nach j-m/etw.* ► **~ til råds** sich beraten *mit j-m über etw. Akk*
spørreskjema [ßpörr^escheema] *s* Fragebogen *m*
spørsmål [ßpörschmool] *s* Frage *w*; **stille et ~** *j-m* eine Frage stellen
spørsmålstegn [ßpörschmoolßtäin] *s* Fragezeichen *s*
sta [ßtaa] *adj* **1** dickköpfig, starrsinnig, eigensinnig, starrköpfig **2** eingefleischt (Vertreter usw.)
stab [ßtaab] *m* Stab *m*
stabel [ßtaab^el] *m* Stapel *m etw. Gen*
stadig [ßtaadi] *adj* fortwährend, ständig, unaufhörlich, pausenlos ♦ *adv* dauernd, ständig, ewig (immer wieder)
stakk [ßtakk] *m* Stapel *m etw. Gen*
stakkars [ßtakkarsch] *adj* arm (bedauernswert usw.)
stall [ßtal] *m* Pferdestall *m*, Stall *m*
stamme [ßtamm^e] *m* Stamm *m* ♦ *v* stottern
stand [ßtan] **i ~** *til å gjøre noe* fähig *zu etw.*; **ute av ~** *til å gjøre noe* unfähig *zu etw.* (nicht imstande)
stang [ßtang] *m/w* **1** Stange *w* **2** Mast *m*
stange [ßtang^e] *v* **1** stoßen *gegen/an etw.* (mit Kopf usw.) **2** mit den Hörnern stoßen *nach j-m/etw.*
stangselleri [ßtangkßellerii] *m* Bleichsellerie *m*
stans [ßtanß] *m* **1** Störung *w* (technische), Panne *w* (Fahrzeug) **2** Anhalten *s*
stanse [ßtanß^e] *v* anhalten *etw. Akk*, stoppen *etw. Akk* (Bewegung usw.), anhalten (stehen bleiben), einstellen *etw. Akk* (Tätigkeit); **Stans!** Halt!
stappe [ßtapp^e] *v* **1** hineinstopfen *etw. Akk in etw. Akk*, hineinstopfen *etw. Akk in etw. Akk*, hineinstopfen *etw. Akk irgendwohin*, stopfen *etw. Akk irgendwohin* (hineinstecken) **2** sich vollstopfen *mit etw.*
start [ßtart] *m* **1** Start *m* **2** Anfahren *s* (Starten)
starte [ßtaart^e] *v* **1** starten (Motor usw.) **2** anlaufen, anspringen (Motor usw.) **3** starten (Rennfahrer usw.) **4** initiieren **5** starten *etw. Akk* (Vorhaben usw.), eröffnen *etw. Akk* (Aktion usw.) **6** sich einlassen *auf etw. Akk* (beginnen)
starter [ßtaart^er] *m* Starter *m* (Einrichtung), Anlasser *m*

startpris [ßtartpriiß] *m* Einstiegspreis *m*, Grundpreis *m* (für ein Taxi)
stasjon [ßtaschuun] *m* Station *w* (Haltestelle)
stat [ßtaat] *m* Staat *m*
stativ [ßtatiiw] *s* **1** Ständer *m* (Gestell) **2** Stativ *s*
statsadvokat [ßtaazadwukaat] *m* Staatsanwalt *m*
statsborger [ßtaazborg^e^r] *m* Bürger *m*
statsborgerskap [ßtaazborgerschkaap] *s* Staatsangehörigkeit *w*
statsminister [ßtaazminißt^e^r] *m* Ministerpräsident *m*
statue [ßtaatu^e^] *m* Statue *w*
status [ßtaatuß] *m* Status *m* (Situation), Stellung *w* (in der Gesellschaft)
stav [ßtaaw] *m* **1** Stock *m* **2** Krückstock *m* **3** Stange *w* (Stütze usw.)
stave [ßtaaw^e^] *v* **1** buchstabieren *etw. Akk* **2** syllabieren
stearinlys [ßteariinlüüß] *s* Kerze *w*
sted [ßteed] *s* **1** Platz *m* (Teil eines Raumes), Ort *m*, Stelle *w* (Punkt, Gebiet usw.) **2** Veranstaltungsort *m etw. Gen* ► **et annet ~** woanders, anderswo; **et eller annet ~** irgendwo, irgendwohin; **finne ~** stattfinden *irgendwo*; **ikke noe ~** nirgendwohin; **noen steder** an manchen Plätzen; **til et annet ~** woandershin; **til stede** *ved noe* anwesend *irgendwo*; **være ikke til stede** fehlen *irgendwo* (nicht teilnehmen)
stedfortreder [ßteetfortreed^e^r] *m* Ersatzmann *m*, Vertreter *m* (Ersatz)
stedvis [ßteedwiiß] *adv* hier und da, örtlich
stefar [ßteefaar] *m* Stiefvater *m*
steil [ßtäil] *adj* **1** steil, abschüssig **2** steil (Hang usw.), schroff (Riff usw.)
stek [ßteek] *m* Braten *m*
steke [ßteek^e^] *v* **1** anrösten *etw. Akk*, anbraten *etw. Akk*, braten (in der Pfanne), sautieren (kurz anbraten) **2** braten (im Fett)
stekeovn [ßteek^e^own] *m* Ofen *m* (zum Backen usw.), Backofen *m*
stekt [ßteekt] *adj* gebraten
stelle seg *v* sich zurechtmachen
stemme [ßtemm^e^] *v* **1** wählen *j-n* (abstimmen) **2** stimmen *für etw., gegen etw.* (bei Abstimmung) **3** stimmen *etw. Akk*, stimmen *etw. Akk* (Geige usw.) ♦ *m* **1** Stimme *w* (menschliche) **2** Stimme *w* (bei Abstimmung) ► **~ overens** *med noe* entsprechen *etw. Dat*
stemor [ßteemuur] *m/w* Stiefmutter *w*
stempel [ßtemp^e^l] *s* **1** Stempel *m* **2** Kolben *m* (Maschinenteil)
sten [ßteen] *m* **1** Stein *m* **2** Kern *m*
stenge [ßteng^e^] *v* schließen (Betrieb)
stengel [ßteng^e^l] *m* Stängel *m*
sterk [ßtärk] *adj* **1** stark (körperlich) **2** stark (Gefühl), intensiv (Liebe usw.), heftig (Leidenschaft usw.) **3** schwer (intensiv) **4** würzig (Geschmack usw.) **5** scharf (Paprika usw.) **6** stark (wirksam) ► **bli ~** sich verstärken
stevne [ßtewn^e^] *v* steuern *irgendwohin* (sich richten)
stevnemøte [ßtewn^e^mööt^e^] *s* Rendezvous *s* (Verabredung), Verabredung *w*, Date *s*
sti [ßtii] *m* Pfad *m*, Wanderweg *m*
stige [ßtiig^e^] *v* **1** steigen **2** anwachsen (Menge usw.) ♦ *m* Leiter *w* ► **~ av** aussteigen (aus Flugzeug usw.), von Bord gehen; **~ av** *noe* aussteigen *aus etw.* (Zug usw.); **~ ned** hinuntergehen (nach unten), hinabsteigen, sinken (Flugzeug usw.); **~ opp** *noe* aufsteigen *auf etw. Akk* (Pferd usw.); **~ på** *noe* zusteigen *in etw. Akk*
stigning [ßtiigning] *m* Anstieg *m etw. Gen*, Aufstieg *m etw. Gen* (Anzahl usw.), Anstieg *m* (der Temperatur usw.), Steigung *w* (des Terrains usw.)
stikke [ßtikk^e^] *v* **1** stechen *j-n mit etw.* (mit Messer usw.) **2** stechen *j-n mit etw.* (mit Messer usw.), stechen *mit etw. in j-n/etw.* (mit Nadel usw.) **3** einstechen *etw. Akk in etw. Akk*, einstoßen *etw. Akk in etw. Akk*, stoßen *etw. Akk in etw. Akk*, stecken *etw. Akk in etw. Akk* **4** stechen *j-n*, zerstechen **5** stechen (Dornen usw.) **6** aufspießen **7** einstecken *etw. Akk irgendwohin*, stecken *etw. Akk irgendwohin* **8** hervorragen *aus etw.* **9** schieben *etw. Akk irgendwohin* (heimlich usw.), zustecken *j-m etw. Akk* (heimlich) **10** kurz weggehen *irgendwohin* ► **~ innom** *noen* vorbeikommen *bei j-m* (besuchen); **~ ut** *av noe* hervorstehen *aus etw.*; **~ ut** *noe* ausstechen
stikkontakt [ßtikkontakt] *m* Steckdose *w*
stil [ßtiil] *m* Stil *m*
stilk [ßtilk] *m* Sprossachse *w*, Stängel *m*
stillas [ßtillaß] *s* Gerüst *s*
stille [ßtill^e^] *v* **1** stellen (Wecker usw.) **2** einstellen (Maschine usw.) **3** anstellen *etw. Akk an etw. Akk* (anlehnen) ♦ *adj* leise, still ♦ *adv* leise (ohne Geräusch), still ► **~ et spørsmål** *j-m* eine Frage stellen; **~ inn** stellen (Werte usw.), wählen (eine Telefonnummer); **~ (inn)** *noe* einstellen *etw. Akk* (Sender usw.)
stille seg *v* sich stellen *irgendwohin* (ans Fenster usw.); **~ opp** sich aufreihen, sich ordnen
stillhet [ßtillheet] *m/w* Stille *w*, Ruhe *w* (Stille)
stilling [ßtilling] *m/w* **1** Stelle *w* (Job) **2** Stellung *w*

stimulere [ßtimuleer^e] *v* **1** anregen *etw. Akk*, stimulieren **2** erregen *etw. Akk* (hervorrufen) **3** wachrütteln *j-n* (ermutigen)
sting [ßting] *s* Stich *m* (beim Nähen)
stinke [ßtingk^e] *v* stinken *nach etw.*
stiv [ßtiiw] *adj* **1** steif, unbiegsam (Material usw.) **2** steif (Glieder usw.) **3** steif (Mensch usw.)
stivelse [ßtiiw^{e}lß^e] *m* Stärke *w* (Substanz)
stivnet [ßtiwnet] *adj* steif (Glieder usw.)
stjele [ßtjääl^e] *v* **1** stehlen **2** mausen, stibitzen (klauen) **3** bestehlen *j-n um etw.*, entwenden *j-m etw. Akk*, entwenden *j-m etw. Akk*, stehlen *j-m etw. Akk* **4** wegangeln *j-m j-n*, abspenstig machen *j-m j-n* (Freundin usw.) **5** rauben *etw. Akk*, stehlen
stjerne [ßtjäärn^e] *m/w* Stern *m*
stjernetegn [ßtjäärn^{e}täin] *s* Sternzeichen *s*
stoff [ßtof] *s* **1** Stoff *m* (fester usw.), Substanz *w*, Materie *w* **2** Stoff *m* (chemischer usw.) **3** Stoff *m*, Gewebe *s* (aus Baumwolle usw.) **4** Droge *w*
stokk [ßtokk] *m* **1** Stock *m* (Stütze usw.) **2** Krückstock *m* **3** Stock *m* (als Waffe) **4** Klotz *m* (Holz) **5** Scheit *s*, Holzscheit *s*
stol [ßtuul] *m* **1** Stuhl *m* (Möbel) **2** Bank *w* (Werkbank usw.)
stole [ßtuul^e] *v* sich verlassen *auf j-n/etw.*; ~ **på** *noen/noe* vertrauen *j-m/etw.*, trauen *j-m/etw.* (Vertrauen haben)
stolpe [ßtolp^e] *m* **1** Pfosten *m* **2** Mast *m* (Telefonmast usw.) **3** Pfahl *m* (spitz) **4** Pfosten *m* (des Tores), Torpfosten *m*
stolt [ßtolt] *adj* **1** stolz *auf j-n/etw.* (mit Recht) **2** stolz (hochmütig)
stolthet [ßtoltheet] *m/w* **1** Stolz *m* **2** Hochmut *m*
stopp [ßtopp] *m* **1** Halt *m* **2** Polsterung *w*
stoppe [ßtopp^e] *v* **1** aufgeben *etw. Akk*, einstellen *etw. Akk* (Tätigkeit usw.), aufhören *mit etw.* **2** einstellen *etw. Akk* (Tätigkeit) **3** anhalten *etw. Akk*, stoppen *etw. Akk* (Bewegung usw.) **4** anhalten (stehen bleiben) **5** halten *irgendwo* (Zug usw.) **6** pausieren **7** stoppen *etw. Akk* (mit Stoppuhr) **8** hineinstopfen *etw. Akk in etw. Akk*, hineinstopfen *etw. Akk in etw. Akk* **9** flicken, stopfen
stoppested [ßtopp^{e}ßteed] *s* Haltestelle *w*
stor [ßtuur] *adj* groß
storartet [ßtuurartet] *adj* großartig (Bauwerk usw.), überwältigend
storfe [ßtuurfee] *s* **1** Rindvieh *s* **2** Rind *s* (Büffel usw.)
storfekjøtt [ßtuurfeeschött] *s* Rindfleisch *s*
storm [ßtorm] *m* Sturm *m*
storme [ßtorm^e] *v* hineinstürzen *in etw. Akk*, stürzen *irgendwohin* (ungebeten usw.)
storsinnet [ßtuurschinnet] *adj* großzügig
stort sett *adv* größtenteils, überwiegend, vorwiegend
straff [ßtraf] *m* Strafe *w*
straffbar [ßtraffbaar] *adj* **1** strafbar **2** sträflich
straffe [ßtraff^e] *v* bestrafen *j-n für etw.*
straks [ßtrakß] *adv* gleich (sofort), unverzüglich, umgehend ♦ *conj* kaum (in dem Moment)
stram [ßtram] *adj* knapp (Kleidung)
stramme [ßtramm^e] *v* **1** zuziehen (Schlinge usw.), anziehen (Schraube) **2** ballen **3** straffen *etw. Akk* (Körper, Haut usw.)
strand [ßtran] *m/w* Strand *m*
strande [ßtrand^e] *v* stranden
streik [ßträik] *m* Streik *m für etw.*
strek [ßtrek] *m* Strich *m* (Linie)
strekk [ßtrekk] i ett ~ auf einmal, gleichzeitig
strekke seg *v* **1** greifen *nach etw.* (mit Hand usw.) **2** sich ausdehnen *irgendwohin* (Gebiet usw.), sich erstrecken *irgendwohin* ► ~ **(ut)** sich strecken (Körper usw.)
streng [ßtreng] *adj* **1** streng (Person usw.) **2** starr, streng (Regeln usw.) ♦ *m* Saite *w* ► **meget** ~ rau (Klima usw.)
stress [ßtreß] *m/s* Stress *m*
streve [ßtreew^e] *v* **1** sich bemühen *um etw.* **2** sich (sehr) anstrengen *etw. Akk zu tun* **3** sich quälen *mit etw.* (sich abmühen) **4** anstreben *etw. Akk*, sich bewerben *um etw.* **5** sich schleppen
stri [ßtrii] *adj* **1** unbiegsam (Stoff usw.), unelastisch **2** starrköpfig, dickköpfig, verbissen, hartnäckig ♦ *v* kämpfen *mit j-m/etw.* (um Macht usw.)
strid [ßtriid] *m* Meinungsverschiedenheit *w*, Differenz *w* (persönliche usw.), Streit *m*, Auseinandersetzung *w*
stride [ßtriid^e] *v* **1** kämpfen *mit etw.* (mit Problemen usw.), bekämpfen *etw. Akk* (Schwierigkeiten usw.) **2** widersprechen *etw. Dat* (in Widerspruch stehen) **3** sich balgen *um etw.*
stripe [ßtriip^e] *m/w* **1** Streifen *m* **2** Streifen *m etw. Gen* (Stoff usw.)
stropp [ßtropp] *m* **1** Riemen *m* (an Kleidung usw.) **2** Träger *m* (für Kleider)
strudel [ßtruud^{e}l] *m* Strudel *m* (Speise)
struktur [ßtruktuur] *m* Konstruktion *w* (Struktur), Struktur *w etw. Gen* (von Molekülen usw.), Bau *m etw. Gen*
strupe [ßtruup^e] *v* **1** erdrosseln (an den Hals drücken) **2** würgen (Opfer usw.) **3** abschnüren (Arterie usw.) ♦ *m* Kehle *w*

struts [ßtruz] *m* Strauß *m* (Vogel)
stryke [ßtrüük^e] *v* **1** streicheln *j-n/etw.* **2** durchfallen *in etw. Dat*, nicht bestehen (Prüfung usw.) **3** ausbügeln, bügeln
strykejern [ßtrüük^{e}jäärn] *s* Bügeleisen *s*
strø [ßtröö] *v* **1** verstreuen (Pulver usw.) **2** bestreuen *etw. Akk mit etw.* **3** verstreuen (streuend verteilen) **4** verstreuen *etw. Akk* (Sachen usw.)
strøk [ßtröök] *s* Stadtviertel *s*, Viertel *s* (in der Stadt)
strøm [ßtröm] *m* **1** Strom *m*, Strömung *w* (des Wassers usw.) **2** (elektrischer) Strom **3** Fluss *m* (des Verkehrs usw.) ► **Strømmen er borte.** Der Strom ist ausgefallen.; **Strømmen er nede.** Der Strom ist ausgefallen.
strømme [ßtrömm^e] *v* **1** gurgeln (Bach usw.) **2** strömen (Menschen usw.)
strømpe [ßtrömp^e] *m/w* Strumpf *m*
strømpebukser [ßtrömp^{e}bukß^{e}r] *m/w Mz* Strumpfhose *w*
strømstans [ßtrömßtanß] *m* Stromausfall *m*
strå [ßtroo] *s* **1** Stroh *s* **2** Halm *m*
stråle [ßtrool^e] *m* Strahl *m* (von Licht usw.) ♦ *v* strahlen
strålende [ßtrool^{e}n^e] *adj* **1** großartig, hervorragend, toll, fabelhaft **2** wunderschön, wundervoll, toll **3** strahlend
student [ßtudent] *m* Student *m*
studenthjem [ßtudentjem] *s* Studentenwohnheim *s*, Studentenheim *s*
studere [ßtudeer^e] *v* **1** lernen (für eine Prüfung usw.) **2** studieren *an etw. Dat* (an Hochschule)
studium [ßtuudium] *s* Studium *s*
stue [ßtuu^e] *m* Wohnzimmer *s* ♦ *v* hineinstopfen *etw. Akk in etw. Akk*
stum [ßtum] *adj* stumm
stund [ßtun] *m/w* Moment *m*, Augenblick *m* (kurzer usw.), Weile *w*; **etter en kort ~** in Kürze
stupbratt [ßtuupbratt] *adj* steil (Hang usw.), schroff (Riff usw.)
stupe [ßtuup^e] *v* einen Kopfsprung machen
stygg [ßtüg] *adj* hässlich, scheußlich, unansehnlich, unschön
stykke [ßtükk^e] *s* **1** Stück *s* (einzige Sache) **2** Stück *s von etw.* (Teil eines Ganzen) **3** Stück *m etw. Gen* (einer Masse usw.) ► **gå i stykker** sich auflösen, auseinanderfallen (in Stücke)
styre [ßtüür^e] *s* **1** Lenkstange *w* **2** Fahren *s* **3** Steuerung *w* (Steuergerät), Lenkung *w* (Lenkeinrichtung) **4** Führung *w* (Führungsorgane), Management *s* (Personen usw.), Präsidium *s* (Gremium), Vorstand *m* (einer Firma usw.) **5** Herrschaft *w*, Regierung *w* (Tätigkeit) ♦ *v* **1** steuern *etw. Akk* (Gerät usw.) **2** steuern *etw. Akk* (Fahrzeug) **3** steuern (Schiff usw.) **4** manövrieren **5** kontrollieren (Gebiet usw.), beherrschen (Firma usw.) **6** vorsitzen *etw. Dat* **7** leiten *j-n/etw.*
styring [ßtüüring] *m/w* Steuerung *w* (Regulierung)
styrke [ßtürk^e] *m* **1** Kraft *w* (körperlich), Stärke *w* (eines Menschen) **2** Festigkeit *w etw. Gen* (eines Materials) ♦ *v* **1** verstärken *etw. Akk* (Mauer usw.) **2** stählen (Muskeln usw.), härter machen **3** sich verstärken **4** stärken *j-n/etw.*, stärker machen *j-n/etw.* **5** bestärken *j-n in etw. Dat* **6** stärken (Selbstbewusstsein usw.) **7** festigen *etw. Akk* (Position usw.)
styrte [ßtürt^e] *v* **1** hinunterstürzen (stoßen) **2** stürzen (Regierung usw.) **3** umstürzen **4** hineinstürzen *in etw. Akk*, stürzen *irgendwohin* (ungebeten usw.) **5** abstürzen (Flugzeug usw.)
støpsel [ßtöpß^{e}l] *s* Stecker *m*; **sette i støpselet** in die Steckdose stecken *etw. Akk*
større [ßtörr^e] *adj* größer
størrelse [ßtörr^{e}lß^e] *m* **1** Größe *w* **2** Ausmaß *s*, Größe *w*
støtdemper [ßtöötdemp^{e}r] *m* Stoßdämpfer *m*
støte [ßtööt^e] *v* **1** anstoßen *an/gegen etw.*, prallen *gegen etw.*, stoßen *an etw. Dat*, stoßen *gegen etw.* (Wand usw.) **2** stoßen *j-n/etw.*, wegstoßen *j-n/etw.* **3** erschüttern *j-n* (schockieren usw.), bestürzen *j-n* **4** empören *j-n* ► **~ på** stoßen *auf j-n/etw.* (begegnen)
støtfanger [ßtöötfang^{e}r] *m* Stoßstange *w*
støtte [ßtött^e] *m* **1** Stütze *w* (psychische usw.) **2** Unterstützung *w* (Hilfe) **3** Unterstützung *w* (Geldbetrag) **4** Zuschuss *m* **5** Patronat *s*, Schirmherrschaft *w* **6** Stütze *w* (Pfahl usw.) ♦ *v* **1** fördern *etw. Akk* (Entwicklung usw.) **2** beistehen *j-m*, unterstützen *j-n* (helfen) **3** beipflichten *etw. Dat* (einem Vorschlag usw.) **4** abstützen *etw. Akk mit etw.* **5** abstützen *etw. Akk* (Mauer usw.), stützen *etw. Akk* (gegen Einsturz)
støv [ßtööw] *s* Staub *m*
støvel [ßtööw^{e}l] *m* Stiefel *m*
støvsuge [ßtööwßuug^e] *v* staubsaugen, staubsaugen *etw. Akk*, staubsaugen *etw. Akk*
støvsuger [ßtööfßuug^{e}r] *m* Staubsauger *m*
støy [ßtöü] *m* Lärm *m*
stå [ßtoor] *v* stehen; **~ for** *noe* stehen *zu etw.* (bestehen); **~ ut** *blant noen* herausragen *unter j-m/etw.*, hervorragen *unter j-m/etw.*

(Persönlichkeit usw.); **~ ved** *noe* stehen *zu etw.* (bestehen)
stål [ßtool] *s* Stahl *m*
ståltråd [ßtooltrood] *m* Draht *m*
stå opp *v* **1** aufstehen **2** aufgehen (Sonne usw.)
suge [ßuuge] *v* **1** lutschen *an etw. Dat* (Daumen usw.) **2** einsaugen **3** lutschen *etw. Akk* (Bonbon usw.) ► **~ ut** *fra et sted* aussaugen *etw. Akk aus/von etw.*
sugerør [ßuugeröör] *s* Strohhalm *m* (zum Trinken)
sukker [ßukker] *s* Zucker *m*
sukkerbit [ßukkerbiit] *m* Zuckerwürfel *m*
sukkertøy [ßukkertöü] *s* Bonbon *m*, Süßwaren *Mz*
suksess [ßukßee] *m* Erfolg *m*, Gelingen *s etw. Gen*, Leistung *w* (Erfolg)
sult [ßult] *m* **1** Hunger *m* **2** Hungern *s*
sulte [ßulte] *v* hungern
sulten [ßulten] *adj* hungrig; **Jeg er (ikke) ~.** Ich habe Hunger., Ich bin hungrig.
sum [ßum] *m* **1** Betrag *m*, Summe *w* (bezahlte usw.) **2** Summe *w* (einer Addition) **3** Endsumme *w*
summe [ßumme] *v* summen, surren
summere [ßummeere] *v* zusammenzählen, addieren
sump [ßump] *m* Sumpf *m*, Moor *s*
sundae [ßandei] *m* Eisbecher *m*
sunn [ßun] *adj* gesund
supermarked [ßupermarked] *s* Supermarkt *m*
suppe [ßuppe] *m/w* Suppe *w*
sur [ßuur] *adj* **1** sauer **2** lästig, verdrießlich, missmutig, verdrossen
surfe [ßurfe] *v* surfen
surfebrett [ßurfebrett] *s* Surfbrett *s*
surre [ßurre] *v* **1** aufwickeln *etw. Akk auf etw. Akk* (zusammenrollen) **2** umwickeln *etw. Akk mit etw.* **3** summen (Bienen usw.) **4** surren (Ventilator usw.)
suspekt [ßußpekt] *adj* verdächtig, verdächtig *etw. Gen* (einer Tat usw.)
sutte [ßutte] *v* lutschen *etw. Akk* (Bonbon usw.)
suvenir [ßuweniir] *m* Andenken *s*, Memento *s*, Souvenir *s*
svak [ßwaak] *adj* **1** schwach **2** altersschwach **3** fade (Geschmack usw.), (SüD, ÖrD) fad **4** farblos (ausdruckslos usw.), glanzlos (Stil usw.) ► **~ stigning** *m* ein leichter Hang
svakhet [ßwaakheet] *m/w* Schwäche *w*
svakt [ßwaakt] *adv* schwach
svale [ßwaale] *m* Schwalbe *w* ♦ *v* abkühlen *etw. Akk*
svane [ßwaane] *m/w* Schwan *m*
svar [ßwaar] *s* Antwort *w auf etw. Akk*
svare [ßwaare] *v* **1** antworten *auf etw. Akk*, beantworten *etw. Akk* **2** zurückschreiben *j-m*
svart [ßwart] *adv* schwarz
Sveits [ßwäiz] *s* Schweiz *w*
sveitser [ßwäizer] *m* Schweizer *m*
sveitsisk [ßwäizißk] *adj* schweizerisch
svekke [ßwekke] *v* **1** abschwächen *etw. Akk*, schwächen *j-n/etw.* **2** vermindern
svelge [ßwelge] *v* **1** schlucken *etw. Akk*, verschlucken *etw. Akk* (Wasser usw.) **2** verschlingen (Geld usw.)
svelle [ßwelle] *v* anschwellen
svette [ßwette] *m* Schweiß *m* ♦ *v* ins Schwitzen kommen, schwitzen
svi [ßwii] *v* **1** brennen **2** anbrennen *etw. Akk* (Essen) **3** versengen, verbrennen **4** büßen *etw. Akk*
svidd [ßwid] *adj* angebrannt
svigerdatter [ßwiigerdatter] *m/w* Schwiegertochter *w*
svigerfar [ßwiigerfaar] *m* Schwiegervater *m*
svigermor [ßwiigermuur] *m/w* Schwiegermutter *w*
svigersønn [ßwiigerschön] *m* Schwiegersohn *m*
svikt [ßwiikt] *m* **1** Schaden *m* (Fehler) **2** Ausfall *m*
svikte [ßwikte] *v* **1** nicht tun *etw. Akk* **2** aussetzen (Maschine usw.) **3** verraten *j-n/etw.* (Verrat begehen)
svimle [ßwimle] *v* schwindeln *j-m* (Kopf)
svimmel [ßwimmel] **være ~** schwindelig werden; **Jeg er ~.** Mir schwindelt.
svin [ßwiin] *s* Sau *w*, Schwein *s*
svindle [ßwindle] *v* betrügen *j-n um etw.* abschwindeln *j-m etw. Akk*, betrügen (Kunden), schröpfen *j-n* (Kunden usw.)
svindler [ßwindler] *m* Betrüger *m*
svinekjøtt [ßwiineschött] *s* Schweinefleisch *s*
sving [ßwing] *m* **1** Kurve *w* (scharfe usw.) **2** Schwung *m* (Bewegung)
svinge [ßwinge] *v* **1** abbiegen **2** einbiegen *irgendwohin* (Richtung ändern) **3** schaukeln (in Schaukelstuhl usw.) **4** wackeln *mit etw.* (schnell usw.)
svoger [ßwooger] *m* Schwager *m*
svovel [ßwuuwel] *m/s* Schwefel *m*
svært [ßwärt] *adv* sehr, sehr (viel)
svømme [ßwömme] *v* schwimmen *über etw. Akk*, schwimmen (Mensch)
svømmebasseng [ßwömmebaßeng] *s* Schwimmbad *s*, Schwimmbecken *s*
svømmedrakt [ßwömmedrakt] *m/w* Badehose *w*

svømmeføtter [ßwömmᵉföttᵉr] *m Mz* Schwimmflossen *w Mz*
svømmer [ßwömmᵉr] *m* Schwimmer *m*
svømming [ßwömming] *m/w* Schwimmen *s*
sy [ßüü] *v* **1** nähen (Kleid usw.) **2** nähen *etw. Akk* (befestigen) **3** annähen *etw. Akk an etw. Akk* ▶ **~ igjen** zunähen, vernähen (Hose usw.)
syd [ßüüd] *s* Süden *m*
sydlig [ßüüdli] *adj* südlich, Süd-
syk [ßüük] *adj* krank; **bli ~** erkranken *an etw. Dat*
sykdom [ßüüktom] *m* Erkrankung *w*, Krankheit *w*
sykeforsikring [ßüükeforschikring] *m/w* Krankenversicherung *w*
sykehus [ßüükehuuß] *s* Krankenhaus *s*
sykehusavdeling [ßüükehuußaawdeeling] *m/w* Station *w* (in Krankenhaus)
sykepleier [ßüükepläiᵉr] *m* **1** Krankenschwester *w* **2** Krankenpfleger *m* **3** Angestellte *m* im Gesundheitswesen
syketrygd [ßüüketrügd] *m/w* Krankenversicherung *w*
sykkel [ßükkᵉl] *m* Fahrrad *s*
sykkelpumpe [ßükkᵉlpumpᵉ] *m/w* Pumpe *w*
sykle [ßüklᵉ] *v* Rad fahren, treten *etw. Akk, auf etw. Akk* (auf dem Fahrrad usw.)
syltetøy [ßültetöü] *s* Eingemachte *s*, Konfitüre *w*
symaskin [ßüümaschiin] *m* Nähmaschine *w*
symbol [ßümbuul] *s* Symbol *s*, Zeichen *s* (grafisch)
sympati [ßümpatii] *m* **1** Sympathie *w für j-n*, Zuneigung *w* **2** Mitleid *s*, Mitgefühl *s*
sympatisk [ßümpaatißk] *adj* **1** sympathisch **2** mitleidig, mitleidend
syn [ßüün] *s* **1** Sehkraft *w* **2** Sehen *s* **3** Erscheinung *w* (Vision) ▶ **komme til syne** erscheinen
synagoge [ßünaguugᵉ] *m* Synagoge *w*
synd [ßün] *m/w* Sünde *w*; **synes ~** *på noen* bedauern *j-n*; **Så ~.** Das ist schade.
synes [ßüüneß] *v* **1** denken, denken *etw. Akk von etw.* (schlussfolgern), meinen, glauben (Ansicht haben) **2** halten *j-n/etw. für j-n/etw.*, betrachten *j-n/etw. als j-n/etw.* **3** scheinen *j-m irgendwie* (vorkommen) ▶ **~ synd** *på noen* bedauern *j-n*
synge [ßüngᵉ] *v* singen
synke [ßüngkᵉ] *v* **1** sinken (Boot), untergehen (Schiff), versinken (im Meer usw.) **2** einsinken *in etw. Dat* **3** tauchen *in etw. Akk* **4** absinken, stürzen (Aktienkurse usw.) **5** untergehen (Sonne)
synlig [ßüünli] *adj* **1** sichtbar **2** auffällig
synspunkt [ßüünßpungkt] *s* Betrachtungsweise *w*, Blickwinkel *m* (Ansicht), Gesichtspunkt *m*, Sicht *w*
synsvinkel [ßüünßwingkᵉl] *m* Betrachtungsweise *w*, Blickwinkel *m* (Ansicht), Gesichtspunkt *m*, Sicht *w*
syrlig [ßüürli] *adj* sauer (Geschmack)
system [ßüßteem] *s* **1** System *s* **2** Trakt *m*, Apparat *m* (im Körper)
systematisk [ßüßtemaatißk] *adj* systematisch ♦ *adv* systematisch, planmäßig
sytten [ßöttᵉn] *num* siebzehn
sytti [ßötti] *num* siebzig
sær [ßäär] *adj* **1** Sonder-, besonder(er,e,es) **2** absonderlich
særlig [ßäärli] *adv* **1** besonders (gut, erfolgreich usw.) **2** besonders, vor allem, konkret (namentlich) ♦ *part* besonders
særskilt [ßäärschilt] *adj* Sonder-, besonder(er,e,es)
søke [ßöökᵉ] *v* **1** beantragen *etw. Akk* **2** sich bewerben *um etw.* **3** erbitten (Hilfe usw.) **4** aufsuchen *j-n/etw.*
søker [ßöökᵉr] *m* **1** Bewerber *m für etw.* **2** Antragsteller *m auf etw. Akk* **3** Sucher *m* (einer Kamera)
søknad [ßööknaad] *m* **1** Anmeldung *w*, Anmeldeformular *s* **2** Antrag *m auf etw. Akk* ▶ **levere ~** den Antrag stellen *auf etw. Akk*; **sende inn ~** den Antrag stellen *auf etw. Akk*
søle [ßöölᵉ] *m* **1** Schlamm *m* **2** Matsch *m* ♦ *v* **1** beschmutzen *etw. Akk*, schmutzig machen *etw. Akk*, verschmutzen *etw. Akk* **2** verschütten *etw. Akk* (Flüssigkeit usw.) **3** verschütten *etw. Akk* **4** beschütten *etw. Akk mit etw.* **5** beklecksen *etw. Akk mit etw.* **6** verstreuen (versehentlich), verschütten ▶ **~ til** *noe* bespritzen *etw. Akk mit etw.* (beschmutzen)
sølv [ßöl] *adj* silbern, Silber- ♦ *s* Silber *s* (Metall)
søm [ßööm] *m* **1** Naht *w* **2** Nähen *s*
søndag [ßönda] *m* Sonntag *m*
sønn [ßönn] *m* Sohn *m*
søppel [ßöppᵉl] *m/w/s* Abfall *m* (Reste usw.), Müll *m*
søppelbøtte [ßöppelböttᵉ] *m/w* Mülleimer *m*, Abfalleimer *m*
sør [ßöör] *adj* südlich, Süd- ♦ *s* Süden *m*
sørge [ßörgᵉ] *v* **1** sorgen *für j-n/etw.*, pflegen *j-n/etw.* **2** beaufsichtigen *etw. Akk* (Arbeit usw.) **3** trauern *um j-n/etw.*
sørlig [ßöörli] *adj* südlich, Süd-
søster [ßößtᵉr] *m/w* Schwester *w*

søt [ßööt] *adj* **1** süß **2** entzückend, niedlich, süß, liebenswert (Mensch usw.)
søtningsmiddel [ßöötningßmiddel] *s* Süßstoff *m*
søtsaker [ßöözaaker] *m/w Mz* Süßigkeiten *w Mz* ♦ *m Mz* Süßwaren *Mz*
søvn [ßöwn] *m* Schlaf *m*, Schläfe *w*; **få seg en god natts ~** (sich) ausschlafen
søyle [ßöüle] *m/w* Säule *w*
så [ßoo] *adv* **1** so (so sehr) **2** dann ♦ *conj* also, so (deshalb) ♦ *part* so, also ♦ *v* aussäen, besäen, säen ► **~ fort som mulig** so bald wie möglich, baldmöglichst
så langt *adv* bisher, bis jetzt
såpe [ßoope] *m* Seife *w* ♦ *v* einseifen
sår [ßoor] *adj* schmerzend ♦ *s* Wunde *w*
såre [ßoore] *v* **1** verwunden *j-n* **2** verletzen (kränken), treffen (erschüttern)
såret [ßooret] *adj* verletzt (bei Unfall usw.), verwundet
så vidt *adv* kaum

T

ta [taa] *v* **1** nehmen *etw. Akk* (in die Hand) **2** nehmen (Essen usw.) **3** einnehmen *etw. Akk* (Medikament usw.), nehmen *etw. Akk* (Pillen usw.) **4** führen *j-n irgendwohin*, nehmen *j-n irgendwohin* (regelmäßig) **5** fahren *mit etw.* (mit der Bahn usw.) **6** in Anspruch nehmen (Zeit) **7** usurpieren ► **i det hele tatt** gar, überhaupt; **ikke i det hele tatt** gar nicht, überhaupt nicht; **~ ansvar** *for noe* übernehmen *etw. Akk* (Leitung usw.); **~ av** abfliegen, abheben (Flugzeug usw.), abnehmen; **~ av** *noe* ausziehen *etw. Akk* (Hose usw.); **~ et bilde** eine Aufnahme *von etw.* machen; **~ fra hverandre** auseinandernehmen; **~ fri** freinehmen, freimachen (ein paar Tage usw.), sich freimachen; **~ i betraktning** berücksichtigen *etw. Akk*; **~ inn** *noen* einstellen *j-n* (Arbeiter usw.), aufnehmen *j-n* (Mitglied usw.); **~ med** bringen *j-m etw. Akk* (ein Buch usw.); **~ med i beregningen** berücksichtigen *etw. Akk*, rechnen *mit etw.* (Risiko usw.); **~ med** *noe* mitnehmen *etw. Akk*; **~ med** *noen/noe et sted* mitnehmen *j-n/etw. irgendwohin* (mit dem Auto usw.); **~ over** *noe* übernehmen *etw. Akk* (Besitz usw.); **~ på seg** *noe* anziehen *etw. Akk* (Kleidung); **~ sats** abspringen (Sportler); **~ tak i** *noe* ergreifen *etw. Akk* (mit der Hand), packen *etw. Akk* (schnell, fest usw.), nehmen *etw. Akk* (in die Hand), fassen *etw. Akk* (fest usw.), schnappen *etw. Akk*; **~ ut** abheben, (ÖrD) beheben (Geld usw.); **~** *noe* **av** *noe* abnehmen *etw. Akk von etw.* (Wäsche usw.), herunternehmen *etw. Akk* (vom Regal usw.); **~** *noe* **bort** *fra noe* wegnehmen *j-m etw. Akk* (entziehen); **~** *noe* **fra hverandre** zerlegen *etw. Akk*, auseinandernehmen *etw. Akk* (Maschine usw.); **~** *noe* **ut** *av noe* herausnehmen *etw. Akk aus etw.*, heraustun *etw. Akk aus etw.*, herausholen *etw. Akk aus etw.*, herausziehen *etw. Akk aus etw.* **~** *noen/noe* **ut** *av noe/et sted* hinausfahren *j-n/etw. von/aus etw.*; **Hvor lenge vil det ~?** Wie lange wird es dauern?; **Jeg tar det.** Abgemacht.; **Vi tar taxi.** Wir nehmen ein Taxi.
tabell [tabel] *m* Tabelle *w*
tablett [tablett] *m* Tablette *w*
tak [taak] *s* **1** Dach *s* **2** Decke *w* (im Zimmer) **3** Stoß *m* (Schwimmstoß usw.) ► **få ~ i** erreichen *j-n* (zu Hause usw.); **få ~** *i noe* auftreiben *etw. Akk*, beschaffen *etw. Akk* (Geld usw.)
takgrind [taakkrin] *m/w* Dachgepäckträger *m*
takk [takk] *m/w* Danksagung *w* (im Buch) **Takk!** Danke!
takke [takke] *v* danken *j-m für etw.*, sich bedanken *bei j-m für etw.*; **takket være** *noen/noe* dank *j-m/etw.*
takknemlig [takknemli] *adj* dankbar *für etw.*, verpflichtet *j-m*; **være ~** *til noen for noe, mot noen for noe* dankbar sein *j-m für etw.*
tale [taale] *m* **1** Sprache *w* (Sprachfähigkeit) **2** Rede *w* ♦ *v* **1** eine Rede halten **2** sprechen *mit j-m von etw., über etw. Akk* ► **~ til** *noen* ansprechen *j-n* (höflich usw.)
talent [talent] *s* Begabung *w für etw.*, Talent *s für etw.*
tall [tal] *s* Zahl *w*, Nummer *w* (zwei usw.)
tallerken [taleerken] *m* Teller *m*
tallrik [tallriik] *adj* zahlreich
talsmann [talßman] *m* Sprecher *m* (Vertreter)
tam [tam] *adj* zahm (Tier usw.)
tampong [tampong] *m* Tampon *m*
tang [tang] *m* Zange *w*
tank [tangk] *m* Tank *m* (für Benzin usw.), Kraftstofftank *m*
tanke [tangke] *m* Gedanke *m* ♦ *v* auftanken
tann [tan] *m/w* Zahn *m*
tannbørste [tannbörschte] *m* Zahnbürste *w*
tannkrem [tannkreem] *m* Zahnpasta *w*
tannlege [tannleege] *m* Zahnarzt *m*
tannpirker [tannpirker] *m* Zahnstocher *m*
tannregulering [tannreguleering] *m/w* Zahnspange *w*
tante [tante] *m/w* Tante *w* (Verwandte)
ta opp *v* **1** aufnehmen *etw. Akk*, drehen (Szene usw.), filmen, filmen *etw. Akk* **2** aufnehmen (Studenten usw.), annehmen (Mitglied usw.) **3** zur Sprache bringen (Thema usw.)

tap [taap] *s* **1** Verlust *m etw. Gen* **2** Niederlage *w* (im Spiel usw.) **3** Schaden *m* (Einbuße)
tape [taapᵉ] *v* **1** verlieren *etw. Akk gegen j-n* (Kampf usw.) **2** verspielen *etw. Akk* (Geld usw.) **3** (Geld) verlieren *an etw. Dat*, Schaden nehmen *an etw.* **4** verlustig gehen *etw. Gen*, verlieren *etw. Akk* (durch Fehler usw.)
tapet [tapet] *s* Tapete *w*
tapp [tapp] *m* **1** Zapfhahn *m* **2** Bolzen *m*, Stift *m* (Verbindungsteil)
tappe [tappᵉ] *v* **1** zapfen **2** Wasser ableiten *aus etw.* (aus festem Zustand), entwässern *etw. Akk* (Wiese usw.) **3** auslassen *etw. Akk* (Flüssigkeit usw.) **4** abziehen (Energie usw.) **5** abschöpfen (Geld usw.) **6** pumpen
tariff [tarif] *m* Tarif *m*
tarm [tarm] *m* Darm *m*
tast [taßt] *m* **1** Taste *w* (eines Computers usw.) **2** Taste *w* (eines Gerätes usw.), Druckknopf *m* (Maschinenteil usw.)
tastatur [taßtatuur] *s* Tastatur *w*
taste [taßtᵉ] *v* tippen (schreiben), Maschine schreiben
tau [täu] *s* Schnur *w*, Seil *s*
taubane [täubaanᵉ] *m* Schwebebahn *w*, Seilbahn *w*, Standseilbahn *w*
tavle [taawlᵉ] *m/w* **1** Tafel *w* (zum Schreiben), Wandtafel *w* **2** Steinplatte *w*
taxi [takßi] *m* Taxi *s*
T-bane [teebaanᵉ] *m* U-Bahn *w*, Metro *w*
te [tee] *m* Tee *m*
teater [teaatᵉr] *s* Theater *s*
tegn [täin] *s* **1** Merkmal *s* **2** Zeichen *s* (Geste usw.) **3** Zeichen *s* (Anzeichen) **4** Zeichen *s* (Symbol)
tegne [täinᵉ] *v* **1** zeichnen **2** entwerfen *etw. Akk* **3** projektieren **4** zeichnen *etw. Akk*, zeichnen (Dreieck usw.)
tegnefilm [täinᵉfilm] *m* Zeichentrickfilm *m*, Trickfilm *m*
tegneseriehefte [täineßeerieheftᵉ] *s* Comicheft *s*, Comic *m*
tegning [täining] *m/w* Zeichnung *w*
teip [täip] *m* Klebeband *s*, Tesafilm ® *m*
tekanne [teekannᵉ] *m/w* Teekanne *w*
tekniker [teeknikᵉr] *m* Techniker *m* (Fachmann)
teknikk [teknikk] *m* technische Einzelheiten (Verfahren, Vorgangsweise usw.), Technik *w* (Erkenntnisse)
teknisk [teeknißk] *adj* technisch
teknologi [teknulugii] *m* **1** Technik *w* (Erkenntnisse) **2** Technologie *w*
tekst [tekßt] *m/w* Text *m*
telefon [telefuun] *m* Telefon *s*
telefonkiosk [telefuunschoßk] *m* Telefonzelle *w*
telefonlinje [telefuunlinjᵉ] *m/w* **1** Telefonleitung *w* **2** Nebenanschluss *m*, Telefonnebenanschluss *m*
telefonrør [telefuunröör] *s* Hörer *m* (eines Telefons usw.)
telefonsamtale [telefuunßamtaalᵉ] *m* Telefongespräch *s*, Anruf *m* (telefonischer), Telefonat *s*
telefonsvarer [telefuunßwaarᵉr] *m* Anrufbeantworter *m*
telle [tellᵉ] *v* **1** zählen *wie viel* (Anzahl feststellen) **2** zählen (Anzahl haben) ► **~ over** nachrechnen
telt [telt] *s* Zelt *s*; **slå opp ~** ein Zelt aufstellen
telte [teltᵉ] *v* lagern (im Wald usw.), campen, zelten
teltplugg [teltplug] *m* Hering *m* (Pflock)
tema [teema] *s* Thema *s*
temmelig [temmᵉli] *adv* einigermaßen, ein wenig, ziemlich, recht (alt usw.) ♦ *part* ganz
tempel [tempᵉl] *s* Tempel *m* (Gebäude)
temperatur [temperatuur] *m* Temperatur *w*
temperert [tempereert] *adj* mäßig (Wind usw.), gemäßigt (Klima usw.)
tempo [tempu] *s* Tempo *s*
temporært [tempuräärt] *adv* vorübergehend, zeitweilig
tenke [tengkᵉ] *v* **1** denken *an etw. Akk* (im Kopf haben), denken *an j-n/etw.* (sich erinnern) **2** nachgrübeln *über etw. Akk*, überlegen *etw. Akk*, nachdenken *über etw. Akk* **3** beabsichtigen *etw. Akk zu tun*, vorhaben *etw. Akk zu tun*, denken *an etw. Akk*, gedenken *etw. Akk zu tun* (vorhaben) **4** hinzudenken **5** nachdenken *über etw. Akk* ► **~ gjennom** *noe* bedenken *etw. Akk* (durchdenken); **~ over** *noe* bedenken *etw. Akk* (durchdenken)
tenne [tennᵉ] *v* **1** anzünden *etw. Akk*, anmachen *etw. Akk* **2** erregen *j-n* (sexuell)
tennis [tenniß] *m* Tennis *s*
tennplugg [tennplug] *m* Zündkerze *w*
tenåring [tenooring] *adj* jugendlich, Teenager- ♦ *m* Adoleszent *m*, Teenager *m*
teori [teurii] *m* Theorie *w*
teppe [teppᵉ] *s* **1** Decke *w* (im Bett) **2** Teppich *m* **3** (kleiner) Teppich *m*
terminal [terminaal] *m* Terminal *m/s* (auf dem Flughafen)
termometer [tärmumeetᵉr] *s* Thermometer *s*
terning [tärning] *m* Würfel *m*
terrasse [teraßßᵉ] *m* Terrasse *w*
terrengbil [terengbiil] *m* Geländewagen *m*

terskel [terschk^{e}l] *m* **1** Schwelle *w*, Türschwelle *w* **2** Schwelle *w* (Hausflur) **3** Grenze *w* (Limit usw.)

teskje [teeschee] *m/w* Teelöffel *m*, Löffel *m* (kleiner)

test [teßt] *m* **1** Prüfung *w* (Qualität usw.), Test *m*, Probe *w* **2** Test *m* (in der Schule)

teste [teßt^{e}] *v* checken, abchecken, prüfen (Bremsen usw.), testen

testikkel [teßtikk^{e}l] *m* Hoden *m*

tett [tett] *adj* **1** verstopft (Straßen usw.) **2** dicht ♦ *adv* heftig (regnen usw.) ► **bli ~** verstopfen *durch/von etw.* (unpassierbar werden); **~ nese** *m/w* Schnupfen *m*; **~ regn** starke Regenfälle

tette [tett^{e}] *v* zustopfen *etw. Akk* (schließen)

tettsittende [tettßitt^{e}n^{e}] *adj* hauteng, knapp (Kleidung)

tevle [tewl^{e}] *v* kämpfen *mit j-m*, wetteifern *mit j-m*

ti [tii] *num* zehn

tid [tii] *m/w* Zeit *w* ► **(grammatisk) ~** *m/w* Tempus *s*; **hele tiden** immer, stets, ständig; **i tide** rechtzeitig; **avgangstid/ankomsttid** Abfahrtszeit *w*/Ankunftszeit *w*

tidevann [tiidewan] *s* Gezeiten *w Mz*

tidlig [tiidli] *adj* **1** früh **2** früh (Gemüse usw.), Früh- ♦ *adv* früh ♦ *prep* anfangs *etw. Gen*, Anfang *etw. Gen* ► **for ~** vorzeitig

tidligere [tiidlier^{e}] *adj* **1** ehemalig, vormalig, früher (Ausgabe usw.) **2** vorzeitig (Anfang) **3** vergangen (Zeiten usw.) ♦ *adv* **1** früher (vorzeitig) **2** früher (als geplant), eher **3** früher (einst), zuvor, vorher

tidsnok [tiiznok] *adj* rechtzeitig

tidsskrift [tiizkrift] *s* Journal *s*, Magazin *s* (Zeitschrift), Illustrierte *w*, Periodikum *s*

tidstabell [tiiztabel] *m* Fahrplan *m*

tie [tii^{e}] *v* schweigen

tiende [tii^{e}n^{e}] *num* zehnt(er,e,es)

tiendedel [tii^{e}n^{e}deel] *m* Zehntel *s*

tigge [tigg^{e}] *v* betteln *bei j-m um etw.* (bitten), betteln *um etw.* (um Almosen), (sich) erbetteln *etw. Akk von j-m*

til [til] *prep* **1** bis (dauern usw.) **2** für *etw.* (Zweck usw.) **3** gegenüber *j-m/etw.* (Verhalten usw.) **4** auf (Richtung usw.), in, zu, nach (räumlich usw.) ► **av og ~** ab und zu, manchmal; **åpen fra… ~…** geöffnet von… bis…; **en ~** noch einer

tilbake [tilbaak^{e}] *adv* zurück (gehen usw.); **frem og ~** hin und her

tilbakefall [tilbaakefal] *s* Rezidiv *s*, Rückfall *m* (einer Krankheit)

tilbakeholden [tilbaakeholl^{e}n] *adj* **1** schüchtern, zaghaft **2** reserviert (Mensch usw.), zurückhaltend

tilbakekomst [tilbaakekomßt] *m* Rückkehr *w*

tilbakelegge [tilbaakelegg^{e}] *v* **1** zurücklegen **2** durchfliegen (Strecke zurücklegen)

tilbe [tilbee] *v* **1** verehren *j-n/etw.* (Gottheit) **2** vergöttern

tilbehør [tilbehöör] *s* **1** Beilage *w* (Essen) **2** Zubehör *s* **3** Accessoires *s Mz*, Beiwerk *s* (modisches usw.) **4** Erfordernis *s*

tilberede [tilbereed^{e}] *v* **1** bereitstellen *etw. Akk für j-n*, vorbereiten *etw. Akk für j-n* **2** kochen (zubereiten)

tilbringe [tilbring^{e}] *v* verbringen

tilbud [tilbuud] *s* **1** Angebot *s* **2** Sonderangebot *s*

tilby [tilbüü] *v* anbieten, anbieten *j-m etw. Akk*, bieten *j-m etw. Akk*

tildele [tildeel^{e}] *v* **1** zuteilen *j-m etw. Akk* (als Anteil usw.) **2** zuweisen (Mittel usw.) **3** zusprechen *j-m etw. Akk* (Belohnung usw.) **4** verleihen *j-m etw. Akk* (einen Titel usw.) **5** verleihen *j-m etw. Akk* (Preis usw.), auszeichnen *j-n mit etw.* **6** zuteilen *j-m etw. Akk* (vergeben)

tilfalle [tilfall^{e}] *v* kommen *auf j-n/etw.* (entfallen)

tilfeldig [tilfeldi] *adj* **1** zufällig, beiläufig, Zufalls- **2** Stichproben-, zufällig (Auswahl usw.), Zufalls- ♦ *adv* **1** zufällig, zufälligerweise **2** willkürlich (auswählen usw.), wahllos

tilfelle [tilfell^{e}] *s* Vorfall *m*, Fall *m* (Angelegenheit); **i ~** beziehungsweise; **i ~…** falls…, im Fall, dass…

tilflukt [tilflukt] *m/w* Heim *s* (für Obdachlose usw.)

tilfreds [tilfrez] *adj* zufrieden *mit j-m/etw.*

tilfredsstille [tilfretßßtill^{e}] *v* **1** befriedigen *j-n/etw.*, zufriedenstellen *j-n* (Kunden usw.), befriedigen (Bedürfnis usw.) **2** erfüllen *etw. Dat* (Ansprüche usw.) **3** sättigen (Markt usw.)

tilføye [tilföü^{e}] *v* **1** hinzufügen *etw. Akk* (sagen) **2** dazuschreiben *etw. Akk*

tilgi [tiljii] *v* **1** verzeihen *j-m etw. Akk* **2** erlassen *j-m etw. Akk* (Pflicht usw.)

tilgivelse [tiljiiw^{e}lß^{e}] *m* Vergebung *w*, Verzeihung *w*

tilgjengelig [tiljeng^{e}li] *adj* **1** zugänglich (betretbar) **2** erreichbar **3** erschwinglich

tilhenger [tilheng^{e}r] *m* **1** Anhänger *m* **2** Auflieger *m*, Sattelauflieger *m*

tilhøre [tilhöör^{e}] *v* gehören *j-m*

tilintetgjøre [tilintetjöör^{e}] *v* **1** vernichten **2** liquidieren (Gegner usw.)

tilkalle [tilkall^{e}] *v* hinzuziehen *j-n*, rufen *j-n* (Arzt usw.)

tillate [tillaate] *v* **1** erlauben *j-m etw. Akk* **2** erlauben, genehmigen *etw. Akk* **3** zulassen *etw.* (damit es geschieht)

tillatelse [tillaateße] *m* **1** Erlaubnis *w* **2** Genehmigung *w* (Urkunde usw.), Lizenz *w*

tillatt [tillatt] *adj* angängig, erlaubt, zulässig

tillegg [tilleg] *s* **1** Ergänzung *w* (Zusatz usw.) **2** Anhang *m* (Nachtrag) **3** Zuschlag *m*, Aufschlag *m* (Preis), Aufpreis *m* ► **i ~ til** neben *etw. Dat* (zusätzlich), außer *etw. Dat* (auch noch), und überdies, außerdem; **i ~** *til noe* zusätzlich *zu etw.* (als Zusatz)

tilleggskostnader [tillekßkoßtnader] *m Mz* Nebenkosten *Mz*

tillit [tillit] *m/w* Vertrauen *s*

tilløp [tillööp] *s* **1** Zufluss *m*, Nebenfluss *m* (eines Flusses usw.) **2** Anlauf *m* (vor einem Sprung usw.)

tilnærmet [tilnärmet] *adv* ungefähr, etwa

til overs *adv* übrig

tilpasse [tilpaßße] *v* anpassen, anpassen *etw. Akk etw. Dat*, anpassen *etw. Akk j-m/etw.*, angleichen *etw. Akk j-m/etw.*

tilrettelegge [tilrettelegge] *v* anpassen *etw. Akk etw. Dat*, anpassen *etw. Akk j-m/etw.*, angleichen *etw. Akk j-m/etw.*

tilskuer [tilßk~~uu~~er] *m* Schaulustige *m*, Zuschauer *m* (Schaulustige)

tilstand [tilßtan] *m* Zustand *m j-s/etw.*

tilstedeværelse [tilßteedewääreIße] *m* Anwesenheit *w von j-m*

tilstelning [tilßtelning] *m/w* Veranstaltung *w*

tilstrekkelig [tilßtrekkeli] *adj* ausreichend, genügend, hinreichend ♦ *adv* genügend, ausreichend, genug ► **være ~** genügen, reichen (Menge usw.)

tilstrømning [tilßtrömning] *m/w* Flut *w von etw.*, Schwall *m von etw.* (von Geld usw.), Zustrom *m von etw.*

tilstå [tilßtoo] *v* bekennen *etw. Akk*, gestehen *etw. Akk*

tilsvarende [tilßwaarene] *adj* adäquat, angemessen, äquivalent *mit etw.*, gleichwertig *mit etw.*

tiltak [tiltaak] *s* Maßnahme *w*

tiltale [tiltaale] *m* **1** Anklage *w* (gerichtliche) **2** Klage *w* (gerichtlich) **3** Anrede *w* ♦ *v* verfolgen (strafrechtlich) ► **virke tiltalende** *på/for noen* gefallen *j-m*

tilte [tilte] *v* neigen *etw. Akk* (senken)

tiltrekke [tiltrekke] *v* **1** anziehen *j-n* (attraktiv sein) **2** anlocken *j-n irgendwohin*, anziehen *j-n* (Kunden usw.)

tiltrekkende [tiltrekkene] *adj* reizend, attraktiv

time [tiime] *m* **1** Stunde *w* (60 Minuten) **2** Lektion *w* (Lehrstunde), Stunde *w* (Unterricht) ♦ *v* timen

timeplan [tiimeplaan] *m* Stundenplan *m*

ting [ting] *m Mz* Sachen *w Mz* ♦ *s* Sache *w* (Gegenstand), Ding *s* (nützliches usw.)

tinn [tin] *m* Zinn *s*

tippe [tippe] *v* kippen *etw. Akk* (ausschütten), tippen (auf Sieger usw.)

tips [tipß] *s* **1** Tipp *m* **2** Trinkgeld *s* ► **gi ~** *til noen* Trinkgeld geben *j-m*

tirsdag [tirschda] *m* Dienstag *m*

tisse [tißße] *v* pinkeln, Pipi machen (Kind), pissen (urinieren)

tittel [tittel] *m* Titel *m*

tjene [tjeene] *v* **1** verdienen (Gehalt erwerben) **2** verdienen *an j-m/etw.* (Gewinn erzielen) **3** dienen *j-m/etw.* **4** nutzen *j-m* (Nutzen bringen) ► **~ på** *på noe* Nutzen ziehen *aus etw.*

tjeneste [tjeeneßte] *m* **1** Dienst *m* (Leistung) **2** Gefallen *m* **3** Dienst *m* (beruflich)

tjenestemann [tjeeneßteman] *m* Staatsbeamte *m*, Beamte *m* (im öffentlichen Dienst)

tjenester [tjeeneßter] *m Mz* Dienstleistungen *w Mz*

tjue [sch~~uu~~e] *num* zwanzig

to [tuu] *num* zwei

toalett [tualett] *s* Toilette *w*, Klosett *s* (Raum)

toalettpapir [tualettpapiir] *s* Toilettenpapier *s*

tobakk [tobakk] *m* Tabak *m*

tobakksforretning [tobakßforretning] *m/w* Tabakgeschäft *s*, Tabakladen *m*, Kiosk *m*

tog [toog] *s* **1** Zug *m* (Verkehrsmittel) **2** Umzug *m* (Parade usw.)

tolk [tolk] *m* Dolmetscher *m*

tolke [tolke] *v* **1** dolmetschen **2** interpretieren *etw. Akk*, interpretieren *etw. Akk* **3** dolmetschen *etw. Akk in etw. Akk*

toll [tol] *m* **1** Zoll *m* **2** Zollamt *s*

toller [toller] *m* Zollbeamte *m*

tolltjenestemann [tolltjeeneßteman] *m* Zollbeamte *m*

tolv [tol] *num* zwölf

tom [tum] *adj* leer (Gefäß usw.) ► **Jeg har gått ~ for bensin.** Ich habe kein Benzin mehr.

tomat [tumaat] *m* Tomate *w*

tommel [tummel] *m* Daumen *m*

tone [tuune] *m* Ton *m* (Klang)

tonn [ton] *s* Tonne *w* (Maßeinheit)

tonsill [tunßil] *m* Tonsillen *w Mz*, Mandeln *w Mz*

topp [topp] *m* **1** Gipfel *m etw. Gen*, Spitze *w etw. Gen* **2** Gipfel *m* (Wert usw.)

torden [torden] *m* Donner *m*

tordenvær [turdenwär] *s* Gewitter *s*
torg [torg] *s* Markt *m* (Straßenmarkt usw.)
torsdag [toorschda] *m* Donnerstag *m*
torsk [torschk] *m* Kabeljau *m*
tosk [toßk] *m* Dummkopf *m*, Idiot *m*
total [tutaal] *adj* **1** Gesamt-, gesamt **2** absolut, völlig, gänzlich, vollkommen (Unsinn usw.)
totalt [tutaalt] *adv* **1** total **2** zusammengenommen, insgesamt
tradisjon [tradischuun] *m* Tradition *w*
trafikk [trafikk] *m* Verkehr *m*
trafikklys [trafikkluüß] *s* Ampel *w*
trafikkork [trafikkork] *m* Stau *m* (Verkehr)
tragedie [trageedi^e] *m* Tragödie *w*
tragisk [trajißk] *adj* tragisch
trakassere [trakaßeer^e] *v* **1** belästigen (sexuell usw.) **2** schikanieren
trakt [trakt] *m/w* Trichter *m*
trang [trang] *adj* **1** beengt (Raum usw.), beschränkt **2** knapp (Kleidung) ► **være altfor trangt** zu eng sein
transport [tranßport] *m* **1** Beförderung *w* (von Gütern usw.), Transport *m* **2** Versand *m*, Transport *m* **3** Transport *m*, Beförderung *w*, Überführung *w* (Transportieren)
transportere [tranßporteer^e] *v* **1** fahren *j-n/etw. irgendwohin*, transportieren *j-n/etw. irgendwohin* **2** befördern *etw. Akk irgendwohin* (Güter usw.), transportieren *etw. Akk irgendwohin*, transportieren *etw. Akk irgendwohin*
transportmiddel [tranßportmidd^{e}l] *s* Verkehrsmittel *s*
trapp [trapp] *m/w* Treppe *w*
trappehus [trappehuuß] *s* Treppe *w* (Aufgang), Treppenhaus *s*
trappetrinn [trappetrin] *s* Stufe *w* (Treppe)
trappoppgang [trappoppgang] *m* Treppe *w* (Aufgang)
travel [traaw^{e}l] *adj* **1** beschäftigt (sehr usw.) **2** belebt (Straße usw.) **3** rege (Verkehr usw.) **4** hart (Tag usw.)
travelt [traaw^{e}lt] **Jeg har det ~.** Ich habe es eilig.
tre [tree] *s* **1** Holz *s* **2** Baum *m* ♦ *num* drei ♦ *v* **1** treten *auf etw. Akk* (Schritte machen) **2** auffädeln *etw. Akk* (Perlen usw.)
tredje [tredj^e] *num* dritt(er,e,es)
tredjedel [tredj^{e}deel] *m* Drittel *s*
treff [tref] *s* Treffer *m*
treffe [treff^e] *v* **1** treffen *j-n*, begegnen *j-m* **2** treffen *etw. Akk* (Ziel) **3** anschießen *j-n* (verletzen) **4** fassen (in Worte usw.)
treffes [treffeß] *v* sich treffen *mit j-m*, zusammentreffen *mit j-m*, begegnen *j-m* ► **avtale å ~** sich verabreden *mit j-m*
treg [treeg] *adj* **1** langsam **2** schleppend (Tempo usw.), langsam **3** saumselig, säumig
trekant [treekant] *m* Dreieck *s*
trekk [trekk] *s* Zug *m*
trekke [trekk^e] *v* **1** ziehen *etw. Akk irgendwohin* (Handwagen usw.) **2** schleifen *etw. Akk* (Sack usw.) **3** leiten *etw. Akk durch etw.* (durchziehen usw.) **4** hineinziehen *etw. Akk irgendwohin* **5** zerren *an etw. Dat* **6** ziehen *an etw. Dat* **7** herausreißen *etw. Akk* (Zahn usw.), ausreißen *etw. Akk* (Haar usw.) **8** aufziehen (Uhr usw.) **9** beziehen *etw. Akk mit etw.*, überziehen *etw. Akk mit etw.* **10** ziehen (Waffe **11** auslosen, ziehen (Los usw.) **12** schöpfen *etw. Akk aus etw.* (beziehen) ► **~ en konklusjon** zu dem Schluss kommen; **~ for** zuziehen *etw. Akk* (Vorhang usw.); **~ fra** abnehmen (Menge usw.), abziehen (Summe usw.); **~ lodd** losen; **~ sammen** zusammenziehen (schrumpfen lassen); **~ seg sammen** sich zusammenziehen, schrumpfen (kleine werden); **~ seg tilbake** sich zurückziehen, zurücktreten (nach hinten); **~ tilbake** zurückziehen *j-n/etw.* (Produkt usw.); **~ *noe* fra *noe*** abziehen *etw. Akk von etw.*, abrechnen *etw. Akk von etw.*, subtrahieren *etw. Akk von etw.*
trene [treen^e] *v* **1** üben *etw. Akk* **2** trainieren (sich vorbereiten) **3** turnen **4** trainieren (Muskeln usw.) **5** schulen **6** abrichten
trener [treen^{e}r] *m* Coach *m*, Trainer *m*
trenge [treng^e] *v* **1** brauchen *etw. Akk* **2** durchsickern (Flüssigkeit), fordern *etw. Akk* (viel Zeit usw.), verlangen *etw. Akk* (Konzentration usw.) ► **ikke ~** nicht müssen; **~ gjennom** *noe* durchdringen *durch etw./in etw. Akk*; **~ inn** *i noe* eindringen *in etw. Akk*
trening [treening] *m* Übung *w*
trett [trett] **bli ~** müde werden, ermüden; **være ~** müde sein
trette [trett^e] *v* **1** müde machen *j-n*, ermüden *j-n* **2** sich streiten *mit j-m*, sich zerstreiten, streiten *mit j-m um/über etw. Akk*
tretten [trett^{e}n] *num* dreizehn
trettende [trett^{e}n^e] *adj* lästig
tretti [tretti] *num* dreißig
tribunal [tribunaal] *s* Gericht *s*, Tribunal *s*
trikk [trikk] *m* Straßenbahn *w*, Bahn *w* (Stadtverkehrsmittel) ♦ *s* Trick *m* (Film usw.)
triks [trikß] *s* Trick *m*
trille [trill^e] *v* **1** rollen **2** rollen *etw. Akk* (Fass usw.)
trinn [trin] *s* Stufe *w* (Treppe)
trinse [trinß^e] *m/w* Rolle *w* (des Flaschenzuges)
trist [trißt] *adj* traurig
trivelig [triiw^{e}li] *adj* angenehm, erfreulich (Anblick usw.)

trives [triiweß] *v* **1** sich wohl fühlen **2** Gefallen finden *an etw. Dat* **3** prosperieren **4** boomen, blühen **5** gedeihen (Pflanze usw.)
tro [truu] *m/w* **1** Glaube *m* **2** Futtertrog *m* ♦ *v* **1** glauben *j-m etw. Akk*, glauben *j-m/etw.* **2** glauben *an etw. Akk* **3** vermuten ♦ *adj* treu (genau), getreu ► **~ på** *noen/noe* vertrauen *j-m/etw.*; **Jeg tror det.** Ich glaube schon./Das glaube ich nicht.
trofast [truufaßt] *adj* treu *j-m* (zuverlässig)
trolldom [trolldom] *m* Zauber *m* (Zauberkraft)
tropp [tropp] *m* Gruppe *w* (Rettungsgruppe usw.)
troskyldig [truuschüldi] *adj* **1** arglos, harmlos **2** naiv **3** gutgläubig
troverdig [troowärdi] *adj* **1** vertrauenswürdig **2** glaubwürdig, glaubhaft **3** glaubhaft, glaubwürdig
true [truue] *v* drohen *j-m mit etw.*, androhen *j-m etw. Akk*
truse [truuße] *m/w* Höschen *s*
trussel [trußßel] *m* **1** Androhung *w*, Drohung *w* **2** Bedrohung *w*, Bedrohung *w etw. Gen*
trygg [trüg] *adj* sicher (gefahrlos); **være ~** in Sicherheit sein
trygghet [trüggheet] *m/w* Sicherheit *w* (Zustand)
trygt [trükt] *adv* sicher (ohne Gefahr)
trykk [trükk] *s* **1** Druck *m* (Kraft) **2** Akzent *m*, Betonung *w* (einer Silbe usw.)
trykke [trükke] *v* **1** drücken *etw. Akk* (Knopf usw.) **2** drücken *auf etw. Akk* (mit der Hand usw.) **3** drucken, drucken *etw. Akk*
trykknapp [trükknapp] *m* Druckknopf *m* (zum Verschließen)
tryne [trüüne] *s* Schnauze *w*, Rüssel *m* (eines Schweines)
trøste [trößte] *v* besänftigen, trösten *j-n*
trøtt [trött] *adj* müde, down
trå [troo] *v* treten *auf etw. Akk* (Schritte machen), treten *auf/in etw. Akk* (in Pfütze usw.)
tråd [trood] *m* Faden *m*
tråkke [trokke] *v* **1** treten *auf/in etw. Akk* (in Pfütze usw.) **2** niedertreten *etw. Akk* (Blumen usw.) **3** stampfen (mit Füßen usw.)
T-skjorte [teeschurte] *m/w* T-Shirt *s*
tube [tuube] *m* Tube *w*
tull [tul] *s* **1** Unsinn *m* **2** Gelaber *s*, Gelabere *s*, Geschwafel *s*, Gefasel *s*
tulle [tulle] *v* albern sein, spinnen (verrückt sein), Scherze machen
tullete [tullete] *adj* närrisch, verrückt
tunfisk [tuunfißk] *m* Thunfisch *m*
tung [tung] *adj* schwer (Gewicht)
tunge [tunge] *m* Zunge *w* (Organ)
tunnel [tunnel] *m* Tunnel *m*
tupp [tupp] *m* **1** Spitze *w etw. Gen* (scharfe usw.) **2** Fußspitze *w*
tur [tuur] *m* Ausflug *m*, Hinfahrt *w*; **gå en ~** spazieren gehen
turbuss [turbuß] *m* Reisebus *m*
turisme [turißme] *m* Fremdenverkehr *m*, Tourismus *m*, Touristik *w*
turist [turißt] *m* Tourist *m*
turnsko [turnßkuu] *m Mz* Sportschuhe *m Mz*, Turnschuhe *m Mz*
tusen [tuußen] *num* tausend
tute [tuute] *v* **1** hupen **2** heulen (Sirene usw.) **3** blasen *etw. Akk* (Musikinstrument usw.)
tvangstanke [twangkßtangke] *m* Drang *m* (Antrieb), Zwang *m* (innerer)
tverrgate [twärgaate] *m* Querstraße *w*
tverrliggende [twärrliggene] *adj* quer, Quer-
tverrstilt [twärschtilt] *adj* quer, Quer-
tvers [twärsch] **på ~** quer *durch etw., über etw. Akk*; **~ over** quer *durch etw., über etw. Akk*, über (quer über)
tvert [twärt] **~ om** umgekehrt
tvil [twiil] *m* **1** Zweifel *m* **2** Zögerung *w*
tvile [twiile] *v* bezweifeln *etw. Akk*, zweifeln *an j-m/etw.*
tvilling [twilling] *m* Zwilling *m*
Tvillingene [twillingene] *m Mz* Zwillinge *m Mz*
tvilsom [twiilßom] *adj* strittig (unsicher), Streit-, verrufen, anrüchig
tvinge [twinge] *v* **1** zwingen *j-n zu etw.* **2** hineinpressen *etw. Akk irgendwohin*, hineinpressen *etw. Akk irgendwohin*, hineinzwängen *etw. Akk irgendwohin* **3** einstoßen *etw. Akk in etw. Akk*, stoßen *etw. Akk in etw. Akk* **4** aufzwingen *j-m etw. Akk* ► **være tvunget** *til noe* gezwungen sein *zu etw.*
tvinne [twinne] *v* **1** drehen *etw. Akk* (formen) **2** aufwickeln (zusammenrollen), wickeln (Draht usw.) **3** umwickeln *etw. Akk um etw.*
tvist [twißt] *m* Streit *m* (Unstimmigkeit)
TV-vert [teeweewärt] *m* Sprecher *m* (im Fernsehen usw.)
ty [tüü] *v* **1** sich flüchten *irgendwohin*, Zuflucht finden *irgendwo* **2** greifen *zu etw.* (Maßnahmen usw.)
tydelig [tüüdeli] *adj* **1** deutlich (klar erkennbar) **2** sichtlich, merklich **3** illustrativ, veranschaulichend
tydeligvis [tüüdeliwiiß] *adv* deutlich (hören usw.), offenbar, offensichtlich
tygge [tügge] *v* kauen *etw. Akk* (Nahrung usw.), kauen *etw. Akk*, wiederkäuen *etw. Akk* (Futter), zerkauen *etw. Akk*

tyggegummi [tüggegummi] *m* Kaugummi *m*
tykk [tükk] *adj* **1** dick (Brett usw.) **2** fett (Mensch), dick (Person usw.) **3** dicht **4** dicht (Soße usw.), dick (Suppe usw.)
tyngde [tüngde] *m* **1** Schwere *w* (Gewicht) **2** Gewicht *s etw. Gen* (Bedeutung)
tynge [tünge] *v* bedrängen *j-n/etw.* (belasten), beschweren *j-n* (Kummer usw.)
tynn [tün] *adj* **1** mager (Mensch) **2** dünn (Ast usw.) **3** dünn (Suppe usw.) **4** spärlich, schütter (Haar usw.)
type [tüüpe] *m* Typ *m etw. Gen* (Typus)
typisk [tüüpißk] *adj* typisch
tysk [tüßk] *adj* deutsch ♦ *adv* deutsch, auf Deutsch ♦ *m* Deutsch(e) *s*
tysker [tüßker] *m* Deutsche *m*
Tyskland [tüßklan] *s* Deutschland *s*
tyttebær [tüttebäär] *s* Preiselbeere *w*
tyv [tüüw] *m* Dieb *m*
tyveri [tüüwerii] *s* Diebstahl *m*, Entwendung *w etw. Gen*
tøff [töf] *adj* hart (unnachgiebig)
tøffel [töffel] *m* Hausschuh *m*, Schlappen *m*, Pantoffel *m*
tømme [tömme] *v* **1** ausleeren *etw. Akk*, leeren *etw. Akk* **2** ausschütten *etw. Akk* (Aschenbecher usw.) **3** ausgießen *etw. Akk* (Flasche usw.), ausschütten *etw. Akk* (Glas usw.) **4** räumen, ausräumen (Zimmer usw.) ♦ *m* Zügel *m*
tønne [tönne] *m/w* Fass *s*, Fässchen *s*
tønnebånd [tönnebon] *s* Reifen *m* (aus Metall)
tørke [törke] *v* **1** trocknen (trocken werden), abtrocknen (Kleid usw.) **2** trocknen *etw. Akk*, trocknen (trocken machen) **3** wischen *etw. Akk (von etw.)* **4** abtrocknen *etw. Akk* (trocken machen) ♦ *m/w* Trockenheit *w* (Trockenzeit), Dürre *w* ► **~ (av)** abreiben, wischen *etw. Akk*, wegwischen *etw. Akk*, abwischen *etw. Akk* (entfernen); **~ (av)** *noe* wischen *etw. Akk* (reinigen), abwischen *etw. Akk* (säubern); **~ støv** Staub wischen *irgendwo, von etw.*; **~ ut** vertrocknen
tørketrommel [törketrommel] *m* Wäschetrockner *m*
tørr [tör] *adj* **1** trocken **2** dürr
tørre [törre] *v* wagen *etw. Akk zu tun*, sich trauen *etw. Akk zu tun*
tørst [törscht] *adj* durstig ♦ *m* Durst *m* ► **være ~** Durst haben, durstig sein
tøvær [tööwäär] *s* Tauwetter *s*
tøy [töü] *s* **1** Stoff *m*, Gewebe *s* (aus Baumwolle usw.), Tuch *s* (Gewebe) **2** Wäsche *w* (Textilien)
tå [too] *m/w* Zehe *w* (am Fuß); **liste seg på ~** auf den Zehen (gehen usw.)
tåke [tooke] *m/w* Nebel *m*, Dunst *m*
tåkelys [tookelüüß] *s* Nebelscheinwerfer *m Mz*
tåle [toole] *v* **1** ausstehen *j-n*, ertragen *j-n/etw.* **2** aushalten *etw. Akk*, ertragen *etw. Akk*, ertragen, aushalten (Beschwerden usw.) **3** überstehen *etw. Akk* (eine Krise usw.) **4** vertragen *etw. Akk* (widerstehen) ► **spise noe magen ikke tåler** sich den Magen verderben; **Jeg tåler ikke dette mer** Ich halte es nicht mehr aus.
tålmodig [tolmuudi] *adj* geduldig
tålmodighet [tolmuudiheet] *m/w* Geduld *w*
tåpelig [toopeli] *adj* **1** töricht, albern **2** blöd, blöde, dumm, doof
tåre [toore] *m/w* Träne *w*
tårn [toorn] *s* **1** Turm *m* **2** Turmspitze *w*

U

ualminnelig [~~uu~~alminneli] *adj* außergewöhnlich, ungewöhnlich (Fähigkeit usw.) ♦ *adv* außerordentlich
uansett [~~uu~~anßett] *conj* egal wie ♦ *part* sowieso, ohnehin ♦ *prep* ungeachtet *etw. Gen*, ohne Berücksichtigung *von etw.*
uanstendig [~~uu~~anßtendi] *adj* **1** unpassend (Benehmen usw.) **2** obszön, schamlos (Person usw.), unanständig (Bemerkung usw.), unsittlich (derb usw.)
uansvarlig [~~uu~~anßwaarli] *adj* unverantwortlich
uavbrutt [~~uu~~aawbrutt] *adj* **1** nonstop, ununterbrochen **2** durchgezogen, ununterbrochen (Linie usw.) ♦ *adv* **1** fließend (ununterbrochen), flüssig (zügig) **2** unaufhörlich, ständig, ununterbrochen, dauernd (ohne Unterbrechung)
uavgjort [~~uu~~aawjurt] *adj* unentschieden (Spiel usw.); **~ kamp** *m* Remis *s*, Unentschieden *s*
uavhengig [~~uu~~aawhengi] *adj* **1** unabhängig *von j-m/etw.* **2** freiberuflich (Reporter usw.), freischaffend (Künstler usw.)
uavlatelig [~~uu~~aawlaateli] *adj* fortwährend, ständig, unaufhörlich, pausenlos
ubegrenset [~~uu~~begrenßet] *adj* unbegrenzt
ubehagelig [~~uu~~behaageli] *adj* **1** unbequem **2** unangenehm ♦ *adv* unangenehm
ubekvem [~~uu~~bekweem] *adj* unbequem
ubetalt [~~uu~~betaalt] *adj* **1** unbezahlt (Rechnung usw.), offen (noch unbezahlt),

ausstehend (Schulden usw.) **2** unbezahlt (Urlaub usw.)
ubetydelig [uubetüüdeli] *adj* **1** geringfügig, belanglos, unwesentlich, unbedeutend **2** gering, geringfügig (Menge usw.), vernachlässigbar, unerheblich ♦ *adv* ein wenig, etwas
uekte [uuekte] *adj* **1** falsch (Diamant usw.), unecht **2** unehelich (Kind)
uendelig [uuenneli] *adv* bis ins Unendliche, unendlich
uenig [uueeni] være ~ *med noen/i noe* missbilligen *etw. Akk*, nicht zustimmen *j-m/etw.*
uenighet [uueeniheet] *m/w* Missbilligung *w etw. Gen*, Widerspruch *m gegen etw.* (Widerrede)
uflaks [uuflakß] *m* Pech *s*, wenig Glück
uforfalsket [uuforfalßket] *adj* unverfälscht, echt
uforsiktig [uuforschikti] *adj* unvorsichtig
uforstyrret [uuforschtürret] *adj* abgelegen, abgeschieden (Ort usw.)
ufrivillig [uufriiwilli] *adj* **1** unfreiwillig **2** unwillkürlich **3** unbedingt (Reflex usw.) ♦ *adv* unfreiwillig
ugift [uujift] *adj* ledig
ugle [ugle] *m/w* Eule *w*
ugyldig [uujüldi] *adj* ungültig, nichtig
uheldig [uuheldi] *adj* **1** unglücklich **2** ungünstig (Bedingungen usw.) **3** bedauernswert, beklagenswert, bedauerlich
uheldigvis [uuheldiwiiß] *part* unglücklicherweise, leider
uhell [uuhel] *s* Unglück *s*, Unheil *s* (Pech usw.)
uhøflig [uuhöfli] *adj* grob, unhöflich
uke [uuke] *m/w* Woche *w*
ukjent [uuschent] *adj* **1** fremd (unbekannt) **2** unbekannt ♦ *m* Fremde *m* ♦ *adv* unbekannt
uklar [uuklaar] *adj* unklar (Bedeutung usw.), vage (Idee usw.)
uklok [uukluuk] *adj* **1** unvernünftig **2** unvorsichtig
ukorrekt [uukurekt] *adj* falsch, unrichtig
ule [uule] *v* **1** schreien (Eule) **2** hupen (Hupe usw.) **3** heulen (Tiere)
ulempe [uulempe] *m/w* Nachteil *m*
ulik [uuliik] *adj* **1** verschieden, verschiedenartig, divers, vielerlei **2** ungerade
ull [ul] *m/w* Wolle *w*
ulovlig [uuloowli] *adj* gesetzwidrig, illegal, rechtswidrig, widerrechtlich ♦ *adv* ungesetzlich, illegal
ultralyd [ultralüüd] *m* Ultraschall *m*
ulv [ulw] *m* Wolf *m*
ulykke [uulükke] *m/w* Unfall *m* (Autounfall usw.), Havarie *w*
ulykkelig [uulükkeli] *adj* unglücklich (deprimiert)
ulyst [uulüßt] *m/w* Unlust *w zu etw.*, Widerwille *m gegen etw.*, Widerwille *m gegen j-n/etw.*, Abneigung *w gegen j-n/etw.*
umiddelbar [uumiddelbaar] *adj* **1** sofortig **2** unmittelbar (Reaktion usw.) **3** unmittelbar (bevorstehend) (Risiko usw.)
umiddelbart [uumiddelbaart] *adv* **1** unverzüglich, umgehend **2** unmittelbar
umoderne [uumudäärne] *adj* unmodern, veraltet, überholt
umulig [uumuuli] *adj* undurchführbar, nicht durchführbar, unmöglich
umåtelig [uumooteli] *adj* **1** grenzenlos, maßlos **2** übermäßig ♦ *adv* übermäßig
under [unner] *prep* **1** unter *etw. Dat* (dem Tisch usw.) **2** während, im Laufe *etw. Gen*, im Verlauf *etw. Gen* ♦ *s* Wunder *s*
underbart [unnerbaart] *adv* wunderbar, wunderschön, toll
underbukse [unnerbukße] *m/w* **1** Unterhose *w* **2** Slip *m* (für Herren)
underbygge [unnerbügge] *v* bestätigen (Wahrhaftigkeit usw.)
undergang [unnergang] *m* **1** Untergang *m*, Niedergang *m* (einer Zivilisation usw.) **2** Untergang *m* (einer Tradition usw.) **3** Verhängnis *s* **4** Unterführung *w* (für Fußgänger) **5** Unterführung *w* (für Verkehrsmittel)
underholde [unnerholle] *v* **1** amüsieren *j-n*, belustigen *j-n*, unterhalten *j-n mit etw.* (mit Erzählungen usw.) **2** Spaß machen *j-m etw. Nom*
underholdende [unnerhollene] *adj* unterhaltsam
underholdning [unnerhollning] *m/w* Spaß *m*, Vergnügen *s* (Tätigkeit usw.), Amüsement *s*
underlag [unnerlaag] *s* **1** Basis *w* (eines Objekts usw.) **2** Unterlage *w* (zum Schutz usw.)
underlegen [unnerleegen] *adj* minderwertig
underlig [underli] *adj* sonderbar, seltsam ♦ *adv* sonderbar, merkwürdig
underordnet [unnerordnet] *adj* **1** untergeordnet *etw. Dat*, unterstellt *etw. Dat* **2** nebensächlich, zweitrangig (Angelegenheit usw.) ♦ *m* Untergeordnete *m*
underskrift [unnerschkrift] *m/w* Unterschrift *w*
underskrive [unnerschkriiwe] *v* unterschreiben *etw. Akk*
understreke [unnerschtreeke] *v* **1** unterstreichen (Strich ziehen) **2** betonen *etw. Akk* (Bedeutung usw.) **3** betonen *etw. Akk*, hervorheben *etw. Akk*

undersøke [unnerschööke] *v* **1** nachgehen *etw. Dat*, untersuchen *etw. Akk* (Problem usw.), überprüfen *etw. Akk* (nochmals prüfen) **2** mustern **3** untersuchen *j-n* (Patienten usw.)

undersøkelse [unnerschöökelße] *m* **1** Untersuchung *w* **2** Umfrage *w*, Befragung *w*

undertekster [unnertekßter] *m/w Mz* Untertiteln *m Mz*

undertøy [unnertöü] *s* Unterwäsche *w*, Unterkleidung *w*

undervise [unnerwiiße] *v* **1** unterrichten (Schüler usw.) **2** lehren *j-n etw. Akk*

undervisning [unnerwiißning] *m/w* **1** Unterrichten *s* **2** Unterricht *m* (Unterrichtsstunde)

undre [undre] *v* **1** erstaunen *über etw. Akk*, überrascht sein *über etw. Akk* **2** sich *etw. Akk* fragen

ung [ung] *adj* jung; **unge mann** *m* junger Mann *m*

ungdom [ungdom] *m* **1** Jugend *w* (Zeit) **2** Adoleszent *m* **3** Jugend *w* (Menschen) **4** Jugendliche *m*, Teenager *m*

uniform [uniform] *m/w* Uniform *w*

unik [uniik] *adj* einzigartig, einmalig

union [uniuun] *m* **1** Union *w* **2** Vereinigung *w* (Vereinigen) **3** Vereinigung *w* (von Mengen usw.)

univers [uniwärsch] *s* Weltraum *m*, Universum *s*, Weltall *s*, All *s*

universitet [uniwärschiteet] *s* Universität *w*, Uni *w*

unngå [unngoo] *v* **1** ausweichen *etw. Dat* **2** meiden *j-n/etw.*, ausweichen *j-m/etw.*, meiden *j-n*, scheuen *j-n/etw.* **3** vermeiden *etw. Akk* **4** umgehen *etw. Akk* (herumgehen) **5** umgehen *etw. Akk* (Regeln usw.)

unnskylde [unnschülle] *v* **1** entschuldigen *j-n/etw.* (Grund mitteilen) **2** sich herausreden *auf etw. Akk* ► **~ (seg)** sich entschuldigen *bei j-m für etw.*; **Unnskyld!** Entschuldigen Sie!, Entschuldigung!, Verzeihung!; **Unnskyld?** Wie bitte?

unnskyldning [unnschüllning] *m/w* Entschuldigung *w für etw.*

unnslippe [unnschlippe] *v* entfliehen, entkommen, fliehen (aus Gefängnis usw.)

unntak [unntaak] *s* Ausnahme *w*

unntatt [unntatt] *prep* **1** außer *j-m/etw.* (ausgenommen), mit Ausnahme *von j-m/etw.* **2** neben *etw. Dat* (zusätzlich), außer *etw. Dat* (auch noch)

unyttig [uunütti] *adv* nutzlos

unødvendig [uunöödwendi] *adj* **1** nutzlos, unbrauchbar, unnütz **2** nutzlos, vergeblich (Bemühungen usw.) **3** unnötig (Risiko usw.) ♦ *adv* unnötigerweise

unøyaktig [uunöüakti] *adj* ungenau

uorden [uuorden] *m* Unordnung *w*

upassende [uupaßßene] *adj* **1** unangebracht, unpassend (Bemerkung usw.) **2** unanständig (Bemerkung usw.) **3** unpassend (für einen Zweck usw.) ♦ *adv* unpassend

upresis [uupreßiiß] *adj* unpünktlich (Mensch usw.)

urenhet [uureenheet] *m/w* Verunreinigung *w* (Stoff)

urettferdig [uurettfäärdi] *adj* unfair, ungerecht ♦ *adv* ungerecht, ungerechterweise, unrechtmäßig

urimelig [uuriimeli] *adj* **1** unangemessen **2** unerhört (Preis usw.) **3** unrealistisch

urolig [uuruuli] *adj* unruhig (nervös usw.); **ha en ~ mage** sich den Magen verderben

urolighet [uuruuliheet] *m* Unruhen *w M.* (in der Gesellschaft)

urt [urt] *m/w* Kraut *s* (Heilpflanze usw.)

usedvanlig [uußedwaanli] *adj* außergewöhnlich, ungewöhnlich (Fähigkeit usw.), beispiellos, ungewohnt ♦ *adv* außerordentlich

usikker [uußikker] *adj* ungewiss, unsicher (Mensch), instabil (Lage usw.)

uskyldig [uuschüldi] *adj* unschuldig

usympatisk [uußümpaatißk] *adj* unsympathisch

usynlig [uußüünli] *adj* unsichtbar

usømmelig [uußömmeli] *adj* lasterhaft, schamlos (Person usw.), unanständig (Bemerkung usw.)

ut [uut] *adv* heraus (vom Sprecher), hinaus (zum Sprecher), nach draußen; **~ av** *noe* aus *etw.* (herausnehmen usw.)

utakknemlig [uutakknemli] *adj* undankbar

utbetale [uutbetaale] *v* ausbezahlen, auszahlen *j-m etw. Akk* (Gehälter usw.)

utbrudd [uutbrud] *s* **1** Anfall *m*, Ausbruch *m* (von Emotionen usw.) **2** Ausbruch *m* (einer Epidemie usw.)

utdannet [uutdannet] *adj* Absolvent *m*, gebildet (Bildung besitzend)

utdanning [uuttanning] *m/w* Ausbildung *w*, Training *s*, Schulung *w von j-m*

utdype [uutdüüpe] *v* ausführen *etw. Akk* (in Einzelheiten)

ute [uute] *adv* **1** heraus *aus etw.* **2** draußen

utelate [uutelaate] *v* auslassen, auslassen *etw. Akk*

utelukke [uutelukke] *v* ausschalten *j-n* (Konkurrenten usw.), ausschließen *j-n/etw.* *aus etw.*

uten [uut^e^n] *prep* ohne *j-n/etw.*; **~ at** ohne *etw. Akk* zu tun
utenfor [uut^e^nfor] *prep* außerhalb *etw. Dat*, außerhalb (der Stadt usw.)
utenfra [uut^e^nfra] *adv* von außen
utenlandsk [uut^e^nlanßk] *adj* ausländisch, Auslands-, fremd
utenom [uutenom] *prep* neben *etw. Dat* (zusätzlich), außer *etw. Dat* (auch noch)
utested [uuteßteed] *m* Lokal *s*
utflukt [uutflukt] *m/w* **1** Ausflug *m* **2** Ausflüchte *w Mz*
utfordring [uutfordring] *m/w* Herausforderung *w für j-n* (schwierige Aufgabe usw.)
utforme [uutform^e^] *v* **1** erfinden (ausdenken) **2** entwerfen **3** konstruieren (Maschinen usw.) **4** formen *etw. Akk*
utfylle [uutfüll^e^] *v* ergänzen, vervollständigen
utfylling [uutfülling] *m/w* Ergänzung *w*
utføre [uutfööre] *v* durchführen *etw. Akk* (Vorhaben usw.), ausführen *etw. Akk* (Plan usw.), verwirklichen *etw. Akk* (vollziehen)
utførelse [uutfööre^l^ße] *m* **1** Design *s* **2** Durchführung *w etw. Gen*, Ausführung *w etw. Gen* **3** Wiedergabe *w*, Interpretation *w* (eines Werkes)
utførlig [uutfóörli] *adj* ausführlich ♦ *adv* ausführlich, detailliert
utgang [uutgang] *m* **1** Ausgang *m* **2** Ablauf *m* (einer Frist usw.)
utgave [uutkaaw^e^] *m/w* Ausgabe *w* (broschierte usw.), Edition *w* (gebundene usw.)
utgi [uutjii] *v* herausgeben *etw. Akk* (Buch), veröffentlichen *etw. Akk*
utgift [uutjift] *m/w* Ausgabe *w* (Kosten); **utgifter** *m Mz* Auslagen *w Mz*, Kosten *Mz*
utgjøre [uutjöör^e^] *v* **1** bilden *etw. Akk* (ein Teil sein) **2** machen, betragen (Summe)
utilfreds [uutilfredß] *adj* unzufrieden *mit etw.*, nicht zufrieden *mit etw.*
utilgjengelig [uutiljeng^e^li] *adj* **1** nicht zugänglich (Informationen usw.) **2** unzugänglich (Haus usw.) **3** unzugänglich (Mensch usw.)
utilstrekkelig [uutilßtrekk^e^li] *adj* mangelhaft, ungenügend, unzulänglich *in etw. Dat*
utkant [uutkant] *m* Peripherie *w*
utkast [uutkaßt] *s* **1** Entwurf *m* (einer Konstruktion usw.) **2** Konzept *s* (eines Textes), Entwurf *m* (schriftlicher) **3** Aufbau *m* (eines Romans usw.)
utkjørsel [uutschörsch^e^l] *m/w* Ausfahrt *w* (Ausgang)
utlade [uutlaad^e^] *v* entladen (Akkumulator usw.)
utland [uutlan] *s* Ausland *s*; **i utlandet** im Ausland; **reise til utlandet** ins Ausland fahren
utlede [uutleed^e^] *v* schließen (Tatsache usw.)
utleie [uutläi^e^] *m/w* **1** Vermietung *w* **2** Pacht *w* (Mietverhältnis) **3** Verleih *m*
utlending [uutlenning] *m* Ausländer *m*
utlevering [uutleweering] *m/w* Ausgabe *w* (Austeilung)
utløse [uutlööß^e^] *v* beginnen, anfangen (Krieg, Streit usw.)
utmatte [uutmatt^e^] *v* erschöpfen *j-n*, müde machen *j-n*, ermüden *j-n*
utmattet [uutmattet] *adj* entkräftet, erschöpft (Person)
utmerket [uutmärket] *adj* ausgezeichnet, exzellent, großartig (ausgezeichnet usw.) ♦ *adv* ausgezeichnet, vorzüglich, exzellent
utnytte [uutnütt^e^] *v* **1** nutzen *etw. Akk* (Nutzen ziehen) **2** sich *etw.* zunutze machen **3** utilisieren
utpresse [uutpreßß^e^] *v* erpressen *j-n*
utrette [uutrett^e^] *v* **1** erreichen *etw. Akk* (realisieren) **2** tun *etw. Akk*
utrivelig [uutriiw^e^li] *adv* unangenehm
utro [uutruu] *adj* untreu; **være ~** *med noen mot noen* betrügen *j-n* (Ehemann usw.)
utrolig [uutruuli] *adj* unglaublich ♦ *adv* unglaublich
utrustning [uutrußtning] *m/w* Ausrüstung *w*
utrydde [uutrüdd^e^] *v* **1** ausrotten, austilgen, vertilgen (Ungeziefer usw.) **2** ausrotten (Bevölkerung usw.) **3** ausmerzen, ausrotten (Krankheit usw.), vernichten
utrygg [uutrüg] *adj* **1** unsicher (Situation usw.), instabil (Lage usw.) **2** gefährlich
utsagn [uuzangn] *s* Aussage *w* (vor der Polizei usw.)
utsalg [uuzalg] *s* Verkauf *m*
utseende [uuzee^e^n^e^] *s* Aussehen *s*, Gestaltung *w* (eines Gegenstandes)
utsending [uuzenning] *m* **1** Gesandte *m* **2** Beauftragte *m* **3** Delegierte *m*
utsette [uuzett^e^] *v* **1** aufschieben *etw. Akk*, verlegen *etw. Akk* (auf später), verschieben *etw. Akk* (zeitlich) **2** aussetzen *j-n/etw. etw. Dat* (Gefahr usw.) **3** vertagen **4** zaudern, zögern
utsettelse [uuzett^e^lß^e^] *m* Aufschub *m*
utside [uuzii^e^] *m/w* Außenseite *w etw. Gen*
utsikt [uuzikt] *m* **1** Aussicht *w*, Ausblick *m* (schöner usw.) **2** Aussichtspunkt *m* **3** Aussichten *w Mz* (Chancen), Perspektive *w etw. Gen* (Zukunft) **4** Aussicht *w* (Panorama)

utsiktstårn [~~uu~~zikztoorn] *s* Aussichtsturm *m*
utskrift [~~uu~~zkrift] *m/w* **1** Ausdruck *m* (von Daten usw.) **2** Auszug *m* (Urkunde)
utskrive [~~uu~~zkriiw^{e}] *v* entlassen (aus dem Krankenhaus usw.)
utslette [~~uu~~tschlett^{e}] *v* auslöschen (Stadt usw.), vernichten
utsmykke [~~uu~~zmükk^{e}] *v* schmücken *etw. Akk mit etw.*
utsolgt [~~uu~~zolkt] *adj* ausverkauft
utstede [~~uu~~zteed^{e}] *v* ausstellen *etw. Akk* (Urkunde usw.)
utstille [~~uu~~ztill^{e}] *v* ausstellen (Exponat usw.)
utstilling [~~uu~~ztilling] *m/w* Ausstellung *w*, Exposition *w* (Ausstellung usw.)
utstillingsvindu [~~uu~~ztillingßwind~~uu~~] *s* Schaufenster *s*
utstyr [~~uu~~ztüür] *s* **1** Ausrüstung *w*, Ausstattung *w* **2** Ausrüstung *w* (für Sport usw.) **3** Einrichtung *w* (Möbel usw.) **4** Ausstattung *w* (in einer Fabrik usw.), Anlagen *w Mz*
utsyn [~~uu~~züün] *s* Aussicht *w* (ins Weite usw.), Ausblick *m* (schöner usw.)
uttak [~~uu~~ttaak] *s* Abhebung *w*
uttale [~~uu~~ttaal^{e}] *v* **1** aussprechen, sagen (Wort usw.) **2** anführen *etw. Akk* (sagen usw.) **3** artikulieren ♦ *m* Aussprache *w*
uttalelse [~~uu~~ttaal^{e}lß^{e}] *m* **1** Aussage *w* (Mitteilung), Äußerung *w* **2** Gutachten *s*
uttrykk [~~uu~~ttrükk] *s* **1** Ausdruck *m* **2** Ausdruck *m etw. Gen* (Bekanntgabe)
uttrykke [~~uu~~ttrükk^{e}] *v* ausdrücken *etw. Akk* (mit Worten usw.)
uttrykkelig [~~uu~~ttrükk^{e}li] *adj* ausdrücklich ♦ *adv* **1** ausdrücklich (betonen usw.) **2** ausgesprochen
uttømmende [~~uu~~ttömm^{e}n^{e}] *adj* **1** komplett **2** erschöpfend (vollständig)
utvalg [~~uu~~twalg] *s* **1** Auswahl *w* (ausgewählte Dinge) **2** Selektion *w* **3** Skala *w* (von Möglichkeiten usw.)
utveksle [~~uu~~twekschl^{e}] *v* tauschen (Blick usw.)
utvendig [~~uu~~twendi] *adj* **1** äußer(er,e,es), Außen- **2** äußer(er,e,es) (Aussehen usw.) **3** Rand- ♦ *adv* nach außen (hin), äußerlich
utvide [~~uu~~twiid^{e}] *v* erweitern *etw. Akk* (Kenntnisse usw.), verbreitern *etw. Akk*, erweitern *etw. Akk* (Weg usw.)
utvikle [~~uu~~twikl^{e}] *v* **1** entwickeln *etw. Akk*, entwickeln (verbessern) **2** erfinden (ausdenken) **3** entwickeln *etw. Akk* (entstehen lassen) **4** wachsen (sich entwickeln)
utvikle seg *v* sich ausbilden (Stil usw.), sich entwickeln
utviklet [~~uu~~twiklet] *adj* **1** entwickelt (Industrie usw.), hochentwickelt (Land usw.) **2** geöffnet (Blüte usw.), aufgeblüht (Blume usw.)
utvikling [~~uu~~twikling] *m/w* Entwicklung *w*
utvilsomt [~~uu~~twiilßomt] *adv* zweifellos, ohne Zweifel, zweifelsohne
utvinne [~~uu~~twinn^{e}] *v* **1** abbauen *etw. Akk*, fördern *etw. Akk*, fördern (Kohle usw.) **2** schöpfen *etw. Akk aus etw.* (beziehen)
utøve [~~uu~~tööw^{e}] *v* entwickeln (Druck usw.)
utålmodig [~~uu~~tolmuudi] *adj* ungeduldig ♦ *adv* ungeduldig
uvane [~~uu~~waan^{e}] *m* schlechte Gewohnheit
uvanlig [~~uu~~waanli] *adj* **1** ungewohnt, ungewöhnlich, unüblich **2** merkwürdig, seltsam **3** unsachgemäß (unzulässig)
uvel [~~uu~~wel] *adv* schlecht (körperlich unwohl), übel (körperlich); **Jeg føler meg ~.** Ich fühle mich nicht wohl., Mir ist unwohl.
uventet [~~uu~~wenteet] *adj* unerwartet ♦ *adv* unerwartet
uvesentlig [~~uu~~weeß^{e}ntli] *adj* bedeutungslos, geringfügig, belanglos, nebensächlich
uvilje [~~uu~~wilj^{e}] *m* Unlust *w zu etw.*, Widerwille *m gegen etw.*
uvilkårlig [~~uu~~wilkoorli] *adj* **1** unwillkürlich, absichtslos **2** unbedingt (Reflex usw.) ♦ *adv* unwillkürlich, unbewusst
uvirkelig [~~uu~~wirk^{e}li] *adj* **1** unrealistisch **2** unreal **3** surreal, unwirklich
uærlig [~~uu~~äärli] *adj* unehrlich ♦ *adv* unehrlich

V

vagina [wagiina] *m* Scheide *w* (Vagina), Vagina *w*
vaier [wai^{e}r] *m* **1** Draht *m* **2** Drahtseil *s*
vakker [wakk^{e}r] *adj* wunderschön, schön (hübsch anzusehen)
vaksinere [wakßineer^{e}] *v* impfen
vakt [wakt] *m/w* **1** Wache *w* (Person), Wächter *m* **2** Bewachung *w* (Personen), Wache *w* (Dienst) **3** Bewachung *w* (Bewachen)
valg [walg] *s* **1** Wahl *w* (Auswahl) **2** Wahlen *w Mz* **3** Wahl *w* (Abstimmung)
valgmulighet [walgm~~uu~~liheet] *m/w* Möglichkeit *w* (Auswahl), Auswahlmöglichkeit *w*
valuta [wal~~uu~~ta] *m* Währung *w*
vandre [wandr^{e}] *v* **1** wandern **2** sich herumtreiben **3** migrieren, umziehen (übersiedeln) **4** schweifen (Gedanken usw.)

vandrerhjem [wandrᵉrjem] *s* Herberge *w*, Hostel *s*
vandring [wandring] *m/w* **1** Wanderung *w* **2** Migration *w*
vane [waanᵉ] *m* **1** Gewohnheit *w* **2** Sitte *w* (Gewohnheit)
vanilje [waniljᵉ] *m* Vanille *w*
vanlig [waanli] *adj* **1** gewohnt, gewöhnlich (Zeit usw.), üblich **2** üblich (Satz, Preis usw.)
vanligvis [waanliwiiß] *adv* gewöhnlich, in der Regel, meistens, normalerweise
vann [wan] *s* Wasser *s*
vanne [wannᵉ] *v* **1** gießen *etw. Akk* (Blume usw.) **2** bewässern, berieseln
vannflate [wannflaatᵉ] *m/w* Spiegel *m* (Oberfläche)
vannkjele [wannscheelᵉ] *m* Kessel *m* (zum Wasserkochen)
vannkran [wannkraan] *m* Wasserhahn *m*
vannledning [wannleedning] *m/w* Wasserleitung *w*
vannmelon [wannmeluun] *m* Wassermelone *w*
vannski [wannschii] *m/w* Wasserski *m Mz*
vannsport [wannßport] *m* Wassersportarten *w Mz*
vannsykkel [wannßükkᵉl] *m* Tretboot *s*
vanntett [wanntett] *adj* wasserdicht
vanske [wanßkᵉ] *m* Schwierigkeit *w* (Problem)
vanskelig [wanßkᵉli] *adj* **1** kompliziert **2** schwierig, mühevoll **3** schwierig (Zeit usw.), anstrengend ♦ *adv* kompliziert
vanskelighet [wanßkᵉliheet] *m/w* **1** Schwierigkeit *w* **2** Schwierigkeit *w etw. Gen* (Eigenschaft)
vant [want] *adj* bewandert *in etw. Dat* ♦ *s* Bande *w* (im Eishockey) ► **være ~** *til noe* gewöhnt *an etw. Akk*, gewohnt *etw. Akk*
vare [waarᵉ] *m* **1** Ware *w* **2** Handelsartikel *m* ♦ *v* **1** dauern **2** andauern, fortdauern (bleiben)
varebil [waarᵉbiil] *m* Lieferwagen *m*
varemagasin [waarᵉmagaßiin] *s* Kaufhaus *s*, Warenhaus *s*
variant [wariant] *m* **1** Variante *w* **2** Sorte *w*, Abart *w* (von Frucht usw.)
variere [warieerᵉ] *v* **1** verschieden sein, sich unterscheiden (Dinge usw.) **2** schwanken (Temperaturen usw.) **3** abwandeln *etw. Akk*, variieren *etw. Akk* **4** abwechslungsreich machen **5** sich bewegen *zwischen etw.* (Werte usw.)
variert [warieert] *adj* bunt (abwechslungsreich), vielfältig
varig [waari] *adj* dauerhaft ♦ *adv* auf Dauer, dauernd, dauerhaft, permanent
varighet [waariheet] *m/w* Dauer *w*
varm [warm] *adj* **1** warm **2** heiß (Gefühl usw.) **3** heiß (Liebe usw.), warm (Empfang usw.) ► **Jeg er ~.** Mir ist heiß.
varme [warmᵉ] *m* **1** Wärme *w* **2** Hitze *w* ♦ *v* **1** wärmen (heizen) **2** wärmen (Kleider usw.) **3** durchwärmen **4** anheizen (Ofen usw.) **5** erwärmen *etw. Akk*, warm machen *etw. Akk*, erhitzen *etw. Akk* ► **~ opp** beheizen, heizen (Zimmer usw.); **~ opp** *noe* aufwärmen *etw. Akk* (Essen), wärmen *etw. Akk* (warm machen), erwärmen *etw. Akk*, warm machen *etw. Akk*, erhitzen *etw. Akk*; **~ seg opp** sich erwärmen (warm werden); **~** *noe* **opp i mikrobølgeovnen** in der Mikrowelle aufwärmen *etw. Akk*
varmedis [warmᵉdiiß] *m* **1** Dunst *m* **2** Hitze *w* (Wetter)
varme seg *v* sich erwärmen (warm werden)
varmt [warmt] *adv* warm (empfangen usw.), herzlich
varsel [warschᵉl] *s* Hinweis *m* (Warnung usw.)
varsle [warschlᵉ] *v* **1** ankündigen *j-m etw. Akk*, benachrichtigen *j-n von etw.*, verständigen *j-n von etw.* **2** vorzeichnen (künftige Entwicklung usw.)
vase [waaßᵉ] *m* **1** Vase *w* **2** Durcheinander *s von etw.*, Mischmasch *m von etw.*
vask [waßk] *m* **1** Waschbecken *s* **2** Spülbecken *s*
vaske [waßkᵉ] *v* **1** waschen *etw. Akk* (reinigen), abwaschen *etw. Akk* **2** waschen *etw. Akk* (Wäsche) **3** aufwischen (Fußboden usw.) **4** waschen (Gemüse usw.) ► **~ klær** waschen *etw. Akk* (Wäsche)
vaskehjelp [waßkᵉjelp] *m/w* Putzfrau *w*
vaskemaskin [waßkemaschiin] *m* Waschmaschine *w*
vaskemiddel [waßkemiddᵉl] *s* Reinigungsmittel *s*
vaskepulver [waßkepulwᵉr] *s* Waschpulver *s*
vaskeri [waßkerii] *s* Wäscherei *w*
vaskerom [waßkeruum] *s* Waschküche *w*
vasketøy [waßketöü] *s* Wäsche *w* (schmutzige), Schmutzwäsche *w*
vatt [watt] *m/s* Watte *w*
ved [wee] *m* Holz *s* ♦ *prep* **1** an **2** bei (Angelegenheit) **3** durch *j-n/etw.* (Methode), mit *j-m/etw.* (Mittel) ► **legge på ~** nachlegen; **~ havet** an der See, am Meer
vedde [weddᵉ] *v* **1** wetten *mit j-m um etw.*, wetten *um etw.* **2** tippen (im Wettbüro usw.) **3** wetten *auf etw. Akk*
veddemål [weddᵉmool] *s* Wette *w*

vedkommende [weedkomm^{e}n^{e}] *adj* 1 betreffend 2 entsprechend (Amt usw.), zuständig, zutreffend

vedlegg [weedleg] *s* Anhang *m*, Anlage *w* (eines Dokumentes)

vedlikehold [weedliikehol] *s* Instandhaltung *w*, Wartung *w*, Unterhaltung *w* (von Geräten usw.)

vedlikeholde [weedliikeholl^{e}] *v* 1 halten *etw. Akk* (in Ordnung usw.) 2 erhalten (Entwicklung usw.)

vedta [weettaa] *v* 1 gesetzlich festlegen 2 beschließen (ein Gesetz usw.), abstimmen (Antrag usw.) 3 beschließen *etw. Akk*, einen Beschluss fassen *über etw. Akk*

vedvarende [weedwaar^{e}n^{e}] *adj* 1 dauernd, ständig, kontinuierlich, unaufhörlich 2 andauernd, anhaltend

veg [wäi] *m* Weg *m* (Pfad usw.)

vegetariansk [wegetariaanßk] *adj* vegetarisch

vegg [weg] *m* Wand *w* (im Zimmer usw.)

veggdyr [weggdüür] *s* Wanze *w* (Insekt), Bettwanze *w*

vei [wäi] *m* 1 Weg *m* (Pfad usw.) 2 Straße *w* (Verkehrsweg) 3 Weg *m* (Richtung) ► **gi seg i ~** abfahren (in einem Auto usw.), losfahren; **sette i ~** losgehen (aufbrechen); **smal ~** schmaler Weg (Feldweg, Gasse usw.); **Hva er i veien?** Was ist (los)?; **Jeg er på ~.** Ich bin schon unterwegs.

veie [wäi^{e}] *v* 1 wiegen (Gewicht haben) 2 wiegen *j-n/etw.* (Gewicht feststellen)

veikro [wäikruu] *m/w* Rasthaus *s*, Raststätte *w*

veikryss [wäikrüß] *s* Kreuzung *w* (Straßen usw.), Kreuzweg *m*

veiovergang [wäioow^{e}rgang] *m* Überführung *w* (Brücke)

veiundergang [wäiunn^{e}rgang] *m* Unterführung *w* (für Verkehrsmittel)

vekk [wekk] *adv* weg; **Han er ~ nå.** Er ist schon weg.

vekke [wekk^{e}] *v* 1 aufwecken *j-n*, wecken *j-n* 2 erwecken *etw. Akk*, wecken (Interesse usw.)

vekkerklokke [wekk^{e}rklokk^{e}] *m/w* Wecker *m*

veksel [wekß^{e}l] *m* Wechsel *m* (Wertpapier)

veksle [wekschl^{e}] *v* 1 tauschen (gegenseitig) 2 schwanken (Temperaturen usw.) 3 wechseln (Geld usw.), umtauschen (in EUR usw.) 4 wechseln *etw. Akk* (Kleingeld) 5 wechseln (Schalter)

vekslepenger [wekschl^{e}peng^{e}r] *m Mz* Wechselgeld *s*; **Behold vekslepengene.** Stimmt so.

veksling [wekschling] *m/w* Wechsel *m* (abwechselnd)

vekslingskontor [wekschlingßkontuur] *s* Wechselstube *w*

vekst [wekßt] *m* Wachstum *s*, Wuchs *m* (Gestalt)

vekt [wekt] *m/w* 1 Gewicht *s etw. Gen* (Schwere) 2 Gewicht *s etw. Gen* (Bedeutung) 3 Waage *w* (Gerät) 4 Gewicht *s* (Gegenstand)

Vekten [wekt^{e}n] *m* Waage *w* (Sternzeichen)

vel [wel] *adv* gut, wohl ♦ *part* na, na also, ja dann

velbekomme [welbekomm^{e}] **Velbekomme!** Guten Appetit!, Mahlzeit!

veldig [weldi] *adv* sehr, sehr (viel)

velge [welg^{e}] *v* 1 auswählen, wählen (Möglichkeit usw.) 2 sich entscheiden *für j-n/etw.* 3 wählen *j-n* (abstimmen)

velkjent [welschent] *adj* 1 berühmt, namhaft 2 bekannt (allgemein usw.) 3 (wohl) bekannt *j-m* 4 altbekannt 5 sprichwörtlich (Eigenschaft usw.)

velkommen [welkomm^{e}n] *adj* willkommen; **ønske ~** *til noen* willkommen heißen *j-n*; **ønske** *noe* **~** begrüßen *etw. Akk*; **ønske** *noen* **~** willkommen heißen *j-n*; **Velkommen!** Willkommen!

velkomst [welkomßt] *m* Empfang *m* (von Gästen usw.)

vellykket [wellükket] *adj* 1 erfolgreich, gelungen (Party usw.), geglückt 2 gelungen, geglückt ♦ *adv* erfolgreich, gedeihlich

velpleid [welpläid] *adj* gepflegt (sauber usw.)

velsmakende [welßmaak^{e}n^{e}] *adj* köstlich, lecker, deliziös (Geschmack), schmackhaft

velstelt [welßtelt] *adj* gepflegt (sauber usw.), präsentabel, ansehnlich (gut aussehend)

velte [welt^{e}] *v* 1 umkippen 2 umkippen *etw. Akk* (eine Kiste usw.) 3 umstoßen, umwerfen (Glas usw.)

velvilje [welwilj^{e}] *m* 1 guter Wille 2 Gunst *w*

velvillig [welwilli] *adj* 1 wohlwollend 2 bereitwillig

velvære [welwäär^{e}] *s* 1 Heil *s* 2 Bequemlichkeit *w* 3 Wohl *s j-s*

vende [wenn^{e}] *v* 1 sich drehen 2 umwenden, wenden, umdrehen *etw. Akk* (Seite usw.), wenden *etw. Akk* (in andere Richtung) 3 gerichtet werden *irgendwohin, j-m/etw.* zugewandt sein ► **~ tilbake** wenden (Auto, Schwimmer usw.), drehen (Schiff, Wind usw.)

vene [ween^{e}] *m* Vene *w*, Ader *w*

venn [wen] *m* Freund *m* (Bekannter), Kumpel *m* (Freund); **være ~** *med noen* befreundet sein *mit j-m*
venninne [wenninn^e] *m/w* Freundin *w*
vennlig [wennli] *adj* **1** freundschaftlich, freundlich **2** umgänglich (nett)
vennskap [wennßkaap] *s* Freundschaft *w*
venstre [wenßtr^e] *adj* link(er,e,es) ♦ *m* Linke *w* (Hand) ► **fra ~** von links; **på ~ hånd** links (wo); **til ~** nach links (wohin)
vente [went^e] *v* **1** bereitstehen (wartend) **2** warten *auf j-n/etw.* **3** abwarten *etw. Akk*, verzögern *etw. Akk* (Prozess usw.)
venterom [went^eruum] *s* Wartezimmer *s*, Warteraum *m*
ventil [wentiil] *m* Ventil *s*
ventilasjon [wentilaschuun] *m* Ventilation *w*
veps [wepß] *m* Wespe *w*
verb [wärb] *s* Verb *s*
verden [wärd^en] *m* Welt *w*
verdi [weärdii] *m* **1** Wert *m etw. Gen* (finanzieller) **2** Wert *m* (Bedeutung)
verdifull [wärdiiful] *adj* wertvoll, Wert-
verdig [wärdi] *adj* **1** würdig (Person usw.) **2** stattlich (imposant) (Gebäude usw.), würdevoll (Mensch usw.) **3** wert *etw. Gen* (würdig), würdig *etw. Gen* (wert)
verdisaker [wärdiißaak^er] *m/w Mz* Wertsachen *w Mz*
verdsette [wärtßett^e] *v* schätzen *j-n/etw.* (hochachten)
verdt [wärt] *adj* wert *etw. Gen* (würdig), würdig *etw. Gen* (wert) ► **være ~** *noe* verdienen *etw. Akk* (würdig sein), wert sein *etw. Gen* (verdienen)
verk [wärk] *s* **1** Schöpfung *w*, Werk *s* (Schöpfung usw.) **2** Schaffen *s* (eines Künstlers usw.)
verke [wärk^e] *v* **1** wehtun **2** eitern
verken [wärk^en] **~...eller...** weder... noch
verksted [wärkßteed] *s* Werkstatt *w*
verktøy [wärktöü] *s* Werkzeug *s* (Gesamtheit von Werkzeugen), Gerät *s* (Ausrüstung usw.), Werkzeuge *s Mz*
vern [wärn] *s* Schutz *m* (Naturschutz usw.)
verne [wärn^e] *v* schützen *j-n/etw.* gegen *etw.*
verre [wärr^e] *adj* schlechter *als j./etw.*, schlimmer *als j./etw.* ♦ *adv* schlimmer ► **bli ~** sich verschlechtern
vert [wärt] *m* **1** Gastgeber *m* **2** Hauswirt *m*
vertshus [wärtßhuuß] *s* Gaststätte *w*, Gasthaus *s*
vesen [weeß^en] *s* **1** Geschöpf *s* **2** Wesen *s* (Kern)
vesentlig [weeß^entli] *adj* bedeutend (wichtig), grundsätzlich, wesentlich ♦ *adv* beträchtlich, grundsätzlich, gründlich (ändern usw.), sehr
veske [weßk^e] *m/w* Tasche *w* (Behälter)
vest[1] [weßt] *m* Weste *w*
vest[2] [weßt] *s* Westen *m* (Himmelsrichtung); **i ~** im Westen
vestlig [weßtli] *adj* westlich
veterinær [weterinäär] *adj* veterinär, tierärztlich ♦ *m* Tierarzt *m*
vi [wii] *pron* wir
via [wiia] *prep* via *etw. Akk* (reisen usw.)
videokamera [wiideukaamera] *s* Kamera *w* (Video), Videokamera *w*
videre [wiider^e] **inntil ~** vorläufig, für jetzt, vorerst; **og så ~** und so weiter
vidt [wit] *adv* weit, breit (geöffnet usw.)
vidunderlig [widund^erli] *adj* herrlich, wunderbar
vie seg *v* **1** sich widmen *j-m/etw.*, sich kümmern *um j-n/etw.* (behilflich sein usw.) **2** sich widmen *etw. Dat*, sich hingeben *etw. Dat* (Tätigkeit usw.)
vifte [wift^e] *m/w* **1** Ventilator *m*, Lüfter *m* **2** Fächer *m* ♦ *v* **1** winken *mit etw.* (Fahne usw.) **2** schwingen *etw. Akk* (Arm usw.), wedeln *mit etw.* (mit Schwanz usw.) **3** wackeln *mit etw.* (schnell usw.)
viftereim [wift^eräim] *m/w* Keilriemen *m* (Ventilatorriemen)
vik [wiik] *m/w* **1** Golf *m* (Bucht) **2** Bucht *w* (klein)
vike [wiik^e] **~ unna** ausweichen *etw. Dat* (einem Schlag usw.)
viktig [wikti] *adj* **1** wichtig **2** bedeutend, bedeutungsvoll **3** dringend, eindringlich, eilig ► **være ~** liegen *an etw. Dat* (wichtig sein)
vil [wil] *v* wird
vilje [wilj^e] *m* **1** Wille *m* **2** Bereitschaft *w* (zu helfen), Bereitwilligkeit *w* ► **med ~** absichtlich, bewusst (mit Absicht)
vilkår [wilkoor] *s* **1** Bedingung *w* **2** Bedingungen *w Mz*
vilkårlig [wilkoorli] *adj* zufällig (Auswahl usw.), Zufalls- ♦ *adv* willkürlich, wahllos
vill [wil] *adj* **1** wild **2** wild (wachsend) ► **gå seg ~** sich verlieren, sich verlaufen, sich verirren (in der Stadt usw.), umherirren
villa [willa] *m* Villa *w*
ville [will^e] *v* würde; **Hva er det du vil?** Was wollen Sie?
villede [willeed^e] *v* **1** trügen **2** mystifizieren **3** desorientieren, verwirren
villig [willi] *adj* **1** bereitwillig **2** bereit *etw. Akk zu tun* ♦ *adv* bereitwillig
vilt [wilt] *s* **1** Wild *s* (wild lebend) **2** jagdbares Wild **3** Wildbret *s*, Wild *s* (Fleisch) ♦ *adv* wild

vin [wiin] *m* Wein *m*; **varm ~** *m* Glühwein *m*
vind [win] *m* Wind *m*; **utsatt for ~** windig
vinde [winde] *v* aufwickeln *etw. Akk auf etw. Akk* (zusammenrollen), wickeln (Draht usw.)
vindjakke [winnjakke] *m/w* Anorak *m*, Windjacke *w*
vindmølle [winnmölle] *m/w* **1** Windmühle *w* **2** Windrädchen *s*
vindu [winduu] *s* Fenster *s*
vindusvisker [winduußwißker] *m* Scheibenwischer *m*
vinge [winge] *m* Flügel *m* (Körperteil)
vingård [wiinggoor] *m* Weinberg *m*, Weingarten *m*
vinke [wingke] *v* winken *j-m*, zuwinken *j-m* (etwas ausdrücken)
vinkel [wingkel] *m* Winkel *m* (geometrisch)
vinne [winne] *v* **1** gewinnen *etw. Akk, in etw. Dat* (Wettkampf usw.), siegen *in etw. Dat* **2** sich erkämpfen, erringen, verdienen *etw. Akk* (Anerkennung) **3** gewinnen *j-n* **4** gewinnen *etw. Akk aus etw.*
vinner [winner] *m* **1** Sieger *m* **2** Gewinner *m etw. Gen* (eines Preises usw.)
vinter [winter] *m* Winter *m*
virke [wirke] *v* **1** funktionieren **2** wirken, zu wirken beginnen
virkelig [wirkeli] *adj* **1** real (tatsächlich), wirklich **2** wirklich (wie es sein soll) ♦ *adv* **1** wirklich (in Wirklichkeit) **2** wirklich (in der Tat), tatsächlich, allerdings **3** wirklich (zweifellos), echt **4** (im) Ernst, echt ♦ *part* wahrhaft, wirklich, echt
virkning [wirkning] *m/w* Wirkung *w*, Auswirkung *w* ► **ha en ~** wirken (Wirkung haben)
virksomhet [wirkßomheet] *m/w* **1** Arbeit *w* (Tätigkeit) **2** Tätigkeit *w* (Funktionieren) ► **drive en ~** Unternehmen betreiben
virvel [wirwel] *m* **1** Wirbel *m*, Strudel *m* (von Wasser usw.) **2** Wirbel *m* (Knochen)
vis [wiiß] *adj* weise; **på et ~** irgendwie (auf irgendeine Weise)
vise [wiiße] *v* **1** zeigen *j-m etw. Akk* (vorzeigen usw.) **2** äußern *etw. Akk*, zeigen *etw. Akk*, ausdrücken *etw. Akk* (Freude usw.) **3** beweisen *etw. Akk* (Fähigkeiten usw.), zeigen *etw. Akk* (Fähigkeit usw.), zeigen *etw. Akk* (Qualität usw.) **4** zeugen *von etw.* (zeigen) **5** vorführen **6** spielen *etw. Akk* (Film usw.), vorführen (Film) **7** anzeigen (auf Monitor usw.) **8** aufweisen (Gewinn usw.) ♦ *m* Weise *w* (Melodie) ► **~ noen rundt** *i noe* durchführen *j-n durch etw.* (durch Stadt usw.)
vise seg *v* **1** sich erweisen **2** ausgehen *irgendwie* **3** sich bewähren *als etw. Nom*, sich bewähren (Gerät usw.) **4** sich herausstellen (Wahrheit usw.) **5** sich hervortun *mit etw.* (großspurig), großtun *mit etw.*, angeben *mit etw.* ► **~ (å være)** *noe* sich beweisen *als etw. Nom*; **~ (til å være)** sich zeigen (Wahrheit usw.)
visittkort [wißittkort] *s* Visitenkarte *w*, Besuchskarte *w*
viske [wißke] *v* **1** wischen *etw. Akk* (Tafel) **2** radieren ► **~ ut** ausradieren; **~** *noe* **(bort)** wegwischen
viss [wiß] *adj* bestimmt, gewiss
visst [wißt] *adv* angeblich
visstnok [wißtnok] *part* angeblich
visum [wiißum] *s* Visum *s*
vite [wiite] *v* wissen *etw. Akk, von etw.*; **få ~** *noe, om noe* erfahren *etw. Akk, über etw. Akk*; **la ~** *noen* Bescheid sagen *j-m*
vitenskap [wiitenßkaap] *m* Wissenschaft *w*
vitenskapelig [wiitenßkaapeli] *adj* wissenschaftlich
vitne [witne] *v* **1** aussagen, zeugen (vor Gericht) **2** zeugen *von etw.* (zeigen) **3** bezeugen *etw. Akk* ♦ *s* Zeuge *m etw. Gen* ► **være ~ til** *noe* Zeuge *etw. Gen* sein (Unfalls usw.)
vitnesforklaring [witneßforklaaring] *m* Aussage *w* (vor der Polizei usw.)
vits [wiz] *m* Witz *m*; **Det er ingen ~ i det.** Es hat keinen Zweck.
vittig [witti] *adj* **1** geistreich, geistvoll **2** witzig
vogn [wongn] *m/w* **1** Fahrzeug *s* (Wagen usw.) **2** Eisenbahnwagen *m*, Wagen *m* (Eisenbahn) **3** Kutsche *w* **4** Fuhrwerk *s*
voks [wokß] *m/s* Wachs *s*
vokse [wokße] *v* **1** wachsen (größer werden) **2** expandieren (Stadt usw.) **3** wuchern (sich verbreitern)
voksen [wokßen] *adj* erwachsen, groß ♦ *m* Erwachsene *m*
vokse opp *v* wachsen (größer werden)
vokte [wokte] *v* bewachen, bewachen *etw. Akk* (Haus usw.)
vold [wol] *m* Gewalt *w*
voldelig [woldeli] *adj* gewaltsam, Gewalt-
voldsomt [wollßomt] *adv* gewaltsam (öffnen usw.), mit Gewalt
voldta [wultaa] *v* vergewaltigen *j-n*
voldtekt [woltekt] *m/w* Vergewaltigung *w*
volum [wuluum] *s* **1** Volumen *s* **2** Lautstärke *w*
vond [wun] **gjøre vondt** wehtun
vrange [wrange] *m* Rückseite *w* (eines Blattes usw.)
vri [wrii] *v* **1** drehen *etw. Akk*, herumdrehen *etw. Akk*, umdrehen *etw. Akk* **2** sich drehen (Rad usw.) **3** drehen *etw. Akk* (formen) **4** wenden *etw. Akk* (in andere Richtung), umwenden *etw. Akk* **5** wringen (Wäsche

usw.) ► ~ *noe* **ut** sich verrenken *etw. Akk*, sich ausrenken *etw. Akk*

vrikke [wriikk^e] *v* **1** (sich) verstauchen **2** zappeln

vulkan [wulkaan] *m* Vulkan *m*

vurdere [wurdeer^e] *v* **1** abwägen, abwägen *etw. Akk* (bedenken), erwägen *etw. Akk*, bedenken *etw. Akk* (durchdenken) **2** beurteilen *j-n/etw.*, urteilen *j-n/etw.*, bewerten, einschätzen **3** schätzen *etw. Akk*

vurdering [wurdeering] *m/w* **1** Bewertung *w* **2** Abschätzung *w*

vær[1] [wäär] *m* Widder *m* (Tier)

vær[2] [wäär] *s* Wetter *s*; **pent ~** schönes Wetter; **Det er pent ~.** Das Wetter ist schön.

være [wäär^e] *v* **1** sein **2** wittern ► **Hvor er det?** Wo ist das?

værelse [wäär^elß^e] *m* Zimmer *s*, Raum *m* (im Haus)

Væren [wäär^en] *m* Widder *m* (Sternzeichen)

værsågod [wäärschoguu] **Værsågod!** Bitte! (Einwilligung usw.)

værvarsel [wäärwarsch^el] *s* Wettervorhersage *w*

væske [wäßk^e] *m/w* Flüssigkeit *w*

våge [woog^e] *v* **1** sich trauen *etw. Akk zu tun*, wagen *etw. Akk zu tun*, wagen *etw. Akk zu tun* **2** tippen (im Wettbüro usw.)

vågsom [woogßom] *adj* kühn, mutig

våken [wook^en] *adj* wach; **være ~** wach sein

våkne [wookn^e] *v* aufwachen, erwachen; **~ (opp)** aufwachen

våpen [woopen] *s* **1** Waffe *w* **2** Bewaffnung *w* (Waffen) **3** Emblem *s*

våpenskjold [woop^enschol] *s* Wappen *s*

vår [woor] *m* Frühling *m* ♦ *pron* unser ► **om våren** im Frühling, im Frühjahr

våt [woot] *adj* **1** nass (feucht) **2** regennass

våtdrakt [wootdrakt] *m* Neoprenanzug *m*

våtmark [wootmark] *m* Sumpf *m*

W

wienerschnitzel [wiin^erschniz^el] *m* Schnitzel *s*

Y

yndig [ündi] *adj* entzückend, niedlich, süß, liebenswert (Mensch usw.)

yndling [ündling] *m* **1** Liebling *m*, Schatz *m*, Schätzchen *s* (Anrede) **2** Liebling *m* (Favorit)

yngle [üngl^e] *v* sich vermehren (Lebewesen usw.), sich fortpflanzen

yngre [üngr^e] *adj* jünger

yoghurt [jogurt] *m* Joghurt *m/s*, Jogurt *m/s*

yrke [ürk^e] *s* Gewerbe *s*

ytelse [üüt^elß^e] *m* **1** Leistung *w* **2** Gewährung *w von etw.*, Versorgung *w mit etw.*

ytre [ütr^e] *adj* **1** äußer(er,e,es), Außen- **2** extern **3** ober, Ober- ♦ *s* Äußere *s* ♦ *v* aussprechen, sagen (Wort usw.)

ytring [ütring] *m/w* Ausdruck *m* (Kennzeichen)

Z

zoo [ßuuu] *m* Zoo *m*, Tiergarten *m* (kleiner), Tierpark *m* (größer)

Æ

ære [äär^e] *m/w* **1** Ehre *w* **2** Huldigung *w j-m* ♦ *v* ehren *j-n/etw.*

ærlig [äärli] *adj* **1** ehrlich, ehrenhaft, Ehren-, aufrichtig **2** redlich (voller Bedenken) ♦ *adv* **1** ehrlich **2** aufrichtig (antworten usw.), ehrlich

Ø

ødelagt [öödelakt] *adj* kaputt, verdorben (Lebensmittel), zerstört

ødelegge [öödelegg^e] *v* **1** beschädigen, demolieren, vernichten, zerstören **2** kaputt machen *etw. Akk*, kaputtmachen *etw. Akk* (Maschine usw.) **3** liquidieren (Gegner usw.) ► **bli ødelagt** kaputtgehen

øke [öök^e] *v* **1** erhöhen *etw. Akk* (Wert usw.), vergrößern **2** anschwellen (wachsen), anwachsen (Menge usw.), sich erhöhen (Volumen usw.) **3** erhöhen (Spannung usw.), intensivieren *etw. Akk*, steigern *etw. Akk*, verstärken (Spannung usw.) **4** blühen (Schmuggel usw.) ► **~ lønn** *til noen* den Lohn erhöhen *j-m*; **~ prisen** *på noe* verteuern *etw. Akk*

økning [öökning] *m* Anstieg *m etw. Gen*, Erhöhung *w etw. Gen*, Zunahme *w*, Zuwachs *m*

økologisk [ökuloogißk] *adj* ökologisch, Umwelt-
økonomi [ökunumii] *m* **1** Ökonomie *w* (Wissenschaft) **2** Wirtschaft *w*
økonomisk [ökunuumißk] *adj* **1** ökonomisch, sparsam (Wagen usw.) **2** ökonomisch (Lage usw.), wirtschaftlich
øks [ökß] *m* Axt *w*
øl [öl] *s* Bier *s*; ~ **på boks** *s* Dosenbier *s*
øm [ööm] *adj* **1** schmerzend **2** zart (empfindlich usw.), zärtlich
ømfintlig [ömfintli] *adj* **1** empfindlich (wenig beständig) **2** empfindlich *gegen etw.* (gegen Kälte usw.) **3** empfindlich (leicht beleidigt)
ønske [önßk^{e}] *s* Verlangen *s* (geäußerter Wunsch), Wunsch *m* (Sehnsucht) ♦ *v* sich sehnen *nach etw.*, verlangen *nach etw.*, wünschen *j-m etw. Akk* (erhoffen) ► ~ **(seg)** wollen *etw. Akk zu tun* (vorhaben); ~ **(seg)** *noe fra noen* wollen (verlangen), mögen *etw. Akk von j-m*; ~ **(seg)** *noe* sich wünschen *etw. Akk*
øre [öör^{e}] *s* Ohr *s*
øredobb [öör^{e}dob] *m* Ohrring *m*
ørering [ööreering] *m* Ohrring *m*
øretelefoner [ööretelefuun^{e}r] *m Mz* Kopfhörer *m Mz*
ørliten [öörliiten] *adj* winzig, sehr klein
ørn [örn] *m* Adler *m*
ørret [örret] *m* Forelle *w*
øst [ößt] *s* Osten *m*; **i** ~ im Osten
Østerrike [ößt^{e}rriik^{e}] *s* Österreich *s*
østerriker [ößt^{e}rriik^{e}r] *m* Österreicher *m*
østerriksk [ößt^{e}rriikßk] *adj* österreichisch
østers [ößtersch] *m* Auster *w*
østlig [ößtli] *adj* östlich
øve [ööw^{e}] *v* **1** trainieren (sich vorbereiten) **2** üben *etw. Akk* **3** einüben (Aufführung usw.), proben (für ein Konzert usw.)
øvelse [ööw^{e}lß^{e}] *m* **1** Übung *w* **2** Disziplin *w* (Sportart)
øverst [öwärscht] *adv* **1** oben (an der oberen Stelle), obendrauf **2** am höchsten
øy [öü] *m* Insel *w*
øye [öü^{e}] *s* Auge *s*; **åpne øynene på** *noen* über seinen Irrtum aufklären *j-n*; **få ~ på** *noen/noe* erblicken *j-n/etw.*
øyeblikk [öü^{e}blikk] *s* Moment *m* (Punkt), Zeitpunkt *m*, Augenblick *m* (genauer usw.); **i øyeblikket** momentan, zurzeit, gegenwärtig
øyebryn [öüebrüün] *s* Augenbrauen *w Mz*
øyedråper [öüedroop^{e}r] *s Mz* Augentropfen *Mz*
øyekrok [öüekruuk] *m* Winkel *m* (Augenwinkel)
øyelege [öüeleeg^{e}] *m* Augenarzt *m*, Ophthalmologe *m*
øyelokk [öüelokk] *s* Lid *s*
øyeskygge [öüeschügg^{e}] *m* Lidschatten *m*
øyevippe [öüewipp^{e}] *m* Wimper *w*, Augenwimper *w*

Å

åker [ook^{e}r] *m* Feld *s*, Acker *m* (Grundstück)
ål [ool] *m* Aal *m*
ånd [on] *m* Gespenst *s*, Geist *m* (übernatürliches Wesen)
ånde [onn^{e}] *v* einatmen *etw. Akk* (Dämpfe usw.)
åndedrett [ondedrett] *s* Atem *m*, Atmung *w*
åpen [oop^{e}n] *adj* **1** offen (Tür usw.), geöffnet (Fenster usw.) **2** offen (ohne Dach usw.) **3** offen (unverhohlen) **4** geöffnet (Blüte usw.), aufgeblüht (Blume usw.) ► ~ **for publikum** für die Öffentlichkeit zugänglich
åpenbar [oopenbaar] *adj* augenscheinlich, offenkundig, offensichtlich
åpenlys [oopenlüß] *adj* offen (unverhohlen)
åpent [oop^{e}nt] *adv* offen (aufrichtig)
åpne [oopn^{e}] *v* **1** öffnen *etw. Akk* (Tür usw.) **2** aufmachen *etw. Akk* (Packung usw.) **3** öffnen (Reißverschluss) **4** eröffnen *etw. Akk* (Ausstellung usw.) **5** beginnen *mit etw.* (mit Lernen usw.), anfangen *mit etw.* (mit Tätigkeit usw.) ► ~ **øynene på** *noen* über seinen Irrtum aufklären *j-n*
åpner [oopn^{e}r] *m* Öffner *m*
åpning [oopning] *m* **1** Öffnung *w* **2** Einleitung *w* **3** Eröffnung *w* (einer Sitzung usw.), Beginn *m* (eines Konzerts usw.)
åpningstid [oopningßtii] *m* Öffnungszeiten *w Mz*, Geschäftszeiten *w Mz*; **ordinære åpningstider** Sprechstunde *w* (des Arztes usw.)
år [oor] *s* **1** Jahr *s* **2** Jahreszahl *w* ► **i** ~ dieses Jahr, in diesem Jahr
åre [oor^{e}] *m* Ruder *s*, Skull *s* (Ruder)
århundre [oorhundr^{e}] *s* Jahrhundert *s*
årlig [oorli] *adj* jährlich (für ein Jahr usw.), Jahres- ♦ *adv* jährlich
års [oorsch] *adj* Jahres-, jährlich (ein Jahr dauernd), einjährig
årsak [oorschaak] *m* **1** Ursache *w etw. Gen* **2** Grund *m für etw.* (für Tat usw.) ► **Ingen** ~! Nichts zu danken.
årstid [oorschtii] *m* Jahreszeit *w*
ås [ooß] *m* Hügel *m*
åskam [ooßkam] *m* Kamm *m* (Gebirge usw.)
åsside [ooßßii^{e}] *m* Abhang *m*
åtte [ott^{e}] *num* acht
åttende [ott^{e}n^{e}] *num* acht(er,e,es)
åtti [otti] *num* achtzig

Wörterbuch Deutsch – Norwegisch

A

Aal *m* ål [ool] *m*
ab[1] *prep* (Platz, Ort usw.) fra [fraa]
ab[2] (weg usw.) **~ sein** ryke, falle av; **~ und zu** av og til
abbiegen *v* svinge [ßwinge]
abbrechen *v* **1** (beenden) *etw. Akk* avbryte [aawbrüüte] *noe* **2** (niederreißen) rive [riiwe], rasere [raßeere] **3** (entzweigehen) brekke av [brekke aaw], bryte av [brüüte aaw] **4** *etw. Akk* brekke *noe* av [brekke aaw]
Abend *m* kveld [kwel] *m*, aften [aften] *m*; **gestern ~** i går kveld; **zu ~ essen** spise middag, spise kveldsmat; **Guten ~.** God kveld.
Abendessen *s* middag [middaag] *m*
abends *adv* om kvelden [om kwellen], tidlig kveld [tiidli kwel]
Abenteuer *s* eventyr [eewentüür] *s*
aber *conj* likevel [liikewel], men [men]
Aberglaube *m* **1** (konkreter Glaube) overtro [oowertruu] *m/w* **2** (Eigenschaft) overtroiskhet [oowertruuißkheet] *m/w*
abfahren *v* **1** (Zug usw.) dra [draa], kjøre [schööre] **2** (in einem Auto usw.) gi seg i vei [jii ßäi i wäi]
Abfahrt *w* **1** (eines Zuges usw.) avgang [aawgang] *m* **2** (Sportdisziplin) utforrenn [~~uu~~tforren] *s*
Abfall *m* avfall [aaffal] *s*, søppel [ßöppel] *m/w/s*
Abfalleimer *m* søppelbøtte [ßöppelbötte] *m/w*
abfallen *v* **1** falle av [falle aaw] **2** (Laub usw.) falle av [falle aaw], miste bladene [mißte blaadene]
abfliegen *v* **1** fly bort [flüü burt] **2** (Flugzeug usw.) ta av [taa aaw], lette [lette]
Abflug *m* avgang [aawgang] *m*
Abfluss *m* avfall [aaffal] *s*, avløp [awlöp] *s*
Abfuhr *w* henting [henting] *m/w*
Abführmittel *s* avføringsmiddel [aafföoringßmiddel] *s*
Abgang *m* avgang [aawgang] *m*
abgeben *v* **1** (Arbeit usw.) levere [leweere] **2** (Geräusch, Licht usw.) avgi [aawjii], gi fra seg [jii fraa ßäi]
abgelaufen *adj* **1** forfalt [forfalt] **2** (Periode usw.) foregående [fooregooene]
abgelegen *adj* **1** avleggs [awleggß], (Stelle usw.) avsidesliggende [aafßiießliggene] **2** (Ort usw.) uforstyrret [~~uu~~forschtürret]
Abgrund *m* avgrunn [aawgr~~u~~n] *m*
Abhang *m* åsside [ooßßiie] *m*, skråning [ßkrooning] *m/w*, skrent [ßkrent] *m*
abhängen *v von j-m/etw.* avhenge [aawhenge]
abhängig *adj* **1** (von Umständen usw.) *von j-m/etw.* avhengig [aawhengi] *av noe* **2** (Drogen usw.) *von etw.* avhengig [aawhengi] *av noe*
abheben *v* **1** (Geld usw.) ta ut [taa ~~uu~~t] **2** (Flugzeug usw.) lette (fra bakken) [lette (fraa bakken)], ta av [taa aaw], lette [lette]
abholen *v j-n/etw.* hente [hente] *noen*; **Gepäck ~** hente bagasjen
Abitur *s* artium [arti~~u~~m] *m*
abkühlen *v* **1** *etw. Akk* avkjøle [aawschööle], *etw. Akk* avkjøle [aawschööle] *noe*, svale [ßwaale] *noe* **2** (kühler werden) kjølne [schölne] **3** *sich* **~** (Wetter usw.) bli kaldt [blii kalt]
abkürzen *v* **1** (zeitlich) forkorte [forkorte] *noe* **2** (Wort usw.) *etw. Akk* forkorte [forkorte] *noe*
Abkürzung *w* **1** (kürzerer Weg) snarvei [ßnaarwäi] *m* **2** (Wort) forkortelse [forkorteIße] *m*
ablegen *v* **1** (Gegenstand) legge bort [legge burt] **2** (Prüfung usw.) bestå [beßtoo]
ablehnen *v* **1** *etw. Akk* avslå [aawschloo] *noe* **2** (Einfall usw.) *etw. Akk* avvise [aavviiße] *noe*, avfeie [aaffäie] *noe*
Ablehnung *w* avslag [aawschlaag] *s*
abmachen *v* avtale [aawtaale], arrangere [arranscheere]; **Abgemacht!** Avtalt!
Abmachung *w* avtale [aawtaale] *m*
abmelden *v j-n/etw.* melde ut [melde ~~uu~~t] *noen/noe*
abnehmen *v* **1** (Deckel usw.) *etw. Akk* fjerne [fjärne], ta *noe* av [taa aaw] **2** (Wäsche usw.) *etw. Akk von etw.* ta *noe* av [taa aaw] *noe* **3** (Menge usw.) trekke fra [trekke fraa] **4** (gezielt schlanker werden) slanke seg [schlangke ßäi]
Abonnement *s etw. Gen* abonnement [abonemang] *s på noe*
abonnieren *v* abonnere [aboneere] *på noe*, *etw. Akk* abonnere på [aboneere poo] *noe*
abräumen *v etw. Akk* rydde [rüdde] *noe*
abrechnen *v etw. Akk von etw.* trekke *noe* fra [trekke fraa] *noe*
Abreise *w* avreise [aawräiße] *m/w*
abreisen *v aus etw. nach etw.* reise [räiße] *fra et sted til et sted*, dra [draa] *fra et sted til et sted*, (Reise unternehmen) reise bort [räiße burt]
abreißen *v* **1** (Blätter usw.) nappe [nappe], plukke [pl~~u~~kke], (weg reißen) *etw. Akk* rive av [riiwe aaw] *noe* **2** (Pflaster usw.) rive av [riiwe aaw/need], *etw. Akk* rive av [riiwe aaw] *noe* **3** (Schlaufe usw.) ryke [rüüke], falle av [falle aaw] **4** (Gebäude usw.) *etw.*

Akk rasere [raßeer^{e}] *noe*, rive ned [riiw^{e} need] *noe*

absagen *v* avlyse [awlüß^{e}]

Absatz *m* **1** (eines Textes) avsnitt [aafßnitt] *s* **2** (eines Schuhs) skohæl [ßkuuhääl] *m* **3** (Verkauf) salg [ßalg] *s*

abschaffen *v etw. Akk* avskaffe [aafßkaff^{e}], fjerne [fjärn^{e}] *noe*, *etw. Akk* avskaffe [aafßkaff^{e}] *noe*, oppheve [oppheew^{e}] *noe*

abschalten *v* koble ut [kobl^{e} ~~uu~~t], (Reaktor usw.) *etw. Akk* sette ut *noe* av drift [ßett^{e} ~~uu~~t aaw drift]

abschätzen *v etw. Akk* anslå [anschloo] *noe*

abschicken *v etw. Akk* sende [ßenn^{e}] *noe*

Abschied *m* farvel [farwel] *s*

Abschleppdienst *m* bilbergingstjeneste [biilbärgingßtjeeneßt^{e}] *m*

abschleppen *v etw. Akk* taue (bort) [tä~~u~~^{e} (burt)] *noe*

Abschleppwagen *m* bergingsbil [bärgingßbiil] *m*

abschließen *v* **1** (Wohnung usw.) låse [looß^{e}] **2** (Abkommen usw.) slutte [schl~~u~~tt^{e}], inngå [inngoo] ► **das Studium** *etw. Gen* ~ avslutte studier

abschneiden *v* **1** skjære av [schäär^{e} aaw], (mit einem Messer usw.) *etw. Akk* kappe av [kapp^{e} aaw] **2** klippe av [klipp^{e} aaw] **3** (Erfolg haben) lykkes [lükkeß]

Abschnitt *m* **1** avsnitt [aafßnitt] *s* **2** (Papier usw.) klipp [klipp] *s* **3** (einer Eintrittskarte usw.) kvittering [kwitteering] *m* **4** rubrikk [r~~u~~brikk] *m*

abschrauben *v etw. Akk* skru av [ßkr~~uu~~ aaw] *noe*

abschreiben *v* **1** (noch einmal usw.) skrive om [ßkriiw^{e} om] **2** (von Mitschüler usw.) *etw. Akk von j-m, etw. Akk aus etw.* skrive av [ßkriiw^{e} aaw] **3** (Abschrift machen) skrive av [ßkriiw^{e} aaw] **4** (wegen Abnutzung usw.) avskrive [aafßkriiw^{e}]

absenden *v etw. Akk* sende [ßenn^{e}] *noe*

Absender *m* avsender [aafßenn^{e}r] *m*

Absicht *w* hensikt [henßikt] *m*

absichtlich *adj* bevisst [bewißt] ♦ *adv* med hensikt [mee henßikt], med vilje [mee wilj^{e}]

Absperrhahn *m* kran [kraan] *m/w*

Abstand *m* avstand [aafßtan] *m*

abstimmen *v* vedta [weettaa]

Abstimmung *w über etw. Akk* avstemning [aafßtemning] *m/w om noe*; **geheime ~** hemmelig avstemning *m/w*

abstürzen *v* styrte [ßtürt^{e}]

Abteil *s* **1** (im Zug usw.) kupé [k~~u~~pee] *m* **2** (abgegrenzter Teil) seksjon [ßekschuun] *m*, avdeling [aawdeeling] *m/w*, (abgeteilter Raum) boks [bokß] *m*

Abteilung *w* avdeling [aawdeeling] *m/w*

Abtreibung *w* abort [abort] *m*

abtrennen *v j-n/etw.* atskille [atschill^{e}] *noen/noe*, skille *noen/noe* fra hverandre [schill^{e} fraa wärandr^{e}], separere [ßepareer^{e}] *noen/noe*

abtrocknen *v* **1** (Kleid usw.) tørke [törk^{e}], (trocken werden) tørke av [törk^{e} aaw] **2** (trocken machen) *etw. Akk* tørke [törk^{e}] *noe*

abwärts *adv* ned [need]

abwaschen *v* vaske bort [waßk^{e} burt], *etw. Akk* vaske [waßk^{e}] *noe*

abwesend *adj in etw.* fraværende [fraawäär^{e}n^{e}], manglende [mangl^{e}n^{e}] ♦ *adv* fraværende [fraawäär^{e}n^{e}]

abwischen *v* **1** (entfernen) *etw. Akk* tørke (av) [törk^{e} (aaw)] **2** (säubern) *etw. Akk* tørke (av) [törk^{e} (aaw)] *noe*

abzahlen *v etw. Akk* avbetale [aawbetaal^{e}] *noe*, (Darlehen usw.) nedbetale [needbetaal^{e}]

Abzug *m* **1** (einer Waffe) avtrekker [aaftrekk^{e}r] *m* **2** (vom Lohn usw.) fradrag [fraadraag] *s* **3** (Foto) kopi [kupii] *m*

Accessoires *s Mz* tilbehør [tilbehöör] *s*, accessories [akßeßoris] *s Mz*

Achse *w* aksel [akß^{e}l] *m*

acht *num* åtte [ott^{e}]

acht(er,e,es) *num* åttende [ott^{e}n^{e}]

achten *v* **1** *auf j-n/etw.* legge merke [legg^{e} märk^{e}] *til noe* **2** (Gesetz usw.) respektere [reßpekteer^{e}], ta hensyn til [taa henßüün til] *noe* **3** (aufpassen) *auf etw. Akk* bry seg [brüü ßäi] *om noe*

Achtung *w vor j-m* respekt [reßpekt] *m for noen*; **~!** Se opp!

achtzehn *num* atten [att^{e}n]

achtzig *num* åtti [otti]

Acker *m* åker [ook^{e}r] *m*

Adapter *m* adapter [adapteer] *m*

addieren *v* summere [ß~~u~~mmeer^{e}], regne sammen [räin^{e} ßamm^{e}n], addere [addeer^{e}]

Ader *w* vene [ween^{e}] *m*

Adler *m* ørn [örn] *m*

Adresse *w* adresse [adreßß^{e}] *m/w*

Affe *m* ape [aap^{e}] *m*

Agentur *w* byrå [büroo] *s*

ähnlich *adj etw. Gen* liknende [likn^{e}n^{e}], -liknende [likn^{e}n^{e}] ♦ *adv* likt [liikt], på samme måte som [poo ßamm^{e} moot^{e} ßom] ► **~ sein** *j-m/etw.* ligne *på noen/noe*

Ähnlichkeit *w* likhet [liikheet] *m/w*

Ahnung *w* **1** (Vorgefühl) følelse [fööl^{e}lß^{e}] *m* **2** (Vorstellung) anelse [aan^{e}lß^{e}] *m*, (Vorstellung usw.) idé [idee] *m*

Wörterbuch Deutsch – Norwegisch

aktiv *adj* aktiv [aktiiw]
aktuell *adj* **1** (Nachricht usw.) dagsaktuell [daakßaktʉel] **2** (Technologie usw.) moderne [mudäärn^{e}], aktuell [aktʉel]
Alarm *m* alarm [alarm] *m*
alarmieren *v j-n* skremme [ßkremm^{e}], forurolige [forʉʉruulig^{e}], engste [engßt^{e}]
Alkohol *m* **1** (Getränk) alkohol [alkuhuul] *m* **2** (Spiritus) sprit [ßpriit] *m*
alkoholfrei *adj* alkoholfri [alkuhuulfrii]
alkoholisch *adj* alkoholholdig [alkuhuulholdi]
all *pron* **1** all [al] **2 ~e** (jeder) alle [all^{e}] **3 ~e** (von einer Gruppe) alle [all^{e}] ► **vor ~em** framfor alt, hovedsakelig
All *s* univers [ʉniwärsch] *s*
Allee *w* allé [alee] *m*
allein *adj* **1** (ohne Andere) alene [aleen^{e}] **2** (Person) ensom [eenßom]
Allergie *w gegen etw.* allergi [alergii] *m*
allergisch *adj gegen etw.* allergisk [allergißk] *mot/overfor noe*
alles *pron* alt [alt]
allgemein *adj* allmenn [allmen], generell [schenerel]
allmählich *adj* gradvis [graadwiiß], langsom [langßom] ♦ *adv* gradvis [graadwiiß], sakte [ßakt^{e}], langsomt [langßomt]
Allradwagen *m* firehjulstrekk [fiir^{e}julßtrekk] *s*
alltäglich *adj* hverdagslig [wärdaagschli]
Alphabet *s* alfabet [alfabeet] *s*
als^{1} *conj* (sobald usw.) når [noor], da [daa]
als^{2} *conj* (im Vergleich) enn [en]; **~ ob** som om
als^{3} *conj* (als Lehrer usw.) som [ßom]
also *conj* altså [alzo], så [ßoo]
alt *adj* gammel [gamm^{e}l]
Alter *s* **1** (einer Person) alder [ald^{e}r] *m* **2** (Lebensabend) (høy) alder [(höü) ald^{e}r] *m*
älter *adj* eldre [eldr^{e}]
altmodisch *adj* gammeldags [gamm^{e}ldakß], gammelmodig [gamm^{e}lmuudi], avleggs [awleggß]
Altstadt *w* gamleby [gamlebüü] *m*
Alufolie *w* aluminiumsfolie [alʉmiiniʉmßfuuli^{e}] *m*
Aluminium *s* aluminium [alʉmiiniʉm] *m/s*
am **~ Anfang** i begynnelsen, på begynnelsen; **~ Leben** i live, levende; **~ Meer** ved havet; **~ Montag/Dienstag** på mandag/tirsdag
Ambulanz *w* **1** (Wagen) ambulanse [ambʉlanß^{e}] *m* **2** (in der Schule usw.) førstehjelpsrom [förscht^{e}jelpßruum] *s*
Ameise *w* maur [mäʉr] *m*
Amerika *s* Amerika [ameerika] *s*
amerikanisch *adj* amerikansk [amerikaanßk]

Ampel *w* trafikklys [trafikklüüß] *s*
Amt *s* kontor [kontuur] *s*
amtlich *adj* offisiell [ufißiel]
amüsieren *v j-n* more (seg) [muur^{e} (ßäi)], underholde [ʉnn^{e}rholl^{e}], atsprede [azpreed^{e}]; **sich ~** more seg, ha det gøy
an *prep* **1** ved [wee], (Ort) på [poo] **2** (denken usw.) *j-n/etw.* på [poo] *noen/noe* ► **~ der See** ved havet; **A~ wen soll ich mich wenden?** Hvem skal jeg henvende meg til?
Ananas *w* ananas [ananaß] *m*
anbauen *v* **1** *etw. Akk an etw. Akk* bygge til [bügg^{e} til] **2** (Pflanzen usw.) *etw. Akk* dyrke [dürk^{e}] *noe*
anbieten *v j-m etw. Akk* tilby [tilbüü] *noen noe*
Andenken *s* **1** (Gedenken) minne [minn^{e}] *s* **2** (Erinnerung) minne [minn^{e}] **3** suvenir [ßʉweniir] *m*
ander(er,e,es) *adj* **1** (Seite usw.) den andre [den andr^{e}] **2** (Exemplar usw.) en annen [en aann^{e}n] ► **die anderen** de andre, (der Rest) (den) andre; **ein ~** annen; **ein anderes Mal** en annen gang
andererseits **Einerseits... ~...** På den ene siden... på den andre siden...
ändern *v etw. Akk* endre [endr^{e}] *noe*, forandre [forandr^{e}] *noe*; **sich ~** endre seg
anders *adj als j./etw.* annerledes [annerleedeß] *enn* ♦ *adv* annerledes [annerleedeß], forskjellig [forschelli], ulikt [ʉʉliikt] ► **jemand ~** noen annen
anderswo *adv* et annet sted [et aant ßteed]
Änderung *w* forandring [forandring] *m/w*, endring [endring] *m/w*
anerkennen *v etw. Akk* anerkjenne [anerschenn^{e}]
Anfall *m* anfall [anfal] *s*, utbrudd [ʉʉtbrʉd] *s*
Anfang *m* begynnelse [bejünn^{e}lß^{e}] *m*; **am ~** i begynnelsen, på begynnelsen
anfangen *v* **1** *etw. Akk* begynne [bejünn^{e}] *på noe,med noe* **2** (Anfang haben) begynne [bejünn^{e}] **3** (Krieg, Streit usw.) utløse [ʉʉtlööß^{e}] *noe*
Anfänger *m* begynner [bejünn^{e}r] *m*, nybegynner [nüübejunn^{e}r] *m*
anfangs *adv* først [förscht], til å begynne med [til o bejünn^{e} mee], først (og fremst) [förscht (o fremßt)], i begynnelsen [i bejünn^{e}lß^{e}n] *av noe* ♦ *prep etw. Gen* i begynnelsen [i bejünn^{e}lß^{e}n] *av noe, etw. Gen* tidlig [tiidli] *noe*
anfassen *v etw. Akk* røre [röör^{e}] *noe*, *j-n/etw.* røre [röör^{e}] *noe/noen*
anfliegen *v* ankomme [angkomm^{e}]
Angabe *w* opplysning [opplüüßning] *m*

angeben *v* **1** (Adresse usw.) *etw. Akk* angi [anjii] *noe* **2** *mit etw.* skryte av [ßkrüüt^e aaw] *noe*, *mit etw.* skryte [ßkrüüt^e] *av noe*, *mit etw.* vise seg [wiiß^e ßäi] *med noe*
Angebot *s* tilbud [tilbuud] *s*
Angehörige *m etw. Gen* medlem [meedlem] *s av noe*
Angel *w* **1** (zum Fischfang) krok og fiskeline [kruuk o fißkeliin^e] *m* **2** (einer Tür usw.) hengsel [hengß^el] *m/s*
Angelegenheit *w* sak [ßaak] *m/w*, affære [affäär^e] *m*
Angelrute *w* fiskestang [fißkeßtang] *m/w*
angemessen *adj* adekvat [adekwaat], tilsvarende [tilßwaar^en^e], *etw. Dat* passende [paßß^en^e] *til noe* ♦ *adv* adekvat [adekwaat], passende [paßß^en^e], passelig [paßß^eli]
angenehm *adj* **1** trivelig [triiw^eli] **2** (Anblick usw.) trivelig [triiw^eli], behagelig [behaag^eli]
Angestellte *m* ansatt [anßatt] *m*, arbeidstaker [arbäiztaak^er] *m*; **leitender ~r** leder *m*
angreifen *v* **1** *j-n* angripe [anggriip^e] *noen* **2** (militärisch) *j-n/etw.* angripe [anggriip^e] *noen/noe*
Angreifer *m* angriper [anggriip^er] *m*
Angriff *m* angrep [anggreep] *s*
Angst *w* **1** *vor etw. Dat* frykt [frükt] *m for noe*, redsel [rez^el] *m* **2** (Sorge usw.) angst [anggßt] *m*
anhaben *v* ha på (seg) [haa poo (ßäi)]
anhalten *v* **1** (Bewegung usw.) *etw. Akk* stoppe [ßtopp^e] *noe*, stanse [ßtanß^e] *noe* **2** (stehen bleiben) stanse [ßtanß^e], stoppe [ßtopp^e]
Anhalter **per ~ fahren** haike
Anhänger *m* **1** tilhenger [tilheng^er] *m* **2** (des Teufels usw.) tilbeder [tilbeed^er] *m* **3** (Schmuckstück) anheng [anheng] *s* **4** (mit einer Adresse usw.) navneskilt [nawneschilt] *s*, navnelapp [nawnelapp] *m*
Ankauf *m* kjøp [schööp] *s*
Anker *m* anker [angk^er] *s*
ankern *v* ankre [angkr^e]
anklagen *v j-n etw. Gen* anklage [angklaag^e] *noen for noe*
Ankleidekabine *w* prøverom [prööw^eruum] *s*
Ankleideraum *m* garderobe [garderuub^e] *m*, omkledningsrom [omkleedningßruum] *s*
ankommen *v* **1** *irgendwohin* komme [komm^e] *et sted* **2** (mit dem Auto usw.) *in etw. Dat, an etw. Dat* ankomme [angkomm^e], komme frem [komm^e frem] **3** (Paket usw.) ankomme [angkomm^e] **4** *auf j-n/etw.* avhenge [aawheng^e]
ankündigen *v j-m etw. Akk* varsle [warschl^e]
Ankunft *w* ankomst [angkomßt] *m*
Anlage *w* **1** apparat [aparaat] *s*, innretning [innretning] *m/w*, anlegg [anleg] *s* **2** (eines Dokumentes) vedlegg [weedleg] *s* ► **~n** utstyr *s*
Anlasser *m* starter [ßtaart^er] *m*
anlegen *v* **1** (legen) *etw. Akk an etw. Akk* legge [legg^e] *noe på noe* **2** (in einer Bank usw.) *etw. Akk irgendwo* sette inn [ßett^e in] **3** (Geld) *etw. Akk in etw. Akk* investere [inweßteer^e] *i noe* **4** (planvoll erstellen) legge ut [legg^e uut] ► **den Sicherheitsgurt ~** ta på seg bilbeltet
Anlegestelle *w* ankerplass [angkerplaß] *m*
Anleitung *w* **1** (zur Verwendung usw.) anvisning [anwiißning] *m/w*, instruksjon [inßtrukschuun] *m* **2** (in Druckform usw.) håndbok [honbuuk] *m/w*
anmachen *v etw. Akk* tenne [tenn^e] *noe*; **(Licht) ~** slå på lyset
Anmeldeformular *s* søknad [ßööknaad] *m*
anmelden *v* **1** (registrieren usw.) *j-n/etw.* innmelde [innmeld^e] *noen/noe*, innskrive [innßkriiw^e] *noen/noe* **2** ***sich* ~** (Teilnehmer) *zu etw.* melde seg [meld^e ßäi] *på noe*
Anmeldung *w* sjekke inn [schekk^e in], søknad [ßööknaad] *m*
annähern *v **sich** ~ j-m/etw.* nærme seg [närm^e ßäi] *noen, noe*
annehmen *v* **1** (Angebot usw.) *etw. Akk* godta [guutaa] **2** (Plan usw.) godta [guutaa] **3** (Mitglied usw.) ta opp [taa opp] **4** (glauben) anta [antaa] *at*
anpassen *v* **1** *etw. Akk j-m/etw.* tilpasse [tilpaßß^e] *noe til noen*, tilrettelegge [tilrettelegg^e] *noe til noen* **2** ***sich* ~** *etw. Dat* tilpasse seg [tilpaßß^e ßäi]
anprobieren *v* prøve (på) [prööw^e (poo)]
Anruf *m* telefonsamtale [telefuunßamtaal^e] *m*; **einen ~ machen** ringe
Anrufbeantworter *m* telefonsvarer [telefuunßwaar^er] *m*
anrufen *v j-n* ringe [ring^e] *noen*, (telefonieren) *j-n* ringe opp [ring^e opp]
anschauen *v j-n/etw.* se [ßee] *på noen/noe*
anscheinend *part* antakeligvis [antaak^eliwiiß]
Anschluss *m* **1** (Verkehrsverbindung) forbindelse [forbinn^elß^e] *m* **2** (zu einem Leitungsnetz) kobling [kobling] *m/w*
Anschrift *w* adresse [adreßß^e] *m/w*

anschwellen *v* **1** svelle [ßwell^e], svulme opp [ßwʉlm^e opp], svelle opp [ßwell^e opp], svelle (opp) [ßwell^e (opp)] **2** (wachsen) svelle [ßwell^e], øke [öök^e]

ansehen *v* **1** *j-n/etw.* se [ßee] *på noen/noe* **2** ***sich*** ~ *etw. Akk* kikke [schikk^e] *på noe* ▶ **finster** ~ *j-n* rynke pannen *til noen*; **(sich)** ~ *j-n/etw.* (Film usw.) se på *noen/noe*

ansetzen *v* **1** *etw. Akk an etw. Akk* sette [ßett^e] *noe på noe* **2** ***sich*** ~ sette seg [ßett^e ßäi], bunnfelle seg [bʉnnfell^e ßäi]

Ansicht *w von etw., über etw. Akk* mening [meening] *m/w om noe*, (Meinung) *von etw., über etw. Akk* perspektiv [pärschpektiiw] *s*

Ansichtskarte *w* kort [kort] *s*, postkort [poßtkort] *s*

ansprechen *v j-n* henvende seg [henwenn^e ßäi] *til noen*, tale til [taal^e til] *noen*

Anspruch *m* **1** (erhobener usw.) *auf etw. Akk* krav [kraaw] *s om noe*, fordring [fordring] *m/w* **2** (an Qualität usw.) krav [kraaw] *s* **3** (Recht) *auf etw. Akk* rett [rett] *m til noe* ▶ ~ **erlangen** *auf etw. Akk* kvalifisere seg *til noe*, oppfylle krav *til/om noe*; **Ansprüche** *an j-n/etw.* krav *s*

anspruchsvoll *adj* hard [haar], (mit hohen Ansprüchen) krevende [kreew^{e}n^e]

Anstalt *w* institusjon [inßtitʉschuun] *m*

anständig *adj* anstendig [anßtendi] ♦ *adv* høflig [höfli], anstendig [anßtendi], skikkelig [schikk^{e}li], ordentlig [ord^{e}ntli]

anstecken *v* **1** *j-n (mit etw.)* smitte [ßmitt^e] *noen (med noe)* **2** (Ring usw.) *etw. Akk an etw. Akk* ta *noe* på [taa poo] *noe*

ansteckend *adj* smittsom [ßmittßom]

Ansteckung *w* infeksjon [infekschuun] *m*, smitte [ßmitt^e] *m*

anstelle *prep etw. Gen* istedenfor [ißteed^{e}nfor] *noe*, *von etw.* istedenfor [ißteed^{e}nfor] *noe*

anstellen *v* **1** (Gerät usw.) slå på [schloo poo] **2** (Angestellten usw.) *j-n* ansette [anßett^e] *noen* **3** (Dummheit usw.) *etw. Akk* gjøre [jöör^e], (Unfug usw.) lage bråk [laag^e brook] **4** (anlehnen) *etw. Akk an etw. Akk* stille [ßtill^e] *noe ved noe, noe et sted*

Anstieg *m etw. Gen* økning [öökning] *m i noe*, *etw. Gen* stigning [ßtiigning] *m i noe*

anstrengen *v* **1** ***sich*** ~ (intensiv arbeiten) anstrenge seg [anßtreng^e ßäi] **2** (Muskeln, Augen usw.) anstrenge [anßtreng^e]

anstrengend *adj* **1** (Tag usw.) hard [haar] **2** anstrengende [anßtreng^{e}n^e], (Tätigkeit usw.) utmattende [ʉʉtmatt^{e}n^e] **3** vanskelig [wanßk^{e}li]

Anstrengung *w* kamp [kamp] *m*

Anteil *m an etw. Dat* andel [andeel] *m i noe*; ~ *an etw. Dat* **nehmen** slutte seg *til noe*; **(prozentualer)** ~ prosentdel *m*

Antenne *w* antenne [antenn^e] *m/w*

Antibabypille *w* prevensjonspille [prewenschuunßpill^e] *m*, p-pille [pee pill^e] *m*

Antibiotikum *s* antibiotikum [antibiuutikʉm] *s*

antik *adj* **1** (zu Antike gehörend) oldtids- [oltiiz], antikk [antikk] **2** (Möbel usw.) antikk [antikk]

Antiquität *w* antikvitet [antikwiteet] *m*

Antrag *m auf etw. Akk* søknad [ßööknaad] *m om noe* ▶ **den** ~ **stellen** *auf etw. Akk* levere søknad, sende inn søknad

Antwort *w auf etw. Akk* svar [ßwaar] *s*

antworten *v auf etw. Akk* svare [ßwaar^e]

Anwalt *m* advokat [adwukaat] *m*

Anwender *m* bruker [brʉʉk^{e}r] *m*

Anwendung *w etw. Gen* anvendelse [anwenn^{e}lß^e] *m*, bruk [brʉʉk] *m/s*

anwesend *adj irgendwo* til stede [til ßteed^e] *ved noe*

Anwesenheit *w von j-m* tilstedeværelse [tilßteedewäär^{e}lß^e] *m*, nærvær [näärwäär] *s*

Anzahl *w etw. Gen* antall [antal] *s noe*

Anzahlung *w* depositum [depooßitʉm] *s*, (auf den Preis) forskuddsbetaling [forschkʉdßbetaaling] *m/w*

Anzeige *w* **1** (in einer Zeitung) annonse [anonß^e] *m* **2** (bei der Polizei usw.) angivelse [anjiiw^{e}lß^e] *m*

anzeigen *v* **1** (Täter usw.) *j-n* anmelde [anmeld^e] *noen* **2** (auf Monitor usw.) vise [wiiß^e]

anziehen *v* **1** (Kleidung) *etw. Akk* ta på seg [taa poo ßäi] *noe*, (Schuhe) ta på (seg) [taa poo (ßäi)], ta på (seg) skoene [taa poo (ßäi) ßkuu^{e}n^e] **2** (bekleiden) *j-n* kle [klee] *noen* **3** ***sich*** ~ kle seg [klee ßäi] **4** (Schraube) stramme [ßtramm^e] *noe* **5** (attraktiv sein) *j-n* tiltrekke [tiltrekk^e] *noen* **6** (Kunden usw.) *j-n* tiltrekke [tiltrekk^e] *noen et sted*

Anzug *m* dress [dreß] *m*

anzünden *v* **1** *etw. Akk* tenne [tenn^e] *noe* **2** (Holz mit Papier usw.) *etw. Akk* fyre opp [füür^e opp] *på noe*, (Zigarette usw.) *etw. Akk* tenne [tenn^e] *noe* **3** (Gebäude usw.) *etw. Akk* sette fyr [ßett^e füür] *på noe*

Apfel *m* eple [epl^e] *s*

Apfelsaft *m* eplesaft [epleßaft] *m/w*

Apfelsine *w* appelsin [appelßiin] *m*

Apotheke *w* apotek [aputeek] *s*

Apotheker *m* apoteker [aputeek^{e}r] *m*

Apparat *m* **1** (Gerät) maskin [maschiin] *m*, (Gerät usw.) apparat [aparaat] *s* **2** (im Körper) system [ßüßteem] *s*

Appetit *m* **1** matlyst [maatlüßt] *m/w*, appetitt [apetitt] *m* **2** *auf etw. Akk* lyst [lüßt] *m på noe/til å gjøre noe* ► **Guten ~!** Velbekomme!

applaudieren *v j-m* klappe [klapp^e] *noen*, applaudere [apläʉdeer^e] *noen*

Aprikose *w* aprikos [aprikuuß] *m*

April *m* april [apriil] *m*

Arbeit *w* **1** arbeid [arbäid] *s*, virksomhet [wirkßomheet] *m/w* **2** (Beruf) jobb [job] *m*

arbeiten *v* arbeide [arbäid^e], jobbe [jobb^e]

Arbeiter *m* arbeider [arbäid^{e}r] *m*

Arbeitgeber *m* arbeidsgiver [arbäizjiiw^{e}r] *m*

Arbeitnehmer *m* ansatt [anßatt] *m*, arbeidstaker [arbäiztaak^{e}r] *m*

arbeitslos *adj* **1** (Person) arbeidsløs [arbäizlööß], arbeidsledig [arbäizleedi] **2** (Einkommen usw.) lettvint [lettwint]

Arbeitslosigkeit *w* arbeidsløshet [arbäizlöößheet] *m/w*, arbeidsledighet [arbäizleediheet] *m/w*

Arbeitsplatz *m* arbeidsplass [arbäizplaß] *m*

Arbeitstag *m* arbeidsdag [arbäizdaag] *m*

Architekt *m* arkitekt [arkitekt] *m*

Architektur *w* arkitektur [arkitektʉʉr] *m*

ärgerlich *adj* irritert [iriteert]

ärgern *v* **1** *j-n* ergre [ärgr^e], plage [plaag^e] **2** ***sich ~*** *über j-n* være sint [wäär^e ßint] *for noe, på noen, über j-n* være sint [wäär^e ßint] *på noen*

Argument *s* argument [argʉment] *s*

arm *adj* **1** (ohne Geld usw.) fattig [fatti] **2** (bedauernswert usw.) stakkars [ßtakkarsch] ► **ein ~er Kerl/Teufel** stakkar *m*

Arm *m* arm [arm] *m*

Armband *s* armbånd [armbon] *s*

Armee *w* hær [häär] *m*

Ärmel *m* erme [ärm^e] *s*

Armut *w* fattigdom [fattidom] *m*

Art *w* **1** (einer Tätigkeit usw.) måte [moot^e] *m* **2** (Typus usw.) slag [schlaag] *s* **3** (Tierart usw.) art [art] *m*

Artikel *m* artikkel [artikkel] *m*

Artischocke *w* artisjokk [artischokk] *m*

Arzneimittel *s* medisin [medißiin] *m*

Arzt *m* lege [leeg^e] *m*

Arztpraxis *w* legekontor [leeg^{e}ontuur] *s*, konsultasjonsrom [konßʉltaschuunßruum] *s*

Asche *w* aske [aßk^e] *m/w*

Aschenbecher *m* askebeger [aßk^{e}beeg^{e}r] *s*

Asiat *m* asiat [aßiat] *m*

asiatisch *adj* asiatisk [aßiaatißk]

Asien *s* Asia [aaßia] *s*

Asphalt *m* asfalt [aßfalt] *m*

Ast *m* gren [green] *m/w*

Asthma *s* astma [aßtma] *m*

Atem *m* pust [pʉßt] *m*, åndedrett [ondedrett] *s*

atmen *v* puste [pʉßt^e]

Atom *s* atom [atuum] *s*

Attraktion *w* attraksjon [atrakschuun] *m*

Aubergine *w* aubergine [äʉberschiin] *m*

auch *adv* også [oßßo] ♦ *conj* og [o], samt [ßamt] ► **Ich ~ nicht.** Ikke jeg heller.

auf *prep* **1** (einer Oberfläche usw.) på [poo] **2** (Richtung usw.) i [i], til [til], mot [muut] **3** (einer Stelle usw.) på [poo] ► **A~ Wiedersehen.** Ha det bra!

aufbewahren *v etw. Akk* bevare [bewaar^e] *noe*

Aufbewahrung *w* oppbevaring [oppewaaring] *m/w*

aufblasbar *adj* oppblåsbar [opploßbaar]

aufblasen *v* blåse opp [blooß^e opp]

aufbrechen *v* **1** (öffnen) *etw. Akk* bryte opp [brüüt^e opp] *noe*, *etw. Akk* brekke *noe* av [brekk^e aaw] **2** *irgendwohin* gå i gang [goo i gang] *et sted*

Aufenthalt *m* opphold [opphol] *s*

Auffahrt *w* innkjørsel [innschöörsch^{e}l] *m/w*

auffallen *v j-m* slå [schloo] *noen*

auffordern *v j-n zu etw.* oppfordre [oppfordr^e] *noen til noe*

Aufführung *w* forestilling [fooreßtilling] *m/w*

Aufgabe *w* oppgave [oppkaaw^e] *m/w*

aufgeben *v* **1** (Paket usw.) leve [leew^e] *noe* **2** (Aufgabe usw.) *j-m etw. Akk* gi [jii] **3** (aufhören) *etw. Akk* slutte [schlʉtt^e] *med noe*, innstille [innßtill^e] *noe*, stoppe [ßtopp^e] *å gjøre noe*, holde opp [holl^e opp] *med noe* **4** (Anstrengungen usw.) *etw. Akk* gi opp [jii opp] *noe* **5** (nicht mehr raten) gi seg [jii ßäi] ► **Gepäck ~** sjekke inn bagasje

aufgehen *v* **1** (Sonne usw.) stå opp [ßtoor opp] **2** (Teig) ese [eeß^e], heve seg [heew^e ßäi], (Teig) heve [heew^e] **3** (Samen usw.) spire [ßpiir^e], vokse fram [wokß^e fram] **4** *j-m etw. Akk* lysne [lüüßn^e] *for noen*

aufhalten *v* **1** (Person usw.) *j-n/etw.* oppholde [oppholl^e] *noen* **2** (Atem usw.) holde [holl^e] **3** (kurz halten) *etw. Akk* holde [holl^e] *noe* **4** ***sich ~*** oppholde seg [opphol^e ßäi] ► **aufgehalten werden** (länger bleiben müssen) bli heftet

aufhängen *v* **1** *etw. Akk* henge [henge] *noe* **2** (Hörer) legge på [legge poo] **3** (Mörder usw.) *j-n* henge [henge] *noen*

aufheben *v* **1** (vom Boden usw.) *etw. Akk* plukke opp [plʉkke opp] **2** (Gültigkeit usw.) annulere [annʉläre]

aufhören *v* **1** (Regen usw.) slutte [schlʉtte], opphøre [opphööre] **2** *mit etw.* holde opp [holle opp] *med noe*, *mit etw.* slutte [schlʉtte] *med noe*, *mit etw.* stoppe [ßtoppe] *å gjøre noe*, slutte [schlʉtte] *med noe* ► **Hören Sie damit auf!** Gi deg!, Hold opp!

aufklaren *v* klarne [klarne], lysne [lüüßne]

aufklären *v* **1** *etw. Akk* klargjøre [klaarjööre] *noe*, forklare [forklaare] *noe*, oppklare [oppklaare], avklare [awklare] *noe* **2** (über einen Sachverhalt usw.) *j-n* belære [beläära] **3** ***sich*** **~** (Himmel) klarne [klarne]

aufladen *v* **1** (Last usw.) *etw. Akk auf etw. Akk* lesse [leßße] *noe på noe* **2** (Batterie usw.) lade [laade]

aufmachen *v* **1** (Packung usw.) *etw. Akk* åpne [oopne] *noe* **2** (Gürtel usw.) *etw. Akk* kneppe opp [kneppe opp] *noe*, knappe opp [knappe opp] *noe*

aufmerksam *adj* observant [opßerwant], oppmerksom [oppmärkßom], mottakelig [muuttaakeli] ♦ *adv* oppmerksomt [oppmärkßomt] ► **~ machen** *j-n auf etw. Akk* gjøre oppmerksom *på noe*

Aufmerksamkeit *w* oppmerksomhet [oppmärkßomheet] *m/w* ► **~ widmen** *j-m/etw.* vise oppmerksomhet *for noen/noe*; **eine kleine ~** gave *m/w*

Aufnahme *w* **1** (in Verein usw.) opptak [opptaak] *s* **2** (Nahrung usw.) inntak [inntaak] *s* **3** (Foto) bilde [bilde] *s* **4** (Film usw.) opptak [opptaak] *m*

aufnehmen *v* **1** (vom Boden usw.) *etw. Akk* plukke opp [plʉkke opp] **2** (Studenten usw.) ta opp [taa opp] **3** (Mitglied usw.) *j-n* ta inn [taa in] *noen*, ansette [anßette] *noen* **4** (Musik usw.) *etw. Akk* spille inn [ßpille in] *noe* **5** (lernen usw.) *etw. Akk* plukke [plʉkke] *noe* **6** (Behälter usw.) holde [holle], (Platz bieten) romme [romme]

aufpassen *v* **1** *auf etw. Akk* passe på [paßße poo] *noe*, (Warnung usw.) *auf etw. Akk* passe [paßße] *på noe* **2** *auf j-n* passe på [paßße poo] *noen/noe*, (Baby usw.) *auf j-n/etw.* passe [paßße] *noe, på noe*

Aufpreis *m* tillegg [tilleg] *s*

aufräumen *v* rydde [rüdde]; **aufgeräumt** (Zimmer usw.) ryddig

aufrecht *adj* opprett [opprett], rank [rangk] ♦ *adv* oppreist [oppräißt], opprett [opprett]

aufregen *v j-n* forstyrre [forschtüre] *noen*, opprøre [oppröre] *noen*

aufregend *adj* spennende [ßpennene]

Aufschlag *m* **1** (im Tennis usw.) serve [ßärwe] *m* **2** (Preis) tillegg [tilleg] *s*

aufschließen *v etw. Akk* låse opp [looße opp] *noe*

aufschreiben *v etw. Akk* skrive ned [ßkriiwe need] *noe*, notere [nuteere] *noe*

Aufschrift *w* påskrift [pooßkrift] *m/w*, innskrift [innßkrift] *m/w*, inskripsjon [inßkripschuun] *m*

aufstehen *v* **1** stå opp [ßtoor opp], reise seg [räiße ßäi] **2** (aus dem Bett) stå opp [ßtoor opp]

aufsteigen *v* **1** (Fahrrad, Pferd usw.) *auf etw. Akk* stige opp [ßtiige opp] *på noe*, (Pferd usw.) *auf etw. Akk* stige opp [ßtiige opp] *noe* **2** (an die Oberfläche) dukke opp [dukke opp], flyte opp [flüüte opp]

Aufstrich *m* pålegg [pooleg] *s*

aufsuchen *v j-n/etw.* søke [ßööke] *noen/noe*, slå *noen/noe* opp [schloo opp]

auftanken *v* fylle brennstoff [fülle brennßtof], tanke [tangke]

aufwachen *v* våkne [wookne], våkne (opp) [wookne (opp)]

aufwärmen *v* **1** (Essen) *etw. Akk* varme opp [warme opp] *noe* **2** ***sich*** **~** (Sportler usw.) varme opp [warme opp], varme seg [warme ßäi]

aufwärts *adv* opp [opp], oppover [oppoower]

Aufzug *m* heis [häiß] *m*

Auge *s* øye [öüe] *s*

Augenarzt *m* øyelege [öüeleege] *m*, oftalmolog [uftalmuloog] *m*

Augenblick *m* **1** (kurzer usw.) stund [ßtʉn] *m/w* **2** (genauer usw.) øyeblikk [öüeblikk] *s*, tidspunkt [tizpʉngkt] *s*

Augenbrauen *w Mz* øyebryn [öüebrüün] *s*

Augentropfen *Mz* øyedråper [öüedrooper] *s Mz*

August *m* august [äʉgʉßt] *m*

aus[1] *prep* **1** (herausnehmen usw.) *etw.* ut av [ʉʉt aaw] *noe* **2** (weg) fra [fraa] **3** (stammend usw.) fra [fraa] **4** (gemacht) *etw.* av [aaw] *noe*

aus[2] *adj* slått av [schlott aaw]; **Es ist ~.** Det er slutt.

ausatmen *v* puste ut [pʉßte ʉʉt]

Ausbildung *w* utdannelse [ʉʉtdannelße] *m*, utdanning [ʉʉttanning] *m/w*, opplæring [oppläring] *m/w*

Ausblick *m* utsikt [ʉʉzikt] *m*, utsyn [ʉʉzüün] *s*

Ausdruck[1] *m* **1** (Wort usw.) uttrykk [ʉʉttrükk] *s* **2** (Bekanntgabe) *etw. Gen* uttrykk [~~uu~~ttrükk] *s* **3** (im Gesicht usw.) uttrykk [~~uu~~ttrükk] *s* **4** (Kennzeichen) ytring [ütring] *m/w*

Ausdruck² *m* (etw. Gedrucktes) utskrift [~~uu~~zkrift] *m/w*

ausdrücken *v* **1** (mit Worten usw.) *etw. Akk* uttrykke [~~uu~~ttrükke] **2** *sich* ~ uttrykke seg [~~uu~~ttrükke ßäi]

ausdrücklich *adj* uttrykkelig [~~uu~~ttrükkeli] ♦ *adv* **1** (betonen usw.) uttrykkelig [~~uu~~ttrükkeli], eksplisitt [ekßplißitt] **2** (ablehnen usw.) ettertrykkelig [ettertrükkeli]

ausfahren *v* **1** (mit dem Auto usw.) *aus/von etw.* kjøre ut [schööre ~~uu~~t] **2** (mit Freunden usw.) kjøre en tur [schööre en t~~uu~~r]

Ausfahrt *w* **1** (Ausgang) utkjørsel [~~uu~~tschörschel] *m/w* **2** (Ausfahren) avreise [aawräiße] *m/w* **3** (auf der Autobahn) avkjøringsvei [aawschööringßwäi] *m* ► **eine ~ machen** kjøre en tur

Ausfall *m* **1** svikt [ßwiikt] *m* **2** (Bewegung) utfall [~~uu~~tfal] *s*

ausfallen *v* **1** falle ut [falle ~~uu~~t] **2** (nicht stattfinden) bli avlyst [blii aawlüüßt] ► **Der Strom ist ausgefallen.** Strømmen er borte., Strømmen er nede.

Ausflug *m* tur [t~~uu~~r] *m*, utflukt [~~uu~~tfl~~u~~kt] *m/w*

Ausfuhr *w* eksport [ekßport] *m*

ausführen *v* **1** (exportieren) *etw. Akk* eksportere [ekßporteere] *noe* **2** (Arbeit usw.) *etw. Akk* gjennomføre [jennomfööre] *noe*, (Plan usw.) *etw. Akk* utføre [~~uu~~tfööre] *noe* **3** (in Einzelheiten) *etw. Akk* utdype [~~uu~~tdüüpe] *noe*, utbrodere [~~uu~~tbrodeere] *noe*

ausführlich *adj* detaljert [detaljeert], utførlig [~~uu~~tfäörli], nærmere [närmere], mer detaljert [meer detaljeert] ♦ *adv* detaljert [detaljeert], utførlig [~~uu~~tfäörli]

ausfüllen *v* **1** (Raum usw.) *etw. Akk mit etw.* fylle [fülle] *noe med noe* **2** (Formular usw.) fylle ut [fülle ~~uu~~t]

Ausgabe *w* **1** (Kosten) utgift [~~uu~~tjift] *m/w* **2** (broschierte usw.) utgave [~~uu~~tkaawe] *m/w* **3** (Austeilung) utlevering [~~uu~~tleweering] *m/w*

Ausgang *m* utgang [~~uu~~tgang] *m*

ausgeben *v* **1** (Flugblätter usw.) dele ut [deele ~~uu~~t], gi bort [jii burt] **2** (Geld) *etw. Akk für etw.* bruke [br~~uu~~ke] *noe på noe*, koste [koßte] *noe* (på) *noe* **3** *sich* ~ *als j.* gi seg ut [jii ßäi ~~uu~~t] *for noen*

ausgehen *v* **1** *aus etw.* gå ut [goo ~~uu~~t] *av noe* **2** (gern, häufig usw.) gå på byen [goo poo büüen] **3** *irgendwie* vise seg [wiiße ßäi] *å være noe*, ende [enne] *på noen måte*, falle ut [falle ~~uu~~t] *på noen måte* **4** (verbraucht sein) ta slutt [taa schl~~u~~tt]

ausgeschaltet *adj* slått av [schlott aaw]

ausgezeichnet *adj* utmerket [~~uu~~tmärket] ♦ *adv* utmerket [~~uu~~tmärket], glimrende [glimrene], flott [flott]

aushalten *v etw. Akk* holde ut [holle ~~uu~~t] *noe*, tåle [toole] *noe*, gjennomgå [jennomgoo] *noe*; **Ich halte es nicht mehr aus.** Jeg kan ikke finne meg mer i det., Jeg tåler ikke dette mer

auskennen *v* ***sich*** ~ *in etw. Dat* kjenne [schenne] *til noe*, være kyndig [wääre schündi] *i noe*, være vel bevandret i [wääre wel bewandret i] *noe*

Auskunft *w* informasjon [informaschuun] *m*

Ausland *s* utland [~~uu~~tlan] *s*; **im ~** i utlandet; **ins ~ fahren** reise til utlandet

Ausländer *m* utlending [~~uu~~tlenning] *m*

ausländisch *adj* utenlandsk [~~uu~~tenlanßk]

auslaufen *v* **1** *aus etw.* lekke [lekke] *ut av noe* **2** (Schiff) legge fra (kai) [legge fraa (kai)]

ausleeren *v etw. Akk* tømme [tömme] *noe*

ausleihen *v* ***sich*** ~ *etw. Akk von j-m* låne [loone] *noe fra noen*

ausloggen *v* ***sich*** ~ logge ut [logge ~~uu~~t]

ausmachen *v etw. Akk* slå av [schloo aaw] *noe*

Ausmaß *s* dimensjon [dimenschuun] *m*, størrelse [ßtörrelße] *m*

Ausnahme *w* unntak [~~u~~nntaak] *s*

ausnutzen *v* utnytte [~~uu~~tnütte]

auspacken *v* **1** (Geschenk usw.) *etw. Akk* pakke ut [pakke ~~uu~~t] *noe* **2** (Koffer usw.) pakke ut [pakke ~~uu~~t]

Auspuff *m* eksosanlegg [ekßuußanlegg] *s*

ausradieren *v* viske ut [wißke ~~uu~~t]

ausräumen *v* **1** (Zimmer usw.) rydde [rüdde], tømme [tömme] **2** (Laden, Wohnung usw.) *etw. Akk* rane [raane] *noe*

Ausrede *w für etw.* bortforklaring [burtforklaaring] *m/w*

ausreichen *v* rekke [rekke], strekke til [ßtrekke til], være nok [wääre nok]

ausrichten *v* **1** *j-m etw. Akk* overbringe [ooweerbringe] *noen noe* **2** (veranstalten) *etw. Akk* organisere [urganißeere], være vert [wääre wärt] ► **~ lassen** *j-m etw. Akk* gi beskjed *til noen*

ausruhen **sich ~** hvile, slappe av, hvile seg

Ausrüstung *w* utrustning [~~uu~~tr~~u~~ßtning] *m/w*, utstyr [~~uu~~ztüür] *s*

ausrutschen *v* **1** (hinfallen) skli [ßklii] **2** (aus der Hand usw.) slippe [schlippe], glippe [glippe], (aus Hand usw.) *aus etw.* glippe [glippe] *ut av noe*

Wörterbuch Deutsch – Norwegisch

Aussage *w* **1** (vor der Polizei usw.) vitnesforklaring [witneßforklaaring] *m*, erklæring [ärklääring] *m/w*, utsagn [uuzangn] *s* **2** (Mitteilung) uttalelse [uuttaaleIße] *m*

aussagen *v* vitne [witne], avlegge vitnesbyrd [awlegge witneßbürd]

ausschalten *v* **1** koble ut [koble uut] *noe*, (Maschine usw.) *etw. Akk* slå av [schloo aaw] **2** (Konkurrenten usw.) *j-n* utelukke [uutelukke] *noen*, eliminere [elimineere] *noen* ► **den Gang ~** sette bilen i fri

aussehen *v irgendwie* se ut [ßee uut] *som noe*

außen **von ~** utenfra

Außenseite *w etw. Gen* utside [uuziie] *m/w*

außer *prep* **1** *j-m/etw.* bortsett fra [burtschet fraa], (ausgenommen) *j-m/etw.* unntatt [unntatt] *noen/noe* **2** (auch noch) *etw. Dat* utenom [uutenom], unntatt [unntatt], i tillegg til [i tilleg til] ► **~ Betrieb** ute av drift

äußer(er,e,es) *adj* ytre [ütre], ytter- [ütter], utvendig [uutwendi]

außerdem *adv* dessuten [deßßuten], for øvrig [for ööwri], i tillegg til [i tilleg til]; **und ~** dessuten

außergewöhnlich *adj* eksepsjonell [ekßepschunel], ualminnelig [uualminneli], usedvanlig [uußedwaanli]

außerhalb *prep etw. Dat* utenfor [uutenfor] *noe*, *etw. Gen* på utsiden [poo uuziien] *av noe*, (der Stadt usw.) utenfor [uutenfor] *noe*

außerordentlich *adj* ekstraordinær [ekßtraurdinäär] ♦ *adv* usedvanlig [uußedwaanli], ualminnelig [uualminneli], ekstraordinært [ekßtraurdinärt]

Aussicht *w* **1** utsikt [uuzikt] *m*, utsyn [uuzüün] *s* **2** **~en** (Chancen) utsikt [uuzikt] *m*

Aussichtspunkt *m* utsikt [uuzikt] *m*

Aussichtsturm *m* utsiktstårn [uuzikztoorn] *s*

aussprechen *v* **1** uttale [uuttaale] **2** ytre [ütre], uttale [uuttaale]

Ausstattung *w* utstyr [uuztüür] *s*

aussteigen *v aus etw.* stige av [ßtiige aaw] *noe*, gå ut [goo uut] *av noe*, (Zug usw.) *aus etw.* gå av [goo aaw] *noe*

ausstellen *v* **1** (Exponat usw.) utstille [uuztille] **2** (Urkunde usw.) *etw. Akk* utstede [uuzteede]

Ausstellung *w* utstilling [uuztilling] *m/w*

Austausch *m* bytte [bütte] *s*, utskiftning [uutschiftning] *m/w*, skift [schift] *s*

austauschen *v* **1** (gegenseitig) *etw. Akk gegen etw.* bytte [bütte] **2** (Ersatzteil usw.) *etw. Akk gegen etw.* bytte [bütte] *noe ut med noe*

Auster *w* østers [ößtersch] *m*

Australien *s* Australia [äußtraalia] *s*

Australier *m* australier [äußtraalier] *m*

australisch *adj* australsk [äußtralßk]

austrinken *v* **1** (Tee usw.) *etw. Akk* drikke opp [drikke opp] **2** (Glas usw.) *etw. Akk* drikke *noe* opp [drikke opp] **3** (zu Ende trinken) drikke opp [drikke opp]

ausüben *v* praktisere [praktißeere], gjøre [jööre], drive [driiwe]

Ausverkauf *m* salg [ßalg] *s*

ausverkauft *adj* utsolgt [uuzolkt]

Auswahl *w* utvalg [uutwalg] *s*

auswählen *v* velge [welge]

auswechseln *v* **1** *etw. Akk gegen etw.* bytte [bütte] *noe ut med noe* **2** *j-n* erstatte [ärschtatte] *noen*

Ausweis *m* kort [kort] *s*, legitimasjonskort [legitimaschuunßkort] *s*

auswendig *adv* utenat [uutenat]

auszahlen *v j-m etw. Akk* utbetale [uutbetaale] *noen noe*

ausziehen *v* **1** (Hose usw.) *etw. Akk* ta av [taa aaw] *noe*, kle av [klee aaw] *noe* **2** (aus dem Haus usw.) flytte ut [flütte uut] ► **sich ~** kle av seg

Auszubildende *m* lærling [läärling] *m*

Auto *s* bil [biil] *m*; **in ein ~ einsteigen** sette seg inn

Autobahn *w* motorvei [muuturwäi] *m*

Autobahnauffahrt *w* påkjøringsrampe [pooschööringßrampe] *m/w*

Autokennzeichen *s* registreringsnummer [regißtreeringßnummer] *s*

Automat *m* automat [äutumaat] *m*, (Zigaretten usw.) salgsautomat [ßalgßäutumaat] *m*

automatisch *adj* automatisk [äutomaatißk]

Autonummer *w* registreringsnummer [regißtreeringßnummer] *s*

Autor *m* forfatter [forfatter] *m*

Autowaschanlage *w* bilvask [biilwaßk] *m*

Avocado *w* avokado [awukaadu] *m*

Axt *w* øks [ökß] *m*

B

Baby *s* baby [bäibi] *m*
Babyflasche *w* tåteflaske [tooteflaßke] *m/w*
Babynahrung *w* barnernæring [baarnärnääring] *m/w*
Bach *m* bekk [bekk] *m*
backen *v* bake [baake]
Backenzahn *m* jeksel [jekßel] *m*
Bäcker *m* baker [baaker] *m*
Bäckerei *w* bakeri [bakerii] *s*
Backwaren *w Mz* bakverk [baakwärk] *s*, bakst [bakßt] *m*
Bad *s* **1** (Raum) bad [baad] *s* **2** (mit Heilquellen) kursted [kuurschteed] *s*, kurbad [kuurbaad] *s* **3** (Baden) bad [baad] *s*
Badeanzug *m* badedrakt [baadedrakt] *m/w*
Badehose *w* svømmedrakt [ßwömmedrakt] *m/w*
Bademantel *m* badekåpe [baadekoope] *m/w*
Bademeister *m* badevakt [baadewakt] *m*
baden *v* **1** *j-n* bade [baade] *noen* **2** (sich waschen) bade [baade] **3** (schwimmen) bade [baade]
Badetuch *s* badehåndkle [baadehongkle] *s*
Badewanne *w* badekar [baadekaar] *s*
Badezimmer *s* bad [baad] *s*
Bahn *w* **1** (von Projektil usw.) bane [baane] *m* **2** (für Läufer usw.) løpebane [lööpebaane] *m* **3** (Schienenverkehrsmittel) jernbane [jäärnbaane] *m* **4** (Stadtverkehrsmittel) sporvogn [ßpuurwongn] *m/w*, trikk [trikk] *m*
Bahnhof *m* jernbanestasjon [jäärnbaaneßtaschuun] *m*
Bahnschranken *w Mz* bom [bom] *m*
Bahnsteig *m* perrong [perong] *m*
Bahnübergang *m* jernbaneovergang [jäärnbaaneoowergang] *m*
bald *adv* snart [ßnaart]; **so ~ wie möglich** så fort som mulig
baldmöglichst *adv* så fort som mulig [ßoo furt ßom muuli]
Balkon *m* balkong [balkong] *m*
Ball *m* **1** ball [bal] *m* **2** (Schlag) spark [ßpark] *s*
Ballon *m* ballong [balong] *m*, luftballong [luftbalong] *m*
Banane *w* banan [banaan] *m*
Band[1] *s* **1** (magnetisches usw.) bånd [bon] *s* **2** (Förderband usw.) belte [belte] *s* **3** (Gewebe) ligament [ligament] *s*, leddbånd [leddbon] *s*, (Verbindung) bånd [bon] *s* **4** (im Haar usw.) bånd [bon] *s*
Band[2] *m* bind [bin] *s*
Band[3] *w* band [ban] *s*
Bank[1] *w* **1** (zum Sitzen) benk [bengk] *m* **2** (Werkbank usw.) stol [ßtuul] *m*
Bank[2] *w* (Geldanstalt) bank [bangk] *m*
Bankautomat *m* minibank [miinibangk] *m*
Banknote *w* seddel [ßeddel] *m*
Bar *w* bar [baar] *m*
Bär *m* bjørn [bjöörn] *m*
barfuß *adj* barbeint [baarbäint]
Bargeld *s* kontant [kontant] *m*, kontanter [kontanter] *m Mz*
Bart *m* skjegg [scheg] *s*
Basilikum *s* basilikum [baßiilikum] *m*
Basis *w* **1** basis [baaßiß] *m* **2** (eines Objekts usw.) basis [baaßiß] *m*, underlag [unnerlaag] *s*, fundament [fundament] *s* **3** (militärische usw.) base [baaße] *m*
basteln *v* pusle [puschle], fikse [fikße], gjøre-det-selv [jööredeeßel]
Batterie *w* batteri [batterii] *s*
Bau *m* **1** bygging [bügging] *m/w* **2** (Gebäude) bygg [büg] *s*, bygning [bügning] *m/w* **3** *etw. Gen* struktur [ßtruktuur] *m*, oppbygning [oppügning] *m/w* **4** (eines Tieres) hi [hii] *s*
Bauch *m* mage [maage] *m*
bauen *v* **1** *etw. Akk* bygge [bügge], reise [räiße] **2** (Maschinen usw.) bygge [bügge]
Bauer *m* **1** jordbruker [juurbruuker] *m*, bonde [bunne] *m* **2** (im Schach) bonde [bunne] *m*
Bauernhof *m* gård [goor] *m*
Baum *m* tre [tree] *s*
Baumwolle *w* bomull [bomul] *m/w*
Baustelle *w* byggeplass [büggeplaß] *m*
Bauwerk *s* bygg [büg] *s*, bygning [bügning] *m/w*
Beamte *m* embetsmann [embezman] *m*, (im öffentlichen Dienst) tjenestemann [tjeeneßteman] *m*
beanspruchen *v etw. Akk* forlange [forlange] *noe*, kreve [kreewe] *noe*, kjempe [schempe] *for noe*
beanstanden *v etw. Akk* reklamere [reklameere] *noe/på noe*
beantragen *v etw. Akk* søke [ßööke] *om noe*, *noe, etter noe, etw. Akk* søke [ßööke] *om noe*
bearbeiten *v* behandle [behandle]
beaufsichtigen *v etw. Akk* ha tilsyn med [haa tilßüün mee] *noe*, passe på [paße poo] *noe*, (Arbeit usw.) *etw. Akk* sørge [ßörge] *for noe*

Becken *s* **1** (Reservoir) kum [k~~u~~m] *m* **2** (Körperteil) bekken [bekken] *s* **3** (Musikinstrument) symbaler [ßümbaal^{e}r] *m Mz*, cymbaler [ßümbaal^{e}r] *m Mz*

bedanken **sich ~** *bei j-m für etw.* takke *noen for noe*

bedauern *v* **1** *j-n* synes synd [ßüüneß ßün] *på noen*, *j-n* vise medfølelse [wiiß^{e} meefööl^{e}lß^{e}] *med noen*, synes synd [ßüüneß ßün] *på noen* **2** *etw. Akk* angre [anggr^{e}] *på noe*

bedecken *v j-n/etw. mit etw.* dekke [dekk^{e}] *noe med noe*, skjule [sch~~uu~~l^{e}] *noe med noe*, overtrekke [oow^{e}rtrekk^{e}]

bedeuten *v* bety [betüü] *noe*

Bedeutung *w* betydning [betüüdning] *m/w*

bedienen *v* **1** *j-n* betjene [betjeen^{e}] *noen* **2 *sich* ~** forsyne seg [forschüün^{e} ßäi] *med noe* **3** (Maschine usw.) *etw. Akk* betjene [betjeen^{e}] *noe* ► **B~ Sie sich.** Forsyn dere!

Bedienung *w* betjening [betjeening] *m/w*

Bedingung *w* vilkår [wilkoor] *s*, betingelse [beting^{e}lß^{e}] *m*; **unter der ~, dass** under forutsetning av at, forutsatt at

bedrohen *v j-n/etw.* utsette for fare [~~uu~~zett^{e} for faar^{e}] *noen*

Bedrohung *w* trussel [tr~~u~~ßß^{e}l] *m*, (Gefahr) *etw. Gen* fare [faar^{e}] *m for noe*

Bedürfnis *s* behov [behuuw] *s*

beeilen *v* ***sich* ~** skynde seg [schünn^{e} ßäi]

beeinflussen *v j-n/etw.* influere [infl~~u~~eer^{e}] *på noen/noe*, påvirke [poowirk^{e}] *noen*

beenden *v* **1** avslutte [aawschl~~u~~tt^{e}], fullføre [f~~u~~llföör^{e}] **2** (stoppen) *etw. Akk* slutte [schl~~u~~tt^{e}] *noe*, avslutte [aawschl~~u~~tt^{e}] *noe*

beerdigen *v j-n* begrave [begraaw^{e}] *noen*, bisette [biißett^{e}] *noen*, jordfeste [juurfeßt^{e}] *noen*, gravlegge [graawlegg^{e}] *noen*

Beerdigung *w* begravelse [begraaw^{e}lß^{e}] *m*

Beere *w* bær [bäär] *s*

Beet *s* bed [beed] *s*

befahrbar *adj* framkommelig [framkomm^{e}li]

befassen *v* **1 *sich* ~** *mit etw.* holde på [holl^{e} poo] *med noe* **2 *sich* ~** (Problem usw.) *mit etw.* behandle [behandl^{e}] *noe*

Befehl *m* **1** kommando [komandu] *m*, ordre [ordr^{e}] *m* **2** (EDV) kommando [komandu] *m*

befehlen *v j-m etw. Akk* beordre [beordr^{e}] *noen noe*, *j-m etw. Akk* beordre [beordr^{e}] *noen til å gjøre noe*

befestigen *v* **1** (festmachen) *etw. Akk an etw. Dat* feste [feßt^{e}] *noe på noe* **2** (eine Stadt usw.) befeste [befeßt^{e}], forskanse [forschkanß^{e}]

befinden *v* ***sich* ~** *irgendwo* befinne seg [befinn^{e} ßäi]

befördern *v* **1** (Güter usw.) *etw. Akk irgendwohin* transportere [tranßporteer^{e}] *noe til et sted*, frakte [frakt^{e}] *noe til et sted*, flytte [flütt^{e}] *noe til et sted* **2** (zum Direktor usw.) *j-n zu etw.* forfremme [forfremm^{e}] *noen til noe*

Beförderung *w* **1** transport [tranßport] *m*, frakt [frakt] *m/w* **2** (in einen Rang) forfremmelse [forfremm^{e}lß^{e}] *m*

befreien *v* **1** *j-n/etw.* frigjøre [friijöör^{e}] *noen/noe* **2** (Stadt usw.) frigjøre [friijöör^{e}] **3** (herausziehen usw.) *j-n/etw. aus etw.* befri [befrii] *noen/noe fra noe/et sted*, få *noen/noe* løs/løst [foo lööß/löößt] *fra noe/et sted* **4** (von Pflicht) *j-n von etw.* befri [befrii] *noen fra noe* **5** *von j-m/etw.* befri [befrii] *noen for noe*, (von Einschränkungen usw.) liberalisere [liberalißeer^{e}] **6 *sich* ~** *von etw.* frigjøre seg [friijöör^{e} ßäi] *fra noe*, befri seg [befrii ßäi] *fra noe*

befriedigen *v* **1** *j-n/etw.* tilfredsstille [tilfretßßtill^{e}] *noen/noe* **2** (Bedürfnis usw.) tilfredsstille [tilfretßßtill^{e}] *noe*

begabt *adj* begavet [begaawet]

begegnen *v j-m* møte [mööt^{e}] *noen*, treffe [treff^{e}] *noen*, *j-m* møtes [mööteß], treffes [treffeß]

begehen *v etw. Akk* begå [begoo]

begeistert *adj* **1** (hingerissen) *von etw.* begeistret [begäißtret] *av* **2** (Fan) entusiastisk [ent~~u~~ßiaßtißk] **3** (engagiert) *für etw.* begeistret [begäißtret] *for noen/noe*

Begeisterung *w* **1** begeistring [begäißtring] *m/w*, *für etw.* entusiasme [ent~~u~~ßiaßm^{e}] *m for noe*, iver [iiwer] *m* **2** (Verve usw.) entusiasme [ent~~u~~ßiaßm^{e}] *m*

begießen *v j-n/etw. mit etw.* helle [hell^{e}] *noe over noen*

Beginn *m* begynnelse [bejünn^{e}lß^{e}] *m*, (eines Konzerts usw.) åpning [oopning] *m*

beginnen *v* **1** *etw. Akk, mit etw.* begynne [bejünn^{e}] *på noe*, (eine Tätigkeit usw.) *etw. Akk, mit etw.* begynne [bejünn^{e}] *på noe,med noe* **2** (Beginn haben) begynne [bejünn^{e}] **3** (Krieg, Streit usw.) utløse [~~uu~~tlööß^{e}] *noe*

beglaubigen *v etw. Akk* attestere [ateßteer^{e}] *noe*, bekrefte [bekreft^{e}] *noe*, *etw. Akk* bekrefte [bekreft^{e}] *noe*, attestere [ateßteer^{e}] *noe*

begleiten *v* følge [fölg^{e}] *noen*, *j-n irgendwohin* følge [fölg^{e}] *noen et sted*, ledsage [ledßaag^{e}] *noen et sted*

beglückwünschen *v j-n zu etw.* gratulere [grat~~u~~leer^{e}] *noen med noe*

begreifen *v etw. Akk* forstå [forschtoo] *noe*, skjønne [schönn^{e}] *noe*, begripe [begriip^{e}] *noe*, fatte [fatt^{e}] *noe*

Begriff *m* begrep [begreep] *s*; **im ~ sein** *etw. Akk zu tun* skulle akkurat *gjøre noe*
begrüßen *v* **1** *j-n* hilse [hilße] *på noen* **2** *etw. Akk* se frem til [ßee frem til] *noe*, ønske *noe* velkommen [önßke welkommen]
behalten *v* **1** (nicht zurückgeben) *etw. Akk* beholde [beholle] *noe* **2** (Zustand usw.) beholde [beholle] *noe* **3** (Qualität usw.) *etw. Akk* beholde [beholle] *noe*, *etw. Akk* bevare [bewaare] *noe*, beholde [beholle] *noe*
Behälter *m* konteiner [kontäiner] *m*
behandeln *v* **1** (respektvoll usw.) *j-n irgendwie* behandle [behandle] *noen på en måte*, *j-n irgendwie* oppføre seg [oppfööre ßäi] *mot noen på en måte* **2** (ärztlich) *j-n/etw.* behandle [behandle] *noen/noe* **3** (Patienten usw.) *j-n/etw.* behandle [behandle] *noen/noe* **4** (Film usw.) *etw. Akk* handle om [hannle om] *noe*
Behandlung *w* **1** (Umgang) *j-s* behandling [behandling] *m/w* **2** (eines Patienten usw.) behandling [behandling] *m/w*
behaupten *v* hevde [hewde], påstå [pooßtoo], *etw. Akk* hevde [hewde]
Behauptung *w* påstand [pooßtan] *m*
beheizen *v* varme opp [warme opp]
beherrschen *v* **1** (ein Land usw.) *etw. Akk* beherske [behärschke] *noe*, ta kontroll [taa kontrol] *over noe*, (Firma usw.) beherske [behärschke], herske over [härschke oower] **2** (Fremdsprache usw.) beherske [behärschke] *noe*, kunne [kunne] *noe*, (gelernt haben) mestre [meßtre]
behindern *v etw. Akk* hindre [hindre] *noe*
behindert *adj* funksjonshemmet [fungkschuunßhemmet], handikappet [handikappet], ufør [uufföör]
Behörde *w* kontor [kontuur] *s*
behördlich *adj* offisiell [ufißiel]
bei *prep* ved [wee]
beibringen *v j-m etw. Akk* lære [läära] *noen noe*
beide *num* begge [begge]
Beifall *m* applaus [apläuß] *m*
beifügen *v* legge til [legge til], legge ved [legge wee]
Beilage *w* **1** (Zeitung usw.) bilag [biilaag] *s* **2** (Essen) tilbehør [tilbehöör] *s*, birett [biirett] *m*, (Gemüse usw.) garnering [garneering] *m/w*
Beileid *s* kondolanse [kundulangße] *m*
Bein *s* bein [bäin] *s*, ben [been] *s*; **ein ~ stellen** *j-m* spenne bein for *noen*, få *noen* til å snuble
beinahe *adv* nesten [neßten] ♦ *part* rett og slett [rett o schlett]
beiseite *adv* **1** (zur Seite) sidelengs [ßiidelengß] **2** (legen usw.) til side [til ßiie]
Beispiel *s* **1** (Beweis) *etw. Gen* eksempel [ekßempel] *s på noe* **2** (Muster) eksempel [ekßempel] *s* ► **zum ~** for eksempel
beißen *v* **1** *in etw. Akk* bite i [biite i] *noe* **2** (wiederholt) gnage [gnaage] **3** (verletzen usw.) *j-n* bite [biite] *noen* **4** (Schlange) bite [biite] *noen* **5** (böser Hund usw.) bite [biite]
bekämpfen *v etw. Akk* stride [ßtriide], kjempe [schempe]
bekannt *adj* velkjent [welschent] ► **~ machen/geben** *etw. Akk* kunngjøre; **(wohl) ~** *j-m* velkjent *for noen*
Bekannte *m* bekjent [beschent] *m*, kjenning [schenning] *m/w*
Bekanntschaft *w* bekjentskap [beschenzkaap] *s*
bekommen *v* få [foo]
belasten *v* **1** *etw. Akk* belaste [belaßte] *noe* **2** *j-n mit etw.* belaste [belaßte] *noen med noe* **3** (mit einem Betrag usw.) *mit etw.* belaste [belaßte] *noe*
belästigen *v* **1** *j-n mit etw.* plage [plaage] *noen med noe*, *j-n* bry [brüü] *noen* **2** (sexuell usw.) trakassere [trakaßeere] *noen*
Belastung *w* **1** (Gewicht usw.) last [laßt] *m/w*, (Last) belastning [belaßtning] *m/w* **2** (Arbeit usw.) belastning [belaßtning] *m/w*, *etw. Gen* press [preß] *s*, last [laßt] *m/w* **3** (Schwierigkeit usw.) bør [böör] *m*, last [laßt] *m/w*
belebt *adj* **1** (Straße usw.) travel [traawel] **2** (Substantiv usw.) animatum [animaatum] *s*
beleidigen *v j-n* fornærme [fornärme] *noen*; **sich beleidigt fühlen** *wegen etw.* bli fornærmet *av noe*
Beleidigung *w* fornærmelse [fornärmelße] *m*
beleuchten *v etw. Akk* lyse [lüüße] *på noe* (anleuchten) belyse [belüüße]
Beleuchtung *w* belysning [belüüßning] *m/w*
beliebig *adj* hvilken som helst [wilken ßom helßt] ♦ *pron* hvilken som helst [wilken ßom helßt], enhver [enwäär]
beliebt *adj* **1** *bei j-m* populær [populäär] *hos noen* **2** (Lieblings-) yndlings- [ündlings]
bellen *v* bjeffe [bjäffe]
Belohnung *w* belønning [belönning] *m/w*
bemerken *v* **1** (sehen usw.) *j-n/etw.* legge merke [legge märke] *til noen/noe* **2** bemerke [bemärke]
Bemerkung *w* bemerkning [bemärkning] *m/w*, (schriftlich) notat [nutaat] *s*
bemühen *v* ***sich ~*** *um etw.* forsøke [forschööke] *å gjøre noe*, prøve [prööwe] *å gjøre noe*, *um etw.* streve [ßtreewe] *etter*, strebe [ßtreebe] *etter*

Wörterbuch Deutsch – Norwegisch

Bemühung w um etw. anstrengelse [anßtrengelße] m

benachrichtigen v j-n von etw. informere [informeere] noen om noe, underrette [unnerrette] noen om noe, varsle [warschle] noen om noe, j-n von etw. meddele [meedeele] noen noe

benehmen v **sich ~** oppføre seg [oppfööre ßäi], opptre [opptree], forholde seg [forholle ßäi]

Benehmen s oppførsel [oppförschel] m, atferd [atfärd] m/w

benötigen v etw. Akk behøve nødvendigvis [behööwe/trengenöödwendiwiiß] noe

benutzen v bruke [bruuke], benytte seg [benütte ßäi] av noe, etw. Akk bruke [bruuke] noe, anvende [aanwenne] noe

Benutzer m bruker [bruuker] m

Benutzung w etw. Gen bruk [bruuk] m/s av noe, anvendelse [anwennelße] m av noe, bruksmåte [bruukßmoote] m av noe, utnyttelse [uutnüttelße] m av noe

Benzin s bensin [benßiin] m; **Ich habe kein ~ mehr.** Jeg har gått tom for bensin.

beobachten v **1** j-n/etw. se på [ßee poo] noen/noe, følge med [fölge mee] noen/noe, (um zu lernen usw.) j-n/etw. betrakte [betrakte] noen/noe **2** (bemerken) observere [opßerweere], legge merke til [legge märke til] noe **3** (Entwicklung usw.) overvåke [oowerwooke], følge [fölge]

Beobachtung w iakttakelse [iakttaakelße] m

bequem adj behagelig [behaageli] ♦ adv lett [lett]

beraten v j-n bei etw. gi råd [jii rood] til noen, råde [roode]; **sich ~** mit j-m über etw. Akk konsultere, spørre til råds

Beratung w **1** (Besprechung) konsultasjon [konßultaschuun] m, samråd [ßamrood] s **2** (Beratertätigkeit) rådgiving [roodjiiwing] m/w

berauben v j-n etw. Gen berøve [berööwe] noen noe, frata [fraataa] noen noe

berechtigt adj **1** (Sorge usw.) begrunnet [begrunnet], berettiget [berettiget] **2** (Vorgehen usw.) begrunnet [begrunnet] **3** (zuständig) berettiget [berettiget]

Bereich m område [omroode] s, felt [felt] s, krets [krez] m, sfære [ßfääre] m

bereit adj etw. Akk zu tun villig [willi] til å gjøre noe, zu etw. klar [klaar] til noe, ferdig [färdi] til noe; **~ machen** etw. Akk für j-n forberede noe

bereiten v j-m etw. Akk forberede [forbereede] noe

Bereitschaft w **1** (zum Handeln usw.) beredskap [berezkaap] m/s **2** (zu helfen) hjelpsomhet [jelpßomheet] m/w, vilje [wilje] m **3** (Reserve) reserve [reßärwe] m

Berg m fjell [fjel] s, berg [bärg] s

bergab adv nedover (bakke) [needoower (bakke)]

bergauf adv oppoverbakke [oppoowerbakke] m

Berggipfel m fjelltopp [fjelltopp] m

Bergkette w fjellkjede [fjellscheede] m

Bergsteiger m fjellklatrer [fjellklatrer] m

Bergwerk s gruve [gruuwe] m/w

Bericht m über etw. Akk rapport [raport] m

berichten v j-m von etw. anmelde [anmelde] noe til noen

Beruf m profesjon [prufeschuun] m

Berufserfahrung w praksis [prakßiß] m

beruhigen v **1** j-n berolige [beruulige] noen, roe [ruue] **2** (einen Wütenden usw.) roe ned [ruue need] **3** (durch Versicherung usw.) berolige [beruulige] **4** **sich ~** roe seg [ruue ßäi], roe seg ned [ruue ßäi need] **5** **sich ~** (Lage usw.) roe seg (ned) [ruue ßäi (need)]

berühmt adj berømt [berömt], kjent [schent], velkjent [welschent], (bedeutend) framtredende [framtreedene]

berühren v j-n/etw. berøre [beröösre] noen/noe

Berührung w berøring [beröóring] m/w

Besatzung w mannskap [mannßkaap] s, besetning [beßetning] m/w

beschädigen v skade [ßkaade], beskadige [beßkaadige], ødelegge [öödelegge]

Beschädigung w skade [ßkaade] m

beschäftigen v **1** **sich ~** mit etw. holde på [holle poo] med noe **2** (Angestellten usw.) j-n ansette [anßette] noen **3** (etwas zu tun geben) j-n mit etw. beskjeftige [bescheftige] noen med noe

Beschäftigung w ansettelse [anßettelße] m, (Arbeit) sysselsetting [ßüßßelßetting] m/w

Bescheid m bekjentgjøring [beschentjööring] m/w; **~ sagen** j-m la vite noen

bescheiden adj beskjeden [bescheeden]

Bescheinigung w sertifikat [ßertifikaat] s, attest [ateßt] m

beschlagnahmen v j-m etw. Akk beslaglegge [beschlaaglegge], konfiskere [kunfißkeere]

beschleunigen v **1** (sich schneller bewegen) sette opp farten [ßette opp farten], øke farten [ööke farten] **2** etw. Akk akselerere [akßelereere] noe, (Entwicklung) forsere [forscheere] noe, påskynde [pooschünne] noe, akselerere [akßelereere] noe **3** (Anfang usw.) etw. Akk forsere [forscheere] noe, påskynde [pooschünne] noe

beschließen *v* **1** (Entschluss fassen) *etw. Akk* bestemme seg [beßtemme ßäi] *for å gjøre noe*, beslutte seg [beschlutte ßäi] *til å gjøre noe, for noe* **2** (ein Gesetz usw.) vedta [weettaa]

beschmutzen *v* **1** *etw. Akk* skitne til [schitne til] *noe*, grise til [griiße til] *noe*, smusse til [ßmußße til] *noe*, søle [ßööle] *på noe* **2** (Ruf, Ehre usw.) skitne til [schitne til] *noe*

beschränken *v etw. Akk* begrense [begrenße] *noe*

beschränkt *adj* sløv [schlööw]

Beschränkung *w* begrensning [begrenßning] *m/w*, restriksjon [reßtrikschuun] *m*

beschreiben *v* **1** (Blatt usw.) *etw. Akk* skrive [ßkriiwe] *over noe, på noe* **2** (Person usw.) *j-n/etw.* beskrive [beßkriiwe] *noen/noe*

Beschreibung *w* beskrivelse [beßkriiweIße] *m*

beschützen *v j-n/etw. vor j-m/etw.* beskytte [beschütte] *noen/noe mot noen/noe*

Beschwerde *w* klage [klaage] *m/w*

beschweren *v* **1** (Kummer usw.) *j-n* tynge [tünge] *noen* **2** ***sich*** **~** *bei j-m über etw. Akk* klage [klaage] *til noen på noe*

beseitigen *v* **1** *etw. Akk* fjerne [fjärne] *noe* **2** (tilgen usw.) *etw. Akk* eliminere [elimineere] **3** (Abfall usw.) *etw. Akk* kvitte seg [kwitte ßäi] *med noe*, fjerne [fjärne]

Beseitigung *w* **1** fjerning [fjärning] *m/w* **2** (Tilgung usw.) *von etw.* likvidasjon [likwidaschuun] *m*, fjerning [fjärning] *m/w av noe*

Besen *m* kost [koßt] *m*, langkost [langkoßt] *m*

besetzen *v* oppta [opptaa]

besetzt *adj* opptatt [opptatt]

besichtigen *v etw. Akk* se [ßee] *på noen/noe*

Besichtigung *w etw. Gen* omvisning [omwiißning] *m/w på et sted, av noe*; **~ von Sehenswürdigkeiten** sightseeing *m*, byvandring *m/w*

Besitz *m* **1** eiendom [äiendom] *m* **2** (Besitzen) besittelse [beßitteIße] *m*, eiendom [äiendom] *m*

besitzen *v etw. Akk* eie [äie] *noe*

Besitzer *m* innehaver [innehaawer] *m*, *etw. Gen* eier [äier] *m*

besonder(er,e,es) *adj* spesiell [ßpeßiel], særskilt [ßäärschilt], sær [ßäär], sær- [ßäär]

besonders *adv* **1** særlig [ßäärli] **2** (gut, erfolgreich usw.) særlig [ßäärli] ♦ *part* særlig [ßäärli]

besorgen *v* **1** *etw. Akk* ordne [ordne] *noe*, *etw. Akk* ta seg [taa ßäi] *av noen* **2** (beschaffen) *j-m etw. Akk für j-n* skaffe [ßkaffe] *noe til noen*

besprechen *v etw. Akk mit j-m* diskutere [dißkuteere] *noe med noen*, *etw. Akk mit j-m* rådspørre [roodßpörre], spørre til råds [ßpörre til rooz], be om råd [bee om rood]

besser *adj* bedre [beedre] ♦ *adv* bedre [beedre]

best(er,e,es) *adj* best [beßt]

Bestandteil *m etw. Gen* del [deel] *m av noe*

bestätigen *v* **1** (amtlich usw.) *etw. Akk* bekrefte [bekrefte] *noe* **2** (Wahrhaftigkeit usw.) bekrefte [bekrefte], underbygge [unnerbügge]

Bestätigung *w etw. Gen* bekreftelse [bekrefteIße] *m*

bestechen *v j-n* bestikke [beßtikke] *noen*

Besteck *s* bestikk [beßtikk] *s*

bestehen *v* **1** (als Ganzes) *aus etw.* bestå [beßtoo] *av noe*, *aus etw.* bestå [beßtoo] *av* **2** (Prüfung usw.) bestå [beßtoo] **3** (von einem Problem usw.) *in etw. Dat* bestå i [beßtoo i] **4** (beharren) *auf etw. Dat* insistere [inßißteere] *på noe*

bestehlen *v j-n um etw.* stjele [ßtjääle] *noe fra noen*, *j-n um etw.* rane [raane] *noen for noe*, *j-n um etw.* stjele [ßtjääle] *fra noen*, ribbe [ribbe] *noen*

bestellen *v etw. Akk* bestille [beßtille] *noe*

Bestellung *w* bestilling [beßtilling] *m/w*

bestimmen *v* **1** (Anzahl usw.) *etw. Akk* bestemme [beßtemme] *noe*, avgjøre [aawjööre] *noe* **2** (autoritativ) bestemme [beßtemme], avgjøre [aawjööre]

bestimmt[1] *adj* bestemt [beßtemt], viss [wiß]

bestimmt[2] *part* avgjort [aawjurt], definitivt [definitiiwt], absolutt [apßolutt], sikkert [ßikkert]

Bestimmungsort *m* mål [mool] *s*

bestrafen *v j-n für etw.* straffe [ßtraffe] *noen for noe*

Besuch *m* **1** *j-s/etw.* besøk [beßöök] *s hos noen/på noe* **2** (Gast) besøkende [beßökene] *m*

besuchen *v* **1** *j-n* besøke [beßööke] *noen*, avlegge besøk hos [awlegge beßöök huß] *noen* **2** (Kurs usw.) *etw. Akk* gå [goo] *på noe* ► **die Sehenswürdigkeiten ~** gjøre en rundtur på severdigheter

Besucher *m* besøkende [beßökene] *m*

Betäubung *w* bedøvelse [bedööweIße] *m*

beten *v* be [bee]

Beton *m* betong [betong] *m*

betonen *v* **1** (Bedeutung usw.) *etw. Akk* understreke [unnerschtreeke] *noe* **2** *etw. Akk* betone [betuune] *noe*, framheve [framheewe] *noe*, understreke [unnerschtreeke] *noe*

Betonung *w* trykk [trükk] *s*

betrachten *v j-n/etw. als j-n/etw.* synes [ßüüneß], betrakte [betrakt^{e}] *noen/noe som noen/noe*

beträchtlich *adj* anselig [anßeeli], betydelig [betüüd^{e}li], betraktelig [betrakt^{e}li] ♦ *adv* markant [markant], betraktelig [betrakt^{e}li], vesentlig [weeß^{e}ntli], betydelig [betüüd^{e}li]

Betrag *m* sum [ßum] *m*, beløp [belööp] *s*

betreffen *v* **1** *j-n/etw.* angå [anggoo] *noen/noe*, gjelde [jell^{e}] *noen/noe* **2** (Erklärung usw.) *j-n/etw.* gjelde [jell^{e}] *for noen* **3** (inhaltlich usw.) *etw. Akk* angå [anggoo] *noe*, gjelde [jell^{e}] *noe* **4** (Erdbeben) *etw. Akk* ramme [ramm^{e}] *noe/noen* ► **was** *j-n/etw.* **betrifft** hva gjelder *noen/noe*, når det gjelder *noen/noe*, hva *noen/noe* angår

betreffend *adj* vedkommende [weedkomm^{e}n^{e}]

betreiben *v etw. Akk* drive [driiw^{e}] *noe*; **Unternehmen ~** drive en virksomhet

Betrieb *m* **1** (Fabrik usw.) bedrift [bedrift] *m*, fabrikk [fabrikk] *m* **2** (Tätigkeit usw.) *etw. Gen* drift [drift] *m/w* **3** (einer Organisation usw.) *etw. Gen* drift [drift] *m/w* **4** (Treiben) jag [jaag] *s*, travelhet [traaw^{e}lheet] *m/w* ► **außer ~** ute av drift

betrinken **sich ~** *von etw.* drikke seg full

Betrug *m* bedrag [bedraag] *s*

betrügen *v* **1** jukse [jukß^{e}], fuske [fußk^{e}], *j-n* bedra [bedraa] *noen*, lure [luur^{e}] *noen* **2** (Ehemann usw.) *j-n* være utro [wäär^{e} uutruu] *med noen mot noen* **3** *j-n um etw.* rane [raan^{e}] *noen for noe*, røve [rööw^{e}], *j-n um etw.* svindle [ßwindl^{e}] *noen*, lure [luur^{e}] *noen*

Betrüger *m* svindler [ßwindl^{e}r] *m*, bedrager [bedraag^{e}r] *m*

betrunken *adj* full [ful]

Bett *s* **1** seng [ßeng] *m/w* **2** (eines Flusses usw.) elvefar [elwefaar] *s*, elveleie [elweläi^{e}] *s* ► **das ~/die ~en machen** re opp

betteln *v* **1** (um Almosen) *um etw.* tigge [tigg^{e}] *for* **2** *um etw.* be [bee] *om noe*, bønnfalle [bönnfall^{e}] *om noe*, (bitten) *bei j-m um etw.* be [bee] *noen om noe*, tigge [tigg^{e}] *for noe hos noen*

Bettlaken *s* laken [laak^{e}n] *s*

Bettler *m* tigger [tigg^{e}r] *m*

Bettwäsche *w* dyner [düün^{e}r] *m Mz*, sengetøy [ßengetöü] *s*

Beule *w* **1** (am Kopf) kul [kuul] *m* **2** (im Blech usw.) bule [buul^{e}] *m*, kul [kuul] *m*

beurteilen *v j-n/etw.* bedømme [bedömm^{e}] *noen/noe*, *j-n/etw.* vurdere [wurdeer^{e}] *noen/noe*

Beute *w* bytte [bütt^{e}] *s*, tyvegods [tüüwegoz] *s*

Beutel *m* **1** pose [puuß^{e}] *m*, pung [pung] *m* **2** (des Kängurus usw.) pung [pung] *m* **3** (Person) galning [gaalning] *m*

Bevölkerung *w* befolkning [befolkning] *m/w*

bevor *adv* før [föör]

bevorzugen *v* **1** *etw. Akk* foretrekke [fooretrekk^{e}] *noe fremfor noe*, *j-n/etw. vor j-m/etw.* foretrekke [fooretrekk^{e}] *noen/noe framfor noen/noe* **2** (favorisieren) *j-n/etw. vor j-m/etw.* prioritere [priuriteer^{e}] *noen/noe*

bewachen *v* vokte [wokt^{e}] *noe*

bewaffnet *adj* bevæpnet [bewääpnet]

bewässern *v* vanne [wann^{e}], overrisle [oow^{e}rrischl^{e}], irrigere [irigeer^{e}]

bewegen *v* **1** *etw. Akk* bevege [beweeg^{e}] *noe*, flytte [flütt^{e}] *noe*, *etw. Akk* røre [röör^{e}] *på noe* **2** ***sich ~*** bevege seg [beweeg^{e} ßäi] **3** ***sich ~*** (vorwärts usw.) sette i gang [ßett^{e} i gang] **4** ***sich ~*** (Werte usw.) *zwischen etw.* variere [warieer^{e}] *mellom*, bevege seg [beweeg^{e} ßäi] *mellom*

beweglich *adj* bevegelig [beweeg^{e}li]

Bewegung *w* bevegelse [beweeg^{e}lß^{e}] *m* ► **sich in ~ setzen** sette i gang

Beweis *m etw. Gen* bevis [bewiiß] *s*

beweisen *v* **1** *etw. Akk* bevise [bewiiß^{e}] *noe* **2** (Fähigkeiten usw.) *etw. Akk* vise [wiiß^{e}] *noe*, bevise [bewiiß^{e}] *noe* **3** ***sich ~*** *als etw. Nom* vise seg (å være) [wiiß^{e} ßäi (o wäär^{e})] *noe*

bewerben *v* ***sich ~*** *um etw.* søke [ßöök^{e}] *noe/på noe*

bewohnbar *adj* beboelig [bebuu^{e}li], bo- [buu]

bewohnen *v etw. Akk* bebo [bebuu] *noe*

Bewohner *m* innbygger [innbügg^{e}r] *m*

bewölkt *adj* overskyet [oow^{e}rschüüet] ♦ *adv* overskyet [oow^{e}rschüüet]

bewundern *v j-n/etw. wegen etw.* beundre [beundr^{e}] *noen/noe for noe*

bewusst *adj* **1** (Lüge usw.) bevisst [bewißt] **2** (einer Tatsache usw.) *etw. Gen* bevisst på [bewißt poo] *noe*, oppmerksom på [oppmärkßom poo] *noe* **3** (Mensch usw.) bevisst [bewißt] ♦ *adv* **1** (mit Absicht) med vilje [mee wilj^{e}] **2** (mit Bewusstsein) bevisst [bewißt] ► **sich ~** *etw. Gen* **werden** innse *noe*

bewusstlos **~ sein** være bevisstløs

Bewusstlosigkeit *w* bevisstløshet [bewißtlöößheet] *m/w*

Bewusstsein *s* **1** bevissthet [bewißtheet] *m/w* **2** (Wissen) *etw. Gen* kunnskap [kunnßkaap] *m om noe* ► **bei ~ sein** være ved bevissthet

bezahlen *v j-m etw. Akk* betale [betaal^{e}] *noen for noe*

Bezahlung *w etw. Gen* betaling [betaaling] *m av noe*
bezeichnen *v* **1** *etw. Akk mit etw.* sette merke [ßette märke] *på noe* **2** (mit einem Namen usw.) betegne [beteine]
Bezeichnung *w* navn [nawn] *s*
Beziehung *w* **1** forhold [forholl] *s* **2** (Zusammenhang usw.) sammenheng [ßammenheng] *m*
beziehungsweise *adv* henholdsvis [henholßwiiß], respektive [reßpektiwe] ♦ *conj* i tilfelle [i tilfelle]
Bezirk *m* distrikt [dißtrikt] *s*, område [omroode] *s*
Bezug *m* overtrekk [oowertrekk] *s*
bezüglich *prep* angående [angooene]
bezweifeln *v etw. Akk* betvile [betwiile] *noe, etw. Akk* tvile [twiile] *på noen/noe*, være i tvil [wääre i twiil] *om noen/noe*
BH *m* bh [beehoo] *m*
Bibliothek *w* bibliotek [bibliuteek] *s*
biegen *v etw. Akk* bøye [böüe], *etw. Akk* bøye [böüe] *noe*, krumme [krʉmme] *noe*
biegsam *adj* bøyelig [böüeli]
Biene *w* bie [biie] *m/w*
Bier *s* øl [öl] *s*; **~ vom Fass** fatøl *s*
bieten *v* **1** *j-m etw. Akk* tilby [tilbüü] *noen noe* **2** (Möglichkeit usw.) *j-m etw. Akk* gi [jii] *noen noe*
Bikini *m* bikini [bikiini] *m*
Bild *s* bilde [bilde] *s*
bilden *v etw. Akk* danne [danne], utgjøre [ʉʉtjööre] *noe*
Bildhauer *m* skulptør [ßkʉlptöör] *m*, billedhugger [billedhʉgger] *m*
Bildschirm *m* skjerm [schärm] *m*
Bildung *w* utdannelse [ʉʉtdannelße] *m*
billig *adj* billig [billi] ♦ *adv* billig [billi] ▶ **~er werden** gå ned i prisen
Binde *w* bånd [bon] *s*
binden *v* **1** knytte [knütte] **2** (miteinander) binde [binne] **3** (Beziehung usw.) binde [binne] **4** (Schleife um Geschenk usw.) *etw. Akk um etw.* binde [binne] *noe* **5** ***sich* ~** (beruflich, emotionell usw.) binde seg [binne ßäi]
binnen *prep etw. Dat* i løpet av [i lööpe aaw], innen [innen]
Birne *w* **1** (Frucht) pære [pääre] *m/w* **2** (Baum) pæretre [pääretree] *s* **3** (mattierte usw.) lyspære [lüüßpääre] *m/w*
bis[1] *prep* til [til]; **~ zu/an/über** opp til; **geöffnet von… ~…** åpen fra… til…
bis[2] *conj* inntil [inntil]
Bischof *m* biskop [bißkop] *m*
bisher *adv* hittil [hiittil], så langt [ßoo langt], til nå [til noo]; **~ nicht** ikke ennå
bisschen **ein ~** litt *noe*; **ein ~** *etw. Gen* anelse *m noe*, snev *m/s av noe*
bitte *part* vær så snill [wäär ßoo ßnil]; **B~!** (Einwilligung usw.) Værsågod!; **Hier ~.** (Schenken usw.) Vær så god.; **Ja ~?** Hallo!; **Wie ~?** Unnskyld?
Bitte *w um etw.* anmodning [anmuudning *m/w om noe*
bitten *v j-n um etw.* be [bee] *noen om noe*
bitter *adj* bitter [bitter]
Blähung *w* flatulens [flatʉlenß] *m*
Blase *w* **1** (Seifenblase usw.) boble [boble] *m* **2** (auf Haut) blemme [blemme] *m/w* **3** (Organ) blære [bläära] *m/w*
blasen *v* **1** (Wind usw.) blåse [blooße] **2** (Musikinstrument usw.) *etw. Akk* tute [tʉʉte] *i noe*
blass *adj* blek [bleek]
Blatt *s* **1** (Pflanzenteil) blad [blaad] *s* **2** (Papier) ark [ark] *s* **3** (im Buch) blad [blaad] *s* **4** (einer Turbine usw.) blad [blaad] *s*
blau *adj* blå [bloo]; **ein ~er Fleck** blåmerke *s*
Blaubeere *w* blåbær [bloobäär] *s*
Blech *s* blikk [blikk] *s*
Blechbüchse *w* boks [bokß] *m*
Blechdose *w* boks [bokß] *m*
Blei *s* bly [blüü] *s*
bleiben *v irgendwo* bli [blii] *et sted*, forbli [forblii] *et sted* ▶ **(übrig) ~** bli igjen
Bleistift *m* blyant [blüant] *m*
Blende *w* blender [blenner] *m*
blenden *v* **1** (mit Licht) *j-n* blende [blenne] *noen* **2** (entzücken) *j-n* blende [blenne] *noe* **3** *j-n* blende [blenne] *noen*, blinde [blinne] *noen*
Blick *m auf etw. Akk* blikk [blikk] *s på noe*
blind *adj* blind [blin] ♦ *adv* i blinde [i blinne]
Blinddarm *m* blindtarm [blintarm] *m*
Blinddarmentzündung *w* blindtarmsbetennelse [blintarmßbetennelße] *m*
Blinker *m* blinklys [blingklüüß] *s*
Blinkleuchte *w* blinklys [blingklüüß] *s*
Blitz *m* lyn [lüün] *s*
blitzen *v* lyne [lüüne]; **Es blitzt.** Det lyner
Blitzlicht *s* blitz [bliz] *m*
Block *m* **1** (Stein usw.) blokk [blokk] *m/w* **2** (von Häusern usw.) kloss [kloß] *m* **3** (Staatenblock usw.) blokk [blokk] *m/w* **4** (Heft usw.) notatblokk [nutaatblokk] *m/w*
blockieren *v etw. Akk* blokkere [blokeere]
blond *adj* **1** (Haar) lys [lüüß] **2** (Mensch) blond [blon], lys [lüüß], lyshåret [lüüßhooret]
bloß *adj* bare [baare]
blühen *v* **1** blomstre [blomßtre] **2** (Schmuggel usw.) øke [ööke], blomstre [blomßtre]
Blume *w* blomst [blomßt] *m*

Blumengeschäft *s* blomsterhandler [blomßterhandl^{e}r] *m*
Blumenkohl *m* blomkål [blumkool] *m*
Blumenladen *m* blomsterhandler [blomßterhandl^{e}r] *m*
Blumenstrauß *m* bukett [b~~u~~kett] *m*
Blumentopf *m* blomsterpotte [blomßterpott^{e}] *m/w*
Bluse *w* bluse [bl~~uu~~ß^{e}] *m/w*
Blut *s* blod [bluu] *s*
Blutdruck *m* blodtrykk [bluutrükk] *s*
Blüte *w* **1** (einer Pflanze) blomst [blomßt] *m* **2** (wirtschaftliche usw.) blomstring [blomßtring] *m/w*
Blutegel *m* igle [igl^{e}] *m*
bluten *v* blø [blöö]
Blutentnahme *w* blodprøve [bluuprööw^{e}] *m/w*
blutig *adj* blodig [bluudi] ► **~es Steak** rosastekt biff
Boden *m* **1** jord [juur] *m/w*, jordbunn [juurb~~u~~n] *m* **2** (Oberfläche) jord [juur] *m/w* **3** (im Zimmer usw.) gulv [g~~u~~lw] *s* **4** (von einem Gefäß usw.) bunn [b~~u~~n] *m*
Bogen *m* **1** bue [b~~uu~~^{e}] *m* **2** (Papierblatt) ark [ark] *s*
Bohne *w* bønne [bönn^{e}] *m/w*
bohren *v* bore [buur^{e}]
Bohrmaschine *w* boremaskin [buur^{e}maschiin] *m*
Bombe *w* bombe [bomb^{e}] *m*
Bonbon *m* snop [ßnuup] *s*, sukkertøy [ß~~u~~kk^{e}rtöü] *s*
Boot *s* båt [boot] *m*
Bord[1] *s* hylle [hüll^{e}] *m*
Bord[2] *m* **1** (eines Schiffes) dekk [dekk] *s* **2** (eines Flugzeugs usw.) bord [buur] *s* ► **an ~ gehen** (Schiff) gå om bord; **an ~** *etw. Gen* ombord *i noe*; **von ~ gehen** gå av, stige av
Bordell *s* bordell [bordel] *m/s*, horehus [huureh~~uu~~ß] *s*
Börse *w* børs [börsch] *m*, aksjemarked [akschemarked] *s*
böse *adj* ond [un], slem [schlem]; **~ sein** *j-m, auf j-n* være sint *på noen*
Botschaft *w* **1** (Vertretung) ambassade [ambaßaad^{e}] *m* **2** (Nachricht) budskap [b~~uu~~dßkaap] *s*
Botschafter *m* ambassadør [ambaßadöör] *m*
Brand *m* brann [bran] *m*
braten *v* **1** steke [ßteek^{e}], grille [grill^{e}] **2** (in der Pfanne) frityrsteke [fritüürschteek^{e}], steke [ßteek^{e}]
Braten *m* stek [ßteek] *m*
Bratwurst *w* pølse [pölß^{e}] *m/w*
brauchen *v etw. Akk* trenge [treng^{e}] *noe*
braun *adj* brun [br~~uu~~n]
bräunen *v* **1** (in der Sonne) sole seg [ßuul^{e} ßäi] **2** (Zwiebel usw.) *etw. Akk* brune [br~~uu~~n^{e}] *noe*
Braut *w* brud [br~~uu~~d] *m/w*
Bräutigam *m* brudgom [br~~uu~~dgom] *m*
brav *adj* lydig [lüüdi] ♦ *adv* lydig [lüüdi]
brechen *v* **1** (Zweig usw.) *etw. Akk* brekke [brekk^{e}] *noe* **2** (Schwur usw.) bryte [brüüt^{e}] **3** (bei Übelkeit) kaste opp [kaßt^{e} opp] **4** (zerfallen) brekke [brekk^{e}] ► **das Gesetz ~** bryte loven; **(sich) ~** *etw. Akk* (Knochen usw.) brekke *noe*
Brei *m* grøt [grööt] *m*
breit *adj* bred [breed] ♦ *adv* bredt [bret], vidt [wit]
Breite *w* **1** *etw. Gen* bredde [bredd^{e}] *m av noe* **2** (geografische) bredde [bredd^{e}] *m*
Bremse *w* brems [bremß] *m*
bremsen *v* bremse [bremß^{e}]
brennen *v* **1** brenne [brenn^{e}] **2** (weh tun) svi [ßwii], brenne [brenn^{e}] **3** (eine CD usw.) brenne ut [brenn^{e} ~~uu~~t] **4** (Alkohol) destillere [deßtileer^{e}], brenne [brenn^{e}] ► **Es brennt!** Fyr!
Brennstoff *m* brannfarlig stoff [brannfaarli ßtof], brensel [brenß^{e}l] *s*, drivstoff [driifßtof] *s*
Brett *s* bord [buur] *s*, planke [plangk^{e}] *m*
Brief *m* brev [breew] *s*
Briefkasten *m* postkasse [poßtkaßß^{e}] *m/w*
Briefmarke *w* frimerke [friimärk^{e}] *s*
Brieftasche *w* lommebok [lummebuuk] *m*
Briefträger *m* postbud [poßtb~~uu~~d] *s*
Briefumschlag *m* konvolutt [konwul~~u~~tt] *m*
Brille *w* briller [brill^{e}r] *m/w Mz*
bringen *v* **1** (ein Buch usw.) *j-m etw. Akk* ta med [taa mee], bringe [bring^{e}] *noe til noen* **2** (mit dem Auto usw.) *j-n/etw. irgendwohin* bringe [bring^{e}] *noen/noe et sted*, (mit dem Auto) *j-n irgendwohin* kjøre [schöör^{e}] *noen/noe et sted* **3** *j-n/etw. irgendwohin* få [foo] *noen/noe (til) et sted* **4** (in Verlegenheit usw.) gjøre [jöör^{e}] *noen noe* **5** *j-n um etw.* berøve [berööw^{e}] *noen noe*, frata [fraataa] *noen noe* **6** (Gewinn usw.) *etw. Akk* innbringe [innbring^{e}] *noe*, gi avkastning [jii aawkaßtning] ► **auf den Markt ~** innføre; **in Verlegenheit ~** *j-n* gjøre *noen* flau; **mit sich ~** *etw. Akk* (Konsequenzen usw.) bære *noe*
Brokkoli *m* brokkoli [brokkoli] *m*
Brombeere *w* bjørnebær [bjöörnebäär] *s*
Bronze *w* bronse [bronß^{e}] *m*
Brot *s* brød [bröö] *s*
Brötchen *s* bolle [boll^{e}] *m*, rundstykke [r~~u~~nßtükk^{e}] *s*

Bruch *m* **1** (Knochen) brudd [brud] *s* **2** (Zahlen) brøk [bröök] *m*
Brücke *w* bro [bruu] *m/w*
Bruder *m* bror [bruur] *m*
Brühe *w* consommé [kongßomee] *m*, (Suppe) buljong [buljong] *m*, kraft [kraft] *m/w*
brüllen *v* **1** brøle [brööl^{e}] **2** brøle [brööl^{e}], skråle [ßkrool^{e}]
Brunnen *m* **1** (für Grundwasser) brønn [brön] *m* **2** (Fontäne) fontene [fonteen^{e}] *m* **3** (Heilquelle) brønn [brön] *m*
Brust *w* bryst [brüßt] *s*
brutal *adj* brutal [brutaal], rå [roo], grusom [gruußom], grov [groow] ♦ *adv* brutalt [brutalt]
Buch *s* bok [buuk] *m/w*
buchen *v etw. Akk* bestille [beßtill^{e}] *noe*, *etw. Akk* reservere [reßerweer^{e}] *noe*
Bücherschrank *m* bokhylle [buukhüll^{e}] *m/w*
Buchhandlung *w* bokhandel [buukhand^{e}l] *m*
Büchsenöffner *m* boksåpner [bokßoopn^{e}r] *m*
Buchstabe *m* bokstav [bukßtaaw] *m*
buchstabieren *v etw. Akk* stave [ßtaaw^{e}] *noe*
Bucht *w* bukt [bukt] *m/w*, (klein) vik [wiik] *m/w*
Buchung *w* bestilling [beßtilling] *m/w*
Büfett *s* bar [baar] *m*
Bügel *m* **1** (für Kleider) kleshenger [kleeßheng^{e}r] *m* **2** (am Sattel) stigbøyle [ßtiigböül^{e}] *m*
Bügeleisen *s* strykejern [ßtrüük^{e}jäärn] *s*
bügeln *v* stryke [ßtrüük^{e}]
Bühne *w* scene [ßeen^{e}] *m*
bunt *adj* **1** (nicht schwarz-weiß) fargerik [farg^{e}riik], kulørt [kulöört] **2** (mit vielen Farben) fargerik [farg^{e}riik], fargesprakende [farg^{e}ßpraak^{e}n^{e}] **3** (abwechslungsreich) variert [warieert], forskjelligartet [forschelliartet]
Burg *w* borg [borg] *m/w*
bürgen *v für j-n* garantere [garanteer^{e}] *for noen*, borge [borg^{e}] *for noe*
Bürger *m* statsborger [ßtaazborg^{e}r] *m*
Bürgermeister *m* ordfører [uurföör^{e}r] *m*
Bürgersteig *m* fortau [fortäu] *s*
Büro *s* kontor [kontuur] *s*
Bürste *w* **1** børste [börscht^{e}] *m* **2** (zum Anstreichen usw.) pensel [penß^{e}l] *m* ► **(kleine)** ~ børste *m*
Bus *m* buss [buß] *m*
Busbahnhof *m* bussterminal [bußßtärminaal] *m*
Busen *m* barm [barm] *m*, kvinnebryst [kwinnebrüßt] *s*, bryster [brüßt^{e}r] *s Mz*
Bußgeld *s* bot [buut] *m*
Büstenhalter *m* bh [beehoo] *m*
Butter *w* smør [ßmöör] *s*

C

Café *s* kafé [kafee] *m*
Camp *s* leirplass [läiirplaß] *m*, campingplass [kampingplaß] *m*
campen *v* telte [telt^{e}], overnatte i leir [oow^{e}rnatt^{e} i läiir]
Camper *m* campingturist [kampingturiß] *m*
Campingplatz *m* campingplass [kampingplaß] *m*, leirplass [läiirplaß] *m*
Chance *w* **1** (Möglichkeit) sjanse [schanß^{e}] *m*, mulighet [muuliheet] *m/w* **2** *~n* (Gewinnquote usw.) sjanse [schanß^{e}] *m*
Charakter *m* **1** (Wesen) karakter [karakteer] *m*, natur [natuur] *m* **2** (einer Landschaft usw.) preg [preeg] *s*, karakter [karakteer] *m*
charakteristisch *adj* karakteristisk [karakterißtißk]
Chef *m* leder [leed^{e}r] *m*, sjef [scheef] *m*
Chirurg *m* kirurg [schirurg] *m*
Chirurgie *w* kirurgi [schirurgii] *m*
Chor *m* kor [kuur] *s*
Christ *m* kristen [krißt^{e}n] *m*
Clique *w* gjeng [jeng] *m*
Comic *m* tegneseriehefte [täineßeeriehefte^{e}] *s*
Computer *m* datamaskin [daatamaschin] *m*
Couch *w* divan [diwaan] *m*, sofa [ßuufa] *m*
Cousin *m* fetter [fett^{e}r] *m*
Cousine *w* kusine [kußiin^{e}] *m/w*
Creme *w* krem [kreem] *m*
Curry *m/s* karri [karri] *m*

D

dabei *adv* imens [imenß]
Dach *s* tak [taak] *s*
Dachboden *m* loft [loft] *s*
Dachgepäckträger *m* takgrind [taakkrin] *m/w*
dafür *adv* istedenfor [ißteedenfor]
daheim *adv* (SwD, SüD) hjemme [jemme]
damals *adv* da [daa]
Dame *w* **1** (Person) dame [daame] *m/w*, frue [fr~~uu~~e] *m/w* **2** (Spiel) dam [dam] *m* **3** **~n** damer [daamer] *m Mz*, dametoalett [daametualett] *s*
Damenbinde *w* damebind [daamebin] *s*, bind [bin] *s*
damit *conj* slik at [schliik at]
Dämmerung *w* **1** (am Morgen) daggry [daaggrüü] *s* **2** (am Abend) skumring [ßk~~u~~mring] *m/w*
Dampf *m* damp [damp] *m*
dämpfen *v* dempe [dempe]
daneben *adv* avsides [aafßiieß]
dank *prep j-m/etw.* takket være [takket wääre] *noen/noe*
dankbar *adj für etw.* takknemlig [takknemli] *for noe*; **~ sein** *j-m für etw.* være takknemlig *til noen for noe, mot noen for noe*
danke **D~!** Takk!
danken *v j-m für etw.* takke [takke] *noen for noe*
dann *adv* etterpå [etterpoo], så [ßoo]
Darm *m* tarm [tarm] *m*
darstellen *v* **1** (abbilden usw.) fremstille [fremßtille] *noe*, framstille [framßtille] *noe*, skildre [schildre] *noe*, (Symbol usw.) *etw. Akk* forestille [fooreßtille] *noe* **2** (bedeuten) bety [betüü] **3** (spielen) *j-n* fremstille [fremßtille] *noen*, framstille [framßtille] *noen*, skildre [schildre] *noen*
das *pron* det [dee]
dass *conj* at [at]
dasselbe *pron* det samme [dee ßamme]
Daten *Mz* data [daata] *m/s Mz*, opplysninger [opplüüßninger] *m/w Mz*
Dattel *w* daddel [daddel] *m*
Datum *s* dato [daatu] *m*
Dauer *w* varighet [waariheet] *m/w*
dauerhaft *adj* varig [waari] ♦ *adv* permanent [pärmanent], varig [waari]
Dauerkarte *w* partoutkort [partuukort] *s*, (Fahrkarte usw.) månedskort [moonedßkort] *s*, -kort [kort]
dauern *v* vare [waare]; **Wie lange wird es ~?** Hvor lenge vil det ta?
dauernd *adj* vedvarende [weedwaarene], konstant [kunßtant] ♦ *adv* **1** (ohne Unterbrechung) stadig [ßtaadi], kontinuerlig [kontin~~ue~~erli], (ohne Unterbrechung) uavbrutt [~~uu~~aawbr~~u~~tt] **2** (für immer) varig [waari], permanent [pärmanent], for alltid [for allti]
Daumen *m* tommel [tummel] *m*
Debitkarte *w* betalingskort [betaalingßkort] *s*
Deck *s* dekk [dekk] *s*
Decke *w* **1** (im Bett) teppe [teppe] *s* **2** (im Zimmer) tak [taak] *s*
Deckel *m* deksel [dekßel] *s*, (Kofferdeckel usw.) lokk [lokk] *s*
decken *v* **1** (schützen) *j-n/etw.* dekke [dekke] *noen/noe*, beskytte [beschütte] *noen/noe* **2** ***Tisch*** **~** dekke på [dekke poo] **3** *etw. Akk mit etw.* dekke [dekke] *noe* **4** (finanziell) *etw. Akk* dekke [dekke], betale [betaale], legge ut [legge ~~uu~~t] *for noe* ► **die Kosten ~** dekke utgifter
defekt *adj* defekt [defekt]; **~ sein** arbeide dårlig
Defekt *m* forstyrrelse [forschtürrelße] *m*
Deich *m* dam [dam] *m*, demning [demning] *m/w*
dein, deine *pron* din [din]
demnächst *adv* snart [ßnaart]
Demokratie *w* demokrati [demokratii] *s*
Demonstration *w* demonstrasjon [demonßtraschuun] *m*
denken *v* **1** (im Kopf haben) *an etw. Akk* tenke [tengke] *på noen/noe* **2** (Meinung haben) synes [ßüüneß], mene [meene] **3** (sich erinnern) *an j-n/etw.* tenke [tengke] *på noen/noe* **4** (vorhaben) *an etw. Akk* tenke [tengke] *noe, på noe*
Denkmal *s* monument [mun~~u~~ment] *s*, minnesmerke [minneßmärke] *s*
dennoch *conj* ikke desto mindre [ikke deßtu mindre]
Deodorant *s* deodorant [deudurant] *m*
der, die, das *pron* **1** den, det [den, dee] **2** (bei Personen) hvem [wem], (Relativpronomen) som [ßom]
derb *adj* grov [groow]
derjenige, diejenige, dasjenige *pron* den, det [den, dee]
deshalb *adv* derfor [däärfor]
Design *s* design [disain] *m/s*, utførelse [~~uu~~tfööreIße] *m*
Desinfektion *w* desinfeksjon [deßinfekschuun] *m*
Desinfektionsmittel *s* desinfeksjonsmiddel [deßinfekschuunßmmddel] *s*
desinfizieren *v* desinfisere [deßinfißeere]
dessen *pron* hvis [wiß]
Dessert *s* dessert [deßäär] *m*
desto je… ~ jo… desto

deswegen *adv* derfor [däärfor]
deutlich *adj* **1** (Änderung usw.) betraktelig [betrakteli], betydelig [betüüdeli] **2** (klar erkennbar) tydelig [tüüdeli] ♦ *adv* **1** (geschrieben usw.) forståelig [forschtooeli], lettfattelig [lettfatteli] **2** (hören usw.) tydeligvis [tüüdeliwiiß] **3** (verständlich usw.) klart [klaart]
deutsch *adj* tysk [tüßk] ♦ *adv* tysk [tüßk]
Deutsch(e) *s* tysk [tüßk] *m*
Deutsche *m* tysker [tüßker] *m*
Deutschland *s* Tyskland [tüßklan] *s*
Devise *w* devise [dewiiße] *m*
Dezember *m* desember [deßember] *m*
Dezimalkomma *s* desimalkomma [deßimaalkomma] *s*
Dia *s* lysbilde [lüüßbilde] *s*
Diabetes *m* diabetes [diabeeteß] *m*
Diamant *m* diamant [diamant] *m*
Diät *w* diett [diett] *m*; **Ich halte ~.** Jeg er på diett.
dich *pron* deg [däi]
dicht *adj* **1** tett [tett], tykk [tükk] **2** (Soße usw.) tykk [tükk], kraftig [krafti]
Dichter *m* dikter [dikter] *m*
Dichtung *w* pakning [pakning] *m/w*
dick *adj* **1** tykk [tükk] **2** (Suppe usw.) tykk [tükk], kraftig [krafti]
die *pron* de [dii]; **~ (da)** de
Dieb *m* innbruddstyv [innbrudßtüüw] *m*, tyv [tüüw] *m*
Diebstahl *m* tyveri [tüüwerii] *s*
dienen *v* **1** *j-m/etw.* tjene [tjeene] *noe/noen* **2** (Zweck haben) *als etw. Nom, zu etw.* fungere [fungeere] *som noe*, være egnet som [wääre äinet ßom] *noe*
Dienst *m* tjeneste [tjeeneßte] *m*, service [ßörwiß] *m*; **~e leisten** *j-m/etw.* hjelpe *noen*
Dienstag *m* tirsdag [tirschda] *m*
Dienstleistungen *w Mz* tjenester [tjeeneßter] *m Mz*
diese *pron* disse [dißße]
Diesel *m* diesel [diißel] *m*
dieser, diese, dieses *pron* den, det [den, dee], denne, dette [denne, dette]; **dieses Jahr** i år
diesmal *adv* denne gangen [denne gangen]
Digitalkamera *w* digitalkamera [digitaalkaamera] *s*
Ding *s* ting [ting] *s*
dir *pron* (til) deg [(til) däi]
direkt *adj* **1** (Verbindung usw.) direkte [direkte] **2** (Person) direkte [direkte], rettlinjet [rettlinjet] **3** (Lösung usw.) endefram [ennefram], liketil [liiketil] ♦ *adv* **1** (ohne Umstände) direkte [direkte] **2** (sofort) med en gang [mee en gang], med det samme [mee dee ßamme], omgående [omgooene]
Direktor *m* direktør [direktöör] *m*
Diskothek *w* diskotek [dißkuteek] *s*
Diskussion *w* diskusjon [dißkuschuun] *m*
diskutieren *v über etw. Akk* diskutere [dißkuteere] *om*, snakke [ßnakke] *om*, *über etw. Akk* diskutere [dißkuteere] *noe*, drøfte [dröfte] *noe*
dividieren *v etw. Akk durch etw.* dele [deele] *noe på/med noe*
doch *part* jo [juu]
Doktor *m* lege [leege] *m*
Dollar *m* dollar [doler] *m*
dolmetschen *v etw. Akk in etw. Akk* tolke [tolke] *noe til noe*
Dolmetscher *m* tolk [tolk] *m*
Dom *m* dom [doom] *m*
Donner *m* torden [tordon] *m*
Donnerstag *m* torsdag [toorschda] *m*
doppelt *adj* dobbel [dobbel] ♦ *adv* dobbelt [dobbelt] ► **~ so viel** to ganger så mye, dobbelt så mye
Doppelzimmer *s* dobbeltrom [dobbeltroum] *s*
Dorf *s* landsby [lanßbüü] *m*, bygd [bügd] *m/w*
dort *adv* der [däär]
dorthin *adv* dit [diit]
Dose *w* boks [bokß] *m*
Dosenbier *s* øl på boks [öl poo bokß] *s*
Dosenöffner *m* boksåpner [bokßoopner] *m*
Draht *m* ståltråd [ßtooltrood] *m*, vaier [waier] *m*
dramatisch *adj* dramatisk [dramaatißk]
draußen *adv* ute [uute]; **nach ~** ut
drehen *v* **1** *etw. Akk* dreie [dräie] *noe*, vri [wrii] *noe* **2** *sich* ~ vende [wenne], snu seg [ßnuu ßäi] **3** *sich* ~ (Rad usw.) dreie [dräie], vri [wrii] **4** (Schiff, Wind usw.) vende tilbake [wenne tilbaake], snu [ßnuu] **5** (formen) *etw. Akk* vri [wrii] *noe*, tvinne [twinne] *noe*, bøye [böüe] *noe* **6** (Film) filme [filme], skyte [schüüte], spille inn [ßpille in] **7** *sich* ~ (übertr.) *um etw.* dreie seg [dräie ßäi] *om*
drei *num* tre [tree]
Dreieck *s* trekant [treekant] *m*
dreißig *num* tretti [tretti]
dreizehn *num* tretten [tretten]
dringend *adj* presserende [preßeerene], påtrengende [pootrengene], viktig [wikti], (Aufgabe usw.) akutt [akut] ♦ *adv* innstendig [innßtendi]
drinnen *adv* inne [inne] *i noe*, inni [inni], inne i [inne i], (im Haus, unter dem Dach) inne [inne]

dritt(er,e,es) *num* tredje [tredj^e]
Drittel *s* tredjedel [tredj^{e}deel] *m*
Droge *w* psychoaktivt stoff [ßüükuaktiift ßtof] *s*, stoff [ßtof] *s*, rusmiddel [r~~uu~~ßmidd^{e}l] *s*, dop [duup] *m*
drohen *v j-m mit etw.* true [tr~~uu~~^{e}] *noen men noe*
Drohung *w* trussel [tr~~u~~ßß^{e}l] *m*
drüben *adv* overfor [oow^{e}rfor], tvers over [twärsch oow^{e}r]
Druck[1] *m* **1** (Kraft) trykk [trükk] *s* **2** (Zwang) press [preß] *s*
Druck[2] *m* (Prozess) *etw. Gen* trykking [trükking] *m/w*, trykk [trükk] *m*
drucken *v* trykke [trükk^e], skrive ut [ßkriiw^e ~~uu~~t] *noe*
drücken *v* **1** (in der Hand usw.) *etw. Akk* klemme [klemm^e] *noe* **2** (Knopf usw.) *etw. Akk* trykke [trükk^e] *på noe* **3** trykke [trükk^e], (pressen) *etw. Akk* presse [preßß^e] *noe* **4** (mit der Hand usw.) *auf etw. Akk* dytte [dütt^e] *noe*, trykke [trükk^e] *på noe* **5** (zu eng sein) klemme [klemm^e] **6** *etw. Akk in etw. Akk* dytte [dütt^e] *noe i noe* **7** ***sich*** **~** *an j-n/etw.* presse seg [preßß^e ßäi] *på noen/noe* **8** *j-n/etw. in/an etw. Akk* klemme [klemm^e] *noen mot noe*, presse [preßß^e] *noen mot noe*
Druckerei *w* trykkeri [trükkerii] *s*
Druckknopf *m* **1** (zum Verschließen) trykknapp [trükknapp] *m* **2** (Maschinenteil usw.) knapp [knapp] *m*, tast [taßt] *m*
Drüse *w* kjertel [schärt^{e}l] *m*
du *pron* du [d~~uu~~]
Dudelsack *m* sekkepipe [ßekkepiip^e] *m/w*
Duft *m* duft [d~~u~~ft] *m*
duften *v* dufte [d~~u~~ft^e]
dumm *adj* dum [dum], sløv [schlööw], tåpelig [toop^{e}li] ♦ *adv* dumt [dumt]
Dummheit *w* dumhet [dumheet] *m/w*, dårskap [doorschkaap] *m*
Düne *w* sanddyne [ßanndüün^e] *m*
Dünger *m* gjødning [jöödning] *m/w*, (natürlicher) gjødsel [jöz^{e}l] *m/w*
dunkel *adj* **1** mørk [mörk] **2** (mit dunkler Haut) mørkhudet [mörkh~~uu~~det] ♦ *adv* mørkt [mörkt]
dunkelhaarig *adj* mørkhåret [mörkhooret]
Dunkelheit *w* mørke [mörk^e] *s*
dünn *adj* tynn [tün]
durch *prep* **1** *etw. Akk* gjennom [jennom] *noe* **2** (Methode) *j-n/etw.* ved [wee] *noe*
durcheinanderbringen *v etw. Akk* rote [ruut^e] *noe*, (verwechseln usw.) rote opp [ruut^e opp] *i noe*
durchfahren[1] *v* (durch Tunnel usw.) *durch etw.* dra gjennom [draa jennom] *noe*
durchfahren[2] *v* (durchreisen) reise [räiß^e], *etw. Akk* reise rundt omkring [räiß^e r~~u~~nt omkring] *i et sted*
Durchfahrt *w* **1** (Durchfahren) *durch etw.* gjennomkjøring [jennomschööring] *m/w* **2** (Stelle) gjennomkjørsel [jennomschörsch^{e}l] *m/w*
Durchfall *m* **1** (Erkrankung) diaré [diaree] *m* **2** (Film usw.) fiasko [fiaßku] *m*
durchfallen *v* **1** *durch etw.* falle gjennom [fall^e jennom] *noe* **2** *in etw. Dat* stryke [ßtrüük^e] *på/til noe*
durchführen *v* **1** (durch Stadt usw.) *j-n durch etw.* vise *noen* rundt [wiiß^e r~~u~~nt] *i noe* **2** (Aufgabe usw.) *etw. Akk* gjennomføre [jennomfööre^e] *noe* **3** (Vorhaben usw.) *etw. Akk* utføre [~~uu~~tfööre^e] *noe* **4** (Experiment usw.) gjennomføre [jennomfööre^e] **5** (realisieren) *etw. Akk* gjennomføre [jennomfööre^e] *noe*
Durchgang *m* passasje [paßaasch^e] *m*, gjennomgang [jennomgang] *m*
durchgehen *v* **1** *durch etw.* gå gjennom [goo jennom] *noe* **2** (lesen usw.) *etw. Akk* gjennomgå [jennomgoo] *noe*
Durchmesser *m etw. Dat* diameter [diameet^{e}r] *m*
Durchreise *w durch etw.* gjennomkjøring [jennomschööring] *m/w*
durchreisen *v* reise [räiß^e]
Durchschnitt *m* gjennomsnitt [jennomßnitt] *s*
durchschnittlich *adj* gjennomsnittlig [jennomßnitli]
durchsehen *v etw. Akk* besiktige [beßiktig^e]
durchsichtig *adj* gjennomsiktig [jennomßikti]
durchsuchen *v j-n/etw.* ransake [ranßaak^e] *noen/noe*
dürfen *v* kunne [k~~u~~nn^e], få lov [foo loow] *til noe*; **nicht ~** måtte ikke
Durst *m* tørst [törscht] *m*; **~ haben** være tørst
durstig *adj* tørst [törscht]; **~ sein** være tørst
Dusche *w* dusj [d~~u~~sch] *m*; **eine ~ nehmen** dusje
duschen **(sich) ~** dusje
Dutzend *s* dusin [dußiin] *s*
duzen *v j-n* være dus [wäär^e d~~uu~~ß] *med noen*
D-Zug *m* ekspress [ekßpreß] *m*, hurtigtog [h~~u~~rtitoog] *s*

E

Ebbe *w* ebbe [ebb^e] *m*, lavvann [laavvan] *s*
eben[1] *adj* jevn [jewn]; **~ machen** jevne
eben[2] *adv* nettopp [netopp], akkurat [akk~~u~~raat]
eben[3] *part* enkelt [engk^{e}lt], enkelt sagt [engk^{e}lt ßakt]
Ebene *w* **1** slette [schlett^e] *m/w*, flatland [flaatlan] *s* **2** (geometrische usw.) plan [plaan] *s*
ebenfalls *adv* også [oßßo]
ebenso *adv* på samme måte [poo ßamm^e moot^e], i samme grad [i ßamm^e graad]
Echo *s* ekko [ekku] *s*
echt *adj* ekte [ekt^e], uforfalsket [~~uu~~forfalßket] ♦ *adv* virkelig [wirk^{e}li] ♦ *part* virkelig [wirk^{e}li]
Ecke *w* **1** (der Straßen usw.) hjørne [jörn^e] *s* **2** (eines Raumes) krok [kruuk] *m*, hjørne [jörn^e] *s*
eckig *adj* kantete [kantet^e]
edel *adj* edel [eed^{e}l], (Mensch usw.) edelmodig [eed^{e}lmuudi], sjenerøs [schenerööß]
Edelstein *m* edelsten [eed^{e}lßteen] *m*
egal **~ wie** uansett; **Es ist mir ~.** Det er samme for meg.
Ehe *w* ekteskap [ekt^{e}ßkaap] *s*
Ehefrau *w* kone [kuun^e] *m/w*
Eheleute *Mz* ektepar [ekt^{e}paar] *s*
ehemalig *adj* foregående [fooregoo^{e}n^e], tidligere [tiidlier^e], gammel [gamm^{e}l]
Ehemann *m* ektemann [ekt^{e}man] *m*
Ehepaar *s* ektepar [ekt^{e}paar] *s*
eher *adv* tidligere [tiidlier^e] ♦ *part* heller [hell^{e}r], snarere [ßnaarer^e]
Ehre *w* **1** ære [äär^e] *m/w* **2** (Ehrenerweisung) honnør [hunnör] *m*, hyllest [hülleßt] *m*
ehrlich *adj* ærlig [äärli] ♦ *adv* ærlig [äärli], hederlig [heed^{e}rli], oppriktig [opprikti] ► **E~?** Sier du det?, Jaså?
Ei *s* egg [eg] *s*
Eiche *w* eik [äik] *m/w*
Eidechse *w* firfisle [fiirfischl^e] *m/w*
Eierschale *w* eggeskall [eggeßkal] *s*
Eierstock *m* eggstokk [eggßtokk] *m*
Eifersucht *w* sjalusi [schal~~u~~ßii] *m*
eifersüchtig *adj* sjalu [schal~~uu~~]; **~ sein** *auf j-n* være sjalu *på noen*
eigen *adj* egen [eeg^{e}n]
Eigenschaft *w j-s/etw.* egenskap [eegenßkaap] *m*
eigentlich *part* egentlig [eegentli], faktisk [faktißk]
Eigentum *s* eiendom [äi^{e}ndom] *m*
Eigentümer *m etw. Gen* eier [äi^{e}r] *m*
Eile *w* hastverk [haßtwärk] *s*
eilen *v* skynde seg [schünn^e ßäi]
eilig *adj* presserende [preßeer^{e}n^e], viktig [wikti], påtrengende [pootreng^{e}n^e] ♦ *adv* **1** fort [furt] **2** (schicken usw.) ekspress [ekßpreß] ► **Ich habe es ~.** Jeg har det travelt.
Eimer *m* balje [balj^e] *m/w*, bøtte [bött^e] *m/w*
einatmen *v* **1** (Atem holen) puste inn [p~~u~~ßt^e in] **2** (Dämpfe usw.) *etw. Akk* ånde [onn^e] *inn noe* **3** (Rauch usw.) *etw. Akk* innånde [innondd^e] *noe*, puste inn [p~~u~~ßt^e in] *noe*
einbahnig *adj* enveis- [eenwäiß]
Einbahnstraße *w* enveiskjørt gate [eenwäißschört gaat^e] *m/w*
Einbettzimmer *s* enkeltrom [engk^{e}ltruum] *s*
einbrechen *v* **1** (Dieb usw.) *in etw. Akk* bryte inn [brüüt^e in] *i noe* **2** (Feind usw.) *in etw. Akk* invadere [inwadeer^e] *noe* **3** (Decke usw.) falle sammen [fall^e ßamm^{e}n]
Einbruch *m* **1** (in ein Haus usw.) innbrudd [innbr~~u~~d] *s* **2** (der Aktien usw.) lavkonjunktur [laafkunjungkt~~uu~~r] *m*
einchecken *v j-n* sjekke inn [schekk^e in]
Eindruck *m* inntrykk [inntrükk] *s*
einerseits **E~… andererseits…** På den ene siden… på den andre siden…
Einfahrt *w* innkjørsel [innschöörsch^{e}l] *m/w*
einfallen *v* **1** (Idee usw.) *j-m* falle inn [fall^e in] *noen* **2** (in ein Land usw.) *irgendwohin* invadere [inwadeer^e] *noe*
einfliegen *v* ankomme [angkomm^e]
Einfluss *m* innflytelse [innflüüt^{e}lß^e] *m*, påvirkning [poowirkning] *m/w*
einfrieren *v* **1** (zu Eis werden) fryse [früüß^e] **2** (Lebensmittel usw.) fryse ned [früüß^e need], fryse (ned) [früüß^e (need)] *noe* dypfryse [düüpfrüüß^e] *noe*
einführen *v* **1** *etw. Akk irgendwohin* importere [importeer^e] *noe* **2** (Maßnahme usw.) innføre [innfööר^e] *noe* **3** (ein Produkt) innføre [infööр^e]
Eingang *m* inngang [inngang] *m*
Eingeborene *m* innfødt [innföt] *m*
Eingemachte *s* syltetøy [ßültetöü] *s*
eingeschaltet *adj* på [poo]
eingießen *v etw. Akk in etw. Akk* skjenke [schengk^e]
einheimisch *adj* innfødt [innföt]
Einheit *w* enhet [enheet] *m/w*
einheitlich *adj* **1** (Einheit bildend) enhetlig [enheetli] **2** (für alle gleich) enhetlig [~~e~~nheetli], ensartet [eenßartet], ensformig [eenßformi] ♦ *adv* enhetlig [enheetli], unisont [~~u~~nißuunt]
einig *adj* forent [foreent]

einig(er,e,es) *pron* noen [nuu^{e}n], noe [nuu^{e}]; **einige** flere; **einige Male** flere ganger
einigen *v* **1** (Volk usw.) forene [foreen^{e}] **2** *sich* ~ *über etw. Akk* bli enig [blii eeni] *med noen i noe*
einjährig *adj* års [oorsch]
Einkauf *m* innkjøp [innschööp] *s*, shopping [ßhopping] *m/w*; **~/Einkäufe machen** handle
einkaufen *v* handle [hannl^{e}]
Einkaufspassage *w* butikkpassasje [bʉtikkpaßßasch^{e}] *m*, kjøpesenter [schööp^{e}ßent^{e}r] *s*
Einkaufswagen *m* handlevogn [handlewongn] *m/w*
Einkaufszentrum *s* kjøpesenter [schööp^{e}ßent^{e}r] *s*
Einkommen *s* inntekt [inntekt] *m/w*
einladen *v j-n irgendwohin* invitere [inwiteer^{e}] *noen til noe*
Einladung *w* **1** invitasjon [inwitaschuun] *m* **2** (Karte) innbydelseskort [innbüüd^{e}lßeßkort] *s*
einlegen *v* **1** *etw. Akk in etw. Akk* sette inn [ßett^{e} in] *noe i noe* **2** (Geld) *etw. Akk irgendwo* sette inn [ßett^{e} in] **3** (Gurken usw.) legge i lake [legg^{e} i laak^{e}]
Einlegesohlen *w Mz* innleggssåler [innleggßool^{e}r] *m Mz*
Einleitung *w* åpning [oopning] *m*, innledning [innleedning] *m/w*
einloggen *v* *sich* ~ logge inn [logg^{e} in]
einlösen *v* innløse [innlööß^{e}], innfri [innfrii]
einmal *adv* en gang [en gang] ♦ *num* en gang [en gang] ► **auf ~** i ett strekk, plutselig, brått
einmalig *adj* engangs- [eenggangkß]
einmischen *v* *sich* ~ *in etw. Akk* blande seg [blann^{e} ßäi] *bort i / inn i / opp i noe*, (fremde Angelegenheiten usw.) blande seg bort [blann^{e} ßäi burt] *i noe*, blande seg inn [blann^{e} ßäi in] *i noe*
einpacken *v etw. Akk* pakke [pakk^{e}] *noe*
Einreisevisum *s* innreisetillatelse [innräißetillaat^{e}lß^{e}] *m*
einrichten *v* **1** (Wohnung usw.) *etw. Akk* møblere [möbleer^{e}] **2** (Ausschuss usw.) nedsette [needßett^{e}], danne [dann^{e}], opprette [opprett^{e}], etablere [etableer^{e}]
Einrichtung *w* utstyr [ʉuztüür] *s*
einsam *adj* ensom [eenßom]
einsammeln *v* samle (inn) [ßaml^{e} (in)]
einschalten *v* slå på [schloo poo] ► **(Licht) ~** slå på lyset
einschenken *v etw. Akk in etw. Akk* skjenke [schengk^{e}]
einschiffen **sich ~** gå om bord
einschlafen *v* **1** (in Schlaf sinken) sovne [ßown^{e}] **2** (Bein usw.) bli nummen [blii nʉmm^{e}n]
einschließen *v etw. Akk* omfatte [omfatt^{e}] *noe*, inkludere [ingklʉdeer^{e}] *noe*
einschließlich *adv etw. Gen* inklusiv [ingklʉßiiw] *noe* ♦ *prep etw. Gen* inkludert [ingklʉdeert] *noe*
Einschreiben *s* rekommandert brev [rekomandeert breew] *s*
einseitig *adj* ensidig [eenßiidi]
Einspritzung *w* innsprøyting [innßpröüting], innsprøytning [innßpröütning] *m/w*
einsteigen *v in etw. Akk* stige på [ßtiig^{e} poo] *noe*, gå om bord [goo om buur]
einstellen *v* **1** (Arbeiter usw.) *j-n* engasjere [enggascheer^{e}] *noen*, ansette [anßett^{e}] *noen*, (Arbeiter usw.) *j-n* ta inn [taa in] *noen* **2** (Maschine usw.) stille [ßtill^{e}], justere [jußteer^{e}] **3** (Radio) stille inn [ßtill^{e} in], (Sender usw.) *etw. Akk* stille (inn) [ßtill^{e} (in)] *noe* **4** (Tätigkeit usw.) *etw. Akk* slutte [schlʉtt^{e}] *med noe*, innstille [innßtill^{e}] *noe*, stoppe [ßtopp^{e}] *å gjøre noe*, holde opp [holl^{e} opp] *med noe* **5** *sich* ~ (kommen) *bei j-m* innfinne seg [innfinn^{e} ßäi] *et sted*
Einstellung *w* **1** (von Tätigkeit usw.) suspensjon [ßʉßpenschuun] *m* **2** (Meinung) *zu etw.* innstilling [innßtilling] *m/w til noe* **3** (von Software usw.) innstilling [innßtilling] *m/w*
Einstieg *m* bordstigning [buurschtiigning] *m/w*
einstoßen *v etw. Akk in etw. Akk* stikke [ßtikk^{e}] *noe inn i noe*, dytte [dütt^{e}] *noe inn i noe*, tvinge [twing^{e}] *noe inn i noe*
einstürzen *v* falle sammen [fall^{e} ßamm^{e}n]
einteilen *v* **1** (in Stücke) *etw. Akk in etw. Akk* dele opp [deel^{e} opp] *noe*, skille *noe* fra hverandre [schill^{e} fraa wärandr^{e}] **2** (planen) planlegge [plaanlegg^{e}]
eintreten *v* **1** *in etw. Akk* gå inn [goo in] *i noe* **2** *für j-n/etw.* ta *noen* i forsvar [taa i forschwaar], forsvare [forschwaar^{e}] *noen* **3** inntreffe [inntreff^{e}], (geschehen) bli [blii], komme [komm^{e}], inntre [inntree]
Eintritt *m* **1** (Eintreten) inntreden [inntreed^{e}n] *m* **2** (ins Museum usw.) inngang [inngang] *m* **3** (Geld) inngangspenger [inngangßpeng^{e}r] *m Mz* **4** (der Dunkelheit usw.) begynnelse [bejünn^{e}lß^{e}] *m* ► **~ frei** fri inngang
Eintrittsgeld *s* inngangspenger [inngangßpeng^{e}r] *m Mz*
Eintrittskarte *w* billett [bilett] *m*
einwerfen *v etw. Akk in etw. Akk* kaste *noe* i [kaßt^{e} i] *noe*, slenge *noe* i [schleng^{e} i] *noe*

einwickeln *v etw. Akk in etw. Akk* pakke *noe* inn [pakke in] *i noe*, emballere [embaleere] *noe i noe*
Einwohner *m* innbygger [innbügger] *m*
einzahlen *v etw. Akk auf etw. Akk* sette inn [ßette in]
Einzahlung *w* betaling [betaaling] *m*
Einzelheit *w* detalj [detalj] *m*
einzeln *adj* enkelt [engkelt]
Einzelzimmer *s* enkeltrom [engkeltruum] *s*
einzig *adj* eneste [eeneßte] ♦ *adv* bare [baare], kun [kʉn], utelukkende [ʉʉtelʉkkene] ♦ *num* eneste [eeneßte] ► **kein ~er** ikke en eneste
einzigartig *adj* unik [ʉniik]
Eis *s* **1** (Wasser) is [iiß] *m* **2** (Speiseeis) iskrem [iißkreem] *m*, is [iiß] *m*
Eisbecher *m* sundae [ßandei] *m*
Eisdiele *w* iskrembar [iißkreembaar] *m*
Eisen *s* jern [jäärn] *s*
Eisenbahn *w* jernbane [jäärnbaane] *m*
Eisenbahnwagen *m* vogn [wongn] *m/w*
eisig *adj* iskald [iißkall]
eiskalt *adj* iskald [iißkall]
Eiswürfel *m* isbit [iißbiit] *m*
Eiter *m* puss [pʉß] *m/s*, verk [wärk] *m*
Ekel *m* avsky [aafschüü] *m*
ekelhaft *adj* ekkel [ekkel], motbydelig [muutbüüdeli]
elastisch *adj* elastisk [elaßtißk], fleksibel [flekßiibel]
Elch *m* elg [elg] *m*
Elefant *m* elefant [elefant] *m*
elegant *adj* elegant [elegant]
Elektriker *m* elektriker [elektriker] *m*
elektrisch *adj* elektrisk [elektrißk]
Elektrizität *w* elektrisitet [elektrißiteet] *m*
Element *s* element [element] *s*
Elend *s* lidelse [liidelße] *m*
elf *num* elleve [ellwe]
Elfenbein *s* elfenbein [elfenbäin] *s*
Ellbogen *m* albue [albʉʉe] *m*
Eltern *Mz* foreldre [foreldre] *m Mz*
E-Mail *w* e-post [eepoßt] *m*; **~ schicken** *j-m* sende en e-post
Empfang *m* **1** (von Ware usw.) akseptering [akßepteering] *m*, mottak [muttaak] *s* **2** (von Gästen usw.) velkomst [welkomßt] *m* **3** (Signal usw.) mottak [muttaak] *s* **4** (Veranstaltung) mottakelse [muuttaakelße] *m*, resepsjon [reßepschuun] *m*
empfangen *v* **1** (Gäste usw.) *j-n* motta [muttaa] *noen* **2** (ein Kind usw.) unnfange [ʉnnfange]
Empfänger *m* **1** *etw. Gen* mottaker [muttaaker] *m*, (eines Briefes usw.) adressat [adreßaat] *m* **2** (Gerät) mottaker [muttaaker] *m*
Empfängnisverhütung *w* prevensjon [prewenschuun] *m*
empfehlen *v j-n/etw. j-m* anbefale [anbefaale] *noen noe*
Empfehlung *w* anbefaling [anbefaaling] *m/w*
empfindlich *adj* **1** (leicht beleidigt) ømfintlig [ömfintli], nærtagende [näärtaagene] **2** (gegen Kälte usw.) *gegen etw.* følsom [föölßom], ømfintlig [ömfintli], (wenig beständig) ømfintlig [ömfintli], skjør [schöör] **3** (Verlust usw.) følbar [föölbaar], merkbar [märkbaar]
Ende *s* **1** slutt [schlʉtt] *m* **2** (von Stock usw.) ende [enne] *m* ► **zu ~ bringen** *etw. Akk* avslutte *noe*; **zu ~ sein** ende
enden *v* ende [enne]
endgültig *adj* definitiv [definitiiw], endelig [endeli], avsluttende [aafschlʉttene]
Endhaltestelle *w* endestasjon [enneßtaschuun] *m*
endlich *adv* endelig [endeli]
Endstation *w* endestasjon [enneßtaschuun] *m*
Energie *w* energi [energii] *m*
eng *adj* **1** smal [ßmaal] **2** (Zusammenhang usw.) nær [näär] ► **~er werden** bli smalere; **zu ~ sein** være altfor trangt
Engel *m* engel [engel] *m*
England *s* England [englan] *s*
Engländer *m* engelskmann [engelßkman] *m*, englender [englener] *m*
englisch *adj* engelsk [engelßk] ♦ *adv* på engelsk [poo engelßk]
Enkel *m* barnebarn [baarnebaarn] *s*
Enkelin *w* barnebarn [baarnebaarn] *s*
entdecken *v* **1** (Kontinent usw.) *etw. Akk* oppdage [opptaage] *noe* **2** (Verbrechen usw.) *etw. Akk* avsløre [aafschlööre] *noe*
Entdeckung *w* oppdagelse [opptaagelße] *m*
Ente *w* and [an] *m/w*
entfernen *v* **1** *etw. Akk* fjerne [fjärne] *noe* **2** (in Ferne bringen) *etw. Akk von etw.* fjerne [fjärne] *noe fra noe* **3** ***sich*** **~** *von etw.* fjerne seg [fjärne ßäi] *fra noe*
entfernt *adj* **1** (Ort usw.) avsidesliggende [aafßiießliggene], (Stelle usw.) fjern [fjäärn] **2** (Ähnlichkeit usw.) fjern [fjäärn]
Entfernung *w* avstand [aafßtan] *m*, distanse [dißtanße] *m*
entführen *v etw. Akk* kapre [kapre] *noe*, *j-n* bortføre [burtfööre] *noen*

Entführung *w* kidnapping [kidnäping] *m/w*, (eines Flugzeugs usw.) kapring [kapring] *m*

entgegengesetzt *adj* motsatt [muuzatt]

enthalten *v* **1** *etw. Akk* inneholde [inneholle] **2** ***sich*** *~ etw. Gen* nekte seg [nekte ßäi] *noe* **3** ***sich*** *~ etw. Gen* (Abstimmung usw.) avstå [aafßtoo] *fra noe*

entladen *v* **1** (Ladung usw.) lesse av [leßße aaw] **2** (Akkumulator usw.) utlade [ʉʉtlaade]

entlang *prep etw. Dat* langs [langß] *noe*

entlassen *v* **1** (aus dem Krankenhaus usw.) utskrive [ʉʉzkriiwe] **2** (Arbeiter usw.) *j-n* avskjedige [aawfscheedie], si opp [ßii opp]

entschädigen *v j-n für etw.* erstatte [ärschtatte], *j-n für etw.* kompensere [kompenßeere] *noen for noe*

Entschädigung *w* godtgjørelse [gotjöörelße] *m*

entscheiden *v* **1** *etw. Akk* bestemme [beßtemme] *noe*, avgjøre [aawjööre] *noe*, fastsette [faßzette] *noe* **2** ***sich*** *~* bestemme seg [beßtemme ßäi] **3** ***sich*** *~ für j-n/etw.* velge [welge] *noe*, bestemme seg [beßtemme ßäi] *for noe*

Entscheidung *w* avgjørelse [aawjöörelße] *m*, beslutning [beschlʉtning] *m/w*

Entschluss *m* konklusjon [kongklʉschuun] *m*

entschuldigen *v* **1** ***sich*** *~ bei j-m für etw.* unnskylde (seg) [ʉnnschülle (ßäi)] **2** (Grund mitteilen) *j-n/etw.* unnskylde [ʉnnschülle] *noen/noe* **3** (Verständnis zeigen) *j-n/etw.* beklage [beklaage] *noen/noe*, unnskylde [ʉnnschülle] *noen/noe* ► **E~ Sie!** Unnskyld!, Jeg beklager!

Entschuldigung *w für etw.* unnskyldning [ʉnnschüllning] *m/w* ► **~!** Unnskyld!, Jeg beklager!

entspannen *v* ***sich*** *~* slappe av [schlappe aaw]

entsprechen *v etw. Dat* stemme overens [ßtemme oowerenß] *med noe*

entsprechend *adj* **1** *etw. Dat* tilsvarende [tilßwaarene] *noe* **2** (Amt usw.) vedkommende [weedkommene] ♦ *adv* passende [paßßene], passelig [paßßeli]

entstehen *v* oppstå [oppßtoo], danne seg [danne ßäi], *aus etw.* komme ut [komme ʉʉt] *av noe*, bli til [blii til]

enttäuschen *v j-n* skuffe [ßkʉffe] *noen*

Enttäuschung *w* skuffelse [ßkʉffelße] *m*

entweder **~... oder** enten... eller

entwenden *v j-m etw. Akk* stjele [ßtjääle] *noe fra noen*

entwerfen *v* formgi [formji], utforme [ʉʉtforme], *etw. Akk* tegne [täine], designe [deißaine]

entwickeln *v* **1** *etw. Akk* utvikle [ʉʉtwikle] *noe* **2** (Druck usw.) utøve [ʉʉtööwe] **3** (Film) fremkalle [fremkalle]

Entwicklung *w* utvikling [ʉʉtwikling] *m/w*

Entwurf *m* **1** (einer Konstruktion usw.) utkast [ʉʉtkaßt] *s*, skisse [ßkißße] *m/w* **2** (schriftlicher) utkast [ʉʉtkaßt] *s*, konsept [kunßept] *s*

Entzündung *w* betennelse [betennelße] *m*

er *pron* han [han]

erbauen *v* bygge [bügge], reise [räiße]

Erbe[1] *s* arv [arw] *m*

Erbe[2] *m etw. Gen* arving [arwing] *m til noe*

erben *v etw. Akk von j-m* arve [arwe] *noe etter noen*

Erbse **~n** erter *m/w Mz*

Erdapfel *m* (ÖrD) potet [puteet] *m*

Erdbeben *s* jordskjelv [juurschelw] *s*

Erdbeere *w* jordbær [juurbäär] *s*

Erde *w* **1** jord [juur] *m/w*, jordbunn [juurbʉn] *m* **2** (Oberfläche) jord [juur] *m/w* **3** (Planet) Jorden [juuren] *m* ► **unter der ~** under jorden

Erdgeschoss *s* første etasje [förschte etaasche] *m*

Erdnuss *w* peanøtt [piinött] *m/w*

Erdöl *s* olje [olje] *m/w*

Ereignis *s* begivenhet [bejiiwenheet] *m/w*, hendelse [hennelße] *m*

erfahren[1] *v etw. Akk, über etw. Akk* få vite [foo wiite] *noe, om noe*

erfahren[2] *adj* *adj* erfaren [ärfaaren] ♦ *adv* med erfaring [mee ärfaaring], rutinert [rʉtineert]

Erfahrung *w* erfaring [ärfaaring] *m*

erfinden *v* utforme [ʉʉtforme], utvikle [ʉʉtwikle], tenke ut [tengke ʉʉt], (Glühbirne usw.) *etw. Akk* oppfinne [oppfinne] *noe*

Erfindung *w* **1** (Gerät usw.) oppfinnelse [oppfinnelße] *m* **2** (Erdichtung) oppspinn [oppßpin] *s*

Erfolg *m* suksess [ßʉkßee] *m*; **~ haben** *bei etw.* lykkes *med noe, i noe*

erfolgreich *adj* vellykket [wellükket] ♦ *adv* vellykket [wellükket]

erforschen *v etw. Akk* forske [forschke]

erfrischen *v* forfriske [forfrißke], friske opp [frißke opp] ► **sich ~** *mit etw.* forfriske seg *med noe*

Erfrischung *w* forfriskning [forfrißkning] *m/w*

ergänzen *v* utfylle [ʉʉtfülle]

Ergänzung *w* utfylling [ʉʉtfülling] *m/w*, supplement [ßʉpplemang] *s*, (Zusatz usw.) tillegg [tilleg] *s*

Ergebnis *s etw. Gen* resultat [reßʉltaat] *s av noe*

ergreifen *v* **1** (mit der Hand) *etw. Akk* ta tak i [taa taak i] *noe* **2** (beherrschen) *etw. Akk* erobre [erobr^e] *noe*, ta *noe* i besittelse [taa i beßitt^{e}lß^e] **3** (anfangen) *etw. Akk* sette i gang [ßett^e i gang] *med noe* **4** (Krankheit usw.) *etw. Akk* bli grepet [blii greepet] *av noe*

erhalten *v* **1** (Brief usw.) *etw. Akk* motta [muttaa] **2** (Entwicklung usw.) bevare [bewaar^e], vedlikeholde [weedliikeholl^e], opprettholde [opprettholl^e] **3** ***sich ~*** være bevart [wäär^e bewart] ► **sich ~** være bevart

erhöhen *v* **1** (Mauer usw.) gjøre *noe* høyere [jöör^e höüer^e] **2** (Wert usw.) *etw. Akk* øke [öök^e] *noe* **3** ***sich ~*** (Volumen usw.) øke [öök^e] **4** (Spannung usw.) øke [öök^e] *noe*, forhøye [forhöü^e] ► **den Lohn ~** *j-m* øke lønn *til noen*

erholen *v* **1** ***sich ~*** (ausruhen) slappe av [schlapp^e aaw], hvile [wiil^e] **2** ***sich ~*** (gesund werden) *von etw.* komme seg [komm^e ßäi] *etter noe*, kvikne til [kwikn^e til] *etter noe*, komme til hektene [komm^e til hekt^{e}n^e] *etter noe* **3** ***sich ~*** *von etw.* komme seg [komm^e ßäi], komme til krefter/til hektene [komm^e til kreft^{e}r/til hekt^{e}n^e], *von etw.* ta seg sammen [taa ßäi ßamm^{e}n] *etter noe*

Erholung *w* **1** (von Krankheit) bedring [beedring] *m/w*, rekonvalesens [rekunwaleßenß] *m*, helbredelse [heelbreed^{e}lß^e] *m* **2** (Ausruhen usw.) rekreasjon [rekreaschuun] *m*

erinnern *v* **1** ***sich ~*** *an j-n/etw.* huske [hußk^e] *noen/noe*, minnes [minneß] *noen/noe* **2** (an Erlebnis usw.) *j-n an etw. Akk* minne [minn^e] *noen om noe* **3** (an Pflicht usw.) *j-n an etw. Akk* minne [minn^e] *noen på noe*

Erinnerung *w* **1** *an j-n/etw.* minne [minn^e] *om noen/noe* **2** *etw. Dat* påminning [poominning] *m/w*

Erkältung *w* forkjølelse [forschööl^{e}lß^e] *m*

erkennen *v* **1** (in der Ferne usw.) gjenkjenne [jenschenn^e] **2** (Freund usw.) *j-n/etw.* kjenne *noen* igjen [schenn^e ijen], (identifizieren) *j-n/etw.* kjenne igjen [schenn^e ijen] *noen* **3** (Umrisse in Dunkelheit usw.) *etw. Akk* gjenkjenne [jenschenn^e] *noe*

erklären *v* **1** (Problematik usw.) *j-m etw. Akk* forklare [forklaar^e] *noe til noen* **2** (sagen) erklære [ärkläär^e]

Erklärung *w* **1** forklaring [forklaaring] *m/w* **2** (Mitteilung) erklæring [ärkläaring] *m/w*

erkranken *v an etw. Dat* bli syk [blii ßüük]

erkundigen *v* ***sich ~*** *nach j-m/etw.* spørre [ßpörr^e] *etter noen/noe*

erlauben *v* tillate [tillaat^e], *j-m etw. Akk* muliggjøre [muulijöör^e] *noe for noen*

Erlaubnis *w* tillatelse [tillaat^{e}lß^e] *m*

erlaubt *adj* tillatt [tillatt], lovlig [loowli]

erleben *v* **1** (durchmachen) *etw. Akk* oppleve [oppleew^e] *noe* **2** (miterleben) *etw. Akk* oppleve [oppleew^e] *noen/noe* **3** (Alter) *etw. Akk* leve [leew^e] *til*

Erlebnis *s* opplevelse [oppleew^{e}lß^e] *m*

erledigen *v etw. Akk* ordne [ordn^e] *noe*, (Bestellung usw.) ordne [ordn^e] *med noe*, behandle [behandl^e] *noe*

erleichtern *v* **1** gjøre *noe* lettere [jöör^e letter^e], *j-m etw. Akk* lette [lett^e] *noe for noen* **2** (seelisch) *etw. Akk* lindre [lindr^e] *noe*

Ermäßigung *w* avslag [aawschlaag] *s*

ermöglichen *v (j-m) etw. Akk* muliggjøre [muulijöör^e] *noe for noen*

ermorden *v j-n* myrde [mürd^e] *noen*

ermüden *v* **1** bli trett [blii trett] **2** *j-n* trette [trett^e] *noen*, kjede [scheed^e] *noen*, utmatte [uutmatt^e] *noen*

Ernährung *w* ernæring [ärnääring] *m/w*, (Regime) kosthold [koßthol] *s*

ernst *adj* **1** (Gesicht usw.) alvorlig [alwoorli] **2** (Interesse usw.) alvorlig [alwoorli], seriøs [ßeriööß] **3** (Lage usw.) alvorlig [alwoorli] ♦ *adv* alvorlig [alwoorli], seriøs [ßeriööß] ► **Meinen Sie das ~?** Mener du det?

Ernst *m* alvor [alwor] *s*, alvorlighet [alworliheet] *m/w*; **Im ~?** Sier du det?, Jaså?

ernsthaft *adj* alvorlig [alwoorli] ♦ *adv* alvorlig [alwoorli]

ernstlich *adv* alvorlig [alwoorli]

Ernte *w* **1** innhøsting [innhößting] *m/w*, innhøstning [innhößtning] *m/w*, slåttonn [schlotton] *m/w* **2** (geerntete Früchte) avling [awling] *m/w*, høst [hößt] *m*, grøde [grööd^e] *m/w*

ernten *v* **1** (Getreide usw.) *etw. Akk* høste [hößt^e] *noe* **2** (Ergebnisse seiner Bemühungen usw.) høste [hößt^e]

eröffnen *v* **1** (Ausstellung usw.) *etw. Akk* åpne [oopn^e] **2** (Aktion usw.) *etw. Akk* lansere [lanßeer^e] *noe*, starte [ßtaart^e] *noe*, (Aktion usw.) *etw. Akk* sette i gang [ßett^e i gang]

Eröffnung *w* åpning [oopning] *m*

erpressen *v etw. Akk von j-m* presse [preßß^e] *noe av noen*, *j-n* presse penger ut av noen [preßß^e peng^{e}r uut aaw nuu^{e}r], utpresse [uutpreßß^e]

erraten *v* gjette riktig [jett^e rikti]

erregen *v* **1** (emotional) *j-n* bringe *noen* i affekt [bring^e i affekt] **2** (sexuell) *j-n* opphisse [opphißß^e] *noen*, tenne [tenn^e] *noen* **3** (hervorrufen) *etw. Akk* egge [egg^e] *noe*, stimulere [ßtimuleer^e] *noe*

erreichbar *adj* tilgjengelig [tiljeng^{e}li]

A-Z Wörterbuch Deutsch – Norwegisch

erreichen *v* **1** (berühren) *etw. Akk* rekke [rekk^e] *noe* **2** (zu Hause usw.) *j-n* få tak i [foo taak i] **3** (Niveau usw.) *etw. Akk* nå [noo] *noe* **4** *etw. Akk* oppnå [oppnoo], (realisieren) *etw. Akk* utrette [~~uu~~trett^e]

errichten *v* opprette [opprett^e], *etw. Akk* bygge [bügg^e], reise [räiß^e]

Ersatz *m für etw.* surrogat [ß~~u~~rugaat] *s*, erstatning [ärschtatning] *m/w*

Ersatzteile *s Mz* reservedeler [reßerwedeel^{e}r] *m Mz*

erscheinen *v* komme til syne [komm^e til ßüün^e]

erschießen *v j-n* skyte [schüüt^e] *noen* (ihjell)

erschöpfen *v j-n* utmatte [~~uu~~tmatt^e] *noen*

erschöpft *adj* utmattet [~~uu~~tmattet]

erschrecken[1] *v* (Angst bekommen) bli forskrekket [blii forschkreket] *over noe*, bli skremt [blii ßkremt], skvette [ßkwett^e], kveppe [kwepp^e]

erschrecken[2] *v* (Angst einjagen) skremme [ßkremm^e], skremme [ßkremm^e] *noen*, *j-n* skremme opp [ßkremm^e opp] *noen*, *j-n* skremme [ßkremm^e] *noen*

ersetzen *v* **1** *j-n/etw. durch j-n/etw.* erstatte [ärschtatt^e] *noen/noe med noen/noe* **2** (Nachfolger usw.) *j-n/etw.* erstatte [ärschtatt^e] *noen/noe* **3** (Geldverlust usw.) *j-m etw. Akk* erstatte [ärschtatt^e]

ersparen *v etw. Akk* spare [ßpaar^e] *noe*, (Geld) spare (opp) [ßpaar^e (opp)]

erst *part* **1** først [förscht], ikke før [ikk^e föör] **2** (vor kurzer Zeit) først [förscht]

erst(er,e,es) *num* første [förscht^e]

Erste-Hilfe-Kasten *m* førstehjelpsskrin [förscht^{e}jelpßßkriin] *s*

ersticken *v* **1** kveles [kweeleß], (sterben) kveles ihjell [kweeleß ijel] **2** *j-n* kvele [kweel^e] *noen*, (töten) kvele [kweel^e] *noen*

erstmals *adv* (for) første gang [(for) förscht^e gang], for første gang [for förscht^e gang]

Ertrag *m* avkastning [aawkaßtning] *m/w*

ertragen *v* tåle [tool^e], *etw. Akk* holde ut [holl^e ~~uu~~t] *noe*, tåle [tool^e] *noe*, gjennomgå [jennomgoo] *noe*

ertrinken *v* drukne [drukn^e]

erwachsen *adj* voksen [wokß^{e}n]; **~ werden** bli moden

Erwachsene *m* voksen [wokß^{e}n] *m*

erwägen *v etw. Akk* ta hensyn til [taa henßüün til] *noe*, ta *noe* i betraktning [taa i betraktning], *etw. Akk* vurdere [w~~u~~rdeer^e]

Erwägung *w* overveielse [oow^{e}rwäi^{e}lß^e] *m*; **in ~ ziehen** *etw. Akk* ta hensyn til *noe*, ta *noe* i betraktning

erwähnen *v j-n/etw.* nevne [newn^e] *noen/noe*, (Quelle usw.) *etw. Akk* henvise [henwiiß^e] *til noe*

erwärmen *v* **1** *etw. Akk* varme [warm^e] *noe*, varme opp [warm^e opp] *noe* **2** ***sich ~*** (warm werden) varme seg [warm^e ßäi], varme seg opp [warm^e ßäi opp]

erwarten *v* **1** (Besuch usw.) *j-n/etw.* forvente [forwent^e] *noe* **2** (voraussetzen usw.) *etw. Akk* forvente [forwent^e] *noe*

Erwartung *w* forventning [forwentning] *m/w*

erwecken *v etw. Akk* vekke [wekk^e]

erweitern *v* **1** (Weg usw.) *etw. Akk* utvide [~~uu~~twiid^e] *noe* **2** ***sich ~*** utvide seg [~~uu~~twiid^e ßäi] **3** (Kenntnisse usw.) *etw. Akk* utvide [~~uu~~twiid^e] *noe*

erzählen *v j-m etw. Akk* fortelle [fortell^e] *om noe til noen, noen noe*, si [ßii] *noe til noen, noen noe*

Erzählung *w* **1** (von Erlebnis usw.) fortelling [fortelling] *m/w* **2** (Werk) novelle [nuwell^e] *m/w*

erzeugen *v* fremstille [fremßtill^e] *noe*, framstille [framßtill^e] *noe*, produsere [prud~~u~~ßeer^e], (Energie usw.) lage [laag^e]

Erzeuger *m von etw.* produsent [prud~~u~~ßent] *m av noe*

Erzeugnis *s* produkt [prud~~u~~kt] *s*

erziehen *v j-n* oppdra [opptraa]

Erziehung *w* oppdragelse [opptraag^{e}lß^e] *m*

es *pron* det [dee]

Esel *m* esel [eeß^{e}l] *s*

essbar *adj* spiselig [ßpiiß^{e}li]

essen *v* spise [ßpiiß^e]; **zu Abend ~** spise middag, spise kveldsmat

Essen *s* mat [maat] *m*

Essig *m* eddik [eddik] *m*

Esszimmer *s* spisestue [ßpiiß^{e}ßt~~uu~~^{e}] *m/w*

Etage *w* etasje [etaasch^e] *m*

Etui *s* pennal [penaal] *s*

etwa *adv* omtrent [omtrent], cirka [ßirka], tilnærmet [tilnärmet] ♦ *part* kanskje [kansch^e]

etwas *adv* ubetydelig [~~uu~~betüüd^{e}li] ♦ *pron* noe [nuu^e]

euer, eure *pron* deres [deereß]

Eule *w* ugle [~~u~~gl^e] *m/w*

Euro *m* euro [ä~~u~~ru] *m*

Europa *s* Europa [ä~~u~~ruupa] *s*

Europäer *m* europeer [ä~~u~~rupee^{e}r] *m*

europäisch *adj* europeisk [ä~~u~~rupeeißk]

ewig *adj* evig [eewi] ♦ *adv* **1** for alltid [for allti], for all framtid [for al framtidd], evig (og alltid) [eewi (o allti)] **2** (für immer) evig [eewi], for alltid [for allti]

existieren *v* eksistere [ekßißteer^e]

Experiment *s* eksperiment [ekßperiment] *s*
extra *adv* **1** (noch dazu) ekstra [ekßtra] **2** (eingepackt usw.) separat [ßeparaat], hver for seg [väär for ßäi]

F

Fabrik *w* fabrikk [fabrikk] *m*
Fach *s* **1** (im Schrank usw.) hylle [hüll^e] *m* **2** (in der Schule usw.) fag [faag] *s*, emne [emn^e] *s*
Fachausdruck *m* begrep [begreep] *s*
Fächer *m* vifte [wift^e] *m/w*
fachlich *adj* fag- [faag] ♦ *adv* fagmessig [faagmeßßi], profesjonelt [prufeschunelt], (geschult usw.) faglig [faagli]
Fachmann *m für etw.* ekspert [ekßpärt] *m på noe*
fade *adj* flau [fläu], svak [ßwaak], mild [mil], blass [blaß]
Faden *m* tråd [trood] *m*
fähig *adj* **1** (geschickt usw.) dyktig [dükti] **2** *zu etw.* i stand [i ßtan] *til å gjøre noe*
Fähigkeit *w* evne [ewn^e] *m*, ferdighet [färdiheet] *m/w*
Fahne *w* flagg [flag] *s*
Fahrbahn *w* kjørebane [schöör^{e}baan^e] *m*
Fähre *w* ferge [färg^e] *m/w*
fahren *v* **1** (sich bewegen) *irgendwohin* reise [räiß^e] *til* **2** (transportiert werden) *mit etw.* reise [räiß^e] *med noe* **3** *j-n irgendwohin* kjøre [schöör^e] *noen et sted, j-n/etw. irgendwohin* kjøre [schöör^e] *noen/noe et sted* **4** *j-n/etw. irgendwohin* frakte [frakt^e] *noe/noen*, transportere [tranßporteer^e] *noe/noen* **5** (Auto) *etw. Akk* kjøre [schöör^e] *noe* **6** (Fahrrad usw.) *etw. Akk* kjøre [schöör^e] *noe* **7** (mit der Bahn usw.) *mit etw.* reise [räiß^e] *med noe*, ta [taa] **8** *j-n irgendwohin* kjøre [schöör^e] *noen et sted* **9** (mit dem Auto) *in etw. Akk* kjøre [schöör^e] *inn i*
Fahrer *m* **1** sjåfør [schofföör] *m*, (Motorradfahrer usw.) rytter [rütt^{e}r] *m* **2** (von Beruf usw.) sjåfør [schofföör] *m*
Fahrgeld *s* billettpris [billetpriiß] *m*
Fahrkarte *w* billett [bilett] *m*
Fahrkartenautomat *m* billettautomat [bilettäutumaat] *m*
Fahrplan *m* tidstabell [tiiztabel] *m*
Fahrpreis *m* billettpris [billetpriiß] *m*
Fahrrad *s* sykkel [ßükk^{e}l] *m*
Fahrschein *m* billett [bilett] *m*
Fahrspur *w* kjørefelt [schöör^{e}felt] *s*
Fahrstuhl *m* heis [häiß] *m*
Fahrt *w* kjøretur [schöör^{e}tuur] *m*, ridetur [riidetuur] *m*; **Gute ~.** God reise.
Fahrzeug *s* **1** (Wagen usw.) kjøretøy [schör^{e}töü] *s*, vogn [wongn] *m/w* **2** (Schiff, Boot usw.) farkost [faarkoßt] *m*
fair *adj* rettferdig [rettfäärdi] ♦ *adv* fair [feer]
Fakt *m/s* faktum [faktum] *s*, kjensgjerning [schenßjärning] *m/w*
Fall *m* **1** (das Fallen) fall [fal] *s* **2** (Angelegenheit) tilfelle [tilfell^e] *s* **3** (Grammatik) kasus [kaaßuß] *m* ► **im ~, dass…** i tilfelle…
Falle *w* felle [fell^e] *m/w*
fallen *v* **1** (zum Boden) falle [fall^e], falle ned [fall^e need] **2** (Preise usw.) falle [fall^e] **3** (stürzen) falle ned [fall^e need] **4** (im Krieg) falle [fall^e] **5** (in eine Kategorie) *in etw. Akk* falle under [fall^e unn^{e}r], komme inn under [komm^e in unn^{e}r] ► **~ lassen** *etw. Akk* miste *noe*, slippe *noe*
falls *conj* hvis [wiß], dersom [däärschom]; ~… i tilfelle…
falsch *adj* **1** (Diamant usw.) uekte [uuekt^e], falsk [falßk] **2** (Antwort usw.) feil [fäil], gal [gaal], ukorrekt [uukurekt] ♦ *adv* **1** (antworten usw.) dårlig [doorli], galt [gaalt] **2** (beschuldigen) falskt [falßkt], med urette [mee uurett^e]
Falte *w* **1** (Stoff usw.) fold [fol] *m* **2** (Runzel) rynke [rüngk^e] *m* ► **~n** (im Gesicht) rynker *m/w Mz*
falten *v* brette [brett^e]
Familie *w* familie [famiili^e] *m*
Familienname *m* etternavn [ett^{e}rnawn] *s*
fangen *v* **1** (Tier usw.) *etw. Akk* fange [fang^e] *noe* **2** (Ball usw.) fange [fang^e]
Fantasie *w* fantasi [fantaßii] *m*
fantastisch *adj* fantastisk [fantaßtißk], strålende [ßtrool^{e}n^e] ♦ *adv* fantastisk [fantaßtißk]
Farbe *w* maling [maaling] *m/w*, (blau usw.) farge [farg^e] *m*
färben *v* farge [farg^e], (malen usw.) fargelegge [fargelegg^e], kolorere [kulureer^e]
Farbton *m* nyanse [nüanß^e] *m*
Fass *s* tønne [tönn^e] *m/w*
Fassade *w* fasade [faßaad^e] *m*
fassen *v* **1** (schnell, fest usw.) *etw. Akk* gripe [griip^e] *noe* **2** (Täter usw.) anholde [anholl^e], pågripe [poogriip^e], arrestere [arreßteer^e] **3** (in Worte usw.) treffe [treff^e] **4** *sich* ~ komme til seg selv [komm^e til ßäi ßel], ta seg sammen [taa ßäi ßamm^{e}n]
fast *adv* nesten [neßt^{e}n]
Fastenzeit *w* faste [faßt^e] *m/w*
faul *adj* **1** (Obst usw.) råtten [rott^{e}n] **2** (Mensch usw.) doven [doow^{e}n], lat [laat]

Faust *w* knyttneve [knüttneew^{e}] *m*
Fax *s/m* faks [fakß] *m*
Faxgerät *s* faks [fakß] *m*
Februar *m* februar [febr~~u~~aar] *m*
Feder *w* **1** fjær [fjäär] *m/w* **2** (Schreibgerät) penn [pen] *m*
fegen *v etw. Akk* feie [fäi^{e}] *noe*
fehlen *v* **1** *j-m an etw. Dat* mangle [mangl^{e}] *noe* **2** (gestohlen werden usw.) være savnet [wäär^{e} ßawnet] **3** (nicht teilnehmen) *irgendwo* utebli [~~uu~~teblii], være ikke til stede [wäär^{e} ikk^{e} til ßteed^{e}], være fraværende [wäär^{e} fraawäär^{e}n^{e}] **4** *j./etw. j-m* savne [ßawn^{e}] *noen/noe*
Fehler *m* **1** (Verstoß) feil [fäil] *m* **2** (an einer Ware usw.) lyte [lüüt^{e}] *s*, brist [brißt] *m*, (an einer Ware usw.) mangel [mang^{e}l] *m* **3** (Funktionsfehler usw.) feil [fäil] *m*
fehlerhaft *adj* defekt [defekt]
Fehlgeburt *w* spontan abort [ßpuntaan abort] *m*
Feier *w* feiring [fäiring] *m/w*
feierlich *adj* høytidelig [höütiid^{e}li]
feiern *v* **1** feire [fäir^{e}], *etw. Akk* feire [fäir^{e}], markere [markeer^{e}] **2** (eine Party haben) rangle [rangl^{e}]
Feiertag *m* fridag [friidaag] *m*
feige *adj* feig [fäig]
Feige *w* fiken [fiik^{e}n] *m*
Feile *w* fil [fiil] *m/w*
feilschen *v mit j-m um etw.* prute [pr~~uu~~t^{e}] *med noen om noe*, forhandle [forhandl^{e}] *med noen om noe*
fein *adj* **1** fin [fiin] **2** (Figur usw.) subtil [ß~~u~~ptiil], spinkel [ßpingk^{e}l] ♦ *adv* fint [fiint]
Feind *m* fiende [fiiend^{e}] *m*
feindlich *adj* fiendtlig [fiientli]
Feld *s* **1** (Grundstück) åker [ook^{e}r] *m* **2** (im Fragebogen usw.) felt [felt] *s*
Fell *s* pels [pelß] *m*
Felsen *m* klippe [klipp^{e}] *m*
Fenchel *m* fennikel [fennik^{e}l] *m*
Fenster *s* vindu [wind~~uu~~] *s*
Ferien *Mz* ferie [feeri^{e}] *m*
Ferienhaus *s* feriehytte [feeriehütt^{e}] *m*, feriehus [feerieh~~uu~~ß] *s*
Ferienwohnung *w* feriebolig [feeriebuuli] *m*
fern *adj* fjern [fjäärn]
Fernbedienung *w* fjernkontroll [fjäärnkontrol] *m*, fjernstyring [fjäärnßtüüring] *m/w*
Ferngespräch *s* rikstelefon [riikßtelefuun] *m*
Fernglas *s* kikkert [schikk^{e}rt] *m*
fernsehen *v* se på fjernsyn [ßee poo fjäärnßüün]
Fernsehen *s* fjernsyn [fjäärnßüün] *s*
Fernseher *m* fjernsyn [fjäärnßüün] *s*
Fernstraße *w* hovedvei [huuwedwäi] *m*
Ferse *w* hæl [hääl] *m*
fertig *adj* ferdig [fäärdi] ► **(gerade) ~ sein** *mit etw.* være akkurat/nettopp ferdig *med noe*
fest *adj* **1** (Stoff usw.) solid [ßuliid] **2** (widerstandsfähig) fast [faßt] **3** (klar bestimmt) fast [faßt] ♦ *adv* besluttsomt [beschl~~u~~ttßomt] ► **~ (angezogen)** (Schraube usw.) strammet
Fest *s* bankett [bangkett] *m*, (Veranstaltung) feiring [fäiring] *m/w*
Festland *s* fastland [faßtlan] *s*
festlegen *v* sette [ßett^{e}], stake ut [ßtaak^{e} ~~uu~~t], (Termin usw.) *etw. Akk* bestemme [beßtemm^{e}] *noe*, avgjøre [aawjöör^{e}] *noe*
festlich *adj* festlig [feßtli]
festnehmen *v j-n* pågripe [poogriip^{e}], anholde [anholl^{e}]
feststellen *v etw. Akk* finne *noe* ut [finn^{e} ~~uu~~t], oppdage [opptaag^{e}] *noe*, (sagen usw.) konstatere [kunßtateer^{e}], fastslå [faßtschloo]
Festung *w* festning [feßtning] *m/w*
fett *adj* **1** (Fleisch usw.) fet [feet] **2** (Mensch) tykk [tükk]
Fett *s* fett [fett] *s*
fettig *adj* fet [feet]
feucht *adj* fuktig [f~~u~~kti] ♦ *adv* fuktig [f~~u~~kti]
Feuchtigkeit *w* fuktighet [f~~u~~ktiheet] *m/w*
Feuer *s* **1** (Flammen) ild [il] *m*, fyr [füür] *m* **2** bål [bool] *s* ► **das ~ anmachen** gjøre opp ild
Feuerlöscher *m* brannslukkingsapparat [brannschl~~u~~kingßaparaat] *s*
feuern *v j-n* si opp [ßii opp] *noen*, gi sparken [jii ßpark^{e}n] *til noen*
Feuerwaffe *w* skytevåpen [schüüt^{e}woop^{e}n] *s*
Feuerwehr *w* brannkorps [brannkorpß] *s*, brannvesen [brannweß^{e}n] *s*
Feuerwehrmann *m* brannmann [brannman] *m*
Feuerzeug *s* sigarettenner [ßigarettenn^{e}r] *m*
Fieber *s* feber [feb^{e}r] *m*
Figur *w* **1** figur [fig~~uu~~r] *m*, skikkelse [schikk^{e}lß^{e}] *m* **2** (aus Porzellan usw.) figur [fig~~uu~~r] *m* **3** (eines Films usw.) skikkelse [schikk^{e}lß^{e}] *m*, figur [fig~~uu~~r] *m* **4** (geometrische) figur [fig~~uu~~r] *m*
Filet *s* filet [filee] *m*
Filiale *w* filial [filiaal] *m*
Film *m* **1** (Spielfilm) film [film] *m* **2** (Schicht) belegg [beleg] *s*

filmen *v* filme [filme], ta opp [taa opp], *etw. Akk* filme [filme]
Filter *m* filter [filter] *s*
finanziell *adj* finansiell [finanßiel]
finden *v* finne [finne] ► **(den Weg) ~** *irgendwohin* finne frem *til et sted*; **Gefallen ~** *an j-m/etw.* (begynne å) like *noen/noe*
Finger *m* finger [finger] *m*
finster *adj* morsk [morschk]; **~ ansehen** *j-n* rynke pannen *til noen*
Firma *w* firma [firma] *s*
Fisch *m* **1** fisk [fißk] *m* **2 ~e** Fiskene [fißkene] *m Mz*
Fischer *m* fisker [fißker] *m*
flach *adj* **1** flat [flaat] **2** (Teich, Teller usw.) grunn [grun]
Fläche *w* **1** (sehr große usw.) flateinnhold [flaateinhol] *s* **2** (Arbeitsfläche usw.) flate [flaate] *m/w* **3** (Ausmaß) areal [areaal] *s*
Flagge *w* flagg [flag] *s*
Flamme *w* flamme [flamme] *m*
Flasche *w* flaske [flaßke] *m/w*
Flaschenöffner *m* opptrekker [opptrekker] *m*
Fleck *m* flekk [flekk] *m*, plett [plett] *m*
Fledermaus *w* flaggermus [flaggermuuß] *m/w*
Fleisch *s* kjøtt [schött] *s*
Fleischer *m* slakter [schlakter] *m*
Fleischerei *w* slakterbutikk [schlakterbutikk] *m*
fleißig *adj* arbeidsom [arbäizom], flittig [flitti], flink [flingk]
flicken *v* flikke [flikke], stoppe [ßtoppe]; **den Schlauch ~** lappe en (sykkel)slange
Fliege *w* **1** flue [fluue] *m/w* **2** (Krawatte) sløyfe [schlöüfe] *m/w*
fliegen *v* **1** fly [flüü] **2** *etw. Nom aus etw.* fly ut [flüü uut] *fra noe*
fliehen *v irgendwoher* flykte [flükte] *fra noe*, rømme [römme] *fra noe*, (aus Gefängnis usw.) unnslippe [unnschlippe]
fließen *v* renne [renne]
flirten *v mit j-m* flørte [flörte]
Floh *m* loppe [loppe] *m/w*
Flosse *w* finne [finne] *m*
Flöte *w* fløyte [flöüte] *m/w*
fluchen *v* banne [banne]
Flug *m* flytur [flüütuur] *m*
Flugbegleiter *m* flyvert [flüüwärt] *m*
Flugbegleiterin *w* flyvertinne [flüüwärtinne] *m/w*
Flügel *m* **1** (Körperteil) vinge [winge] *m* **2** (einer Armee usw.) flanke [flangke] *m*
Fluggesellschaft *w* flyselskap [flüüßelßkaap] *s*
Flughafen *m* flyplass [flüüplaß] *m*
Flughafenterminal *m/s* terminal [termi-naal] *m*
Flugkarte *w* flybillett [flüübilett] *m*
Flugschein *m* flybillett [flüübilett] *m*
Flugticket *s* flybillett [flüübilett] *m*
Flugzeug *s* fly [flüü] *s*
Flur *m* korridor [kurriduur] *m*, gang [gang] *m*
Fluss *m* **1** (Gewässer) elv [elw] *m/w* **2** (des Verkehrs usw.) strøm [ßtröm] *m*
flüssig *adj* flytende [flüütene] ♦ *adv* **1** (reden usw.) flytende [flüütene] **2** (zügig) uavbrutt [uuaawbrutt]
Flüssigkeit *w* **1** væske [wäßke] *m/w* **2** (Sprachgewandtheit) det å snakke flytende [dee o ßnakke flüütene]
flüstern *v* hviske [wißke]
Flut *w* **1** flo [fluu] *m/w* **2** (von Geld usw.) *von etw.* tilstrømning [tilßtrömning] *m/w av noe*
Föhn *m* hårtørrer [hoortörrer] *m*
Folge *w* **1** (von Zahlen usw.) følge [fölge] *m* **2** (einer Tat usw.) *etw. Gen, von etw.* konsekvens [kunßekwenß] *m*, følge [fölge] *m* **3** (Ergebnis) *etw. Gen, von etw.* følge [fölge] *m av noe* **4** (Film usw.) *von etw.* fortsettelse [fortschettelße] *m av noe* ► **als ~** *etw. Gen* som følge *av noe*
folgen *v* **1** *j-m/etw.* følge (etter) [fölge (etter)] *noen* **2** (in gewisser Reihenfolge) *nach etw.* følge [fölge] *etter* **3** (Chef usw.) *j-m/etw.* adlyde [adlüüde] **4** (Schluss usw.) *aus etw.* følge [fölge] *av noe*, fremgå [fremgoo] *av noe*
Folklore *w* folklore [folkloore] *m*
fordern *v* **1** *etw. Akk* kreve [kreewe] *noe* **2** *etw. Akk von j-m* kreve [kreewe] *noe av noen* **3** (viel Zeit usw.) *etw. Akk* trenge [trenge] *noe*, (Zeit usw.) *etw. Akk* kreve [kreewe] *noe* **4** (Unfall – Opfer) *etw. Akk* kreve [kreewe]
fördern *v* **1** (Entwicklung usw.) *etw. Akk* støtte [ßtötte] *noe* **2** (Kohle usw.) utvinne [uutwinne], bryte [brüüte]
Forderung *w* **1** krav [kraaw] *s* **2** (finanzieller Anspruch) fordring [fordring] *m/w* ► **~en** *an j-n/etw.* krav *s*
Forelle *w* ørret [örret] *m*
Form *w* form [form] *m/w*
Formular *s* formular [formulaar] *m/s*, skjema [scheema] *s*
Forschung *w* forskning [forschkning] *m/w*
fortgeschritten *adj* **1** (Technik usw.) avansert [awanßeert] **2** (Stufe usw.) mellomliggende [mellomliggene], mellom-[mellom]
Fortschritt *m* **1** framskritt [framßkrit] *s*, fremskritt [fremßkritt] *s* **2** (einer Krankheit usw.) forløp [forlööp] *s*

fortsetzen *v etw. Akk* fortsette [fortschett^e] *noe*

Fortsetzung *w* **1** (einer Tätigkeit usw.) *etw. Dat* fortsettelse [fortschett^{e}lß^e] *m* **2** (Film usw.) *von etw.* fortsettelse [fortschett^{e}lß^e] *m av noe*

Foto *s* fotografi [futugrafii] *s*, foto [futu] *s*

Fotoapparat *m* kamera [kaamera] *s*

Fotografie *w* **1** fotografi [futugrafii] *s*, foto [futu] *s* **2** (Hobby, Bereich usw.) fotografi [futugrafii] *m*

fotografieren *v etw. Akk* fotografere [futugrafeer^e], *j-n/etw.* fotografere [futugrafeer^e] *noen/noe*, ta bilde av [taa bild^e aaw] *noen/noe*

fotokopieren *v* kopiere [kupieer^e], mangfoldiggjøre [mangfoldijöör^e], *etw. Akk* kopiere [kupieer^e] *noe*

Fracht *w* last [laßt] *m/w*

Frage *w* **1** spørsmål [ßpörschmool] *s* **2** (Problem usw.) sak [ßaak] *m/w* ► *j-m* **eine ~ stellen** stille et spørsmål

Fragebogen *m* spørreskjema [ßpörr^{e}scheema] *s*

fragen *v* **1** *j-n nach j-m/etw.* spørre [ßpörr^e] *noen om noe* **2** ***sich*** *etw. Akk* **~** undre [ʉndr^e] *på noe*, lure [lʉʉr^e] *på noe* ► **Ich frage mich, ob…** Jeg lurer på om…

Fragezeichen *s* spørsmålstegn [ßpörschmoolßtäin] *s*

frankieren *v* frankere [frangkeer^e]

Frankreich *s* Frankrike [frangkriik^e] *s*

Franzose *m* franskmann [franßkman] *m*

französisch *adj* fransk [franßk] ♦ *adv* fransk [franßk]

Frau *w* **1** (weibliche Person) kvinne [kwinn^e] *m* **2** (Gattin) kone [kuun^e] *m/w* ► **~ X** Fru X

Fräulein *s* frøken [fröök^{e}n] *m/w*

frech *adj* frekk [frekk] ♦ *adv* frekt [frekt]

frei *adj* **1** fri [frii] **2** (Platz) ledig [leedi] **3** (umsonst) gratis [graatiß] ♦ *adv* fritt [fritt] ► **~ machen** (Weg usw.) gjøre plass

Freibad *s* badeplass [baadeplaß] *m*

Freiheit *w* frihet [friiheet] *m/w*

Freitag *m* fredag [freeda] *m*

freiwillig *adj* frivillig [friiwilli] ♦ *adv* frivillig [friiwilli]

Freizeit *w* fritid [friitiid] *m/w*

Freizeitpark *m* fornøyelsespark [fornöü^{e}lßeßpark] *m*

fremd *adj* **1** (ausländisch) utenlandsk [ʉʉt^{e}nlanßk] **2** (nicht mein) en annens [en aann^{e}nß] **3** (unbekannt) fremmed [fremmed], ukjent [ʉʉschent]

Fremde *m* fremmed [fremmed] *m*, ukjent [ʉʉschent] *m*

Freude *w* glede [gleed^e] *m*; **~ machen** *j-m* glede *noen*

freuen *v* **1** ***sich*** **~** *über etw. Akk* glede seg [gleed^e ßäi] *av noe, over noe*, fryde seg [früüd^e ßäi] *over noe* **2** *j-n* glede [gleed^e] *noen* ► **Freut mich.** Hyggelig å hilse på deg., Hyggelig å mæte deg.

Freund *m* **1** (Bekannter) venn [wen] *m* **2** (Partner) guttekjæreste [gʉtteschääreßt^e] *m*, kjæreste [schääreßt^e] *m*

Freundin *w* **1** venninne [wenninn^e] *m/w* **2** (Partnerin) kjæreste [schääreßt^e] *m*

freundlich *adj* snill [ßnil], elskverdig [elßkwärdi], vennlig [wennli]

Frieden *m* **1** (nicht Krieg) fred [freed] *m* **2** (Ungestörtheit) fred [freed] *m*, ro [ruu] *m/w*

Friedhof *m* kirkegård [schirk^{e}goor] *m*

frieren *v* fryse [früüß^e]

frisch *adj* **1** fersk [färßk] **2** (Aussehen usw.) frisk [frißk] ♦ *adv* ny- [nüü]

Friseur *m* frisør [frißöör] *m*

Friseursalon *m* frisørsalong [frißöörschalong] *m*

frisieren *v etw. Akk* kjemme [schemm^e], børste [börscht^e], gre [gree] *noe*

Frist *w* frist [frißt] *m*

Frisur *w* frisyre [frißüür^e] *m*

froh *adj* glad [glaa], gledelig [gleed^{e}li], frydefull [früüdefʉl]; **~ sein** *über etw. Akk* være glad *for noe*

fröhlich *adj* munter [mʉnt^{e}r], glad [glaa], gemyttlig [gemüttli]

Frosch *m* frosk [froßk] *m*

Frost *m* frost [froßt] *m*

Frucht *w* frukt [frʉkt] *m/w*, (ungeboren) foster [foßt^{e}r] *s*; **Früchte tragen** bære frukt

fruchtbar *adj* **1** fruktbar [frʉktbaar] **2** (Schriftsteller usw.) fruktbar [frʉktbaar], produktiv [prudʉktiiw]

früh *adj* **1** tidlig [tiidli] **2** (Anfang usw.) tidlig [tiidli], start- [ßtart] ♦ *adv* tidlig [tiidli]

früher *adv* **1** tidligere [tiidlier^e] **2** (einst) før [föör], tidligere [tiidlier^e] ♦ *adj* tidligere [tiidlier^e], foregående [fooregoo^{e}n^e]

frühestens *adv* først [förscht]

Frühling *m* vår [woor] *m*; **im ~** om våren

Frühstück *s* frokost [fruukoßt] *m*; **Übernachtung mit ~** overnatting med frokost, bed and breakfast

frühstücken *v* spise frokost [ßpiiß^e fruukoßt]

Fuchs *m* rev [reew] *m*

fühlen *v etw. Akk* føle [fööl^e] *noe*

führen *v* **1** *j-n irgendwohin* lede [leed^e] *noen til et sted* **2** (auf die andere Seite usw.) *j-n über etw. Akk* føre [föör^e] *noen over noe* **3** (begleiten) *j-n irgendwohin* lede [leed^e] *noen til et sted* **4** (Unternehmen usw.) *etw. Akk* lede [leed^e] *noe* **5** (im Wettkampf usw.) lede [leed^e] **6** (Weg) *irgendwohin/durch etw.* føre [föör^e] *gjennom/til et sted*

Führer *m* **1** leder [leed^{e}r] *m* **2** (Buch) reisehåndbok [räiß^{e}honbuuk] *m/w*

Führerschein *m* førerkort [föör^{e}rkort] *s*

Führung *w* **1** (eines Betriebes usw.) ledelse [leed^{e}lß^e] *m* **2** (Führungsorgane) ledelse [leed^{e}lß^e] *m*, styre [ßtüür^e] *s* **3** (Führungsposition) ledelse [leed^{e}lß^e] *m* **4** (Besichtigung) omvisning [omwiißning] *m/w*

füllen *v* fylle [füll^e] *noe med noe*

Füllung *w* **1** (eines Bonbons usw.) fylling [fülling] *m/w*, (Fleischfüllung usw.) fyll [fül] *m/s* **2** (in Matratzen usw.) fylling [fülling] *m/w* **3** (Tätigkeit) fylling [fülling] *m/w*

Fundbüro *s* hittegodskontor [hitteguudßkontoor] *s*

fünf *num* fem [fem]

fünft(er,e,es) *num* femte [femt^e]

fünfzehn *num* femten [femt^{e}n]

fünfzig *num* femti [femti]

Funke *m* gnist [gnißt] *m*

Funktion *w* **1** (Zweck) *etw. Gen* funksjon [fungkschuun] *m av noe* **2** (Posten) embete [embet^e] *s*

funktionieren *v* fungere [fungeer^e], arbeide [arbäid^e], virke [wirk^e]; **nicht richtig ~** arbeide dårlig

funktionsfähig *adj* funksjonell [fungkschuunel], (im Betrieb) fungerende [fungeer^{e}n^e], i drift [i drift]

für *prep* **1** (Zweck usw.) *etw.* for [for], til [til] **2** (Geschenk, Nachricht usw.) *j-n* for [for] *noen* **3** (anstatt usw.) *j-n* istedenfor [ißteed^{e}nfor] *noen* **4** (Preis usw.) *etw.* for [for] *hvor mye* **5** (Zeitdauer usw.) for [for] ► **Ich brauche ein Zimmer ~ drei Tage.** Jeg trenger et rom for tre dager.

Furcht *w* angst [anggßt] *m*, forskrekkelse [forschrekk^{e}lß^e] *m*

furchtbar *adj* grusom [gruußom], forferdelig [forfärd^{e}li] ♦ *adv* forferdelig [forfärd^{e}li]

fürchten *v* **1** *j-n/etw.* frykte [frükt^e] *noe*, være redd [wäär^e red] *for noe*, *etw. Akk* frykte [frükt^e] *noe*, grue seg [gruu^e ßäi] *for noe* **2** *für j-n/etw., um j-n/etw.* bry seg [brüü ßäi] *om noen/noe*, *für j-n/etw., um j-n/etw.* frykte [frükt^e] *for noen/noe*

Fuß *m* fot [fuut] *m* ► **zu ~** til fots

Fußball *m* fotball [futpal] *m*

Fußboden *m* gulv [gulw] *s*

Fußgänger *m* fotgjenger [fuutjeng^{e}r] *m*

Fußgängerübergang *m* fotgjengerovergang [fuutjeng^{e}roow^{e}rgang] *m*

Fußgängerüberweg *m* fotgjengerovergang [fuutjeng^{e}roow^{e}rgang] *m*

Fußgängerzone *w* gågate [googaat^e] *m/w*

Fußknöchel *m* ankel [angkel] *m*

Futter^1 *s* (Nahrung) fôr [fuur] *s*

Futter^2 *s* (Stoff) fôr [fuur] *s*

füttern *v j-n mit etw.* fôre [fuur^e] *noen med noe*, mate [maat^e] *noen med noe*, nære [näär^e] *noen med noe*

G

Gabel *w* **1** gaffel [gaff^{e}l] *m* **2** (für Heu usw.) høygaffel [höügaff^{e}l] *m*

gähnen *v* gjespe [jeßp^e]

Galerie *w* galleri [galleri] *s*

Galle *w* galle [gall^e] *m*

Gang *m* **1** (Art des Gehens) gang [gang] *m*, gange [gang^e] *m/w* **2** (Geschwindigkeit) gir [giir] *s* **3** (im Haus usw.) korridor [kurriduur] *m*, gang [gang] *m* **4** (zwischen den Sitzen usw.) midtgang [mitgang] *m* **5** (Gericht) rett [rett] *m* ► **im Gange sein** foregå; **in ~ sein** foregå; **in ~ setzen** *etw. Akk* sette i gang *noe*

gangbar *adj* framkommelig [framkomm^{e}li]

Gans *w* gås [gooß] *m/w*

ganz *adj* **1** (völlig) hel [heel] **2** (komplett) hel [heel], helhetlig [heelheetli] **3** (nicht beschädigt) hel [heel] ♦ *adv* fullstendig [fullßtendi], aldeles [aldeeleß], (allein usw.) helt [heelt] ♦ *part* ganske [ganßk^e]

ganztägig *adj* heldags- [heeldaakß], dags- [daakß]

gar *part* i det hele tatt [i dee heel^e tatt]; **~ nicht** ikke i det hele tatt, overhodet ikke; **~ nichts** ingenting i det hele tatt

Garage *w* garasje [garaasch^e] *m*

Garantie *w* garanti [garantii] *m*

garantieren *v* garantere [garanteer^e]

Garderobe *w* garderobe [garderuub^e] *m*

Gardine *w* gardin [gardiin] *m/w/s*

Garnitur *w etw. Gen* sett [ßett] *s av noe*, -sett [ßett] *s*

Garten *m* hage [haag^e] *m*

Gas *s* **1** (Stoff) gass [gaß] *m* **2** (Pedal usw.) gasspedal [gaßßpedaal] *m*

Gashebel *s* gasspedal [gaßßpedaal] *m*

Gaspedal *s* gasspedal [gaßßpedaal] *m*

Gasse *w* smug [ßmug] *s*

Gast *m* gjest [jeßt] *m*

gastfreundlich *adj* gjestfri [jeßtfrii]

Gastgeber *m* vert [wärt] *m*

Gasthaus *s* vertshus [wärtßhuuß] *s*

Gaststätte *w* vertshus [wärtßhuuß] *s*

Gebäck *s* bakverk [baakwärk] *s*

gebären *v etw. Akk* føde [fööd^e]; **geboren sein/werden** bli født

Gebärmutter *w* livmor [liiwmuur] *m/w*
Gebäude *s* bygning [bügning] *m*, hus [h~~uu~~ß] *s*
geben *v j-m etw.* gi [jii] *noen noe*; **es gibt** det finnes
Gebet *s* bønn [bön] *m/w*
Gebiet *s* **1** (Region) område [omroode] *s*, territorium [territuuri~~u~~m] *s* **2** (einer Tätigkeit usw.) område [omroode] *s*, felt [felt] *s*, krets [krez] *m*, sfære [ßfääre] *m*
gebildet *adj* **1** (Bildung besitzend) velutdannet [wel~~uu~~tdannet], utdannet [~~uu~~tdannet] **2** *aus etw.* sammensatt [ßammenßatt] *av noe/noen*, bestående [beßtooene] *av noe/noen*
Gebirge *s* fjell [fjel] *s Mz*, fjellkjede [fjellscheede] *m*; **im ~** på fjellet
Gebiss *s* tanngard [tanggaar] *m*
gebraten *adj* **1** stekt [ßteekt], frityrstekt [fritüürschtekt] **2** (Fleisch usw.) stekt [ßteekt]
Gebrauch *m etw. Gen* bruk [br~~uu~~k] *m/s av noe*, anvendelse [anwennelße] *m av noe*, bruksmåte [br~~uu~~kßmoote] *m av noe*, utnyttelse [~~uu~~tnüttelße] *m av noe*
Gebrauchsanweisung *w* anvisning [anwiißning] *m/w*
gebraucht *adj* brukt [br~~u~~kt]
gebrochen *adj* brukket [br~~u~~kket]
Gebühr *w für etw.* gebyr [gebüür] *s*
Geburt *w* fødsel [fözel] *m*
Geburtsjahr *s* fødselsår [fözelßoor] *s*
Geburtstag *m* fødselsdag [fözelßdaag] *m*
Gebüsch *s* kratt [kratt] *s*
Gedächtnis *s* minne [minne] *s*
Gedanke *m* tanke [tangke] *m*
Gedicht *s* dikt [dikt] *s*
Geduld *w* tålmodighet [tolmuudiheet] *m/w*
geduldig *adj* tålmodig [tolmuudi]
geeignet *adj für etw., zu etw.* egnet [äinet] *for noe*, (passend) *zu etw., für etw.* passende [paßßene] *for noe*, hensiktsmessig [henßikzmeßßi] *for noe* ♦ *adv* passende [paßßene], hensiktsmessig [henßikzmeßßi]
Gefahr *w* fare [faare] *m*, risiko [riißiku] *m*
gefährlich *adj* farlig [faarli], utrygg [~~uu~~trüg] ♦ *adv* farlig [faarli], farefullt [faaref~~u~~lt]
gefallen *v j-m* virke tiltalende [wirke tiltaalene] *på/for noen*; **Es gefällt mir.** Jeg liker det.
Gefallen *m* tjeneste [tjeeneßte] *m*
gefangen nehmen *v j-n* ta til fange [taa til fange]
Gefängnis *s* fengsel [fengschel] *s*
Gefäß *s* **1** (Behälter) beholder [behollег] *m* **2** (Ader usw.) blodåre [bluuoore] *m/w*
Geflügel *s* fjærfe [fjäärfee] *s*
Gefrierschrank *m* fryser [frühüßer] *m*
Gefriertruhe *w* fryseboks [frühüßebokß] *m*
gefroren *adj* frossen [froßßen]
Gefühl *s* **1** følelse [föölelße] *m* **2** *für etw.* sans [ßanß] *m for noe*, -sans [ßanß], -følelse [föölelße]
gegen *prep* **1** (wirken usw.) *j-n/etw.* mot [muut] *noen/noe* **2** *etw.* i motsetning til [i muuzetning til] **3** (Menge) rundt [r~~u~~nt], omtrent [omtrent], cirka [ßirka] ► **schützen** *j-n/etw.* **~** *etw.* beskytte *noen/noe* mot *noe/noen*, verne *noen/noe mot noe/noen*
Gegend *w* område [omroode] *s*
Gegensatz *m zu etw.* motsetning [muuzetning] *m/w til noe*
gegenseitig *adj* gjensidig [jenßiidi] ♦ *adv* hverandre [wärandre]
Gegenstand *m* **1** (Sache) gjenstand [jenßtan] *m* **2** (Thema usw.) *etw. Gen* gjenstand [jenßtan] *m*, emne [emne] *s*
Gegenteil *s von etw.* motsetning [muuzetning] *m/w*; **im ~** det motsatte
gegenüber *prep* **1** (sitzen usw.) *j-m/etw.* overfor [oowerfor] *noen/noe* **2** (Verhalten usw.) *j-m/etw.* til [til] *noen/noe*, overfor [oowerfor] *noen/noe* **3** (verglichen) *etw.* i motsetning til [i muuzetning til] ♦ *adv* overfor [oowerfor], tvers over [twärsch oower]
Gegenwart *w* nåtid [nootiid] *m/w*
Gegner *m* motstander [muuztanner] *m*
geheim *adj* **1** hemmelig [hemmeli] **2** (Dokument usw.) hemmelig [hemmeli], gradert [gradeert], hemmeligstemplet [hemmelißtemplet] ♦ *adv* i hemmelighet [i hemmeliheet]
Geheimnis *s* hemmelighet [hemmeliheet] *s*
Geheimzahl *w* PIN-kode [pin kuude] *m*
gehen *v* **1** skride [ßkriide], (sich bewegen) *irgendwohin* gå [goo] *et sted*, (zu Fuß) gå [goo], spasere [ßpaßeere] **2** *irgendwohin* gå [goo] *et sted* **3** (in die Schule usw.) *in etw. Akk* gå [goo] *på noe* **4** (weg) gå [goo] **5** *um etw.* dreie seg [dräie ßäi] *om noe, noen*, handle [hannle] *om noe, noen* **6** *j-m irgendwie* gjøre [jööre] **7** *mit j-m* ha følge [haa følge] *med noen* **8** (möglich sein) være mulig [wääre m~~uu~~li], gå an [goo an] **9** (akzeptabel sein) være passelig [wääre paßßeli] ► **es geht** *etw. Akk zu tun* det er mulig *å gjøre noe*; **Mir geht es gut.** Jeg har det bra.
Gehirn *s* hjerne [jäärne] *m*
Gehirnerschütterung *w* hjernerystelse [jäärnerüßtelße] *m*
Gehör *s* gehør [gehöör] *s*, hørsel [hörschel] *m/w*
gehorchen *v j-m/etw.* adlyde [adlüüde]

gehören *v* **1** *j-m* tilhøre [tilhööre] *noen,* høre til [hööre til] *noen* **2** *zu etw.* høre til [hööre til] *et sted, noe,* høre hjemme [hööre jemme] *et sted, noe*
Gehweg *m* fortau [fortäu] *s*
Geige *w* fiolin [fiuliin] *m*
Geisel *w* gissel [gißßel] *m/s*
Geist¹ *m* (Gedanken usw.) sinn [ßin] *s*
Geist² *m* (übernatürliches Wesen) ånd [on] *m*
geizig *adj* gjerrig [järri]
gekocht *adj* kokt [kukt]
Gel *s* gelé [schelee] *m*
Geländer *s* gelender [gelender] *s,* rekkverk [rekkwärk] *s*
Geländewagen *m* terrengbil [terengbiil] *m*
gelangen *v irgendwohin* komme [komme] *et sted*
gelb *adj* gul [guul]
Geld *s* penger [penger] *m Mz*
Geldautomat *m* minibank [miinibangk] *m*
Geldbörse *w* lommebok [lummebuuk] *m*
Geldstrafe *w* bot [buut] *m;* **mit einer ~ belegen** *j-n* bøtelegge *noen*
Geldtasche *w* lommebok [lummebuuk] *m*
Gelegenheit *w etw. Akk zu tun* anledning [anleedning] *m/w til å gjøre noe*
Gelenk *s* ledd [led] *s*
Geliebte¹ *m* elskede [elßkede] *m*
Geliebte² *w* elskerinne [elßkerinne] *m/w*
gelingen *v* **1** *j-m etw. Nom* lykkes [lükkeß] *med noe, i noe* **2** (Sache usw.) lykkes [lükkeß]
gelten *v* **1** (Anordnung usw.) være gyldig [wääre jüldi] **2** *für j-n/etw.* gjelde [jelle] *for noen*
Geltung *w* gyldighet [jüldiheet] *m/w;* **zur ~ bringen** *etw. Akk* benytte seg av *noe,* bruke *noe*
gemahlen *adj* malt [maalt]
Gemälde *s* maleri [malerii] *s*
gemein *adj* grov [groow]
Gemeinde *w* **1** (Dorf, Stadt usw.) kommune [kommuune] *m* **2** (Bezirk) sogn [ßungn] *s,* prestegjeld [preßtejel] *s*
gemeinsam *adj* felles- [felleß], (Mühe usw.) felles [felleß] ♦ *adv* sammen [ßammen]
Gemeinschaft *w* **1** (von Menschen) samfunn [ßamfun] *s* **2** (von Staaten usw.) fellesskap [felleßkaap] *s*
gemischt *adj* **1** blandet [blannet] **2** (Getränk usw.) blandet [blannet], mikset [mikßet]
Gemüse *s* grønnsaker [grönnßaaker] *m/w Mz*
gemütlich *adj* koselig [kuuschelig], (anheimelnd) hjemlig [jemli], hjemmekoselig [jemmekuußeli]
genau *adj* nøyaktig [nöüakti] ♦ *adv* **1** (richtig) nøyaktig [nöüakti] **2** presis [preßiiß]
genehmigen *v etw. Akk* tillate [tillaate] *noe*
Genehmigung *w* **1** (Urkunde usw.) tillatelse [tillaatelße] *m* **2** godkjenning [guuschenning] *m/w*
genesen *v* kvikne [kwikne], komme til krefter [komme til krefter]
genießen *v* **1** (erleben) *etw. Akk* nyte [nüüte] *noe* **2** (Anblick) *etw. Akk* nyte [nüüte], glede seg [gleede ßäi] *av noe* **3** (Speise, Getränk) *etw. Akk* nyte [nüüte] *noe*
genug *adv* nok [nok]; **Ist das ~?** Vil det være nok?
genügen *v* være nok [wääre nok], være tilstrekkelig [wääre tilßtrekkeli]
genügend *adj* tilstrekkelig [tilßtrekkeli] ♦ *adv* nok [nok], tilstrekkelig [tilßtrekke i]
Genuss *m* glede [gleede] *m,* fryd [früüd] *m,* fornøyelse [fornöüelße] *m,* nytelse [nüütelße] *m*
geöffnet *adj* **1** (Fenster usw.) åpen [oopen] **2** (Blüte usw.) utviklet [uutwiklet], åpen [oopen] ► **~ von... bis...** åpen fra... til...
Gepäck *s* bagasje [bagaasche] *m;* **~ einchecken** sjekke inn bagasjen
Gepäckaufbewahrung *w* oppbevaring [oppewaaring] *m/w*
Gepäckstück *s* stykke bagasje [ßtükke bagaasche]
Gepäckträger *m* bærer [bäärer] *m*
gepflegt *adj* velstelt [welßtelt], velpleid [welpläid]
gerade¹ (Linie usw.) *adj* **1** (Linie usw.) rett [rett] **2** (Zahl) par [paar] ♦ *adv* oppreist [oppräißt], opprett [opprett] ► **~ machen** rette
gerade² *adv* (in dem Zeitpunkt) nettopp [netopp], akkurat [akkuraat], (momentan) akkurat nå [akkuraat noo]
geradeaus *adv* rett frem [rett frem]
Gerät *s* **1** (Zange usw.) instrument [inßtrument] *s,* redskap [rezkaap] *s* **2** (elektrisches usw.) apparat [aparaat] *s* **3** (Messgerät usw.) instrument [inßtrument] *s* **4** (Ausrüstung usw.) redskap [rezkaap] *m/s,* verktøy [wärktöü] *s*
geräuchert *adj* røyke- [röüke], røykt [röükt]
Geräusch *s* lyd [lüüd] *m*
gerecht *adj* rettferdig [rettfäärdi] ♦ *adv* berettiget [berettiget]
gerechtfertigt *adj* begrunnet [begrunnet]

Gericht *s* **1** domstol [domßtuul] *m*, tribunal [tribʉnaal] *s* **2** måltid [mooltiid] *s*, matrett [maatrett] *m*, rett [rett] *m*

gern *adj etw. Akk tun gjøre noe* med glede [mee gleede], *etw. Akk tun* like [liike] *å gjøre noe*

Gerste *w* bygg [büg] *m/s*

Geruch *m* lukt [lʉkt] *m/w*

Gerüst *s* stillas [ßtillaß] *s*, (Grundkonstruktion usw.) reisverk [räißwärk] *s*

Gesamtheit *w etw. Gen* samling [ßamling] *m/w*, sett [ßett] *s*

Gesandte *m* utsending [ʉʉzenning] *m*

Gesang *m* sang [ßang] *m*

Gesäß *s* bakdel [baakdeel] *m*, ende [enne] *m*, sete [ßeete] *s*, rumpe [rʉmpe] *m/w*

Geschäft *s* **1** (Raum) butikk [bʉtikk] *m* **2** (Transaktion) handel [handel] *m*

geschäftlich *adj* handels- [handelß], forretnings- [forretningß], forretningsmessig [forretningßmeßßi]

Geschäftsführer *m* administrerende direktør [adminißtreerene direktöör] *m*, daglig leder [daagli leeder] *m*

Geschäftsmann *m* forretningsmann [forretningßman] *m*, handelsmann [handelßman] *m*, næringsdrivende [nääringßdriiwene] *m*

geschehen *v* hende [henne], skje [schee]

Geschenk *s* gave [gaawe] *m/w*

Geschichte *w* **1** historie [hißtuurie] *m/w* **2** *etw. Gen* historie [hißtuurie] *av*

geschickt *adj* dyktig [dükti], flink [flingk] ♦ *adv* nevenyttig [neewenütti]

geschieden *adj* skilt [schilt]

Geschirr *s* **1** (zum Essen) kjøkkentøy [schökkentöü] *s*, (zum Kochen) kokekar [kuukekaar] *s Mz* **2** (von Zugtieren) seletøy [ßeeletöü] *s*

Geschlecht *s* **1** (sexuell) kjønn [schön] *s* **2** (Familie) ætt [ät] *m*

geschlechtlich *adj* kjønns- [schönß]

Geschlechtsverkehr *m* samleie [ßamläie] *s*, (seksuelt) samkvem [(ßekßʉelt) ßamkwem] *s*

geschlossen *adj* lukket [lʉkket]

Geschmack *m* **1** (des Essens usw.) smak [ßmaak] *m av noe* **2** (von Erdbeeren usw.) smakstilsetning [ßmaakßtilßetning] *m/w* **3** (Sinn) smak [ßmaak] *m* **4** (Vorliebe) smak [ßmaak] *m*

Geschwindigkeit *w* hastighet [haßtiheet] *m/w*, fart [fart] *m*

Geschwister *s* søsken [ßößken] *s Mz*

Gesellschaft *w* selskap [ßelßkaap] *s*, (menschliche) samfunn [ßamfʉn] *s*; **~ leisten** *j-m* holde noen med selskap

gesellschaftlich *adj* sosial [ßußiaal], selskapelig [ßelßkaapeli], selskaps- [ßelßkaapß]

Gesetz *s* lov [loow] *m*

gesetzlich *adj* lovlig [loowli], lovmessig [loowmeßßi], rettmessig [rettmeßßi]

Gesicht *s* ansikt [anßikt] *s*

gespannt *adj* spent [ßpent]

Gespräch *s* konversasjon [kunwerßaschuun] *m*, samtale [ßamtaale] *m*, prat [praat] *m/s*

Gestalt *w* **1** form [form] *m/w* **2** (in einem Roman usw.) skikkelse [schikkelße] *m*, figur [figʉʉr] *m*

gestehen *v etw. Akk* tilstå [tilßtoo] *noe*, bekjenne [beschenne] *noe*

gestern *adv* i går [i goor]

gestrig *adj* gårsdagens [goorschdagenß]

Gestrüpp *s* kratt [kratt] *s*

gesund *adj* **1** (Herz usw.) sunn [ßʉn], frisk [frißk] **2** (gut für Gesundheit) sunn [ßʉn] ► **~er Menschenverstand** sunn fornuft

Gesundheit *w* helse [helße] *m/w*

gesundheitlich *adj* helse- [helße]

Getränk *s* drikke [drikke] *s*

Getreide *s* korn [korn] *s*

getrennt *adj* atskilt [atschilt], selvstendig [ßellßtendi]

Getriebe *s* **1** (System) gir [giir] *s* **2** (Betriebsamkeit) travelhet [traawelheet] *m/w*

Gewalt *w* vold [wol] *m*

gewaltsam *adj* voldelig [woldeli], (unter Gewaltanwendung) tvangs- [twangß] ♦ *adv* voldsomt [wollßomt]

Gewehr *s* rifle [rifle] *m/w*

Gewerbe *s* yrke [ürke] *s*

Gewerkschaft *w* fagforening [faagforeening] *m/w*

Gewicht *s* **1** (Schwere) *etw. Gen* vekt [wekt] *m/w* **2** (Gegenstand) vekt [wekt] *m/w* **3** (Bedeutung) *etw. Gen* vekt [wekt] *m/w av noe*, tyngde [tüngde] *m av noe*, betydning [betüüdning] *m/w av noe*, viktighet [wiktiheet] *m/w av noe*

Gewinn *m* **1** (finanzieller) avkastning [aawkaßtning] *m/w* **2** (im Lotto usw.) vinning [winning] *m/w*

gewinnen *v* **1** (Wettkampf usw.) *etw. Akk, in etw. Dat* vinne [winne] *noe, i noe*, seire [ßäire] *noe, i noe* **2** *etw. Akk aus etw.* vinne [winne] *noe ut av noe*, *etw. Akk* erverve [ärwärwe] *noe* **3** *j-n* vinne [winne] *noen*, (erobern) *j-n* bergta [bärgtaa] *noen*, bedåre [bedoore] *noen*, fortrylle [fortrülle] *noen*

Gewinner *m etw. Gen* vinner [winner] *m*

gewiss *adj* viss [wiß] ♦ *adv* garantert [garanteert], sikkert [ßikkert], bestemt [beßtemt] ♦ *part* absolutt [apßolutt], sikkert [ßikkert]

Gewissen *s* samvittighet [ßamwittiheet] *m/w*; **ins ~ reden** *j-m* irettesette *noen*

Gewitter *s* tordenvær [turdenwär] *s*

gewöhnen *v* ***sich ~*** *an etw. Akk* venne seg [wenneᵉ ßäi] *til noe*, bli vant [blii want] *til noe*

Gewohnheit *w* vane [waanᵉ] *m*; **schlechte ~** uvane *m*

gewöhnlich *adj* **1** (normal) hverdagslig [wärdaagschli], (normal usw.) vanlig [waanli] **2** (Zeit usw.) vanlig [waanli], alminnelig [alminnᵉli] ♦ *adv* vanligvis [waanliwiiß], normalt [nurmaalt], stort sett [ßtuurt ßett]

Gewürz *s* krydder [krüddᵉr] *s*

Gezeiten *w Mz* tidevann [tiidewan] *s*

gierig *adj nach etw.* begjærlig [bejäärli] *etter noe*, lysten [lüßtᵉn] *etter noe*, glupsk [glupßk] *etter noe*, (Blick usw.) begjærlig [bejäärli]

gießen *v* **1** *etw. Akk in etw. Akk* helle [hellᵉ] *noe i noe* **2** (Blume usw.) *etw. Akk* vanne [wannᵉ] *noe* **3** (Metalle) legere [leegeerᵉ]

Gift *s* gift [jift] *m*

giftig *adj* gift- [jift], giftig [jifti]

Giftschlange *w* giftslange [jiftschlangᵉ] *m*

Gipfel *m* **1** (Berg usw.) *etw. Gen* topp [topp] *m av noe* **2** (Wert usw.) topp [topp] *m*

Gips *m* gips [gipß] *m*

Girokonto *s* giro [schiiru] *m*

Gitarre *w* gitar [gitaar] *m*

Gitter *s* **1** gitter [gittᵉr] *s* **2** (Netz usw.) rutenett [ruutenett] *s*

glänzen *v* **1** (in der Sonne usw.) glinse [glinßᵉ] **2** briljere [briljeerᵉ], glimre [glimrᵉ] **3** (sich hervortun) *in etw. Dat* briljere [briljeerᵉ], glimre [glimrᵉ] *i noe*

glänzend *adj* **1** (Oberfläche usw.) skinnende [schinnᵉnᵉ], glinsende [glinßᵉnᵉ] **2** (Haar usw.) blank [blangk], glinsende [glinßᵉnᵉ]

Glas *s* glass [glaß] *s*

gläsern *adj* glass- [glaßß]

glatt *adj* glatt [glatt] ► **~ sein** være glatt

Glatteis *s* hålke [holkᵉ] *m/w*, islag [iißlaag] *s*

Glaube *m* tro [truu] *m/w*

glauben *v* **1** *j-m/etw.* tro [truu] *noen/noe, på noen/noe*, *j-m etw. Akk* tro [truu] *noen/noe, på noen/noe* **2** (Ansicht haben) synes [ßüüneß], mene [meenᵉ] **3** *an etw. Akk* tro [truu] *på noe* ► **Ich glaube schon./Das glaube ich nicht.** Jeg tror det.

gleich *adj* **1** (mit denselben Eigenschaften) lik [liik] **2** (Niveau) like [liikᵉ] **3** (Chancen usw.) like [liikᵉ] ♦ *adv* straks [ßtrakß], med en gang [mee en gang] ► **~ (sein)** *etw.* Nom være lik

gleichen *v* ligne på hverandre [lingnᵉ poo wärandrᵉ]

gleichfalls *adv* i like måte [i liikᵉ mootᵉ]

Gleichgewicht *s* balanse [balanßᵉ] *m*

gleichgültig *adj* likegyldig [liikᵉjüldi], likeglad [liikᵉglaa]

gleichzeitig *adv* i ett strekk [i et ßtrekk]

Gleis *w* spor [ßpuur] *s* ♦ *s* jernbanespor [jäärnbaaneßpuur] *s*

Gletscher *m* isbre [iißbree] *m*

Glied *s* **1** (einer Kette) ledd [led] *s* **2** (Gliedmaße) lem [lem] *s* **3** (Penis) penis [peeniß] *m*

Glocke *w* bjelle [bjällᵉ] *m/w*

Glück *s* **1** (Erfolg) hell [hel] *s* **2** (Fortuna) hell [hel] *s*, flaks [flakß] *m* **3** (Gefühl) lykke [lükkᵉ] *m/w* ► **~ haben** være heldig; **wenig ~** uflaks *m*; **zum ~** heldigvis

glücklich *adj* **1** heldig [heldi] **2** (Mensch usw.) glad [glaa] ♦ *adv* lykkelig [lükkᵉli]

glücklicherweise *part* heldigvis [heldiwiiß]

Glücksspiel *s* hasard [haßaar] *m*, lykkespill [lükkeßpil] *s*, pengespill [pengeßpil] *s*

Glückwunsch *m* gratulasjon [gratulaschuun] *m*; **Herzlichen ~!** Gratulerer!

Glühbirne *w* lyspære [lüüßpäärᵉ] *m/w*

glühen *v* gløde [glöödᵉ]

Glühwein *m* varm vin [warm wiin] *m*

Gold *s* gull [gull] *s*

golden *adj* gyllen [jüllᵉn], gull- [gull]

Gott *m* gud [guud] *m*, Gud [guud] *m*

Gottesdienst *m* gudstjeneste [guudßtjeeneßtᵉ] *m*

Grab *s* grav [graaw] *m/w*

graben *v etw. Akk* grave [graawᵉ] *noe*

Graben *m* utgraving [uutgraawing] *m/w* (Straßengraben usw.) grøft [gröft] *m/w*

Grad *m* grad [graad] *m*

Gramm *s* gram [gram] *s*

Grammatik *w* grammatikk [gramatikk] *m*

Grapefruit *w* grapefrukt [greipfrükt] *m/w*

Gras *s* gress [greß] *s*

gratis *adv* gratis [graatiß], kostnadsfritt [koßtnazfritt]

gratulieren *v j-m zu etw.* gratulere [gratuleerᵉ] *noen med noe*, lykkønske [lükkönßkᵉ] *noen med noe*

grau *adj* grå [groo]

Graupen *w* gryn [grüün] *s*

grausam *adj* grusom [gruußom]

greifen *v* **1** (mit Hand usw.) *nach etw.* strekke seg [ßtrekkᵉ ßäi] *etter noe* **2** (Maßnahmen usw.) *zu etw.* gripe [griip^e] *til noe*, ty [tüü] *til noe*

Grenze *w* **1** (Landesgrenze) grense [grenß^e] *m*, grenseland [grenßelan] *s* **2** (Trennungslinie) grense [grenß^e] *m*, skille [schill^e] *s* **3** (Beschränkung usw.) *etw. Gen* grense [grenß^e] *m for noe*, (Limit usw.) terskel [terschk^{e}l] *m*

Grenzübergang *m* grenseovergang [grenß^{e}oow^{e}rgang] *m*

Grill *m* grill [gril] *m*

Grippe *w* influensa [inflʉenßa] *m*

grob *adj* **1** grov [groow] **2** (Manieren usw.) grov [groow], (unhöflich) uhøflig [ʉʉhöfli] **3** (ungefähr) løs [löößß]

groß *adj* **1** (Maß, Menge) stor [ßtuur] **2** (hoch usw.) høy [höü] **3** (erwachsen) voksen [wokß^{e}n], stor [ßtuur]

großartig *adj* strålende [ßtrool^{e}n^e], (ausgezeichnet usw.) utmerket [ʉʉtmärket], (Bauwerk usw.) storartet [ßtuurartet], praktfull [praktfʉl]

Größe *w* **1** størrelse [ßtörr^{e}lß^e] *m* **2** (in Physik) kvantitet [kwantiteet] *m*

Großmutter *w* bestemor [beßtemuur] *m/w*

Großvater *m* bestefar [beßtefaar] *m*

großzügig *adj* storsinnet [ßtuurschinnet]

grün *adj* grønn [grön]

Grund *m* **1** (Oberfläche) jord [juur] *m/w* **2** (für Tat usw.) *für etw.* årsak [oorschaak] *m til noe* ► **auf ~** *etw. Gen* på grunn av

gründen *v* grunnlegge [grʉnnlegg^e]

Grundlage *w etw. Gen* grunnlag [grʉnnlaag] *s*

gründlich *adj* grundig [grʉndi] ♦ *adv* vesentlig [weeß^{e}ntli], fundamentalt [fʉndamentalt], (untersuchen usw.) grundig [grʉndi], (wie es sein soll) skikkelig [schikk^{e}li]

grundsätzlich *adj* vesentlig [weeß^{e}ntli], fundamental [fʉndamentaal] ♦ *adv* vesentlig [weeß^{e}ntli], fundamentalt [fʉndamentalt]

Grundschule *w* grunnskole [grʉnnßkuul^e] *m*

Grundstück *s* jordeiendom [juuräi^{e}ndom] *m*; **eingezäuntes ~** inngjerding *m/w*

Gruppe *w* **1** gruppe [grʉpp^e] *m/w* **2** (von Fachleuten usw.) panel [pan^{e}l] *s* **3** (Rettungsgruppe usw.) tropp [tropp] *m*

Gruß *m* hilsen [hilß^{e}n] *m*

grüßen *v* **1** *j-n* hilse [hilß^e] *på noen* **2** *j-n von j-m* hilse [hilß^e] *noen fra noen*

gültig *adj* gyldig [jüldi]

Gummi *m/s* **1** gummi [gʉmmi] *m* **2** (zum Radieren) viskelær [wißkeläär] *s*

Gummiband *s* gummistrikk [gʉmmißtriikk] *m*, strikk [ßtrikk] *m*

Gummistiefel *m Mz* gummistøvler [gʉmmißtöwl^{e}r] *m Mz*

Gunst *w* gunst [gʉnßt] *m*, velvilje [welwilj^e] *m*

günstig *adj* **1** gunstig [gʉnßti], fordelaktig [fordeelakti] **2** (Bedingungen usw.) gunstig [gʉnßti] **3** (Augenblick usw.) gunstig [gʉnßti], passende [paßß^{e}n^e], høvelig [hööw^{e}li]

Gurke *w* agurk [agʉrk] *m*

Gurt *m* **1** (Gürtel) belte [belt^e] *s* **2** (zum Anschnallen) reim [räim] *m/w*

Gürtel *m* belte [belt^e] *s*

gut *adj* **1** (qualitätvoll usw.) god [guu] **2** (nett) *zu j-m* snill [ßnil] ♦ *adv* godt [got], bra [braa], vel [wel] ► **ziemlich ~** tålelig (bra); **Also ~.** Bra da.; **G~e Fahrt.** God reise.

Gutachten *s* bedømmelse [bedömm^{e}lß^e] *m*, uttalelse [ʉʉttaal^{e}lß^e] *m*

Gutschein *m* kupong [kʉpong] *m*

Gymnasium *s* gymnas [gümnaaß] *s*

Gymnastik *w* gymnastikk [gümnaßtikk] *m*

H

Haar *s* hår [hoor] *s* ► **sich die ~e schneiden lassen** få klipt håret

Haarschnitt *m* hårklipp [hoorklipp] *m*

Haarspray *m/s* hårspray [hoorschpräi] *m*

haben *v* **1** *etw. Akk* ha [haa] *noe* **2** *+ zu + Inf.* skulle [ßkʉll^e], måtte [mott^e]

hacken *v* **1** *j-n* hugge [hʉgg^e] *noen*, (verletzen) *in etw. Akk* kutte [kʉtt^e] *noe* **2** hakke [hakk^e], hugge [hʉgg^e], (Holz usw.) hogge [hogg^e] **3** (ein Beet usw.) hyppe [hüpp^e] **4** (Fleisch usw.) kverne [kwärn^e]

Hackfleisch *s* kjøttdeig [schöttdäi] *m*

Hafen *m* havn [hawn] *m/w*

Hafer *m* havre [hawr^e] *m*

haften *v* **1** *auf/an etw. Akk* hefte [heft^e] *ved noe*, klistre seg [klißtr^e ßäi] *på noe* **2** (für Qualität usw.) *für etw.* garantere [garanteer^e] *for noe* **3** *für j-n* garantere [garanteer^e] *for noen*, borge [borg^e] *for noe*

Haftung *w* ansvar [anßwaar] *s*

Hagel *m* hagl [hagl] *s*

Hahn *m* **1** (Vogel) hane [haan^e] *m* **2** (Wasserhahn usw.) kran [kraan] *m/w* **3** (an Schusswaffen) hane [haan^e] *m*

Hähnchen *s* kylling [schülling] *m*

Hai *m* hai [hai] *m*

Haken *m* **1** krok [kruuk] *m* **2** (Schwierigkeit) hake [haak^e] *m*, problem [prubleem] *s*

halb *adj* halv- [hal] ♦ *adv* halvt [halt] ► **um ~ fünf** halv fem; **vor einer ~en Stunde** for en halvtime siden
Halbinsel *w* halvøy [hallöü] *m/w*
Halbmesser *m* radius [raadiuß] *m*
Hälfte *w* halvpart [hallpart] *m*, halvdel [halldeel] *m*, *etw. Gen* halv [hal] *noe*
Halle *w* hall [hal] *m*
hallo **H~!** Hallo!, Hei!
Hals *m* hals [halß] *m*
Halsband *s* halsbånd [halßbon] *s*
halt **H~!** Stans!
Halt *m* stopp [ßtopp] *m*, opphold [opphol] *s*
haltbar *adj* holdbar [hollbaar]
halten *v* **1** (in der Hand) *etw. Akk* holde [holle] *noe* **2** (fest sein usw.) holde [holle] **3** (in einer Lage usw.) holde [holle] **4** (in bestimmten Zustand usw.) *etw. Akk* beholde [beholle] *noe*, (in Ordnung usw.) *etw. Akk* vedlikeholde [weedliikeholle] *noe* **5** *j-n irgendwohin* holde [holle] *noen på et sted* **6** (Zug usw.) *irgendwo* stoppe [ßtoppe] *et sted* **7** ***sich ~*** (sich nicht entfernen) *irgendwo* holde seg [holle ßäi] *på et sted* **8** *j-n/etw. für j-n/etw.* synes [ßüüneß], betrakte [betrakte] *noen/noe som noen/noe* **9** (Haustier usw.) *etw. Akk* avle [awle] **10** ***sich ~*** *an etw. Akk* (Anweisungen usw.) holde seg til [holle ßäi til] *noe* **11** (frisch bleiben usw.) holde seg [holle ßäi] ► **das Wort ~** holde *sitt* ord; **~ (können)** *etw. Akk* holde, kunne holde *noe*; **Halt die Klappe!** Hold kjeft!
Halter *m* håndtak [hontaak] *s*
Haltestelle *w* holdeplass [holleplaß] *m*, stoppested [ßtoppeßteed] *s*
Hammer *m* hammer [hammer] *m*
Hand *w* hånd [hon] *m/w*
Handarbeit *w* manuelt arbeid [manuelt arbäid]
Handbuch *s* håndbok [honbuuk] *m/w*
Handel *m* handel [handel] *m*
handeln *v* **1** (tun) handle [hannle], gjøre [jööre] *noe* **2** (Buch) *von etw., über etw. Akk* handle om [hannle om] *noe* **3** prute [pruute], forhandle [forhandle] *med noen om noe* **4** (Geschäft betreiben) *mit etw.* handle [hannle] *med noe*
Handfläche *w* håndflate [honflaate] *m/w*
Handgelenk *s* håndledd [honled] *s*
Handgepäck *s* håndbagasje [honbagaasche] *m*
Händler *m* butikkinnehaver [butikkinnehaawer] *m*, kjøpmann [schööpman] *m*, forhandler [forhandler] *m*
Handlung *w* **1** gjerning [järning] *m/w*, oppførsel [oppförschel] *m* **2** (eines Films usw.) handling [handling] *m/w*
Handschellen *w Mz* håndjern [honjäärn] *s*, håndjern [honjäärn] *s Mz*; **~ anlegen** *j-m* sette håndjern *på noen*
Handschrift *w* **1** (schön usw.) håndskrift [honßkrift] *m/w* **2** (Urkunde usw.) manuskript [manußkript] *s*, manus [maanuß] *s*
Handschuh *m* hanske [hanßke] *m*
Handschuhfach *s* hanskerom [hanßkeruum] *s*
Handtasche *w* håndveske [honweßke] *m/w*
Handtuch *s* håndkle [hongkle] *s*
Handwerk *s* håndverk [honwärk] *s*
Handwerker *m* håndverker [honwärker] *m*
Handy *s* mobiltelefon [mobiiltelefuun] *m*, mobil [mobiil] *m*
Hang *m* **1** (steil usw.) skråning [ßkrooning] *m/w*, skrent [ßkrent] *m* **2** (Tendenz) *zu etw.* hang [hang] *m/s til noe*
hängen[1] *v* (im Schrank usw.) **1** henge [henge] **2** (nicht verzichten) *an etw. Dat* holde fast [holle faßt] *ved noe* **3** (an Mutter usw.) *an j-m* knytte seg [knütte ßäi] *til noen*
hängen[2] *v* (hinrichten) **1** *etw. Akk* henge [henge] *noe* **2** (hinrichten) *j-n* henge [henge] *noen*
harmlos *adj* troskyldig [truuschüldi]
hart *adj* **1** hard [haar] **2** (unnachgiebig) hard [haar], tøff [töf] **3** (Tag usw.) travel [traawel] ♦ *adv* hardt [hart]
hartnäckig *adj* sta [ßtaa], stri [ßtrii], hardnakket [haarnakket]
Hase *m* hare [haare] *m*
Haselnuss *w* hasselnøtt [haßßelnött] *m/w*
Hass *m* hat [haat] *s*
hassen *v j-n/etw.* avsky [aafschüü] *noe j-n/etw.* hate [haate]
hässlich *adj* avskyelig [aafschüüeli], stygg [ßtüg], motbydelig [muutbüüdeli], ekkel [ekkel]
Haufen *m* haug [häug] *m*
häufig *adj* hyppig [hüppi] ♦ *adv* mange ganger [mange ganger]
Hauptbahnhof *m* hovedstasjon [huuweztaschuun] *m*
Hauptgericht *s* hovedrett [huuwedrett] *m*
hauptsächlich *part* hovedsakelig [huuwezaakeli]
Hauptstadt *w* hovedstad [huuweztaad] *m*
Hauptstelle *w* hovedkvarter [huuwetkwarteer] *s*
Hauptstraße *w* hovedvei [huuwedwäi] *m*, (für Fußgänger usw.) hovedgate [huuwedgaate] *m*
Haus *s* hus [huuß] *s*; **nach ~(e)** hjem; **zu ~e** hjemme

Hausaufgaben *w Mz* hjemmelekser [jemmelekß^{e}r] *m/w Mz*, lekser [lekß^{e}r] *m/w Mz*
Häuserblock *m* bygård [büügoor] *m*
Hausfrau *w* husmor [h~~uu~~ßmuur] *m/w*
hausgemacht *adj* hjemme- [jemm^{e}]
Haushalt *m* husholdning [h~~uu~~ßholning] *m/w*
Haushaltsgerät *s* apparat [aparaat] *s*
Haushaltswaren *Mz* husholdningsvarer [h~~uu~~ßholningßwaar^{e}r] *m/w Mz*, husholdningsartikler [h~~uu~~ßholningßartikl^{e}r] *m Mz*
Haustier *s* kjæledyr [schääledüür] *s*
Haut *w* **1** (Körpergewebe) hud [h~~uu~~d] *m/w* **2** (von Pfirsich usw.) skall [ßkal] *s*
Havarie *w* ulykke [~~uu~~lükk^{e}] *m/w*
Hebel *m* håndtak [hontaak] *s*, spak [ßpaak] *m*
heben *v etw. Akk* løfte [löft^{e}] *noe*, (Hand usw.) *etw. Akk* rekke opp [rekk^{e} opp] *noe*
Hecke *w* hekk [hekk] *m*
Heer *s* hær [häär] *m*
Heft *s* skrivebok [ßkriiw^{e}buuk] *m/w*
heftig *adj* **1** (stark) heftig [hefti] **2** (Leidenschaft usw.) intens [intenß], sterk [ßtärk] ♦ *adv* **1** (sehr energisch usw.) heftig [hefti], kraftig [krafti] **2** (regnen usw.) tett [tett]
Heidelbeere *w* blåbær [bloobäär] *s*
heilen *v* hele [heel^{e}], lege [leeg^{e}], (Wunde usw.) leges [leegeß]
heilig *adj* hellig [helli]
heim *adv* hjem [jem]
Heim *s* **1** hjem [jem] *s* **2** (für Obdachlose usw.) ly [lüü] *s*, tilflukt [tilfl~~u~~kt] *m/w*
Heimat *w* hjemland [jemlan] *s*
heiraten *v* **1** (Ehe schließen) gifte seg [jift^{e} ßäi] **2** (die Ehe eingehen) *j-n* gifte seg [jift^{e} ßäi] *med noen*
heiser *adj* hes [heeß]
heiß *adj* **1** (Gegenstand usw.) het [heet] **2** (Liebe usw.) het [heet], varm [warm] ♦ *adv* varm [warm] ► **Mir ist ~.** Jeg er varm.
heißen *v irgendwie* hete [heet^{e}]; **das heißt** det vil si; **willkommen ~** *j-n* ønske velkommen *til noen*, ønske *noen* velkommen; **Ich heiße…** Jeg heter…; **Wie heißt du?** Hva heter du?
heiter *adj* **1** (Stimmung) munter [m~~u~~nt^{e}r], glad [glaa] **2** (Tag usw.) klar [klaar]
heizen *v* **1** *irgendwo* fyre [füür^{e}] *noe* **2** (Zimmer usw.) varme opp [warm^{e} opp]
Heizung *w* oppvarming [oppwarming] *m/w*
Hektar *s/m* hektar [hektar] *s*
Held *m* helt [heelt] *m*
helfen *v j-m mit etw., bei etw.* hjelpe [jelp^{e}] *noen med noe*, (bei einer Arbeit usw.) *j-m mit etw., bei etw.* hjelpe [jelp^{e}], hjelpe til [jelp^{e} til]
hell *adj* lys [lüüß], (Licht usw.) klar [klaar] ♦ *adv* klart [klaart]
Helm *m* hjelm [jelm] *m*
Hemd *s* skjorte [schurt^{e}] *m/w*
Henkel *m* hank [hangk] *m/w*, håndtak [hontaak] *s*
Henne *w* høne [hön^{e}] *m/w*
her *adv* hit [hiit]; **hin und ~** frem og tilbake
heraus *adv aus etw.* ute [~~uu~~t^{e}] *av noe*, (vom Sprecher) ut [~~uu~~t]
herausfinden *v etw. Akk* finne ut [finn^{e} ~~uu~~t]
herausnehmen *v* trekke ut [trekk^{e} ~~uu~~t], dra ut [draa ~~uu~~t], *etw. Akk aus etw.* ta *noe* ut [taa ~~uu~~t] *av noe*
Herberge *w* herberge [herbärg^{e}] *s*, vandrerhjem [wandr^{e}rjem] *s*
Herbst *m* høst [hößt] *m*
Herd *m* komfyr [komfüür] *m*
Herde *w* hjord [jor] *m*, flokk [flokk] *m*
Herdplatte *w* kokeplate [kuuk^{e}plaat^{e}] *m/w*
herein *adv* inn (i) [in (i)]; **H~!** Kom inn!
hereinkommen *v in etw. Akk* gå inn [goo in] *i noe*; **Kommen Sie herein.** Kom inn.
Hering *m* **1** (Fisch) sild [ßil] *m/w* **2** (Pflock) teltplugg [teltpl~~u~~g] *m*
Herkunft *w* opprinnelse [opprinn^{e}lß^{e}] *m*
Herpes *m* herpes [härpeß] *m*
Herr *m* **1** herre [härr^{e}] *m* **2** (Besitzer) eier [äi^{e}r] *m* ► **~ X** Herr X
herrlich *adj* herlig [härli], vidunderlig [wid~~u~~nd^{e}rli], deilig [däili]
herrschen *v* herske [härschk^{e}], regjere [rejäär^{e}], sitte som konge [ßitt^{e} ßom kong^{e}]
herstellen *v* **1** (Produkt usw.) fremstille [fremßtill^{e}] *noe*, framstille [framßtill^{e}] *noe*, produsere [prud~~u~~ßeer^{e}] **2** (Ordnung usw.) innføre [innföör^{e}]
Hersteller *m von etw.* produsent [prud~~u~~ßent] *m av noe*
herunter *adv* ned [need]
hervorragend *adj* **1** strålende [ßtrool^{e}n^{e}] **2** (Persönlichkeit usw.) fremragende [fremraag^{e}n^{e}], fremstående [fremßtoo^{e}n^{e}]
Herz *s* **1** (Organ) hjerte [järt^{e}] *s* **2** (Karten) hjerter [järt^{e}r] *m Mz*
herzlich *adj* hjertelig [järt^{e}li] ♦ *adv* hjertelig [järt^{e}li]
Heu *s* høy [höü] *s*
heucheln *v etw. Akk* late som [laat^{e} ßom] *om noen gjør noe*
heute *adv* i dag [i daag]
heutig *adj* **1** (Tag usw.) dagens [daag^{e}nß] **2** (Entwicklung usw.) moderne [mudäärn^{e}]
Hexe *w* Baba Jaga [baaba jaaga], heks [hekß] *m/w*

hier *adv* her [häär]; **~ (durch)** hit; **von ~ (aus)** herfra
hierher *adv* hit [hiit]
Hilfe *w* **1** (Unterstützung usw.) hjelp [jelp] *m/w*, bistand [biißtan] *m* **2** (Text) hjelp [jelp] *m/w* ► **erste ~** førstehjelp *m/w*
Hilfsmittel *s* hjelpemiddel [jelp^{e}midd^{e}l] *s*
Himbeere *w* bringebær [bring^{e}bäär] *s*
Himmel *m* himmel [himm^{e}l] *m*; **klarer ~** klar himmel *m*
hin *adv* dit [diit]; **~ und her** frem og tilbake
hinabsteigen *v* gå ned [goo need], stige ned [ßtiig^e need]
hinaufsteigen *v etw. Akk* bestige [beßtiig^e] *noe*
hinaus *adv* ut [ʉʉt]
hinausgehen *v* gå ut [goo ʉʉt]
hindern *v* **1** *j-n an etw. Dat* hindre [hindr^e] *noen/noe i/fra noe*, (nicht erlauben) *j-n an etw. Dat* hindre [hindr^e] *noen i å gjøre noe* **2** (im Wege stehen) *j-n* hindre [hindr^e] *noen*
Hindernis *s* **1** *für etw.* hindring [hindring] *m/w for noe*, *in etw. Dat* forhindring [forhindring] *m/w for noe* **2** (in Athletik usw.) hekk [hekk] *m*
hineingehen *v* **1** *in etw. Akk* gå inn [goo in] *i noe* **2** (Gepäck usw.) *in etw. Akk* passe (inn) [paßß^e (in)] *i noe*
Hinfahrt *w* tur [tʉʉr] *m*
hinfallen *v* falle [fall^e], falle ned [fall^e need]
hinlegen *v* **1** *etw. Akk irgendwohin* legge [legg^e] *noe et sted* **2** ***sich ~*** legge seg [legg^e ßäi]
hinten *adv* bak [baak]; **von ~** bakfra
hinter *prep etw. Dat* bak [baak] *noe*; **fallen ~** *etw. Akk* falle bak *noe*
hinter(er,e,es) *adj* bakre [baakr^e]
Hintergrund *m* bakgrunn [baakkrʉn] *m*
hinunter *adv* ned [need]; **die Treppe ~** nedover (trappa), ned
Hinweis *m* **1** (Warnung usw.) varsel [warsch^{e}l] *s*, kunngjøring [kʉnnjööring] *m/w* **2** (Rat usw.) nøkkelord [nökk^{e}luur] *s* **3** (auf eine Quelle usw.) *auf etw. Akk* henvisning [henwiißning] *m/w til noe*
hinweisen *v auf etw. Akk* påpeke [poopeek^e] *noe*, *auf etw.* påpeke [poopeek^e] *noe*
hinzufügen *v etw. Akk* tilføye [tilföü^e] *noe*
Hirsch *m* hjort [jurt] *m*
Hirt *m* gjeter [jeet^{e}r] *m*
historisch *adj* historisk [hißtuurißk]
Hitze *w* hete [heet^e] *m*, varme [warm^e] *m*, (Wetter) varmedis [warm^{e}diiß] *m*
Hobby *s* hobby [hobbü] *m*
hoch *adj* høy [höü] ♦ *adv* **1** (nach oben) høyt [höüt] **2** høyt [höüt]
Hochland *s* høyland [höülan] *s*
höchstens *adv* høyst [höüßt]
Hochwasser *s* **1** oversvømmelse [oow^{e}rschwömm^{e}lß^e] *m* **2** (der Flut) flo [fluu] *m/w*, høyvann [höüwan] *s*
Hochzeit *w* bryllup [brüllʉp] *s*
hochziehen *v* heise [häiß^e]
Hocker *m* krakk [krakk] *m*
Hoden *m* testikkel [teßtikk^{e}l] *m*
Hof *m* **1** (Platz) gårdsplass [goorschplaß] *m* **2** (landwirtschaftlicher) gård [goor] *m*
hoffen *v auf etw. Akk* håpe [hoop^e] *på*
hoffentlich *part* forhåpentligvis [forhoop^{e}ntliwiiß], forhåpentlig [forhoopentli]
Hoffnung *w auf etw. Akk* håp [hoop] *s om*
höflich *adj* høflig [höfli] ♦ *adv* høflig [höfli], anstendig [anßtendi], skikkelig [schikk^{e}li]
Höflichkeit *w* høflighet [höfliheet] *m/w*
Höhe *w* **1** (Maß) høyde [höüd^e] *m* **2** (Summe usw.) omfang [omfang] *s*, mengde [mengd^e] *m* **3** (über dem Meeresspiegel) høyde [höüd^e] *m*
Höhepunkt *m* klimaks [klimakß] *m/s*, høydepunkt [höüd^{e}pʉngkt] *s*
höher *adj* høyere [höüer^e] ♦ *adv* høyere [höüer^e]
hohl *adj* hul [hʉʉl]
Höhle *w* **1** hule [hʉʉl^e] *m/w* **2** (eines Tieres) hi [hii] *s*
holen *v etw. Akk* stikke bort [ßtikk^e burt] *for noe*, hente [hent^e] *noe*, (Brot usw.) *j-n/etw.* hente [hent^e] *noen/noe*
Hölle *w* helvete [helwet^e] *s*
Holz *s* tre [tree] *s*
hölzern *adj* tre- [tree]
Honig *m* honning [honning] *m*
hören *v etw. Akk* høre [höör^e] *noe*
Hörer *m* telefonrør [telefuunröör] *s*
Horizont *m* horisont [horißont] *m*
Horn *s* horn [horn] *s*
Hose *w* bukse [bʉkß^e] *m/w*
Hotel *s* hotell [hotel] *s*
hübsch *adj* pen [peen] ♦ *adv* fint [fiint]
Hubschrauber *m* helikopter [helikopt^{e}r] *s*
Huf *m* hov [huuw] *m*
Hufeisen *s* hestesko [heßteßkuu] *m*
Hüfte *w* hofte [hufte] *m/w*
Hügel *m* ås [ooß] *m*, bakke [bakk^e] *m* haug [häüg] *m*
Huhn *s* høne [hön^e] *m/w*
Hühnerfleisch *s* kyllingkjøtt [schüllingschött] *s*
Humor *m* humor [hʉʉmor] *m*
Hund *m* hund [hʉn] *m*
hundert *num* hundre [hʉndr^e]

Hunger *m* sult [ßult] *m*; **Ich habe ~.** Jeg er (ikke) sulten.

hungern *v* **1** sulte [ßult^{e}] **2** *nach etw.* lengte [lengt^{e}] *etter noe*

hungrig *adj* sulten [ßult^{e}n]; **Ich bin ~.** Jeg er (ikke) sulten.

Hupe *w* horn [horn] *s*

hupen *v* tute [tuut^{e}], (Hupe usw.) ule [uul^{e}]

hüpfen *v* hoppe [hopp^{e}], sprette [ßprett^{e}]

husten *v* hoste [hußt^{e}]

Husten *m* hoste [hußt^{e}] *m*

Hut *m* hatt [hatt] *m*

hüten *v* **1** (Kinder usw.) *j-n* passe på [paßß^{e} poo] *noen/noe* **2** (Schafe usw.) *etw. Akk* gjete [jeet^{e}] *noe* **3** ***sich ~*** *vor j-m/etw.* se opp for [ßee opp for] *noe/noen*, pass på [paß poo] *noe/noen* ► **Kinder** *j-s* **~** passe barn *for noen*

Hütte *w* **1** hytte [hütt^{e}] *m/w*, bu [buu] *m/w*, koie [koi^{e}] *m/w* **2** (Hüttenwerk) smeltehytte [ßmelt^{e}hütt^{e}] *m/w*

Hygiene *w* hygiene [hügieen^{e}] *m*

hygienisch *adj* hygienisk [hügieenißk]

I

ich *pron* jeg [jäi]

ideal *adj* ideell [ide-el]

Idee *w* idé [idee] *m*

Idiot *m* idiot [idiuut] *m*, tosk [toßk] *m*

Igel *m* pinnsvin [pinnßwiin] *s*

ihm *pron* (til) ham [(til) ham]

ihn *pron* ham [ham]

ihr *pron* **1** (3. Person Sg. possessiv) hennes [henneß] **2** (3. Person Pl. possessiv) deres [deereß] **3** ***I~, I~e*** Deres [deereß] **4** (2. Person Pl., Duzen) dere [deer^{e}] **5** (einer Frau usw.) (til) henne [(til) henn^{e}]

im **~ Gebirge** på fjellet; **~ Gegenteil** det motsatte; **~ schlimmsten/besten Fall** i verste/beste fall

Imbiss *m* **1** (Gericht) matpakke [maatpakk^{e}] *m/w* **2** (Bahnhof) buffet [bufee] *m*

immer *adv* hele tiden [heel^{e} tiid^{e}n], til stadighet [til ßtaadiheet], (stets) alltid [allti]; **wer auch ~** hvem som helst; **für/auf ~** for alltid

impfen *v* vaksinere [wakßineer^{e}]

importieren *v etw. Akk irgendwohin* importere [importeer^{e}] *noe*

in *prep* **1** (einem Raum usw.) i [i] **2** (der Wüste usw.) på [poo] **3** (Richtung) inn [in] *i noe* **4** (die Stadt usw.) til [til] **5** (Dauer) om [om] ► **~ Sicherheit sein** være trygg

indisch *adj* indisk [indißk]

Industrie *w* industri [indußtrii] *m*

industriell *adj* industriell [indußtriel], industri- [indußtrii]

Infektion *w* infeksjon [infekschuun] *m*, smitte [ßmitt^{e}] *m*

Information *w* informasjon [informaschuun] *m*, informasjonskontor [informaschuunßkontuur] *s*

informieren *v j-n über etw. Akk* informere [informeer^{e}] *noen om noe*, *j-n über etw. Akk* opplyse [opplüüß^{e}] *noen om noe*, informere [informeer^{e}] *noen om noe*, underrette [unn^{e}rrett^{e}] *noen om noe*

Ingenieur *m* ingeniør [inscheniöör] *m*

Inhaber *m etw. Gen* eier [äi^{e}r] *m*

Inhalt *m* innhold [innhol] *s*

Inhaltsverzeichnis *s* innhold [innhol] *s*

Injektion *w* injeksjon [injekschuun] *m*

Injektionsspritze *w* sprøyte [ßpröüt^{e}] *m/w*

Inland *s* innland [innlan] *s*

inmitten *adv* i midten [i mitt^{e}n]

innen *adv* inne [inn^{e}] *i noe*, inni [inni], inne i [inn^{e} i], på innsiden [poo innßii^{e}n]; **von ~** innenfra

inner(er,e,es) *adj* indre [indr^{e}]

innerhalb *prep* **1** *etw. Gen* inne [inn^{e}] *i noe*, innen [inn^{e}n] *noe*, innenfor [inn^{e}nfor] *noe* **2** *etw. Gen* i løpet av [i lööp^{e} aaw], innen [inn^{e}n]

Insekt *s* insekt [inßekt] *s*

Insel *w* øy [öü] *m*

insgesamt *adv* til sammen [til ßamm^{e}n], sammenlagt [ßamm^{e}nlakt], totalt [tutaalt]

Institut *s* institutt [inßtitutt] *s*

Instrument *s* **1** instrument [inßtrument] *s*, redskap [rezkaap] *s* **2** (Geige usw.) musikkinstrument [mußikkinßtrument] *s*

intelligent *adj* intelligent [inteligent]

interessant *adj* interessant [intereßant] ♦ *adv* interessant [intereßant] ► **~e Sache** kuriositet *m*

Interesse *s an etw. Dat* interesse [intereßß^{e}] *m for noe*; *j-s* **~ wecken** interessere *noen*; **Ich habe kein ~.** Jeg er ikke interessert.

interessieren *v* **1** (Interesse haben) *j-n* interessere [intereßeer^{e}] *noen* **2** (j-n gewinnen suchen) *j-n für etw., an etw. Dat* involvere [inwolweer^{e}] *noen i noe* ► **sich ~** *für j-n/etw.* interessere seg *for noen/noe*

interessiert *adj an etw. Dat* interessert [intereßeert] *i noe* ♦ *adv* interessert [intereßeert], med interesse [mee intereßß^{e}] *for noe*

international *adj* internasjonal [internaschunaal]

Internet *s* Internett [internett] *s*

Internetanschluss *m* tilkobling til Internett [tilkobling til internett]
Interview *s* intervju [interwjuu] *s*
inzwischen *adv* i mellomtiden [i mellomtiiden]
irgendein *pron* en eller annen [en eller aannen], noen [nuuen]
irgendwann *adv* en eller annen gang [en eller aannen gang]
irgendwie *adv* **1** (auf irgendeine Weise) på en eller annen måte [poo en eller aannen moote], på et vis [poo et wiiß] **2** (seltsam, bekannt usw.) på en måte [poo en moote], på et vis [poo et wiiß], noenlunde [nuuenlunne], (seltsam, bekannt usw.) på et eller annet vis [poo et eller aant wiiß]
irgendwo *adv* et eller annet sted [et eller aant ßteed]
irgendwohin *adv* et eller annet sted [et eller aant ßteed]
irren *v* ***sich*** **~** *in etw. Dat* gjøre feil [jööre fäil] *i noe*, ta feil [taa fäil] *i noe*, være på avveier [wääre poo aavväier]
Irrtum *m* feiltakelse [fäiltaakelße] *m*; **über seinen ~ aufklären** *j-n* hjelpe *noen* bort fra bedrag, åpne øynene på *noen*

J

ja *part* **1** (Zustimmung) ja [ja] **2** jo [juu]
Jacke *w* jakke [jakke] *m/w*
Jagd *w* jakt [jakt] *m/w*
jagen *v* **1** (Wildtiere usw.) jakte [jakte] **2** *j-n* jage [jaage] *noen*
Jäger *m* jeger [jeeger] *m*
Jahr *s* år [oor] *s*; **in diesem ~** i år; **voriges ~** i fjor
Jahrestag *m etw. Gen* jubileum [jubileeum] *s*
Jahreszeit *w* årstid [oorschtii] *m*
Jahrhundert *s* århundre [oorhundre] *s*
jährlich *adj* **1** (für ein Jahr usw.) årlig [oorli] **2** (ein Jahr dauernd) års [oorsch] ♦ *adv* årlig [oorli]
Jahrzehnt *s* desennium [deßennium] *s*, tiår [tiioor] *s*
Januar *m* januar [januaar] *m*
je **~... desto** jo... desto
Jeans *Mz* jeans [dshiins] *m Mz*, olabukse [uulabukße] *m/w*
jed(er,e,es) *pron* enhver [enwäär], (beliebige Person) hvem som helst [wem ßom helßt], (ohne Ausnahme) hver [wäär]; **jedes Mal** alltid, hver gang; **jedes Mal wenn** når som helst
jedenfalls *adv* likevel [liikewel]
jedermann *pron* enhver [enwäär]
jederzeit *adv* når som helst [noor ßom helßt]
jedoch *conj* imidlertid [imidleertiid], likevel [liikewel]
jemand *pron* noen [nuuen]
jenseits *prep etw. Gen* forbi [forbii] *noe*, over [oower] *noe*
jetzt *adv* nå [noo]; **bis ~** hittil, til nå; **für ~** foreløpig, inntil videre
jeweils *adv* alltid [allti], hver gang [wäär gang]
Joghurt *m/s* yoghurt [jogurt] *m*
Johannisbeere *w* rips [ripß] *m*
Journalist *m* journalist [schurnalißt] *m*
jucken *v* klø [klö]
Jude *m* jøde [jööde] *m*
Jugend *w* ungdom [ungdom] *m*
Jugendliche *m* ungdom [ungdom] *m*
Juli *m* juli [juuli] *m*
jung *adj* ung [ung]; **~er Mann** unge mann *m*
Junge[1] *m* gutt [gutt] *m*
Junge[2] *s* dyreunge [düüreunge] *m*
Juni *m* juni [juuni] *m*
Juwelier *m* gullsmed [gullßmeed] *m*, juveler [juweleer] *m*

K

Kabel *s* ledning [leedning] *m/w*, kabel [kaabel] *m*
Kabeljau *m* torsk [torschk] *m*
Kabine *w* **1** (für Passagiere usw.) kabin [kabiin] *m* **2** (zum Umkleiden usw.) omkledningsrom [omkleedningßruum] *s*
Käfer *m* bille [bille] *m*
Kaffee *m* kaffe [kaffe] *m*
Käfig *m* bur [buur] *s*
kahl *adj* bar [baar], naken [naaken], skallet [ßkallet]
Kai *m* brygge [brügge] *m*, sjøside [schöößiie] *m/w*
Kaiser *m* keiser [käißer] *m*
Kajüte *w* kahytte [kahütte] *m*
Kakao *m* kakao [kakaau] *m*
Kalb *s* kalv [kalw] *m*
Kalbfleisch *s* kalvekjøtt [kalweschött] *s*
Kalender *m* kalender [kalender] *m*
Kalk *m* kalk [kalk] *m*
kalt *adj* kald [kal] ♦ *adv* kald [kal], Wetter) kaldt [kalt], kjølig [schööli] ▶ **~es Büfett** smørgåsbord *s*, koldtbord *s*
Kälte *w* kulde [kulde] *m/w*
Kamera *w* **1** (Video) videokamera [wiideukaamera] *s* **2** (fotografische) kamera [kaamera] *s*
Kamin *m* peis [päiß] *m*

Kamm *m* **1** (zum Kämmen) kam [kam] *m* **2** (des Hahnes usw.) kam [kam] *m*, (Gebirge usw.) åskam [ooßkam] *m* **3** (Wellenkamm usw.) kam [kam] *m*

kämmen *v* gre (seg) [gree (ßäi)], *j-n/etw.* gre [gree] *noen/noe*, kjemme [schemme] *noen/noe*; **sich ~** kjemme seg, gre håret

Kammer *w* **1** (Abstellraum) kott [kott] *s* **2** (im Gerät usw.) kammer [kammer] *s* **3** (eines Parlaments) kammer [kammer] *s*

Kampf *m* **1** kamp [kamp] *m*, (Schlägerei) slagsmål [schlaagßmool] *s* **2** (Wettkampf) kamp [kamp] *m*

kämpfen *v* **1** (mit Waffen) kjempe [schempe] **2** (um Macht usw.) *mit j-m/etw.* kjempe [schempe] *med noen/noe*, stri [ßtrii] *med noen/noe* **3** (wetteifern) *mit j-m* kappes [kappeß], tevle [tewle], konkurrere [kongkureere] *med noen* **4** (mit Problemen usw.) *mit etw.* stride [ßtriide], kjempe [schempe]

Kanal *m* **1** (für Schiffe usw.) kanal [kanaal] *m* **2** (für Abwässer) kloakk [kluakk] *m* **3** (Wasserleitung usw.) kanal [kanaal] *m* **4** (TV) kanal [kanaal] *m* **5** (diplomatischer usw.) kanal [kanaal] *m*

Kaninchen *s* kanin [kaniin] *m*

Kanister *m* jerrykanne [jerrikanne] *m/w*

Kanne *w* **1** (für Tee usw.) kanne [kanne] *m/w* **2** (Milchkanne usw.) melkkanne [melkkanne] *m*

Kanone *w* **1** kanon [kanuun] *m* **2** (Könner) *in etw. Dat* veldig flink person [weldi flingk phrschuun] *til noe*

Kante *w* kant [kant] *m*

Kantine *w* kantine [kantiine] *m/w*

Kap *s* odde [odde] *m*, nes [neeß] *s*, kapp [kapp] *s*

Kapazität *w* kapasitet [kapaßiteet] *m*

Kapelle *w* **1** (Bau) kapell [kapel] *s* **2** (Band) band [ban] *s*

Kapital *s* kapital [kapitaal] *m*

Kapitän *m* kaptein [kaptäin] *m*

Kapitel *s* kapittel [kapittel] *s*

kaputt *adj* defekt [defekt], ødelagt [öödelakt]; **~ machen** *etw. Akk* ødelegge *noe*, slite *noe* ut

kaputtgehen *v* bli ødelagt [blii öödelakt]

kaputtmachen *v etw. Akk* ødelegge [öödelegge]

Kapuze *w* hette [hette] *m/w*

Karosserie *w* karosseri [karoßerii] *s*

Karpfen *m* karpe [karpe] *m*

Karriere *w* karriere [kariääre] *m*

Karte *w* **1** (Plastikkarte usw.) kort [kort] *s* **2** (für Kino usw.) billett [bilett] *m* **3** (für Skat usw.) kort [kort] *s*, spillekort [ßpillekort] *s* **4** (geografisch) kart [kart] *s*

Kartoffel *w* potet [puteet] *m*

Käse *m* ost [ußt] *m*

Kasse *w* **1** (Zahlstelle) kasse [kaßße] *m/w* **2** (im Kino usw.) billettluke [bilettluuke] *m*, billettkontor [billetkontuur] *s*

Kassette *w* kassett [kaßett] *m*

kassieren *v* innkassere [inkaßeere]

Kassierer *m* butikkmedarbeider [butikkmeearbäider] *m*, kasserer [kaßeerer] *m*

Kastanie *w* kastanje [kaßtanje] *m*

Kasten *m* kasse [kaßße] *m/w*, boks [bokß] *m*

Kathedrale *w* katedral [katedraal] *m*

Katze *w* katt [katt] *m*

kauen *v etw. Akk* tygge [tügge]

Kauf *m* kjøp [schööp] *s*

kaufen *v etw. Akk* kjøpe [schööpe]

Käufer *m* kjøper [schööper] *m*

Kaufhaus *s* varemagasin [waaremagaßiin] *s*

Kaugummi *m* tyggegummi [tüggegummi] *m*

kaum *adv* knapt [knapt], neppe [neppe], så vidt [ßoo wit] ♦ *conj* straks [ßtrakß]

Kegel *m* kjegle [schegle] *m/w*

Kehle *w* strupe [ßtruupe] *m*

kehren *v* (SüD) *etw. Akk* feie [fäie] *noe*

Keil *m* kile [schiile] *m*

Keilriemen *m* viftereim [wifteräim] *m/w*

kein *pron* **1** (nicht ein) ingen [ingen], intet [intet] **2** (von beiden) ingen [ingen] **3** (nicht einmal) mindre enn [mindre en]

keineswegs *adv* på ingen måte [poo ingen moote]

Keller *m* kjeller [scheller] *m*

Kellner *m* servitør [ßerwitöör] *m*, kelner [kelner] *m*

kennen *v j-n/etw.* kjenne [schenne] *noen*

kennenlernen *v* **1** *j-n* bli kjent [blii schent] *med noen*, hilse [hilße] *på noen* **2** *j-n/etw.* bli kjent [blii schent] *med noen/noe*

Kenntnis **~se** kunnskaper *m Mz*

Kennzeichen *s* merke [märke] *s*

Keramik *w* keramikk [keramikk] *m*

Kerl *m* kar [kaar] *m*, fyr [füür] *m*

Kern *m* **1** sten [ßteen] *m*, stein [ßtäin] *m*, (von Obst) kjerne [schärne] *m* **2** (Nusskern usw.) kjerne [schärne] *m* **3** (Zentrum) kjerne [schärne] *m*

Kerze *w* stearinlys [ßteariinlüüß] *s*

Kessel *m* **1** (zum Wasserkochen) vannkjele [wannscheele] *m* **2** (Gaskessel usw.) varmtvannsbeholder [warmtwanßbeholler] *m* **3** (Tal) lavslette [laafschlette] *m/w*

Kette *w* **1** kjede [scheede] *m* **2** (im Gewebe usw.) renning [renning] *m/w*, varp [warp] *s*

Keule *w* **1** (zum Schlagen usw.) klubbe [klubb^{e}] *m/w* **2** (bei Schlachtvieh) lår [loor] *s*
Kiefer *m* kjeve [scheew^{e}] *m*
Kilogramm *s* kilogram [schiilugram] *s*
Kilometer *m* kilometer [schilumeet^{e}r] *m*
Kind *s* barn [baarn] *s*; **ein ~ wickeln** bytte bleier
Kinderarzt *m* barnelege [baarneleeg^{e}] *m*
Kindergarten *m* barnehage [baarnehaag^{e}] *m*
Kinderwagen *m* barnevogn [baarnewongn] *m/w*
Kindheit *w* barndom [baarndom] *m*
Kinn *s* hake [haak^{e}] *m*
Kino *s* kino [schiinu] *m*
Kiosk *m* kiosk [schoßk] *m*
Kirche *w* kirke [schirk^{e}] *m/w*
Kirsche *w* **1** (süße, Frucht) kirsebær [schirschebäär] *s* **2** (Baum) morelltre [murelltree] *s* **3** (saure) morell [morel] *m*
Kissen *s* pute [puut^{e}] *m/w*
Kiste *w* kiste [schißt^{e}] *m/w*
Klage *w* anklage [angklaag^{e}] *m*, tiltale [tiltaal^{e}] *m*; **~ erheben** *gegen j-n* saksøke *noen*
Klammer *w* **1** (Gerät) klemme [klemm^{e}] *m/w* **2** (Schriftzeichen) parentes [parenteeß] *m*
Klang *m* lyd [lüüd] *m*
klar *adj* **1** klar [klaar], gjennomsiktig [jennomßikti] **2** (Himmel usw.) klar [klaar] **3** (Bedeutung usw.) klar [klaar] ♦ *adv* klart [klaart] ► **~er Himmel** klar himmel *m*; **sich ~ werden** *über etw. Akk* få *noe* klart for seg, klargjøre *noe*
klären *v etw. Akk* klargjøre [klaarjöör^{e}] *noe*, forklare [forklaar^{e}] *noe*, oppklare [oppklaar^{e}], avklare [awklar^{e}] *noe*
Klarheit *w* klarhet [klaarheet] *m/w*, tydelighet [tüüd^{e}liheet] *m*
Klasse *w* **1** (Kategorie) klasse [klaßß^{e}] *m/w* **2** (Zimmer) klasserom [klaßß^{e}ruum] *s* **3** (Schüler) klasse [klaßß^{e}] *m/w*
klassisch *adj* klassisk [klaßßißk]
Klavier *s* piano [piaanu] *s*
Klebeband *s* teip [täip] *m*
kleben *v* **1** *etw. Akk* lime sammen [liim^{e} ßamm^{e}n], (befestigen) *etw. Akk an/auf etw. Akk* klistre [klißtr^{e}] *noe på noe* **2** (Klebkraft haben) klebe [kleeb^{e}], være klebrig [wäär^{e} kleebri] **3** (klebrig sein) *an etw. Dat* klistre seg [klißtr^{e} ßäi]
klebrig *adj* klebrig [kleebri]
Klebstoff *m* lim [liim] *s*
Kleid *s* kjole [schuul^{e}] *m*
Kleider *s Mz* klær [kläär] *s Mz*
Kleiderbügel *m* kleshenger [kleeßheng^{e}r] *m*
Kleiderschrank *m* garderobeskap [garderuubeßkaap] *s*, garderobe [garderuub^{e}] *m*
Kleidung *w* klær [kläär] *s Mz*
klein *adj* liten [liit^{e}n]
kleiner *adj* mindre [mindr^{e}]
Kleingeld *s* småpenger [ßmoopeng^{e}r] *m Mz*
Kleinigkeit *w* **1** småting [ßmooting] *m*, (etwas Kleines) fillesak [filleßaak] *m/w*, bagatell [bagatel] *m* **2** (Angelegenheit) småting [ßmooting] *m*, (Dummheit) bagatell [bagatel] *m*
kleinlich *adj* smålig [ßmooli]
klettern *v* **1** (auf eine Leiter usw.) *auf etw. Akk* klatre [klatr^{e}] **2** (hinauf) *auf etw. Akk* klatre (opp) [klatr^{e} (opp)] **3** (herauskommen usw.) *aus etw.* krype ut [krüüp^{e} uut] **4** (durch Fenster usw.) *irgendwohin* klatre opp [klatr^{e} opp] *et sted/gjennom noe* **5** (im Gebirge usw.) klatre [klatr^{e}]
Klima *s* klima [kliima] *s*
Klimaanlage *w* klimaanlegg [kliima-anleg] *s*
Klinge *w* blad [blaad] *s*
Klingel *w* ringeklokke [ring^{e}klokk^{e}] *m/w*
klingeln *v* ringe [ring^{e}]
klingen *v* **1** (hörbar sein) høres [hööreß], låte [loot^{e}], lyde [lüüd^{e}] **2** (Glocke) ringe [ring^{e}] **3** (Eindruck vermitteln) *irgendwie* høres ut [hööreß uut] *som noe*, lyde [lüüd^{e}] *som noe*
Klinik *w* klinikk [klinikk] *m*
Klinke *w* **1** (Türklinke usw.) dørhåndtak [döörhontaak] *s* **2** (Hebel) lite håndtak [liit^{e} hontaak]
klopfen *v* **1** (ans Fenster usw.) *an etw. Akk* banke [bangk^{e}] *på noe* **2** (Fleisch) *etw. Akk* banke [bangk^{e}] *noe*
Klosett *s* do [duu] *m*, klosett [klußett] *s*, (Raum) toalett [tualett] *s*
Kloß *m* melbolle [meelboll^{e}] *m*
Kloster *s* kloster [kloßt^{e}r] *s*
klug *adj* klok [kluuk]
Knall *m* skrall [ßkral] *s*, smell [ßmel] *m/s*, slag [schlaag] *s*
knapp *adj* **1** (Kleidung) stram [ßtram], trang [trang], tettsittende [tettßitten^{e}] **2** (gekürzt) kortfattet [kortfattet]
Kneipe *w* pub [pöb] *m*, kneipe [knäip^{e}] *m/w*
Knie *s* kne [knee] *s*
knien *v* knele [kneel^{e}]; **sich ~** knele
Knoblauch *m* hvitløk [wiitlöök] *m*
Knöchel *m* ankel [angkel] *m*
Knochen *m* bein [bäin] *s*, ben [been] *s*, knokkel [knokk^{e}l] *m*
Knopf *m* knapp [knapp] *m*
Knospe *w* knopp [knopp] *m*

Knoten *m* **1** (in Schnur usw.) knute [knʉʉte] *m* **2** (Lymphknoten usw.) ganglie [gangglie] *m*

Knotenpunkt *m* **1** (im Verkehr usw.) kryss [krüß] *s* **2** (Verknüpfung) knutepunkt [knʉʉtepʉngkt] *s* **3** (von Aktivitäten usw.) sentrum [ßentrʉm] *s*

Koch *m* kokk [kokk] *m*

kochen *v* **1** (im Wasser usw.) *etw. Akk* koke [kuuke] *noe* **2** (zubereiten) lage mat [laage maat], tilberede [tilbereede] **3** (Wasser usw.) koke [kuuke]

Kochherd *m* komfyr [komfüür] *m*

Kochplatte *w* kokeplate [kuukeplaate] *m/w*

Koffer *m* koffert [kuffert] *m*

Kofferraum *m* bagasjerom [bagaascheruum] *s*

Kohl *m* **1** (Weißkohl usw.) kål [kool] *m* **2** (Pflanze) kålslekta [koolschlekta] *m/w* **3** (ÖrD) (Rosenkohl usw.) kål [kool] *m*

Kohle *w* kull [kʉl] *s*

Kohlrabi *m* knutekål [knʉʉtekool] *m*

Kollege *m* kollega [kuleega] *m*, medarbeider [meearbäider] *m*

komisch *adj* komisk [kuumißk] ♦ *adv* morsomt [murschomt], komisk [kuumißk]

Komma *s* **1** (Satzzeichen) komma [komma] *s* **2** (in Zahlen) desimalkomma [deßimaalkomma] *s*

kommen *v* **1** *irgendwohin* komme [komme] *et sted* **2** (gelangen) *irgendwohin* komme seg til [komme ßäi til] *et sted*, nå [noo] *et sted* **3** (Ansicht usw.) *zu etw.* komme [komme] *til noe* **4** (verlieren) *um etw.* miste [mißte] *noe* **5** (entfallen) *auf j-n/etw.* tilfalle [tilfalle] *noen* **6** (Zeit) komme [komme] ► **gelegen** ~ *j-m etw. Nom* passe *noen*, være nyttig *for noen*; **Komm schon!** Kom igjen!

Kommunikation *w* kommunikasjon [komʉnikaschuun] *m*

kommunizieren *v mit j-m* kommunisere [komʉnißeere]

Komödie *w* komedie [komeedie] *m*, lystspill [lüßzpil] *s*

Kompass *m* kompass [kompaß] *m/s*

komplett *adj* komplett [komplett], fullstendig [fʉllßtendi], uttømmende [ʉʉttömmene] ♦ *adv* helt [heelt], fullstendig [fʉllßtendi], komplett [komplett]

Kompliment *s* kompliment [komplimang] *m*

kompliziert *adj* komplisert [kumplißeert], vanskelig [wanßkeli], sammensatt [ßammenßatt] ♦ *adv* vanskelig [wanßkeli], komplisert [kumplißeert]

Komponist *m* komponist [komponißt] *m*

Konditorei *w* konditori [konditorii] *s*

Kondom *s/m* kondom [konduum] *s*

Konfitüre *w* syltetøy [ßültetöü] *s*

König *m* konge [konge] *m*

Königin *w* dronning [dronning] *m/w*

können[1] *v* (beherrschen usw.) *etw. Akk* kunne [kʉnne] *noe/gjøre noe*, orke [orke] *noe*

können[2] *v* (fähig sein) *tun etw. Akk* kunne [kʉnne] *noe/gjøre noe*; **Ich kann nicht mehr.** Jeg orker ikke mer.

konservativ *adj* konservativ [kunßerwatiiw]

Konserve *w* boks [bokß] *m*

Konstruktion *w* **1** (Bauteil) konstruksjon [kunßtrʉkschuun] *m*, skjelett [scheelett] *s* **2** (Konstruieren) konstruksjon [kunßtrʉkschuun] *m*

Konsul *m* konsul [konßʉl] *m*

Konsulat *s* konsulat [konßʉlaat] *s*

Kontakt *m* kontakt [kontakt] *m*; **in ~ stehen** *mit j-m* være i kontakt *med noen*; **~ aufnehmen** *mit j-m* kontakte

kontaktieren *v j-n* kontakte [kontakte]

Kontaktlinse **~n** kontaktlinser *m/w Mz*

Konto *s* konto [kontuu] *m*

Kontoauszug *m* kontoutskrift [kontuʉʉzkrift] *m/w*

Kontostand *m* saldo [ßaldu] *m*

Kontrolle *w* **1** kontroll [kontrol] *m* **2** (Zollkontrolle usw.) inspeksjon [inßpekschuun] *m*, ettersyn [etterschüün] *s*

Kontrolleur *m* kontrollør [kontrolöör] *m*

kontrollieren *v* **1** (überwachen) *etw. Akk* kontrollere [kontrolleere] *noe*, sjekke [schekke] *noe* **2** (Gebiet usw.) beherske [behärschke], herske over [härschke oower], styre [ßtüüre], (Gebiet usw.) kontrollere [kontrolleere]

Konzert *s* konsert [konßärt] *m*

Kopf *m* hode [huude] *s*

Kopfhörer *m Mz* øretelefoner [ööretelefuuner] *m Mz*

Kopie *w* kopi [kupii] *m*, (eines Textes) avskrift [aafßkrift] *m/w*

kopieren *v* **1** kopiere [kupieere], duplisere [dʉplißeere] **2** (Formular usw.) *etw. Akk* kopiere [kupieere] *noe*

Korb *m* kurv [kʉrw] *m*

Korken *m* kork [kork] *m*

Korkenzieher *m* korketrekker [korketrekker] *m*

Korn *s* korn [korn] *s*

Körper *m* **1** (menschlich) kropp [kropp] *m*, legeme [leegeme] *s* **2** (Gebilde) legeme [leegeme] *s*

korrekt *adj* **1** (richtig) riktig [rikti] **2** (Benehmen usw.) korrekt [korekt]

Korrektur *w* **1** (eines Fehlers usw.) rettelse [rett^{e}lß^e] *m*, korrigering [korigeering] *m/w* **2** (Fahnenkorrektur usw.) korrekturlesing [korektuurleeßing] *m*

Korridor *m* **1** korridor [kurriduur] *m*, gang [gang] *m* **2** (Gebiet) korridor [kurriduur] *m*

korrigieren *v* rette [rett^e], forbedre [forbeedr^e], korrigere [korigeer^e], (ändern) korrigere [korigeer^e]

Kosmetik *w* kosmetikk [kußmetikk] *m*

Kost *w* kost [koßt] *m*

kostbar *adj* kostbar [koßtbaar]

kosten *v* **1** (Speise) *etw. Akk* smake [ßmaak^e] *noe/på noe* **2** (Preis haben) *wie viel* koste [koßt^e] ► **Was/Wie viel kostet es?** Hva koster det?

Kosten *Mz* kostnad [koßtnad] *m*, omkostning [omkoßtning] *m/w*, utgifter [uutjift^{e}r] *m Mz*

kostenfrei *adj* gratis [graatiß]

kostenlos *adj* gratis [graatiß] ♦ *adv* gratis [graatiß], kostnadsfritt [koßtnazfritt]

Kostüm *s* drakt [drakt] *m/w*

Kot *m* lort [lort] *m*, møkk [mökk] *m*

Kotelett *s* kotelett [kutelett] *m*

Krach *m* bråk [brook] *s*

Kraft *w* styrke [ßtürk^e] *m*, kraft [kraft] *m/w*

Kraftstoff *m* drivstoff [driifßtof] *s*

Kraftwerk *s* kraftverk [kraftwärk] *s*

Kragen *m* krage [kraag^e] *m*

Kralle *w* **1** (eines Vogels usw.) klo [kluu] *m/w* **2** (Vorrichtung) hjullås [julloß] *m/s*

Krampf *m* krampe [kramp^e] *m*

krank *adj* syk [ßüük]

Krankenhaus *s* sykehus [ßüükehuuß] *s*

Krankenschwester *w* sykepleier [ßüükepläi^{e}r] *m*

Krankenversicherung *w* sykeforsikring [ßüükeforschikring] *m/w*, syketrygd [ßüüketrügd] *m/w*

Krankenwagen *m* ambulanse [ambulanß^e] *m*

Krankheit *w* sykdom [ßüüktom] *m*

kratzen *v* **1** (ritzen) klore [kluur^e] *noe*, skrape [ßkraap^e] *noe*, rispe [rißp^e] *noe* **2** (reiben) klø [klö], (wegen Juckreizes) klø seg [klö ßäi]

Kraut *s* **1** (Heilpflanze usw.) urt [urt] *m/w* **2** (der Kartoffeln usw.) gress [greß] *s*, blader [blaad^{e}r] *s Mz*

Krawatte *w* slips [schlipß] *s*

Krebs *m* **1** (Tier) kreps [krepß] *m* **2** (Krankheit) kreft [kreft] *m* **3** (Sternzeichen) Krepsen [krepß^{e}n] *m*

Kredit *m* kreditt [kreditt] *m*

Kreditkarte *w* kredittkort [kredittkort] *s*

Kreide *w* kritt [kritt] *s*

Kreis *m* sirkel [ßirk^{e}l] *m*, runding [running] *m*

kreisen *v um etw.* kretse [krez^e], sirkle [ßirkl^e]

Kreislauf *m* kretsløp [krezlööp] *s*

Kreisverkehr *m* rundkjøring [runschööring] *m/w*

Kreuz *s* **1** kors [korsch] *s* **2** (im Kartenspiel) kløver [klööw^{e}r] *m*

Kreuzfahrt *w* sjøreise [schööräiß^e] *m/w*

Kreuzung *w* **1** (Straßen usw.) kryss [krüß] *s*, veikryss [wäikrüß] *s* **2** (Pflanze usw.) krysning [krüßning] *m/w*

kriechen *v* **1** krabbe [krabb^e], krype [krüüp^e] **2** *aus etw.* krype ut [krüüp^e uut] *av noe*

Krieg *m* krig [kriig] *m*

kriegen *v* **1** (Krankheit) få [foo] **2** (hineinpressen usw.) *etw. Akk irgendwohin* presse inn [preßß^e in]

Krise *w* krise [kriiß^e] *m/w*

Kritik *w* kritikk [kritikk] *m*

kritisch *adj* kritisk [kriitißk]

kritisieren *v* kritisere [kritißeer^e] *noen/noe*

Krone *w* krone [kruun^e] *m*

Krug *m* mugge [mugg^e] *m/w*

krumm *adj* bøyd [böüd], kroket [kruuket]

Küche *w* kjøkken [schökk^{e}n] *s* ► **häusliche ~** hjemmelaget mat

Kuchen *m* dessert [deßäär] *m*, kake [kaak^e] *m/w*, kake [kaak^e] *m*

Kugel *w* **1** (Körper) kule [kuul^e] *m/w* **2** (Geschoss) kule [kuul^e] *m/w*, (Kügelchen) kule [kuul^e] *m* **3** (Eiskugel usw.) kule [kuul^e] *m/w*

Kugelschreiber *m* kulepenn [kuul^{e}pen] *m*

Kuh *w* ku [kuu] *m/w*

kühl *adj* **1** kjølig [schööli], kald [kal] **2** (Getränk usw.) kald [kal], avkjølt [aawschölt]

kühlen *v* **1** avkjøle [aawschööl^e], kjøle ned [schööl^e need] **2** (Lebensmittel usw.) kjøle ned [schööl^e need]

Kühler *m* kjøler [schööl^{e}r] *m*

Kühlschrank *m* kjøleskap [schöölesskaap] *s*

Kultur *w* kultur [kultuur] *m*

Kümmel *m* karve [karw^e] *m*

kümmern *v* **sich** ~ *um j-n/etw.* forsørge [forschörg^e] *noen*, ta hånd om [taa hon om] *noen*, ta seg [taa ßäi] *av noen*, *um j-n/etw.* se etter [ßee ett^{e}r] *noen/noe*

Kunde *m* klient [klient] *m*, (im Geschäft usw.) kunde [kund^e] *m*

kündigen *v etw. Akk* si opp [ßii opp] *noe*

Kunst *w* kunst [kunßt] *m* ► **bildende ~** billedkunst *m*

Kunsthandwerk *s* kunsthåndverk [kunßthonwärk] *s*

Künstler *m* kunstner [kunßtner] *m*
künstlich *adj* kunstig [kunßti]
Kunststoff *m* plast [plaßt] *m*
Kupfer *s* kopper [kopper] *s*
Kuppel *w* kuppel [kuppel] *m*
Kupplung *w* kløtsj [klötsch] *m*
Kurbel *w* sveiv [ßwäiw] *m*
Kürbis *m* gresskar [greßkaar] *s*
Kurort *m* kursted [kuurschteed] *s*, kurbad [kuurbaad] *s*
Kurs *m* **1** (Lehrgang) kurs [kursch] *s* **2** (Richtung) kurs [kursch] *m* **3** (einer Währung) kurs [kursch] *m*
Kurve *w* **1** (Linie) kurve [kurwe] *m* **2** (scharfe usw.) sving [ßwing] *m*
kurz *adj* **1** kort [kort] **2** (nicht ausführlich) kortfattet [kortfattet] ♦ *adv* **1** (geschnitten usw.) kort [kort] **2** (besprechen usw.) kort [kort] **3** kort [kort], kortfattet [kortfattet] ► **~ weggehen** *irgendwohin* gjøre en avstikker; **vor ~em** forleden, nylig
kürzen *v* **1** (kürzer machen) *etw. Akk* forkorte [forkorte] *noe* **2** (Geld) *etw. Akk* redusere [redußeere], innskrenke [innßkrengke], sette ned [ßette need]
kürzlich *adv* forleden [forleeden], nylig [nüüli]
Kurzschluss *m* kortslutning [kortschlutning] *m/w*
Kuss *m* kyss [schüß] *m/s*
küssen *v j-n/etw.* kysse [schüßße] *noen*, *j-n* kysse [schüßße] *noen*
Küste *w* bredd [bred] *m*, kyst [schüßt] *m*
Kuvert *s* konvolutt [konwulutt] *m*

L

lächeln *v* smile [ßmiile]
Lächeln *s* smil [ßmiil] *m/s*
lachen *v über j-n/etw.* le [lee] *av noen/noe*
Lachen *s* latter [latter] *m*
lächerlich *adj* latterlig [latterli]
Lachs *m* laks [lakß] *m*
Lack *m* lakk [lakk] *m*
Ladegerät *s* lader [laader] *m*
laden *v* **1** (beladen) *etw. Akk auf etw. Akk* lesse [leßße] *noe på noe* **2** (Waffe) lade [laade] **3** (Batterie) lade opp [laade opp]
Laden *m* butikk [butikk] *m*
Ladung *w* **1** (Frachtgut) lass [laß] *s* **2** (von Munition) sprengladning [ßprenglaadning] *m/w* **3** (elektrische) ladning [laadning] *m/w* **4** (Warenmenge usw.) porsjon [porschuun] *m*
Lage *w* beliggenhet [beliggenheet] *m/w*
Lager *s* **1** (Unterkunft) leir [läiir] *m* **2** (für Vorräte usw.) lager [laager] *s*, lagerhus [laagerhuuß] *s* **3** (Gesteinsschicht) forekomst [foorekomßt] *m* **4** (Maschinenelement) lager [laager] *s*
lagern *v* **1** (im Wald usw.) telte [telte], overnatte i leir [oowernatte i läiir] **2** (Vorräte usw.) *etw. Akk irgendwohin* oppbevare [oppewaare] *noe et sted*, lagre [lagre] *noe et sted*
Laib *m* brød [bröö] *s*
Laken *s* laken [laaken] *s*
Lamm *s* lam [lam] *s*
Lammfleisch *s* lammekjøtt [lammeschött] *s*
Lampe *w* lampe [lampe] *m/w*
Land *s* **1** (Festland) land [lan] *s* **2** (Grundstück) jord [juur] *m/w* **3** (ländliches Gebiet) landsbygd [lanßbügd] *m/w*, land [lan] *s* **4** (Staat) land [lan] *s*
landen *v* lande [lanne]
Landkarte *w* kart [kart] *s*
Landschaft *w* landskap [lanßkaap] *s*
Landung *w* landing [lanning] *m/w*
Landwirt *m* jordbruker [juurbruuker] *m*, bonde [bunne] *m*
Landwirtschaft *w* landbruk [lanbruuk] *s*
lang *adj* lang [lang]
lange *adv* lenge [lenge]
Länge *w* lengde [lengde] *m/w*
Langeweile *w* kjedsomhet [scheedßomheet] *m/w*
langfristig *adj* langvarig [langwaari], langsiktig [langßikti]
langsam *adj* langsom [langßom], treg [treeg] ♦ *adv* sakte [ßakte], langsomt [langßomt]
längst *adv* for lenge siden [for lenge ßiiden]
langweilen *v j-n* kjede [scheede] *noen*; **sich ~** kjede seg
langweilig *adj* kjedelig [scheedeli]
Lappen *m* **1** (zum Abwischen usw.) fille [fille] *m/w*, klut [kluut] *m* **2** (eines Organs usw.) lapp [lapp] *m*
Lärm *m* støy [ßtöü] *m*, bråk [brook] *s*
lassen *v* **1** (erlauben) *j-n etw. Akk zu tun* la [laa] *noen gjøre noe* **2** (nicht ändern) *etw. Akk* la [laa] *noe* **3** (nicht wegnehmen) *j-m etw. Akk* la *noen* få/ha [laa foo/haa] *noe* **4** *sich* **~** (machen usw.) være mulig [wääre muuli] **5** *sich* **~** *etw. Akk tun* (veranlassen) få [foo] *noe gjort* ► **Das lässt sich leicht reparieren.** Det er lett å reparere.
Last *w* **1** (auf dem Wagen usw.) lass [laß] *s* **2** (in Kilogramm usw.) last [laßt] *m/w* **3** (Sorge usw.) bør [böör] *m*, last [laßt] *m/w*

lästig *adj* kjedelig [scheedeli], trettende [trettene], plagsom [plaakßom], slitsom [schliizom]

Lastwagen *m* lastebil [laßtebiil] *m*

Laub *s* blader [blaader] *s Mz*, løv [lööw] *s*

Lauf *m* **1** (physische Aktivität) løp [lööp] *s* **2** (einer Maschine usw.) *etw. Gen* drift [drift] *m/w* **3** (eines Gewehrs) geværløp [gewäärlööp] *s* ▶ **im ~e** *etw. Gen* i løpet av, under

laufen *v* **1** (Person usw.) løpe [lööpe] **2** (hinüberlaufen) *über etw. Akk* løpe [lööpe] *over noe* **3** (zu Fuß gehen) gå [goo] **4** (in Gang sein) gå [goo] **5** (Gefäß usw.) lekke [lekke]

Laune *w* **1** (gute usw.) humør [hümöör] *s*, stemning [ßtemning] *m/w* **2** (Einfall) nykke [nükke] *m/s*, (Idee) lune [lüüne] *s*

launisch *adj* lunefull [lüüneful]

Laus *w* lus [lüüß] *m/w*

laut *adj* bråkete [brookete], høy [höü], høylytt [höülütt] ♦ *adv* høyt [höüt] ▶ **~er stellen** *etw. Akk* (Radio usw.) skru opp *noe*

läuten *v* ringe [ringe]

Lautsprecher *m* høyttaler [höüttaaler] *m*

lauwarm *adj* lunken [lüngken]

Lawine *w* snøskred [ßnöößkreed] *s*

leben *v* leve [leewe]

Leben *s* liv [liiw] *s*; **am ~** i live, levende

lebendig *adj* levende [leewene] ♦ *adv* levende [leewene]

Lebensmittel *s* **1** matvare [maatwaare] *m* **2** dagligvarer [daagliwaarer] *m/w Mz*, matvarer [maatwaarer] *m/w Mz*

Lebensmittelgeschäft *s* dagligvarehandel [daagliwaarehandel] *m*

Leber *w* lever [leewer] *m*

lebhaft *adj* **1** (Kind usw.) levende [leewene], (Mensch) livlig [liiwli], kvikk [kwikk], sprek [ßpreek] **2** (Fantasie usw.) frodig [fruudi], livlig [liiwli] **3** (Erinnerung usw.) levende [leewene] ♦ *adv* levende [leewene]

lecken *v* **1** slikke [schlikke], sleike [schläike] **2** (Fass usw.) lekke [lekke]

lecker *adj* velsmakende [welßmaakene]

Leckerbissen *m* delikatesse [delikateßße] *m*, lekkerbisken [lekkerbißken] *m*, godbit [guubiit] *m*

Leder *s* lær [läär] *s*

ledig *adj* singel [ßinggel], single [ßinggel], enslig [eenschli], ugift [üüjift]

leer *adj* **1** (Gefäß usw.) tom [tum] **2** (Blatt usw.) blank [blangk] ▶ **~e Batterie** flatt batteri

leeren *v etw. Akk* tømme [tömme] *noe*

legal *adj* lovlig [loowli] ♦ *adv* legalt [legaalt]

legen *v* **1** *etw. Akk irgendwohin* legge [legge] *noe et sted* **2** (in Mappe usw.) *etw. Akk in etw. Akk* legge [legge] *noe inn/opp i noe* **3** (Fundament usw.) legge [legge] **4** (Eier) legge [legge]

Lehm *m* leire [läire] *m/w*

Lehrbuch *s* lærebok [läärebuuk] *m/w*

lehren *v j-n etw. Akk* undervise [ünnerwiiße] *noen i noe*

Lehrer *m* lærer [läärer] *m*

Leiche *w* lik [liik] *s*

leicht *adj* **1** (wenig wiegend) lett [lett] **2** (Aufgabe usw.) lett [lett] **3** (Berührung usw.) mild [mil] **4** (Husten usw.) lett [lett] ♦ *adv* **1** (ohne Problem) enkelt [engkelt], lett [lett] **2** (einfach) lett [lett] **3** (erreichbar usw.) lett [lett] **4** (nur wenig) lett [lett] **5** (berühren usw.) lett [lett] ▶ **ein ~er Hang** svak stigning *m*

leiden *v* **1** *an/unter etw. Dat* lide [liide] *av noe*, plages [plaageß] *av noe* **2** (Beleidigung usw.) *etw. Akk* tåle [toole] *noe*, finne seg [finne ßäi] *i noe*

Leidenschaft *w* lidenskap [liidenßkaap] *m*

leider *part* dessverre [deßßwärre], uheldigvis [üüheldiwiiß], beklageligvis [beklaageliwiiß]

leidtun *v j-m etw. Nom* være lei [wääre läi] *for noe*; **Es tut mir leid.** Beklager.

leihen *v* **1** *j-m etw. Akk* låne [loone] *noe til noen*, *j-m etw. Akk* låne *noe* bort [loone burt] *til noen* **2** ***(sich)*** **~** *etw. Akk von j-m* låne [loone] *noe fra noen*

Leim *m* lim [liim] *s*

Leine *w* bånd [bon] *s*; **den Hund an der ~ haben** ha hunden i bånd

leise *adj* stille [ßtille] ♦ *adv* stille [ßtille], (sprechen usw.) lavt [laawt] ▶ **~r stellen** skru ned

leisten *v j-m etw. Akk* gi [jii] *noen noe*; **Dienste ~** *j-m/etw.* hjelpe *noen*; **sich** *etw. Akk* **~ können** (finanziell usw.) ha råd *til noe*

Leistung *w* **1** (sportliche usw.) prestasjon [preßtaschuun] *m* **2** (einer Maschine usw.) ytelse [üütelße] *m* **3** (Betrag) ytelse [üütelße] *m*

leiten *v* **1** (Firma usw.) *etw. Akk* drive [driwe] **2** *j-n irgendwohin* lede [leede] *noen til et sted* **3** (Wasser usw.) lede [leede] **4** (durchziehen usw.) *etw. Akk durch etw.* trekke [trekke] *noe gjennom et sted* **5** (leitfähig sein) lede [leede]

Leiter1 *m* leder [leeder] *m*

Leiter2 *w* stige [ßtiige] *m*

Leitung *w* **1** ledelse [leedelße] *m* **2** (Telefonleitung usw.) ledning [leedning] *m/w*

lenken *v* **1** (Richtung bestimmen) *etw. Akk* gi retning [jii retning] *til noe*, regulere [reguleere] *noe* **2** (zum Ziel) *etw. Akk irgendwohin* lede [leede] *noe et sted*

Lenkrad *s* ratt [ratt] *s*

lernen *v* **1** (Fertigkeiten erwerben) *etw. Akk* lære seg [läär^{e} ßäi] *(å gjøre) noe* **2** (für eine Prüfung usw.) lese [leeß^{e}] **3** (durch Erfahrungen) *aus etw.* lære [läär^{e}] *av noe*, ta lærdom [taa läärdom] *av noe* **4** (Handwerk) *etw. Akk* lære seg [läär^{e} ßäi], utdanne seg [~~uu~~tdann^{e} ßäi], ta (yrkes)utdanning [taa (ürkeß)~~uu~~ttanning]

lesbisch *adj* lesbisk [leßbißk]

lesen *v* **1** (ein Buch usw.) *etw. Akk* lese [leeß^{e}] *noe* **2** (Vorlesungen halten) forelese [fooreleeß^{e}]

Leser *m* leser [leeß^{e}r] *m*

letzt(er,e,es) *adj* **1** (in einer Reihe) sist [ßißt] **2** (Woche usw.) forrige [forri^{e}] **3** (neuester) senest [ßeeneßt], nyest [nüüeßt] ► **das letzte Mal** siste gang, forrige uke; **zum letzten Mal** (for) siste gang

leuchten *v* **1** (Lampe usw.) lyse [lüüß^{e}], skinne [schinn^{e}] **2** (mit Taschenlampe usw.) *auf etw. Akk* lyse [lüüß^{e}] *på noe*, kaste lys [kaßt^{e} lüüß] *på noe*

Leuchtturm *m* fyrtårn [füürtoorn] *s*

Leute *Mz* mennesker [menn^{e}ßk^{e}r] *s Mz*, folk [folk] *s*

Licht *s* lys [lüüß] *s*

Lid *s* øyelokk [öüelokk] *s*

Lidschatten *m* øyeskygge [öüeschügg^{e}] *m*

lieb *adj* kjær [schäär], (in der Anrede usw.) kjære [schäär^{e}]; **Das ist ~ von Ihnen.** Det er hyggelig av deg.

Liebe *w* kjærlighet [schäärliheet] *m/w*; **~ machen** *mit j-m* elske *med noen*

lieben *v j-n/etw.* elske [elßk^{e}] *noen/noe*; **sich ~** elske hverandre

lieber *adv* heller [hell^{e}r]; **Ich möchte ~…** Jeg vil heller…

Liebhaber *m* **1** (Geliebter) elsker [elßk^{e}r] *m* **2** (Anhänger) *von etw.* elsker [elßk^{e}r] *m av noe*

Liebling *m* **1** elskede [elßk^{e}d^{e}] *m*, elskling [elßkling] *m* **2** (Anrede) elskling [elßkling] *m*, yndling [ündling] *m* **3** (Favorit) favoritt [faworitt] *m*, yndling [ündling] *m*

liebst(er,e,es) **am liebsten** helst

Lied *s* sang [ßang] *m*

liefern *v j-m etw. Akk* levere [leweer^{e}] *noe til noen*

Lieferung *w* leveranse [leweranß^{e}] *m*

Lieferwagen *m* varebil [waar^{e}biil] *m*

Liege *w* seng [ßeng] *m/w*

liegen *v* **1** (Mensch) ligge [ligg^{e}] **2** (Sache) *irgendwo* ligge [ligg^{e}] *i et sted* **3** (Problem usw.) *in etw. Dat* ligge [ligg^{e}] *i noe*, bunne [b~~u~~nn^{e}] *i noe* **4** (an Umständen usw.) *an j-m/etw.* avhenge [aawheng^{e}] **5** (schätzen) *j-m an etw. Dat* bry seg [brüü ßäi] *om noe/noen* **6** (wichtig sein) *an etw. Dat* bety mye [betüü müü^{e}], være viktig [wäär^{e} wikti]

Lift *m* heis [häiß] *m*

Likör *m* likør [liköör] *m*

Limo *w/s* limonade [limonaad^{e}] *m*

Limonade *w* limonade [limonaad^{e}] *m*

Linie *w* linje [linj^{e}] *m/w*

link(er,e,es) *adj* venstre [wenßtr^{e}]

links *adv* på venstre hånd [poo wenßtr^{e} hon]; **nach ~** (wohin) til venstre; **von ~** fra venstre

Linse *w* **1** (Samen) linser [linß^{e}r] *m/w Mz* **2** (optisch) linse [linß^{e}] *m/w*

Lippe *w* leppe [lepp^{e}] *m/w*

Lippenstift *m* leppestift [lepp^{e}ßtift] *m*

Liste *w etw. Gen* liste [lißt^{e}] *m/w*

Liter *m/s* liter [liit^{e}r] *m*

Literatur *w* litteratur [litterat~~uu~~r] *m*

Lkw *m* lastebil [laßt^{e}biil] *m*, trailer [trail^{e}r] *m*

loben *v j-n für etw.* rose [ruuß^{e}] *noen for noe*

Loch *s* hull [h~~u~~l] *s*

Locke *w* krøll [kröl] *m*

Lockenwickler *m* krøllspenne [kröllßpenn^{e}] *m/w/s*

locker *adj* **1** løs [löōß] **2** (Atmosphäre usw.) avslappet [aafschlappet] **3** (Gebäck usw.) luftig [l~~u~~fti] **4** (Mensch) avslappet [aafschlappet]

Löffel *m* **1** skje [schee] *m* **2** (kleiner) teskje [teeschee] *m/w* **3** (Maßangabe) *etw. Akk* skjefull [scheef~~u~~l] *m*

logisch *adj* logisk [luugißk]

Lohn *m* lønn [lön] *m/w*; **den ~ erhöhen** *j-m* øke lønn *til noen*

lohnen *v* ***sich*** **~** lønne seg [lönn^{e} ßäi]

lokal *adj* lokal [lukaal]

Lokal *s* utested [~~uu~~teßteed] *m*

Lokomotive *w* lokomotiv [lukumutiiw] *s*

Los *s* lodd [lod] *s*

löschen *v* **1** (Brand usw.) slukke [schl~~u~~kk^{e}] *noe*, (Feuer) slokke [schlokk^{e}] **2** (Daten) slette [schlett^{e}]

lose *adj* løs [löōß]

lösen *v* **1** (Krawatte usw.) *etw. Akk* løsne [lößn^{e}] *på noe* **2** (Problem usw.) *etw. Akk* løse [löōß^{e}] *noe*

losfahren *v* gi seg i vei [jii ßäi i wäi]

loslassen *v etw. Akk* slippe tak [schlipp^{e} taak] *i noe*

Lösung *w* **1** (einer Aufgabe) *etw. Gen* løsning [löōßning] *m/w* **2** (eines Geheimnisses usw.) løsning [löōßning] *m/w* **3** (Flüssigkeit) oppløsning [opplöōßning] *m/w*

loswerden *v j-n/etw.* bli kvitt [blii kwitt] *noen/noe*

Lotterie *w* lotteri [lotterii] *s*

Löwe *m* **1** (Tier) løve [lööw^{e}] *m/w* **2** (Sternzeichen) Løven [lööw^{e}n] *m*
Luchs *m* gaupe [gäʉp^{e}] *m/w*
Lücke *w* mellomrom [mellomruum] *s*
Luft *w* luft [lʉft] *m/w*; **sich in ~ auflösen** fordufte
lüften *v* lufte [lʉft^{e}]
Lüfter *m* vifte [wift^{e}] *m/w*
Luftmatratze *w* luftmadrass [lʉftmadraß] *m*
Luftpost *w* luftpost [lʉftpoßt] *m*
Lüge *w* løgn [löün] *m/w*
lügen *v j-m* lyve [lüüw^{e}], ljuge [ljʉʉg^{e}]
Lunge *w* lunge [lʉng^{e}] *m/w*
Lungenentzündung *w* lungebetennelse [lʉng^{e}betenn^{e}lß^{e}] *m*
Lust *w an etw. Akk* lyst [lüßt] *m på noe, til å gjøre noe*; **~ haben** *etw. Akk zu tun* ha lyst *til å gjøre noe*; **~ zu essen** matlyst *m/w*, appetitt *m*
lustig *adj* morsom [murschom], munter [mʉnt^{e}r]; **sich ~ machen** *über j-n/etw.* gjøre narr *av noen*
lutschen *v* **1** (Bonbon usw.) *etw. Akk* sutte [ßʉtt^{e}], suge [ßʉʉg^{e}] **2** (Daumen usw.) *an etw. Dat* suge [ßʉʉg^{e}] *noe*
Luxus *m* luksus [lʉkßʉß] *m*

M

machen *v* **1** (durchführen) gjøre [jöör^{e}] **2** (entstehen lassen) lage [laag^{e}] **3** (erzeugen) lage [laag^{e}] **4** *etw. Akk irgendwie* gjøre [jöör^{e}] *noe noe* **5** *sich* **~** *an etw. Akk* sette i gang [ßett^{e} i gang] *med noe* **6** (Summe) utgjøre [ʉʉtjöör^{e}], beløpe [belööp^{e}] *seg til* ► **eine Aufnahme** *von etw.* **~** ta et bilde; **einen Kopfsprung ~** stupe; **geltend ~** *etw. Akk* (Rechte usw.) bruke; **Macht es nicht!** Ikke gjør det!; **sich bekannt ~** *mit etw.* bli kjent med *noe*, gjøre seg kjent med *noe*; **Spaß ~** *j-m etw. Nom* underholde *noe noen*; **unmöglich ~** *etw. Akk* umuliggjøre *noe*; **Und was soll ich ~?** Hva skal jeg gjøre?
Macht *w* makt [makt] *m/w*
mächtig *adj* mektig [mekti]
Mädchen *s* jente [jent^{e}] *m/w*, pike [piik^{e}] *m/w*
Magazin *s* **1** (einer Waffe) magasin [magaßiin] *s* **2** (Zeitschrift) tidsskrift [tiizkrift] *s*
Magen *m* magesekk [maageßekk] *m*
mager *adj* **1** (Mensch) mager [maag^{e}r], tynn [tün] **2** (Fleisch) mager [maag^{e}r]
Magnet *m* magnet [magneet] *m*
mahlen *v* male [maal^{e}], kverne [kwärn^{e}]
Mahlzeit *w* måltid [mooltiid] *s*, matrett [maatrett] *m*; **~!** Velbekomme!

Mai *m* mai [mai] *m*
Mais *m* mais [maiß] *m*
Make-up *s* sminke [ßmingk^{e}] *m*, sminking [ßmingking] *m/w*
mal *adv* ganger [gang^{e}r]
Mal *s* gang [gang] *m*; **das nächste ~** neste gang; **zum ersten ~** for første gang
malen *v* male [maal^{e}]
Maler *m* maler [maal^{e}r] *m*
Malerei *w* malerkunst [maal^{e}rkʉnßt] *m*
manchmal *adv* av og til [aaw o til]
Mandarine *w* mandarin [mandariin] *m*
Mandel *w* **1** (Samen) mandel [mand^{e}l] *m* **2 ~n** tonsill [tunßil] *m*, mandel [mand^{e}l] *m*
Mangel *m* **1** (Unvollkommenheit) ufullkommenhet [ʉʉfʉllkomm^{e}nheet] *m/w* **2** (Knappheit) *an etw. Dat* mangel [mang^{e}l] *m på noe* **3** (an einem Produkt usw.) lyte [lüüt^{e}] *s*, brist [brißt] *m*, (an einem Produkt usw.) mangel [mang^{e}l] *m* **4** (Defekt usw.) feil [fäil] *m*
Mann *m* mann [man] *m*
männlich *adj* **1** mannlig [mannli], manns- [manß] **2** (Pflanze usw.) hann- [hann] **3** (Eigenschaft usw.) mannlig [mannli]
Mannschaft *w* lag [laag] *s*
Mantel *m* **1** (Kleidung) frakk [frakk] *m*, kåpe [koop^{e}] *m/w* **2** (Reifen) dekk [dekk] *s*
Mappe *w* mappe [mapp^{e}] *m/w*, (Aktenhefter usw.) ringperm [ringpärm] *m*
Märchen *s* eventyr [eewentüür] *s*
Margarine *w* margarin [margariin] *m*
Mark *s* **1** (Gewebe) marg [marg] *m* **2** (aus Tomaten usw.) puré [puree] *m*
Marke *w* **1** (Ware) merke [märk^{e}] *s* **2** (Wertzeichen) frimerke [friimärk^{e}] *s* **3** (Zeichen usw.) merke [märk^{e}] *s*
Markt *m* **1** (Straßenmarkt usw.) torg [torg] *s* **2** (Platz) marked [marked] *s* **3** (Warenverkehr) marked [marked] *s*
Markthalle *w* tildekkede marked [tildekked^{e} marked] *s*
Marmelade *w* marmelade [marmelaad^{e}] *m*
Marmor *m* marmor [marmor] *m/s*
März *m* mars [marsch] *m*
Maschine *w* **1** maskin [maschiin] *m* **2 ~n** (Maschinenausstattung) maskiner [maschiin^{e}r] *m Mz*
Maß *s* **1** (Größe) mål [mool] *s* **2** (Grad usw.) *etw. Gen* omfang [omfang] *s av noe*
Massage *w* massasje [maßaasch^{e}] *m*
Masse *w* masse [maßß^{e}] *m*
Maßeinheit *w* enhet [enheet] *m/w*
mäßig *adj* mild [mil], (im Essen usw.) moderat [muderaat], måteholden

[mootehollen], (Wind usw.) temperert [tempereert]
Maßnahme *w* tiltak [tiltaak] *s*
Maßstab *m* **1** (Verhältnis) målestokk [mooleßtokk] *m* **2** (zum Vergleich) standardverdi [ßtandardwärdii] *m*
Mast *m* **1** (Telefonmast usw.) stolpe [ßtolpe] *m* **2** (auf dem Schiff) mast [maßt] *m/w*
Material *s* materiale [materiaale] *s*
Materie *w* masse [maßße] *m*, stoff [ßtof] *s*
Matratze *w* madrass [madraß] *m*
Matte *w* matte [matte] *m/w*
Mauer *w* mur [mʉʉr] *m*
Maurer *m* murer [mʉʉrer] *m*
Maus *w* mus [mʉʉß] *m/w*
Maut *w* bompenger [bompenger] *m Mz*
Mayonnaise *w* majones [maiuneeß] *m*
Mechaniker *m* mekaniker [mekaaniker] *m*
Medikament *s* legemiddel [leegemiddel] *s*, medikament [medikament] *s*, medisin [medißiin] *m*
Medizin *w* medisin [medißiin] *m*
Meer *s* sjø [schöö] *m*; **am ~** ved havet
Meerrettich *m* pepperrot [pepperruut] *m/w*
Mehl *s* **1** mel [meel] *s* **2** (Holzmehl usw.) grovt mel [groowt meel] *s*
mehr *adv* mer [meer]
Mehrheit *w j-s/etw.* mesteparten [meßteparten] *m av noen/noe*
mehrmals *num* flere ganger [fleere ganger], mang en gang [mang en gang]
Mehrwertsteuer *w* MVA [emweeaa], merverdiavgift [meerwärdiiaawjift] *m/w*, moms [mumß] *m*
Meile *w* engelsk mil [engelßk miil] *m*
mein, meine *pron* min, mitt, mine [min, mitt, miine]
meinen *v* synes [ßüüneß], mene [meene] ► **Was ~ Sie damit?** Hva mener du (med det)?
Meinung *w über etw. Akk* mening [meening] *m/w om noe*
meistens *adv* for det meste [for dee meßte], som regel [ßom reegel], vanligvis [waanliwiiß]
Meister *m* **1** (Weltmeister usw.) mester [meßter] *m* **2** (Könner) *in etw. Dat* mester [meßter] *m*
Meisterschaft *w* mesterskap [meßterschkaap] *s*
melden *v* **1** (öffentlich usw.) *etw. Akk* kunngjøre [kʉnnjööre] **2** (benachrichtigen) *j-m etw. Akk* anmelde [anmelde] *noe til noen* **3 *sich* ~** (beim Chef usw.) *bei j-m* melde seg [melde ßäi] *hos noen* **4 *sich* ~** (anrufen, schreiben usw.) *bei j-m* gi lyd fra seg [jii lüüd fraa ßäi] *til noen* **5 *sich* ~** (Schüler usw.) rekke opp hånden [rekke opp honnen]
Meldung *w* **1** (amtliche) kunngjøring [kʉnnjööring] *m/w* **2** (dienstliche) *über etw. Akk* rapport [raport] *m*
Melodie *w* melodi [meludii] *m*
Melone *w* melon [meluun] *m*
Menge *w* **1** mengde [mengde] *m* **2** (von Ideen usw.) masse [maßße] *m* ► **eine ~** *von etw.* masse *m noe*
Mensch *m* menneske [menneßke] *s*
Menschheit *w* menneskehet [menneßkeheet] *m/w*
menschlich *adj* **1** (Körper, Wesen usw.) menneskelig [menneßkeli], menneske- [menneßke] **2** (Behandlung usw.) human [hʉmaan]
Menstruation *w* menstruasjon [menßtrʉaschuun] *m*
Menü *s* meny [menüü] *m*
merken *v* **1** *j-n/etw.* legge merke [legge märke] *til noen/noe* **2 *sich* ~** *etw. Akk* huske [hʉßke] *noe*
Merkmal *s* tegn [täin] *s*
merkwürdig *adj* rar [raar], merkelig [mhrkeli], uvanlig [ʉʉwaanli] ♦ *adv* rart [raart], merkelig [mhrkeli]
Messe *w* messe [meßße] *m/w*
messen *v* **1** *j-n/etw.* måle [moole] *noen/noe* **2** (Größe haben) *wie viel* måle [moole]
Messer *s* kniv [kniiw] *m*
Messing *s* messing [meßßing] *m*
Metall *s* metall [metal] *s*
Meter *m/s* meter [meeter] *m*
Methode *w* metode [metuude] *m*
Metzger *m* (SüD) slakter [schlakter] *m*
Metzgerei *w* (SüD) slakterbutikk [schlakterbʉtikk] *m*
Miete *w* leie [läie] *m*
mieten *v etw. Akk* leie [läie] *noe*
Mieter *m* leietaker [läietaaker] *m*
Migräne *w* migrene [migreene] *m*
Mikrofon *s* mikrofon [mikrufuun] *m*
Mikrowelle *w* mikrobølgeovn [miikrubölgeown] *m*; **in der ~ aufwärmen** *etw. Akk* varme *noe* opp i mikrobølgeovnen
Mikrowellengerät *s* mikrobølgeovn [miikrubölgeown] *m*
Mikrowellenofen *m* mikrobølgeovn [miikrubölgeown] *m*
Milch *w* melk [melk] *m/w*
Milchgeschäft *s* melkebutikk [melkebʉtikk] *m*
milde *adj* **1** (gütig) overbærende [oowerbäärene] **2** (Klima usw.) mild [mil] **3** (Essen usw.) mild [mil]
militärisch *adj* militær [militäär]

Milliarde *w* milliard [miliard] *m*
Million *w* million [milliuun] *m*
Milz *w* milt [milt] *m*
Minderheit *w* minoritet [minuriteet] *m*, mindretall [mindretal] *s*
minderjährig *adj* mindreårig [mindreoori]
minderwertig *adj* lavkvalitets- [laafkwaliteez], mindreverdig [mindrewärdi], underlegen [unnerleegen], annenrangs [annenrangkß]
mindestens *adv* i det minste [i dee minßte], minst [minßt]
Mineral *s* mineral [mineraal] *s*
Mineralwasser *s* mineralvann [mineraalwan] *s*
minimal *adj* minimal [minimaal]
Minister *m* minister [minißter] *m*
Ministerium *s* departement [departemang] *s*
Ministerpräsident *m* statsminister [ßtaazminißter] *m*
minus *adv* minus [miinuß], minus [miinuß] *s*
Minute *w* minutt [minutt] *s*
Minze *w* mynte [münte] *m/w*
mischen *v* **1** *etw. Akk* blande [blanne] *noe* **2** *sich* ~ (Einflüsse usw.) blande [blanne] **3** *sich* ~ (unter Menge usw.) blande seg [blanne ßäi]
Mischung *w etw. Gen* blanding [blanning] *m/w*
Missbrauch *m* misbruk [mißbruuk] *m/s*, overgrep [oowergreep] *s*
missbrauchen *v j-n/etw.* misbruke [mißbruuke] *noen/noe*
Misserfolg *m* fiasko [fiaßku] *m*
Misstrauen *s* mistillit [mißtillit] *m/w*
misstrauisch *adj* mistenksom [mißtengkßom], mistroisk [mißtruuißk], skeptisk [ßkeptißk]
Missverständnis *s* misforståelse [mißforschtooelße] *m*
missverstehen *v etw. Akk* misforstå [mißforschtoo] *noe*
mit *prep* **1** *j-m/etw.* med [mee] *noen* **2** (Mittel) *j-m/etw.* ved [wee] *noe* ♦ *pron* med seg [mee ßäi], med [mee]
Mitarbeiter *m* kollega [kuleega] *m*, medarbeider [meearbäider] *m*
mitbringen *v etw. Akk irgendwohin/j-m* bringe [bringe] *noe et sted, noe til noen*, ta med [taa mee] *noe et sted, noe til noen*, *j-n* bringe [bringe] *noen*
miteinander *adv* sammen [ßammen], med hverandre [mee wärandre]
mitfahren *v bei j-m* få skyss [foo schüß] *med noen*
Mitgefühl *s* sympati [ßümpatii] *m*, medfølelse [meeföölelße] *m*
Mitglied *s etw. Gen* medlem [meedlem] *s av noe*
Mitleid *s* medfølelse [meeföölelße] *m*, sympati [ßümpatii] *m*
mitnehmen *v* **1** *etw. Akk* ta med [taa mee] *noe* **2** (mit dem Auto usw.) *j-n/etw. irgendwohin* ta med [taa mee] *noen/noe et sted*, (mit dem Auto) *j-n irgendwohin* kjøre [schööre] *noen et sted*
Mittag *m* midt på dagen [mit poo daagen]; **zu ~ essen** spise lunsj
Mittagessen *s* lunsj [lunsch] *m*
Mitte *w etw. Gen* midt [mit] *m*; **in der ~** *etw. Gen* midt i
mitteilen *v j-m etw. Akk* meddele [meedeele] *noen noe*, *j-m etw.* meddele [meedeele] *noen noe*, underrette [unnerrette] *noen om noe*
Mitteilung *w* meddelelse [meedeelelße] *m*, melding [melding] *m/w*
Mittel *s* **1** (Hilfsmittel) middel [middel] *s* **2** (Arzneimittel usw.) *gegen etw.* legemiddel [leegemiddel] *s mot noe* **3** (Substanz) middel [middel] *s* **4** (finanzielle) midler [midler] *s Mz*
mittels *prep j-s/etw.* ved hjelp av [wee jelp aaw] *noen/noe*, gjennom [jennom] *noen/noe*
mitten *adv* **1** (räumlich) *in etw. Dat* midt i [mit i] **2** (irgendwohin) midt på [mit poo], i midten [i mitten] *av noe* **3** (Tätigkeit usw.) *in etw. Dat* midt [mit] *i noe*
Mitternacht *w* midnatt [midnatt] *m/w*
mittler(er,e,es) *adj* **1** (Finger usw.) midt- [mit] **2** (durchschnittlich) mellom- [mellom]
Mittwoch *m* onsdag [unßta] *m*
Mixer *m* mikser [mikßer] *m*
Möbel *s Mz* møbel [mööbel] *s*
Mode *w* mote [muute] *m*
Modell *s* **1** modell [mudel] *m* **2** (Frau) modell [mudel] *m*, (Mann) mannlig modell [mannli mudel] *m* **3** (Grundlage usw.) mønster [mönßter] *s*
modern *adj* moderne [mudäärne]
mögen[1] *v* (verlangen) *etw. Akk von j-m* ønske (seg) [önßke (ßäi)] *noe fra noen*; **Ich möchte (mit)... sprechen.** Jeg vil gjerne snakke med...
mögen[2] *v* (gernhaben) *j-n/etw.* like [liike] *noen/noe*; **am liebsten ~** *j-n/etw.* like *noen/noe best*
möglich *adj* mulig [muuli] ► **es ist ~** *etw. Akk zu tun* det er mulig *å gjøre noe*; **so bald wie ~** så fort som mulig

möglicherweise *adv* kanskje [kansch^e], muligens [mʉʉlig^{e}nß] ♦ *part* kanskje [kansch^e]
Möglichkeit *w* **1** (Auswahl) valgmulighet [walgmʉʉliheet] *m/w* **2** (Chance) mulighet [mʉʉliheet] *m/w*
Mohn *m* valmue [walmʉʉ^e] *m*, (Samen) valmuefrø [walmʉʉefröö] *s*
Möhre *w* gulrot [gʉʉlruut] *m/w*
Moment *m* **1** (kurzer usw.) stund [ßtʉn] *m/w* **2** (Punkt) øyeblikk [öü^{e}blikk] *s*, tidspunkt [tizpʉngkt] *s*
Monat *m* måned [mooned] *m*
monatlich *adj* måneds- [moonez] ♦ *adv* månedlig [moonedli]
Mönch *m* munk [mʉngk] *m*
Mond *m* måne [moon^e] *m*
Montag *m* mandag [manda] *m*
Moor *s* sump [ßʉmp] *m*
Mord *m* mord [mord] *s*
Mörder *m* morder [murd^{e}r] *m*
morgen *adv* i morgen [i moorn]
Morgen *m* morgen [moorn] *m*; **am ~** om morgenen; **Guten ~.** God morgen.
Morgendämmerung *w* daggry [daaggrüü] *s*
morgens *adv* om morgenen [om moorn^{e}n]
Moschee *w* moské [moßkee] *m*
Moskitonetz *s* moskitonett [mʉßkiitunett] *s*
Motiv *s* motiv [mutiiw] *s*
Motor *m* motor [muutur] *m*
Motorhaube *w* panser [panß^{e}r] *s*
Motorrad *s* motorsykkel [muuturschükk^{e}l] *m*
Möwe *w* måke [mook^e] *m*
Mücke *w* mygg [müg] *m*
müde *adj* trøtt [trött], slapp [schlapp]; **~ machen** *j-n* trette *noen*, kjede *noen*, utmatte *noen*; **~ sein** være søvnig, være trett; **~ werden** bli trett
Mühe *w* anstrengelse [anßtreng^{e}lß^e] *m*
Mühle *w* **1** (Anlage) mølle [möll^e] *m/w* **2** (Haushaltsgerät) kvern [kwärn] *m/w*
Müll *m* avfall [aaffal] *s*, søppel [ßöpp^{e}l] *m/w/s*
Mülleimer *m* søppelbøtte [ßöppelbött^e] *m/w*
multiplizieren *v etw. Akk mit etw.* multiplisere [mʉltiplißeer^e] *noe med noe*
Mund *m* munn [mʉn] *m*
mündlich *adj* muntlig [mʉntli] ♦ *adv* muntlig [mʉntli]
Mündung *w* elvemunning [elwemʉnning] *m/w*, os [uuß] *m*
Mundwasser *s* munnvann [mʉnnwan] *s*
Münzautomat *m* salgsautomat [ßalgßäutumaat] *m*
Münze *w* mynt [münt] *m*
Muschel *w* **1** (Tier) musling [mʉschling] *m* **2** (Schale) skjell [schel] *s*, skall [ßkal] *s*
Museum *s* museum [mʉßeeʉm] *s*
Musik *w* musikk [mʉßikk] *m*
musikalisch *adj* musikk- [mʉßikk], musikalsk [mʉßikaalßk]
Musiker *m* musikant [mʉßikant] *m*
Muskel *m* muskel [mʉßk^{e}l] *m*
Muslim *m* muslim [mʉschliim] *m*
müssen *v etw. Akk tun* måtte [mott^e] *gjøre noe*
Muster *s* **1** mønster [mönßt^{e}r] *s* **2** (einer Ware usw.) prøve [prööw^e] *m/w*, prøveeksemplar [prööw^{e}ekßemplaar] *s*
Mut *m* mot [muut] *s*
mutig *adj* dristig [drißti], vågsom [woogßom], modig [muudi], djerv [djärw]
Mutter[1] *w* (Frau) mor [muur] *m/w*
Mutter[2] *w* (Schraube) mutter [mʉtt^{e}r] *m*
Muttersprachler *m* innfødt [innföt] *m*
Mütze *w* lue [lʉʉ^e] *m*

N

Nabel *m* navle [nawl^e] *m*
nach *prep* **1** (räumlich usw.) i [i], til [til], mot [muut] **2** (später) etter [ett^{e}r] **3** (Vorbild) *etw.* i henhold til [i henhol til]
nachahmen *v j-n/etw.* imitere [imiteer^e] *noen/noe*, etterligne [ett^{e}rlingn^e] *noen/noe*, *j-n* imitere [imiteer^e] *noen*, etterligne [ett^{e}rlingn^e] *noen*
Nachbar *m* nabo [naabuu] *m*
nachdem *conj* etter at [ett^{e}r at]
nachdenken *v über etw. Akk* gruble [grʉbl^e] *på noe*, fundere [fʉndeer^e] *på noe*, *über etw. Akk* tenke [tengk^e] *over noe*, gruble [grʉbl^e] *over noe*
Nachfolger *m j-s* etterfølger [ett^{e}rfölg^{e}r] *m til noen*; *j-s* **~ sein** etterfølge *noen*
Nachfrage *w nach etw.* etterspørsel [ett^{e}rschpörsch^{e}l] *m*
Nachkomme *m* etterkommer [ett^{e}rkomm^{e}r] *m*
nachkommen *v j-m* holde følge med noen [holl^e fölg^e mee nuu^{e}n]
nachlassen *v* **1** (in Leistung) slappe av [schlapp^e aaw], (Intensität) avta [aaftaa], (Interesse usw.) minke [mingk^e], avta [aaftaa] **2** (Rabatt) *j-m wie viel* gi rabatt [jii rabatt]
nachlässig *adj* sjusket [schʉßket], slurvet [schlʉrwet], (Mensch usw.) sjuskete [schʉßket^e], slurvete [schlʉrwet^e]

♦ *adv* slurvete [schl~~u~~rwete], skjødesløst [schöödeßlöößt]
Nachmittag *m* ettermiddag [ettermiddaag] *m*
nachmittags *adv* i ettermiddag [i ettermiddaag], på ettermiddagen [poo ettermiddaagen]; **~ um drei** klokka tre om ettermiddagen
Nachname *m* etternavn [etternawn] *s*
Nachricht *w* **1** nyhet [nüüheet] *m/w* **2** (E-Mail usw.) beskjed [bescheed] *m*, melding [melding] *m/w*, etterretning [etterretning] *m/w* **3** **~*en*** (im Fernsehen usw.) nyheter [nüüheeter] *m/w Mz*
Nachspeise *w* dessert [deßäär] *m*
nächst(er,e,es) *adj* **1** (in Reihenfolge usw.) neste [neßte] **2** (in der Zukunft) følgende [fölgene], neste [neßte] **3** (in der Nähe) nærmest [närmeßt]
Nacht *w* natt [natt] *m/w*; **gestern ~** i går natt; **über ~** over natten; **Gute ~!** God natt!
Nachteil *m* minus [miin~~u~~ß] *s*, ulempe [~~uu~~lempe] *m/w*
Nachtisch *m* dessert [deßäär] *m*
nachts *adv* om natten [om natten]
nachweisen *v etw. Akk* bevise [bewiiße] *noe*
nachzahlen *v etw. Akk* betale resten [betaale reßten]
Nacken *m* nakke [nakke] *m*
nackt *adj* **1** (Körper) naken [naaken] **2** (Stelle usw.) bar [baar], naken [naaken]
Nadel *w* **1** (Nähnadel) nål [nool] *m/w* **2** (Stecknadel) knappenål [knappenool] *m/w* **3** (eines Kompasses usw.) magnetnål [magnetnool] *m/w*
Nagel *m* **1** (Metallstift) spiker [ßpiiker] *m* **2** (Fingernagel) negl [näil] *m*
Nagellack *m* neglelakk [näilelakk] *m*
nahe *adj* nærliggende [näärliggene], (nicht weit entfernt) nær [näär] ♦ *adv* **1** (nicht weit entfernt) i nærheten [i näärheeten] *av noe* **2** (verwandt usw.) nært [näärt]
Nähe *w* nærhet [näärheet] *m/w*; **aus der ~** på nært hold
nähen *v* **1** (Kleid usw.) sy [ßüü] **2** (befestigen) *etw. Akk* sy [ßüü] *noe*
nähern *v* **1** ***sich ~*** *j-m/etw.* nærme seg [närme ßäi] **2** *j-m etw. Akk* flytte *noe* nærmere [flütte närmere]
Nähmaschine *w* symaskin [ßüümaschiin] *m*
Nahrung *w* føde [fööde] *m*, næring [nääring] *m/w*
Nahrungsmittel *s* matvare [maatwaare] *m*
Naht *w* søm [ßööm] *m*
naiv *adj* naiv [naiiw]
Name *m* navn [nawn] *s*
Namenstag *m* navnedag [nawneda] *m*
nämlich *adv* nemlig [nemli]
Narbe *w* arr [ar] *s*
Nase *w* nese [neeße] *m/w*; **Ich habe davon die ~ voll.** Jeg er lei av det.
Nasenloch *s* nesebor [neeßebuur] *s*
nass *adj* våt [woot] ♦ *adv* fuktig [f~~u~~kti]
Nation *w* nasjon [naschuun] *m*
national *adj* nasjonal [naschunaal], nasjonal- [naschunaal]
Nationalität *w* nasjonalitet [naschunaliteet] *m*
Natur *w* **1** (Tiere, Pflanzen usw.) natur [nat~~uu~~r] *m* **2** (einer Person) karakter [karakteer] *m*
natürlich *adj* naturlig [nat~~uu~~rli] ♦ *part* selvfølgelig [ßellfölgeli], naturligvis [nat~~uu~~rliwiiß]
Navigation *w* navigasjon [naawigaschuun] *m*
Navigationsgerät *s* satellittnavigasjon [ßatelittnawigaschuun] *m*
Nebel *m* **1** tåke [tooke] *m/w* **2** (im Weltraum) stjernetåke [ßtjäärnetooke] *m/w*
Nebelscheinwerfer *m Mz* tåkelys [tookelüüß] *s*
neben *prep* **1** (an der Seite) *etw. Dat* ved siden av [wee ßiiden aaw] **2** (zusätzlich) *etw. Dat* utenom [~~uu~~tenom], unntatt [~~u~~nntatt], i tillegg til [i tilleg til]
nebenan *adv* ved siden av [wee ßiiden aaw] *noe*, (in der Nähe) i nærheten [i näärheeten] *av noe*
Nebenfluss *m* tilløp [tillööp] *s*, bielv [biielw] *m/w*
Nebenkosten *Mz* merkostnader [meerkoßtnader] *m Mz*, tilleggskostnader [tillekßkoßtnader] *m Mz*
nebensächlich *adj* underordnet [~~u~~nnerordnet], bi- [bii], side- [ßiie], uvesentlig [~~uu~~weeßentli]
Neffe *m* nevø [newöö] *m*
negativ *adj* negativ [negatiiw]
nehmen *v* **1** (in die Hand) *etw. Akk* ta [taa] *noe*, ta tak i [taa taak i] *noe*, gripe fatt i [griipe fatt i] *noe* **2** (Essen usw.) ta [taa] *noe* **3** (Essen usw.) ha [haa] *noe* **4** (Pillen usw.) *etw. Akk* ta [taa] *noe* **5** (Risiko usw.) påta seg [pootaa ßäi] **6** (Einstellung) ta [taa] **7** (schöpfen usw.) ta [taa] **8** (essen usw.) innta [inntaa], fortære [fortääre] ► **in Anspruch ~** (Zeit) oppta *noe*, ta *noe*; **Wir ~ ein Taxi.** Vi tar taxi.
neidisch *adj* misunnelig [miß~~u~~nneli]
neigen *v* **1** *etw. Akk* bøye [bööe] *noe*, tilte [tilte] *noe* **2** *zu j-m/etw.* inklinere [ingklineere] *til noe*, helle [helle] *til noe*, (Vorliebe haben) *zu etw.* være tilbøyelig

[wääre tilböüeli] *til noe*, ha en hang [haa en hang] *til noe* **3** (Ansicht) *zu etw.* helle [helle] *til noe* **4 sich ~** (zu Ende gehen) nærme seg slutten [närme ßäi schlutten]
nein *part* nei [näi]
Nektarine *w* nektarin [nektariin] *m*
Nelke *w* nellik [nellik] *m*
nennen *v* **1** (einen Namen geben) *j-n/etw. irgendwie* kalle [kalle] *noen/noe noe* **2** (bezeichnen) *j-n irgendwie* kalle [kalle] *noen for noe* **3** (namentlich) ramse opp [ramße opp]
Neoprenanzug *m* våtdrakt [wootdrakt] *m*
Nerv *m* **1** nerve [närwe] *m* **2 ~en** (System) nerver [närwer] *m Mz*
nervös *adj wegen etw.* nervøs [närwööß]
Nest *s* rede [reede] *s*
nett *adj* **1** (Person) snill [ßnil] **2** (angenehm) hyggelig [hüggeli]
Netz *s* garn [garn] *s*, (Struktur) nett [nett] *s*
neu *adj* ny [nüü] ♦ *adv* på en ny måte [poo en nüü moote], (eröffnet usw.) nytt [nütt], ny- [nüü]
neuerdings *adv* forleden [forleeden], nylig [nüüli]
neuest(er,e,es) *adj* nylig [nüüli], ny [nüü], (Nachricht usw.) nyest [nüüeßt], senest [ßeeneßt]
neugierig *adj* nysgjerrig [nüschärri]
Neuigkeit *w* nyhet [nüüheet] *m/w*
Neujahr *s* nyttårsdag [nüttoorschdaag] *m*
neulich *adv* forleden [forleeden], nylig [nüüli]
neun *num* ni [nii]
neunt(er,e,es) *num* niende [niiene]
neunzehn *num* nitten [nitten]
neunzig *num* nitti [nitti]
neutral *adj* nøytral [nöütraal]
nicht *part* ikke [ikke]; **~ (ein)mal** ikke engang; **noch ~** ikke ennå; **überhaupt ~** ikke i det hele tatt, overhodet ikke; ***N~ wahr?*** Ikke sant?
Nichte *w* niese [nieeße] *m/w*
Nichtraucher *m* ikke-røyker [ikkeröüker] *m*
nichts *pron* ingenting [ingenting]; **(Das) Macht ~!** Det gjør ingenting!; **N~ zu danken.** Ingen årsak!, Det var ingenting!
Nichtschwimmer *m* ikke svømmedyktig [ikke ßwömmedükti] *m*
nie *adv* aldri [aldri]
Niederlage *w* nederlag [neederlaag] *s*, (im Spiel usw.) tap [taap] *s*
Niederschläge *w Mz* nedbør [needböör] *m*
niedlich *adj* søt [ßööt], nydelig [nüüdeli], yndig [ündi]
niedrig *adj* lav [laaw] ♦ *adv* lavt [laawt]
niemals *adv* aldri [aldri]
niemand *pron* ingen [ingen]
Niere *w* nyre [nüüre] *m/w*
niesen *v* nyse [nüüße]
nirgends *adv* ingensteds [ingenßteedß]
nirgendwo *adv* ingensteds [ingenßteedß]
nirgendwohin *adv* ikke noe sted [ikke nuue ßteed]
noch[1] *adv* **1** (dauern usw.) ennå [ennoo] **2** (ein Bier usw.) mer [meer] ► **~ einer** en til; **~ einmal** en gang til; **~ nicht** ikke ennå; **~ schlimmer/mehr** enda verre/mer
noch[2] *conj* heller ikke [heller ikke]; **weder… ~** verken…eller…
nochmals *adv* en gang til [en gang til]
Nonne *w* nonne [nonne] *m/w*
Norden *m* nord [nuur] *s*
nördlich *adj* nord- [nuur]
normal *adj* normal [nurmaal]
Not *w* **1** fattigdom [fattidom] *m* **2** nød [nööd] *m/w*
Notar *m* notarius publikus [nutaariuß puublikuß] *m*
Notarzt *m* akuttlege [akuttleege] *m*
Notaufnahme *w* legevakt [leegewakt] *m/w*
Notausgang *m* nødutgang [nöödutkang] *m*
Notdienst *m* legevakt [leegewakt] *m/w*
Note *w* **1** (Notenzeichen) note [nuute] *m* **2** (in der Schule) karakter [karakteer] *m*
Notfall *m* nød [nööd] *m/w*, nødstilfelle [nööztilfelle] *s*
notieren *v* notere [nuteere], *etw. Akk* skrive ned [ßkriiwe need] *noe*
nötig *adj* nødvendig [nöödwendi]; **Das ist nicht ~.** Det er ikke nødvendig.
Notiz *w* notat [nutaat] *s*
Notizblock *m* notatblokk [nutaatblokk] *m/w*
Notlage *w* nød [nööd] *m/w*
Notlandung *w* nødlanding [nöödlanning] *m/w*
notwendig *adj* nødvendig [nöödwendi] ♦ *adv* nødvendigvis [nöödwendiwiiß] ► **~ sein** være nødvendig; **wenn ~** om nødvendig
November *m* november [nowember] *m*
nüchtern *adj* edru [edruu]
Nudeln *w Mz* nudler [nudler] *m Mz*
Null *w* null [nul] *m/s*; **Temperaturen unter ~** kuldegrader *m Mz*
Nummer *w* **1** (zwei usw.) tall [tal] *s*, nummer [nummer] *s* **2** (Schuhe usw.) nummer [nummer] *s* **3** (Zeitschrift usw.) nummer [nummer] *s*
Nummernschild *s* nummerskilt [nummerschilt] *s*
nun *adv* nå [noo]

nur *adv* bare [baar^e]; **nicht ~** ikke bare; **~ dass** men

Nuss *w* nøtt [nött] *m/w*

nutzen *v* **1** (Nutzen ziehen) *etw. Akk* benytte seg av [benütt^e ßäi aaw] *noe*, utnytte [uutnütt^e] *noe* **2** (Nutzen bringen) *j-m* gagne [gangn^e] *noen*, tjene [tjeen^e] *noen*

nützlich *adj* nyttig [nütti], gagnlig [gangnli] *for noen/noe*

nutzlos *adj* nytteløs [nütt^elööß], forgjeves [forjeeweß], fåfengt [foofengt], unødvendig [uunöödwendi] ♦ *adv* unyttig [uunütti], nytteløst [nütt^elöößt]

O

ob *conj* om [om], hvorvidt [wurwit]

obdachlos **~ sein** være hjemløs

oben *adv* **1** (höher) oppe [opp^e] **2** (an der oberen Stelle) øverst [öwärscht], ovenpå [oow^enpoo], på toppen [poo topp^en] *av noe* **3** (auf dem Himmel usw.) oppe [opp^e] **4** (im Stockwerk) oppe [opp^e] **5** (im Text) ovenfor [oow^enfor] ► **~ ohne** med bar overkropp

Ober *m* hovmester [huuwmeßt^er] *m*

ober(er,e,es) *adj* over- [oow^er], topp- [topp]

Oberfläche *w etw. Gen* overflate [oow^erflaat^e] *m/w*

Oberschenkel *m* lår [loor] *s*

objektiv *adj* objektiv [objektiiw] ♦ *adv* objektivt [objektiiwt]

Obst *s* frukt [frukt] *m/w*

obwohl *conj* selv om [ßel om], skjønt [schönt], til tross for [til troß for]

oder *conj* eller [ell^er] ► **O~?** Ikke sant?

Ofen *m* **1** (im Zimmer usw.) ovn [own] *m* **2** (zum Backen usw.) ovn [own] *m*, stekeovn [ßteek^eown] *m* **3** (Schmelzofen, Glutofen usw.) masovn [maaßown] *m*

offen *adj* **1** åpen [oop^en] **2** (unverhohlen) åpen [oop^en], åpenlys [oopenlüß] **3** (noch unbezahlt) ubetalt [uubetaalt] ♦ *adv* åpent [oop^ent]

offensichtlich *adj* åpenbar [oopenbaar], (klar usw.) opplagt [opplakt], selvklar [ßellklaar] ♦ *adv* åpenbart [oopenbart], tydeligvis [tüüd^eliwiiß]

öffentlich *adj* offentlig [off^entli] ♦ *adv* offentlig [off^entli]

offiziell *adj* offisiell [ufißiel] ♦ *adv* offisielt [ufißielt]

öffnen *v* **1** (Tür usw.) *etw. Akk* åpne [oopn^e] **2** (Bluse usw.) *etw. Akk* kneppe opp [knepp^e opp] *noe*, knappe opp [knapp^e opp] *noe*, (Reißverschluss) dra ned glidelåsen [draa need gliideloo ß^en], åpne [oopn^e]

Öffner *m* åpner [oopn^er] *m*

Öffnung *w* åpning [oopning] *m*

Öffnungszeiten *w Mz* åpningstid [oopningßtii] *m*

oft *adv* ofte [oft^e], jevnlig [jewnli]

ohne *prep j-n/etw.* uten [uut^en] *noen/noe* ♦ *conj etw. Akk zu tun* uten at [uut^en at]

Ohr *s* øre [öör^e] *s*

Ohrring *m* øredobb [öör^edob] *m*, ørering [ööreering] *m*

ökologisch *adj* miljø- [miljöö], økologisk [ökuloogißk]

Oktober *m* oktober [oktoob^er] *m*

Öl *s* olje [olj^e] *m/w*

Olive *w* oliven [uliiw^en] *m*

Omelett *s* omelett [omelett] *m*

Onkel *m* onkel [ungk^el] *m*

Oper *w* opera [uupera] *m*

Operation *w* operasjon [operaschuun] *m*

Opfer *s* **1** en forulykket person [en foruulükket phrschuun], offer [off^er] *s* **2** (an die Götter usw.) offer [off^er] *s*

opfern *v etw. Akk* ofre [ofr^e] *noe*

Opposition *w* opposisjon [opußischuun] *m*

Optiker *m* optiker [optik^er] *m*

orange *adj* oransje [oransch^e]

Orange *w* appelsin [appelßiin] *m*

Orchester *s* orkester [orkeßt^er] *s*

Orden *m* orden [ord^en] *m*

ordentlich *adj* **1** (ordnungsliebend) ryddig [rüddi] **2** (angemessen) skikkelig [schikk^eli], ordentlig [ord^entli] ♦ *adv* **1** (angemessen) skikkelig [schikk^eli], ordentlig [ord^entli] **2** (angemessen) tilbørlig [tilböörli], passende [paßß^ene], hensiktsmessig [henßikzmeßßi] **3** (viel) ordentlig [ord^entli], skikkelig [schikk^eli]

ordnen *v etw. Akk* arrangere [arranscheer^e] *noe*, ordne [ordn^e] *noe*; **sich ~** stille seg opp

Ordnung *w* **1** (Harmonie) orden [ord^en] *m* **2** (Verkehrsordnung usw.) reglement [regl^emang] *s* **3** (Tagesordnung usw.) rutine [rutiin^e] *m*, orden [ord^en] *m* ► **in ~ bringen** *etw. Akk* ordne opp *i noe*; **Ich bin in ~.** Jeg er OK.

Organ *s* **1** (im Körper) organ [urgaan] *s* **2** (Gruppe von Personen) organ [urgaan] *s*, (Kollegium usw.) korps [korpß] *s*

organisieren *v etw. Akk* organisere [urganißeer^e]

Orgasmus *m* orgasme [urgaßm^e] *m*

Orgel *w* orgel [org^el] *s*

orientieren *v* **sich ~** orientere seg [urienteer^e ßäi]

original *adj* original [uriginal]

Original *s* original [original] *m*
Orkan *m* orkan [orkaan] *m*
Ort *m* sted [ßteed] *s*
örtlich *adj* lokal [lukaal] ♦ *adv* stedvis [ßteedwiiß], her og der [häär o däär]
Osten *m* øst [ößt] *s*; **im ~** i øst
Ostern *s* påske [pooßk^{e}] *m/w*
Österreich *s* Østerrike [ößt^{e}rriik^{e}] *s*
Österreicher *m* østerriker [ößt^{e}rriik^{e}r] *m*
österreichisch *adj* østerriksk [ößt^{e}rriikßk]
östlich *adj* østlig [ößtli], øst- [ößt]
Ozean *m* hav [haaw] *s*

P

paar **ein ~** få, flere
Paar *s* par [paar] *s*
packen *v* **1** (in Papier usw.) pakke [pakk^{e}] **2** (Koffer) *etw. Akk* pakke [pakk^{e}] **3** (fest usw.) *etw. Akk* gripe fatt i [griip^{e} fatt i] *noe*, ta tak i [taa taak i] *noe* **4** (schnell, fest usw.) *etw. Akk* gripe [griip^{e}] *noe*, *etw. Akk* ta tak i [taa taak i] *noe*
Packung *w* **1** (Hülle usw.) emballasje [embalaasch^{e}] *m*, pakning [pakning] *m/w* **2** (Menge) pakke [pakk^{e}] *m*
Paket *s* pakke [pakk^{e}] *m*
Palast *m* palass [palaß] *s*, slott [schlott] *s*
Palme *w* palme [palm^{e}] *m*
Panne *w* stans [ßtanß] *m*, motorstopp [muuturschtopp] *m/s*
Pantoffel *m* tøffel [töff^{e}l] *m*
Panzer *m* **1** (von Schildkröte usw.) skall [ßkal] *s* **2** (Kampffahrzeug) stridsvogn [ßtriidßwongn] *m/w*
Papier *s* **1** papir [papiir] *s* **2 ~e** legitimasjonskort [legitimaschuunßkort] *s*, identitetskort [identiteezkort] *s*
Pappe *w* kartong [kartong] *m*, papp [papp] *m*
Paprika *m* paprika [paaprika] *m*
Papst *m* pave [paaw^{e}] *m*
Paradies *s* paradis [paradiiß] *s*
Parfüm *s* parfyme [parfüüm^{e}] *m*
Park *m* park [park] *m*
parken *v* **1** (abstellen) *irgendwo* parkere [parkeer^{e}] **2** (abgestellt sein) *irgendwo* være parkert [wäär^{e} parkeert]
Parkkralle *w* hjullås [jullooß] *m/s*
Parkplatz *m* parkeringsplass [parkeeringßplaß] *m*
Parkscheibe *w* parkeringsskive [parkeeringßschiiw^{e}] *m*
Parkuhr *w* parkeringsautomat [parkeeringßä~~u~~tumaat] *m*
Parlament *s* parlament [parlament] *s*
Partei *w* parti [partii] *s*
Parterre *s* første etasje [förscht^{e} etaasch^{e}] *m*
Partner *m* partner [partn^{e}r] *m*, medspiller [meeßpill^{e}r] *m*, (Begleiter) felle [fell^{e}] *m*, (Ehepartner) livsledsager [liifßledßaag^{e}r] *m*
Party *w* fest [feßt] *m*, selskap [ßelßkaap] *s*
Pass *m* **1** (zum Reisen) pass [paß] *s* **2** (im Gebirge) fjellovergang [fjelloow^{e}rgang] *m*
Passage *w* **1** (Ladenpassage) butikkpassasje [b~~u~~tikkpaßßasch^{e}] *m* **2** (eines Textes usw.) passasje [paßaasch^{e}] *m*
Passagier *m* passasjer [paßascheer] *m*
passen *v* **1** (Kleidung) *j-m* passe [paßß^{e}] *noen* **2** (Farben usw.) *zu etw.* passe [paßß^{e}] *sammen*, *zu etw.* passe [paßß^{e}] *sammen med noe* **3** (gefallen) *j-m* passe [paßß^{e}] *noen*
passend *adj* **1** (geeignet) passende [paßß^{e}n^{e}] **2** (Name usw.) treffende [treff^{e}n^{e}] ♦ *adv* passende [paßß^{e}n^{e}], hensiktsmessig [henßikzmeßßi]
passieren *v* hende [henn^{e}], skje [schee]
Passwort *s* passord [paßßuur] *s*
Paste *w* pasta [paßta] *m*
Pate *m* gudfar [g~~uu~~dfaar] *m*
Patenkind *s* gudbarn [g~~uu~~dbaarn] *s*
Patient *m* pasient [paßient] *m*
Pauschalreise *w* pakkereise [pakk^{e}räiß^{e}] *m/w*
Pause *w* pause [pä~~u~~ß^{e}] *m* ► **Machen wir eine ~.** Vi tar en pause.
Pech *s* **1** uflaks [~~uu~~flakß] *m* **2** (Substanz) harpiks [harpikß] *m*
Pedal *s* pedal [pedaal] *m*
peinlich *adj* pinlig [piinli] ♦ *adv* flaut [flä~~u~~t], pinlig [piinli] ► **sich ~ fühlen** være flau
Pelz *m* pels [pelß] *m*
Penis *m* penis [peeniß] *m*
Pension *w* **1** pensjon [pangschuun] *m* **2** (Gebäude usw.) pensjonat [pangschonaat] *s*
perfekt *adj* perfekt [pärfekt] ♦ *adv* perfekt [pärfekt]
Periode *w* periode [periuud^{e}] *m*
Perle *w* **1** perle [pärl^{e}] *m* **2** (aus Glas usw.) glassperle [glaßperl^{e}] *m/w*
Person *w* **1** (Mensch) person [phrschuun] *m* **2** (juristische usw.) entitet [entiteet] *m*
Personalausweis *m* legitimasjonskort [legitimaschuunßkort] *s*
Personaldaten *w Mz* personlige opplysninger [pärschuunli^{e} opplüüßning^{e}r], personalia [pärschunaalia] *Mz*
persönlich *adj* personlig [pärschuunli] ♦ *adv* personlig [pärschuunli]

Perspektive *w* **1** (Sicht) perspektiv [pärschpektiiw] *s* **2** (Zukunft) *etw. Gen* utsikt [uuzikt] *m til noe*

Perücke *w* parykk [parükk] *m*

Petersilie *w* persille [pärschill^e] *m/w*

Pfad *m* sti [ßtii] *m*

Pfand *s* depositum [depooßitum] *s*, pant [pant] *m*

Pfanne *w* panne [pann^e] *m/w*

Pfeffer *m* pepper [pepp^{e}r] *m*

Pfeife *w* **1** (Musikinstrument) blokkfløyte [blokkflöüt^e] *m/w* **2** (zum Rauchen) pipe [piip^e] *m* **3** (eines Schiedsrichters usw.) fløyte [flöüt^e] *m/w*

pfeifen *v* **1** plystre [plüßtr^e], visle [wischl^e] **2** (mit Pfeife) blåse i fløyte [blooß^e i flöüt^e] **3** (missachten) *etw. Akk* blåse [blooß^e] *i noe*

Pfeil *m* pil [piil] *m/w*

Pfeiler *m* pilar [pilaar] *m*

Pferd *s* hest [heßt] *m*

Pfirsich *m* fersken [ferschk^{e}n] *m*

Pflanze *w* plante [plant^e] *m/w*

pflanzen *v etw. Akk* plante [plant^e] *noe*

Pflaster *s* **1** (Straßenbelag) brolegning [bruulegning] *m/w* **2** (Verband) plaster [plaßt^{e}r] *s*

Pflaume *w* plomme [plomm^e] *m/w*

Pflege *w j-s* omsorg [omßorg] *m/w*

pflegen *v j-n/etw.* sørge [ßörg^e] *for noen*

Pflicht *w* plikt [plikt] *m/w*

pflücken *v* plukke [plukk^e]

Pflug *m* plog [pluug] *m*

pflügen *v* pløye [plöü^e], *etw. Akk* brøyte [bröüt^e]

Pförtner *m* dørvakt [döörwakt] *m/w*

Pfote *w* labb [lab] *m*, pote [puut^e] *m*

Pfund *s* pund [pun] *s*

Pfütze *w* pytt [pütt] *m*

Phase *w* fase [faaß^e] *m*

Pickel *m* **1** (Arbeitsgerät) hakke [hakk^e] *m/w* **2** (in der Haut) kvise [kwiiß^e] *m/w*

Picknick *s* piknik [piknik] *m*

Pille *w* **1** pille [pill^e] *m* **2** (Verhütungsmittel) prevensjonspille [prewenschuunßpill^e] *m*, p-pille [pee pill^e] *m*

Pilot *m* flyger [flüüg^{e}r] *m*, pilot [piluut] *m*

Pilz *m* sopp [ßopp] *m*

pinkeln *v* tisse [tißß^e]

Pinsel *m* pensel [penß^{e}l] *m*

Pinzette *w* pinsett [pinßett] *m*

Piste *w* skibakke [schiibakk^e] *m*

Pistole *w* pistol [pißtuul] *m*

Pkw *m* bil [biil] *m*

Plakat *s* plakat [plakaat] *m*

Plan *m* plan [plaan] *m*

planen *v etw. Akk* planlegge [plaanlegg^e] *noe*

Planet *m* planet [planeet] *m*

planmäßig *adv* systematisk [ßüßtemaatißk], planmessig [plaanmeßßi]

platt *adj* flat [flaat]

Platte *w* **1** (Holzplatte usw.) bord [buur] *s* **2** (aus Metall usw.) plate [plaat^e] *m/w* **3** (Bauteil) panel [pan^{e}l] *s* **4** (Schallplatte) grammofonplate [gramufuunplaat^e] *m/w* **5** (zum Servieren) brett [brett] *s* **6** (Festplatte) harddisk [haardißk] *m*

Platten *m* punktering [pungkteering] *m/w*; **Ich habe einen ~.** Jeg har punktert.

Plattenspieler *m* grammofon [gramufuun] *m*

Platz *m* **1** (umbaute Fläche) plass [plaß] *m* **2** (Teil eines Raumes) sted [ßteed] *s* **3** (Kapazität usw.) rom [ruum] *s*

platzen *v* revne [rewn^e], (Blase usw.) sprekke [ßprekk^e], (durch Innendruck) briste [brißt^e]

platzieren *v etw. Akk irgendwohin* plassere [plaßeer^e] *noe et sted*

Platzkarte *w* plassbillett [plaßßbilett] *m*

plaudern *v* skravle [ßkrawl^e], prate [praat^e], småprate [ßmoopraat^e], *mit j-m über etw. Akk* prate [praat^e] *med noen*

Plombe *w* segl [ßäil] *s*, forsegling [forschäiling] *m/w*

plötzlich *adj* plutselig [pluz^{e}li], brå [broo] ♦ *adv* plutselig [pluz^{e}li], brått [brott]

plus *adv* pluss [pluß]

Pokal *m* beger [beeg^{e}r] *s*, (Trophäe) pokal [pukaal] *m*

polieren *v etw. Akk* polere [puleer^e], pusse [pußß^e] *noe*

Politik *w* politikk [pulitikk] *m*

Politiker *m* politiker [puliitik^{e}r] *m*

politisch *adj* politisk [puliitißk]

Polizei *w* politi [pulitii] *s*

Polizeidienststelle *w* politistasjon [pulitiißtaschuun] *m*

Polizeiwache *w* politistasjon [pulitiißtaschuun] *m*

Polizist *m* konstabel [kunßtaab^{e}l] *m*, politimann [pulitiiman] *m*

Polohemd *s* tennisskjorte [tenißschuurt^e] *m/w*, pikéskjorte [pikeeschurt^e] *m/w*

Pope *m* pope [puup^e] *m*

Porree *m* purre [purr^e] *m*

Portemonnaie *s* lommebok [lummebuuk] *m*, pung [pung] *m*

Portion *w* porsjon [porschuun] *m*

Porto *s* porto [portu] *m*

Porträt *s* portrett [purtrett] *s*

Porzellan *s* porselen [porscheleen] *s*

Position *w* **1** (räumliche) *etw. Gen* posisjon [pußischuun] *m* **2** (Haltung) leie [läi^e] *s* **3** (einer Liste) post [poßt] *m*

positiv *adj* positiv [pußitiiw]

Post *w* **1** (Amt) postkontor [poßtkontuur] *s* **2** (Briefe usw.) post [poßt] *m* **3** (System) post [poßt] *m*

Postamt *s* postkontor [poßtkontuur] *s*

Posten *m* post [poßt] *m*

Postfach *s* postboks [poßtbokß] *m*

Postkarte *w* kort [kort] *s*, postkort [poßtkort] *s*

Postleitzahl *w* postnummer [poßtnumm^er] *s*

Postsendung *w* forsendelse [forschenn^elß^e] *m*

prahlen *v mit etw.* skryte [ßkrüüt^e] *av noe*, braute [bräut^e] *av noe*, prale [praal^e] *av noe*

praktisch *adj* praktisk [praktißk] ♦ *adv* **1** (eigentlich) faktisk [faktißk], egentlig [eegentli], praktisk talt [praktißk taalt], (orientiert usw.) praktisk [praktißk] **2** (im Prinzip usw.) praktisk talt [praktißk taalt], (quasi) faktisk [faktißk], egentlig [eegentli]

Präservativ *s* kondom [konduum] *s*

Präsident *m* president [preßident] *m*

Praxis *w* praksis [prakßiß] *m*

Preis *m* **1** (Betrag) pris [priiß] *m* **2** (für Beschaffung usw.) *etw. Gen* pris [priiß] *m* **3** (Belohnung) premie [preemi^e] *m*

Presse *w* **1** (Maschine) presse [preßß^e] *m* **2** (Zeitung usw.) press [preß] *m*

Priester *m* prest [preßt] *m*

Prinz *m* prins [prinß] *m*

Prinzessin *w* prinsesse [prinßeßß^e] *m/w*

Prinzip *s* prinsipp [prinßipp] *s*

privat *adj* privat [priwaat]

pro *prep* per [per]

Probe *w* prøve [prööw^e] *m/w*, test [teßt] *m*

proben *v* øve [ööw^e]

probieren *v etw. Akk* prøve [prööw^e] *noe*

Problem *s* problem [prubleem] *s*

Produkt *s* produkt [prudukt] *s*

Produktion *w* produksjon [prudukschuun] *m*, framstilling [framßtilling] *m/w av noe*; **landwirtschaftliche ~** landbruksproduksjon *m*

Produzent *m* **1** *von etw.* produsent [prudußent] *m av noe* **2** (von Filmen usw.) produsent [prudußent] *m*

produzieren *v* fremstille [fremßtill^e] *noe*, framstille [framßtill^e] *noe*, produsere [prudußeer^e], (Sauerstoff usw.) *etw. Akk* fremstille [fremßtill^e] *noe*

Professor *m* professor [prufeßßor] *m*

Programm *s* **1** (Ablauf) *etw. Gen* program [prugram] *s* **2** (Computer) program [prugram] *s* **3** (TV) kanal [kanaal] *m*

Prospekt *m* brosjyre [broschür^e] *m*

Prostituierte *w* prostituert [prußtitueert] *m*

Protest *m* protest [pruteßt] *m*

protestieren *v* **1** (öffentlich usw.) *gegen etw.* protestere [pruteßteer^e] *mot noe* **2** (zurückweisen) *gegen j-n/etw.* protestere [pruteßteer^e] *mot noe/noen*

Provinz *w* provins [pruwinß] *m*

Prozent *s* prosent [prußent] *m*

Prozess *m* **1** (Rechtsstreit) rettssak [rettßaak] *m/w* **2** (Vorgang) prosess [prußeß] *m*

prüfen *v* **1** (Bremsen usw.) teste [teßt^e], prøve [prööw^e], sjekke [schekk^e] **2** eksaminere [ekßamineer^e], prøve [prööw^e], *j-n in etw. Dat* eksaminere [ekßamineer^e] *noen i noe*

Prüfung *w* **1** (Qualität usw.) prøve [prööw^e] *m/w*, test [teßt] *m* **2** (Kenntnisse) eksamen [ekßaamen] *m* **3** (im Theater usw.) prøve [prööw^e] *m/w*

prügeln *v j-n* slå [schloo] *noen* ► **sich ~** *mit j-m* slåss *med noen*

Publikum *s* publikum [publikum] *s*

Puder *m* pudder [pudd^er] *s*

Pullover *m* genser [genß^er] *m*, pullover [pulloow^er] *m*

Pulver *s* pulver [pulw^er] *s*

Pumpe *w* pumpe [pump^e] *m/w*, sykkelpumpe [ßükk^elpump^e] *m/w*

pumpen *v* pumpe [pump^e], tappe [tapp^e], *etw. Akk* pumpe opp [pump^e opp] *noe*

Punkt *m* **1** (Fleck) punkt [pungkt] *s* **2** (Satzzeichen) punktum [pungktum] *s* **3** (Stelle) punkt [pungkt] *s* **4** (Tupfen) prikk [prikk] *m* **5** (Bewertung) poeng [poeng] *s*

pünktlich *adj* punktlig [pungktli], (Ankunft usw.) presis [preßiiß] ♦ *adv* i tide [i tiid^e]

Pupille *w* pupill [pupil] *m*

Puppe *w* **1** dukke [dukk^e] *m/w* **2** (eines Schmetterlings usw.) puppe [pupp^e] *m/w*

Pute *w* kalkun [kalkuun] *m*

putzen *v etw. Akk* gjøre rent [jöör^e reent], rense [renß^e] ► **sich die Zähne ~** børste tennene

Putzfrau *w* rengjører [reenjöör^er] *m*, vaskehjelp [waßk^ejelp] *m/w*

Q

Quadrat *s* **1** (Form) firkant [fiirkant] *m* **2** (zweite Potenz) kvadrat [kwadraat] *s*

Qual *w* lidelse [liid^{e}lß^{e}] *m*, plage [plaag^{e}] *m*

quälen *v* **1** pine [piin^{e}], torturere [tortureer^{e}], (physisch) *j-n* plage [plaag^{e}] *noen* **2** (seelisch) *j-n* plage [plaag^{e}] *noen*, pine [piin^{e}] *noen* **3** ***sich*** **~** (sich abmühen) *mit etw.* slite [schliit^{e}] *med noe*, streve [ßtreew^{e}] *med noe*

Qualifikation *w* **1** *für etw.* kompetanse [kompetanß^{e}] *m*, (Ausbildung) kvalifikasjon [kwalifikaschuun] *m* **2** (Wettbewerb) kvalifikasjon [kwalifikaschuun] *m*

Qualität *w* kvalitet [kwaliteet] *m*

Qualle *w* manet [maneet] *m/w*

Quantität *w* kvantitet [kwantiteet] *m*, mengde [mengd^{e}] *m*

Quark *m* kvarg [kwarg] *m*, cottage cheese [kotidsh tschi:s] *m*, skjørost [schöörußt] *m*

Quatsch *m* tull [tul] *s*

Quelle *w* **1** (eines Flusses usw.) kilde [schild^{e}] *m* **2** *etw. Gen* kilde [schild^{e}] *m til noe*

quer *adj* tverr- [twärr], tverrliggende [twärrligg^{e}n^{e}], tverrstilt [twärschtilt] ♦ *prep durch etw., über etw. Akk* tvers over [twärsch oow^{e}r], på tvers [poo twärsch]

Querstraße *w* tverrgate [twärgaat^{e}] *m*

Quittung *w* kvittering [kwitteering] *m/w*

R

Rabatt *m* rabatt [rabatt] *m*

Rabe *m* kornkråke [kornkrook^{e}] *m/w*

Rache *w* hevn [hewn] *m*

rächen *v* **1** *j-n/etw.* hevne [hewn^{e}] *noen/noe* **2** ***sich*** **~** *an j-m (für etw.)* hevne seg [hewn^{e} ßäi] *på noen (for noe)* **3** ***sich*** **~** (Irrtum usw.) *j-m* slå tilbake [schloo tilbaak^{e}] *mot noen*

Rad *s* hjul [juul] *s*

Radiergummi *m* viskelær [wißkeläär] *s*

Radieschen *s* reddik [reddik] *m*

Radio *s* radio [raadiu] *m*

Rahmen *m* **1** (Konstruktion) rammeverk [rammewärk] *s* **2** (Einrahmung) ramme [ramm^{e}] *m* **3** (einer Tätigkeit usw.) område [omrood^{e}] *s* **4** (Gepräge) ramme [ramm^{e}] *m* ► **im ~** *etw. Gen* innenfor, innenfor rammene *av noe*

Rakete *w* **1** rakett [rakett] *m* **2** missil [mißiil] *s*

Rand *m* kant [kant] *m*

Rang *m* **1** rang [rang] *m* **2** (im Theater usw.) rad [raad] *m*

rasch *adj* **1** (Gang usw.) rask [raßk], fort [furt] **2** (Genesung usw.) rask [raßk], hurtig [hurti] ♦ *adv* raskt [raßkt], fort [furt]

Rasen *m* plen [pleen] *m*

Rasierapparat *m* barbermaskin [barbeermaschiin] *m*

rasieren *v j-n/etw.* barbere [barbeer^{e}]; **sich ~** barbere (seg)

Rasse *w* rase [raaß^{e}] *m*

Rast *w* pusterom [pußteruum] *s*, (Pause) hvile [wiil^{e}] *m*

Raststätte *w* veikro [wäikruu] *m/w*

Rat *m* **1** (Ratschlag) råd [rood] *s* **2** (Gremium) kommunestyre [kommuun^{e}ßtüür^{e}] *s*, råd [rood] *s*

raten *v* **1** *j-m etw. Akk* gi råd [jii rood] *til noen*, råde [rood^{e}] **2** *etw. Akk* gjette [jett^{e}] *noe*

Rathaus *s* rådhus [roodhuuß] *s*

Ratschlag *m* råd [rood] *s*

Rätsel *s* **1** (Denkaufgabe) gåte [goot^{e}] *m/w* **2** (Geheimnis) gåte [goot^{e}] *m/w*, mysterium [müßteerium] *s*

rätselhaft *adj* gåtefull [gooteful], hemmelighetsfull [hemm^{e}lihezful], mysteriøs [müßteriööß]

Ratte *w* rotte [rott^{e}] *m/w*

rau *adj* **1** (Oberfläche usw.) grov [groow] **2** (Klima usw.) meget streng [meeget ßtreng] **3** (Sitten usw.) røff [röf] **4** (Geräusch usw.) skarp [ßkarp]

Raub *m* ran [raan] *s*

Räuber *m* ransmann [ranßman] *m*

Raubtier *s* rovdyr [roowdüür] *s*

Rauch *m* røyk [röük] *m*

rauchen *v* røyke [röük^{e}] ► **R~ verboten** Røyking forbudt

Raucher *m* røyker [röük^{e}r] *m*

Raum *m* **1** rom [ruum] *s*, værelse [wäär^{e}lß^{e}] *m* **2** (leerer usw.) rom [ruum] *s* **3** (Gebiet) område [omrood^{e}] *s*

räumen *v* **1** (Geschirr usw.) *etw. Akk* rydde [rüdd^{e}] *noe* **2** (Zimmer usw.) flytte fra [flütt^{e} fraa], forlate [forlaat^{e}], gjøre ledig [jöör^{e} leedi], (Zimmer usw.) rydde [rüdd^{e}]

Raureif *m* rim [riim] *s*

reagieren *v auf etw. Akk* reagere [reageer^{e}] *på noe*

rechnen *v* **1** (Rechenaufgabe) *etw. Akk* regne [räin^{e}] *noe* **2** (Risiko usw.) *mit etw.* ta med i beregningen [taa mee i beräining^{e}n], regne med [räin^{e} mee] **3** (annehmen) *mit etw.* regne [räin^{e}] *med noe* **4** *mit etw.* regne [räin^{e}] *med noe*

Rechnung *w* faktura [faktuura] *m*, (im Restaurant usw.) regning [räining] *m/w*; **laufende ~** brukskonto *m*

Recht *s* **1** (Rechtsordnung) rettighet [retti-heet] *m/w* **2** (Berechtigung) *zu etw.* rett [rett] *m til noe* ► **~ geben** *j-m zu etw.* berettige *noen til noe*; **Sie haben ~.** Du har rett.

recht(er,e,es) *adj* høyre [höür^e]

rechtfertigen *v* **1** (entschuldigen) *etw. Akk* rettferdiggjøre [rettfäärdijöör^e] *noe* **2** (eine Tat usw.) forsvare [forschwaar^e], rettferdiggjøre [rettfäärdijöör^e]

rechtlich *adj* rettslig [rettschli]

rechts *adv* til høyre [til höür^e], *von etw.* på høyre side [poo höür^e ßii^e] *av noe*; **nach ~** til høyre; **von ~** fra høyre

Rechtsanwalt *m* advokat [adwukaat] *m*

Rechtschreibung *w* rettskriving [rettß-kriiwing] *m/w*

rechtzeitig *adj* tidsnok [tiiznok] ♦ *adv* i tide [i tiid^e]

Recycling *s* resirkulering [reßirkuleering] *m/w*

Rede *w* tale [taal^e] *m*

reden *v* **1** (etwas äußern) *mit j-m von etw., über etw. Akk* snakke [ßnakk^e] *med noen om noe* **2** (sich unterhalten) *mit j-m von etw., über etw. Akk* snakke [ßnakk^e] *med noen om noe*, prate [praat^e] *med noen om noe*

reduzieren *v* redusere [redußeer^e], minske [minßk^e]

Regal *s* hylle [hüll^e] *m*

Regel *w* regel [reeg^{e}l] *m*

regelmäßig *adj* regelmessig [reeg^{e}lmeßßi] ♦ *adv* regelmessig [reeg^{e}lmeßßi]

regeln *v etw. Akk* regulere [reguleer^e] *noe*

Regelung *w* regulering [reguleering] *m/w*

Regen *m* regn [räin] *s*

Regenbogen *m* regnbue [räinbuu^e] *m*

Regenmantel *m* regnfrakk [räinfrakk] *m*

Regenschauer *m* skur [ßkuur] *m*, byge [büüg^e] *m/w*

Regenschirm *m* paraply [paraplüü] *m*

regieren *v* herske [härschk^e], sitte som konge [ßitt^e ßom kong^e], regjere [rejäär^e]

Regierung *w* **1** (Organ) regjering [rejää-ring] *m/w* **2** (Tätigkeit) styre [ßtüür^e] *s*, herredømme [härr^{e}dömm^e] *s*

Region *w* region [regiuun] *m*

regional *adj* region- [regiuun], regional [regiunaal]

Regisseur *m* regissør [reschißöör] *m*

registrieren *v* **1** (amtlich) *j-n/etw.* registrere [regißtreer^e] *noen/noe* **2** (bemerken) *j-n/etw.* legge merke [legg^e märk^e] *til noen/noe* **3** (statistisch usw.) *etw. Akk* registrere [regißtreer^e]

regnen *v* regne [räin^e]

reiben *v* **1** (Hände usw.) *etw. Akk* gni [gnii] **2** skrape [ßkraap^e], (Gemüse usw.) *etw. Akk* rive [riiw^e] *noe* **3** (raspeln) rive [riiw^e] *noe*

reich *adj* rik [riik]

reichen *v* **1** (geben) *j-m etw. Akk* rekke [rekk^e] *noen noe* **2** (Menge usw.) være nok [wäär^e nok], være tilstrekkelig [wäär^e tilßtrekk^{e}li]

Reichtum *m* rikdom [riiktom] *m*

reif *adj* moden [muud^{e}n] ► **~ werden** modne

Reifen *m* **1** dekk [dekk] *s* **2** (aus Metall) tønnebånd [tönn^{e}bon] *s* ► **platter ~** punkert dekk *s*

Reifenpanne *w* punktering [pungkteering] *m/w*

Reihe *w* **1** (von Gegenständen) rekke [rekk^e] *m* **2** (im Theater usw.) rad [raad] *m* **3** (Schlange usw.) kø [köö] *m* **4** (von Zahlen) følge [fölg^e] *m*

Reihenfolge *w* rekkefølge [rekk^{e}fölg^e] *m*

rein *adj* **1** (Gold usw.) ekte [ekt^e], ren [reen], pur [puur] **2** (Gefühl usw.) ekte [ekt^e], (Unsinn usw.) ren [reen]

reinigen *v* **1** *etw. Akk* gjøre rent [jöör^e reent], rense [renß^e], (Kleidung usw.) *etw. Akk* rengjøre [reenjöör^e] **2** (von Zusatzstoffen usw.) rense [renß^e]

Reinigung *w* **1** rengjøring [reenjööring] *m/w* **2** (Geschäft) renseri [renßerii] *s*

Reinigungsmittel *s* rengjøringsmiddel [reenjöringßmidd^{e}l] *s*, vaskemiddel [waßkemidd^{e}l] *s*

Reis *m* ris [riiß] *m*

Reise *w* pakketur [pakketuur] *m*, chartertur [tschaat^{e}tuur] *m*, reise [räiß^e] *m*; **Gute ~.** God reise.

Reisebüro *s* reisebyrå [räiß^{e}büroo] *s*

Reisebus *m* buss [buß] *m*, turbuss [turbuß] *m*

Reiseführer *m* guide [gaid] *m*

reisen *v* reise [räiß^e]

Reisende *m* reisende [räiß^{e}n^e] *m*, passasjer [paßascheer] *m*

Reisepass *m* pass [paß] *s*

Reiseschecks *m Mz* reisesjekker [räißeschekk^{e}r] *m Mz*

reißen *v* **1** (Papier usw.) *etw. Akk* rive [riiw^e] *noe* **2** (in Stücke) *etw. Akk* rive *noe* i stykker [riiw^e i ßtükk^{e}r] **3** *an etw. Dat* rykke [rükk^e] *i noe*

Reißverschluss *m* glidelås [gliidelooß] *m/s*

reiten *v* ri [rii]

Reiten *s* ridning [riidning] *m*

reizen *v* irritere [iriteer^e]

Reklamation *w* reklamasjon [reklamaschuun] *m*

Reklame *w* reklame [reklaam^e] *m*, markedsføring [markedßfööring] *m/w*
reklamieren *v etw. Akk* reklamere [reklameer^e] *noe/på noe*
rekonstruieren *v* rekonstruere [rekunßtrʉeer^e], gjenoppbygge [jenoppügg^e], gjenopprette [jenoprett^e], *etw. Akk* pusse opp [pʉßß^e opp] *noe*
Rekord *m* rekord [rekord] *m*
relativ *adj* relativ [relatiiw] ♦ *adv* relativt [relatiiwt], forholdsvis [forholßwiiß]
Religion *w* religion [religiuun] *m*
religiös *adj* religiøs [religiööß]
rennen *v* løpe [lööp^e]
Rennen *s* konkurranse [kongkʉrranß^e] *m*
Rente *w* pensjon [pangschuun] *m*
Rentner *m* pensjonist [pangschunißt] *m*
Reparatur *w* reparasjon [reparaschuun] *m*
Reparaturwerkstatt *w* reparasjonsverksted [reparaschuunßwärkßteed] *s*
reparieren *v etw. Akk* reparere [repareer^e] *noe*
Reporter *m* reporter [repoort^{e}r] *m*
Republik *w* republikk [repʉblikk] *m*
Reserve *w* reserve [reßärw^e] *m*
Reserverad *s* reservehjul [reßerwejʉʉl] *s*
Reservereifen *m* reservehjul [reßerwejʉʉl] *s*
reservieren *v etw. Akk* bestille [beßtill^e] *noe*, *etw. Akk* reservere [reßerweer^e] *noe*
Reservierung *w* bestilling [beßtilling] *m/w*
Respekt *m vor j-m* respekt [reßpekt] *m for noen*
respektieren *v etw. Akk* respektere [reßpekteer^e] *noe*
Rest *m* **1** (beim Verbrauch) *etw. Gen* rest [reßt] *m* **2** (die Anderen) *j-s/etw.* de andre [dii andr^e]
Restaurant *s* restaurant [reßtorang] *m*
retten *v j-n/etw. vor j-m/etw.* redde [redd^e] *noen/noe fra noen/noe*
Rettung *w* redning [redning] *m/w*, berging [bärging] *m/w*
Rettungsring *m* livbøye [liiwböü^e] *m*
Rettungswagen *m* ambulanse [ambʉlanß^e] *m*
Rezept *s* **1** (Heilmittel) resept [reßept] *m* **2** (Gericht) *für etw.* oppskrift [oppßkrift] *m/w*
Rezeption *w* resepsjon [reßepschuun] *m*
richten *v* **1** (Fernrohr usw.) *etw. Akk auf j-n/etw.* sikte [ßikt^e] *på noen* **2** (Augen usw.) rette [rett^e] **3** *etw. Akk irgendwohin* rette [rett^e] *noe et sted* **4** (eine Tätigkeit usw.) *etw. Akk auf etw. Akk* rette [rett^e] *noe på noe* **5** (seine Anstrengung usw.) *auf etw. Akk* sikte [ßikt^e] *mot noe* **6** (vor dem Gericht usw.) *j-n* dømme [dömm^e] *noen*
Richter *m* dommer [domm^{e}r] *m*
richtig *adj* **1** (nicht falsch) riktig [rikti] **2** (entsprechend usw.) skikkelig [schikk^{e}li], ordentlig [ord^{e}ntli] ♦ *adv* **1** (korrekt) riktig [rikti] **2** (viel) ordentlig [ord^{e}ntli], skikkelig [schikk^{e}li]
Richtung *w* retning [retning] *m/w*
riechen *v* **1** *etw. Akk* lukte [lʉkt^e] *noe*, (durch den Geruchssinn) *etw. Akk* lukte [lʉkt^e] *noe* **2** (Rosen usw.) *nach etw.* lukte [lʉkt^e] *noe* **3** *an etw. Dat* lukte [lʉkt^e] *på noe*
Riese *m* kjempe [schemp^e] *m*
riesig *adj* **1** kjempemessig [schempemeßßi], gigantisk [gigantißk], kjempe- [schemp^e], kjempestor [schemp^{e}ßtoor] **2** (Summe usw.) kolossal [koloßaal], kjempemessig [schempemeßßi]
Riff *s* rev [reew] *s*
Rind *s* okse [ukß^e] *m*, storfe [ßtuurfee] *s*
Rinde *w* bark [bark] *m*
Rindfleisch *s* storfekjøtt [ßtuurfeeschött] *s*, oksekjøtt [ukß^{e}schött] *s*
Ring *m* ring [ring] *m*
Ringstraße *w* ringvei [ringwäi] *m*
ringsum *adv* rundt [rʉnt] *noe*, rundt omkring [rʉnt omkring]
Rippe *w* ribbe [ribb^e] *m/w*
Risiko *s* risiko [riißiku] *m*, (einer Ansteckung usw.) fare [faar^e] *m*; ~ *etw. Gen* **eingehen** risikere *noe*
riskant *adj* risikabel [rißikaab^{e}l] ♦ *adv* risikabelt [rißikaab^{e}lt]
riskieren *v etw. Akk* risikere [rißikeer^e] *noe*
Riss *m* **1** sprekk [ßprekk] *m* **2** (Zeichnung) skisse [ßkißß^e] *m/w*
Rock *m* skjørt [schört] *s*
Roggen *m* rug [rʉʉg] *m*
roh *adj* **1** rå [roo] **2** (Tat usw.) grov [groow], brutal [brʉtaal]
Rohr *s* rør [röör] *s*
Röhre *w* rør [röör] *s*
Rohstoff *m* råstoff [rooßtof] *s*
Rolle *w* **1** (Papier usw.) rull [rʉl] *m* **2** (Schauspiel) rolle [roll^e] *m/w* **3** (des Flaschenzuges) trinse [trinß^e] *m/w*, (Möbelrolle usw.) hjul [jʉʉl] *s* **4** (Rad) sylinder [ßülind^{e}r] *m* **5** (Purzelbaum) rundkast [rʉnkaßt] *s* **6** (Fleischrolle usw.) rull [rʉl] *m*
rollen *v* **1** (Fass usw.) *etw. Akk* rulle [rʉll^e], trille [trill^e] **2** (sich rollend bewegen) rulle (seg) [rʉll^e (ßäi)] **3** (Teig usw.) *etw. Akk* kjevle [schewl^e] *noe*
Rollstuhl *m* rullestol [rʉll^{e}ßtuul] *m*
Rolltreppe *w* rulletrapp [rʉll^{e}trapp] *m/w*
Roman *m* roman [rumaan] *m*
Röntgenaufnahme *w* røntgenbilde [röntgeenbild^e] *s*
rosa *adj* rosa [ruußa]

Rose *w* rose [ruuß^e] *m*
Rosenkohl *m* rosenkål [ruuß^{e}ngkool] *m*
rosig *adj* rosa [ruußa]
Rosinen *w Mz* rosiner [roßiin^{e}r] *m/w Mz*
Rosmarin *m* rosmarin [roßmariin] *m*
Rost *m* **1** rist [rißt] *m/w* **2** (Eisenoxid) rust [rʉßt] *m/w*
rot *adj* rød [röö]; **~ werden** rødme
Route *w* rute [rʉʉt^e] *m/w*
Rübe *w* rødbete [rööbeet^e] *m/w*
Rücken *m* rygg [rüg] *m*
Rückfahrkarte *w* returbillett [retʉʉrbilett] *m*
Rückfall *m* tilbakefall [tilbaakefal] *s*, gjentakelse [jentaak^{e}lß^e] *m*
Rückkehr *w* comeback [kambäk] *m/s*, tilbakekomst [tilbaakekomßt] *m*
Rucksack *m* ryggsekk [rüggßekk] *m*
Rückseite *w* vrange [wrang^e] *m*, (eines Gebäudes) bakside [baakßii^e] *m/w*
Rücksicht *w auf etw. Akk* hensyn [henßüün] *s til noe*; **mit ~** *auf etw. Akk* med hensyn *til noe*
Rückspiegel *m* bakspeil [baakßpäil] *s*
rückwärts *adv* baklengs [baaklengkß]
Rückwärtsgang *m* revers [rewärsch] *m*
Rudel *s* flokk [flokk] *m*
Ruder *s* **1** åre [oor^e] *m* **2** (Steuerruder) ror [ruur] *s*
Ruderboot *s* robåt [ruuboot] *m*
rudern *v* ro [ruu]
Ruf *m* **1** (guter usw.) rykte [rükt^e] *s* **2** (Ausruf usw.) rop [ruup] *s*
rufen *v* **1** (schreien usw.) *j-n* rope [ruup^e] *på/til noen*, skrike [ßkriik^e] *på/til noen* **2** (Arzt usw.) *j-n* tilkalle [tilkall^e] *noen*
Ruhe *w* **1** fred [freed] *m*, ro [ruu] *m/w* **2** (Untätigkeit) ro [ruu] *m/w* **3** (Erholung) hvil [wiil] *m* **4** (Stille) stillhet [ßtillheet] *m/w*, ro [ruu] *m/w*
ruhig *adj* rolig [ruuli] ♦ *adv* rolig [ruuli]
rühren *v* **1** (Suppe usw.) *etw. Akk* blande [blann^e] *noe*, røre [röör^e] *i noe* **2** ***sich* ~** bevege seg [beweeg^e ßäi], røre seg [röör^e ßäi] **3** (innerlich) *j-n* bevege [beweeg^e] *noen*, røre [röör^e] *noen*
Ruine *w* ruin [rʉiin] *m*
rund *adj* rund [rʉn]
Runde *w* runde [rʉnd^e] *m*
Rundreise *w* rundreise [rʉnräiß^e] *m/w*, rundtur [rʉnntʉʉr] *m*
Rüssel *m* **1** (des Elefanten) snabel [ßnaab^{e}l] *m*, (eines Schweines) tryne [trüün^e] *s* **2** (der Insekten) snabel [ßnaab^{e}l] *m*
russisch *adj* russisk [rʉßßißk] ♦ *adv* russisk [rʉßßißk]
Russland *s* Russland [rʉßßlan] *s*
rutschen *v* **1** (auf dem Gehweg) gli [glii], (auf Rutsche usw.) *auf etw. Dat* skli [ßklii] *på noe* **2** skli [ßklii], glippe [glipp^e] **3** (herunterrutschen) skli [ßklii], gli [glii]
rutschig *adj* glatt [glatt]

S

Saal *m* sal [ßaal] *m*
Sache *w* **1** (Gegenstand) ting [ting] *s* **2** (Sachverhalt) sak [ßaak] *m/w*, affære [affäär^e] *m* ► **~n** saker *m/w Mz*, ting *m Mz*
sachlich *adj* saklig [ßaakli]
Sachschaden *m* materiell skade [materiel ßkaad^e] *m*
Sack *m* sekk [ßekk] *m*
säen *v* så [ßoo]
Safe *m/s* safe [ßeif] *m*
Saft *m* **1** (aus Obst usw.) juice [jʉʉß] *m*, jus [jʉʉß] *m*, saft [ßaft] *m/w* **2** (Pflanzensaft) sevje [ßewj^e] *m/w* **3** (Fleischsaft) saus [ßäʉß] *m*
Säge *w* sag [ßaag] *m/w*
sagen *v* **1** (aussprechen) *etw. Akk* si [ßii] *noe* **2** *j-m etw. Akk* fortelle [fortell^e] *noen (om) noe*, si fra [ßii fraa] *til noen om noe*, (mitteilen) *j-m etw. Akk* fortelle [fortell^e] *noen noe*, si [ßii] *noen noe* ► **kurz gesagt** rett og slett, enkelt og greit, kort sagt
sägen *v* **1** (arbeiten) sage [ßaag^e], kappe [kapp^e] **2** (Baumstamm usw.) *etw. Akk* sage [ßaag^e] *noe*, kappe [kapp^e] *noe*
Sahne *w* fløte [flööt^e] *m*
Saison *w* sesong [ßeßong] *m*
Sakko *m/s* jakke [jakk^e] *m/w*
Salami *w* saltpølse [ßaltpölß^e] *m/w*, spekepølse [ßpeekepölß^e] *m/w*
Salat *m* salat [ßalaat] *m*
Salbe *w* salve [ßalw^e] *m/w*
Salbei *m/w* salvie [ßalwii^e] *m*
Salz *s* salt [ßalt] *s* ♦ *m* salt [ßalt] *s*, ioneforbindelse [ioneforbinn^{e}lß^e] *m*
salzen *v etw. Akk* salte [ßalt^e]
salzig *adj* salt [ßalt]
Salzstreuer *m* saltbøsse [ßaltbößß^e] *m/w*
Samen *m* **1** (Samenkorn) frø [fröö] *s* **2** (Sperma) sæd [ßääd] *m*
sammeln *v* **1** (Briefmarken usw.) samle [ßaml^e] *noe/på noe* **2** (ein Heer usw.) mønstre [mönßtr^e], samle [ßaml^e]
Sammlung *w* **1** (von Gemälden usw.) samling [ßamling] *m/w* **2** (von Altpapier usw.) innsamling [innßamling] *m/w* **3** (von Müll usw.) samling [ßamling] *m/w*
Samstag *m* lørdag [löörda] *m*
Sand *m* sand [ßan] *m*
Sandalen *w Mz* sandaler [ßandaal^{e}r] *m Mz*

sanft *adj* mild [mil] ♦ *adv* lett [lett]
Sänger *m* sanger [ßanger] *m*
Sardine *w* sardin [ßardiin] *m*
Sarg *m* likkiste [liikschißte] *m/w*
satt *adj* mett [mett]
Sattel *m* sete [ßeete] *s*, (Pferd usw.) sal [ßaal] *m*
Satz *m* **1** (Aussage) setning [ßetning] *m* **2** (Teller usw.) *von etw.* sett [ßett] *s*, samling [ßamling] *m/w*, (Teller usw.) *von etw.* sett [ßett] *s av noe*, -sett [ßett] *s* **3** (Gebühr usw.) sats [ßaz] *m* **4** (im Tennis usw.) sett [ßett] *s* **5** (Bodensatz) sediment [ßediment] *s*
sauber *adj* ren [reen]; **~ machen** *etw. Akk* rengjøre, rense
säubern *v* **1** (Wasser usw.) rense [renße] **2** (Partei usw.) *etw. Akk* rydde [rüdde] *noe*
sauer *adj* **1** (Geschmack) sur [ßuur], syrlig [ßüürli] **2** (Gärung usw.) sur [ßuur] **3** *auf j-n* forarget [forarget], sint [ßint] *på noen*
Sauerkirsche *w* morell [morel] *m*
Sauerstoff *m* oksygen [ukßügeen] *s*
Säule *w* søyle [ßöüle] *m/w*
Säure *w* syre [ßüüre] *m/w*
Schach *s* sjakk [schakk] *m*
Schachtel *w* **1** (große) eske [eßke] *m/w*, boks [bokß] *m* **2** (Packung usw.) *etw. Gen* pakke [pakke] *m*
schade **Das ist ~.** Så synd.
Schädel *m* hodeskalle [huudeßkalle] *m*, skalle [ßkalle] *m*
schaden *v j-m/etw.* skade [ßkaade] *noen/noe*
Schaden *m* **1** skade [ßkaade] *m*, tap [taap] *s* **2** (Fehler) svikt [ßwiikt] *m*
schädlich *adj* skadelig [ßkaadeli]
Schaf *s* sau [ßäu] *m*
schaffen[1] *v* (hervorbringen) skape [ßkaape], lage [laage]
schaffen[2] *v* **1** (bewältigen) *etw. Akk* klare [klaare] *å gjøre noe* **2** (rechtzeitig machen) rekke [rekke], *etw. Akk* nå [noo] **3** (rechtzeitig kommen) *etw. Akk* rekke [rekke] *noe*
Schaffner *m* konduktør [konduktöör] *m*
Schal *m* skjerf [schärf] *s*
Schale *w* **1** skall [ßkal] *s* **2** (einer Nuss) nøtteskall [nötteßkal] *s* **3** (Ei) eggeskall [eggeßkal] *s* **4** (kleines Gefäß) bolle [bolle] *m*
schälen *v etw. Akk* skrelle [ßkrelle] *noe*
Schallplatte *w* grammofonplate [gramufuunplaate] *m/w*
schalten *v* **1** (Kamera usw.) *etw. Akk auf etw. Akk* skifte [schifte] *noe* (over) til *noe*, bytte [bütte] *noe* **2** (Gang) gire [giire] ► **in den ersten/zweiten Gang ~** skifte til første/andre gir
Schalter *m* **1** (elektrischer) bryter [brüüter] *m*, knapp [knapp] *m* **2** (zur Abfertigung) luke [luuke] *m*
schämen *v* **1** *sich ~ für j-n/etw.* skamme seg [ßkamme ßäi] **2** *sich ~* (scheu sein) være sjenert [wääre scheneert]
Schande *w* skjensel [schenßel] *m*, (Unehre) skam [ßkam] *m/w*
scharf *adj* **1** (Messer usw.) skarp [ßkarp] **2** (Paprika usw.) sterk [ßtärk], sterkt krydret [ßtärkt krüdret] **3** (Foto usw.) skarp [ßkarp] ♦ *adv* brått [brott], plutselig [pluzeli]
Schatten *m etw. Gen* skygge [schügge] *m av noe*
schätzen *v* **1** (bestimmen) *etw. Akk* anslå [anschloo] *noe* **2** (taxieren) *etw. Akk* taksere [takßeere] *noe*, vurdere [wurdeere] *noe* **3** (hochachten) *j-n/etw.* høyakte [höüakte] *noen/noe*, *j-n/etw.* verdsette [wärtßette] *noen/noe*, sette pris [ßette priiß] *på noen/noe* **4** (Verdienst usw.) *etw. Akk* sette pris på [ßette priiß poo]
Schätzung *w* **1** (von Entfernung usw.) overslag [oowerschlaag] *s* **2** (des Preises) taksering [takßeering] *m/w*
schauen *v* **1** *auf j-n/etw.* se [ßee] *på noen/noe* **2** (dreinblicken) *irgendwie* se ut [ßee uut]
Schauer *m* skur [ßkuur] *m*, byge [büüge] *m/w*
Schaufel *w* skuffe [ßkuffe] *m/w*
Schaufenster *s* butikkvindu [butikkwinduu] *s*, utstillingsvindu [uuztillingßwinduu] *s*
Schaum *m* skum [ßkum] *s*
Schauspieler *m* skuespiller [ßkuueßpiller] *m*
Scheck *m* sjekk [schekk] *m*
Scheibe *w* **1** (Gegenstand) skive [schiiwe] *m* **2** (aus Metall) plate [plaate] *m/w* **3** (Brot usw.) *etw. Gen* skive [schiiwe] *m av noe*, -skive [schiiwe]
Scheibenwischer *m* vindusvisker [winduußwißker] *m*
Scheide *w* **1** (Schwert) skjede [scheede] *m*, slire [schliire] *m/w* **2** (Vagina) skjede [scheede] *m*, vagina [wagiina] *m*
Scheidung *w* skilsmisse [schilßmißße] *m*
Schein *m* **1** (Urkunde) attest [ateßt] *m* **2** (Geld) seddel [ßeddel] *m* **3** (des Lichts) lys [lüüß] *s* **4** (Eindruck usw.) inntrykk [inntrükk] *s*
scheinbar *adj* tilsynelatende [tilßüünelaatene] ♦ *adv* tilsynelatende [tilßüünelaatene]
scheinen *v* **1** (Licht ausstrahlen) lyse [lüüße], skinne [schinne] **2** (vorkommen) *j-m irgendwie* synes [ßüüneß] *noe til noen*

Scheinwerfer *m* frontlykt [frontlükt] *m/w*
Schenkel *m* lår [loor] *s*
schenken *v j-m etw. Akk* gi [jii] *noen noe*
Schere *w* **1** (Werkzeug) saks [ßakß] *m/w* **2** (bei Krebsen) klo [kluu] *m/w*
Scherz *m* spøk [ßpöök] *m*; **~e machen** tulle
Scheune *w* låve [loow^e] *m*
Schicht *w* **1** lag [laag] *s* **2** (Arbeitsabschnitt) skift [schift] *s*
schicken *v* **1** *j-m etw. Akk* sende [ßenn^e] *noe til noen* **2** *j-n irgendwohin* sende [ßenn^e] *noen et sted*
Schicksal *s* skjebne [scheebn^e] *m*
schieben *v* **1** *etw. Akk irgendwohin* dytte [dütt^e] *noe* **2** (heimlich usw.) *etw. Akk irgendwohin* stikke [ßtikk^e] *noe et sted, noe i noe*
Schiedsrichter *m* dommer [domm^{e}r] *m*
schief *adj* skrå [ßkroo], skjev [scheew] ♦ *adv* skrå [ßkroo], skakk [ßkakk], skjev [scheew]
Schienbein *s* skinnebein [schinn^{e}bäin] *s*
Schiene *w* **1** (für einen Zug usw.) skinne [schinn^e] *m*, spor [ßpuur] *s* **2** (für Frakturen) spjelk [ßpjelk] *m*
schießen *v* **1** (losschießen) skyte [schüüt^e] **2** (sich bewegen) *von etw.* rykke ut [rükk^e ~~uu~~t] *fra et sted*, sette i gang [ßett^e i gang] *fra et sted* **3** (Tränen in die Augen) sprette [ßprett^e]
Schiff *s* skip [schiip] *s* ► **mit einem ~ fahren** seile
Schifffahrt *w* fart [fart] *m*, båtreise [booträiß^e] *m/w*
Schild[1] *m* skjold [schol] *s*
Schild[2] *s* skilt [schilt] *s*
Schilf *s* siv [ßiiw] *s*
Schimmel *m* mugg [m~~u~~g] *m/s*
schimpfen *v mit j-m* kjefte [scheft^e] *på noen*, skjelle [schell^e] *noen ut*
Schinken *m* skinke [schingk^e] *m/w*
Schirm *m* **1** (Regenschutz) paraply [paraplüü] *m* **2** (einer Lampe usw.) skjerm [schärm] *m*
Schlacht *w* kamp [kamp] *m*, slag [schlaag] *s*
schlachten *v* slakte [schlakt^e]
Schlaf *m* søvn [ßöwn] *m*
Schlafanzug *m* pysjamas [püschaamaß] *m*
schlafen *v* **1** (gut, lange usw.) sove [ßoow^e] **2** (koitieren) *mit j-m* ligge med [ligg^e mee] *noen*
Schlafsack *m* sovepose [ßoow^{e}puuß^e] *m*
Schlaftablette *w* sovetablett [ßoow^{e}tablett] *m*
Schlafwagen *m* sovevogn [ßoow^{e}wongn] *m/w*
Schlafzimmer *s* soverom [ßoow^{e}ruum] *s*
Schlag *m* slag [schlaag] *s*
Schlaganfall *m* slag [schlaag] *s*
schlagen *v* **1** *j-n* slå [schloo] *noen* **2** (an den Tisch usw.) *an etw. Akk* slå [schloo], banke [bangk^e], (an die Tür usw.) *an etw. Akk* banke [bangk^e] *på noe*, hamre [hamr^e] *på noe* **3** (Herz) banke [bangk^e] **4** (Uhr) slå [schloo] **5** (im Wettkampf, Krieg) *j-n* overvinne [oow^{e}rwinn^e] *noen*, beseire [beßäir^e] **6** (Eiweiß usw.) piske [pißk^e], (Sahne usw.) vispe [wißp^e] ► **k.o. ~** *j-n* slå ut *noen*
Schläger *m* **1** (für Baseball usw.) balltre [baltree] *s*, (Tennis usw.) racket [raket] *m* **2** (Raufbold) bråkmaker [brookmaak^{e}r] *m*
Schlagzeile *w* overskrift [oow^{e}rschkrift] *m/w*
Schlamm *m* gjørme [jörm^e] *m/w*, søle [ßööl^e] *m*
Schlange *w* **1** (Tier) slange [schlang^e] *m* **2** (Reihe) kø [köö] *m* ► **in der ~ warten** *auf etw. Akk* stå i kø
schlank *adj* slank [schlangk]
schlau *adj* framsynt [framßünt], forutseende [for~~uu~~ze^{e}n^e], klok [kluuk], smart [ßmart]
Schlauch *m* **1** (Röhre) slange [schlang^e] *m* **2** (bei Reifen) slange [schlang^e] *m*, (Weinschlauch usw.) belg [belg] *m*
Schlauchboot *s* gummibåt [g~~u~~mmiboot] *m*
schlecht *adj* dårlig [doorli] ♦ *adv* **1** (minderwertig) dårlig [doorli] **2** (körperlich unwohl) dårlig [doorli], uvel [~~uu~~wel], kvalm [kwalm] ► **~ werden** forderves; **Mir ist ~.** Jeg er dårlig., Jeg er kvalm.
Schleife *w* bånd [bon] *s*, (im Haar usw.) sløyfe [schlöüf^e] *m/w*
schleppen *v* **1** *etw. Akk* slepe [schleep^e] *på noe*, (schleifen) slepe [schleep^e] *noe*, hale [haal^e] *noe* **2** (Koffer usw.) *etw. Akk* drasse [draßß^e] *på noe*, slepe [schleep^e] *noe* **3** (mit Gewalt hinbringen) *j-n irgendwohin* dra [draa] *noen et sted* **4** *sich* **~** slepe seg [schleep^e ßäi], streve [ßtreew^e], slite [schliit^e]
schließen *v* **1** (Fenster usw.) *etw. Akk* lukke [l~~u~~kk^e] **2** (Betrieb) legge ned [legg^e need], stenge [ßteng^e] *noe* **3** (mit dem Schlüssel) låse [looß^e] **4** (Vertrag) slutte [schl~~u~~tt^e], inngå [inngoo] **5** (Tatsache usw.) utlede [~~uu~~tleed^e], slutte [schl~~u~~tt^e], dedusere [ded~~u~~ßeer^e]
Schließfach *s* låsbart skap [looßbaart ßkaap] *s*
schließlich *adv* etter hvert [ett^{e}r wärt], til slutt [til schl~~u~~tt], til sjuende og sist [til sch~~uu~~^{e}n^e o ßißt] ♦ *part* endelig [end^{e}li], til syvende og sist [til ßüüw^{e}n^e o ßißt],

når alt kommer til alt [noor alt komm^{e}r til alt]

Schlitten *m* kjelke [schelk^e] *m*

Schlittschuh *m* skøyte [schöüt^e] *m/w*; **~ laufen** gå på skøyter

Schloss *s* **1** (Türschloss) lås [looß] *m/s* **2** (Palast) slott [schlott] *s*

Schlucht *w* juv [jʉʉw] *s*, kløft [klöft] *m/w*

Schluck *m etw. Gen* slurk [schlʉrk] *m*

schlucken *v* **1** (Wasser usw.) *etw. Akk* svelge [ßwelg^e] *noe* **2** (Firma usw.) sluke [schlʉʉk^e]

Schluss *m* **1** (einer Ära usw.) slutt [schlʉtt] *m* **2** (gezogener usw.) konklusjon [kongklʉschuun] *m* ► **zu dem ~ kommen** trekke en konklusjon, slutte, konkludere

Schlüssel *m* **1** (zum Schließen) nøkkel [nökk^{e}l] *m* **2** (Lösung) *zu etw.* nøkkel [nökk^{e}l] *m til noe*

schmackhaft *adj* velsmakende [welßmaak^{e}n^e]

schmal *adj* slank [schlangk], smal [ßmaal]

schmecken *v* **1** (Beigeschmack haben) *nach etw.* smake [ßmaak^e] *som noe, av noe* **2** (lecker sein) *j-m etw. Akk* smake godt [ßmaak^e got] ► **Es schmeckt mir nicht.** Jeg liker det ikke.

schmeicheln *v j-m* smigre [ßmigr^e] *noen*, smiske [ßmißk^e] *for noen*

schmelzen *v* smelte [ßmelt^e]

Schmerz *m* smerte [ßmärt^e] *m*, (seelisch) lidelse [liid^{e}lß^e] *m*

Schmetterling *m* sommerfugl [ßomm^{e}rfʉʉl] *m*

Schminke *w* sminke [ßmingk^e] *m*

schminken *v j-n/etw.* sminke [ßmingk^e] *noen*; **sich ~** sminke seg

Schmuck *m* smykke [ßmükk^e] *s*, (Zierde) pynt [pünt] *m*, pryd [prüüd] *m*

schmücken *v etw. Akk mit etw.* pryde [prüüd^e], pynte [pünt^e], utsmykke [ʉʉzmükk^e], dekorere [dekoreer^e]

Schmutz *m* skitt [schitt] *m*, møkk [mökk] *m*

schmutzig *adj* **1** skitten [schitt^{e}n], møkkete [mökket^e], tilsølt [tilßöölt] **2** (Raum usw.) skitten [schitt^{e}n], møkkete [mökket^e] **3** (Details usw.) ekkel [ekk^{e}l] **4** (Wort usw.) grov [groow] ► **~ machen** *etw. Akk* skitne til *noe*, grise til *noe*

Schnabel *m* nebb [neb] *s*

Schnaps *m* brennevin [brenn^{e}wiin] *s*

schnarchen *v* snorke [ßnork^e]

Schnauze *w* snute [ßnʉʉt^e] *m/w*, tryne [trüün^e] *s*

Schnecke *w* snegle [ßnäil^e] *m*

Schnee *m* snø [ßnöö] *m*

schneiden *v* **1** (mit Messer) skjære [schäär^e], *etw. Akk* skjære [schäär^e], kutte [kʉtt^e] **2** kutte [kʉtt^e], (Salami usw.) skjære [schäär^e] **3** (in Teile) *etw. Akk* skjære opp [schäär^e opp] **4** (verletzen) *j-n mit etw.* skjære [schäär^e] *noen med noe*, kutte [kʉtt^e] *noen med noe* **5** (mit Schere) klippe [klipp^e] **6** (mit Schere) klippe [klipp^e] **7** (Haar) *j-n* klippe [klipp^e] **8** (Schaf usw.) klippe [klipp^e] **9** (Film usw.) redigere [redigeer^e], klippe [klipp^e] ► **sich die Haare ~ lassen** få klipt håret; **sich ~** *an etw. Dat, in etw. Akk* (Schnittwunde) skjære seg i *noe*, skjære seg på *noe*

Schneider *m* skredder [ßkredd^{e}r] *m*

schneien *v* snø [ßnöö]

schnell *adj* **1** (Bewegung usw.) rask [raßk] fort [furt] **2** (Erledigung usw.) rask [raßk], hurtig [hʉrti] ♦ *adv* **1** (sich bewegen usw.) fort [furt] **2** (eilig usw.) raskt [raßkt]

Schnellstraße *w* motorvei [muuturwäi] *m*

Schnitt *m* **1** (Kleider) snitt [ßnitt] *s* **2** (im Film) klipp [klipp] *s* **3** (Haar) hårklipp [hoorklipp] *m* **4** (mit dem Messer usw.) snitt [ßnitt] *s*

Schnittlauch *m* gressløk [greßßlöök] *m*

Schnitzel *s* wienerschnitzel [wiin^{e}rschniz^{e}l] *m*

Schnorchel *m* snorkel [ßnork^{e}l] *m*

Schnuller *m* tåtesmokk [tooteßmokk] *m*

Schnupfen *m* forkjølelse [forschööl^{e}lß^e] *m*, tett nese [tett neeß^e] *m/w*

Schnur *w* snor [ßnuur] *m/w*, tau [täʉ] *s*

Schnurrbart *m* bart [bart] *m*

Schnürsenkel *m* skolisse [ßkuulißß^e] *m/w*

Schock *m* sjokk [schokk] *s*

Schokolade *w* sjokolade [schukulaad^e] *m*; **heiße ~** varm sjokolade

schon *adv* allerede [all^{e}reed^e]

schön *adj* **1** (Person) pen [peen] **2** (Sache) fin [fiin], pen [peen] **3** (Gehalt usw.) fin [fiin] ♦ *adv* fint [fiint], pent [peent] ► **~es Wetter** pent vær; **Das Wetter ist ~.** Det er pent vær.

schonen *v j-n/etw.* spare [ßpaar^e] *noen for noe*, skåne [ßkoon^e] *noen for noe*

Schönheit *w* skjønnhet [schönnheet] *m*

Schornstein *m* skorstein [ßkoorschtäin] *m*

schräg *adj* skrå [ßkroo], skjev [scheew] ♦ *adv* skrått [ßkrott], på skrå [poo ßkroo]

Schrank *m* skap [ßkaap] *s*

Schranke *w* **1** bom [bom] *m* **2** *etw. Gen* grense [grenß^e] *m for noe*

Schraube *w* skrue [ßkrʉʉ^e] *m*

schrauben *v etw. Akk irgendwohin* skru [ßkrʉʉ] *noe et sted*

Schraubenmutter *w* mutter [mʉtt^{e}r] *m*

Schraubenschlüssel *m* nøkkel [nökk^{e}l] *m*
Schraubenzieher *m* skrutrekker [ßkr~~uu~~trekk^{e}r] *m*
Schrecken *m* redsel [rez^{e}l] *m*, (Person) skrekk [ßkrekk] *m*
schrecklich *adj* **1** forferdelig [forfärd^{e}li], fryktelig [frükt^{e}li], grusom [gr~~uu~~ßom], skrekkelig [ßkrekk^{e}li] **2** (Qualität usw.) forferdelig [forfärd^{e}li], gyselig [jüüß^{e}li] ♦ *adv* grusomt [gr~~uu~~ßomt], fryktelig [frükt^{e}li]
Schrei *m* rop [ruup] *s*, skrik [ßkriik] *s*
schreiben *v* **1** (aufzeichnen) skrive [ßkriiw^e] **2** (formulieren) *etw. Akk* skrive [ßkriiw^e] *noe* ► **Maschine ~** skrive, taste; **S~ Sie es mir auf die Rechnung.** Sett det på regningen min.
Schreibtisch *m* skrivebord [ßkriiw^{e}buur] *s*
Schreibwaren *Mz* kontormateriell [kontuurmateriel] *s*
schreien *v* **1** skrike [ßkriik^e], (laut sprechen) rope [ruup^e] **2** (Eule) ule [~~uu~~l^e]
Schrift *w* **1** (System) skrift [ßkrift] *m/w* **2** (lesbar usw.) håndskrift [honßkrift] *m/w* **3** (Druckschrift) skrifttype [ßkrifttüüp^e] *m*
schriftlich *adj* skriftlig [ßkriftli] ♦ *adv* skriftlig [ßkriftli]
Schriftsteller *m* forfatter [forfatt^{e}r] *m*
Schritt *m* **1** skritt [ßkritt] *s* **2** (Handlung) operasjon [operaschuun] *m*
Schrott *m* skrot [ßkruut] *s*
Schublade *w* skuff [ßk~~u~~f] *m*
schüchtern *adj* sky [schüü], blyg [blüüg], sjenert [scheneert], tilbakeholden [tilbaakeholl^{e}n]
Schuh *m* sko [ßkuu] *m*; **~e** fottøy *s*, sko *m Mz*
schuld **~ sein** *an etw. Dat* være skyldig
Schuld *w* **1** (Verantwortung usw.) *an etw. Dat* skyld [schül] *m/w* **2** (Fehler) skyld [schül] *m/w*, feil [fäil] *m* **3** (Betrag) gjeld [jel] *m/w* ► *j-m* **die ~** *an etw. Dat* **geben** beskylde, klandre; **Es ist nicht meine ~!** Det var ikke min skyld!
schulden *v j-m etw. Akk* skylde [schüll^e] *noen noe*
schuldig *adj* **1** *etw. Gen* skyldig [schüldi] *i noe* **2** (Summe) skyldig [schüldi]
Schule *w* skole [ßkuul^e] *m*; **in der ~** på skolen
Schüler *m* elev [eleew] *m*
Schuljahr *s* kull [k~~u~~l] *s*
Schulter *w* skulder [ßk~~u~~ld^{e}r] *m/w*
Schuppe *w* **1** (von Fisch usw.) skjell [schel] *s* **2** **~n** flass [flaß] *s*
Schürze *w* forkle [forkl^e] *s*
Schuss *m* skudd [ßk~~u~~d] *s*
Schüssel *w* bolle [boll^e] *m*, skål [ßkool] *m/w*
Schusswaffe *w* skytevåpen [schüüt^{e}woop^{e}n] *s*
Schuster *m* skomaker [ßkuumaak^{e}r] *m*
schütteln *v* **1** *etw. Akk* riste [rißt^e] *noe*, *j-n/etw.* riste [rißt^e] *noen/noe*, skake [ßkaak^e] *noen/noe* **2** ***sich* ~** riste [rißt^e], skjelve [schelw^e], skake [ßkaak^e] **3** ***sich* ~** (Hund usw.) riste [rißt^e] ► **den Kopf ~** riste på hodet
schütten *v etw. Akk irgendwohin* helle [hell^e] *noe i noe*
Schutz *m* **1** *gegen etw., vor etw. Dat* beskyttelse [beschütt^{e}lß^e] *m mot noe* **2** (Naturschutz usw.) vern [wärn] *s*
schützen *v j-n/etw.* beskytte [beschütt^e] *noen/noe*
schwach *adj* svak [ßwaak] ♦ *adv* svakt [ßwaakt]
Schwäche *w* svakhet [ßwaakheet] *m/w*
Schwager *m* svoger [ßwoog^{e}r] *m*
Schwamm *m* svamp [ßwamp] *m*
Schwan *m* svane [ßwaan^e] *m/w*
schwanger *adj* gravid [grawiid]
Schwanz *m* hale [haal^e] *m*
schwarz *adj* sort [ßort] ♦ *adv* svart [ßwart]
schwarzfahren *v* snike [ßniik^e]
Schwebebahn *w* taubane [täubaan^e] *m*
Schwefel *m* svovel [ßwuuw^{e}l] *m/s*
schweigen *v* tie [tii^e]
Schwein *s* gris [griiß] *m*, svin [ßwiin] *s*
Schweinefleisch *s* svinekjøtt [ßwiineschött] *s*
Schweiß *m* svette [ßwett^e] *m*
Schweiz *w* Sveits [ßwäiz] *s*
Schweizer *m* sveitser [ßwäiz^{e}r] *m*
schweizerisch *adj* sveitsisk [ßwäizißk]
Schwellung *w* hevelse [heew^{e}lß^e] *m*
schwer *adj* **1** (Gewicht) tung [t~~u~~ng] **2** (intensiv) sterk [ßtärk] ♦ *adv* tungt [t~~u~~ngt]
Schwert *s* sverd [ßwärd] *s*
Schwester *w* søster [ßößt^{e}r] *m/w*
Schwiegermutter *w* svigermor [ßwiig^{e}rmuur] *m/w*
Schwiegersohn *m* svigersønn [ßwiig^{e}rschön] *m*
Schwiegertochter *w* svigerdatter [ßwiig^{e}rdatt^{e}r] *m/w*
Schwiegervater *m* svigerfar [ßwiig^{e}rfaar] *m*
schwierig *adj* vanskelig [wanßk^{e}li] ♦ *adv* ikke lett [ikk^e lett], med vansker [mee wanßk^{e}r]
Schwierigkeit *w* **1** vanskelighet [wanßk^{e}liheet] *m/w*, vanske [wanßk^e]

m **2** (Eigenschaft) *etw. Gen* vanskelighet [wanßkeliheet] *m/w til noe*
Schwimmbad *s* svømmebasseng [ßwömmebaßeng] *s*
Schwimmbecken *s* svømmebasseng [ßwömmebaßeng] *s*
schwimmen *v* **1** (Mensch) svømme [ßwömme] **2** (Papierschiff) flyte [flüüte]
Schwimmen *s* svømming [ßwömming] *m/w*
Schwimmer *m* **1** svømmer [ßwömmer] *m* **2** (Hilfsmittel) flyter [flüüter] *m*, dupp [dupp] *m*
Schwimmflossen *w Mz* svømmeføtter [ßwömmeföttter] *m Mz*
Schwimmweste *w* redningsvest [redningßweßt] *m*
schwindelig **~ werden** være svimmel
schwindeln *v j-m* snurre [ßnurre], *j-m* svimle [ßwimle] ► **Mir schwindelt.** Jeg er svimmel.
schwitzen *v* bli svett [blii ßwett], svette [ßwette]
schwul *adj* homo [huumu]
schwül *adj* fuktig og varm [fukti o warm]
sechs *num* seks [ßekß]
sechst(er,e,es) *num* sjette [schette]
sechzehn *num* seksten [ßäißten]
sechzig *num* seksti [ßekßti]
See[1] *m* innsjø [innschöö] *m*
See[2] *w* sjø [schöö] *m*; **an der ~** ved havet
Seeigel *m* sjøpinnsvin [schööpinnßwiin] *s*
Seele *w* sjel [schel] *m/w*
seelisch *adj* mental [mentaal]
Seemann *m* sjømann [schööman] *m*
Segel *s* seil [ßäil] *s*
sehen *v j-n/etw.* se [ßee] *noen/noe*
Sehenswürdigkeit *w* severdighet [ßeewärdiheet] *m/w*
sehr *adv* svært [ßwärt], veldig [weldi], meget [meeget], vesentlig [weeßentli]
Seide *w* silke [ßilke] *m*
Seife *w* såpe [ßoope] *m*
Seil *s* tau [täu] *s*
Seilbahn *w* taubane [täubaane] *m*
sein[1] *v* **1** (existieren) finnes [finneß] **2** (vorkommen) være [wääre] **3** (über Eigenschaften usw.) være [wääre] ► **auf ~** være oppe; **ähnlich ~** *j-m/etw.* ligne *på noen/noe*; **wach ~** være våken; **Ist das Ihr Ernst?** Mener du det?; **Mir ist kalt.** Jeg er kald.; **Was ist (los)?** Hva er i veien?; **Wo ist das?** Hvor er det?
sein[2] *pron* hans [hanß]
seit *conj* siden [ßiiden] ♦ *prep* fra [fraa]
Seite *w* **1** side [ßiie] *m/w* **2** (einer Zeitung usw.) side [ßiie] *m* **3** (Standpunkt) *etw. Gen* aspekt [aßpekt] *m/s*
seitlich *adj* side- [ßiie]
Sekretär *m* sekretær [ßekreteäär] *m*
Sekretärin *w* sekretær [ßekreteäär] *m*
Sekt *m* musserende vin [mußßeerene wiin]
Sekunde *w* sekund [ßekun] *s*
selbst *adj* **1** (persönlich) selv [ßel] **2** (allein) alene [aleene], på egen hånd [poo eegen hon]
Selbstbedienung *w* selvbetjening [ßellbetjeening] *m/w*
Selbstmord *m* selvmord [ßellmurd] *s*
selbstständig *adj* selvstendig [ßellßtendi]
selbstverständlich *adj* selvfølgelig [ßellfölgeli], selvsagt [ßellßakt], selvklar [ßellklaar] ♦ *part* naturligvis [natuurliwiiß], selvfølgelig [ßellfölgeli]
Sellerie *m* selleri [ßellerii] *m*
selten *adj* sjelden [schelden] ♦ *adv* sjelden [schelden]
seltsam *adj* forunderlig [forunderli], merkelig [mhrkeli], rar [raar], underlig [underli] ♦ *adv* rart [raart], merkelig [mhrkeli]
Semester *s* semester [ßemeßter] *s*
Seminar *s* seminar [ßeminaar] *s*
senden *v* **1** (Brief usw.) *j-m etw. Akk* sende [ßenne] *noe til noen* **2** (ausstrahlen) kringkaste [kringkaßte]
Sendung *w* **1** (Ware) forsendelse [forschenneIße] *m* **2** (Ausstrahlen) kringkasting [kringkaßting] *m/w*, sending [ßenning] *m/w* **3** (Programm) kringkasting [kringkaßting] *m/w*, program [prugram] *s*
Senf *m* sennep [ßennep] *m*
senken *v* **1** senke [ßengke] **2** (Summe usw.) *etw. Akk* senke [ßengke] *noe*, redusere [redußeere] *noe* ► **sich ~** skråne, helle
September *m* september [ßeptember] *m*
Serie *w* **1** serie [ßeerie] *m* **2** (TV usw.) fjernsynsserie [fjäärnßüünßeerie] *m*
Service[1] *s* (Geschirr) servise [ßerwiiße] *s*
Service[2] *m/s* (Dienst) service [ßörwiß] *m*
servieren *v* servere [ßärweere]
Serviette *w* serviett [ßerwiett] *m*
Sessel *m* lenestol [leeneßtuul] *m*
setzen *v* **1** *j-n irgendwohin* sette [ßette] *noen et sted* **2** ***sich*** **~** sette seg [ßette ßäi] **3** (außer Betrieb usw.) *etw. Akk in etw. Akk* bringe [bringe] *noe i noe* ► **in Gang ~** *etw. Akk* sette i gang *noe*
Sex *m* sex [ßekß] *m*
Shampoo *s* sjampo [schampuu] *m*
sich *pron* seg selv [ßäi ßel] ► **mit ~** (bringen usw.) med seg, med
sicher *adj* **1** (gefahrlos) trygg [trüg] **2** (gesichert) sikker [ßikker] **3** (ohne Zweifel

usw.) sikker [ßikker] ♦ *adv* trygt [trükt], sikkert [ßikkert] ♦ *part* sikkert [ßikkert] ► **sich** *etw. Gen* **~ sein** være sikker *på noe*

Sicherheit *w* **1** sikkerhet [ßikkerheet] *m/w*, visshet [wißßheet] *m/w* **2** (Selbstsicherheit) sikkerhet [ßikkerheet] *m/w* **3** (Zustand) trygghet [trüggheet] *m/w* **4** (Platz) ly [lüü] *s* **5** (von Betrieb usw.) *etw. Gen* sikkerhet [ßikkerheet] *m/w av noe* **6** (Geld usw.) pant [pant] *m* ► **in ~ sein** være trygg

Sicherheitsgurt *m* sikkerhetsbelte [ßikkerheezbelte] *s*; **den ~ anlegen** ta på seg bilbeltet

Sicherheitsnadel *w* sikkerhetsnål [ßikkerheznool] *m/w*

sichern *v* **1** (schützen) *j-n/etw.* sikre [ßikre] *noen*, (vor Gefahr) *etw. Akk* sikre [ßikre] *noe*, beskytte [beschütte] *noe* **2** (Wagen, Waffe usw.) *etw. Akk irgendwohin* sikre [ßikre] *noe et sted* **3** (garantieren) *etw. Akk* sikre [ßikre] *noe*

Sicherung *w* **1** sikring [ßikring] *m* **2** (Schutz) sikkerhet [ßikkerheet] *m/w* ► **Die ~ ist herausgesprungen.** Sikringen er gått.

Sicht *w* synspunkt [ßüünßpungkt] *s*, synsvinkel [ßüünßwingkel] *m*, perspektiv [pärschpektiiw] *s*

sichtbar *adj* synlig [ßüünli]

sie *pron* **1** (Fem. Singular) hun [hun] **2** (Plural) de [dii]

Sie *pron* De [dii]

sieben *num* sju [schuu]

siebent(er,e,es) *num* sjuende [schuuene]

siebt(er,e,es) *num* sjuende [schuuene]

siebzehn *num* sytten [ßötten]

siebzig *num* sytti [ßötti]

Sieg *m* seier [ßäier] *m*

siegen *v in etw. Dat* vinne [winne] *noe, i noe*, seire [ßäire] *noe, i noe*

Sieger *m* vinner [winner] *m*

siezen *v j-n* være dis [wääre diiß] *med noen*, være Des [wääre diiß] *med noen*

Signal *s* signal [ßignaal] *s*

Silbe *w* stavelse [ßtaawelße] *m*

Silber *s* sølv [ßöl] *s*

singen *v* synge [ßünge]

sinken *v* **1** (Flugzeug usw.) stige ned [ßtiige need] **2** (Wasser usw.) avta [aaftaa] **3** (Boot) synke [ßüngke] **4** (Wert usw.) falle [falle], senke [ßengke]

Sinn *m* **1** (Sehkraft usw.) sans [ßanß] *m* **2** (Gerechtigkeit usw.) *für etw.* sans [ßanß] *m for noe* **3** (Gedanken usw.) sinn [ßin] *s* **4** (Bedeutung) betydning [betüüdning] *m/w* **5** (Zweck) *etw. Gen* mening [meening] *m/w i noe*, hensikt [henßikt] *m* ► **~ ergeben** gi mening

sinnlich *adj* **1** (förm.) (Wahrnehmung usw.) sanse- [ßanße] **2** (Lippen usw.) sanselig [ßanßeli], sensuell [ßenßuel]

sinnlos *adj* meningsløs [meeningßlööß]

sinnvoll *adj* **1** (Lösung usw.) finurlig [finurli], snedig [ßneedi], utspekulert [uuzpekuleert], (Lösung usw.) smart [ßmart] **2** (Sinn habend) meningsfull [meeningßful], meningsfylt [meeningßfült] ♦ *adv* meningsfull [meeningßful], meningsfylt [meeningßfült]

Sitte *w* vane [waane] *m*

Situation *w* situasjon [ßituaschuun] *m*

Sitz *m* **1** sete [ßeete] *s* **2** (Haltung) sittende posisjon [ßittene pußischuun]

sitzen *v* sitte [ßitte]

Sitzplatz *m* sete [ßeete] *s*, sitteplass [ßitteplaß] *m*

Ski *m* ski [schii] *m*; **~ fahren** gå på ski

Skifahrer *m* skiløper [schiilööper] *m*

Skilift *m* skiheis [schiihäiß] *m*, skitrekk [schiitrekk] *s*

Skipass *m* skipass [schiipaß] *s*

Skipiste *w* skibakke [schiibakke] *m*

Skistöcke *m Mz* skistaver [schiißtaawer] *m Mz*

Skizze *w* skisse [ßkißße] *m/w*

Skulptur *w* plastikk [plaßtikk] *m*

so *adv* **1** (auf diese Weise) på denne måten [poo denne mooten], slik [schliik] **2** (so sehr) så [ßoo] ► **und ~ weiter** og så videre

sobald *conj* så fort som [ßoo furt ßom], med en gang [mee en gang]

Socke *w* sokk [ßokk] *m*

Sofa *s* divan [diwaan] *m*, sofa [ßuufa] *m*

sofort *adv* omgående [omgooene]; **Jetzt ~?** Akkurat nå?

sofortig *adj* øyeblikkelig [öüeblikkeli], umiddelbar [uumiddelbaar], omgående [omgooene]

sogar *adv* til og med [til o mee]

Sohle *w* skosåle [ßkuußoole] *m*

Sohn *m* sønn [ßönn] *m*

solange *adv* så lenge [ßoo lenge]

solch(er,e,es) *pron* slik [schliik]

Soldat *m* soldat [ßuldaat] *m*

sollen *v* skulle [ßkulle], måtte [motte]; **Sag ihnen, sie ~ warten!** Be dem å vente.

Sommer *m* sommer [ßommer] *m*

Sonderangebot *s* tilbud [tilbuud] *s*

sondern *conj* men [men]

Sonnabend *m* (NoD) lørdag [löörda] *m*

Sonne *w* sol [ßuul] *m/w*

Sonnenaufgang *m* soloppgang [ßuuloppgang] *m*

Sonnenblume *w* solsikke [ßuulßikke] *m*

Sonnenbrand *m* solforbrenning [ßullforbrenning] *m/w*
Sonnencreme *w* solkrem [ßuulkreem] *m*
Sonnenstich *m* solstikk [ßuulßtikk] *s*
Sonnenuntergang *m* solnedgang [ßuulneedgang] *m*
sonnig *adj* solfylt [ßuulfült]
Sonntag *m* søndag [ßönda] *m*
sonst *adv* ellers [ellersch]
Sorge *w* **1** *um j-n/etw.* bekymring [beschümring] *m/w for noen/noe* **2** *für j-n* omsorg [omßorg] *m/w* ► **sich ~n machen** *um j-n/etw.* uroe seg *for noen/noe*, bekymre seg *for noen/noe*
sorgen *v* **1** *für j-n/etw.* sørge [ßörge] *for noen*, (pflegen) *für j-n/etw.* se etter [ßee etter] *noen/noe*, (sich kümmern) *für etw.* passe på [paßße poo] *noe/noen* **2** (Problem lösen usw.) *für etw.* ta seg [taa ßäi] *av noen* **3** ***sich ~*** *um j-n/etw.* bry seg [brüü ßäi] *om noen/noe*
Sorgfalt *w* omhu [omhuu] *m*
sorgfältig *adj* nøye [nöüe], grundig [grundi] ♦ *adv* nøye [nöüe]
Sorte *w* sort [ßort] *m*, variant [wariant] *m*, (Typ usw.) slag [schlaag] *s*
Sortiment *s* samling [ßamling] *m*, sortiment [ßurtiment] *s*
Soße *w* saus [ßäuß] *m*
Souvenir *s* suvenir [ßuweniir] *m*
soviel *conj* så vidt [ßoo wit]
sowie *conj* **1** (beides) så vel som [ßoo wel ßom], både… og [boode…o] **2** (gleich usw.) så fort som [ßoo furt ßom], med en gang [mee en gang]
sowieso *adv* likevel [liikewel] ♦ *part* uansett [uuanßett]
sowohl **~ – als auch** både… og…
sozial *adj* sosial [ßußiaal]
Spalte *w* **1** (Riss) sprekk [ßprekk] *m* **2** (in einem Text) spalte [ßpalte] *m/w* **3** (Gaumenspalte usw.) spalte [ßpalte] *m/w*
spalten *v* hogge [hogge], (Atomkerne usw.) *etw. Akk* spalte [ßpalte] *noe*
Spanien *s* Spania [ßpaania] *s*
spanisch *adj* spansk [ßpanßk] ♦ *adv* spansk [ßpanßk]
spannen *v* **1** (Seil usw.) *etw. Akk* spenne [ßpenne] *noe* **2** (einspannen) *etw. Akk* klemme [klemme]
Spannung *w* spenning [ßpenning] *m/w*
sparen *v* **1** *auf etw. Akk* spare [ßpaare] *til noe* **2** (Wasser usw.) *etw. Akk* spare [ßpaare] *noe/på noe*
Spargel *m* asparges [aßpargeß] *m*
Sparkasse *w* sparebank [ßpaarebangk] *m*
sparsam *adj* **1** (Person) sparsom [ßpaarschom], sparsommelig [ßpaarschommeli] **2** (Wagen usw.) økonomisk [ökunuumißk] ♦ *adv* sparsomt [ßpaarschomt], sparsommelig [ßpaarschommeli]
Spaß *m* moro [muuru] *m/w*, underholdning [unnerhollning] *m/w*
spät *adv* sent [ßeent]; **Wie ~ ist es?** Hva er klokka?
spätestens *adv* senest [ßeeneßt]
Spatz *m* spurv [ßpurw] *m*
spazieren *v* spasere [ßpaßeere], gå [goo]; **~ gehen** gå en tur
Spaziergang *m* gåtur [gootuur] *m*, spasertur [ßpaßeertuur] *m*
Speck *m* bacon [beiken] *s*, (Schweinespeck) spekk [ßpekk] *s*
Speichel *m* spytt [ßpütt] *s*
Speicher *m* **1** (Computer) minne [minne] *s* **2** (für Getreide) kornlager [kornlaager] *s*
Speise *w* måltid [mooltiid] *s*, matrett [maatrett] *m*, rett [rett] *m*
Speisekarte *w* meny [menüü] *m*
Speisesaal *m* spisesal [ßpiißeßaal] *m*
Speisesoda *w* natron [natrun] *s*
Speisewagen *m* spisevogn [ßpiißewongn] *m/w*
Spende *w* gave [gaawe] *m/w*
sperren *v* lukke [lukke], sperre [ßperre], blokkere [blokeere]
Spezialität *w* spesialitet [ßpeßialiteet] *m*
speziell *adv* spesielt [ßpeßielt]
Spiegel *m* **1** (Glas) speil [ßpäil] *s* **2** (Oberfläche) vannflate [wannflaate] *m/w*, flate [flaate] *m/w*
Spiel *s* **1** (Spielen) spill [ßpil] *s*, lek [leek] *m* **2** (Match) kamp [kamp] *m* ► **auf dem ~ stehen** stå på spill
spielen *v* **1** (Kinder usw.) *mit etw.* leke [leeke] *med noe* **2** (Spiele usw.) *etw. Akk* spille [ßpille] *noe* **3** (Instrument) *etw. Akk* spille [ßpille] *noe* **4** (im Theater usw.) opptre [opptree] **5** *j-n/etw.* spille [ßpille] *noe/noen* **6** (Film usw.) *etw. Akk* vise [wiiße] *noe* **7** (Wettkampf austragen) spille [ßpille] **8** (leichtfertig) *mit etw.* leke [leeke] *med noe*
Spielkarte *w* kort [kort] *s*, spillekort [ßpillekort] *s*
Spielkasino *s* spillebank [ßpillebangk] *m*
Spielplatz *m* lekeplass [leekeplaß] *m*
Spielzeug *s* leke [leeke] *m*, leketøy [leeketöü] *s*
Spinat *m* spinat [ßpinaat] *m*
Spinne *w* edderkopp [edderkopp] *m*
spinnen *v* **1** (Flachs usw.) spinne [ßpinne] **2** (verrückt sein) tulle [tulle], rote omkring [ruute omkring]
Spirale *w* spiral [ßpiraal] *m*
spitz *adj* spiss [ßpiß]

Spitze *w* **1** (eines Pfeils usw.) spiss [ßpiß] *m*, (scharfe usw.) *etw. Gen* tupp [tupp] *m på noe* **2** (Turm usw.) *etw. Gen* topp [topp] *m av noe* **3** (Vorderteil) *etw. Gen* forside [forschiie] *m/w* **4** (Posten) spiss [ßpiß] *m* **5** (Gewebe) blonde [blonne] *m*

Splitter *m* **1** (im Finger usw.) flis [fliß] *m/w*, spon [ßpuun] *m*, splint [ßplint] *m* **2** (Granatsplitter usw.) splint [ßplint] *m*

Sport *m* idrett [iidrett] *m*

Sportler *m* idrettsmann [iidrezman] *m*

sportlich *adj* sportsinteressert [ßportßintereßeert], sport- [ßport], (Aussehen usw.) sportslig [ßportschli]

Sportplatz *m* idrettsplass [iidrezplaß] *m*

spotten *v über j-n/etw.* hånflire [hoonfliire], *über j-n/etw.* le av [lee aaw] *noen/noe*, håne [hoone] *noen/noe*

Sprache *w* **1** (Sprachfähigkeit) tale [taale] *m* **2** (als Kommunikation) språk [ßprook] *s*

Spray *m/s* spray [ßpräi] *m*

sprechen *v* **1** *mit j-m von etw., über etw. Akk* snakke [ßnakke] *med noen om noe*, tale [taale] *med noen om noe* **2** (sich unterhalten) *mit j-m von etw., über etw. Akk* snakke [ßnakke] *med noen om noe*, prate [praate] *med noen om noe* ► **Ich spreche kein Englisch/Deutsch/Französisch.** Jeg snakker ikke engelsk/tysk/fransk.

Sprecher *m* **1** (Vertreter) talsmann [talßman] *m* **2** (im Fernsehen usw.) TV-vert [teeweewärt] *m*

Sprechstunde *w* ordinære åpningstider [urdinääre oopningßtiider]

Sprechzimmer *s* legekontor [leegeontuur] *s*, konsultasjonsrom [konßultaschuunßruum] *s*

springen *v* **1** hoppe [hoppe] **2** *aus etw.* hoppe ut [hoppe uut] *av noe* **3** *über etw. Akk* hoppe over [hoppe oower] *noe* **4** (anbrechen) sprekke [ßprekke], briste [brißte] **5** (Glas usw.) sprekke [ßprekke]

Spritze *w* **1** (für Injektionen) sprøyte [ßpröüte] *m/w* **2** (Dosis von Impfstoff usw.) injeksjon [injekschuun] *m* **3** (zum Versprühen) sprøyte [ßpröüte] *m/w*

spritzen *v* **1** (Wasser usw.) skvette [ßkwette], sprute [ßpruute] **2** (mit Pestiziden usw.) sprøyte [ßpröüte] **3** (sprudeln) sprøyte [ßpröüte] **4** (Fett usw.) frese [freeße] **5** (mit Farbe) spraye [ßpräie], sprøytemale [ßpröütemaale], sprøytelakkere [ßpröütelakkeere] **6** (Medikament usw.) *j-m etw. Akk* sette [ßette] *noe på noen*

sprühen *v* spraye [ßpräie], sprøytemale [ßpröütemaale], sprøytelakkere [ßpröütelakkeere]

Sprung *m* hopp [hopp] *s*

spucken *v* spytte [ßpütte]

Spülbecken *s* vask [waßk] *m*, oppvaskkum [oppwaßkkum] *m*

spülen *v* **1** (Toilette) spyle ned [ßpüüle need] **2** (Wäsche) skylle [schülle] **3** (Geschirr usw.) *etw. Akk* skylle *noe* av [schülle aaw]

Spülmaschine *w* oppvaskmaskin [oppwaßkmaschiin] *m*

Spur *w* **1** (im Boden) spor [ßpuur] *s* **2** (Zeichen) *etw. Gen* spor [ßpuur] *s av noe, etter noe* **3** (einer Tätigkeit usw.) spor [ßpuur] *s* **4** (Fleck usw.) flekk [flekk] *m*

spüren *v etw. Akk* føle [fööle] *noe*

Staat *m* stat [ßtaat] *m*

staatlich *adj* stats- [ßtaaz], statlig [ßtaatli]

Staatsangehörigkeit *w* statsborgerskap [ßtaazborgerschkaap] *s*

Staatsanwalt *m* statsadvokat [ßtaazadwukaat] *m*

Stab *m* **1** (aus Holz usw.) barre [barre] *m* **2** (Offiziere) stab [ßtaab] *m* **3** (Experten) stab [ßtaab] *m*

Stachel *m* **1** pigg [pig] *m* **2** (einer Wespe usw.) brodd [brod] *m*

Stadt *w* by [büü] *m*

Stadtplan *m* bykart [büükart] *s*

Stadtviertel *s* strøk [ßtröök] *s*, bydel [büüdeel] *m*

Stahl *m* stål [ßtool] *s*

Stall *m* stall [ßtal] *m*

Stamm *m* **1** (Baum usw.) stamme [ßtamme] *m*, trestamme [treeßtamme] *m* **2** (Menschengruppe) stamme [ßtamme] *m*

stammen *v aus etw.* komme fra [komme fraa]

Stand *m* bod [buud] *m*, kiosk [schoßk] *m*

ständig *adj* stadig [ßtaadi], uopphørlig [uuopphöörli], uavlatelig [uuaawlaateli], vedvarende [weedwaarene] ♦ *adv* hele tiden [heele tiiden], til stadighet [til ßtaadiheet], kontinuerlig [kontinueerli], stadig [ßtaadi]

Stange *w* **1** stang [ßtang] *m/w* **2** (Stütze usw.) stav [ßtaaw] *m* **3** (aus Metall usw.) barre [barre] *m*

Stängel *m* stengel [ßtengel] *m*, stilk [ßtilk] *m*

Stapel *m etw. Gen* hesje [hesche] *m/w*, stakk [ßtakk] *m*, stabel [ßtaabel] *m med noe*, bunke [bungke] *m med noe*

stark *adj* **1** (körperlich) sterk [ßtärk] **2** (Gefühl) intens [intenß], sterk [ßtärk] **3** (wirksam) sterk [ßtärk], kraftig [krafti] ► **~e Regenfälle** tett regn

Stärke *w* **1** (eines Menschen) styrke [ßtürke] *m*, kraft [kraft] *m/w* **2** (Substanz) stivelse [ßtiiwelße] *m*

Start *m* takeoff [täikof] *m*, start [ßtart] *m*

starten *v* **1** (Rennfahrer usw.) starte [ßtaarte] **2** *bei etw.* starte [ßtaarte] **3** (Motor usw.) starte [ßtaarte], slå på [schloo poo], (Motor usw.) starte (opp) [ßtaarte (opp)] **4** (Vorhaben usw.) *etw. Akk* lansere [lanßeere] *noe*, starte [ßtaarte] *noe*, (Vorhaben usw.) *etw. Akk* sette i gang [ßette i gang]

Station *w* **1** (Haltestelle) stasjon [ßtaschuun] *m* **2** (in Krankenhaus) sykehusavdeling [ßüükeh~~uu~~ßaawdeeling] *m/w*, avdeling [aawdeeling] *m/w*

Stativ *s* stativ [ßtatiiw] *s*

statt *prep etw. Gen* istedenfor [ißteedenfor] *noe*

stattfinden *v* finne sted [finne ßteed], skje [schee]

Statue *w* statue [ßtaat~~u~~e] *m*

Stau *m* kork [kork] *m*, trafikkork [trafikkork] *m*

Staub *m* støv [ßtööw] *s*; **~ wischen** *irgendwo, von etw.* tørke støv

staubsaugen *v etw. Akk* støvsuge [ßtööwß~~uu~~ge]

Staubsauger *m* støvsuger [ßtööfß~~uu~~ger] *m*

staunen *v über etw. Akk* være forbauset [wääre forbä~~u~~ßet] *over noe*, være forbløffet [wääre forblöffet] *over noe*

Stausee *m* demning [demning] *m/w*

stechen *v* **1** (mit Messer usw.) *j-n mit etw.* stikke [ßtikke] *noen med noe*, (mit Nadel usw.) *mit etw. in j-n/etw.* prikke [prikke] *noen med noe*, stikke [ßtikke] *noen med noe* **2** (Insekten) *j-n* stikke [ßtikke] *noen* **3** (Dornen usw.) prikke [prikke], stikke [ßtikke]

Steckdose *w* stikkontakt [ßtikkontakt] *m*

stecken *v* **1** *etw. Akk in etw. Akk* stikke [ßtikke] *noe inn i noe*, dytte [dütte] *noe inn i noe*, *etw. Akk irgendwohin* stikke [ßtikke] *noe inn i noe*, kjøre [schööre] *noe inn i noe* **2** (festsitzen) *irgendwo* sitte fast [ßitte faßt] *i noe, et sted* ► **in die Steckdose ~** *etw. Akk* sette i støpselet

Stecker *m* støpsel [ßtöpßel] *s*; **den ~ herausziehen** koble *noe* fra

Stecknadel *w* knappenål [knappenool] *m/w*

stehen *v* **1** stå [ßtoor] **2** (bestehen) *zu etw.* stå ved [ßtoor wee] *noe*, stå for [ßtoor for] *noe* **3** (Kleidung) *j-m* kle [klee] *noen*, passe [paßße] *noen*

stehlen *v* **1** *j-m etw. Akk* stjele [ßtjääle] *noe fra noen* **2** ***sich* ~** snike seg [ßniike ßäi], liste seg [lißte ßäi]

steif *adj* **1** (Material usw.) stiv [ßtiiw] **2** (Glieder usw.) stiv [ßtiiw], stivnet [ßtiwnet] **3** (Mensch usw.) stiv [ßtiiw], reservert [reßerweert]

Steigbügel *m* stigbøyle [ßtiigböüle] *m*

steigen *v* **1** stige [ßtiige] **2** (Preise usw.) gå opp [goo opp], stige [ßtiige]

steigern *v* **1** (Spannung usw.) trappe opp [trappe opp], øke [ööke], eskalere [eßkaleere] **2** (Adjektiv usw.) gradbøye [graadböüe]

steil *adj* bratt [bratt], steil [ßtäil], stupbratt [ßt~~uu~~pbratt]

Stein *m* sten [ßteen] *m*, stein [ßtäin] *m*

steinern *adj* stein- [ßtäin]

Stelle *w* **1** (Punkt, Gebiet usw.) sted [ßteed] *s* **2** (Job) stilling [ßtilling] *m/w*

stellen *v* **1** (auf den Tisch usw.) *etw. Akk irgendwohin* sette [ßette] *noe et sted* **2** ***sich* ~** (ans Fenster usw.) *irgendwohin* stille seg [ßtille ßäi] *et sted* **3** (Wecker usw.) stille [ßtille], (Werte usw.) stille inn [ßtille in] **4** (Falle usw.) legge en felle [legge en felle] **5** ***sich* ~** (widersprechen) *j-m* sette seg opp [ßette ßäi opp] *mot noen* **6** ***sich*** *irgendwie* **~** (dumm usw.) gjøre *noen* av seg selv [jööre aaw ßäi ßel]

Stellung *w* **1** (in der Gesellschaft) status [ßtaat~~u~~ß] *m*, stilling [ßtilling] *m/w* **2** (Einstellung) holdning [holdning] *m/w*, innstilling [innßtilling] *m/w*

Stempel *m* stempel [ßtempel] *s*

sterben *v an etw. Dat* dø [döö] *av noe*

Stern *m* stjerne [ßtjäärne] *m/w*

stets *adv* hele tiden [heele tiiden], til stadighet [til ßtaadiheet]

Steuer[1] *s* ror [ruur] *s*

Steuer[2] *w auf etw. Akk* skatt [ßkatt] *m på noe*

steuern *v* **1** (Fahrzeug) *etw. Akk* styre [ßtüüre] *noe* **2** (Gerät usw.) *etw. Akk* betjene [betjeene], styre [ßtüüre] **3** (sich richten) *irgendwohin* stevne [ßtewne] *mot et sted* **4** (Schiff – Kurs nehmen) seile [ßäile]

Steuerung *w* styring [ßtüüring] *m/w*, (Steuergerät) styre [ßtüüre] *s*

Stich *m* sting [ßting] *s* ► *j-n* **im ~ lassen** skuffe *noen*

sticken *v etw. Akk mit etw.* brodere [brodeere] *noe med noe*

Stiefel *m* støvel [ßtööwel] *m*

Stiefmutter *w* stemor [ßteemuur] *m/w*

Stiefvater *m* stefar [ßteefaar] *m*

Stiel *m* skaft [ßkaft] *s*

Stift *m* **1** (Schreibgerät) blyant [blüant] *m* **2** (Verbindungsteil) tapp [tapp] *m*

Stil *m* stil [ßtiil] *m*

still *adj* stille [ßtille] ♦ *adv* stille [ßtille]

Stille *w* stillhet [ßtillheet] *m/w*, ro [ruu] *m/w*

Stimme *w* **1** (menschliche) stemme [ßtemme] *m*, røst [rößt] *m/w* **2** (bei Abstimmung) stemme [ßtemme] *m*

stimmen *v* **1** (bei Abstimmung) *für etw., gegen etw.* stemme [ßtemme] *for noe, mot noe* **2** (Geige usw.) *etw. Akk* stemme [ßtemme] *noe* ► **Stimmt so.** Behold velksepengene., Behold resten.

Stimmung *w* humør [hʉmöör] *s*, stemning [ßtemning] *m/w*

stinken *v nach etw.* stinke [ßtingke], *nach etw.* stinke [ßtingke] *av noe*, lukte [lʉkte] *av noe*

Stirn *w* panne [panne] *m/w*

Stock[1] *m* **1** (Zweig) pinne [pinne] *m*, kjepp [schepp] *m* **2** (Stütze usw.) stokk [ßtokk] *m*, stav [ßtaaw] *m* **3** (als Waffe) stav [ßtaaw] *m*, stokk [ßtokk] *m*

Stock[2] *m* (Geschoss) etasje [etaasche] *m*

Stockwerk *s* etasje [etaasche] *m*

Stoff *m* **1** stoff [ßtof] *s*, tøy [töü] *s* **2** (chemischer usw.) stoff [ßtof] *s*, (fester usw.) masse [maßße] *m* **3** (für ein Buch usw.) emne [emne] *s*

stolpern *v über etw. Akk* snuble [ßnʉble] *i noe*

stolz *adj* **1** (mit Recht) *auf j-n/etw.* stolt [ßtolt] *av noen/noe* **2** (hochmütig) stolt [ßtolt]

Stolz *m* stolthet [ßtoltheet] *m/w*

stopfen *v* **1** flikke [flikke], stoppe [ßtoppe] **2** (hineinstecken) *etw. Akk irgendwohin* stappe [ßtappe] *noe inn i noe*

Stöpsel *m* kork [kork] *m*, (in einer Wanne usw.) propp [propp] *m*

stören *v* **1** *j-n* forstyrre [forschtüre] *noen* **2** (beeinträchtigen) *etw. Akk* forstyrre [forschtüre] *noe* **3** (missfallen) *j-n* forstyrre [forschtüre] *noen* ► **nicht ~** *etw. Akk j-n noen* ha ikke noe imot *noe*

stornieren *v* avbestille [aawbeßtille], si opp [ßii opp]

Stornierung *w* avbestilling [aawbeßtilling] *m/w*

Störung *w* **1** (der Ruhe usw.) forstyrrelse [forschtürrelße] *m* **2** (technische) stans [ßtanß] *m*, motorstopp [muuturschtopp] *m/s* **3** (gesundheitliche) forstyrrelse [forschtürrelße] *m*

Stoß *m* tak [taak] *s*

Stoßdämpfer *m* støtdemper [ßtöötdemper] *m*

stoßen *v* **1** *etw. Akk in etw. Akk* stikke [ßtikke] *noe inn i noe*, dytte [dütte] *noe inn i noe*, tvinge [twinge] *noe inn i noe* **2** *j-n/etw.* puffe [pʉffe] *til noen*, dytte [dütte] *i noen*, *j-n/etw.* støte [ßtööte] *borti noen* **3** (mit Kopf usw.) *gegen/an etw.* støte [ßtööte] *mot noe*, stange [ßtange] *mot noe*, dunke [dʉngke] **4** (Wand usw.) *gegen etw.* støte [ßtööte] *mot noe* **5** *an etw. Dat* krasje [krasche], støte [ßtööte] *mot noe*, (beschädigen usw.) *an etw.* krasje [krasche] *i noe*, kollidere [kulideere] *i noe* **6** (begegnen) *auf j-n/etw.* støte på [ßtööte poo], komme over [komme oower] **7** (Problem usw.) *auf etw. Akk* støte på [ßtööte poo], (Probleme usw.) *auf etw. Akk* møte [mööte] *noe*

Stoßstange *w* støtfanger [ßtöötfanger] *m*

Stoßzeit *w* rushtid [röschtiid] *m/w*

strafbar *adj* kriminell [kriminel], straffbar [ßtraffbaar]

Strafe *w* **1** straff [ßtraf] *m* **2** (Geldbuße) dagbot [dagbut] *m/w*

Strahl *m* stråle [ßtroole] *m*

strahlen *v* stråle [ßtroole]

Strand *m* strand [ßtran] *m/w*

Strandliege *w* liggestol [liggeßtuul] *m*

Straße *w* **1** (in Stadt) gate [gaate] *m* **2** (Verkehrsweg) vei [wäi] *m*

Straßenbahn *w* sporvogn [ßpuurwongn] *m/w*, trikk [trikk] *m*

Straßenzoll *m* bompenger [bompenger] *m Mz*

Strauch *m* busk [bʉßk] *m*

Strauß[1] *m* (Blumen) bukett [bʉkett] *m*

Strauß[2] *m* (Vogel) struts [ßtrʉz] *m*

Strecke *w* **1** (Rennstrecke usw.) bane [baane] *m* **2** (in Geometrie) linjestykke [linjeßtükke] *s*

streicheln *v* stryke [ßtrüüke], klappe [klappe] *noen/noe*

streichen *v* **1** (Wort usw.) *etw. Akk* streke over [ßtreeke oower] *noe* **2** (Wände usw.) male [maale]

Streichholz *s* fyrstikk [fürschtikk] *m/w*

Streifen *m* **1** stripe [ßtriipe] *m/w* **2** (eines Landes usw.) belte [belte] *s* **3** (Stoff usw.) *etw. Gen* remse [remße] *m/w av noe*, stripe [ßtriipe] *m/w av noe*

Streik *m für etw.* streik [ßträik] *m for noe/mot noe*

Streit *m* krangel [krangel] *m*, splittelse [ßplittelße] *m*, strid [ßtriid] *m*, (Unstimmigkeit) tvist [twißt] *m*

streiten *v mit j-m um/über etw. Akk* trette [trette] *med noen om noe*, krangle [krangle] *med noen om noe*, (diskutieren) *mit j-m über etw. Akk* diskutere [dißkʉteere] *med noen om noe*; **(sich) ~** *über etw. Akk* krangle

streng *adj* streng [ßtreng]

Strich *m* **1** (Linie) strek [ßtrek] *m* **2** (Pinselstrich usw.) penseldrag [penßeldraag] *s*

stricken *v* strikke [ßtrikke] *noe*

Strickjacke *w* kardigan [kardigen] *m*

Stroh *s* strå [ßtroo] *s*, halm [halm] *m*

Strohhalm *m* sugerør [ßʉugeröör] *s*

Strom *m* strøm [ßtröm] *m* ***(elektrischer) ~*** strøm [ßtröm] *m* ► **Der ~ ist ausgefallen.** Strømmen er borte., Strømmen er nede.

Stromausfall *m* strømstans [ßtrömßtanß] *m*

strömen *v* **1** (Flüssigkeit usw.) renne [renne] **2** (Menschen usw.) strømme [ßtrömme], flyte [flüüte]

Strudel *m* **1** (von Wasser usw.) virvel [wirwel] *m* **2** (Speise) strudel [ßtruudel] *m*

Strumpf *m* strømpe [ßtrömpe] *m/w*

Strumpfhose *w* strømpebukser [ßtrömpebukßer] *m/w Mz*

Stück *s* **1** (Teil eines Ganzen) *von etw.* stykke [ßtükke] *s* **2** (einzige Sache) stykke [ßtükke] *s*

Student *m* student [ßtudent] *m*

studieren *v an etw. Dat* studere [ßtudeere] *ved et sted*

Studium *s* studium [ßtuudium] *s*

Stufe *w* trinn [trin] *s*, trappetrinn [trappetrin] *s*

Stuhl *m* **1** (Möbel) stol [ßtuul] *m* **2** (Kot) avføring [aafflööring] *m/w*

stumm *adj* stum [ßtum]

stumpf *adj* sløv [schlööw]

Stunde *w* time [tiime] *m*

stur *adj* hardnakket [haarnakket]

Sturm *m* sterk vind [ßtärk win] *m*, storm [ßtorm] *m*

stürmen *v in etw. Akk* storme inn [ßtorme in] *i noe*, (eilen) fare [faare], fyke [füüke], jage [jaage]

Sturz *m* **1** fall [fal] *s* **2** (der Aktien usw.) lavkonjunktur [laafkunjungktuur] *m* **3** (Türsturz usw.) overligger [oowerligger] *m*

stürzen *v* **1** (stolpern usw.) falle [falle], falle ned [falle need] **2** (fallen) styrte (ned) [ßtürte (need)], rase [raaße] **3** (wegeilen) *aus etw.* styrte av [ßtürte aaw] *noe/et sted* **4** (in ein Zimmer usw.) *irgendwohin* storme inn [ßtorme in] *i noe*, (springen) *irgendwohin* kaste seg [kaßte ßäi] *et sted*, hive seg [hiiwe ßäi] *et sted*, (ungebeten usw.) *irgendwohin* storme [ßtorme] *inn i noe* **5** (Aktienkurse usw.) synke [ßüngke] **6** (Regierung usw.) styrte [ßtürte], felle [felle] **7** ***sich ~*** *in etw. Akk* (anfangen) hive seg [hiiwe ßäi] *ut i noe*, kaste seg [kaßte ßäi] *ut i noe* **8** ***sich ~*** (angreifen) *auf j-n/etw.* kaste seg [kaßte ßäi] *over noen/noe*

Substanz *w* masse [maßße] *m*, stoff [ßtof] *s*

subtrahieren *v etw. Akk von etw.* trekke *noe* fra [trekke fraa] *noe*

suchen *v* **1** (Verlorenes usw.) *j-n/etw.* lete etter [leete etter] *noen/noe* **2** (dringend usw.) *j-n/etw.* lete etter [leete etter] *noen/noe*, (Täter usw.) *nach j-m/etw.* lete etter [leete etter] *noen/noe*

Süden *m* syd [ßüüd] *s*, sør [ßöör] *s*

südlich *adj* sør [ßöör], sørlig [ßöörli], sydlig [ßüüdli]

Summe *w* **1** (bezahlte usw.) sum [ßum] *m*, beløp [belööp] *s* **2** (einer Addition) sum [ßum] *m*

summen *v* summe [ßumme], surre [ßurre]

Sumpf *m* myr [müür] *m/w*, sump [ßump] *m*, våtmark [wootmark] *m*

Sünde *w* synd [ßün] *m/w*

Supermarkt *m* supermarked [ßupermarked] *s*

Suppe *w* suppe [ßuppe] *m/w*

Surfbrett *s* surfebrett [ßurfebrett] *s*

surfen *v* surfe [ßurfe]

süß *adj* søt [ßööt]

Süßigkeiten *w Mz* godteri [gotterii] *s*, søtsaker [ßöözaaker] *m/w Mz*

Süßstoff *m* søtningsmiddel [ßöötningßmiddel] *s*

Süßwaren *Mz* søtsaker [ßöözaaker] *m Mz*, sukkertøy [ßukkertöü] *s*

Sweatshirt *s* genser [genßer] *m*, treningsgenser [treeningßgenßer] *m*

sympathisch *adj* sympatisk [ßümpaatißk]

Synagoge *w* synagoge [ßünaguuge] *m*

System *s* system [ßüßteem] *s*

systematisch *adj* systematisk [ßüßtemaatißk] ♦ *adv* systematisk [ßüßtemaatißk], planmessig [plaanmeßßi]

T

Tabak *m* tobakk [tobakk] *m*

Tabakladen *m* tobakksforretning [tobakßforretning] *m/w*

Tabelle *w* tabell [tabel] *m*

Tablett *s* brett [brett] *s*

Tablette *w* tablett [tablett] *m*

Tafel *w* **1** (zum Schreiben) tavle [taawle] *m/w* **2** (Schokolade usw.) plate [plaate] *m/w*

Tag *m* dag [daag] *m*, døgn [döün] *s* ► **eines ~es** en gang; **während des ~es** om dagen; **Guten ~.** God dag., Hei!

Tageszeitung *w* avis [awiiß] *m/w*, dagblad [daagblaad] *s*

täglich *adj* daglig [daagli], (Besucher usw.) hverdags- [wäärdaakß], dagligdags [daaglidakß] ♦ *adv* daglig [daagli] ► **zweimal/dreimal ~** to/tre ganger om dagen

tagsüber *adv* i løpet av dagen [i lööp^{e} aaw daag^{e}n]
Taille *w* midje [midj^{e}] *m/w*
Tal *s* dal [daal] *m*
Talent *s für etw.* begavelse [begaaw^{e}lß^{e}] *m for noe*, anlegg [anleg] *s for noe*, talent [talent] *s for noe, für etw.* talent [talent] *s for noe*
Tampon *m* tampong [tampong] *m*
Tank *m* sisterne [ßißtärn^{e}] *m/w*, (für Benzin usw.) tank [tangk] *m*
tanken *v* fylle brennstoff [füll^{e} brennßtof]
Tankstelle *w* bensinstasjon [benßiinßtaschuun] *m*
Tante *w* tante [tant^{e}] *m/w*
Tanz *m* dans [danß] *m*
tanzen *v* danse [danß^{e}]
Tapete *w* tapet [tapet] *s*
tapfer *adj* modig [muudi], tapper [tapp^{e}r]
Tarif *m* tariff [tarif] *m*
Tasche *w* **1** (Behälter) veske [weßk^{e}] *m/w* **2** (in Kleidungsstücken) lomme [lomm^{e}] *m/w*
Taschendieb *m* lommetyv [lommetüüw] *m*
Taschenlampe *w* lommelykt [lommelükt] *m/w*
Taschenmesser *s* lommekniv [lummekniiw] *m*
Taschenrechner *m* kalkulator [kalk~~u~~laator] *m*
Taschentuch *s* lommetørkle [lommetörkl^{e}] *s*
Tasse *w* kopp [kopp] *m*
Tastatur *w* tastatur [taßtat~~uu~~r] *s*
Taste *w* tast [taßt] *m*
Tat *w* handling [handling] *m/w*, gjerning [järning] *m/w*
Tätigkeit *w* **1** (Sichbeschäftigen) aktivitet [aktiwiteet] *m* **2** (Funktionieren) virksomhet [wirkßomheet] *m/w*
Tatsache *w* faktum [fakt~~u~~m] *s*, kjensgjerning [schenßjärning] *m/w*
Tau *m* dugg [d~~u~~g] *m*
taub *adj* døv [dööw]
Taube[1] *w* (Vogel) due [d~~uu~~^{e}] *m/w*
Taube[2] *m* (Person) en døv person [en dööw phrschuun]
tauchen *v* **1** *in etw. Akk* dykke [dükk^{e}] *ned i noe*, synke [ßüngk^{e}] *ned i noe* **2** (als Taucher) dykke [dükk^{e}] **3** *etw. Akk in etw. Akk* senke *noe* ned [ßengk^{e} need] *i noe* **4** (in den Saft usw.) *etw. Akk in etw. Akk* dyppe [düpp^{e}]
Tauchen *s* dykking [dükking] *m/w*
Taucherbrille *w* dykkerbriller [dükkerbrill^{e}r] *m/w Mz*
tauen *v* smelte [ßmelt^{e}]
Taufe *w* dåp [doop] *m*
tauschen *v* **1** *etw. Akk gegen etw.* bytte [bütt^{e}] **2** (Blick usw.) utveksle [~~uu~~twekschl^{e}]
täuschen *v* **1** (irreführen) *j-n* bedra [bedraa], narre [narr^{e}], (irreführen) *j-n* lure [l~~uu~~r^{e}] *noen* **2** (Augen) bedra [bedraa] **3** ***sich*** **~** *in etw. Dat* gjøre feil [jöör^{e} fäil] *i noe*, ta feil [taa fäil] *i noe*, være på avveier [wäär^{e} poo aavväi^{e}r]
tausend *num* tusen [t~~uu~~ß^{e}n]
Tauwetter *s* smelting [ßmelting] *m/w*, tøvær [tööwäär] *s*
Taxi *s* drosje [drosch^{e}] *m/w*, taxi [takßi] *m*
Taxifahrer *m* drosjesjåfør [drosch^{e}schoföör] *m*
Technik *w* **1** (Erkenntnisse) teknologi [teknulugii] *m*, teknikk [teknikk] *m* **2** (Methode) teknikk [teknikk] *m*
Techniker *m* tekniker [teeknik^{e}r] *m*
technisch *adj* teknisk [teeknißk]
Tee *m* te [tee] *m*
Teekanne *w* tekanne [teekann^{e}] *m/w*
Teelöffel *m* teskje [teeschee] *m/w*
Teich *m* dam [dam] *m*, tjern [tjäärn] *m/w/s*
Teig *m* deig [däi] *m*
Teigwaren *w Mz* pasta [paßta] *m*
Teil *m von etw., etw. Gen* del [deel] *m*
teilen *v* **1** (in Teile) *etw. Akk in etw. Akk* dele [deel^{e}] *noe*, splitte [ßplitt^{e}] *noe* **2** (aufteilen) *etw. Akk mit j-m* dele [deel^{e}] *noe med noen* **3** (gemeinsam nutzen) *etw. Akk mit j-m* dele [deel^{e}] *noe med noen*, ha *noe* felles [haa felleß] *med noen* ► **sich ~** *in etw. Akk* dele seg
teilnehmen *v an etw. Dat* delta [deeltaa] *på noe* ► **an einem Wettkampf** *gegen j-n* **~** løpe/svømme/gå om kapp *med noen*
Teilnehmer *m* konkurrent [kongk~~u~~rent] *m*, konkurransedeltaker [kongk~~u~~rranß^{e}deeltaak^{e}r] *m*, *etw. Gen* deltaker [deeltaak^{e}r] *m på noe*
teilweise *adv* delvis [deelwiiß]
Telefon *s* telefon [telefuun] *m*
Telefonat *s* telefonsamtale [telefuunßamtaal^{e}] *m*
Telefonbuch *s* telefonkatalog [telefungkataluug] *m*
Telefongespräch *s* telefonsamtale [telefuunßamtaal^{e}] *m*
telefonieren *v mit j-m* ringe [ring^{e}] *noen, med noen*
Telefonzelle *w* telefonkiosk [telefuunschoßk] *m*
Teller *m* tallerken [taleerk^{e}n] *m*
Tempel *m* tempel [temp^{e}l] *s*
Temperatur *w* temperatur [temperat~~uu~~r] *m*; **erhöhte ~** feber *m*
Tempo *s* tempo [tempu] *s*

Tempomat *m* automatisk fartsholder [äutomaatißk fartßholl^{e}r] *m*
Tennis *s* tennis [tenniß] *m*
Teppich *m* teppe [tepp^{e}] *s*
Teppichboden *m* gulvteppe [gulftepp^{e}] *s*
Termin *m* **1** frist [frißt] *m* **2** (bei Arzt usw.) *mit j-m* avtale [aawtaal^{e}] *m*, møte [mööt^{e}] *s*
Terrasse *w* terrasse [teraßß^{e}] *m*
Test *m* prøve [prööw^{e}] *m/w*, test [teßt] *m*
teuer *adj* dyr [düür]; **teurer werden** bli dyrere
Teufel *m* djevel [djääw^{e}l] *m*
Text *m* tekst [tekßt] *m/w*
Theater *s* teater [teaat^{e}r] *s*
Thema *s* emne [emn^{e}] *s*, tema [teema] *s*
Theorie *w* teori [teurii] *m*
Thermometer *s* termometer [tärmumeet^{e}r] *s*
Thymian *m* timian [timiaan] *m*
tief *adj* dyp [düüp] ♦ *adv* dypt [düüpt]
Tiefe *w* dybde [dübd^{e}] *m*
tiefgefroren *adj* frossen [froßß^{e}n], dypfryst [düüpfrüßt]
Tiefland *s* lavland [laawlan] *s*
Tier *s* dyr [düür] *s*
Tierarzt *m* veterinær [weterinäär] *m*, dyrelege [düüreleeg^{e}] *m*
Tinte *w* blekk [blekk] *s*
Tintenfisch *m* sepia [ßeepia] *m*
tippen *v* **1** (schreiben) skrive [ßkriiw^{e}], taste [taßt^{e}] **2** *an etw. Akk* klappe [klapp^{e}] *på noe* **3** (raten) gjette [jett^{e}], tippe [tipp^{e}] **4** (auf Sieger usw.) tippe [tipp^{e}] **5** (im Wettbüro usw.) vedde [wedd^{e}], våge [woog^{e}], satse [ßaz^{e}]
Tisch *m* bord [buur] *s*
Tischler *m* snekker [ßnekk^{e}r] *m*
Titel *m* grad [graad] *m*, (Werk) tittel [titt^{e}l] *m*
Toast *m* ristet brød [rißtet bröö] *s*
Tochter *w* datter [datt^{e}r] *m/w*
Tod *m* død [dööd] *m*, dødsfall [döözfal] *s*
tödlich *adj* **1** dødelig [dööd^{e}li], dødbringende [döödbring^{e}n^{e}] **2** (Dosis usw.) dødelig [dööd^{e}li]
Toilette *w* toalett [tualett] *s*, do [duu] *m*
Toilettenpapier *s* toalettpapir [tualettpapiir] *s*, dopapir [duupapiir] *s*
toll *adj* fabelaktig [faab^{e}lakti], fantastisk [fantaßtißk], strålende [ßtrool^{e}n^{e}], grei [gräi] ♦ *adv* underbart [unn^{e}rbaart], herlig [härli]
Tomate *w* tomat [tumaat] *m*
Ton^{1} *m* (Erde) leire [läir^{e}] *m/w*
Ton^{2} *m* (Klang) tone [tuun^{e}] *m*
Tonne *w* tonn [ton] *s*
Tönung *w* nyanse [nüanß^{e}] *m*
Topf *m* gryte [grüüt^{e}] *m/w*
Tor *s* **1** (Eingang) port [port] *m* **2** (im Fußball usw.) mål [mool] *s* **3** (Treffer) mål [mool] *s*
Torte *w* kake [kaak^{e}] *m/w*
Torwart *m* keeper [kiip^{e}] *m*
tot *adj* død [dööd]
töten *v* drepe [dreep^{e}] *noen/noe*
Tourismus *m* turisme [turißm^{e}] *m*
Tourist *m* turist [turißt] *m*, (Besucher einer Sehenswürdigkeit usw.) sightseende turist [ßaizee^{e}n^{e} turißt]
Tradition *w* tradisjon [tradischuun] *m*
tragen *v* **1** (Koffer usw.) bære [böär^{e}] *noe* **2** (mitbringen) *etw. Akk irgendwohin* bære [bäär^{e}] *noe et sted*, bringe [bring^{e}] *noe et sted* **3** (umstellen usw.) *j-n/etw. irgendwohin* bære [bäär^{e}] *noe et sted* **4** (Kleider) ha noe på (seg) [haa poo (ßäi)] **5** (Gewicht) bære [bäär^{e}] *noe* **6** (bei sich haben) bære [bäär^{e}] **7** (Baum usw.) *etw. Akk* bære [bäär^{e}] *noe* ► **die Verantwortung** *für etw.* ~ ha ansvar *for noe*, bære ansvar *for noe*; **Früchte** ~ bære frukt; ~ **(können)** *etw. Akk* kunne bære *noe, noen*
Träger *m* **1** (Bauteil) bærebjelke [bäär^{e}bjelk^{e}] *m* **2** (für Kleider) stropp [ßtropp] *m* **3** (eines Preises usw.) innehaver [inn^{e}haaw^{e}r] *m*, holder [holl^{e}r] *m*
tragisch *adj* tragisk [trajißk]
Tragödie *w* tragedie [trageedi^{e}] *m*
Trainer *m* trener [treen^{e}r] *m*
trainieren *v* **1** (sich vorbereiten) trene [treen^{e}], øve [ööw^{e}] **2** (Muskeln usw.) trene [treen^{e}] *noe*
Traktor *m* traktor [traktor] *m*
trampen *v* haike [haik^{e}]
Träne *w* tåre [toor^{e}] *m/w*
Transport *m* transport [tranßport] *m*, frakt [frakt] *m/w*
transportieren *v* **1** *etw. Akk irgendwohin* frakte [frakt^{e}] *noe et sted*, transportere [tranßporteer^{e}] *noe et sted*, *etw. Akk irgendwohin* transportere [tranßporteer^{e}] *noe til et sted*, frakte [frakt^{e}] *noe til et sted* **2** *j-n/etw. irgendwohin* frakte [frakt^{e}] *noe/noen*, transportere [tranßporteer^{e}] *noe/noen*
Traube *w* drueklase [druu^{e}klaaß^{e}] *m*; **~n** druer *m/w Mz*
trauen *v* **1** (Vertrauen haben) *j-m/etw.* stole på [ßtuul^{e} poo] *noen/noe* **2** (ehelich verbinden) *j-n* vie [wii^{e}] *noen* **3** *sich* ~ *etw. Akk zu tun* tørre [törr^{e}], våge [woog^{e}] *noe*, (sich wagen) våge [woog^{e}] *noe*, driste seg [drißt^{e} ßäi] *til noe*
Trauer *w* **1** (Gefühl) sorg [ßorg] *m/w* **2** (gehaltene) sorg [ßorg] *m/w*, sørgetid [ßörgetiid] *m/w*
Traum *m* drøm [dröm] *m*

träumen *v von j-m/etw.* drømme [drömme] *om noe/noen*
traurig *adj* trist [trißt]
treffen *v* **1** (Ziel) *etw. Akk* treffe [treffe] *noe* **2** (begegnen) *j-n* møte [mööte] *noen*, treffe [treffe] *noen* **3** ***sich ~ mit j-m*** møte [mööte] *med noen*, *mit j-m* møtes [mööteß], treffes [treffeß] **4** (erschüttern) såre [ßoore]
Treffen *s* møte [mööte] *s*; **ein ~ verabreden** gjøre en avtale, avtale et møte
treiben *v* **1** *j-n/etw. irgendwohin* drive [driiwe] *noen/no et sted*, *j-n/etw. irgendwohin* drive [driiwe] *noen/noe et sted*, jage [jaage] *noen/noe et sted* **2** (veranlassen) *j-n zu etw./in etw. Akk* drive [driiwe] *noen til (å gjøre) noe* **3** (sich befassen) *etw. Akk* drive [driiwe] *med noe*, *etw. Akk* dyrke [dürke] *noe*
Treibstoff *m* drivstoff [driifßtof] *s*
trennen *v* **1** *j-n/etw.* atskille [atschille] *noen/noe*, skille *noen/noe* fra hverandre [schille fraa wärandre], separere [ßepareere] *noen/noe* **2** ***sich ~ von j-m*** slå opp [schloo opp] **3** (Kabel usw.) koble fra hverandre [koble fraa wärandre]
Trennung *w* brudd [brud] *s*
Treppe *w* trapp [trapp] *m/w*, (Aufgang) trappoppgang [trappoppgang] *m*, trappehus [trappehuuß] *s*
Tretboot *s* vannsykkel [wannßükkel] *m*
treten *v* **1** (in Pfütze usw.) *auf/in etw. Akk* tråkke [trokke] *på noe*, trå [troo] *på noe* **2** (auf dem Fahrrad usw.) *etw. Akk, auf etw. Akk* sykle [ßükle]
treu *adj* **1** (zuverlässig) *j-m* lojal [lujaal] *til noen*, trofast [truufaßt] **2** (genau) tro [truu], nøyaktig [nöüakti]
Trichter *m* trakt [trakt] *m/w*
Trick *m* **1** (listiger usw.) triks [trikß] *s* **2** (Film usw.) trikk [trikk] *s* **3** (Zauber usw.) triks [trikß] *s*
Trickfilm *m* tegnefilm [täinefilm] *m*
trinkbar *adj* drikke- [drikke]
trinken *v* **1** *etw. Akk* drikke [drikke] *noe* **2** (Durst stillen) drikke [drikke] **3** *auf j-n/etw.* skåle [ßkoole] *for noen/noe*
Trinkgeld *s* tips [tipß] *s*, drikkepenger [drikkepenger] *m*; **~ geben** *j-m* gi tips *til noen*
Trinkwasser *s* drikkevann [drikkewan] *s*
trocken *adj* tørr [tör]
Trockenheit *w* tørrhet [törrheet] *m/w*, (Trockenzeit) tørke [törke] *m/w*
trocknen *v* **1** (trocken werden) tørke [törke] **2** (trocken machen) tørke [törke] *noe*
Trommel *w* tromme [tromme] *m*
Trompete *w* trompet [trumpet] *m*
Tropen *Mz* tropene [truupene] *m Mz*
tropfen *v* dryppe [drüppe]
Tropfen *m* dråpe [droope] *m*
trösten *v j-n* trøste [trößte] *noen*
trotz *prep etw. Gen* til tross for [til troß for]
trotzdem *conj* allikevel [aliikewel], ikke desto mindre [ikke deßtu mindre]
trüb *adj* **1** (Wasser usw.) grumsete [grumßete] **2** (Himmel) overskyet [owerschüüet] **3** (Ort usw.) gledeløs [gleedelööß]
tschüss **T~!** Ha det bra.
T-Shirt *s* T-skjorte [teeschurte] *m/w*
Tube *w* tube [tuube] *m*
Tuch *s* **1** (Kopftuch usw.) halstørkle [halßtörkle] *s* **2** (Gewebe) tøy [töü] *s* **3** (auf Tisch) bordduk [buurduuk] *m* **4** (Bettwäsche) laken [laaken] *s*
Tulpe *w* tulipan [tulipaan] *m*
tun *v* gjøre [jööre], utrette [uutrette]; **so ~, als ob...** late som *om noen gjør noe*; *j-s* **Bestes ~** gjøre sitt beste
Tunnel *m* tunnel [tunnel] *m*
Tür *w* dør [döör] *m/w*
Türknauf *m* rundt dørhåndtak [runt dööhontaak] *s*
Turm *m* tårn [toorn] *s*
turnen *v* trene [treene]
Turnschuhe *m Mz* joggesko [joggeßkuu] *m Mz*, turnsko [turnßkuu] *m Mz*
Tüte *w* kremmerhus [kremmerhuuß] *s*, pose [puuße] *m*
typisch *adj* typisk [tüüpißk]

U

U-Bahn *w* T-bane [teebaane] *m*
übel *adv* illebefinnende [illebefinnene] *m*, kvalme [kwalme] *m*, (körperlich) dårlig [doorli], uvel [uuwel]
Übelkeit *w* kvalme [kwalme] *m*
üben *v etw. Akk* øve [ööwe] *noe*, *etw. Akk* trene [treene]
über *prep* **1** (höher) *etw. Dat* over [oower] *noe* **2** (dem Niveau) over [oower] **3** (quer über) tvers over [twärsch oower] **4** (sprechen usw.) *etw. Akk* om [om] **5** (eine Oberfläche) *etw. Akk* over [oower] *noe* **6** (auf der Oberfläche) langs [langß], bortover [burtoower] **7** (mehr als) *wie viel* over [oower] *noe*
überall *adv* overalt [ooweralt]
überbacken *v* bake [baake]
Überblick *m* **1** (Kenntnisse) allmennkunnskaper [allmenkunßkaaper] *m Mz* **2** (Zusammenfassung) oversikt [oowerschikt] *m ove noe* ► **einen (guten) ~** *über etw. Akk* **haben** orientere seg *i noe*
übereinstimmen *v mit etw.* stemme overens [ßtemme oowerenß] *med noe*

überfahren[1] *v* (See usw.) *etw. Akk* seile over [ßäil^e oow^er] *noe*
überfahren[2] *v* (Fußgänger usw.) *j-n/etw.* kjøre over [schöör^e oow^er] *noen/noe*
Überfall *m* angrep [anggreep] *s*
überfallen *v j-n* overfalle [oow^erfall^e], rane [raan^e] *noen*
überflüssig *adj* overflødig [oow^erflöödi]
Überführung *w* **1** (Brücke) veiovergang [wäioow^ergang] *m*, (für Fußgänger) gangbro [gangbruu] *m/w* **2** (Transportieren) transport [tranßport] *m*
überfüllt *adj* fullpakket [fullpakket], overfylt [oow^erfült]
Übergang *m* overgang [oow^ergang] *m*
übergeben *v* **1** *j-m etw. Akk* overlevere [oow^erleweer^e] *noe til noen* **2** *sich* ~ kaste opp [kaßt^e opp], spy [ßpüü]
überhaupt *part* i det hele tatt [i dee heel^e tatt], (eigentlich) egentlig [eegentli], (insgesamt) alminnelig [alminn^eli]; ~ **nicht** ikke i det hele tatt, overhodet ikke
überholen *v j-n* kjøre forbi [schöör^e forbii] *noen*, (vorbeigehen) *j-n* gå forbi [goo forbii] *noen*, (vorbeilaufen) *j-n* løpe forbi [lööp^e forbii] *noen*
überlasten *v etw. Akk* overbelaste [oow^erbelaßt^e] *noe*
überleben *v* overleve [oow^erleew^e]
übermäßig *adj* uforholdsmessig [uuforholßmeßßi], umåtelig [uumoot^eli] ♦ *adv* enormt [enormt], umåtelig [uumoot^eli]
übermorgen *adv* overimorgen [oow^erimoorn]
übernachten *v irgendwo* overnatte [oow^ernatt^e] *et sted*
Übernachtung *w* overnatting [oow^ernatting] *m/w*; ~ **mit Frühstück** overnatting med frokost, bed and breakfast
übernehmen *v* **1** (Besitz usw.) *etw. Akk* ta over [taa oow^er] *noe* **2** (Leitung usw.) *etw. Akk* ta seg [taa ßäi] *av noe*, ta ansvar [taa anßwaar] *for noe* **3** (Pflicht usw.) overta [oow^ertaa] *noe* **4** (Methode usw.) anta [antaa], legge seg til [legg^e ßäi til]
überprüfen *v etw. Akk* etterprøve [ett^erprööw^e] *noe*, verifisere [werifißeer^e] *noe*, sjekke [schekk^e] *noe*, (nochmals prüfen) *etw. Akk* undersøke [unn^erschöök^e]
überqueren *v etw. Akk* krysse [krüßß^e], reise over [räiß^e oow^er], dra gjennom [draa jennom], (zu Fuß) *etw. Akk* gå over [goo oow^er]
Überquerung *w* gjennomfart [jennomfart] *m*, passering [paßeering] *m*
überraschen *v* **1** (erstaunen) *j-n mit etw.* overraske [oow^erraßk^e] *noen med noe* **2** (ertappen) *j-n* overraske [oow^erraßk^e] *noen*
überrascht *adj von etw.* overrasket [oow^erraßket] *av noe*
Überraschung *w* overraskelse [oow^erraßk^elß^e] *m*
überreden *v j-n (zu etw.)* overtale [oow^ertaal^e] *noen (til å gjøre noe)*, (etwas zu tun) *j-n zu etw.* overtale [oow^ertaal^e] *noen til noe*
Überschrift *w* overskrift [oow^erschkrift] *m/w*
Überschwemmung *w* oversvømmelse [oow^erschwömm^elß^e] *m*
übersetzen[1] *v* dra over [draa oow^er]
übersetzen[2] *v* oversette [oow^erschett^e] *noe til noe*
Übersetzer *m* oversetter [oow^erschett^er] *m*
Übersetzung *w* oversettelse [oow^erschett^elß^e] *m*
überspringen *v etw. Akk* hoppe over [hopp^e oow^er] *noe*
übertragen *v* **1** (Gegenstände usw.) *etw. Akk irgendwohin* flytte [flütt^e] *noe et sted* **2** (Besitz usw.) *etw. Akk auf j-n* overdra [oow^erdraa] *noe til noen*, overføre [oow^erföör^e] *noe til noen* **3** (Krankheit usw.) *etw. Akk auf j-n* smitte [ßmitt^e] *noe over til noen* **4** (senden) overføre [oow^erföör^e] **5** (Befugnis usw.) *etw. Akk auf j-n* overdra [oow^erdraa] *noe til noen*
übertreiben *v etw. Akk* overdrive [oow^erdriiw^e], (zu weit treiben) *etw. Akk* drive *noe* for vidt [driiw^e for wit]
Übertreibung *w* overdrivelse [oow^erdriiw^elß^e] *m*
überweisen *v etw. Akk* betale [betaal^e], overføre [oow^erföör^e] *noe*
Überweisung *w* **1** (von Geld) overføring [oow^erfööring] *m/w* **2** (Geldsumme) betaling [betaaling] *m*
überwiegend *adj* dominerende [domineer^en^e] ♦ *adv* overveiende [oow^erwäi^en^e]
überzeugen *v j-n von etw.* overbevise [oow^erbewiiß^e]
überzeugend *adj* overbevisende [oow^erbewiiß^en^e]
Überzeugung *w* overbevisning [oow^erbewiißning] *m/w*
überziehen *v* **1** *etw. Akk mit etw.* dekke [dekk^e] *noe med noe*, trekke [trekk^e] *noe* **2** (Konto usw.) overtrekke [oow^ertrekk^e] **3** (Zeit) gå over tiden [goo oow^er tiid^en]
üblich *adj* vanlig [waanli], alminnelig [alminn^eli], gjengs [jengkß], allmenn [allmen] ♦ *adv* vanligvis [waanliwiiß], normalt [nurmaalt]

übrig *adj* resterende [reßteerene] ♦ *adv* til overs [til oowersch]
übrigens *part* dessuten [deßßʉten], for øvrig [for ööwri], forresten [forreßten]
Übung *w* **1** (Turnen) trening [treening] *m* **2** (Bewegungen) øvelse [ööwelße] *m* **3** (Aufgabe) øvelse [ööwelße] *m* **4** (Training) trening [treening] *m* **5** (militärische usw.) øvelse [ööwelße] *m* **6** (Kräftigung usw.) trening [treening] *m*
Ufer *s* bredd [bred] *m*
Uhr *w* klokke [klokke] *m/w* ► **um sieben ~** klokken sju
Ultraschall *m* ultralyd [ʉltralüüd] *m*
Ultraschalluntersuchung *w* sonografi [ßunugrafii] *m*, ultralydundersøkelse [ʉltralüüdʉnnerschöökelße] *m*
um *prep* **1** (räumlich) *etw. Akk* rundt (om) [rʉnt (om)] **2** (drei Uhr usw.) klokka [klok-ka] **3** (bei Differenzangaben) med [mee] **4** (sich handeln usw.) *etw.* om [om] ► **~... zu** slik at; **Spätestens ~ fünf bin ich da.** Jeg kommer senest klokka fem.; **~ drei Uhr** klokka tre; **~ halb fünf** halv fem
umarmen *v j-n* klemme [klemme] *noen*
umbinden *v etw. Akk mit etw.* forbinde [forbinne] *noen/noe med noe*
umbringen *v* drepe [dreepe] *noen/noe*
umdrehen *v* **1** (um die Achse) *etw. Akk* dreie [dräie] *noe*, *etw. Akk* snu [ßnʉʉ] *noe*, vri [wrii] *noe* **2** *sich* **~** dreie seg [dräie ßäi], spinne [ßpinne] **3** *sich* **~** (im Kreis) snu [ßnʉʉ], snurre [ßnʉrre] **4** (Seite usw.) *etw. Akk* snu [ßnʉʉ] *noe*, vende [wenne] *noe* **5** *sich* **~** (woanders gehen usw.) snu [ßnʉʉ] **6** *sich* **~** (im Bett usw.) velte seg i sengen [welte ßäi i ßengen]
Umfang *m* **1** omkrets [omkrez] *m* **2** (eines Grundstücks usw.) *etw. Gen* omfang [omfang] *s av noe* **3** (einer Maßnahme usw.) *etw. Gen* omfang [omfang] *s*, rekkevidde [rekkewidde] *m/w*
umfangreich *adj* omfattende [omfattene] ♦ *adv* omfattende [omfattene], omfangsrikt [omfangkßriikt]
umgeben *v etw. Akk mit etw.* gjerde *noe* inn [jääre in], innhegne [innhäine] *noe* ► **~ sein** *von etw.* være omgitt *av noe*, være omringet *av noe*
Umgebung *w etw. Gen* omgivelser [omjiiwelßer] *m Mz*
umgehen[1] *v* (sorgfältig usw.) *irgendwie mit etw.* gå fram [goo fram] *for å, når man gjør noe*, (benutzen) *mit etw.* anvende [aanwenne] *noe*, håndtere [honteere] *noe*, betjene [betjeene] *noe*
umgehen[2] *v* **1** (herumgehen) *etw. Akk* unngå [ʉnngoo] *noe*, gå utenom [goo ʉʉtenom] **2** (Regeln usw.) *etw. Akk* omgå [omgoo], unngå [ʉnngoo]
Umgehungsstraße *w* omkjøringsvei [omschööringßwäi] *m*
umgekehrt *adj* motsatt [muuzatt], omvendt [omwent] ♦ *adv* omvendt [omwent], tvert om [twärt om], tvert om [twärt om/imuut]
umkehren *v* **1** (Richtung usw.) snu [ßnʉʉ], bytte [bütte], invertere [inwärteere] **2** (ins Gegenteil) *etw. Akk* snu [ßnʉʉ] *noe*
Umkreis *m* omkrets [omkrez] *m*
Umleitung *w* omvei [omwäi] *m*, (Strecke) omkjøring [omschööring] *m/w*
umrechnen *v etw. Akk in etw. Akk* regne om [räine om]
umrühren *v etw. Akk* blande [blanne] *noe*, røre [rööre] *i noe*
umschalten *v* **1** (Kamera usw.) *etw. Akk auf etw. Akk* skifte [schifte] *noe* (over) til *noe*, bytte [bütte] *noe* **2** (Gang) skifte gir [schifte giir]
Umschlag *m* **1** (für Briefe) konvolutt [konwulʉtt] *m* **2** (zu Heilzwecken) innpakning [innpakning] *m/w*, kompress [kompreß] *m*, omslag [omschlaag] *s*
umsonst *adv* **1** gratis [graatiß] **2** forgjeves [forjeeweß]
umsteigen *v in etw. Akk* bytte [bütte] *(til) noe*
Umstieg *m* overgang [oowergang] *m*
Umtausch *m* bytte [bütte] *s*
umtauschen *v* veksle [wekschle]
Umweg *m* omvei [omwäi] *m*, avstikker [aafßtikker] *m*
Umwelt *w* miljø [miljöö] *s*
umweltfreundlich *adj* miljøvennlig [miljööwennli]
umwenden *v* snu [ßnʉʉ] *noe*, vende [wenne] *noe*, *etw. Akk* vri [wrii] *noe*
umwerfen *v* velte *noen* ned [welte need], *j-n/etw.* slå ned [schloo need], *j-n/etw.* velte *noen/noe* ned [welte need], (Glas usw.) velte [welte] *noe*
umziehen *v* **1** (in neue Wohnung usw.) flytte [flütte] *til et sted* **2** (Umzug durchführen) *etw. Akk* flytte [flütte] *noe* **3** (Kleidung wechseln) *j-n* skifte klær [schifte klääär], bytte klær [bütte klääär] ► **sich ~** skifte klær, bytte klær
Umzug *m* **1** (Wohnungswechsel) flytting [flütting] *m* **2** (Parade usw.) prosesjon [prußeschuun] *m*, tog [toog] *s*
unabhängig *adj von j-m/etw.* uavhengig [ʉʉaawhengi] *av noen/noe*
unangenehm *adj* **1** ubehagelig [ʉʉbehaageli] **2** (Situation usw.) sjenerende [scheneerene], flau [fläʉ] ♦ *adv* ubehagelig [ʉʉbehaageli], utrivelig

[~~uu~~triiw^{e}li] ♦ *pron* ikke helt seg selv [ikk^e heelt ßäi ßel], ille til mote [ill^e til muut^e] ► ~ **sein** *j-m gegenüber* være slem *mot noen*

unanständig *adj* uanstendig [~~uu~~anßtendi], usømmelig [~~uu~~ßömm^{e}li], upassende [~~uu~~paßß^{e}n^e]

unbedingt *adj* ufrivillig [~~uu~~friiwilli], uvilkårlig [~~uu~~wilkoorli] ♦ *adv* for enhver pris [for enwäär priiß]

unbegrenzt *adj* ubegrenset [~~uu~~begrenßet]

unbekannt *adj* ukjent [~~uu~~schent]

unbequem *adj* ubekvem [~~uu~~bekweem], ubehagelig [~~uu~~behaag^{e}li]

und *conj* og [o]; **ab ~ zu** av og til; **~ so weiter** og så videre

undankbar *adj* utakknemlig [~~uu~~takknemli]

unecht *adj* **1** uekte [~~uu~~ekt^e], falsk [falßk] **2** (Zuneigung usw.) falsk [falßk]

unendlich *adj* endeløs [ennelööß] ♦ *adv* uendelig [~~uu~~enn^{e}li], endeløst [ennelößt]

unentbehrlich *adj* nødvendig [nöödwendi], uunnværlig [~~uuu~~nnwäärli]

unentschieden *adj* uavgjort [~~uu~~aawjurt]

unerträglich *adj* uutholdelig [~~uuuu~~tholl^{e}li]

unerwartet *adj* uventet [~~uu~~wenteet], plutselig [plu~~z~~^{e}li] ♦ *adv* uventet [~~uu~~wenteet]

unfähig *adj* **1** (unbegabt) udugelig [~~uu~~du~~u~~g^{e}li] **2** (nicht imstande) *zu etw.* ute av stand [~~uu~~t^e aaw ßtan] *til å gjøre noe*

Unfall *m* ulykke [~~uu~~lükk^e] *m/w*, (Verletzung) skade [ßkaad^e] *m*; **einen ~ haben** (Auto) kollidere, krasje

ungeduldig *adj* utålmodig [~~uu~~tolmuudi] ♦ *adv* utålmodig [~~uu~~tolmuudi]

ungefähr *adj* omtrentlig [omtrentli] ♦ *adv* omtrent [omtrent], cirka [ßirka], tilnærmet [tilnärmet] ♦ *prep* rundt [ru~~n~~t], omtrent [omtrent], cirka [ßirka]

ungenau *adj* unøyaktig [~~uu~~nöüakti]

ungenügend *adj* utilstrekkelig [~~uu~~tilßtrekk^{e}li]

ungerade *adj* ulik [~~uu~~liik], odde [odd^e]

ungerecht *adj* urettferdig [~~uu~~rettfäärdi] ♦ *adv* urettferdig [~~uu~~rettfäärdi]

ungern *adv* motvillig [muutwilli]

ungeschickt *adj* klossete [kloßßet^e], klønete [klöönet^e], (unbeholfen) klosset [kloßßet], klumsete [klu~~m~~ßet^e]

ungesund *adj* usunn [~~uu~~ß~~u~~n]

ungewiss *adj* usikker [~~uu~~ßikk^{e}r]

ungewöhnlich *adj* uvanlig [~~uu~~waanli], usedvanlig [~~uu~~ßedwaanli], (Fähigkeit usw.) ualminnelig [~~uu~~alminn^{e}li]

unglaublich *adj* utrolig [~~uu~~truuli] ♦ *adv* utrolig [~~uu~~truuli]

ungleich *adj* forskjellig [forschelli]

Unglück *s* **1** (Tragödie usw.) katastrofe [kataßtruuf^e] *m* **2** (Pech usw.) uhell [~~uu~~hel] *s*

unglücklich *adj* **1** (deprimiert) ulykkelig [~~uu~~lükk^{e}li] **2** (Tag usw.) uheldig [~~uu~~heldi] **3** (Zufall usw.) uheldig [~~uu~~heldi]

ungültig *adj* ugyldig [~~uu~~jüldi]

unhöflich *adj* uhøflig [~~uu~~höfli]

Uniform *w* uniform [~~u~~niform] *m/w*

Universität *w* universitet [~~u~~niwärschiteet] *s*

unklar *adj* uklar [~~uu~~klaar]

unmittelbar *adj* umiddelbar [~~uu~~midd^{e}lbaar] ♦ *adv* umiddelbart [~~uu~~midd^{e}lbaart]

unmöglich *adj* umulig [~~uu~~m~~uu~~li]

unnötig *adj* unødvendig [~~uu~~nöödwendi]

Unordnung *w* uorden [~~uu~~ord^{e}n] *m*, rot [ruut] *s*

unpünktlich *adj* **1** (Zahlung usw.) forsinket [forschingket] **2** (Mensch usw.) upresis [~~uu~~preßiiß]

unrecht **~ haben** ta feil *i noe*

Unruhe *w* **1** (innere) rastløshet [raßtlöößheet] *m/w* **2 ~n** (Arbeiterunruhen usw.) opptøyer [opptöü^{e}r] *Mz*, (in der Gesellschaft) urolighet [~~uu~~ruuliheet] *m*, (soziale usw.) uro [~~uu~~ruu] *m/w*

uns *pron* oss [oßß]

unschuldig *adj* uskyldig [~~uu~~schüldi]

unser *pron* vår [woor]

unsicher *adj* **1** (Situation usw.) usikker [~~uu~~ßikk^{e}r], utrygg [~~uu~~trüg] **2** (Mensch) usikker [~~uu~~ßikk^{e}r]

unsichtbar *adj* usynlig [~~uu~~ßüünli]

Unsinn *m* tull [t~~u~~l] *s*, nonsens [nonßenß] *s*

unsympathisch *adj* usympatisk [~~uu~~ßümpaatißk]

unten *adv* **1** nede [need^e] **2** (im Text usw.) nedenfor [neede^{e}nfor] ► **nach ~** ned; **von ~** nedenfra

unter *prep* **1** (dem Tisch usw.) *etw. Dat* under [~~u~~nn^{e}r] *noe*, nedenfor [neede^{e}nfor] *noe* **2** (zwischen) blant [blant] ► **~ anderem** blant annet

unter(er,e,es) *adj* nedre [needr^e]

unterbrechen *v* **1** (Tätigkeit usw.) *etw. Akk* avbryte [aawbrüüt^e] *noe* **2** (Sprecher usw.) *j-n* avbryte [aawbrüüt^e] *noen*

Unterbrechung *w* avbrytelse [aawbrüüt^{e}lß^e] *m*

unterbringen *v j-n* huse [h~~uu~~ß^e] *noen*, innkvartere [innkwarteer^e] *noen*

unterdrücken *v* **1** (Gefühle usw.) undertrykke [~~u~~nn^{e}rtrükk^e], dempe [demp^e] **2** (Volk usw.) undertrykke [unnertrükke] **3** (Aufstand usw.) *etw. Akk* kue [kuue], undertrykke [unnertrükke] **4** (Bemühung usw.) undertrykke [unnertrükke], hindre [hindre]

untereinander *adv* hverandre [wärandre]

Unterführung *w* undergang [unnergang] *m*, veiundergang [wäiunnergang] *m*

Untergang *m* undergang [unnergang] *m*

untergehen *v* **1** (Sonne) gå ned [goo need], synke [ßüngke] **2** (Schiff) synke [ßüngke] **3** (Unternehmen usw.) gå til grunne [goo til grunne], bukke under [bukke unner], (zugrunde gehen) opphøre [opphööre]

unterhalb *prep* nede i [neede i] *noe*, nedenunder [needenunner]

Unterhalt *m* **1** (für Kind) barnebidrag [baarnebiidraag] *s*, underholdningsbidrag [unnerhollningßbiidraag] *s* **2** (Mittel) næringsvei [nääringßwäi] *m* **3** (Einkommensquelle usw.) levebrød [leewebröö] *s*

unterhalten *v* **1** (Verwandte usw.) *j-n* nære [näära] *noen*, forsørge [forschörge] *noen* **2** (mit Erzählungen usw.) *j-n mit etw.* underholde [unnerholle] *noen med noe* **3** ***sich ~*** *über etw. Akk* prate [praate] *med noen om noe*

Unterhaltung *w* **1** (von Geräten usw.) vedlikehold [weedliikehol] *s* **2** (Zeitvertreib) moro [muuru] *m/w*

Unterhemd *s* singlet [ßinglet] *m*

Unterhose *w* underbukse [unnerbukße] *m/w*

Unterkunft *w* innkvartering [innkwarteering] *m/w*

unternehmen *v etw. Akk* foreta [fooretaa]

Unternehmen *s* **1** (Firma usw.) selskap [ßelßkaap] *s* **2** (Tätigkeit) foretagende [fooretaagene] *s*

Unterricht *m* undervisning [unnerwiißning] *m/w*

unterrichten *v* undervise [unnerwiiße]

unterscheiden *v* **1** (Unterschied feststellen) *j-n/etw. von j-m/etw.* skjelne mellom [schelne mellom], se forskjell på [ßee forschel poo], (Unterschied feststellen) *j-n/etw. von j-m/etw.* skjelne [schelne] *mellom noe og noe* **2** ***sich ~*** *in etw. Dat, von etw.* være forskjellig [wääre forschelli] *fra noe/noen* **3** ***sich ~*** *in etw. Dat* (in Meinungen) ha forskjellige meninger [haa forschellie meeninger] *om noe* **4** (anders machen) *j-n/etw. von j-m/etw.* skille [schille] *noen/noe fra noen/noe*

Unterschied *m* forskjell [forschel] *m*

unterschiedlich *adj von etw.* forskjellig [forschelli] *fra noe/noen* ♦ *adv* annerledes [annerleedeß], forskjellig [forschelli], ulikt [uuliikt]

unterschreiben *v etw. Akk* signere [ßigneere] *noe*, underskrive [unnerschkriiwe] *noe*, undertegne [unnertäine] *noe*

Unterschrift *w* signatur [ßignatuur] *m*, underskrift [unnerschkrift] *m/w*

unterstreichen *v* understreke [unnerschtreeke]

unterstützen *v* **1** (helfen) *j-n* støtte [ßtötte] **2** (ein Projekt usw.) *etw. Dat* slutte seg [schlutte ßäi] *til noe*

untersuchen *v* **1** (Struktur usw.) *etw. Akk* forske [forschke] **2** (Problem usw.) *etw. Akk* undersøke [unnerschööke] *noe* **3** (Patienten usw.) *j-n* undersøke [unnerschööke] *noen* **4** (überprüfen) *etw. Akk* etterforske [etterforschke] *noe* **5** (auf Fehler usw.) *etw. Akk* besiktige [beßiktige]

Untersuchung *w* **1** undersøkelse [unnerschöökelße] *m* **2** (polizeiliche) etterforskning [etterforschkning] *m/w*

Unterteil *s/m* nederste del [neederschte deel]

Unterwäsche *w* undertøy [unnertöü] *s*

unterwegs **Ich bin schon ~.** Jeg er på vei.

unverantwortlich *adj* uansvarlig [uuanßwaarli], uforsvarlig [uuforschwaarli]

unvorsichtig *adj* uforsiktig [uuforschikti], uklok [uukluuk]

unwohl *adv* illebefinnende [illebefinnene] *m*, kvalme [kwalme] *m*; **Mir ist ~.** Jeg er dårlig., Jeg føler meg uvel.

unzufrieden *adj mit etw.* misfornøyd [mißfornöüd] *med noe*, utilfreds [uutilfredß] *med noe*

Urin *m* urin [uriin] *m*

Urkunde *w* bekreftelse [bekreftelße] *m*, bevis [bewiiß] *s*, dokument [dokument] *s*

Urlaub *m* **1** (unbezahlter, mehrtägiger usw.) ferie [feerie] *m*, fri [frii], permisjon [permischuun] *m* **2** (mit Familie usw.) rekreasjon [rekreaschuun] *m*

Ursache *w etw. Gen* grunn [grun] *m*, årsak [oorschaak] *m*

Ursprung *m* opprinnelse [opprinnelße] *m*

ursprünglich *adj* opprinnelig [opprinneli] ♦ *adv* opprinnelig [opprinneli]

Urteil *s* **1** (richterliches) dom [doom] *m*, kjennelse [schennelße] *m* **2** (Stellungnahme) dømmekraft [dömmekraft] *m/w*

Urwald *m* urskog [uurschkuug] *m*

V

Vagina *w* skjede [scheede] *m*, vagina [wagiina] *m*
Vase *w* vase [waaße] *m*
Vater *m* far [faar] *m*
vegetarisch *adj* vegetariansk [wegetariaanßk]
Vene *w* vene [weene] *m*
Ventil *s* ventil [wentiil] *m*
Ventilator *m* vifte [wifte] *m/w*
verabreden *v* **1** *etw. Akk* avtale [aawtaale] *noe med noen*, (Treffen usw.) *etw. Akk* avtale [aawtaale] *noe* **2** ***sich*** **~** *mit j-m* avtale å treffes [aawtaale o treffeß]
Verabredung *w* stevnemøte [ßtewnemööte] *s*, *mit j-m* avtale [aawtaale] *m*, møte [mööte] *s*
verabschieden *v* ***sich*** **~** *von j-m* ta farvel [taa farwel] *med noen* *j-n* avfeie [aaffäie] *noen*
veraltet *adj* umoderne [uumudäärne], gammeldags [gammeldakß], avleggs [awleggß]
verändern *v* omskape [omßkaape], omgjøre [omjööre]; **sich ~** endre seg
Veränderung *w* forandring [forandring] *m/w*, endring [endring] *m/w*
veranstalten *v* *etw. Akk* arrangere [arranscheere] *noe*
Veranstaltung *w* tilstelning [tilßtelning] *m/w*
verantwortlich *adj* *j-m für etw.* ansvarlig [anßwaarli] *overfor noen for noe*, *j-m für etw.* ansvarlig [anßwaarli] *til noen for noe* ♦ *adv* ansvarlig [anßwaarli] ► **~ sein** *für etw.* være ansvarlig for *noe*, være ansvarlig *for noe*
Verantwortung *w* *für etw.* ansvar [anßwaar] *s* *for noe*
Verband *m* bandasje [bandaasche] *m*
Verbandkasten *m* førstehjelpsskrin [förschtejelpßßkriin] *s*
verbessern *v* **1** (Leistung usw.) *etw. Akk* forbedre [forbeedre] *noe* **2** (Fehler usw.) rette [rette], forbedre [forbeedre]
Verbesserung *w* **1** forbedring [forbeedring] *m/w* **2** (eines Fehlers usw.) forbedring [forbeedring] *m/w*, rettelse [rettelße] *m*, korrigering [korigeering] *m/w*
verbieten *v* *j-m etw. Akk* forby [forbüü] *(noen å gjøre) noe*
verbilligt *adj* på salg [poo ßalg]
verbinden *v* **1** forbinde [forbinne], bandasjere [bandascheere] **2** (Schnüre usw.) *etw. Akk* binde *noe* sammen [binne ßammen], knytte *noe* sammen [knütte ßammen], (Schnüre usw.) *etw. Akk* knytte *noe* sammen [knütte ßammen], binde [binne] *noe* **3** (mehrere Teile usw.) *etw. Akk mit etw.* knytte sammen [knütte ßammen], koble sammen [koble ßammen], slå sammen [schloo ßammen] **4** (Ganzes bilden) *etw. Akk mit etw.* koble [koble] *noe til noe* **5** (miteinander, zusammenschalten) forbinde [forbinne] **6** (telefonisch) *j-n mit j-m* forbinde [forbinne] *noen med noen*, *j-n* sette *noen* over [ßette oower] **7** ***sich*** **~** (in Zusammenhang stehen) *mit etw.* henge sammen [henge ßammen] *med noe* **8** ***sich*** **~** (telefonisch usw.) *mit j-m* kontakte [kontakte] ► **sich ~** (zu einem Ganzen) forene, smelte sammen
Verbindung *w* **1** (zwischen zwei Teilen) sammenføyning [ßammenföüning] *m/w* **2** (Verkehrsverbindung usw.) forbindelse [forbinnelße] *m* **3** (Beziehung usw.) *zwischen etw.* bindeledd [binneled] *s* **4** (von einem Gerät usw.) forbindelse [forbinnelße] *m* **5** (chemische) forbindelse [forbinnelße] *m*
Verbot *s* *etw. Gen* forbud [forbud] *s*
verboten *adj* forbudt [forbut]
Verbrauch *m* forbruk [forbruuk] *m*
verbrauchen *v* *etw. Akk* bruke opp [bruuke opp] *noe*
Verbrechen *s* forbrytelse [forbrüütelße] *m*
Verbrecher *m* forbryter [forbrüüter] *m*
verbreiten *v* **1** *etw. Akk* spre [ßpree] *noe*, føre *noe* videre [fööre wiidere], (Nachricht usw.) spre [ßpree], føre videre [fööre wiidere] **2** (Ideen usw.) utbre [uutbree], propagere [prupageere] ► **sich ~** (Nachricht usw.) spre seg
verbreitern *v* *etw. Akk* utvide [uutwiide] *noe*
verbrennen *v* **1** (verbrannt werden) brenne ned [brenne need] **2** (Abfall usw.) *etw. Akk* brenne [brenne] *noe* **3** (verbrauchen) forbrenne [forbrenne] **4** (durch Feuer zerstören) *etw. Akk* brenne ned [brenne need] **5** (verletzen) *j-n* brenne [brenne] *noen* **6** ***sich*** **~** *an etw. Dat* brenne seg [brenne ßäi] **7** (in Flammen umkommen) brenne i hjel [brenne i jel], omkomme i brann [omkomme i bran] **8** (als Ketzer usw.) *j-n* brenne [brenne] *noen* (på bål)
Verbrennung *w* **1** (Prozess) forbrenning [forbrenning] *m/w* **2** (Wunde) brannsår [brannßoor] *s*
verbringen *v* bruke [bruuke], tilbringe [tilbringe]
verbunden *adj* **1** *mit etw.* forbundet [forbunnet] *med noe*, koblet [koblet] *sammen med noe* **2** (innere Kohärenz) *mit etw.* forbundet [forbunnet] *med noe*
Verdacht *m* mistanke [mißtangke] *m*

verdächtig *adj* mistenkelig [mißtengkeli], suspekt [ßʉßpekt], (einer Tat usw.) *etw. Gen* mistenkt [mißtengkt] *for noe*
Verdächtige *m* mistenkt [mißtengkt] *m*
Verdauung *w* fordøyelse [fordöüelße] *m*
verderben *v* **1** (Essen) bli bedervet [blii bedeerwet], forderves [fordärweß] **2** (Freude usw.) *etw. Akk* skjemme [schemme] *noe* ► **sich den Magen ~** spise noe magen ikke tåler, ha en urolig mage
verdienen *v* **1** (Gehalt erwerben) tjene [tjeene] **2** (Gewinn erzielen) *an j-m/etw.* tjene [tjeene] *på noe* **3** (als Belohnung) *etw. Akk* fortjene [fortjeene], (Anerkennung) *etw. Akk* vinne [winne] *noe*, (würdig sein) *etw. Akk* fortjene [fortjeene] *noe*, være verdt [wääre wärt] *noe*
verdoppeln *v etw. Akk* fordoble [fordoble] *noe*, doble [doble] *noe*
verehren *v j-n/etw.* tilbe [tilbee] *noen/noe*, forgude [forgʉude] *noen/noe*
Verein *m* forbund [forbʉn] *s*, forening [foreening] *m/w*
Vereinbarung *w* avtale [aawtaale] *m*
vereinfachen *v etw. Akk* forenkle [forengkle] *noe*
vereinigen *v etw. Akk* forene [foreene] *noe*
Vereinigung *w* union [ʉniuun] *m*
Verfahren *s* framgangsmåte [framgangkßmoote] *m*, fremgangsmåte [fremgangkßmoote] *m*
Verfassung *w* grunnlov [grʉnnloow] *m*
verfolgen *v* **1** (beschatten) *j-n* følge [fölge] *noen*, forfølge [forfölge] *noen*, (Wild usw.) spore [ßpuure] **2** (Polizei usw.) *j-n* jage [jaage] *noen* **3** (Gegner usw.) forfølge [forfölge] *noen* **4** (strafrechtlich) rettsforfølge [rezforfölge], tiltale [tiltaale], påtale [pootaale]
verführen *v j-n* forføre [forfööre] *noen*
vergangen *adj* **1** (Woche usw.) foregående [fooregooene], forrige [forrie] **2** (Zeiten usw.) forhenværende [forheenwäärene], tidligere [tiidliere]
Vergangenheit *w* fortid [fortiid] *m/w*, (Zeitform) preteritum [preeteritʉm] *s*
vergeblich *adj* nytteløs [nüttelööß], forgjeves [forjeeweß], fåfengt [foofengt], (Bemühungen usw.) unødvendig [ʉunöödwendi] ♦ *adv* forgjeves [forjeeweß]
vergehen *v* **1** (Zeit) gå [goo] **2** (Empfindung) gå over [goo oower], (Empfindung usw.) opphøre [opphööre]
vergessen *v* **1** (sich nicht erinnern) *etw. Akk* glemme [glemme] *noe* **2** (liegen lassen) *etw. Akk irgendwo* glemme [glemme] *noe et sted*
vergewaltigen *v j-n* voldta [wultaa] *noen*
Vergewaltigung *w* voldtekt [woltekt] *m/w*
vergiften *v j-n* forgifte [forjifte] *noen*
Vergiftung *w* forgiftning [forjiftning] *m/w*
Vergleich *m* **1** *mit etw.* sammenlikning [ßammenlikning] *m/w* **2** (Benennung usw.) sammenligning [ßammenligning] *m/w* ► **im ~ zu** *etw.* i motsetning til
vergleichen *v* **1** (Unterschiede) *j-n/etw. mit j-m/etw.* sammenlikne [ßammenlikne], jamføre [jamfööre] **2** (angleichen) *j-n/etw. mit j-m/etw.* sammenlikne [ßammenlikne] *noen/noe med noen/noe*, (Ähnlichkeiten) *etw. Akk mit etw.* sammenlikne [ßammenlikne] *noe med noe* ► **zu ~ sein** *mit etw.* kunne sammenliknes
vergnügen *v* ***sich*** **~** more seg [muure ßäi], ha det gøy [haa dee göü]
Vergnügen *s* **1** (Freude) fornøyelse [fornöüelße] *m* **2** (Tätigkeit usw.) underholdning [ʉnnerhollning] *m/w*, moro [muuru] *m/w* ► **mit ~** *etw. Akk tun gjøre noe* med glede
vergrößern *v* **1** (vermehren) øke [ööke] *noe* **2** (Foto usw.) forstørre [forschtörre] **3** (optisch) forstørre [forschtörre]
verhaften *v j-n* arrestere [arreßteere]
Verhalten *s* oppførsel [oppförschel] *m*, atferd [atfärd] *m/w*, opptreden [opptreeden] *m*
Verhältnis *s* **1** (Verwandtschaft usw.) forhold [forholl] *s* **2** (Liebschaft) *mit j-m* forhold [forholl] *s*
verhandeln *v* forhandle [forhandle]
Verhandlung *w* **1** (Besprechung) forhandling [forhandling] *m/w*, forhandlinger [forhandlinger] *m/w Mz* **2** (vor Gericht) høring [hööring] *m/w*, rettsforhandling [rezforhandling] *m/w*
verheiratet *adj* gift [jift]
verhindern *v etw. Akk* avverge [aawvärge] *noe*, forebygge [foorebügge] *noe*, *etw. Akk* forhindre [forhindre] *noe*
Verhör *s* avhør [aawhöör] *s*
Verhütungsmittel *s* prevensjonsmiddel [prewenschuunßmiddel] *s*
verirren *v* ***sich*** **~** forville seg [forwille ßäi], gå seg bort [goo ßäi burt], (in der Stadt usw.) gå seg vill [goo ßäi wil]
Verkauf *m* utsalg [ʉuzalg] *s av noe*
verkaufen *v j-m etw. Akk für etw.* selge [ßelge] *noe til noen for noe*
Verkäufer *m* **1** salgsassistent [ßalgßaßißtent] *m*, (Dealer usw.) selger [ßelger] *m* **2** (Angestellte) selger [ßelger] *m*
Verkaufsstand *m* bod [buud] *m*, kiosk [schoßk] *m*
Verkehr *m* trafikk [trafikk] *m*

Verkehrsmittel *s* transportmiddel [tranßportmiddel] *s*

Verkehrszeichen *s* (trafikk) skilt [(trafikk) schilt] *s*

verkehrt *adj* motsatt [muuzatt]

verkleben *v etw. Akk mit etw.* lappe [lappe] *noe med noe*

verkleinern *v etw. Akk* redusere [redußeere]

verkomplizieren *v* komplisere [kumplißeere], vanskeliggjøre [wanßkelijööre]

verkürzen *v etw. Akk* forkorte [forkorte] *noe*

Verlag *m* forlag [forlaag] *s*

verlangen *v* **1** *etw. Akk* kreve [kreewe] *noe*, forlange [forlange] **2** (Konzentration usw.) *etw. Akk* trenge [trenge] *noe*, (Situation usw.) *etw. Akk* kreve [kreewe] *noe* **3** *nach etw.* lengte [lengte] *etter noe*

verlängern *v etw. Akk* forlenge [forlenge] *noe*

Verlängerung *w* forlengelse [forlengelße] *m*

verlangsamen *v etw. Akk* senke farten [ßengke farten] *av noe*, redusere hastigheten [redußeere haßtiheeten]

verlassen *v* **1** ***sich*** **~** *auf j-n/etw.* stole [ßtuule] *på noen/noe*, *auf j-n/etw.* stole [ßtuule] *på noen* **2** *j-n/etw.* forlate [forlaate] *noen/noe*

verlaufen *v* **1** foregå [fooregoo] **2** ***sich*** **~** (Hund usw.) komme seg bort [komme ßäi burt], forville seg [forwille ßäi], (in der Stadt usw.) forville seg [forwille ßäi], gå seg bort [goo ßäi burt]

Verleih *m* utleie [uutläie] *m/w*

verleihen *v* **1** (Eigenschaft usw.) *etw. Akk etw. Dat* gi [jii] *noe til noe*, gjøre [jööre] *noe til noe*, -gjøre [jööre] **2** (einen Titel usw.) *j-m etw. Akk* tildele [tildeele] *noen noe*, bevilge [bewilge] *noe til noen*

verletzen *v* **1** (beschädigen) *j-n* skade [ßkaade] *noen* **2** (kränken) såre [ßoore] **3** (Gesetz usw.) bryte [brüüte], *etw. Akk* krenke [krengke] *noe*

verletzt *adj* skadet [ßkaadet], såret [ßooret]

Verletzung *w* **1** skade [ßkaade] *m* **2** (Verstoß) *etw. Gen* overtredelse [oowertreedelße] *m av noe*, mislighold [mißlihol] *s av noe* ► **~ des Gesetzes** lovovertredelse *m*, lovbrudd *s*

verlieben *v* ***sich*** **~** *in j-n* forelske seg [forelßke ßäi] *i noen*

verlieren *v* **1** *etw. Akk* miste [mißte] *noe* **2** (durch Fehler usw.) *etw. Akk* tape [taape] *noe*, miste [mißte] *noe* **3** (Kampf usw.) *etw. Akk gegen j-n* tape [taape] *noe for noen* **4** (Geld) *bei etw.* tape (penger) [taape (penger)] *på noe* **5** ***sich*** **~** (in der Stadt usw.) gå seg vill [goo ßäi wil] ► **Luft ~** (Reifen) lekke; **verloren gehen** forsvinne

verlobt *adj* forlovet [forloowet]

Verlust *m etw. Gen* tap [taap] *s av noe*

vermehren *v* **1** (Eigentum usw.) *etw. Akk* mangfoldiggjøre [mangfoldijööre] *noe* **2** (Pflanzen usw.) spre [ßpree], utbre [uutbree] **3** ***sich*** **~** (Unfälle usw.) formere seg [formeere ßäi], spre seg [ßpree ßäi] **4** ***sich*** **~** (Lebewesen usw.) formere seg [formeere ßäi], yngle [üngle], avle [awle], (Lebewesen usw.) forplante seg [forplante ßäi]

vermeiden *v etw. Akk* unngå [unngoo] *noe*

vermieten *v etw. Akk an j-n* leie ut [läie uut] *noe til noen*; **Zimmer zu ~** rom til leie

vermindern *v* svekke [ßwekke]

vermischen *v etw. Akk* blande [blanne] *noe*, røre sammen [rööre ßammen] *noe*

vermissen *v j-n/etw.* savne [ßawne] *noen/noe*

Vermögen *s* **1** (Reichtum) formue [formuue] *m* **2** (einer Firma usw.) eiendel [äiendeel] *m*

vermuten *v* anta [antaa], formode [formuude], tro [truu]

Vermutung *w* gjetning [jetning] *m/w*

vernachlässigen *v etw. Akk* forsømme [forschömme] *noe*

verneinen *v etw. Akk* svare nektende [ßwaare nektene] *på noe*

vernichten *v* ødelegge [öödelegge] *noe*, utrydde [uutrüdde], tilintetgjøre [tilintetjööre], utslette [uutschlette]

Vernunft *w* fornuft [fornuft] *m*, forstand [forschtan] *m*

vernünftig *adj* fornuftig [fornufti], rasjonell [raschunel]

veröffentlichen *v etw. Akk* utgi [uutjii]

verpacken *v* pakke [pakke]

Verpackung *w* emballasje [embalaasche] *m*, pakning [pakning] *m/w*

verpassen *v* **1** (Bus usw.) *etw. Akk* forsømme [forschömme] *noe*, *etw. Akk* miste [mißte] *noe* **2** (Chance usw.) forsømme [forschömme] **3** (Niederlage usw.) *j-m etw. Akk* gi [jii] *noen noe*, påføre [poofööre] *noen noe* ► **Ich habe den Bus verpasst.** Jeg mistet bussen.

Verpflegung *w* kost [koßt] *m*

verpflichten *v j-n zu etw.* forplikte [forplikte] *noen til noe*; **sich ~** *zu etw.* forplikte seg *til noe*

Verpflichtung *w* forpliktelse [forpliktelße] *m*

verraten *v* **1** (Geheimnis usw.) *j-m etw. Akk* røpe [rööpe] *noe til noen* **2** (Identität usw.) *j-n* avsløre [aafschlööre] *noen* **3** (Verrat begehen) *j-n/etw.* forråde [forroode] *noen/noe*, svikte [ßwikte] *noen/noe*

Verräter *m* forræder [forräädеr] *m*

verringern *v etw. Akk* senke [ßengke] *noe*, redusere [redußeere] *noe*, (Risiko usw.) *etw. Akk* minske [minßke] *noe*, dempe [dempe] *noe*

verrückt *adj* gal [gaal], sprø [ßpröö], tullete [tullete] ♦ *adv* vanvittig [wanwitti]

versammeln *v* samle [ßamle]

Versammlung *w* **1** (Menschen) sammenkomst [ßammenkomßt] *m* **2** (Sitzung) forsamling [forschamling] *m/w* **3** (politische) forsamling [forschamling] *m*

versäumen *v* **1** (Unterricht usw.) *etw. Akk* forsømme [forschömme] *noe* **2** (vergessen zu tun usw.) forsømme [forschömme]

verschieben *v* **1** *etw. Akk irgendwohin* forskyve [forschüüwe] *noe til et sted* **2** (zeitlich) *etw. Akk* utsette [uuzette] *noe* **3** (Handel treiben) *etw. Akk* hele [heele] *med noe*

verschieden *adj* diverse [diwärsche], ulik [uuliik], forskjellig [forschelli]

verschlechtern *v etw. Akk* forverre [forwärre] *noe*; **sich ~** bli verre, forverre seg

verschlimmern *v* forverre [forwärre], forringe [forringe]

verschlucken *v etw. Akk* svelge [ßwelge] *noe*

Verschluss *m* **1** (einer Flasche) kork [kork] *m*, lokk [lokk] *s* **2** (eines Kleides usw.) knepping [knepping] *m/w* **3** (einer Kamera usw.) lukker [lukker] *m*

verschmutzen *v* **1** *etw. Akk* skitne til [schitne til] *noe*, smusse til [ßmußße til] *noe*, søle [ßööle] *på noe* **2** (Umwelt) forurense [foruurenße]

Verschmutzung *w* forurensning [foruurenßning] *m/w*

verschreiben *v* **1** (Medikament usw.) foreskrive [fooreßkriiwe] **2** ***sich*** **~** skrive feil [ßkriiwe fäil]

verschütten *v* **1** søle [ßööle] *noe* **2** (Lawine usw.) *j-n* begrave [begraawe] *noen/noe*

verschwenden *v* **1** (Geldmittel usw.) *etw. Akk* sløse (bort) [schlööße (burt)] *noe*, *etw. Akk* sløse bort [schlööße burt] *noe*, ødsle bort [öötschle burt] *noe* **2** (Zeit usw.) sløse (bort) [schlööße (burt)]

Verschwendung *w von etw.* sløsing [schlöößing] *m/w med noe*

verschwinden *v* forsvinne [forschwinne]; **Verschwinde!** Kom deg ut!

Versehen *s* feiltakelse [fäiltaakelße] *m*; **aus ~** ved en feiltakelse

versichern *v* **1** (Versicherung abschließen) *j-n/etw.* forsikre [forschikre] *noen/noe* **2** (bestätigen) *j-n etw. Gen* forsikre [forschikre] *noen om noe* ► **sich ~** *etw. Gen* forsikre seg *om noe*; **sich ~** *gegen etw.* (Versicherung abschließen) forsikre seg *mot noe*

Versicherung *w* forsikring [forschikring] *m/w*; **eine ~ abschließen** tegne forsikring

versinken *v* synke [ßüngke]

versöhnen *v* **1** *j-n mit j-m* forsone [forschuune] *noen med noen*, forlike [forliike] *noen med noen* **2** *j-n* forsone [forschuune] *noen*, forlike [forliike] *noen*, blidgjøre [bliijööre] *noen* **3** ***sich*** **~** *mit j-m* forsone seg [forschuune ßäi], forlike seg [forliike ßäi]

versorgen *v* **1** (beliefern) *j-n/etw. mit etw.* forsyne [forschüüne] *noen/noe med noe* **2** (finanziell usw.) *j-n* forsørge [forschörge] *noen*

Versorgung *w mit etw.* forsyning [forschüüning] *m med noe*, *mit etw.* levering [leweering] *m av noe*, sikring [ßikring] *m av noe*, *mit etw.* ytelse [üütelße] *m av noe*

verspäten *v* **1** ***sich*** **~** (zu spät kommen) være forsinket [wääre forschingket], komme for sent [komme for ßeent] **2** ***sich*** **~** (später eintreten) bli forsinket [blii forschingket]

verspätet *adj* forsinket [forschingket], sen [ßeen]

Verspätung *w* forsinkelse [forschingkelße] *m*

versprechen *v* **1** *j-m etw. Akk* love [luoowe] *noen noe* **2** ***sich*** **~** forsnakke seg [forschnakke ßäi]

Versprechen *s* løfte [löfte] *s*, (Zusicherung) forpliktelse [forpliktelße] *m*

Verstand *m* fornuft [fornuft] *m*, forstand [forschtan] *m*

verständigen *v* **1** *j-n von etw.* informere [informeere] *noen om noe*, underrette [unnerrette] *noen om noe*, varsle [warschle] *noen om noe*, *j-n von etw.* meddele [meedeele] *noen noe* **2** ***sich*** **~** (auf Englisch usw.) *auf etw.* gjøre seg forstått [jööre ßäi forschtott] *på*

verständlich *adj* forståelig [forschtooeli], begripelig [begriipeli] ♦ *adv* forståelig [forschtooeli], lettfattelig [lettfatteli]

verstärken *v* **1** (Mauer usw.) *etw. Akk* styrke [ßtürke] *noe*, forsterke [forschtärke] *noe* **2** (zahlenmäßig) *etw. Akk* forsterke [forschtärke] *noe* **3** *etw. Akk* intensivere [intenßiweere] *noe*, forsterke [forschtärke] *noe*, (Spannung usw.) intensivere [intenßiweere] *noe*, øke [ööke] *noe* **4** (Eindruck usw.) *etw. Akk* forsterke [forschtärke] *noe*, intensivere [intenßiweer^{e}] *noe* ► **sich ~** bli sterk, styrke, styrkes

Verstauchung *w* forstuing [forscht~~uu~~ing] *m*

verstecken *v etw. Akk vor j-m* gjemme [jemm^{e}] *noe for noen*, (Drogen usw.) *etw. Akk* gjemme [jemm^{e}] *noe*, skjule [sch~~uu~~l^{e}] *noe*

versteckt *adj* skjult [sch~~u~~lt], (geheim) hemmelig [hemm^{e}li]

verstehen *v* **1** *j-n/etw.* forstå [forschtoo] *noen/noe* **2** *etw. Akk* forstå [forschtoo] *noe*, skjønne [schönn^{e}] *noe*, begripe [begriip^{e}] *noe*, fatte [fatt^{e}] *noe* **3** *j-n/etw.* forstå seg på [forschtoo ßäi poo] *noen/noe* ► **Ich verstehe nicht.** (was du sagst usw.) Jeg forstår ikke.

verstopft *adj* tett [tett], blokkert [blokeert]

Verstopfung *w* forstoppelse [forschtopp^{e}lß^{e}] *m*

Verstoß *m* overtredelse [oow^{e}rtreed^{e}lß^{e}] *m*

Versuch *m um etw.* forsøk [forschöök] *s*

versuchen *v etw. Akk* forsøke [forschöök^{e}] *noe*, prøve [prööw^{e}] *noe*, (sich bemühen) *etw. Akk* forsøke på [forschöök^{e} poo] *noe*, prøve på [prööw^{e} poo] *noe*

Versuchung *w* fristelse [frißt^{e}lß^{e}] *m*

verteidigen *v* **1** (vor Angriff) *j-n vor j-m/etw.* forsvare [forschwaar^{e}] **2** (Ansichten usw.) *j-n/etw.* forsvare [forschwaar^{e}] *noen/noe* **3** (Titel usw.) forsvare [forschwaar^{e}]

Verteidigung *w* forsvar [forschwaar] *s*

verteilen *v* **1** (an mehrere Personen) *etw. Akk an/unter j-n* dele ut [deel^{e} ~~uu~~t], (Flugblätter usw.) dele ut [deel^{e} ~~uu~~t], gi bort [jii burt], (Ware usw.) fordele [fordeel^{e}] **2** (über eine Fläche) *etw. Akk irgendwohin* spre ut [ßpree ~~uu~~t], fordele [fordeel^{e}] *noe*, (über eine Fläche) *etw. Akk irgendwohin* spre [ßpree] *noe*

vertiefen *v* **1** (einen Graben usw.) *etw. Akk* gjøre dypere [jöör^{e} düüper^{e}] *dyp*, fordype [fordüüp^{e}] *noe* **2** ***sich ~*** *in etw. Akk* (sich konzentrieren) fordype seg [fordüüp^{e} ßäi] *i noe*

Vertrag *m* **1** kontrakt [kuntrakt] *m*, avtale [aawtaal^{e}] *m* **2** (Staatsvertrag) traktat [traktaat] *m*

vertragen *v etw. Akk* tåle [tool^{e}] *noe*

Vertrauen *s* tillit [tillit] *m/w*, tiltro [tiltruu] *m/w til noen/noe*

vertraulich *adj* fortrolig [fortruuli]

vertreten *v* **1** (einspringen) *j-n* vikariere [wikarieer^{e}] *for noen* **2** (als Beauftragter) *j-n/etw.* representere [repreßenteer^{e}] *noen/noe* **3** (eine Meinung usw.) fremme [fremm^{e}], (verkünden) forfekte [forfekt^{e}]

Vertreter *m* **1** (Ersatz) stedfortreder [ßteetfortreed^{e}r] *m* **2** representant [repreßentant] *m* **3** (einer Theorie usw.) *etw. Gen* forkjemper [forschemp^{e}r] *m*

vertrocknen *v* tørke ut [törk^{e} ~~uu~~t], visne [wißn^{e}]

Verunreinigung *w* urenhet [~~uu~~reenheet] *m/w*

verursachen *v* forårsake [fororschaak^{e}] *noe*

verurteilen *v* **1** (zu Strafe) *j-n zu etw.* dømme [dömm^{e}] *noen til noe* **2** (kritisieren) dømme [dömm^{e}]

vervollständigen *v* utfylle [~~uu~~tfüll^{e}]

verwalten *v etw. Akk* forvalte [forwalt^{e}] *noe*, administrere [admini ßtreer^{e}]

Verwaltung *w* administrasjon [adminißtraschuun] *m*, styre [ßtüür^{e}] *s*, forvaltning [forwaltning] *m/w*

verwandeln *v etw. Akk in etw. Akk* forvandle [forwandl^{e}] *noe til noe*, forandre [forandr^{e}] *noe til noe*

verwandt *adj mit j-m* beslektet [beschlektet] *med noen*

Verwandte *m* slektning [schlektning] *m*

Verwandtschaft *w* slektninger [schlektning^{e}r] *m Mz*

verwechseln *v j-n/etw. mit j-m/etw.* forveksle [forwekschl^{e}] *noen/noe med noen/noe*

verwenden *v* **1** *etw. Akk* bruke [bruuk^{e}] *noe*, anvende [aanwenn^{e}] *noe*, benytte [benütt^{e}] *noe* **2** (Mühe, Geld usw.) *etw. Akk auf etw. Akk* investere [inweßteer^{e}] *noe i noe*

Verwendung *w etw. Gen* bruk [br~~uu~~k] *m/s av noe*, anvendelse [anwenn^{e}lß^{e}] *m av noe*, bruksmåte [br~~uu~~kßmoot^{e}] *m av noe*, utnyttelse [~~uu~~tnütt^{e}lß^{e}] *m av noe*

verwirklichen *v etw. Akk* virkeliggjøre [wirk^{e}lijöör^{e}], (vollziehen) *etw. Akk* utføre [~~uu~~tföör^{e}], fullføre [f~~u~~llföör^{e}]; **sich ~** realiseres

verwirren *v* **1** *j-n* forvirre [forwirr^{e}] **2** desorientere [deßurienteer^{e}], villede [willeed^{e}], forvirre [forwirr^{e}] **3** (Fäden usw.) tufse [t~~u~~fß^{e}], floke [fluuk^{e}]

verwunden *v j-n* såre [ßoor^{e}] *noen*, skade [ßkaad^{e}] *noen*

verwundet *adj* såret [ßooret], (bei Unfall usw.) skadet [ßkaadet]

verzeihen *v j-m etw. Akk* tilgi [tiljii] *noen noe*

Verzeihung *w* tilgivelse [tiljiiw^{e}lß^{e}] *m*; **~!** Unnskyld!, Jeg beklager!

verzichten *v auf etw. Akk* avstå fra [aafßtoo fraa] *noe*, *auf etw. Akk* gi avkall [jii aawkal] *på noe*, avstå [aafßtoo] *fra noe*, frasi seg [fraaßii ßäi] *noe*

verzieren *v etw. Akk mit etw.* pynte [pünt^{e}] *noe med noe*, dandere [dandeer^{e}] *noe med noe*, dekorere [dekoreer^{e}] *noe med noe*
Verzierung *w* pynt [pünt] *m*, pryd [prüüd] *m*
verzögern *v* **1** *j-n/etw.* forsinke [forschingk^{e}] **2** (Prozess usw.) *etw. Akk* vente [went^{e}] *med noe*, holde tilbake [holl^{e} tilbaak^{e}], trenere [treneer^{e}] **3** ***sich ~*** (später eintreten) bli forsinket [blii forschingket]
Verzögerung *w* forsinkelse [forschingk^{e}lß^{e}] *m*
verzweifelt *adj* fortvilet [fortwiilet], desperat [deßperaat] ♦ *adv* fortvilet [fortwiilet], desperat [deßperaat]
Videokamera *w* videokamera [wiideukaamera] *s*
Vieh *s* kveg [kweeg] *s*, (lebendes Inventar) bufe [b~~uu~~fee] *s*
viel *adv* **1** (große Menge) mye [müü^{e}] **2** (schlimmer usw.) *irgendwie* mye [müü^{e}] ► **so ~** så mange, så mye; **~e** mange *noe*; **wie ~** hvor mye, hvor mange; **wie ~e** hvor mange
vielleicht *part* kanskje [kansch^{e}], sannsynligvis [ßannßüünliwiiß]
vielmals *num* mange ganger [mang^{e} gang^{e}r]
vier *num* fire [fiir^{e}]
viert(er,e,es) *num* fjerde [fjäär^{e}]
Viertel *s* **1** (vierter Teil) fjerdedel [fjäär^{e}deel] *m* **2** (in der Stadt) strøk [ßtröök] *s*, bydel [büüdeel] *m*
vierzehn *num* fjorten [fjurt^{e}n]
vierzig *num* førti [förti]
Villa *w* villa [willa] *m*
violett *adj* fiolett [fiulett]
Visitenkarte *w* visittkort [wißittkort] *s*
Visum *s* visum [wiiß~~u~~m] *s*
Vogel *m* fugl [f~~uu~~l] *m*
Volk *s* **1** nasjon [naschuun] *m* **2** (Bevölkerung) folk [folk] *s*
voll *adj* **1** (gefüllt) *etw. Gen* full [f~~u~~l] **2** (komplett) fullstendig [f~~u~~llßtendi] ♦ *adv* for fullt [for f~~u~~lt]
vollenden *v etw. Akk* avslutte [aawschl~~u~~tt^{e}] *noe*
völlig *adj* fullstendig [f~~u~~llßtendi], total [tutaal], (total) total [tutaal], komplett [komplett] ♦ *adv* fullstendig [f~~u~~llßtendi], aldeles [aldeeleß], (ganz) helt [heelt]
volljährig *adj* myndig [mündi]
vollkommen *adj* **1** (Lösung usw.) perfekt [pärfekt] **2** (Unsinn usw.) fullstendig [f~~u~~llßtendi], total [tutaal]
vollständig *adj* fullstendig [f~~u~~llßtendi]
Volumen *s* volum [wul~~uu~~m] *s*
von *prep* **1** fra [fraa] **2** (Urheber usw.) fra [fraa], av [aaw] **3** (reden, hören usw.) *etw.* om [om] ► **geöffnet ~... bis...** åpen fra... til...; **~ vorne** fremmefra
vor *prep* **1** (auf dem Weg usw.) *j-m/etw.* foran [foran] *noen/noe* **2** (einem Zeitpunkt) *etw. Dat* før [föör] **3** (zwei Jahren usw.) for *tidsreferanse* siden [for ßiid^{e}n] **4** (fliehen usw.) fra [fraa] ► **~ allem** først og fremst, (zuerst) framfor alt; **~ einer halben Stunde** for en halvtime siden
Voraus **im ~** forhånds-, på forhånd
voraussagen *v etw. Akk* forutsi [for~~uu~~zii] *noe*
voraussetzen *v* anta [antaa], forutsette [for~~uu~~zett^{e}]
Voraussetzung *w* **1** (Idee usw.) antagelse [antaag^{e}lß^{e}] *m* **2** (Bedingung) *für etw.* forutsetning [for~~uu~~zetning] *m/w for noe*
vorbei *adv* **1** (gehen usw.) forbi [forbii] **2** (vergangen) over [oow^{e}r] ♦ *prep an etw. Dat* forbi [forbii]
vorbeifahren *v an etw. Dat* kjøre forbi [schöör^{e} forbii] *noe*
vorbeigehen *v an j-m/etw.* passere [paßeer^{e}]
vorbereiten *v* **1** *etw. Akk für j-n* forberede [forbereed^{e}] *noe*, *etw. Akk* forberede [forbereed^{e}] *noe* **2** ***sich ~*** *auf etw. Akk* forberede seg [forbereed^{e} ßäi] *på noe*
Vorbereitung *w auf/für etw.* forberedelse [forbereed^{e}lß^{e}] *m til noe*; **~en** forberedelser *m Mz*
Vorbild *s* eksempel [ekßemp^{e}l] *s*, forbilde [forbild^{e}] *s*
vorder(er,e,es) *adj* fremre [fremr^{e}], (Seite usw.) for- [for]
Vorfahrt *w* forkjørsrett [forschöörschrett] *m*
vorgestern *adv* i forgårs [i forgoorsch]
vorhaben *v etw. Akk zu tun* skulle akkurat [ßk~~u~~ll^{e} akk~~u~~raat] *gjøre noe*, *etw. Akk zu tun* tenke [tengk^{e}] *å gjøre noe*
Vorhang *m* **1** (zu Hause usw.) forheng [forheng] *s* **2** (im Theater usw.) sceneteppe [ßeenetepp^{e}] *s*
vorher *adv* før [föör]
Vorhersage *w* prognose [prugnuuß^{e}] *m*
vorig *adj* forrige [forri^{e}], (früher) forhenværende [forheenwäär^{e}n^{e}]
vorkommen *v* **1** (plötzlich usw.) forekomme [foorekomm^{e}] **2** (Tierart usw.) *irgendwo* forekomme [foorekomm^{e}], finnes [finneß] **3** ***sich ~*** *wie j./etw.* føle seg [fööl^{e} ßäi] *som noen/noe*
vorläufig *adj* forberedende [forbereed^{e}n^{e}], midlertidig [midl^{e}rtiidi],

foreløpig [forelööpi], provisorisk [pruwißuurißk] ♦ *adv* foreløpig [forelööpi], inntil videre [inntil wiider^{e}]
Vorlesung *w* forelesning [fooreleeßning] *m/w*, foredrag [fooredraag] *s*
vorletzt(er,e,es) *adj* nest sist [neßt ßißt]
Vormittag *m* formiddag [formiddaag] *m*; **am ~** om formiddagen
vormittags *adv* om formiddagen [om formiddaag^{e}n]; **um zehn Uhr ~** klokka ti om formiddagen
vorn *adv* foran [foran] ► **nach vorne** framover, fram
Vorname *m* fornavn [fornawn] *s*
Vorrat *m* reserve [reßärw^{e}] *m*
Vorrichtung *w* apparat [aparaat] *s*, innretning [innretning] *m/w*, anlegg [anleg] *s*
Vorschlag *m* forslag [forschlaag] *s*
vorschlagen *v* foreslå [fooreschloo] *noe*
Vorschrift *w* regel [reeg^{e}l] *m*, forskrift [forschkrift] *m/w*
Vorschuss *m* forskudd [forschkud] *s*
Vorsicht **~!** Se opp!
vorsichtig *adj* forsiktig [forschikti] ♦ *adv* forsiktig [forschikti]
Vorsitzende *m* leder [leed^{e}r] *m*, formann [forman] *m*
Vorspeise *w* forrett [forrett] *m*
Vorstadt *w* forstad [forschtaa] *m*
vorstellen *v* **1** *j-n j-m* presentere [preßenteer^{e}] *noen for noen* **2** ***sich ~*** (Namen nennen) presentere seg [preßenteer^{e} ßäi] **3** ***sich ~*** (sich ausmalen) forestille seg [fooreßtill^{e} ßäi]
Vorstellung *w* **1** (Bekanntmachen) presentasjon [preßentaschuun] *m* **2** (Ahnung) *von etw.* anelse [aan^{e}lß^{e}] *m om noe*, (Gedanke) *von etw.* forestilling [fooreßtilling] *m/w* **3** (Aufführung) forestilling [fooreßtilling] *m/w*
Vorteil *m* fordel [fordeel] *m*
Vortrag *m* **1** (wissenschaftlicher) forelesning [fooreleeßning] *m/w*, foredrag [fooredraag] *s* **2** (eines Gedichts usw.) framførelse [framföör^{e}lß^{e}] *m*
vorübergehend *adj* midlertidig [midl^{e}rtiidi] ♦ *adv* midlertidig [midl^{e}rtiidi], temporært [tempuräärt]
Vorurteil *s* fordom [fordom] *m*
Vorwahl *w* retningsnummer [retningßnumm^{e}r] *s*
Vorwand *m* påskudd [pooßkud] *s*
vorwärts *adv* framover [framoow^{e}r], fram [fram], frem [frem]
Vorwurf *m* bebreidelse [bebräid^{e}lß^{e}] *m*
vorzeitig *adj* for tidlig [for tiidli] ♦ *adv* (for) tidlig [(for) tiidli]
vorziehen *v etw. Akk etw. Dat* foretrekke [fooretrekk^{e}] *noe fremfor noe*
Vulkan *m* vulkan [wulkaan] *m*

W

Waage *w* **1** (Gerät) vekt [wekt] *m/w* **2** (Sternzeichen) Vekten [wekt^{e}n] *m*
wach *adj* våken [wook^{e}n]
Wachs *s* voks [wokß] *m/s*
wachsen *v* **1** (größer werden) vokse [wokß^{e}], vokse opp [wokß^{e} opp] **2** (entstehen) vokse frem [wokß^{e} frem], (sich entwickeln) gro [gruu], utvikle [uutwikl^{e}]
Wade *w* legg [leg] *m*
Waffe *w* våpen [woopen] *s*
wagen *v etw. Akk zu tun* tørre [törr^{e}], våge [woog^{e}] *noe*
Wagen *m* **1** (Eisenbahn) vogn [wongn] *m/w* **2** (Auto) bil [biil] *m*
Wagenheber *m* jekk [jekk] *m*
Wahl *w* valg [walg] *s* ► **~en** valg *s*
wählen *v* **1** velge [welg^{e}] **2** (eine Telefonnummer) stille inn [ßtill^{e} in], ringe opp [ring^{e} opp] **3** (abstimmen) *j-n* stemme [ßtemm^{e}] *for noen*, *j-n* velge [welg^{e}] *noen*
wahr *adj* sann [ßan]; **~ werden** realiseres; **Das ist nicht ~.** Det er ikke sant.; **Nicht ~?** Ikke sant?
während *conj* mens [menß], så lenge [ßoo leng^{e}] ♦ *prep* i løpet av [i lööp^{e} aaw], under [unn^{e}r]
Wahrheit *w* sannhet [ßannheet] *m/w*
wahrscheinlich *adj* sannsynlig [ßannßüünli], trolig [truuli] ♦ *part* sannsynligvis [ßannßüünliwiiß], antakelig [antaak^{e}li], trolig [truuli]
Währung *w* valuta [waluuta] *m*
Waise *w* foreldreløst barn [foreldrelööst baarn]
Wald *m* skog [ßkuug] *m*
Wand *w* fjellvegg [fjellweg] *m*, (im Zimmer usw.) vegg [weg] *m*
wandern *v* **1** vandre [wandr^{e}], reise [räiß^{e}], (in den Bergen usw.) gå på fottu [goo poo fuuttuur] **2** (ziellos usw.) slentre [schlentr^{e}]
Wanderung *w* **1** fottur [fuuttuur] *m*, vandring [wandring] *m/w* **2** (ruhige, ohne Ziel usw.) vandring [wandring] *m/w*
Wange *w* kinn [schin] *s*
wann *adv* når [noor]; **~ auch immer** når som helst
Wanne *w* badekar [baadekaar] *s*
Wanze *w* **1** (Insekt) veggdyr [weggdüür] *s* **2** (zum Abhören) bug [buug] *m*, skjult mikrofon [schult mikrufuun]

Wappen *s* våpenskjold [woop^{e}nschol] *s*

Ware *w* vare [waar^e] *m*

warm *adj* **1** varm [warm] **2** (Empfang usw.) varm [warm], hjertelig [järt^{e}li] ♦ *adv* **1** varm [warm] **2** (empfangen usw.) varmt [warmt] ► **~ machen** *etw. Akk* varme *noe*, varme opp *noe*; **~es Büfett** smørgåsbord *s*, koldtbord *s*

Wärme *w* varme [warm^e] *m*

wärmen *v* **1** (warm machen) *etw. Akk* varme opp [warm^e opp] *noe* **2** (heizen) varme [warm^e] **3** (Kleider usw.) varme [warm^e] **4** (erwärmen) varme [warm^e] *noe* (opp)

warnen *v j-n vor etw. Dat* advare [adwaar^e] *noen mot noe*

Warnung *w vor etw. Dat* advarsel [adwaarschel] *m mot noe*

warten *v auf j-n/etw.* vente [went^e] *på noen/noe*

Warteraum *m* venterom [went^{e}ruum] *s*

Wartezimmer *s* venterom [went^{e}ruum] *s*

Wartung *w* vedlikehold [weedliikehol] *s*

warum *adv* hvorfor [wurfor]

was *pron* **1** (Frage) hva [wa] **2** (Nebensatz) hvilket [wilket], som [ßom] ► **~ auch immer** hva som helst; **~ für ein** hvordan

Waschanlage *w* bilvask [biilwaßk] *m*

Waschbecken *s* vask [waßk] *m*, vaskeservant [waßkeßerwant] *m*

Wäsche *w* **1** (schmutzige) vasketøy [waßketöü] *s* **2** (Textilien) tøy [töü] *s*

Wäscheklammer *w* klesklype [kleeßklüüp^e] *m/w*

waschen *v* **1** (Wäsche) *etw. Akk* vaske klær [waßk^e kläär], *etw. Akk* vaske [waßk^e] *noe* **2** (reinigen) *etw. Akk* vaske [waßk^e] *noe* **3** (Gemüse usw.) vaske [waßk^e]

Wäscherei *w* vaskeri [waßkerii] *s*

Wäschetrockner *m* tørketrommel [törk^{e}tromm^{e}l] *m*

Waschküche *w* vaskerom [waßkeruum] *s*

Waschmaschine *w* vaskemaskin [waßkemaschiin] *m*

Waschpulver *s* vaskepulver [waßkep~~u~~lw^{e}r] *s*

Waschraum *m* baderom [baaderuum] *s*

Wasser *s* vann [wan] *s*

wasserdicht *adj* vanntett [wanntett]

Wasserfall *m* foss [foß] *m*

Wasserhahn *m* vannkran [wannkraan] *m*

Wasserkocher *m* hurtigkoker [h~~u~~rtikuuk^{e}r] *m*

Wasserleitung *w* vannledning [wannleedning] *m/w*

Wassermelone *w* vannmelon [wannmeluun] *m*

Wasserski *m Mz* vannski [wannschii] *m/w*

Wassersportarten *w Mz* vannsport [wannßport] *m*

Watte *w* vatt [watt] *m/s*

weben *v* veve [weew^e] *noe*

Wechsel *m* **1** (abwechselnd) veksling [wekschling] *m/w* **2** (Änderung) utskiftning [~~u~~utschiftning] *m/w*, skift [schift] *s* **3** (Ablösung) skifte [schift^e] *s* **4** (Wertpapier) veksel [wekß^{e}l] *m*

Wechselgeld *s* vekslepenger [wekschl^{e}peng^{e}r] *m Mz*, småpenger [ßmoopeng^{e}r] *m Mz*

Wechselkurs *m* kurs [k~~u~~rsch] *m*

wechseln *v* **1** (ersetzen) *etw. Akk für etw.* bytte [bütt^e] *noe ut med noe* **2** (Geld usw.) veksle [wekschl^e] **3** (Berufe usw.) skifte [schift^e] **4** (Kleingeld) *etw. Akk* veksle [wekschl^e] *noe* **5** (Schalter) skifte [schift^e], veksle [wekschl^e], bytte om [bütt^e om]

Wechselstube *w* vekslingskontor [wekschlingßkontuur] *s*

wecken *v* **1** *j-n* vekke [wekk^e] *noen* **2** (Interesse usw.) vekke [wekk^e] ► *j-s* **Interesse ~** interessere *noen*

Wecker *m* vekkerklokke [wekk^{e}rklokk^e] *m/w*

weder **~… noch** verken… eller…

weg *adv* bort [burt], vekk [wekk]; **Er ist schon ~.** Han er vekk nå.

Weg *m* vei [wäi] *m*, veg [wäi] *m*; **welchen ~** hvilken vei

wegen *prep j-s/etw.* på grunn av [poo gr~~u~~n aaw]; **~ des schlechten Wetters…** på grunn av dårlig vær

wegfahren *v* kjøre vekk [schöör^e wekk]

weggehen *v* gå [goo]

weglaufen *v* løpe bort [lööp^e burt], rømme [römm^e]

wegnehmen *v j-m etw. Akk* ta *noe* bort [taa burt] *fra noe*, berøve [berööw^e] *noen noe*

wegwerfen *v* **1** (Kippe usw.) hive [hiiw^e], kaste [kaßt^e] **2** (zum Abfall tun) kaste bort [kaßt^e burt] *noe*, slenge vekk [schleng^e wekk] *noe*

wegwischen *v* viske [wißk^e] *noe* (bort), *etw. Akk* tørke (av) [törk^e (aaw)]

wehtun *v* **1** verke [wärk^e], gjøre vondt [jöör^e wunt] **2** (absichtlich usw.) *j-m* skade [ßkaad^e] *noen*

Weibchen *s* hunn [h~~u~~n] *m*

weiblich *adj* hunn- [h~~u~~nn], kvinnelig [kwinn^{e}li], kvinne- [kwinn^e]

weich *adj* **1** (nicht hart) myk [müük] **2** (geschmeidig) bløt [blööt] ♦ *adv* mykt [müükt] ► **~ gekocht** bløtkokt; **~ machen** *etw. Akk* gjøre *noe* mykt

Weihnachten *s* jul [j~~u~~ul] *m/w*

weil *conj* fordi [fordii], siden [ßiid^{e}n], ettersom [ett^{e}rschom]

Weile *w* stund [ßt~~u~~n] *m/w*

Wein *m* vin [wiin] *m*

Weinberg *m* vingård [wiinggoor] *m*

weinen *v* gråte [groot^e]

Weinstube *w* vinstue [wiinßt~~uu~~^{e}] *m*

Weintraube *w* drue [dr~~uu~~^{e}] *m/w*

weise *adj* klok [kluuk], vis [wiiß]

Weise *w* **1** (Methode usw.) måte [moot^e] *m* **2** (Melodie) vise [wiiß^e] *m*

weiß *adj* hvit [wiit]

weit *adv* **1** (entfernt usw.) langt [langt], langt borte [langt burt^e] **2** (geöffnet usw.) bredt [bret], vidt [wit] ► **bei ~em** langtifra; **von ~em** langveisfra

weiter *adv* lenger [leng^{e}r] ► **und so ~** og så videre

weiter(er,e,es) *adj* flere [fleer^e]

weitergehen *v* **1** rykke frem [rükk^e frem], gå videre [goo wiider^e], (sich bewegen) komme fram [komm^e fram] **2** fortsette [fortschett^e]

weitermachen *v mit etw.* fortsette [fortschett^e] *noe, med noe*

Weizen *m* hvete [weet^e] *m*

welch(er,e,es) *pron* hvilken [wilk^{e}n]

welken *v* visne [wißn^e]

Welle *w* **1** (Wasser) bølge [bölg^e] *m/w* **2** (Maschinenteil) aksel [akß^{e}l] *m*

Welt *w* verden [wärd^{e}n] *m*

Weltall *s* univers [~~u~~niwärsch] *s*

Weltraum *m* kosmos [koßmoß] *s*, univers [~~u~~niwärsch] *s*

wenden *v* **1** (Seite usw.) snu [ßn~~uu~~] *noe*, vende [wenn^e] *noe* **2** (Auto usw.) *etw. Akk* snu [ßn~~uu~~] *noe*, (in andere Richtung) *etw. Akk* vri [wrii] *noe*, snu [ßn~~uu~~] *noe*, vende [wenn^e] *noe* **3** (Auto, Schwimmer usw.) vende tilbake [wenn^e tilbaak^e], snu [ßn~~uu~~] **4** ***sich ~*** *an j-n/etw.* be [bee] *noen om noe*, henvende seg [henwenn^e ßäi] *til noen* ► **An wen soll ich mich ~?** Hvem skal jeg henvende meg til?

wenig *adv* lite [liit^e]; **am ~sten** minst; **ein ~** *etw. Gen* anelse *m noe*, snev *m/s av noe*; **~e** få; **~er werden** minske

weniger *adv* mindre [mindr^e], (zahlbar) færre [färr^e]

wenigstens *part* i det minste [i dee minßt^e]

wenn *conj* **1** (konditional) hvis [wiß], om [om] **2** (Bedingung) når [noor] ♦ *adv* når [noor] ► **auch ~** selv om

wer *pron* hvem [wem]

Werbespot *m* reklame [reklaam^e] *m*

Werbung *w* **1** (Werben) reklame [reklaam^e] *m*, markedsføring [markedßfööring] *m/w* **2** (eines Produktes) reklame [reklaam^e] *m*

werden *v etw. Akk* bli [blii] *noe*

werfen *v* **1** kaste [kaßt^e], hive [hiiw^e], *etw. Akk* kaste [kaßt^e] *noe* **2** (Schatten usw.) *etw. Akk irgendwohin* kaste [kaßt^e] *noe et sted* **3** *etw. Akk irgendwohin* slenge [schleng^e] *noe et sted* **4** (in Baseball usw.) kaste [kaßt^e] ► **sich ~** *irgendwohin* kaste seg *et sted*, hive seg *et sted*

Werk *s* **1** (Schöpfung usw.) verk [wärk] *s* **2** (Mechanismus) maskin [maschiin] *m*

Werkstatt *w* verksted [wärkßteed] *s*

Werktag *m* arbeidsdag [arbäizdaag] *m*

Werkzeug *s* **1** instrument [inßtr~~u~~ment] *s*, redskap [rezkaap] *s* **2** (Gesamtheit von Werkzeugen) redskap [rezkaap] *m/s*, verktøy [wärktöü] *s* ► **~e** redskap *s*, verktøy *s*

wert *adj etw. Gen* verdig [wärdi] *til noe*, verdt [wärt] *noe*; **~ sein** *etw. Gen* (verdienen) være verdt *noe*

Wert *m* **1** (finanzieller) *etw. Gen* verdi [weärdii] *m* **2** (Bedeutung) verdi [weärdii] *m av noe*

Wertsachen *w Mz* verdisaker [wärdiißaak^{e}r] *m/w Mz*

wertvoll *adj* dyrebar [düürebaar], verdifull [wärdiif~~u~~l], (teuer) dyr [düür]

Wesen *s* natur [nat~~uu~~r] *m*, (Kern) vesen [weeß^{e}n] *s*

wesentlich *adj* vesentlig [weeß^{e}ntli] ♦ *adv* vesentlig [weeß^{e}ntli], betydelig [betüüd^{e}li]

Wespe *w* veps [wepß] *m*

wessen *pron* hvems [wemß], hvem sin [wem ßin]

Weste *w* vest [weßt] *m*

Westen *m* vest [weßt] *s* ► **im ~** i vest

westlich *adj* vestlig [weßtli], vest- [weß-]

Wettbewerb *m* konkurranse [kongk~~u~~rranß^e] *m*, tvekamp [tweekamp] *m*

Wette *w* veddemål [wedd^{e}mool] *s*

wetten *v* **1** *um etw.* vedde [wedd^e] *med noen om noe* **2** *auf etw. Akk* vedde [wedd^e] *på noe*

Wetter *s* vær [väär] *s*

Wettervorhersage *w* værvarsel [väärwarsch^{e}l] *s*

Wettkampf *m* konkurranse [kongk~~u~~rranß^e] *m*, tvekamp [tweekamp] *m*; **an einem ~** *gegen j-n* **teilnehmen** løpe/svømme/gå om kapp *med noen*

wichtig *adj* viktig [wikti], (Folgen usw.) alvorlig [alwoorli], betydningsfull [betüüdningßf~~u~~l]; **das ~ste ist** hovedsakelig

wickeln *v* **1** (Draht usw.) tvinne [twinn^{e}], sno [ßnuu], vinde [wind^{e}], nøste [nößt^{e}] **2** (Wolle usw.) *etw. Akk auf etw. Akk* sno [ßnuu] *noe rundt noe* **3** (Baby) skifte bleie [schift^{e} bläi^{e}] ► **ein Kind ~** bytte bleier

widersprechen *v* **1** *j-m/etw.* motsette (seg) [muuzett^{e} (ßäi)] *noen/noe*, (Behauptung usw.) *j-m/etw.* motsi [muuzii], (widerreden) *j-m* si imot [ßii imuut] **2** (in Widerspruch stehen) *etw. Dat* stride [ßtriid^{e}] *med noe*

Widerspruch *m* **1** (Gegensatz) motsigelse [muuzig^{e}lß^{e}] *m* **2** (Widerrede) *gegen etw.* uenighet [~~uu~~eeniheet] *m/w*

Widerstand *m* **1** (Trotz) *gegen j-n/etw.* motstand [muuztan] *m mot noen/noe* **2** (Bewegung) motstand [muuztan] *m*, motstandsbevegelse [muuztanßbeweeg^{e}lß^{e}] *m* **3** (Kraft) motstand [muuztan] *m*

widerstehen *v etw. Dat* motstå [muuztoo] *noe*

Widerwille *m gegen etw.* ulyst [~~uu~~lüßt] *m/w ved noe, gegen etw.* uvilje [~~uu~~wilj^{e}] *m, gegen j-n/etw.* motvilje [muutwilj^{e}] *m*, motstand [muuztan] *m*

widmen *v* **1** (Zeit usw.) *etw. Akk j-m/etw.* vie [wii^{e}] *noe til noen* **2** ***sich* ~** *etw. Dat* (teilnehmen usw.) drive [driiw^{e}] *noe/med noe*, (Tätigkeit usw.) vie seg [wii^{e} ßäi] *til noe* **3** ***sich* ~** (behilflich sein usw.) *j-m/etw.* vie seg [wii^{e} ßäi] *til noen/noe*

wie[1] *adv* **1** (Frage) hvordan [wurdan] **2** (Vergleich) som [ßom] ► **~ viele** hvor mange; **W~ ist es?** Hvordan er det?

wie[2] *conj* **1** (Ähnlichkeit) som [ßom] **2** (beides) så vel som [ßoo wel ßom], både… og [bood^{e}…o] ► **~ (zum Beispiel)** slik som; **W~ Sie wollen.** Som du vil.

wieder *adv* igjen [ijen], på nytt [poo nütt]

wiederherstellen *v* gjenopprette [jenoprett^{e}] *noe*

wiederholen *v* **1** (nochmals machen) *etw. Akk* gjenta [jentaa] *noe* **2** (um es zu betonen) gjenta [jentaa], repetere [repeteer^{e}] **3** (Lernstoff usw.) *etw. Akk* repetere [repeteer^{e}] *noe*

Wiederholung *w* **1** *etw. Gen* gjentakelse [jentaak^{e}lß^{e}] *m av noe* **2** (des Lernstoffes) repetisjon [repetischuun] *m* **3** (eines Ereignisses) gjentakelse [jentaak^{e}lß^{e}] *m*

wiederkommen *v* komme tilbake [komm^{e} tilbaak^{e}]

wiegen *v* **1** (Gewicht haben) veie [wäi^{e}] **2** (Gewicht feststellen) *j-n/etw.* veie [wäi^{e}] *noe/noen*

Wiese *w* eng [eng] *m/w*

wievielmal *pron* hvor mange ganger [wur mang^{e} gang^{e}r]

wild *adj* vill [wil] ♦ *adv* vilt [wilt]

Wild *s* vilt [wilt] *s* ► **jagdbares ~** vilt *s*

Wille *m* vilje [wilj^{e}] *m*

willkommen *adj* velkommen [welkomm^{e}n]; **W~!** Velkommen!

Wimper *w* øyevippe [öüewipp^{e}] *m*

Wimperntusche *w* maskara [maßkaara] *m*

Wind *m* vind [win] *m*

Windel *w* bleie [bläi^{e}] *m/w*

windig *adj* blåsende [blooß^{e}n^{e}], utsatt for vind [~~uu~~zatt for win], forblåst [forbloo ßt]

Windjacke *w* vindjakke [winnjakk^{e}] *m/w*

Windmühle *w* vindmølle [winnmöll^{e}] *m/w*

Windschutzscheibe *w* frontrute [frontr~~uu~~t^{e}] *m/w*

Winkel *m* **1** (geometrisch) vinkel [wingk^{e}l] *m* **2** (Ecke) krok [kruuk] *m*, hjørne [jörn^{e}] *s* **3** (Augenwinkel) munnvik [m~~u~~nnwik] *m/w*, øyekrok [öüekruuk] *m* **4** (verborgener) bortgjemt sted [burtjemt ßteed] *s*

winken *v* **1** (Fahne usw.) *mit etw.* vifte [wift^{e}] *med noe til noen* **2** *j-m* vinke [wingk^{e}] *til noen*

Winter *m* vinter [wint^{e}r] *m*

winzig *adj* bitte liten [bitt^{e} liit^{e}n], ørliten [öörliiten], liten [liit^{e}n]

wir *pron* vi [wii]

Wirbel *m* virvel [wirw^{e}l] *m*

Wirbelsäule *w* ryggrad [rüggraad] *m/w*

wirken *v* **1** (Wirkung haben) virke [wirk^{e}], ha en virkning [haa en wirkning], ha en effekt [haa en efekt], (Wirkung haben) *auf j-n/etw.* påvirke [poowirk^{e}] *noen* **2** (Eindruck machen) *auf j-n irgendwie* gjøre inntrykk [jöör^{e} inntrükk] *på noen* **3** (Medikament usw.) virke [wirk^{e}] ► **zu ~ beginnen** virke

wirklich *adj* **1** virkelig [wirk^{e}li], reell [reel] **2** (wie es sein soll) virkelig [wirk^{e}li] ♦ *adv* **1** (in Wirklichkeit) virkelig [wirk^{e}li] **2** (in der Tat) virkelig [wirk^{e}li] ♦ *part* virkelig [wirk^{e}li] ► **W~?** Sier du det?, Jaså?

Wirklichkeit *w* realitet [realiteet] *m*, virkelighet [wirk^{e}liheet] *m/w*

wirksam *adj* **1** (Maßnahme, Plan usw.) effektiv [efektiiw] **2** (im Betrieb) fungerende [f~~u~~ngeer^{e}n^{e}], i drift [i drift]

Wirkung *w* virkning [wirkning] *m/w*, (Auswirkung) *auf j-n/etw.* konsekvens [kunßekwenß] *m på noen/noe*

Wirt *m* krovert [kroowärt] *m*

Wirtschaft *w* økonomi [ökunumii] *m*

wirtschaftlich *adj* økonomisk [ökunuumißk]

wischen *v* **1** *etw. Akk (von etw.)* tørke [törk^{e}] *noe (av noe)*, (entfernen) *etw. Akk* tørke (av) [törk^{e} (aaw)] **2** (reinigen) *etw. Akk* tørke (av) [törk^{e} (aaw)] *noe*, (Tafel) *etw. Akk* viske [wißk^{e}] *noe*

wissen *v etw. Akk, von etw.* vite [wiit^{e}] *noe, om noe*
Wissenschaft *w* vitenskap [wiit^{e}nßkaap] *m*
Wissenschaftler *m* forsker [forschk^{e}r] *m*
wissenschaftlich *adj* vitenskapelig [wiit^{e}nßkaap^{e}li]
Witwe *w* enke [engk^{e}] *m/w*
Witwer *m* enkemann [engkeman] *m*
Witz *m* spøk [ßpöök] *m*, vits [wiz] *m*
witzig *adj* komisk [kuumißk], morsom [murschom], pussig [pʉßßi], artig [arti]
wo *adv* hvor [wur]; **ach ~** langt ifra, slett ikke; **~ auch immer** hvor som helst
Woche *w* uke [ʉʉk^{e}] *m/w*
Wochenende *s* helg [helg] *m/w*
Wochenendhaus *s* hytte [hütt^{e}] *m/w*
Wochentag *m* arbeidsdag [arbäizdaag] *m*
woher *adv* hvor ... fra [wur ...fraa]; **W~ kommen Sie?** Hvor kommer du fra?, Hvor er du fra?
wohin *adv* hvor [wur], hvor hen [wur hen]
wohl *part* sannsynligvis [ßannßüünliwiiß], antakelig [antaak^{e}li], trolig [truuli]; **Ich fühle mich nicht ~.** Jeg er dårlig., Jeg føler meg uvel.
wohnen *v irgendwo* bo [buu], (vorübergehend) *irgendwo* oppholde seg [opphoII^{e} ßäi] *på et sted*, bo [buu] *et sted*
Wohnmobil *s* campingbil [kampingbiil] *m*, campingvogn [kampingwongn] *m/w*
Wohnsitz *m* bosted [buußteed] *s*
Wohnung *w* leilighet [läiliheet] *m/w*
Wohnwagen *m* campingvogn [kampingwongn] *m/w*
Wohnzimmer *s* stue [ßtʉʉ^{e}] *m*
Wolf *m* ulv [ʉlw] *m*
Wolke *w* sky [schüü] *m*
Wolkenkratzer *m* skyskraper [schüüßkraap^{e}r] *m*
wolkig *adv* overskyet [oow^{e}rschüüet]
Wolle *w* ull [ʉl] *m/w*
wollen *v* **1** (vorhaben) *etw. Akk zu tun* ønske (seg) [önßk^{e} (ßäi)] **2** (verlangen) ønske (seg) [önßk^{e} (ßäi)] *noe fra noen* ► **Was ~ Sie?** Hva er det du vil?
Wort *s* ord [uur] *s*
Wörterbuch *s* ordbok [uurbuuk] *m/w*
Wortschatz *m* ordforråd [uurforrood] *s*
Wrack *s* vrak [wraak] *s*
Wunde *w* sår [ßoor] *s*
Wunder *s* mirakel [miraak^{e}l] *s*, under [ʉnn^{e}r] *s*
wunderbar *adj* herlig [härli], vidunderlig [widʉnd^{e}rli], deilig [däili] ◆ *adv* underbart [ʉnn^{e}rbaart]
wundern *v* ***sich ~*** *über etw. Akk* undre seg [ʉndr^{e} ßäi] *over noe*, forundre seg [forʉndr^{e} ßäi] *over noe*
Wunsch *m* ønske [önßk^{e}] *s*
wünschen *v* **1** (erhoffen) *j-m etw. Akk* ønske [önßk^{e}] *noen noe* **2** ***sich ~*** *etw. Akk* ønske (seg) [önßk^{e} (ßäi)] *noe* **3** (guten Appetit usw.) *j-m etw. Akk* ønske [önßk^{e}] *noen noe*
würdig *adj* **1** (Person usw.) verdig [wärdi] **2** (wert) *etw. Gen* verdig [wärdi] *til noe*, verdt [wärt] *noe*
Wurf *m* kast [kaßt] *s*
Würfel *m* **1** kube [kʉʉb^{e}] *m*, (Kubus) terning [tärning] *m* **2** (zum Spielen) terning [tärning] *m*
Wurm *m* mark [mark] *m*
Wurst *w* pølse [pölß^{e}] *m/w*
Würstchen *s* pølse [pölß^{e}] *m/w*
Wurzel *w* rot [ruut] *m*
Wüste *w* ørken [örk^{e}n] *m*
Wut *w* raseri [raßerii] *s*, sinne [ßinn^{e}] *s*
wütend *adj* rasende [raaß^{e}n^{e}], sint [ßint]

Z

zäh *adj* seig [ßäig]
Zahl *w* **1** (Zahlwort usw.) tall [tal] *s*, nummer [nʉmm^{e}r] *s* **2** (Angabe) tall [tal] *s* **3** *etw. Gen* antall [antal] *s noe*
zahlen *v j-m für etw.* betale [betaal^{e}] *noen for noe*; **Bitte ~!** Jeg vil betale!, Regningen, takk!
zählen *v* **1** *bis wie viel* telle [tell^{e}] *opp til* **2** (Anzahl feststellen) telle [tell^{e}] **3** (zuordnen) *j-n/etw. zu j-m/etw.* inkludere [ingklʉdeer^{e}], medregne [meeräin^{e}], regne med [räin^{e} mee] **4** (gehören) *zu j-m/etw.* regnes [räineß] **5** (Anzahl haben) telle [tell^{e}], omfatte [omfatt^{e}] **6** *auf etw. Akk* regne [räin^{e}] *med noe*
zahlreich *adj* tallrik [tallriik]
Zahlung *w* betaling [betaaling] *m*
zahm *adj* temt [temt], (Tier usw.) tam [tam]
Zahn *m* tann [tan] *m/w* ► **sich die Zähne putzen** børste tennene
Zahnarzt *m* tannlege [tannleeg^{e}] *m*
Zahnbürste *w* tannbørste [tannbörscht^{e}] *m*
Zahnfüllung *w* plombe [plumb^{e}] *m*
Zahnpasta *w* tannkrem [tannkreem] *m*
Zahnspange *w* regulering [regʉleering] *m/w*, tannregulering [tannregʉleering] *m/w*
Zahnstocher *m* tannpirker [tannpirk^{e}r] *m*
Zange *w* tang [tang] *m*
Zapfen *m* **1** (Tannenzapfen usw.) kongle [kongl^{e}] *m/w* **2** (Lagerzapfen usw.) aksel [akß^{e}l] *m*

zart *adj* **1** (körperlich) spinkel [ßpingk^{e}l], skjør [schöör] **2** (Struktur usw.) fin [fiin] **3** (empfindlich usw.) øm [ööm], kjærlig [schäärli]
zärtlich *adj* øm [ööm], kjærlig [schäärli]
Zauber *m* **1** (Zauberkraft) magi [magii] *m*, trolldom [trolldom] *m* **2** (Reiz) sjarm [scharm] *m*
Zaun *m* gjerde [jäär^e] *s*, inngjerding [innjärding] *m/w*
Zebrastreifen *m* fotgjengerovergang [fuutjeng^{e}roow^{e}rgang] *m*
Zecke *w* flått [flott] *m*
Zehe *w* **1** (am Fuß) tå [too] *m/w* **2** (von Knoblauch) fedd [fed] *s* ► **auf den ~n** (gehen usw.) liste seg på tå; **große ~** stortå *w*
zehn *num* ti [tii]
zehnt(er,e,es) *num* tiende [tii^{e}n^e]
Zehntel *s* tiendedel [tii^{e}n^{e}deel] *m*
Zeichen *s* **1** tegn [täin] *s* **2** (zum Unterscheiden) merke [märk^e] *s* **3** (Buchstabe usw.) bokstav [bukßtaaw] *m*
zeichnen *v* tegne [täin^e] *noe*
Zeichnung *w* tegning [täining] *m/w*
zeigen *v* **1** (vorzeigen usw.) *j-m etw. Akk* vise [wiiß^e] *noe til noen*, fremvise [fremwiiß^e] *noe til noen* **2** (in einer Richtung) *auf j-n/etw.* peke [peek^e] *på noen/noe* **3** ***sich* ~** (sich sehen lassen) dukke opp [dukk^e opp] **4** ***sich* ~** (Wahrheit usw.) vise seg (til å være) [wiiß^e ßäi (til o wäär^e)] **5** (Qualität usw.) *etw. Akk* vise [wiiß^e] *noe* **6** (Freude usw.) *etw. Akk* vise [wiiß^e], tilkjennegi [tilschennejii] **7** (Fähigkeit usw.) *etw. Akk* vise [wiiß^e] *noe*, bevise [bewiiß^e] *noe*
Zeile *w* linje [linj^e] *m/w*
Zeit *w* **1** tid [tii] *m/w* **2** (Ära) tid [tii] *m/w*, periode [periuud^e] *m* ► **in letzter ~** i det siste
zeitgenössisch *adj* samtidig [ßamtiidi], samtids- [ßamtiiz]
Zeitpunkt *m* øyeblikk [öü^{e}blikk] *s*, tidspunkt [tizpungkt] *s*
Zeitschrift *w* magasin [magaßiin] *s*, blad [blaad] *s*, tidsskrift [tiizkrift] *s*
Zeitung *w* avis [awiiß] *m/w*
Zelle *w* **1** (im Gefängnis usw.) celle [ßell^e] *m/w*, fangehull [fangehul] *s* **2** (in Lebewesen) selle [ßell^e] *m*
Zelt *s* telt [telt] *s*; **ein ~ aufstellen** slå opp telt
Zentimeter *m/s* centimeter [ßentimeet^{e}r] *m*
zentral *adj* **1** sentral [ßentraal] **2** (Position usw.) sentral [ßentraal], midt- [mit]
Zentrale *w* **1** (einer Organisation usw.) hovedkvarter [huuwetkwarteer] *s* **2** (Telefonzentrale) sentral [ßentraal] *m*
Zentrum *s* sentrum [ßentrum] *s*
zerbrechen *v* knekke [knekk^e]
zerbrechlich *adj* skjør [schöör]
Zeremonie *w* seremoni [ßeremunii] *m*
zerreißen *v* **1** (in Stücke) *etw. Akk* rive *noe* i stykker [riiw^e i ßtükk^{e}r] **2** (Seil usw.) rive [riiw^e] **3** (zerfleischen) rive (i stykker) [riiw^e (i ßtükk^{e}r)]
zerschlagen *v etw. Akk* slå i stykker [schloo i ßtükk^{e}r], knuse [knuuß^e] ♦ *adj* slått i stykker [schlott i ßtükk^{e}r]
zerstören *v* ødelegge [öödelegg^e] *noe*
Zerstörung *w* destruksjon [deßtrukschuun] *m*
Zettel *m* **1** lapp [lapp] *m* **2** (Kassenzettel usw.) kvittering [kwitteering] *m/w*, kasselapp [kaßß^{e}lapp] *m*
Zeuge *m etw. Gen* vitne [witn^e] *s* ► **~ *etw. Gen* sein** (Unfalls usw.) være vitne til *noe*
Zeugnis *s* sertifikat [ßertifikaat] *s*, attest [ateßt] *m*, (vom Arbeitgeber) referanse [referanß^e] *m*, vurdering [wurdeering] *m/w*
Ziege *w* geit [jäit] *m/w*
Ziegel *m* **1** (Baustein) murstein [muurschtäin] *m* **2** (zum Dachdecken) taksten [taakßteen] *m*
ziehen *v* **1** (Handwagen usw.) *etw. Akk irgendwohin* trekke [trekk^e] *noe et sted* **2** (Bremse usw.) *an etw. Dat* trekke [trekk^e] *i noe* **3** (herbeischleppen) *etw. Akk irgendwohin* hale [haal^e] *noe et sted*, slepe [schleep^e] *noe et sted*, (schleppen) *etw. Akk irgendwohin* dra [draa] *noe et sted*, hale [haal^e] *noe et sted* **4** *etw. Akk aus etw.* trekke ut [trekk^e uut] *noe av noe* **5** (Los usw.) trekke [trekk^e] *noe* **6** (Waffe) trekke [trekk^e] ► **Nutzen ~** *aus etw.* dra nytte av *på noe*, tjene på *på noe*
Ziel *s* mål [mool] *s* ► **ans ~ führen** *j-n* (Fahrer usw.) navigere
ziemlich *adv* temmelig [temm^{e}li] ♦ *part* ganske [ganßk^e]
Zigarette *w* sigarett [ßigarett] *m*
Zigarre *w* sigar [ßigaar] *m*
Zimmer *s* rom [ruum] *s*, værelse [wäär^{e}lß^e] *m*; **~ zu vermieten** rom til leie
Zimmermädchen *s* værelsespike [wäär^{e}lßeßpiik^e] *m/w*
Zimt *m* kanel [kaneel] *m*
Zinn *s* tinn [tin] *m*
Zins *m* rente [rent^e] *m/w*
Zirkus *m* sirkus [ßirkuß] *s*
Zitrone *w* sitron [ßitruun] *m*
Zitronenlimonade *w* sitronlimonade [ßitruunlimunaad^e] *m*
zittern *v* riste [rißt^e], skake [ßkaak^e], skjelve [schelw^e], dirre [dirr^e]
zögern *v* nøle [nööl^e], betenke seg [betengk^e ßäi], utsette [uuzett^e]

Zoll m toll [tol] m
Zollabfertigung w fortolling [fortolling] m/w
Zollamt s toll [tol] m
Zollbeamte m tolltjenestemann [tolltjeeneßteman] m, toller [toller] m
Zoo m dyrehage [düürehaage] m, zoo [ßuuu] m
Zopf m flette [flette] m/w, museflette [muußeflette] m/w
zu[1] prep **1** (Richtung) etw. til [til] noe **2** (zum Arzt usw.) j-m hos [huß] noen
zu[2] adv (schwer usw.) altfor [altfor] hvordan
Zubehör s tilbehør [tilbehöör] s
Zubereitung w von etw. forberedelse [forbereedelße] m
Zucchini w squash [ßkwosch] m
züchten v etw. Akk dyrke [dürke] noe
Zucker m sukker [ßukker] s
Zuckermelone w melon [meluun] m
Zuckerwürfel m sukkerbit [ßukkerbiit] m
zudecken v **1** (mit einer Decke usw.) j-n/etw. mit etw. dekke [dekke] noe med noe, skjule [schuule] noe med noe, overtrekke [oowertrekke] **2** (mit Deckel usw.) etw. Akk mit etw. dekke [dekke] noe til med noe
zuerst adv først [förscht], først (og fremst) [förscht (o fremßt)]
Zufall m sammentreff [ßammentref] s
zufällig adj **1** (Treffen usw.) tilfeldig [tilfeldi] **2** (Auswahl usw.) tilfeldig [tilfeldi], vilkårlig [wilkoorli] ♦ adv tilfeldig [tilfeldi]
zufrieden adj mit j-m/etw. tilfreds [tilfrez] med noen/noe, (Lächeln usw.) tilfreds [tilfrez], fornøyd [fornöüd]
Zug m **1** (Verkehrsmittel) tog [toog] s **2** (Wesenszug) trekk [trekk] s **3** (militärische Abteilung) pelotong [pelotong] m **4** (im Schach usw.) trekk [trekk] s
Zugang m **1** (Stelle usw.) adgang [aadgang] m **2** (Wasser, Informationen usw.) zu etw. adgang [aadgang] m til noe, innsyn [innßüün] m i noe, tilgang [tilgang] m til noe
zugänglich adj tilgjengelig [tiljengeli]; **für die Öffentlichkeit** ~ åpen for publikum
zugeben v **1** (hinzufügen) etw. Akk irgendwohin legge til [legge til] **2** innrømme [innrömme]
zugleich adv samtidig [ßamtiidi]
zuhören v j-m/etw. høre [hööre] på noen/noe
zukleben v **1** (Umschlag usw.) etw. Akk forsegle [forschäile] noe, klistre noe igjen [klißtre ijen] **2** etw. Akk mit etw. lappe [lappe] noe med noe ► **mit Klebeband ~** etw. Akk teipe noe
zuknöpfen v knappe [knappe]
Zukunft w framtid [framtidd] m/w
zukünftig adj framtidig [framtiidi], fremtidig [fremtiidi]
zulassen v etw. tillate [tillaate]
zuletzt adv til slutt [til schlutt], til sist [til ßißt]
zum **~ Beispiel** for eksempel; **~ dritten Mal** tredje gang, for tredje gang; **~ letzten Mal** (for) siste gang
zumachen v etw. Akk lukke [lukke]
Zündkerze w tennplugg [tennplug] m
zunehmen v **1** (an Gewicht) bli fet(ere) [blii feet(eere)], bli tykk(ere) [blii tükk(eere)], legge på seg [legge poo ßäi] **2** (mehr werden) øke i antall [ööke i antal], øke i volum [ööke i wuluum], bli flere [blii fleere], bli mer [blii meer]
Zuneigung w sympati [ßümpatii] m
Zunge w tunge [tunge] m
zurück adv **1** (gehen usw.) tilbake [tilbaake], (zum Ausgangspunkt) baklengs [baaklengkß] **2** (zurückgeblieben) etter [etter], baketter [baaketter]
zurückerstatten v j-m etw. Akk betale [betaale] for noe
zurückfahren v **1** (mit dem Auto usw.) dra tilbake [draa tilbaake] **2** (von einem Wagen usw.) rygge [rügge] et sted
zurückgeben v j-m etw. Akk gi tilbake [jii tilbaake] noe til noen
zurückkommen v komme tilbake [komme tilbaake]
zurücklegen v **1** etw. Akk sette tilbake [ßette tilbaake] noe **2** (laufend) tilbakelegge [tilbaakelegge] noe, (zu Fuß) etw. Akk gå [goo] noe
zurücktreten v **1** (nach hinten) rygge [rügge], trekke seg tilbake [trekke ßäi tilbaake] **2** (von einem Amt usw.) abdisere [abdißeere], fratre [fratre], gå av [goo aaw]
zurzeit adv i øyeblikket [i öüeblikke]
zusammen adv **1** sammen [ßammer] **2** (betragen usw.) til sammen [til ßammen]
zusammenarbeiten v mit j-m samarbeide [ßamarbäide] med noen
zusammenbrechen v **1** (Mensch) bryte sammen [brüüte ßammen], få sammenbrudd [foo ßammenbrud] **2** (Brücke usw.) bryte sammen [brüüte ßammen]
zusammendrücken v etw. Akk presse noe sammen [preßße ßammen]
Zusammenfassung w sammendrag [ßammendraag] s, oppsummering [oppßummeering] m/w
Zusammenhang m forbindelse [forbinnelße] m, zwischen etw. Dat sammenheng [ßammenheng] m

zusammenhängen *v mit etw.* henge sammen [heng^{e} ßamm^{e}n] *med noe*
zusammensetzen *v etw. Akk* sette sammen [ßett^{e} ßamm^{e}n] *noe*; **sich ~** *aus etw.* bestå *av*
Zusammenstoß *m* **1** kollisjon [kulischuun] *m*, sammenstøt [ßamm^{e}nßtööt] *s* **2** (Auseinandersetzung) konflikt [kunflikt] *m*
zusammenstoßen *v* kollidere [kulideer^{e}], støte sammen [ßtööt^{e} ßamm^{e}n]
zusammentreffen *v mit j-m* møtes [mööteß], treffes [treffeß]
zusätzlich *adj* **1** tilleggs- [tillekß], ekstra [ekßtra] **2** (als Zusatz usw.) tilsettings- [tilßettingß], tilleggs- [tillekß], ekstra- [ekßtra] ♦ *adv* **1** (als Zusatz) *zu etw.* i tillegg [i tilleg] *til noe*, ekstra [ekßtra] **2** (übrig) ekstra [ekßtra]
Zuschauer *m* seer [ßee^{e}r] *m*, (Schaulustige) tilskuer [tilßk~~uu~~^{e}r] *m*
Zuschlag *m* tillegg [tilleg] *s*
Zustand *m j-s/etw.* tilstand [tilßtan] *m av noe*, forfatning [forfatning] *m/w av noe*
zuständig *adj* kompetent [kompetent], sakkyndig [ßaakschündi], vedkommende [weedkomm^{e}n^{e}]
zusteigen *v in etw. Akk* stige på [ßtiig^{e} poo] *noe*
zustellen *v j-m etw. Akk* levere [leweer^{e}] *noe til noen*
zustimmen *v j-m/etw.* samtykke [ßamtükk^{e}] *i noe*, bli enig [blii eeni] *med noen i noe*; **nicht ~** *j-m/etw.* være uenig *med noen/i noe*
Zustimmung *w* samtykke [ßamtükk^{e}] *s*
Zutat *w* ingrediens [inggredienß] *m*
zuteilen *v j-m etw. Akk* tildele [tildeel^{e}] *noen noe*
Zutritt *m zu etw.* adgang [aadgang] *m til noe*, innsyn [innßüün] *m i noe*, tilgang [tilgang] *m til noe*; **~** *zu etw.* **bekommen** få adgang til *noe*
zuverlässig *adj* pålitelig [pooliit^{e}li] ♦ *adv* pålitelig [pooliit^{e}li]
zuziehen *v* **1** (Vorhang usw.) *etw. Akk* trekke for [trekk^{e} for] **2** (Schlinge usw.) stramme [ßtramm^{e}] *noe* **3** (als Einwohner) *irgendwohin* flytte inn [flütt^{e} in] *et sted* **4** ***sich*** **~** *etw. Akk* (Schaden usw.) forårsake [fororschaak^{e}] *noe*, pådra seg [poodraa ßäi] *noe*
Zwang *m* **1** (rücksichtsloser usw.) press [preß] *s* **2** (innerer) tvangstanke [twangkßtangk^{e}] *m*
zwanzig *num* tjue [sch~~uu~~^{e}]
zwar *conj* riktignok [riktignok]; **und ~** nemlig
Zweck *m* formål [formool] *s*; **Es hat keinen ~.** Det er ingen vits i det.
zwei *num* to [tuu]
Zweibettzimmer *s* dobbeltrom [dobbeltruum] *s*
zweifach *adj* dobbel [dobb^{e}l]
Zweifel *m* tvil [twiil] *m*; **ohne ~** utvilsomt
zweifelhaft *adj* tvilsom [twiilßom]
zweifellos *adv* uten tvil [~~uu~~t^{e}n twiil], utvilsomt [~~uu~~twiilßomt] ♦ *part* uten tvil [~~uu~~t^{e}n twiil], utvilsomt [~~uu~~twiilßomt]
zweifeln *v an j-m/etw.* tvile [twiil^{e}]
Zweig *m* **1** (eines Baumes) gren [green] *m/w* **2** (Abteilung usw.) område [omrood^{e}] *s*, fag [faag] *s*
zweimal *num* to ganger [tuu gang^{e}r]
zweit(er,e,es) *num* andre [andr^{e}]; **zum zweiten Mal** for andre gang
Zwerg *m* **1** (in Märchen) dverg [dwärg] *m* **2** (kleiner Mensch) småen [ßmoo^{e}n] *m*
Zwiebel *w* **1** (Gemüse) løk [löök] *m* **2** (einer Blume usw.) løk [löök] *m*, blomsterløk [blomßt^{e}rlöök] *m*
Zwilling *m* **1** tvilling [twilling] *m* **2 ~e** Tvillingene [twilling^{e}n^{e}] *m Mz*
zwingen *v j-n zu etw.* tvinge [twing^{e}] *noen til å gjøre noe*, *j-n zu etw.* tvinge [twing^{e}] *noen til noe*; **gezwungen sein** *zu etw.* være tvunget *til noe*
zwischen *prep* mellom [mellom]
Zwischenlandung *w* mellomlanding [mellomlanning] *m/w*
zwölf *num* tolv [tol]
Zylinder *m* **1** sylinder [ßülind^{e}r] *m* **2** (Hut) flosshatt [floßßhatt] *m*

Weitere Titel für die Region von Reise Know-How

Wohnmobil-Tourguide Südnorwegen
Idealer Begleiter für Wohnmobilisten in Norwegen

978-3-8317-2540-3

19,80 Euro [D]

CityTrip Oslo
Idealer Begleiter für die norwegische Hauptstadt

978-3-8317-2644-8

11,95 Euro [D]

Landkarte
Norwegen Süd 1:500.000
Alltagstaugliche Landkarte auf widerstandsfähigem Spezialmaterial

100% wasserfest | praktisch unzerreißbar
beschreibbar wie Papier | GPS-tauglich

978-3-8317-7251-3

8,90 Euro [D]